族群和谐
与
公共治理

The Harmony of
Ethnic Groups
and Public Governance

李俊清 著

生活·讀書·新知 三联书店

Copyright ⓒ 2019 by SDX Joint Publishing Company.
All Rights Reserved.

本作品版权由生活·读书·新知三联书店所有。
未经许可，不得翻印。

图书在版编目（CIP）数据

族群和谐与公共治理/李俊清著. —北京：生活·
读书·新知三联书店，2019.3 （2024.12 重印）
ISBN 978 – 7 – 108 – 06307 – 6

Ⅰ.①族… Ⅱ.①李… Ⅲ.民族区域自治-研究-中国
Ⅳ.① D633.2

中国版本图书馆 CIP 数据核字（2018）第 100105 号

责任编辑　胡群英
装帧设计　刘　洋
责任印制　李思佳
出版发行　生活·讀書·新知三联书店
　　　　　（北京市东城区美术馆东街 22 号 100010）
网　　址　www.sdxjpc.com
经　　销　新华书店
印　　刷　北京建宏印刷有限公司
版　　次　2019 年 3 月北京第 1 版
　　　　　2024 年 12 月北京第 2 次印刷
开　　本　635 毫米 × 965 毫米 1/16 印张 37.5
字　　数　590 千字
定　　价　99.00 元
（印装查询：01064002715；邮购查询：01084010542）

目 录

一 民族与国家 …………………………………………………… 1
  现代国家建构的逻辑与现实 ………………………………… 3
  各民族互嵌式社会结构建设中的公共治理 ………………… 16
  中国的民族问题与国家安全 ………………………………… 37
  中国朝鲜族的民族认同与国家认同 ………………………… 66

二 民族地区行政管理与行政改革 ……………………………… 89
  中国民族自治地方行政管理研究的回顾与前瞻 …………… 91
  民族区域自治地方行政管理的特点 ………………………… 101
  政治生态主义视域中的民族自治地方公共管理 …………… 110
  略论民族地区政府绩效评估的价值取向 …………………… 127
  突破"非均衡且限制"的樊篱 ……………………………… 137
  试论 MPA 教育与民族地区干部的培养 …………………… 153
  关于面向民族地区的 MPA 专业方向设置和
    课程体系构建的思考 …………………………………… 166

三 民族地区经济社会发展中的政府职能 ……………………… 175
  民族地区政府与市场关系的定位与调适 …………………… 177

  民族地区制度变迁的路径选择与可持续发展 …………… 191
  民族地区公共产品的缺失与政策选择的困境 …………… 207
  地方政府招商引资绩效考核制度研究 …………………… 221
  推动民族地区跨越式发展应处理好三大问题 …………… 228
  加快转变经济发展方式，突出民生关怀，推动民族地区
    又好又快发展 ………………………………………… 237
  民族地区转变经济发展方式刻不容缓 …………………… 240
  公共服务与少数民族文化保护 …………………………… 244

四 民族地区社会组织与社会治理 ……………………………… 259
  少数民族地区社会组织发展现状及社会功能研究 ……… 261
  加强和创新社会管理，推动民族地区社会和谐发展 …… 279
  充分发挥社会组织作用 完善民族地区社会管理格局 … 283

五 城市民族工作 ………………………………………………… 287
  东部城市少数民族流动人口公共服务研究 ……………… 289
  积极探索城市民族工作的新路子 ………………………… 301

六 边疆民族地区公共治理 ……………………………………… 305
  边疆民族地区公共安全治理体系与能力现代化研究 …… 307
  中央一般转移支付与边疆省（区）公共服务供给 ……… 319

中国的跨界民族与边疆公共事务治理 …………………… 345
推进广西公共安全治理体系与能力现代化研究 ………… 366
边疆研究要有使命感和责任感 …………………………… 385

七 西藏、新疆的发展与稳定………………………………… 393
"藏独"的本质是复辟政教合一政体 …………………… 395
从政府公共服务水平提升看西藏人权的改善 …………… 410
加快新疆发展过程中需要注意的几个问题 ……………… 424
统筹十大关系，推动新疆经济社会全面协调发展 ……… 433
城镇化与新疆各民族互嵌式社会结构建设 ……………… 446
新一轮援疆利用市场主体引导新疆经济发展 …………… 458
将更多资源精力投入到维护新疆社会稳定上 …………… 463

八 政治学与公共管理其他问题研究………………………… 469
近年来国外政治学研究成果评析 ………………………… 471
国外政治学研究的队伍构成及学术动向分析 …………… 488
论互联网络在中国民主化进程中的作用 ………………… 497
乡村公共权力体系的改革与完善 ………………………… 510
推行村民自治必须处理好的一个重要关系 ……………… 537
试论开放式政府及其治理模式 …………………………… 540
公共行政与公共管理辨析 ………………………………… 547

关于完善领导干部选拔考核制度的几点探索 …………… 552
报表异化对政府公共性的侵蚀 ………………………… 563
应急预案的蜕变及其原因分析 ………………………… 570
危机"常态化"下的城市公共管理 …………………… 581
关于建立和完善"大环境保护管理体制"的若干思考 ……… 587

后记……………………………………………………………… 592

一 民族与国家

现代国家建构的逻辑与现实
——基于现代国家建构历程的民族问题透视

欧洲的文艺复兴运动,对于世界历史进程而言是具有转折性影响的重大事件,这一时期欧洲自然科学与人文领域的一系列新发现、新创造,引发了人类社会从经济基础到上层建筑的全方位嬗变。就民族问题而言,这一运动实际上也构成了一个变化的节点。在此之前,民族概念和民族问题大多是作为一种文化现象出现在历史记载和理论探讨中,但在此之后却逐渐成为现实政治中的敏感问题,也成为人文学科与社会科学探讨的热点话题。这也意味着,在现代国家建构(state-building)层面探讨民族问题的时候,对民族进行不着边际的遥远追溯,其实毫无意义。现在影响包括中国在内的世界各国的民族问题,实际上是与世界近代史联系在一起的。具体来说,民族现象与民族问题的实质,是近代以来世界各国在建构新型国家——现代国家的进程中,由于现代国家的理论设计与现代国家建构面临的现实问题之间存在脱节而出现的政治—社会问题,或者说是现代国家建构的理论逻辑与现实社会对传统社会一系列价值和共同体的扬弃进程缓慢交叠而出现的问题。

一、现代国家的逻辑建构

"中世纪的欧亚地区发生了一些神奇而又影响深远的事情……西欧地

区人们生活的方方面面发生了深刻的变化,出现了与……传统农业文明有着本质差别的一种新的充满活力、扩张性的文明——现代文明,从而开始了我们今天所说的现代化进程。"[1]现代化进程催生了与传统社会截然不同的现代社会。虽然不同学科领域对于"现代化""现代性""现代社会"究竟是怎样一种状况,应该有哪些标志,如何去衡量等问题存在着诸多争议,但是对于现代化进程起始于欧洲文艺复兴时期,却具有高度的共识。

在人类现代化的进程中,国家的现代化既是一项重要内容,又是现代化进程的重要推动力量。然而,在文艺复兴开始之后的两百多年时间里,人类对现代国家的建构更多地停留在思想层面,属于逻辑建构。

对现代国家的逻辑建构,肇始于思想领域的祛魅。思想的祛魅固然与人文、社会科学领域的思想进步有密切联系,但主要是由自然科学领域的新发现触发的。天文学新发现,严重冲击了中世纪由基督教组织建立起来的维持社会—政治运行的神学政治体系,将人从神学的束缚中解放了出来。"哥白尼……用这本书(虽然是胆怯地而且可以说是只在临终时)来向自然事物方面的教会权威挑战,从此自然科学便开始从神学中解放出来。"[2]从此以后,自然科学领域注重观察、实验的研究方法,迅速促发了哲学领域经验主义、怀疑主义、理性主义思想的兴起。当培根疾呼"知识就是力量",笛卡尔提出"我思故我在"之后,笼罩于社会之上的神秘主义雾霾日渐消散,被魅化了的宗教领袖、官僚贵族等权贵阶层,以及被其所垄断的解释自然、社会现象的话语体系和统治社会的权力也随之崩溃。

理性的、对一切充满怀疑的个人,逐渐成为思想、行动的主体,也成为探讨社会问题、进行政治制度设计的前提。思想祛魅运动,涉及自然科学新发现、宗教改革、哲学新思想提出、文学艺术新理念等一系列

---

[1] 斯塔夫里阿诺斯:《全球通史》,北京:北京大学出版社2005年版,第369页。
[2] 马克思、恩格斯:《马克思恩格斯全集》,第20卷,北京:人民出版社1995年版,第263页。

内容,其过程持续了两三百年。祛魅运动从根本上解构了传统社会—国家的理论基础,将魔力从现实世界中排除出去,并使世界理性化,进而为现代国家的逻辑建构清除了思想障碍,开拓了广阔的思想空间。[1]

祛魅运动使得个人从传统社会中信仰的、被动的、服从的客体,变成了怀疑的、积极的、主动的主体。个人角色的变化在政治领域产生了革命性影响,它使得人们对于国家、政府、政治等一系列问题的思考范式发生了根本性变化,将个人作为理性主体对待成为探讨一切政治思想的前提。

基于个人主义这一前提,政治思想家们自然而然地引申出了这样一系列观点:个人是自由的,个人是平等的,个人有足够的智慧做出对自己有利的决定,不同的个体之间相互交往只能通过协商的方式而非强迫的方式进行。基于这些结论,文艺复兴以后,政治思想家们赋予理想中的未来社会—国家以完全不同于传统国家的价值,包括自由、理性、平等、个人权利等等。而在传统国家中,普罗大众往往被认为是天生卑贱的、智慧低下的、茫然的、粗鄙的,因而需要由高贵的、智慧的、善良的、血统纯正的贵族和精英来统驭。

当新的价值被确定之后,现代国家建构的理论先驱又进一步为未来的社会—国家设计了基本制度。基于个人主义价值,国家应该是通过个人契约组建的,国家的统治者和统治方式应该由个人通过平等协商确定,国家的权力应该服从个人契约并服务个人目的等等,也就成为国家存在的基本价值以及制度设计的依据。因此,理论逻辑上的现代国家一般都是民主国家,有完善的法律体系,权力有限且受到监督,以帮助个人实现其福利为主要目标,不能侵犯个体正当利益。

在基本价值与制度内核确定之后,思想家们进一步从逻辑上对国家政治结构与运行机制进行了设计。个人契约被转化成宪法—法律体系和

---

[1] 马克斯·韦伯:《新教伦理与资本主义精神》,北京:生活·读书·新知三联书店1987年版,第79—89页。

代议机构；统治者的选拔过程被设计为选举制度、政党政治；权力的约束由权力制衡、党派竞争和传媒体系共同完成；福利目标则演变成为国家—政府的各类公共服务职能。

实际上，早在18世纪欧洲启蒙运动期间，现代国家的逻辑建构就已经基本完成，此后对现代国家的理论探讨更多的是在此基础之上的补充和完善。

二、国家建构的现实障碍与民族主义

"哲学家们只是用不同的方式解释世界，而问题在于改变世界。"[1]无疑，从逻辑上建构的现代国家光明而美好，令人神往。但是，当思想家们通过他们华丽的语言和激情的构想，将人们对现代国家的向往之情激发起来之后，通过革命或改革，试图把理想付诸实践的政治家们，却面临着许多在现代国家逻辑体系中找不到答案的现实问题。这些问题如果得不到有效解决，现代国家建构的实践就无法继续下去。世界各国的政治家们在寻找这些问题的答案时，又几乎无一例外地回过头来在传统社会中寻找启迪与路径。民族主义作为一种社会运动，进而作为一种社会思潮，从此登上了历史舞台。

现代国家建构实践面临的第一个重大问题是，被祛魅了的社会中，传统的整合纽带断裂或弱化，新的整合纽带却未能及时形成。而这使得试图领导现代国家建构实践的精英们，难以动员起足够的社会资源，特别是整合人群，以支持其革命运动或现代国家建设的政策。现代化与祛魅固然瓦解了传统社会—国家的基础，但同时也使被各种传统纽带黏合在一起的社会碎片化、原子化。缺乏信仰、安全感和意义感的个体组成的社会，代替了由血缘、宗教信仰、传统习俗与价值理念、传统国家与社会制度等牢固纽带黏合的各类共同体组成的社会。在这一新的社会

---

[1] 马克思、恩格斯：《马克思恩格斯选集》，第1卷，北京：人民出版社1995年版，第4页。

中,"个人解脱了经济和政治纽带的束缚,他通过在新的制度中积极和独立地发挥作用,获得了积极的自由。但同时,他所摆脱的这些纽带正是过去常常给予他安全感和归属感的那些纽带,人不再生活在一处以熟人为中心的封闭的世界里。世界已变得无边无际,而同时又有威胁性。由于人失去了他在一个封闭社会中的固定地位,所以也失去了生活意义。其结果是,他对自己和生活的目的产生了怀疑。……所有人都成了他潜在的竞争对手,他同人的关系成了一种钩心斗角、尔虞我诈的关系。他自由了,但这也意味着:他是孤独的,他被隔离了,他受到来自各方面的威胁"。[1] 马克斯·韦伯更是一针见血地指出,现代化使人们的价值理性逐渐丧失,工具理性日益支配人们的头脑,社会联合的基础不再是崇高而神圣的价值纽带,而是人们对利益的斤斤计较,这种联合是极不稳定的。

现代国家建构实践面临的第二个问题,是现代国家核心要件的界定存在着理论与现实的矛盾。主权、领土和人民被认为是现代国家三大核心要件,在现代国家逻辑建构的理论进程中,主权是什么、领土边界如何确定、人民究竟包括谁不包括谁都是模糊的。但是,当政治家们真正要去建构现实中的国家时,却必须清晰界定这三大要素。然而,这个任务却几乎是不可能完成的。对主权、领土、人民三大因素的任何界定,都会在逻辑上陷入两难。按照先哲们的设想,现代国家的主权,是人民通过契约形成的,因此国家首先要确定自己的人民是谁,但是这个问题却是任何一个试图完全依照现代国家的理论蓝图去新建国家的政治家必然要遭遇的首要矛盾。从逻辑上来说,现代国家完全依照同意原则来建立,所有接受现代国家价值的人都应该是它的人民。但在实际中,谁也无法确定有哪些人会同意现代国家的价值,同意签订那份契约,即使能确定,也不可能真正让每个人去签约。如果现代国家按照传统国家的既有基础来确定自己的人民,情况一样糟糕,因为传统国家的边界模糊且

---

[1] 埃里希·弗罗姆:《逃避自由》,北京:国际文化出版公司1987年版,第73—87页。

变化频繁，按照什么标准来界定就成为问题。在国家边界的确定方面，遇到的问题也是一样的，若完全按照理论设想来建立现代国家，现代国家可能会成为一个没有边界的国家；若在传统国家基础上确定边界，那么选择什么阶段作为标准又会引发激烈的争议。

在近代以来世界各国现代化以及现代国家建构的实践中，面对这两大问题，政治家们采取的措施具有高度的一致性，那就是在既有的国家基础上，尤其是以这个国家历史上最强大的阶段为参照，确定国家的边界，进而确定其成员。在现代国家通过回归传统确立边界之后，边界之外的矛盾冲突与边界之内的矛盾冲突在性质上逐渐区别开来。与边界之外国家的矛盾大多通过战争——谈判的方式解决，并形成了相对稳定的格局。而大多数国家为了消弭边界之内的问题，持续开展了重构民众对国家认同的政治—经济—文化建设，并从历史上各种传统共同体中寻找凝聚社会成员，激发民众对国家—政府忠诚的纽带与工具，而这一般被称为公民民族主义运动。公民民族主义的现代国家建构运动，实际上意味着现代国家建构的实践与现代国家的理论逻辑出现了较为明显的脱节。这种脱节导致了现代国家建构的实践，必然将在现代性与传统之间的不断摇摆和徘徊中艰难前行。

建构现代国家的公民民族主义运动，从一开始就受到各类传统社会共同体的抵触，甚至激烈的对抗，而这种抵触与对抗有相当一部分后来演变成了族裔民族主义运动。狭义的民族问题，即现在理论界探讨的民族问题，基本上是这两类民族主义运动碰撞冲突的产物，是一国之内聚居于特定区域尤其是相对偏远隔绝区域的传统社会共同体，特别是古老的生产生活方式变迁迟滞、社会流动性很弱、传统宗教与文化习俗氛围浓郁的族群，突然遭遇与国家现代性建构相伴而来的市场化、世俗化的汹涌大潮，出现的困惑、迷茫甚至惶恐等种种不适应的自然反应。他们在汇聚和融入现代国家—社会方面遭遇困难，就必然会从传统纽带中寻找认同与归属。一些西方学者认为："构建国家的过程——如果这个过程成功的话——需要经过顺序大致相同的五个阶段。每一个进一步发展的机会在国家的生命历程中都代表着一次'危机',无论成功与否,国家机构都必须解决这些危机。""'认同性危机'是建立国家时遇到的第一个障碍,原先认同于部落、地区或其他亚国家团体的人必须首先认识到他们是这个国家的公民。"但这种认同却"并不会轻易、快速或自动地发生"。[1]所以这也是世界上大多数地区现代国家建构进程中面临的普遍性问题。

三、民族主义的性质与走向

民族主义在一开始,是以社会运动的方式出现的,并没有形成理论。关于公民民族主义与族裔民族主义的理论区分,在欧洲世界现代国家建构进程中已经初步完成,现代国家三大核心要素都基本明确之后,才被归纳总结形成理论。而当人们认识到民族主义存在这两大分野之后,对民族现象与民族问题就能够更清晰地在理论上进行梳理了。

就其根源而言,民族主义运动与民族问题的出现,是现代性价值的成熟超前于社会现代化进程,现代国家的理论逻辑存在一定缺陷的结果。文艺复兴以来的现代国家逻辑建构进程,是基于对传统社会神学—政治体系高压的反弹,因而难免充满了激进色彩与理想主义。近代早期思想家们对传统社会的各类共同体,以及维系这些共同体凝聚力的或多或少具有魅化色彩的社会纽带,也难免过度批判与否定。

然而,在人类还未能完全成为自然、社会与自我的主宰的情况下,与神秘信仰联系在一起的传统社会形成的各类具有魅化色彩的联系纽带,对于个人获得归属感和安全感至关重要。马克斯·韦伯将这些给人们提供归属感、安全感的抽象存在,称为价值理性。他认为:"谁的行为如果不考虑预见到的后果,而只坚持其关于义务、尊严、审美、宗教律令、虔诚或'事实'的正确性的信念,并且不管对他提出的是何种要求,那么,他的行为就纯属价值理性行为。价值理性行为……永远都是一种行为者

---

[1] 迈克尔·罗斯金等:《政治科学》,北京:中国人民大学出版社2009年版,第48页。

对自己提出的'要求行为'或符合'要求'的行为。"[1]价值理性与手段的运用（工具理性）、目的的设定（目的理性）共同赋予人们存在和活动的价值与意义，从而使人获得满足和安慰，此即实践合理性。在韦伯有关价值理性的论述中，价值理性的内容，大多都与传统社会早已形成的具有魅化色彩的价值、文化有关。

然而，现代国家在逻辑建构的进程中，却更多地强调了工具与目的，对于具有价值理性的社会因素缺乏深入探究，这使得现代国家在逻辑上虽然可以建立，在实践层面却不容易操作，除非重新赋予其价值理性。民族主义所承担的任务恰恰就是为现代国家的建立、存在和活动，提供了价值理性的支撑。

而民族主义运动之所以会与传统社会的文化族群形成密不可分的关系，并最终导致民族主义思潮兴起，出现公民民族主义与族裔民族主义的分野，实际上也与现代国家的逻辑建构有关。现代国家在进行逻辑建构的过程中，对于传统社会中最强有力的几类共同体，或者说维系社会存在的基础性纽带，也是维持传统国家存在的合法性的最强有力的社会纽带——宗教信仰、血缘纽带等，进行了矫枉过正式的批判。这种批判与经济领域出现的市场化、工业化、城市化一起，使得传统社会具有强大凝聚功能的共同体，如教会、宗族、姻亲、乡亲等不断瓦解或弱化。

与此同时，面对市场化、工业化、城市化带来的生活方式改变，人们纷纷寻求新的归属与安全感。由于"他们（现代化进程启动后的人们）与地方的联系中断，巨大的经济变迁与人口流动带来的结果使许多人感到十分脆弱，处境危险"，因此他们"要在传统语言、族裔联系以及宗教中寻找慰藉"，"在他们熟悉的种族联系与文化传统中寻求庇护"。[2]主要通过语言与日常生活方式而彰显差异性的文化族群，在其他传统共同体弱化后，日渐显示出其提供人们迫切需要的"价值理性"的价值。

---

[1] 马克斯·韦伯：《经济与社会》，北京：商务印书馆2006年版，第57页。
[2] 安东尼·史密斯：《全球化时代的民族与民族主义》，北京：中央编译出版社2002年版，第98页。

由于经济社会发展而得到强化的族群认同，很快被政治领域的现代国家建构工程师所利用，以进行现代国家公民共同体的建构，进而更好地推动现代国家价值、制度与组织建构。回看近代史的发展历程不难发现，早期建立的现代国家，无不将国家文化价值的统一与推行某一族群（主要是本国占人口多数的族群）的语言文字和文化习俗等同，将国家的边界界定与该文化族群的居住边界或者曾经建立的传统国家边界等同，将民众对政治共同体的认同与对特定族群共同的历史记忆联系在一起。因此可以说，即使是纯粹的公民民族主义运动，其所借助的工具也充满了传统族群的文化因子。而这种公民民族主义运动在所有文化族群多元的国家，甚至可以说每一个国家，都或多或少遭遇过抗拒，因为当国家所提供的各方面价值、利益与某一族群文化高度捆绑之后，其他族群在获取、享有和发展相关利益时无疑会面临不利局面，其族群的传统文化会日渐边缘化，与传统文化联系在一起的个人安全感和归属感也会弱化。

不同国家在公民民族主义运动，或者在民族建构方面的区别只在于，部分国家在公民民族主义运动中立场坚定，坚持以现代国家价值、制度、组织建构统领民族建构，并且采取了一系列的有效措施，改变受到公民民族主义运动负面影响的群体和区域在现实价值、利益分配等方面的不利局面，进而使这些群体的抗拒活动逐渐弱化直至消失，多元文化族群国家便被建构成政治—经济—文化高度一体化的民主—民族国家。而另有一些国家没有或者无法彻底坚持公民民族主义，无法将现代国家价值、制度与组织体系在全国均衡地建立，无法弥补区域间、群体间因国族建构而产生的价值、利益失衡，因而不能彻底消除境内受到不利影响的群体与区域在政治—文化领域的抗拒活动，民族问题与政治参与、利益分配等交织缠绕，族群纷争的阴霾始终挥之不去。

然而，从长远来看，人类社会的现代化进程是不可逆转的，这也意味着，作为传统社会遗留的纽带——族群文化，本身也会随着工业化、信息化、全球化的发展，而消逝于历史之中。但是，由思想家们基于逻辑而建构起来的现代国家价值、制度与结构，却是与现代化进程紧密联系在一起,服务于现代化进程的,是人类社会目前能够寻找到的组织政治权力、治理社会问题、稳定社会秩序、维护和增进社会公共利益的最好的方案。

"二战"以来特别是全球化进程启动以来的世界历史发展进程,已经非常清晰地显示出这样的图景:传统社会遗留的包括族群在内的各种因素,对于政治、经济、社会运行的影响逐渐减弱,社会的现代化程度、民主化程度、个体的自由度就不断增强,群体与群体间的文化界限日趋模糊。在部分高度发达的区域如欧盟共同体内部与美国、加拿大之间,甚至过去基于公民民族主义运动确定的国家边界与公民成员身份认同都在淡化,但是现代国家的民主、自由、人权、法治、公共服务、社会福利等价值,以及为实现这些价值而设计的制度与组织体系不但没有弱化,反而日趋完善。其背后的原因,正是现代化的发展,使得在现代国家建构初期显得超前的现代国家价值、制度与组织体系,与社会发展的契合程度越来越紧密,也即是说,它不再是超前的,而是合适的了。相反,那些在政治领域坚持强调和突出族裔文化因素或其他传统魅化因素作用的国家,或多或少地都陷入了永远找不出答案的群体间价值——利益的争论之中,社会秩序受到各种各样现实或潜在的威胁,现代国家应有的促进社会发展,保护和服务个人自由的作用得不到彻底有效的发挥。国家能力的削弱与激烈的群体间矛盾互相催化,形成恶性循环。部分国家甚至因此分裂解体,其社会和民众则陷入令人绝望的混乱与贫困之中。

四、现代国家建构的困境及趋势

现代国家建构从启动以来,虽然已经走过了几百年的风雨历程,但目前仍在行进之中。世界上大多数国家,几乎都在国家认同性、合法性、渗透性、参与性、分配性等一个或几个方面存在着或强或弱的张力。

较早开始现代国家建构的欧美国家,其现代国家建构进程与现代化发展进程同步,现代国家价值、制度和组织建设,是在工业革命持续推进,市场经济体制渗透与扩张,社会现代性发育日渐成熟的背景下展开的。它们大多在公民民族主义运动方面立场坚定,在三四百年的现代国家建构进程中,始终坚持以现代国家价值、制度、组织建构统领民族建构,以在全社会形成统一而稳固的价值信念;同时采取多方面措施矫正受到公民民族主义运动负面影响的群体和区域的落差,逐渐弱化传统社会共同体对现代国家建构的羁绊,消解具有狭隘民族主义色彩的社会运动,进而使国家逐渐建构成政治—经济—文化高度一体的民主—民族国家。

但即使是欧美发达国家,这种数百年的公民民族主义国家建构,也并未完全消弭现代国家理论上的统一性或一致性与现实社会区域、群体间差异性的冲突,它们依然面临着如何增强公民价值理性,提高公民国家认同,以及社会整合和国家统一的难题。如亨廷顿对美国多元文化弱化国家认同的忧虑,法国在处理科西嘉问题和融合新移民过程中面临的冲突,西班牙巴斯克和加泰罗尼亚独立抗争暗流涌动,英国北爱尔兰与苏格兰分离运动潮涨潮落,都是发达国家社会群体整合面临的问题。

但西方现代国家建构,公民导向的价值取向整体上清晰而坚定,相关的理论积累已臻成熟,现实的利益纽带也已经牢牢将公民捆绑为一体,公共服务的普及与均等化使公民与国家契约关系日趋紧密。这些国家经过上百年探索和改进形成的包容性、调适性较强的治理结构、丰裕的经济实力、发达的市场体系,以及与之相适应的文化社会环境、公民现代性价值的培育等等,均为公民导向的国家建构提供了强有力的支持。

而一些后发国家在现代国家建构进程中,则出现了不同程度的价值与政策摇摆。国家建构的思路出现混乱,目标发生偏移,导致了族群、宗教、宗族、区域等传统社会纽带对国家政治运作和社会公共生活的影响趋强,解决的困难与阻力也更大。首先,这些国家在政治、经济、文化等领域的发展还远不成熟,现代国家建构进程与社会现代化进程并不同步,大多数国家都是被动卷入现代化进程并开始现代国家建构任务。这就意味着支持国家逐渐走向现代性、一致性的各类社会纽带还非常脆弱,甚至有名无实。在许多"二战"后摆脱殖民统治的亚非国家,甚至统一的国家—政府仅仅具有形式意义，国内各区域真正的主导性力量仍然是具有传统魅化色彩的部落酋长、宗教领袖与封建贵族。现代国家的政治价值、制度与组织未能真正渗透到社会各个角落，全国范围内统一的市场体系尚未建立，公民精神也无从培养，现代性社会生活方式缺乏生长发育的土壤。各区域之间经济联系不够紧密，语言文字、文化习俗、宗教信仰等方面差异显著且相互隔阂，社会共识形成困难。而这些传统社会共同体固有的保守性、封闭性，不但阻碍了现代国家建构进程的推进，更成为社会分裂与动荡的重要诱因。

其次，先发国家出于保持自身竞争力和对国际格局主导权的需要，在民族问题上采取双重标准，极力鼓励、支持一些发展中国家的狭隘族裔民族主义运动，以之牵制甚至遏制其发展进程，更为这些国家的社会整合与发展进步带来了重重困难。英美等西方国家，一直公开支持那些在利益上与其存在冲突博弈国家的狭隘族裔民族主义运动。苏联与南斯拉夫解体、巴尔干半岛和高加索地区族群斗争、中东族群矛盾与教派冲突、非洲大陆部族与宗教纷争、中国边疆民族问题……可以说，只要存在严重族群冲突的地区，几乎都有西方大国的身影。内外矛盾交织，进一步让部分发展中国家在推动自身现代国家建构进程中，出现了群体观念与利益的分裂，引致其现代国家建构价值目标的游离和政策措施的波动，从而进一步干扰了这些国家现代国家建构的进程。如苏联戈尔巴乔夫时代迫于内外压力而推行的"新思维"，尼日利亚、利比亚等在外国干预背景下，对部族割据的无奈与放任，南斯拉夫地区因外部势力介入而持续至今的族群、宗教纷争，都已经或正在造成严重的现代国家生存危机。

对于后发国家而言，现代国家建构进程的推进，必然会有一段漫长而又曲折的经历。这些国家需要坚持公民国家方向不动摇，坚守国家整合的目标不游移，对内外压力有明晰准确的认知，采取坚定而审慎的措施，在现代国家建构目标与社会多元现实之间存在冲突与博弈的情况下，不断调适公民利益与族群利益的关系。

族群利益是一种基于族群划分，以他族为对象涉及族际关系的群体性利益诉求，其基础是族属认同。而族属认同是一种相对封闭、排他的认同，这种认同的过度强化，无疑会导致社会不同族群之间相互疏离。而这种文化心理层面的认同一旦与利益相结合，且被制度安排所固化，则会使原有的心理隔阂进一步转化为经济、政治壁垒，从而在社会成员之间造成裂痕，会使族群之间因利益分割而壁垒森严，并可能引致族际关系的紧张甚至对立。现代国家的基础应当是超越地域、宗教、族群身份的公民，公民利益是以国家为对象的个体利益诉求，对公民利益诉求的积极回应，尊重和保障每一位公民个体的权利，实现公民权利与国家权力的良性互动，是强化公民对国家的政治认同、增强国家凝聚力的基石。因此，如何防止因族群身份和地域相对固化而引致的问题，如何有效地引导族群之间的交流和融合，如何通过恰当的制度安排将族群整体利益诉求逐步转化为公民个体利益诉求等，都是在理论和实践层面亟待解决的问题。

在现代国家建构进程中起步较晚的国家，需要通过完善治理结构、优化社会管理制度设计，使现代国家的政治价值得以普及；不断提升公共服务供给能力，推动公共服务均等化，以良好的公共服务换取公民对国家、政府与现代国家政治价值的认同，以及对公民—国家契约关系的遵从；建立全国统一的市场体系，借助市场机制与公共权力调控，疏通国内区域间利益分隔状态，将国民整合成牢固的利益共同体；鼓励与支持不同文化的交流，使不同族群、区域基于传统形成的文化、价值，在激荡碰撞中逐渐融汇分享，形成能够为国民广泛认同的共同文化价值体系；通过普及现代科技、教育和有利于现代性发育的文化理念、生活方式等，形成与现代国家建构相适应的新的社会纽带，以增强国家的认同感和凝聚力。

（原载《国家行政学院学报》2015年第2期）

各民族互嵌式社会结构建设中的公共治理

习近平同志在第二次中央新疆工作座谈会上提出"推动建立各民族相互嵌入式的社会结构和社区环境",在第四次中央民族工作会议上提出"通过扩大交往交流交融,创造各族群众共居、共学、共事、共乐的社会条件"。多民族互嵌式社会结构建设,是中国共产党在系统研究总结、吸收借鉴古今中外处理民族关系经验教训的基础上,结合当代中国实践,提出的在新历史时期中国民族工作的指导思想和战略目标,具有极其重要的理论和现实意义。从整体上来看,中国56个民族在长期的历史发展过程中,经过不断的交流融合,已经形成了你中有我、我中有你、"大杂居,小聚居"的分布格局。但在微观层面上,受自然和人文等多重因素影响,部分地区、部分群体在公共社会生活层面,还存在着相互嵌入不足的问题,尚有相当数量的少数民族群众,与其他群体存在程度不同的文化—经济—社会生活—心理隔离。由于互嵌程度不足,在一些区域和部分群体中,国家公共服务和市场经济力量难以进入,许多现实的社会问题被固化,狭隘民族主义情绪容易滋长,在一定程度上影响着民族团结、社会稳定与国家安全。因此,改进和完善民族事务治理体系,提升民族事务治理能力,通过建立各民族相互嵌入式的社会结构和社区环境,促进各民族共同团结进步,共同繁荣发展,实现中华民族的伟大复兴,是当代中国公共治理面临的一个重要而紧迫的问题。

一、多民族互嵌式社会结构建设的理论探讨和历史经验

差异性与多样性是人类社会的根本属性之一,在人类社会漫长的历史发展过程中,由于地理阻隔、自给自足农牧业经济模式影响,以及原始交通、通信方式的限制,人类社会不同区域、不同群体之间交往沟通困难,相互联系微弱,甚至长期处于彼此隔绝的状态。这种隔绝使得不同的地方、不同的人群形成了语言文字、宗教信仰、生活习俗和历史记忆等方面的差异,而所谓民族正是这种差异性在特定人群中的体现。随着生产生活技能的进步,人类的生存空间不断扩展,不同地域、文化群体之间的交往日渐频繁。纵观人类社会发展历程,在不同历史阶段,不同的社会群体或政治共同体——国家,都或多或少面临着如何应对与其他在文化上差异显著的群体的关系,而且差异化文化群体的关系随着人口流动、国家扩张和经济发展越来越复杂、多样,对社会稳定和国家的统一影响巨大而直接。近代以来,虽然有些国家标榜自己是文化属性单一的"民族国家"(Nation-State),但是除了极个别"袖珍国家",大多数国家的公民都由具有不同文化的族群构成,真正的"单一民族"国家屈指可数。这也意味着,处理好不同文化群体——民族间的关系,是世界大多数国家都要面对的普遍性问题。而如何看待和处理人类社会不同群体之间的差异,不同历史阶段、不同国家和地区也形成了不同的理论阐释和政策措施。

在人类历史发展过程中,种族主义曾经从生理、文化、宗教、社会等不同角度试图论证种族有优劣之分,进而形成社会达尔文主义等理论体系,主张对"劣等族群"采取歧视、隔绝(灭绝、驱逐)的策略。在四大文明古国遗留的远古文献中,或多或少都有一些族群——种族隔离的记录,其中以古印度最为明显。古印度《摩奴法典》用一整章规定种姓制度,在四大种姓之间设定了各种隔离措施,界限严明且有着非常严厉的执行机制,种姓——种族——民族在这种机制下相互塑造,其影响一直延续至今。15—16 世纪,欧洲大陆民族——种族隔离制度曾经非常盛行,尤其是为犹太人建立的隔离区几乎遍布各地,在当时最著名的大都市威尼

斯,就建有专门隔离犹太人的"隔都",中东犹太人称之为"ghetto",政府提出了一系列隔离要求,"譬如夜晚不得外出,白天出行时需佩戴黄色标志等"[1]。20 世纪 90 年代以前的南非实施了长达半个多世纪的种族隔离制度(Apartheid),对居民按人种进行分隔(主要分成白人、黑人、印度人和其他有色人种),并颁行了隔离设施法、混种婚姻禁止法等上百项法律法规,推行黑人家园制度、通行证制度、特定住区制度和工业肤色壁垒制度等,实施种族隔离和歧视。而美国在 20 世纪 60 年代民权运动取得胜利之前,也长时期实行着严格的种族隔离和歧视政策。

在"二战"后,基于地方利益的民族主义思想在部分地方发酵,催生了以保护地方利益为诉求的"民族"群体自我隔离观念,例如学者在研究印度尼西亚社会内部"本地人"与"外地人"争端和冲突的过程中,认为印度尼西亚目前出现了基于"原地哲学"的"民族净化"观,主要是主张印度尼西亚当地人是用心险恶的政权、公司以及殖民者侵夺土地的受害者。这种观念引发了不少群体通过暴力手段收回"领土"以及排斥"外人"的情形。[2]

种族优劣理论发展到了极端,便是大规模的族群屠杀和种族灭绝。例如 1915 年至 1917 年间,土耳其对其辖境内亚美尼亚人进行种族屠杀,受害者多达 150 万人。在第二次世界大战期间,纳粹集团基于其只有雅利安人才是人类文明的创造者,如果雅利安民族和犹太人等低劣民族的血统相混杂,必将导致文明衰落等荒谬的种族优劣理论,采用了毒气室和焚尸炉等骇人听闻的残酷手段进行种族清洗,先后屠杀了 600 多万犹太人。1994 年非洲卢旺达胡图族与图西族的冲突也导致了 100 多万人被杀、200 多万人流离失所的悲惨结局。

种族优劣理论的另一种思维路向,是由"优等"族群去教育、强制同化"劣等"族群,进而实现"优等"族群提倡的一体化或一致性。一

---

[1] 李波:《犹太隔离区五百周年》,载《东方日报》,2016 年 2 月 26 日,第 12 版。
[2] [印尼]塔尼亚·李沐蕾、李存娜:《民族净化、循环知识和原地主义的困境》,载《国际社会科学》,2003 年第 3 期。

些阿拉伯国家和近代欧洲、北美等西方国家，在区分族群优劣基础上的同化理论与政策，一度被长期坚持。古代阿拉伯帝国把宗教皈依作为实现对少数民族或新征服族群文化同化的重要手段。而从"大航海"时代开启以来，西班牙、葡萄牙、英、法、德等国则分别在各自亚非拉的殖民地将同化政策与宗教传播、政治扩张联系在一起。资产阶级大革命后建立的第一批现代资本主义国家，在国内也基本上都采取了强制同化政策，如英国推行威尔士语"扑灭政策"；美国在"盎格鲁遵从"[1]理念下强制同化；法国采取了较为激进的政策，促进国民的"法兰西"化；而在东方的日本，则对阿依努族和琉球民族实施了大和民族同化政策。这种同化政策在部分地方甚至走向了极端和暴虐，如澳大利亚在20世纪初为推行"白澳政策"，规定政府当局可以从原住民家庭中带走原住民儿童集中收养，并接受白人文化教育，还有一些肤色较浅的孩子则被强制送到白人家庭收养以达到同化目的，从1910年到20世纪70年代，先后有超过10万原住民儿童被有组织地"偷走"[2]。

20世纪中期以后，文化多元主义在欧美等地兴起，较明显地淡化了种族—族群有优劣之分的理念，在处理族群关系方面表现出明显的进步。加拿大学者威尔·金里卡（Will Kymlicka）是多元文化主义的重要代表人物，他认为"多元文化主义有以下三个特征：批判把国家看成属于主流民族的观点；用承认和容纳政策来代替同化和排外的民族—国家建构政策；承认历史不公正并提供修正措施"[3]。美国、加拿大、澳大利亚等移民国家，"二战"后几乎都在多元文化主义理念的指引下，调整了处理国家族群—文化问题相关政策，对于消除这些国家过去存在的严重的族群

---

[1] "盎格鲁遵从"（Anglo-conformity）是指美国建国初期，要求非盎格鲁撒克逊族群移民，在进入美国之后，应该学英语，接受并融入主要由盎格鲁撒克逊族群创造和维持的社会文化。

[2] 汪诗明：《澳大利亚政府的政治道歉与种族和解进程》，载《华东师范大学学报（哲学社会科学版）》，2011年第4期。

[3] Will Kymlicka, *Multicultural Odysseys: Navigating the New International Politics of Diversity*, Oxford: Oxford University Press, 2007, pp.66, 79.

歧视问题，发挥了积极作用。然而，多元文化主义思想的传播和相关政策的实施也引发了一系列问题，例如亨廷顿晚年出于对美国多元文化弱化国家认同的担忧而提出的质疑："假如它（美国）也变成一个缺乏一种共同核心文化的多文化社会，那么用什么来把它凝聚在一起呢？"[1]而社会学家们，则更多关注和担忧多元文化主义政策下，不同族群聚族而居，在欧洲、北美等地塑造出一个个相互之间缺乏融接的平行社会（Parellel Societies）和隔离社区，以及由此导致的少数族裔融入主流社会、分享社会发展成果困难的问题。特别是近期以来，大批来自中东和北非具有不同文化宗教背景的难民涌入欧洲所产生的种种问题，更引发了西方政界与学界对这一理论及相关政策的争议和反思。

中国的多民族相互嵌入、互融共生的理念和实践，有着悠久历史。早在中华文明形成之初传说中的三皇五帝时期，就有"克明俊德，以亲九族；九族既睦，平章百姓；百姓昭明，协和万邦，黎民于变时雍"[2]的文化群体混同思想。儒家思想并不把族群身份固化，相对更看重的是文化的认同："舜生于诸冯，迁于负夏，卒于鸣条，东夷之人也。文王生于岐周，卒于毕郢，西夷之人也。"[3]在融合汇聚博采众长的先进文化引领下，促进各族群混同，在多数时候都是儒家思想倡导的理念。在实践过程中，战国时期赵武灵王胡服骑射，促进了中原农耕文化与北方游牧文化之间的交融；真正意义上的第一个大一统帝国秦朝的制度设计者李斯也明确提出，对于以天下为怀的国君和国家治理精英而言"地无四方，民无异国"[4]。唐代文明的繁荣鼎盛正是由于各民族的汇聚交融所致，一方面"蕃人旧日不耕犁，相学如今种禾黍"，游牧民族开始学习汉族的农耕种植；另一方面"城头山鸡鸣角角，洛阳家家学胡乐"[5]，研习少数民

---

[1] 塞缪尔·亨廷顿：《再论文明的冲突》，李俊清译，载《马克思主义与现实》，2003年第1期。
[2] 《尚书·尧典》。
[3] 《孟子·离娄下》。
[4] 李斯：《谏逐客书》。
[5] 王建：《凉州行》，载《全唐诗》（上），上海古籍出版社1986年版，第747页。

族音乐舞蹈则成为中原民众的时尚。历代各大统一王朝，对不同族群大多采取"修其教不易其俗，齐其政不易其宜"[1]，即"因俗而治"的治理方式。直到1912年，孙中山在临时大总统宣言中郑重宣布："合汉满蒙回藏诸地为一国，如合汉满蒙回藏诸族为一人，是曰民族之统一。"而各少数民族精英，也积极推动民族交融。北魏孝文帝入主中原后，禁胡服、胡语，改姓氏、官制，使"胡越之人亦可亲如兄弟"[2]，积极推动交流融合。而其千年之后的清朝雍正皇帝，也多次下诏明言："天下一家，万物一体，自古迄今，万世不易之常经。非寻常之类聚群分，乡曲疆域之私衷浅见所可妄为同异者也。"[3]

在这些理论、经验基础上，主张各民族通过平等交往，和睦相处，在共同利益和共同生活过程中，实现全方位的相互嵌入与交融，是一种具有科学性和生命力的族群关系处理模式。这种模式既能够尊重各民族文化的差异性，又能够促进不同文化群体相互交往和交流，减少文化差异带来的摩擦与冲突，进而更好地适应全球范围内经济社会一体化潮流。因为随着交通通信技术的进步和全球化程度的加深，那些历史上导致群体间隔阂进而形成文化差异的因素正陆续被克服，不同地区、不同群体的人们相互交流、交往不仅成为可能，而且成为生产生活的必要需求。尤其是"二战"以后，市场经济对各种生产要素在更大范围内配置组合的内在要求，大大加快了区域经济一体化、全球经济一体化进程。同时区域治理、国家治理、全球治理的相关制度安排和规范体系，也使得过去分区隔绝壁垒森严的管理模式开始走向跨越疆界、互动合作、更大范围的协同治理，从而为具有不同文化背景的人们相互交往提供便利。目前全世界范围内，甚至一些传统中作为区分民族—族群的核心文化标志，如语言、文字、生活习惯等，也渐渐从多元离散状态转为趋同。与经济

---

[1]《礼记·王制》。
[2]《魏书·高祖纪下》。
[3]《大义觉迷录·雍正上谕一》。

全球化相伴的文化、价值、生活方式等领域的趋同,大大便利了人们之间相互交往交流,降低了资源、资本全球范围内优化配置的成本,促进了技术、产业在全球范围的流动和重组,也推动了全球协同治理和协同提供公共服务。这一趋势,对于促进全人类的公平公正,增进全人类的福祉,整体上都是积极而有益的。

改革开放以来,特别是进入新世纪以来,中国社会市场化、工业化、信息化、城镇化进程持续加快,国内各民族交流、交往、交融的社会动力和条件不断强化。中国共产党基于对古今中外民族关系发展趋势的深刻理解,对世界各国处理民族关系经验教训的科学总结和合理借鉴,对当代中国民族关系本质特征的准确把握,适时提出了推动构建各民族相互嵌入式社会结构与社区环境,让各民族在中华民族大家庭中手足相亲、守望相助、团结和睦、共同发展,具有极为重要的历史和现实意义。

二、当代中国各民族相互嵌入的现状分析

中国历史上各民族频繁的交往与融合,奠定了中国民族分布的基本格局,即一种宏观上的高度互嵌结构。各民族互嵌与融合,是中国成为四大文明古国唯一延续至今的文明体系的重要基础,也是中国能够维持较长期稳定的国家政治统一、文化多元一体的原因。在中国960万平方公里的国土上,基本上每个县都至少分布有2—3个民族,56个民族中的每一个民族,都在全国30个以上省级区域有分布。大杂居、小聚居的格局,在改革开放后随着人口的流动,进一步变化为各民族的交错杂居。但在这种趋势下,仍然有一些少数民族群体,受自然、社会各类因素影响,存在着与现代市场体系、主流文化及其他民族不同程度的隔阂。

1. 地理隔阂

在宏观上,地理隔阂体现为特定群体在特定区域高度聚居,在其他区域几乎没有分布,而如果该群体所处的地理区域又因自然原因而高度封闭,资源、人口流动困难,那么该群体的地理隔阂将引发其与其他群体的

互嵌困难。在我国55个少数民族中，有不少民族，包括几个人口众多的少数民族，与其他民族存在地理隔阂的情况，而且这种地理隔阂在现实中也引发了嵌入困难。地理隔阂的表现，一是民族整体性高度隔阂于相对较小且封闭地理区域内，这主要体现为一些人口规模较小的民族。基于第六次人口普查数据的分析，我们可以发现有几个人口较少的少数民族的地理隔阂程度甚高。如基诺族总人口23143人，98.5%（22759人）在云南，其中50%左右（11000多人）集中分布在西双版纳景洪市基诺乡，其他近半数则分布在基诺乡邻近乡镇。珞巴族（中国人口最少的民族）3682人，94.75%（3489人）在西藏，主要分布在藏南门隅、察隅两县交界处山区。塔吉克族51069人，92.7%（47261人）分布在新疆，60%分布在塔什库尔干自治县。二是民族整体高度隔阂于相对较大且封闭的地理区域，但在该区域内具有一定分散度并与其他民族有一定的相互嵌入，这种状况以西部几个大民族较为典型。如维吾尔族1006.93万人口，99.32%（1000.13万人）分布在新疆维吾尔自治区，其中75%以上分布在南疆三个地（市）（喀什、和田、阿克苏），而这三个地（市）维吾尔族占总人口比例则分别达到89.31%、96.91%、74.99%。藏族628.22万人口，98.98%分布在青藏高原（西藏、青海和甘肃甘南州、云南迪庆州、四川甘孜州、四川阿坝州），其中西藏自治区（90.48%）、青海玉树州（95.3%）、青海果洛州（90.95%）三个地方藏族人口占比超过90%。而且少数民族大多分布在沙漠戈壁、雪山冰川的偏远边疆地区，如青藏高原240万平方公里，平均海拔4000米以上；而中国的沙漠（包括沙丘和风蚀土地）戈壁占全国面积的13.36%，也主要分布在新疆、内蒙古、甘肃和宁夏等民族地区。

2. 族际通婚

族际通婚率是衡量各民族之间相互融合程度的重要观测指标之一。从整体上来看，中国混合民族成分的家庭只占全国家庭总量的2.74%[1]，

---

[1] 翟树芬、魏传华、马胜春：《我国民族混合家庭户状况的变动分析》，载《中央民族大学学报》，2015年第3期。

这相对于中国少数民族人口占全国人口8.49%的比例，无疑要低很多。

从区域差别来看，少数民族人口占比较大，各民族混居程度高的民族地区，通婚率表现出显著的差异，这说明在部分地区跨族通婚现象较多，而在另一些地区跨族通婚现象较少。下表显示了2010年八个民族省区跨族通婚比例和少数民族人口比例对比情况。[1]

	跨族通婚率（%）	少数民族人口占比（%）
内蒙古	11.62	20.46
广西	9.73	37.17
贵州	12.51	35.70
云南	11.02	33.39
西藏	1.38	91.83
青海	5.93	46.98
宁夏	1.98	35.15
新疆	1.38	59.52

可见不同区域族际通婚率存在显著差异，理论上应该跨族通婚比例较高的几个地区，实际跨族通婚率并不高，尤其是青海、宁夏、新疆三地。

从各个民族的不同情况来看，2010年全国55个少数民族族际通婚率见下表。

族际通婚率	民族数量	各少数民族的族际通婚率
70%以上	7	鄂伦春族（88.63%）、赫哲族（87.44%）、俄罗斯族（85.54%）、高山族（80.36%）、锡伯族（75.53%）、塔塔尔族（71.37%）、鄂温克族（70.93%）

---

[1] 根据2010年第六次人口普查数据推算。

续表

50%—70%	5	京族(63.71%)、达斡尔族(58.98%)、畲族(54.94%)、仫佬族(52.38%)、乌孜别克族(51.76%)
30%—50%	13	仡佬族(46.47%)、满族(44.8%)、怒族(42.81%)、裕固族(42.39%)、珞巴族(42.06%)、毛南族(40.41%)、蒙古族(39.36%)、土族(36.43%)、阿昌族(35.07%)、独龙族(34.76%)、普米族(34.11%)、保安族(32.99%)、布朗族(30.94%)
20%—30%	15	瑶族(29.01%)、水族(28.54%)、基诺族(27.89%)、侗族(27.24%)、白族(27.02%)、土家族(25.82%)、纳西族(25.6%)、拉祜族(25.32%)、苗族(23.63%)、布依族(23.3%)、门巴族(22.78%)、羌族(22.48%)、傣族(22.35%)、彝族(20.56%)、景颇族(20.46%)
10%—20%	10	德昂族(19.52%)、黎族(18.5%)、佤族(16.54%)、哈尼族(16.53%)、傈僳族(16.24%)、壮族(15.22%)、撒拉族(13.81%)、回族(12.94%)、东乡族(12.36%)、朝鲜族(10.06%)
10%以下	5	藏族(7.16%)、柯尔克孜族(4.29%)、哈萨克族(4.2%)、塔吉克族(2.84%)、维吾尔族(0.53%)

由此可见，尚有5个民族的族际通婚率在10%以下。

从发展趋势来看，根据第五次、第六次全国人口普查数据，2000年少数民族族内通婚率为79.20%，族外通婚率为20.80%。2010年全国少数民族族内通婚率为78.53%，族际通婚率为21.47%。10年间，全国少数民族族际通婚率仅上升了0.67个百分点。而这10年正是中国市场化、城镇化快速发展，人口迁徙流动加速，各民族交往互动更加频繁的时期。

3. 语言文字交流障碍

语言文字是人际沟通交流的工具，同时也是民族文化传承的重要载体。由于历史与现实诸多因素影响，目前我国仍有相当一部分人群对国家通用语言文字的掌握程度较低，在与主流人群交往过程中出现困难，因此语言、文字障碍是阻碍民族间交往交流交融的重要因素。据统计，目前全国少数民族尚有6000多万人使用本民族语言，3000多万人使用本民族文字，53个少数民族都有自己的民族语言，22个民族有自己的文字（共28种文字）。[1]目前全国有4亿左右人口（约占总人口30%）不会说普通话，少数民族地区比例更高，且不少人是既不会说普通话，也不能识读汉字。语言文字方面的障碍，使得这些少数民族群体在主要以国家通用语言文字为载体的各类公私社会活动中，如接受更高层次的教育、外出务工、商贸活动、文化交流等等，都处于非常不利的地位。

此外，在互联网与信息化时代，语言文字方面的不统一，更是加剧了少数民族面临"数字鸿沟"（Digital Divide）的危机，在信息化浪潮中引发机会搜寻与利益分配不均。由于现代信息平台特别是互联网传播平台，国际主要使用的语言是英语，中国主要使用的是汉语，这使得少数民族群众如果不掌握这两门语言，则必然在信息化浪潮中被边缘化。一份针对少数民族青年信息获取过程中语言使用情况的研究显示，较频繁使用少数民族语言看电视、听广播或上网看视频、听歌、语音聊天的比例，仅占6.95%；关注或比较关注少数民族语言文字题材阅读资源的比例，仅占11.56%。[2]出现这样低的比例，原因有许多，而少数民族语言文字在各种信息渠道中应用较少，通过少数民族语言文字获取信息不便无疑最为关键。2014年，我国八个民族省区的网站中，使用中文传播信息的平台占比最低的广西为91.7%，占比最高的青海为99.8%，其次为使用英文的平台，少数民族语言文字在网络信息传播平台中的使用程度没有一个省（自治区）超过2%，大多数都在0.5%以下。[3]

---

[1] 国务院新闻办：《中国的民族政策与各民族共同繁荣发展》，2009年9月27日。

[2] 畅容、顾雪松、刘卫华：《互联网+时代的少数民族青年数字化资源需求与使用研究》，载《东南传播》，2015年第10期。

[3] 孔敬：《2014年中国民族八省区互联网发展水平与趋势》，中国社会科学院民族学与人类学研究所网站，http://iea.cass.cn/content-BA0730-20150421023023328261.htm。

4. 教育水平差距

在现代社会，教育程度直接影响着个人或群体参与现代市场经济和公共生活的能力。在这方面，部分少数民族也与其他民族群体存在较大差距，从而在社会生活过程中，因教育水平制约，分享社会发展成果的能力受限严重。在我国56个民族中，目前还有4个民族6岁以上人口文盲率超过20%（撒拉族21.18%，珞巴族27.45%，藏族30.56%，门巴族37.43%），而全国平均水平为5%。从区域来看，西藏自治区整体文盲率达34.2%。由于门巴、珞巴两个民族也分布在西藏，因此可以说，西藏从整体上来说，因文盲率偏高，而存在大量少数民族群体无法充分融入现代社会的问题。第六次人口普查资料显示，全国大专以上受教育程度人口占6岁以上人口的比例平均为9.53%，但仍然有6个民族这一指标不到全国平均水平的1/3（哈尼族3.03%，拉祜族2.74%，傈僳族2.62%，佤族2.54%，德昂族2.13%，东乡族2.01%）。部分少数民族群体整体上接受高等教育的状况并不理想，这无疑使其参与现代社会生活，分享发展成果的能力受制约。

5. 城镇化率偏低

城镇化是现代社会发展的趋势和动力，也是推动不同区域、不同族群相互交往和融合的重要方式，一个族群的城镇化程度势必会影响其融入现代社会的水平。在我国，少数民族城镇化水平参差不齐，有不少民族城镇化水平过低，大大制约了其在现代市场经济体系和现代公共服务体系下的利益获取、分享机会。2015年中国城镇化率已达到56%，但民族地区为45%左右，部分少数民族则只有35%左右。中国的城镇化水平在不同民族群体中差距巨大，大多数少数民族城镇化水平都低于全国平均水平。2010年第六次全国人口普查数据显示，有17个民族城镇化水平低于20%，其中最低的傈僳族只有10.76%。下图显示了我国部分少数民族城镇化水平状况（按城镇常住人口占比计算）。

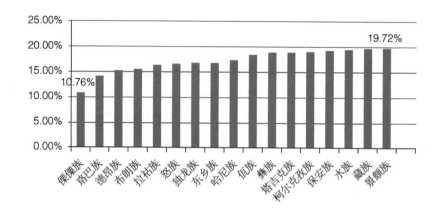

据此可见,绝大多数少数民族人口还居住和生活在农村或牧区,从事着农牧业生产。以维吾尔族为例,2010年,维吾尔族人口集中居住的南疆地区农业人口比率高达73.89%,其中和田县为98.42%,墨玉县为93.12%,疏附县为92.29%。

6. 行业、职业分布差异

在经济发展过程中,不同行业、职业的工资差距,能反映出社会阶层分布。而如果这种阶层分布与民族结构具有重叠性,那就说明特定族群因进入特定行业的机会受限制,从而在社会阶层地位上升方面难以与其他族群机会均等。按行业来看,2014年信息计算机软件(100845元)、金融服务(108273元)、科学研究(82259元)三大行业是城镇平均工资水平最高的行业,农林牧副渔(28356元)、住宿餐饮(37264元)、环境与公共设施维护(39198元)三大行业的工资水平最低。从第六次人口普查数据来看,全国就业人口在三大高薪待业的就业人员总体比例为1.75%,16个少数民族在三大高薪行业就业人口占比低于0.5%,其中德昂、东乡、塔吉克三个族基本上没有人在三大行业就业。反观三大低薪行业,全国平均就业人口比例为51.47%,然而有23个少数民族超过80%就业人群分布在这三大行业,其中傈僳(91.15%)、德昂(90.96%)、东乡(90.89%)、塔吉克(90.02%)4个民族超过90%。从职业来看,处于相对较高就业层次的国家机关、党群组织、企业、事业单位负责人和专业技术人员占比，全国平均为8.6%，而哈尼（3%）、珞巴（2.69%）、拉祜（2.31%）、傈僳（2.17%）、东乡（1.97%）、德昂（1.82%）6个少数民族比例在3%以下。从这些数据可以看出，傈僳、德昂、东乡等民族人口在行业和职业上，与主要市场存在较显著的隔阂现象。

7. 社会流动性很弱

现代社会的一个重要特征就是流动性，人、资本、信息在流动的过程中不断创造价值，流动性激发了社会活力，也为财富的公平分配与广泛分享创造了条件。然而，我国有相当一部分少数民族群众，在快速流动与变化的大社会中，却囿于各种条件限制流动性很弱，形成了一个个相对静止的族群—文化—利益孤岛，而难以在流动中分享经济社会发展带来的成果，许多社会问题也因而固化。根据第六次人口普查数据，2010年全国18个百万人口以上少数民族人口流动情况见下表。

民族	流动人口（万人）	省内流动		省外流动	
		人口数量（万人）	比重（%）	人口数量（万人）	比重（%）
全国	22103.09	13515.46	61.15	8587.63	38.85
汉族	20589.93	12492.66	60.67	8097.27	39.33
少数民族	1505.25	1017.05	67.57	488.19	32.43
蒙古族	101.52	82.28	81.05	19.24	18.95
回族	150.91	108.75	72.06	42.16	27.94
藏族	51.11	43.82	85.75	7.28	14.25
维吾尔族	77.09	72.83	94.48	4.26	5.52
苗族	150.54	69.60	46.24	80.94	53.76
彝族	96.37	78.53	81.49	17.84	18.51
壮族	277.06	178.24	64.33	98.82	35.67
布依族	43.12	17.83	41.36	25.28	58.64
朝鲜族	38.56	22.20	57.56	16.36	42.44

续表

满族	141.96	109.19	76.92	32.77	23.08
侗族	43.86	21.93	50.01	21.93	49.99
瑶族	35.64	19.68	55.23	15.95	44.77
白族	21.79	17.22	79.02	4.57	20.98
土家族	136.06	68.58	50.40	67.49	49.60
哈尼族	21.06	18.83	89.43	2.23	10.57
哈萨克族	14.04	13.23	94.22	0.81	5.78
傣族	10.07	7.71	76.59	2.36	23.41
黎族	15.33	11.63	75.87	3.70	24.13

由此可见，少数民族人口流动率整体低于全国平均水平，而几个人口众多的少数民族流动率不到10%（藏族8.14%、维吾尔族7.66%、傣族7.98%、哈萨克族9.6%），且规模较小的流动人口，还多局限在省域、市域乃至县域范围的流动，而向中、东部发达地区流动的人口比例更低。2010年西藏跨省流动人口55185人，占全部人口比例不到2%[1]；新疆喀什流入人口占本地人口1.6%，流出人口不到10000人，占本地人口比例不足0.2%，考虑到喀什人口93%以上是维吾尔族，因此可以推断喀什维吾尔族人口流动微乎其微。

8. 心理—文化隔膜

历史记忆和叙事分殊。现代国家之所以也被称为民族—国家，是因为民族主义的心理—文化建构，是现代国家普遍采取的整合社会群体、形成社会共识的方式。而民族主义心理—文化建构，主要是通过历史记忆和历史叙事实现的。在我国，中华民族"多元一体"的共同体观念有着深刻的历史基础，历史上不论汉族精英还是少数民族精英，都有着强

---

[1] 石人炳、石玲：《西藏流动人口状况与特点》，载《西南民族大学学报（人文社会科学版）》，2014年第7期。

烈的共同体意识,并将之纳入到有关中华民族共同的历史叙事体系中去。但有部分区域和群体因地理隔绝、文化疏离,公共服务供应水平低,受这种历史叙事体系的濡化作用较弱,中华民族共同体认同有待强化。特别是近年来,受国内外多重因素的影响,狭隘民族主义情绪在个别区域尚有一定市场。国际反华势力和境内外分裂势力组建了一些所谓"社会组织""学术团体",不断借助学术研究、网络社区和民间组织活动等方式,有意夸大族群间差异乃至制造少数民族与汉族以及各少数民族之间的对立,以"泛突厥主义""泛泰主义"等等干扰相关民族的国家认同,虚构、歪曲一些少数民族的形成和发展历史,试图改变中国民族关系的历史叙事,将中国的区域发展不均衡归因于民族关系不平等,而有意忽略历史上中国各民族一体化格局的长期性和稳定性,忽视国家和民族地区各级政府为促进民族间、区域间发展差距做出的努力及取得的成就,以达到制造民族隔阂、挑起民族矛盾的目的。

宗教信仰与习俗差异。中国是世界上少有的自古以来一直坚持世俗化和政教分离,并对多元宗教采取相对宽容政策的国家。这一方面形成了大多数民众没有明确的宗教信仰,另一方面也使得世界几乎所有宗教在我国都有传播,而且不断与中华优秀传统文化相结合,形成了"中国化"的发展模式。我国宗教信众在世俗生活、居住方面相互嵌入程度很深。20世纪70年代以来,世界范围的宗教复兴运动,在不少地区造成了较严重的社会撕裂,我国由于坚持独立办教,受到的影响相对较少。然而,因宗教信仰差异导致的民众生活、价值观念差异与冲突仍然存在,在部分地区表现得还比较突出。有部分宗教人士和信众,以信仰异同来区分社会利益群体,甚至有些信众受原教旨主义乃至极端主义影响,出现了主动与其他群体隔离的现象,需要引起高度重视。

民族身份和利益分配关联。有些地区部分群众将个体利益分配差别与民族群体关联,由于部分区域间、民族间还存在着不同程度的发展差距,同时国家民族政策和区域发展政策在实施过程中,政策理想与政策现实之间有落差,这导致一些地区出现了少数民族与汉族,自治主体民族与非自治主体民族，大民族与小民族之间因公共服务、政策利益分配和市场竞争差异而导致的基于民族身份的利益观强化，进而使得现实的利益冲突与抽象的民族认同被混杂在一起，导致社会利益、价值分配过程复杂化。不同民族群众有时会因利益分配方面的差异，引发民族关系中的负面情绪。

三、推动各民族互嵌式社会结构建设中的公共治理

针对各民族在许多方面还存在着程度不同的隔阂现象，要真正实现多民族互嵌式社会结构建设的目标，需要多方面采取措施，推动不同民族群体流动、交往，使各族群众在共同生产生活和工作学习中，真正实现利益、社会生活和心理文化的嵌入与交融。在多民族互嵌式社会结构建设进程中，市场、社会力量参与的利益激励不足，因此需要公共服务与公共政策先行，通过优化相对封闭的边疆民族地区的公共服务和治理体系，提升这些地区民众参与现代市场经济和现代公共生活的能力，引导其在更广泛的区域内流动，进而实现与其他民族的相互嵌入。

1. 平衡公民一致性与民族差异性宣传教育

第一，平衡民众公民认同与民族认同关系。高度一致的公民认同，是中华民族共同体在现代社会的精神内核，也是引导、促进各族群众在政治上消除隔阂，相互嵌入的心理保障。在新的历史时期，要按照中央部署，创新载体和方式，引导各族群众牢固树立正确的祖国观、历史观、民族观，通过学校教育、公共文化、宣传舆论等渠道，不断强化民众国家意识、公民意识、中华民族共同体意识。要引导民众合理对待民族文化差异性，认识到民族文化和民族差异对中华文化和中华民族政治一体化的从属地位，自觉维护中华民族共同体及其文化。不断增强各族群众对伟大祖国的认同、对中华民族的认同、对中华文化的认同。要坚决遏制以保护、弘扬所谓"民族文化"为旗号，事实上在中华民族共同体政治—文化认同之外，建构新的政治—文化认同，乃至建构新的政治共同体的

活动。

第二，依法处理涉及民族因素问题，强化各族群众法律意识，将民族团结建立在牢固的法治基础上。首先，要用法律而非通过强化特殊性，来保障和巩固民族团结局面，实现法律意识与民族团结协同强化；依法监管和处理各类大民族主义、狭隘民族主义的行为，使各族群众真正实现在法律面前人人平等。引导进入城市的少数民族群众，自觉遵守国家法律、法规和城市管理规定，遵循市场活动准则；同时依法处理在少数民族城镇化进程中各类对少数民族就业、生活、公共服务的歧视现象。通过民族工作法治化，进一步巩固各族群众对国家政治共同体的认同。

2. 依托各类公共服务、公共政策杠杆引导各族群众流动交融

第一，加快民族地区教育发展，以教育公共服务的优化破解部分群众融入主流社会的知识、技能障碍。在基础教育阶段，要进一步加大双语教育普及力度，让部分在地理、文化和心理上与主流社会隔阂较深的群体，尽可能早地掌握融入主流社会的交流工具。高等教育体系要加大向民族地区招生倾斜，尤其是中、东部地区高校，要加大面向偏远民族地区的招生指标投放，要为其提供更多数量、更多专业领域的学习机会，要将对少数民族地区的特殊教育倾斜，与引导少数民族大学生在就学地就业和社会融入的政策、机制衔接起来。大力发展民族地区职业教育，同时鼓励更多内地职业教育机构面向民族地区招生，并将对民族地区青少年的职业教育，与促进其在就学地就业、居住的政策有效衔接。

第二，建立有针对性的劳动力输出服务机制和激励基金，有序扩大中西部偏远、闭塞地区少数民族群众到内地接受教育、就业、居住的规模，促进各族群众在共同生产生活和工作学习中实现深度互嵌。针对部分高度封闭的区域，如青藏高原、南疆地区、藏彝走廊、武陵山区、乌蒙山片区等，建立由中央统一协调，劳动力输出地省、市政府和劳动力接收地省、市政府分工合作，市场中介组织、社会服务组织和劳动力接收地企业积极参与的劳动力输出服务机制，以整体分散但在特定区域相对集

中的方式组织劳动力输出。由各地政府资助或提供政策优惠,以企业和社会组织为主体,建立面向偏远、闭塞地区少数民族劳动力输出的激励基金,通过这些基金帮助解决少数民族地区劳动力输出过程中面临的交通、培训、接收地居住与融入、具有特殊偏好的公共服务需求与日常生活需求等现实问题。

第三,在公共服务与公共政策实施过程中融入多民族互嵌式理念与目标。在由政府和其他公共主体提供的公共服务,以及一系列针对民族地区的公共政策实施过程中,要主动融入多民族互嵌式理念,将促进多民族相互嵌入式社会结构与社区环境建设,作为公共服务、公共政策的重要目标贯彻落实。特别是在民族地区的扶贫开发、移民搬迁、公务员小区建设、保障房分配,以及城市大型公共设施如广场、公园、图书馆、博物馆、各类学校布局等领域,要将促进各民族多层次、多维度地相互嵌入作为绩效指标纳入相关政策规划和公共服务实施方案中去。

3. 通过城镇化与公共服务供应结构优化促进多民族相互嵌入

由于我国少数民族群众大多数居住在西部地区,虽然近几年有相当一部分少数民族人口流动到中东部地区就业,但毕竟只占少数民族人口的较少部分。而且流动少数民族人口中,真正有能力、有意愿在中东部地区安居的,也占比很低。特别是在中东部地区城市快速转型升级的情况下,由于少数民族流动人口大多缺乏知识、技能,适应性不足,未来有相当一部分人可能会被挤出,仍然回流到民族地区。因此,从长远来看,更大范围、更深度的多民族相互嵌入式社会环境的建设,还要依靠民族地区自身的城镇化,并在城镇化进程中,通过一系列公共服务措施,引导不同民族群众在同一个社区中共同生活,在同一片产业园区中共同生产、工作,青少年在同一个学校中学习。来自不同民族、宗教的群体,在城镇这样一个人口、资源、信息高度密集的区域里,因共同利益和共同的市民生活,融合成多维纽带牢固黏合的共同体,实现高度的互嵌与融合。但目前民族地区城镇化发展水平还很低,2015年广西城镇化率为47.1%,新疆为46%,贵州为42.01%,云南为43%。而西藏只有26%,

比全国均值低近30个百分点，比西部地区均值低21个百分点。因此，我国一方面要加快民族地区城镇化发展进程，而另一方面也要处理好城镇化过程中必然面临的多族群汇聚、多宗教并存、多文化交集的相互适应、共生发展和彼此间的交流融合等各种问题。

第一，配合国家发展战略转型，引导中东部地区劳动密集型、资源密集型产业向民族地区转移，以产业发展带动城镇化和民族地区各族群众向城镇转移。中央新疆工作会议指出，要引导各族群众有序进城就业、就地就近就业、返乡自主创业，这个要求不仅仅对新疆发展有意义，对其他民族地区城镇化也有重要指导意义。但是，就业的基础是有产业，在目前广大民族地区产业基础薄弱，就业吸附能力相对较低的情况下，国家和民族地区各级地方政府应整合市场资源和公共服务资源，引导中东部地区的劳动密集型、资源密集型产业、企业向民族地区转移，帮助民族地区快速发展一批既具有一定市场优势，又能够吸纳较大规模就业人口的产业，为民族地区城镇化加速奠定产业基础。

第二，城镇公共服务供应要配合多民族互嵌式社会环境建设战略目标。在民族地区城镇化进程中，来自农村的各族群众，来自中东部地区的经商、旅游和工作的人员的涌入，必然会导致不同民族、不同文化、不同利益激荡碰撞。近代以来世界城镇化进程的历史显示，具有不同文化背景的群体有聚族而居的本能倾向，若在城市规划管理过程中不加以适当的引导，久而久之在城镇中就会形成一个个有着较高封闭程度的"族群孤岛"或者亚文化社区。而这种城镇中的特殊社区，往往又与经济贫困、公共服务供应不均等、文化自闭、族群隔绝疏离等问题交织在一起，使得城镇这个本来是促进不同群体融合的平台，反而成为大规模群体冲突的策源地。我国在民族地区城镇化进程中，要对此有清醒的认识，并积极采取措施加以防范。主要措施包括由政府主导提供的安居性质的住房，要严格按照多民族相互嵌入式社区环境的要求配置；公共教育应尽量减少按民、汉学校分立的办学模式，更多推行民汉合校，引导各民族青少年在成长阶段就共同学习，相互适应；政府与企业合作开展有序的就业引导和人力资源优化配置,打破特定民族在特定行业、特定职业或特定产业园区过度聚集的现象,尤其要扭转部分少数民族劳动者过度集中于低层次、低收入行业、职业的状况。

(原载《中国行政管理》2016年第12期)

中国的民族问题与国家安全

引言：中国进入了民族问题多发期

今日中国正处于剧烈的社会转型时期，改革进行到现阶段，我们一方面取得了非常大的成就，中国已经成为世界第二大经济体，对全球经济增长贡献率超过30%，各项社会事业也都有了长足的发展，另一方面也面临着很多问题。由于社会结构分化、社会利益分配出现巨大变化，各种社会矛盾开始集中爆发，例如股市低迷、房价暴涨、民族宗教、周边海域等等，一些地方的劳资矛盾很突出，干群关系也有一些紧张甚至对立。

在中国社会面临的各种问题和矛盾中，民族问题是非常敏感和非常复杂的重大社会问题。

首先，随着工业化、信息化、城镇化、市场化、国际化的深入推进，中国的边疆民族地区与全国一道进入了剧烈的社会转型期，但由于民族地区大多地处偏僻，许多地方还保留着传统的生产和生活方式，宗教信仰、文化习俗也与内地有较大的差异，在快速现代化的过程中，其所经历的震荡与冲击，比内地要更强烈一些，引发的矛盾和问题也更加复杂尖锐一些。

其次，随着城镇化的加速，人口流动加快，有大量的少数民族群众到东部地区打工、经商、求学,而内地也有越来越多的人到西部民族地区旅游或工作。这在促进各民族交流发展的同时,也会由于文化的差异而产生各种各样磕磕碰碰的问题。

再次,由于国内外多重因素的影响,民族分裂、宗教极端、暴力恐怖势力在一些地区活动猖獗,并向东部蔓延,严重威胁着社会稳定与国家安全。

国际与国内、历史与现实、经济与文化等多种因素相互交织,使民族问题具有重要性、长期性、复杂性、敏感性等基本特征。正是从这个意义上说,中国进入了民族问题多发期。

因此,维护民族团结,消除民族歧视,促进各民族交往交融,共同繁荣发展,实现中华民族的伟大复兴,既是党和国家的神圣使命,也是中国社会每个公民都应该承担的责任。对此我们应该有清醒的认识。

一、民族与民族问题

(一)什么是民族

既然民族问题如此重要,我就先试着分析一下什么是民族。"民族"是国人耳熟能详的一个词,无论是政策文件、媒体宣传,还是我们经常填写的各种登记表格,都会常常提及。但其实我们没有认真思考过,民族的含义到底是什么。大家知道在中国古代文献中,"民"和"族"两个字大多数是分开的,也有个别时候是连在一起的,但也不是今天这个意思。我们今天所说的"民族",它是从西方传进来的一个概念,在英文里有多个表述,如"people""ethnic group""race""nation"等等。虽然这些表述都是对人类不同群体的界定,但侧重点各有不同,有的是说文化差异,有的是表示人种的差别。但"nation"则更多的是与"国家""国民""国族"等政治含义相关联的,是随着民族国家的兴起开始传播扩散。"nation"传到了日本,日本用汉字翻译为"民族",我们引进了这一术语。但究竟什么是民族,还存在很多争议。比如英国政治学者安德鲁·海伍德就认为:"民族(nation)一词通常很少在精确意义上使用,且常与国家(state)、国土(country)、族群(ethnic group)和种族(race)替换使用。"我们有时把它翻译为"民族",有时把它翻译为"国家",比如"联合国"的英文就是United Nations,而"国家民委"的官方英文名称是State Ethnic Affairs Commission of the People's Republic of China,"中央民族大学"原来的英文校名是Central University for Nationalities,后来干脆用汉语拼音来表示,改成了Minzu University of China。

很长一段时间里,我们使用的"民族"概念,是斯大林所定义的。斯大林说,民族是这样一群人,他们有四个共同特征,就是语言、地域、经济生活和文化心理特征,缺一不可。我们从引进马克思列宁主义之后,官方关于民族的表述,基本上用的都是斯大林的定义。但是斯大林是根据苏联的特征来定义民族的,尤其是列宁在领导十月革命的时候,需要动员一切力量来推翻沙俄统治,他强调民族自决、民族独立,强调民族是个政治实体,是"nation"意义上的实体。但是到了今天,中国的情况与之是不是完全一致呢?恐怕也需要进一步讨论。

比如说共同的语言是民族的特征,是相互交流形成认同的基础,但大家知道,在中国人口过千万的4个少数民族中,回族全部使用汉语,1000多万满族人口中能通晓满语释读满文的已不超过百人。目前有22个民族共使用28种文字,其中壮、布依、苗等12个民族使用的16种文字是由政府帮助创制或改进的。有不同民族使用同一种语言文字的,如满、回、汉等;也有同一民族不同区域语言差异很大的,如彝语有六大方言,而藏语卫藏方言、康方言和安多方言甚至两两不能互通;还有语言相通但文字不同的,如蒙文有新蒙文、老蒙文等等。可见语言文字是区别民族的重要特征之一,但不是唯一特征。

如何理解共同的地域这个民族特征,就更复杂一些了,因为每个人都在一片地理空间上生存,你是在这块土地上建立自己的国家呢,还是建立地方行政区域,或者是游牧迁徙逐水草而居呢?比如在以色列建国之前,犹太人是散布在世界各地的,没有自己的"地域",但你能说它不是一个民族吗？是！正是强烈的民族属性，把散居在世界各地的犹太人召唤在一起，建立了以色列国家。再如号称世界"流浪的民族"的吉卜赛人（亦称罗姆人），虽无属于自己的固定地域，但民族特点却非常鲜明。我们说的"地域"这个概念应该从哪个层面去理解？是指地理意义？主权意义？行政区划？还是文化意义？……所以说在中国这个统一的多民族国家，如何理解民族与地域的关系是一个重要的问题。

至于共同的经济生活，它指的是人类社会早期刀耕火种和自给自足时期，由于地理隔绝、交通信息闭塞，而形成的不同区域的经济活动方式的差别，靠山吃山，靠海吃海，有的是游牧经济，有的是渔猎经济，也有的是农业经济。但在今天，经济全球化已经几乎把世界上所有的人都编织在一起了，我们每个人都是世界庞大经济体系中的一个节点。比如内蒙古大草原上的一个牧民，看起来他过的是游牧生活，但是他赖以为生的皮毛和肉制品的产销量取决于全国乃至国际市场的皮毛和肉制品价格的波动。游牧经济已经不是原来的一种自给自足的独立封闭的经济体，它只是一种劳动分工，而不是一种完整的经济体系。今日世界我们已经很难找到一个游离于全球经济活动之外，完全自给自足的族群，如果在哪里发现了，那一定是一个原始部落。

至于文化心理，这个可能稍微要强烈一点，就其本质而言，一个民族的文化心理，它包含着宗教信仰、历史记忆、生活习俗等等，比如说北方的少数民族驰骋于大漠高原，因此金戈铁马相对彪悍；南方的少数民族身处竹林花海，所以温润婉约。这是我们说的文化心理特征，但是这种特征是族群特征还是区域特征呢？所以还有另外一种说法，大家知道很著名的美国学者本尼迪克特·安德森（Benedict Richard O'Gorman Anderson），他有一本书，书名就叫《想象的共同体：民族主义的起源与散布》，他说"民族"本质上是一种现代的想象形式。哲学家莱布尼茨说过："世界上没有两片完全相同的树叶。"人也是这样，高矮胖瘦、性格、家庭出身、文化教养、个人嗜好都不一样，差异性是人类的重要特征之一。所以安德森说，所谓民族是一种被想象为本质上有限的，而且拥有主权的共同体，所以是建构出来的。以美国为例，当一个人说他是美国人的时候，可能让我们想到这样两层含义。一个是法律意义上的美国人，即拥有美国国籍，拥有美利坚合众国公民的权利和义务。但同时，可不可以说这也是一种文化区分，既然是个美国人，不管是白人黑人，不管最初来自于哪里，是 African American，还是 Asian American，基本上会有这样一些共同的东西，比如都尊崇那些写进联邦宪法或《独立宣言》中的价值和信条，崇尚市场经济和个人的自由，甚至生活方面都有许多共同的东西，喝可口可乐、吃麦当劳快餐、看好莱坞大片、穿牛仔裤等等。尽管他们的祖先可能是德国人、英国人、法国人，但他们已经与今日的德国人、英国人、法国人有着显著的差别。"美国人"某种意义上已经是一个国族（nation）了。是国家建构了民族，而不是民族建构了国家。国家通过意识形态政治价值的灌输、共同经济利益的捆绑和文化习俗的熏陶，使这一群人具有了许多共同的特征，它已经不再仅仅是一个法律或政治意义上的实体了。

民族是一个兼具了主观与客观双重特征的历史现象，是指某些方面，特别是文化传统、心理认同方面具有共同特征的人类共同体，是处于不断变化过程中的人群的结合。一些民族是基于自然地理条件形成的原生性民族，但还有一些民族是社会或国家基于某种需要建构起来的。所以说，民族是一条流淌着的河，不是从来就有的，也不是一成不变的。作为特定文化载体的民族，其文化特征永远处于不断的发展变化之中。世界各地的传统文化，由于地理阻隔、语言障碍等等因素，相互交流较少，因而各自差异性较大。而现代社会由于交通与信息技术的进步，以及市场经济的驱动，个人之间、群体之间、区域之间的互动交往日益密切，政治认同、利益关联成为维系群体的基本纽带。那些基于传统生产生活方式而形成的特殊文化，日渐退出现实生活，或成为存放于博物馆的历史记忆，或成为特定时日的节庆装点。共性增强、日益趋同，成为当代人类社会的一个重要特点。我们翻开一部中国历史，二十四史中记录的少数民族非常多，高车、铁勒、柔然等等。它们今天哪儿去了？没有了，消失在历史的长河中，转化融合在其他族群中了。而存在于今天的每个民族，我们都能够比较清楚地追流溯源，厘清其形成的过程与哪几个古老的族群有关，主要经历了哪些与其他民族互动交往、学习借鉴、汇聚融合发展阶段。

（二）民族主义与民族问题

如前所述，民族是人类社会中由于文化差异而形成的不同群体。所谓差异，就是说这一群人和那一群人在语言文字、文化心理、饮食习惯、宗教信仰、历史记忆方面有所不同。正是由于人类社会中差异性的存在，我们的生活才如此丰富多彩。但遗憾的是，人在谋取利益的过程中，由于个体力量过于单薄，所以需要结群，而结群则需要联系的纽带。人类社会早期的群落纽带是血缘，正所谓"上阵父子兵""打虎亲兄弟"。但随着社会发展，血缘关系已经不能够覆盖人类生活的各个领域，所以必须寻找新的社会纽带。而基于共同心理和情感形成的民族与民族主义，则是进行社会动员、谋取社会利益最适合的工具。民族之所以能成为"主义"，其基本动因就是与利益关联。纵观人类历史可以发现，民族和宗教情绪是进行政治动员最廉价最有效的工具，用一个口号就可以把特定群体心中潜藏的火焰点燃。近代以来西方的资产阶级革命，正是利用民族情绪动员革命力量，引发了持续200多年的民族主义运动和思想浪潮。

在持续的民族主义运动中形成了许多很强烈的甚至是极端的民族主义情绪，比如主张"人类自然地形成不同的民族，这些不同的民族都是而且必须是政治组织的严格单位……除非每个民族都有国家，享有独立存在的地位，否则人类不会获得任何美好的处境"，或者"各民族是由上帝所安排的相互分离的自然实体，因此最佳的政治安排的获得，是当每一个民族形成了独立国家的时候"等等，它们都强调"一族一国"。今天国际上有个所谓第三次民族主义浪潮，其主要特征就是地方分离主义运动，即所谓"一族一国"的民族自决、民族分离。但事实是，当今世界有大大小小3000多个民族，只有200多个国家，所以世界上的绝大多数国家都是多民族国家。中国是多民族国家，美国是多民族国家，俄罗斯是多民族国家……也有一些国家，如日本，号称自己是一族一国，说自己的全体国民都是大和民族，没有少数民族，对内对外都一再宣称，大和民族和日本国是同义语。但其实不然，我们知道，日本北海道的阿伊努族人，琉球群岛的原住居民，与日本本岛的民众，在文化甚至人种方面都有差别，只是日本有意忽略。所以当今世界上大部分国家都是多民族国家，因此，民族主义思潮使"民族"与"国家"的关系复杂化，这是引发民族问题的主要根源。

民族与国家到底应该是什么关系？在这个问题上的看法不同往往导致民族问题从一个文化心理问题上升为一个政治问题，成为国家治理中很棘手的一个问题。

（三）民族问题是一个世界性的难题

民族主义"曾促成了战争与革命，导致了新国家的诞生，帝国的解体以及边界的重新划定，被用来重塑和巩固现有政权"[1]。据不完全统计，第二次世界大战以来，全世界发生了270多起较大规模的国际冲突，其中90%以上都是由民族矛盾引发或与民族问题相关联的。

民族矛盾和冲突是导致苏联和部分东欧国家解体最直接的因素。苏维埃社会主义共和国联盟有100多个民族，以民族为边界划分行政区域，建立自治区或加盟共和国、自治共和国等；在民族政策方面，也经历了从片面强调"民族自决"的"自治权"到"大俄罗斯主义"的变化；最高苏维埃设立民族院，由各加盟共和国、自治共和国、自治州、自治专区选举的代表组成；苏联宪法明文规定各加盟共和国有退出联盟的权利。1991年12月，这个庞大联盟一夜之间分崩离析，15个以民族命名的加盟共和国宣告独立。尽管苏联解体有多方面的原因，但其对民族问题处理的失误是重要原因之一。

---

[1]［英］安德鲁·海伍德：《政治学》，张立鹏译，北京：中国人民大学出版社2006年版，第105页。

当今世界各地的热点，巴以冲突、俄罗斯的车臣问题、英国的北爱尔兰和苏格兰问题、西班牙的巴斯克和加泰罗尼亚问题、伊拉克和土耳其的库尔德人问题、加拿大的魁北克问题、苏丹的达尔富尔等等，从发达国家到发展中国家，几乎都是由于民族间的矛盾冲突引发的。

因为民族冲突，人类经历了种族仇杀、强制隔离、暴力驱逐、族群歧视等种种悲剧。"二战"期间，德国纳粹政府在奥斯维辛集中营先后处死了600多万犹太人和波兰人，原因就是这些人属于"劣等民族"，这是人类民族关系史上最黑暗的一页。1994年，卢旺达胡图族对图西族进行了有组织的种族灭绝大屠杀，共有80万—100万人死亡，造成了惨绝人寰的历史性悲剧。

（四）世界各国应对民族问题的方法

既然民族问题是个世界性的难题，世界各国的政府、学界、社会也都在思考如何有效地化解民族矛盾，妥善地处理民族问题。应对方法多种多样，可以简单地归结为这么几种模式。

一是苏联和个别东欧社会主义国家采取的模式——以民族为单位建立自治共和国或自治地区。苏联、南斯拉夫、捷克斯洛伐克这几个国家创立了完全根据民族划分行政区划，并且以此为基础设计民族自治或自决的政策。但遗憾的是，这几个国家，全部按照民族边界解体了，苏联分成了15个，南斯拉夫联盟分成了7个，捷克斯洛伐克分成了捷克和斯洛伐克。

二是美国、巴西等美洲的移民国家模式——将民族从政治生活中抹去，把社会作为民族"大熔炉"，促进多民族自然融合。美国在20世纪60年代之前有严重的种族歧视制度，在民权运动胜利之后，国家先后颁布了《平权法案》《公民权利法案》《选举权利法》等法律法规，废除种族隔离制度，实现公民平等，强调文化是个人身份，在国家层面上只有公民，以这样的方式来淡化民（种）族问题。

三是东南亚部分国家曾经实行过民族强制同化和对异族进行排斥的

这样一种行为，试图按照主体民族的需要消除国族以外的其他民族。即在经济高涨时期，需要大量的外国廉价劳动力和外国资本投资，一旦经济不景气，或出现政治动荡，首先保证主体民族的就业权利、经营权利，歧视排斥甚至大规模驱逐其他族群。

四是非洲有一些部族国家，整个国家的国民几乎完全由在血缘上具有亲缘关系的部族成员组成，并排斥其他部族，所以部族冲突是非洲大陆持续动荡的重要原因。由于非洲长期是列强的殖民地，许多国家建国历史很短，"二战"前只有埃塞俄比亚、利比里亚和埃及等几个独立国家，"二战"后大多数国家是在部族的基础上建立起来的，所以带有原始色彩，有些国家的国民几乎都是在血缘部落的基础上发展起来的。

综合来看，世界各国解决民族问题的方案都各有其利弊。到目前为止，还没有哪个国家能创制一种放之四海而皆准的方案，使民族问题迎刃而解。因为每个国家的民族构成、历史传统、意识形态、经济社会结构甚至国民心理等等，都各不相同，民族问题的存在和表现形式也不同，所以没有万能的方法。解决中国的民族问题，还得靠我们中国人自己。

二、中国的民族与民族关系

中国是一个统一的多民族国家，迄今为止，经过识别并且由中央政府确认的民族有56个，相对于汉族而言，其他55个民族的人口较少，习惯上称之为"少数民族"。

据2010年第六次全国人口普查，55个少数民族人口为11379万人，占全国总人口的8.49%。

中国各少数民族之间的人口差异也非常大，壮族、回族、满族、维吾尔族4个民族人口均超过1000万，占全国少数民族人口总量的43.09%；有14个少数民族人口超过了100万，占全国少数民族人口的51.13%；有18个少数民族人口超过了10万，有13个少数民族人口超过了1万；有6个少数民族人口低于1万，分别是鄂伦春族、独龙族、赫哲族、高山族、珞巴族、塔塔尔族。

从分布状况来看，中国的民族呈大杂居、小聚居的分布状态，由于长时期的历史发展和社会交往，全国每一个县级以上的行政区域都有两个以上的民族分布。总体而言，少数民族大多集中在东北、西北和西南三大区域，东部的少数民族人口较少。

虽然中国民族众多，且民族之间也存在着程度不同的差异，但是在长时期的历史发展过程中，各民族交流融合，相互依存，都为缔造统一的多民族国家，创造悠久灿烂的中华文明，推动中国历史的进步，做出了自己重要的贡献。所以一部中华民族的发展史，也是56个民族共同发展的历史。

（一）中国民族关系的历史基础

首先简单回顾一下中国民族的历史关系。自远古时期起，中国领土上就生活着众多民族，即所谓"五方之民"——华夏、南蛮、北狄、西戎、东夷。秦始皇统一中国以来，中国在绝大多数时期保持了国家统一和民族团结，并以中华文明为纽带，形成了中华民族多元一体的格局。

从先秦时候开始，中国就形成了以中原文化为核心的华夏文明，后来形成了所说的汉族。汉族自身具有多元复合性，就像一个文化大雪球，不断地滚动着往里加内容，不断吸收别的文化。

在漫长的历史进程中，中国绝大多数时期都保持了国家的统一和民族的团结，并且以中华文明为纽带，形成了费孝通先生所说的中华民族多元一体这样一个格局。从秦代以来，中国只在个别时期有过一些民族歧视，在大多数时期民族关系都相对和谐，中原王朝对边疆少数民族地区采取"修其教不易其俗，齐其政不易其宜"，即"因俗而治"的方法，实施了盟旗制度、伯克制度、土司制度、噶厦制度等等。我们所说的个别时期，一个是元朝时候曾把人分为四等：蒙古人、色目人、汉人和南人。这里的南人是南方的南，汉人是原金统治区的汉人、契丹人和女真人等。另外清朝女真族入关的时候，也短时期有过对个别民族的歧视，比如提出"留头不留发，留发不留头"，但是当其统治稳定了以后，就开始糅合满汉一家了。清朝雍正皇帝在处理了吕留良、曾静案后，曾亲自编著《大义觉迷录》，宣扬清朝的正统性和"华夷一家"思想，并引证"夷狄入中国，则中国之，中国人夷狄，则夷狄之"，论述国家与民族的关系，以期消弭夷夏之防。辛亥革命兴起之时，"驱除鞑虏"曾是同盟会的纲领之一，但很快孙中山先生就淡化了简单的驱满排满情绪，转变为民族平等团结的思想，他说"国家之本，在于人民。合汉满蒙回藏诸地为一国，即合汉满蒙回藏诸族为一人，是曰民族之统一"。抗战前夕，中国思想界曾有过一场关于民族问题的激烈讨论，结果深化了大家对顾颉刚先生"中华民族是一个"论断的认识。所以说在中国历史上，多元一体的思想已经成为主流。在长时期的共同发展中，各民族形成了维护中华民族共同体的高度共识。正因为如此，我们的中华民族虽然历经劫难，但始终生生不息，发展到了今天。

（二）新中国的民族政策

新中国成立以后，党和政府坚持以民族平等、民族团结和各民族共同繁荣的原则处理中国民族关系。

中国实行了独特的民族区域自治制度，将民族自治与区域自治相结合，以促进少数民族和民族地区的发展。

各民族"共同团结奋斗、共同繁荣发展"，这"两个共同"是新时期民族工作的指导原则。

中国制定了相对独立的法律法规体系，以法律形式确认并保障少数民族权利：宪法中有专门的条款，并制定有专门的民族区域自治法、城市民族工作条例和民族乡行政工作条例，而且各民族区域自治地方还制定了大量的自治条例和单行条例，内容涉及经济文化等多个方面。

从中央到地方，县级以上的政府序列里面，全部设有民族事务管理机关，专门维护民族团结，保障少数民族权利。

在新的历史阶段，国家推出了西部大开发、兴边富民行动，扶持人口较少的民族发展，而且专门制定了少数民族的"十一五""十二五"规划，加大了对少数民族和民族地区的支持。

民族区域自治制度是中国的三大基本政治制度之一，是指在国家统一领导下，各少数民族聚居的地方实行区域自治，设立自治机关，行使自治权的制度。目前，我国建立了155个民族自治地方，有5个自治区、30个自治州、120个自治县。此外，我国还建立了1173个民族乡，它不属于民族自治地方，是民族区域自治的补充形式，专门保障散杂居少数民族的权利。民族自治地方占国土面积约64%，中国领土一多半是民族自治地方。自治地方的人口占到了全国总人口的13%。在中国的55个少数民族中，已有44个建立了自治地方，实行自治的少数民族人口占其总人口的71%。在11个因人口较少且聚居区域较小而没有实行区域自治的少数民族中，有9个建有民族乡。可以说，民族区域自治制度基本上把中国的少数民族全部覆盖了。宪法和《民族区域自治法》赋予了民族自治地方涉及范围非常广泛的自治权力。

（三）当代中国的民族关系

新中国成立以来，通过一系列具有创造性意义的民族政策的实施，中国的民族关系有了巨大的改善。

1. 各民族在政治上完全平等。目前，全国人大少数民族代表占代表总数的13.6%，全国人大常委会少数民族代表占代表总数的15.53%，都远远高于少数民族人口占全国总人口8.49%的比例；各级地方人大少数民族代表比例一般也高于少数民族人口比例；民族自治地方政府、人大主要负责人，几乎都来自自治主体民族。

2. 民族地区经济发展迅速。中华人民共和国成立以来，特别是改革开放以来，各少数民族地区发展很快，2013年，民族地区GDP达到64772亿元，比上年增长10.6%，较东部、中部和东北地区平均增速分别高1.5个、0.9个和2.2个百分点。规模以上固定资产投资5.5万亿元，增长23.8%，比全国平均增速高3.3个百分点。社会消费品零售总额2万亿元，比上年增长 16%。进出口总额突破千亿美元，达到 1144.5 亿美元，增长 14%。公共财政预算收入完成 78435 亿元，增长 13.1%。农牧民人均纯收入和城镇居民人均可支配收入分别为 6579 元和 22699 元，相比上年提高 13.9% 和 10.5%。

民族地区经济快速发展，离不开中央及全国各地的大力支持。以西藏为例，1952—2013 年，中央政府对西藏的各项财政补助达 5446 亿元，占西藏地方公共财政支出的 95%；2011—2015 年，中央政府围绕改善民生、基础设施、特色产业、生态环境等重点领域，共规划建设 226 个重大项目，五年计划完成投资 1931 亿元，其中中央政府投资占 71.5%；2010 年中央第五次西藏工作座谈会后，中央政府按照省市财政收入的千分之一核定了 17 个援藏省市的援助资金量，并建立了稳定增长机制。

中央和全国各地对新疆的发展也给予了大力支持。仅 2010—2014 年国家对新疆的财政补助就达 1.06 万亿元；19 个援疆省市共拨付援疆资金 536 亿元，实施援疆项目 4906 个，新疆依托援疆省市累计引进各类合作项目 6482 个，到位资金 8277 亿元；在新疆重大建设项目投资中，中央投入的资金占到 80% 以上，国家累计补助新疆基本建设投资 1108.2 亿元。

除了新疆、西藏之外，中央对其他多民族省区也都分别出台了专项支持政策，国务院从 2006 年到 2012 年先后发布了《广西北部湾经济区发展规划》《关于进一步促进宁夏经济社会发展的若干意见》《关于支持青海等省藏区经济社会发展的若干意见》《关于进一步促进广西经济社会发展的若干意见》《关于支持云南省加快建设面向西南开放重要桥头堡的意见》《关于促进内蒙古经济社会又好又快发展的意见》《关于进一步促进贵州经济社会又好又快发展的若干意见》。

在中央和全国各地的大力帮扶下，经过民族地区广大群众的艰苦努力，民族地区经济有了迅速的发展。

地区	GDP（亿元）		人均GDP（元）	
	1952年	2015年	1952年	2015年
内蒙古	12.2	18032	173	71992
广西	12.8	16803	67	35345
贵州	8.55	10502	54	29938
云南	11.78	13718	70	29100
西藏	1.32	1026	115	32322
青海	1.6	2417	101	41428
宁夏	1.73	2911	126	44015
新疆	7.91	9400	166	40896

3. 少数民族和民族地区文化繁荣发展，少数民族传统文化得到保护。54个少数民族使用80余种本民族语言，有22个少数民族使用着28种本民族文字（不包含民间局部使用的约40种未规范文字）。截至2013年，全国建立民族文字图书出版社32家，民族语言文字类音像电子出版单位13家，编辑出版民族文字期刊222种、民族文字报纸99种、民族文字图书9429种。民族自治地方有广播电台73个，节目441套，民族语言节目100个；有电视台90个，节目489套，民族语言节目100个；有各类文化机构50834个，其中图书馆653个，文化馆784个，文化站8153个，博物馆385个。

截至2015年年底，布达拉宫等9项分布在民族地区的自然、文化遗产被列入《世界遗产名录》。新疆维吾尔木卡姆艺术等少数民族项目入选联合国教科文组织《人类非物质文化遗产代表作名录》，羌年等则被正式批准列入《急需保护的非物质文化遗产名录》，我国民族地区建成了10个文化生态保护实验区。在国家级非物质文化遗产代表性项目名录和代表性传承人名单中，全国共有479项少数民族非物质文化遗产代表性项目、524名非物质文化遗产代表性项目传承人入选。

4. 新疆有伊斯兰清真寺约2.4万座，教职人员2.9万多人。西藏有各类宗教活动场所1787座,住寺僧尼4.6万余人,活佛358名。国家分别于1989年、1994年、2008年三次拨专款维修布达拉宫,先后投入资金2亿多元,而从20世纪80年代以来国家用以维修西藏各地寺庙的投入超过了14亿元。

5. 少数民族人口增长很快。中华人民共和国成立之后,由于政府采取多种措施保障少数民族权利,少数民族人口无论总量还是占全国总人口的比例,都呈现出稳步上升的趋势。历次人口普查显示,1953年中国少数民族总人口仅3532万人,1964年为4002万人,1982年为6730万人,1990年为9120万人,2000年为10643万人,2010年为11379万人。

1990—2000年间,土家、高山、羌、毛南、保安、东乡等13个民族人口年均增长率都在2%以上,其中高山族和羌族分别高达4.31%和4.26%。蒙古、藏、维吾尔等8个百万人口以上的民族,人口年均增长率也在1.4%—2%,大大高于全国总人口年均增长率0.91%的水平。

在1964—1982年、1982—1990年、1990—2000年、2000—2010年,少数民族人口占全国总人口的比重由5.8%分别提高到6.7%、8.01%、8.41%和8.49%。

此外,国家在升学、就业、医疗保障、干部选拔等方面采取了很多特殊政策,扶持少数民族发展。

三、中国的民族问题

虽然我们民族关系处理得很好,但是有没有问题呢?有问题。问题是什么呢?两大问题:一个是发展,包括在本地区的发展和到东部地区的发展;另一个是社会稳定和反对分裂与极端势力。

(一)经济社会发展依然存在较大差距

1. 经济发展水平较低

尽管中华人民共和国成立以来,特别是改革开放以来,中国民族地区经济社会发展迅速，但由于地理条件等许多因素的限制，民族地区经济社会发展水平与全国平均水平相比，尤其是与东部发达地区相比，依然存在着很大的差距。

2015年民族八省区（内蒙古、新疆、西藏、广西、宁夏五个自治区和云南、贵州、青海三个省）经济增速高于全国平均水平，但生产总值只有74736亿元，而广东一省地区生产总值达72812亿元。

2015年全国人均GDP为49228元，民族地区为40629元，只有全国平均水平的82%，东西部人均GDP的差距高达2万元；全国城镇居民可支配收入为31195元，民族地区为26901元；全国农村居民人均可支配收入为11422元，民族地区为8766元。

2015年全国城镇居民人均可支配收入平均为31195元。与全国平均收入相比，内蒙古人均之30594元占98%，广西人均之26416元占84%，云南人均之26373元占84%，青海人均之22307元占71%，新疆人均之26274元占84%，西藏人均之25457元占81%，宁夏人均之25148元占80%，贵州人均之24580元占78%。

2015年全国农民人均纯收入为11422元。内蒙古人均之10776元占94%，新疆人均之9425元占82%，宁夏人均之9167元占80%，广西人均之9467元占82%，西藏人均之8244元占72%，云南人均之8242元占72%，青海人均之7283元占63%，贵州人均之7387元占64%。

2.消除贫困任重而道远

据国家统计局对全国31个省（自治区、直辖市）16万户农村居民家庭的抽样调查，按年人均收入2300元（2010年不变价）的国家农村扶贫标准测算，2015年民族八省区农村贫困人口为1813万人，比上年减少392万人。民族八省区农村贫困人口占全国的比重为32.5%，比上年（31.4%）略有增加，高1.1个百分点。

民族八省区减贫率为17.8%，全国同期减贫率为20.6%，民族八省区减贫速度慢于全国。民族八省区农村贫困人口占乡村人口的比重，即贫困发生率为12.1%，比全国（5.7%）高6.4个百分点。

3. 核心竞争力处于弱势

竞争力影响因素（2012年数据）	全国平均	民族自治地方平均
三次产业比例	10.1∶45.3∶44.6	13.6∶48∶38.4
外贸依存度（%）	46.57	12.26
人均受教育年限	8.94	7.89
教育指数	0.676	0.617
万人研究发展人员数（人年/万人）	24.21	7.63
万人吸纳技术交易额（万元）	437.03	192.75
就业人员劳动生产率（万元/人）	6.20	5.18
综合能耗产出率（元/千克标准煤）	13.08	6.17

4. 交通基础设施薄弱

民族自治地方每万平方公里面积拥有铁路营业里程28.7公里，只相当于全国平均水平的36.6%；民族自治地方每百平方公里面积有公路10.1公里，只相当于全国平均水平的29.1%；目前西北民族省区地区机场的密度还不到华东地区的1/5。

5. 企业竞争力很弱

2014年，八个民族省区的规模以上工业企业总数为18779家，只占全国规模以上工业企业总数的4.9%，仅相当于广东一省的1/3。八民族省区规模以上工业企业总产值67049.6亿元，只占全国的5.88%。

2014年全国企业500强中，八个民族省区一共只有29家，占总数的5.8%。在中国各省区市场化程度指数的排名中，八个民族省区排名最靠前的内蒙古自治区也仅排名第20，其他省区依次是广西第21，云南第24，宁夏第25，贵州第26，新疆第28，青海第30，西藏排名最后。

2014年，我国平均劳动生产率为72313元/人，八个民族省区平均低于全国12000元左右。

2015年《福布斯》上市企业发展潜力100强中,只有2家民族地区企业;非上市企业发展潜力100强、科技企业100强中,均没有1家民族地区企业上榜。

2015年,民族地区城镇化率为45.3%,比全国平均水平低10%;少数民族人口城镇化率为33.8%,比全国平均水平低近20%。

6.经济发展的制约因素

民族地区发展经济有两个先天的因素难以短期改变:一是因本身所处的地理位置、地质地形条件和气候的影响,生态环境系统相对脆弱,承载力低,地质灾害、气象灾害以及各种衍生的灾害发生频次高,环境质量极易受影响而快速下降,民族地区一直都是我国的重点多灾害地区;二是农牧业、矿产资源开发、高耗能产业在民族地区经济结构中占据很大比重,这些产业的发展与环境高度相关,替代性选择较少,这就使得民族地区的经济发展与环境保护、生态承载成为一个矛盾体——不开发较难发展,开发必然损害环境。许多民族地区在发展中面临着非常艰难的抉择。

(二)民族交往与分布格局出现的新变化与新问题

以前在内地一讲到民族问题,总觉得十分遥远,认为那都是西部地区的事。但是1978年中国的城市化率为17.98%,2015年已经达到了55%。据不完全统计,目前中国的少数民族流动人口已接近3000万人,其中绝大多数都流向东部沿海发达地区,去务工、经商、求学、旅游。以广东省珠江三角城市群为例,1982年第三次人口普查时,少数民族人口还不足2万,目前已接近200万。北京市1953年第一次全国人口普查时,少数民族人口有16.85万人,2010年第六次全国人口普查时,少数民族人口达80.1万人。2010年上海全市少数民族人口总数为27.56万人,比10年前增长了165.9%。在最近几年发生的涉及民族因素的群体性事件中,80%都发生在东部地区。这表明,随着城市化、现代化发展,我国民族分布与民族交往格局已经发生了非常显著的变化。

1. 少数民族流动人口的融入困难

就我们目前的调查来看，少数民族流动人口在东部城市的融入困难至少有以下这么几个方面。

第一是经济融入困难。少数民族流动人口由于学历一般都不高、缺乏工作技能、缺乏对市场信息的了解，普遍存在着工资待遇不高、工作种类单一、社会保障缺失、居住场所环境恶劣且相对隔绝等问题，在经济上处于相对边缘化状态。目前，大多数流入东部发达城市的少数民族群众，都集中于具有少数民族特色或与民族地区相关联的餐饮、运输和中介服务等行业，还有相当一部分人则以在街边经营小摊小贩为业。例如上海的一份调查显示，当地流动少数民族人口31.4%都是经营小生意的商贩，合同制工人和临时工分别占29.1%和20.3%，自主创业者仅4%左右。就业层次低，收入微薄且不稳定，是他们面临的共同困难。

第二是社会融入困难。目前流入东部发达城市的许多少数民族成员，除与本族、本地一同流入的人保持了较紧密的关系之外，与当地人的社会关系几乎都处于空白状态。而与当地人社会关系的空位，使他们事实上与当地社会处于某种程度的隔绝状态，不能有效地参与到当地经济、文化和社会生活中去。我国许多城市都有因历史或现实因素形成的特定少数民族聚居的特殊社区，这些社区与城市中其他社区在经济、文化和生活方式上差异明显，在城市中显得非常独特。这类社区一方面固然为进入城市的少数民族群众提供了生活方面的便利，但是也普遍存在着在经济、文化和社会关系方面相对封闭、隔绝的特征。

第三是城市认同困难。由于我国大多数少数民族群众都信仰特定宗教，宗教生活在日常生活中占有重要地位，许多少数民族在其他生活习俗与信仰方面，也与东部地区汉族群众有较大差异。而东部发达地区缺乏满足少数民族宗教、饮食、居住、文化、娱乐及其他特殊要求的生活设施，使许多少数民族群众到了东部地区之后，在日常生活上遭遇了许多困难，这些困难加上前述的经济、社会融入的困难，进一步导致少数民族群众在心理上无法融入当地社会，不能形成对所住城市的认同与归属感。

2. 针对少数民族流动人口提供公共服务存在的困难

东部地区城市在少数民族流动人口公共服务方面也存在一些困难和问题。

基础教育方面：一些地方因为教学资源使用饱和，少数民族流动人口子女求学无门；教材与教学进度不一致，少数民族流动人口子女教育衔接困难；语言不通，教学过程中师生互动难，进而影响教学质量。

社会保障方面：部分少数民族流动人口集中在一些非正规经营的行业、企业，用工程序不规范、居住手续不完备，无法参加社会综合保险，工作、生活处于无保障状态。而少数民族流动人口大多数学历偏低、谋生手段单一、收入不高、法律意识与权利意识淡薄，也缺乏获取社会保障的知识和能力。因此，尚有为数众多的少数民族流动人口游离于社会保障体系之外，但按现有的相关制度与政策，政府又无法给他们提供其他方面有效的帮助。

公共文化生活方面：公共文化生活是形成公民认同、凝聚国民心理的重要公共服务，参与公共文化生活也是个人融入社会的重要渠道。然而，由于东部省区的公共文化基础设施，公共文化娱乐活动设计，在过去都较少考虑少数民族因素，特别是对语言、宗教禁忌等方面内容的考虑较少，因此当大量少数民族人口涌入之后，既有的公共文化服务体系对少数民族流动人口的吸引力不足。公共文化生活的缺乏，使得少数民族流动人口更倾向于同族聚居，保守、排他、封闭的特征明显。

从宏观角度来看，有些东部地区政府与社会对大量少数民族流动人口的快速涌入，缺乏足够准备，不能较好地引导少数民族流动人口融入当地社会，不能为他们提供良好的公共服务和充分的发展空间。对待少数民族群众的社会氛围也存在一些问题，如个别地方出现的宾馆拒住、出租车拒载、机场的歧视性安检等等，进而使个别少数民族成员事实上会感觉到利益甚至尊严受到伤害，引发了一些矛盾和争执。

从管理职能部门来看，有些地方对民族宗教工作重视不够，民宗管理部门存在着编制少，经费短缺，与其他部门协调困难等诸多问题。还有个别领导和工作人员，对民族知识、民族政策、民族理论了解掌握不够，因而在工作中出现了"不敢管""不愿管""不会管"的问题。

3. 少数民族流动人口自身存在的困难与问题

当然，就自身而言，少数民族流动人口也还需要一个适应城市生活，了解城市管理规章的过程。许多人在择业方面存在较大盲目性，使相应的城市在管理、引导方面无法制定和实施有效的政策。还有相当一部分少数民族流动人口，由于家境贫困，在流入城市的过程中几乎都是倾家荡产筹集资金，承受着沉重的经济和精神压力，然而面对城乡巨大的落差，以及不能在城市寻找到更好的生活，因而出现心理失衡，个别人借助于极端行动来表达诉求。同时，也有部分人由于教育程度较低，法治观念、市场观念淡薄，对国家民族政策理解片面，在进入东部地区城市后，一方面不尊重当地的社会管理与市场运行规则，另一方面又常常以"少数民族"身份给当地政府和市场主体施加压力，寻求"特殊公民"待遇，也给当地社会治理带来了许多困难。近年来在许多地方都出现过少数民族流动商贩强买强卖，不遵守所在地市场管理规则，不服从当地政府依法做出的行政裁决的问题。更有少数分裂势力的成员，借助市场经济环境下人口流动和信息传播的便利，从事破坏民族团结、抹黑党和国家形象，甚至分裂国家的活动，使当地的一些普通社会问题与遥远的边疆地区涉及民族团结、边疆安全和国家统一的敏感政治问题直接联系在了一起，加大了社会治理的难度。

（三）民族分裂与宗教极端势力危及国家统一和边疆安全

达赖集团主张的"大藏区"高度自治，不仅仅是指西藏，还包括青海、甘肃、四川、云南四省的藏区，实质上是要把240万平方公里给独立出去。"三股势力"要把160多万平方公里的新疆分裂出去，在"双泛"的基础上建立一个伊斯兰政权国家。其他还有"三蒙统一"等等，也都暗流涌动，这些都是我们要高度警惕的。

而且最近几年来，"藏独"势力、新疆"三股势力"、"台独"势力、邪教势力等有逐渐合流的趋势。尽管他们各自的利益和诉求并不相同，甚至还相互矛盾和对立，但在共同反对中国政府，反对中国共产党的基础上，相互勾结，互相打气，挟洋自重，对中国打击民族分裂势力，维护国家统一和社会稳定，提升国际地位造成严重损害。

在中国的民族分裂势力中，以"藏独"势力和新疆"三股势力"最具危害。它们已经形成严密的理论体系，具有庞大的组织规模，活动能力极强，在国内国外具有很大的影响力和破坏力。

1. "藏独"势力

"西藏问题"是被西方列强制造出来的。1884年英国开始入侵西藏，并挑拨西藏与中央的关系，以宗主权理论否定中国对西藏享有的主权，以达到其分裂、侵占西藏的目的。1914年，英国诱迫西藏地方政府参加西姆拉会议，在中国中央政府明确反对的情况下签订协议，事实上鼓动西藏独立。十三世达赖由于受到清政府的不公正对待以及英国殖民当局的蒙蔽，一度纵容甚至支持西藏部分贵族的"藏独"活动，但晚年则对"藏独"本质有了清醒认识，主动与中央保持联络，反对"藏独"。西藏和平解放后，贵族阶层害怕民主改革会剥夺其既得利益，发动了多次叛乱和骚扰活动，最终于1959年在美国中央情报局的支持下，在拉萨制造叛乱，失败后，在十四世达赖喇嘛的带领下叛逃印度。

说到"藏独"绕不开达赖。达赖是藏传佛教的精神领袖，也是旧西藏政教合一政权的最高统治者。十四世达赖喇嘛，1935年出生于青海省湟中县，俗名拉木登珠，法名丹增嘉措，是"藏独"势力的核心与灵魂。藏传佛教各派别在发展过程中，形成了独特的活佛转世继承体制，并于13世纪中期控制政权，形成政教合一政治体制，且出现一派独大格局。达赖、班禅是格鲁派的两大活佛转世体系，格鲁派于17世纪中期在清政府的支持下掌握政权，达赖是这一政权的政教双重领袖，藏传佛教在藏区深入人心，活佛是藏人心目中的神，达赖更是其中地位很高的神。

十四世达赖及其"藏独"集团叛逃后，其活动大致经历了这样几个阶段。

流亡初期（1959—1971）：寻求庇护、站稳脚跟、重建组织、袭扰藏区、呼吁联合国干预。

受冷遇时期（20世纪70年代）：中美关系改善，"藏独"成"冷战孤儿"；军队覆灭，十四世达赖公开淡化"藏独"立场，成立民间"藏独"组织。

对话游戏时期（20世纪80年代中前期）：玩弄代表团外交，假对话、真渗透，十四世达赖窜访多国，逐步摆脱国际孤立状态。

"藏独"第一波高潮（1987—1996）：十四世达赖窜访各国频率加大，西方反华势力与"藏独"加紧勾结，连续多年在藏区煽动骚乱（1987年"9·27"和"10·1"骚乱，1988年"3·5"骚乱，1989年"3·5"骚乱）。

"藏独"第二波高潮（1996— ）："去藏独化"伪装、流亡政府民主化、国际援藏势力草根化、"3·14"事件、抵制奥运会火炬传递、策动僧人"自焚"。

2011年8月，达赖宣布"退休"，洛桑森格（Lobsang Sangay）担任所谓"西藏流亡政府"的"噶伦赤巴"。

"藏独"集团的主要活动方式有：一方面加紧对国内藏区的渗透。以达赖的宗教地位，诱迫境内高僧活佛出走境外接受洗脑，然后回境参与甚至主持各大寺庙事务，宣扬佛法过程中宣传"藏独"思想；举办讲经法会，吸引信众出境听经，乘机灌输"藏独"思想，培育"藏独"民意基础；借助广播、电视、网络等传媒，播放含有"藏独"思想的节目，影响藏区群众；鼓励境外活佛高僧对境内捐资，以影响境内寺庙的自主能力；插手境内转世活佛认定；组织僧侣给政府施加压力，迫使政府交出寺务主导权。西藏有4025公里边境线，21个边境县203个镇770个村分布在边境线上，有对外通道312条。漫长的边境线和复杂的自然地理环境，为人员渗透提供了很大的便利。

另一方面则是积极推动"西藏问题"国际化，迎合西方社会的思想潮流和西方反华势力的需要，争取国际社会对"藏独"势力的支持。其主要方法有：为减少西方社会对其政教合一政权的反感，用所谓"民主"理念重新整合组织，并攻击中国政府"不民主"；为"藏独"活动披上宗教伪装以迷惑国际社会，经常举办各种"法会"、弘法活动和演讲，在传播宗教思想过程中宣扬"藏独"主张；借用所谓"普世性话语"如人权、环保、文化保护、少数民族权利等当前西方社会关注的话题，减少"藏独"活动阻力；将"藏独"主张与藏传佛教思想、现代科学技术捆绑，借助大众传媒和公共娱乐手段，扩大"藏独"在西方民间的社会影响。

为获取国际支持，"藏独"势力频繁活动于世界各地，游说政府官员、议会和民间人士，甚至置领土、主权于不顾。目前，"藏独"势力在欧美、南亚等国家设立了14个办事处，在40多个国家和地区建立了890多座寺庙和传教中心，在传播藏传佛教的同时宣扬"藏独"思想。现在60多个国家中有380多个"援藏独"国际团体和专业人士组成的非政府组织，"援藏独"学生组织650多个。其中规模较大的如"国际声援西藏运动"有会员8万多人，"国际援藏网络"在全球有153个成员单位。30多个国家的议会有支持"西藏问题"的组织，频繁就"西藏问题"召开各种会议，通过各种议案、听证会等干涉中国处理西藏事务内政。部分国家的主要领导人接见达赖喇嘛已经形成惯例，而在涉华重要外交场合安排"藏独"活动，或给"藏独"势力提供某方面支持，也成为一些国家对华交往的"习惯"。

2. "三股势力"

新疆存在的主要威胁是"三股势力"。"三股势力"是民族分裂势力、暴力恐怖势力、极端宗教势力的统称。

民族分裂势力是指在一个主权独立、领土完整的多民族国家内部，打着"民族自决"旗号，采取政治运动、和平斗争、暴力恐怖甚至武力斗争等对抗方式，主张民族分裂，要求建立独立国家的分裂势力。

暴力恐怖势力是指有明确的政治目标，有组织、有计划地使用或威胁使用各种残暴手段，袭击无辜平民或民用目标，制造大规模的恐怖气氛，以实现其罪恶目的的犯罪势力。

宗教极端势力是指在振兴伊斯兰教的幌子下，要求推翻一切现政权，建立由伊斯兰教法统治的政教合一政权，大肆宣扬"圣战"，主张采取包括暴力恐怖活动在内的一切手段，以实现其政治目标的社会思潮、社会势力和社会行为。

"三股势力"的思想基础是"双泛"，即泛伊斯兰主义和泛突厥主义。

泛伊斯兰主义强调全世界信奉伊斯兰教的各族人民有共同的信仰体系，共同的利益、愿望和要求，应团结起来，捍卫、复兴伊斯兰信仰；号召全世界穆斯林在共同信仰基础上联合为一个广泛的共同体（即乌玛），在哈里发领导下，对伊斯兰的敌人举行"圣战"（吉哈德），直至取得胜利。

泛突厥主义是一种极端的民族沙文主义思潮。它主张所有突厥语族（突厥语族是阿尔泰语系的三大分支之一，包含土耳其语、阿塞拜疆语、乌兹别克语、哈萨克语、维吾尔语、土库曼语、塔塔尔语、吉尔吉斯／柯尔克孜语等等，分布于南欧、地中海、西亚、中亚和中国西部等广泛地区。虽然当今突厥语诸民族与古代突厥语部落有着或强或弱的历史联系，但是他们在民族文化方面又都具有各自的特殊性）的民族联成一体，组成一个"从亚得里亚海直到中国长城"的大突厥斯坦国。

新疆的"三股势力"，就是在泛突厥主义和泛伊斯兰主义思想共同影响下出现的试图联合所有突厥语族的民族，将新疆从中国分裂出去，建立独立伊斯兰国家的各派势力的总称。

目前"三股势力"的主要组织机构有：

"东突厥斯坦伊斯兰运动"（The Eastern Turkistan Islamic Movement），简称"东伊运"：其宗旨是通过恐怖手段分裂中国，在新疆建立政教合一的伊斯兰共和国。该组织与本·拉登基地组织关系密切，活动资金主要来自于基地组织的支持和各种犯罪（贩卖毒品、走私武器、绑架、勒索、抢劫）活动收入，骨干人员接受过基地组织军事训练，在阿富汗和新疆边远山区建有活动基地，在国内进行了多次爆炸、投毒、暗杀活动，2002年被联合国认定为恐怖组织。

"东突厥斯坦解放组织"（The Eastern Turkistan Liberation Organization）：

总部在土耳其伊斯坦布尔，主要活跃于新疆和中亚一些国家，组织实施了一系列爆炸、暗杀、纵火、投毒、袭击等活动。与基地组织和阿富汗塔利班关系密切，主要活动资金来源于这两个组织赠送，在阿富汗有公开的军事训练营地。塔利班被推翻后，基地组织仍然在阿富汗一些训练营地为该组织训练人员，并帮助他们渗透进中国境内开展活动。

"伊斯兰解放党"（Hizb ut-Tahrir），也被音译为"伊扎布特"：1952年成立于巴勒斯坦，总部在耶路撒冷，主要活跃于中东、中亚国家，以传播"纯正"伊斯兰教思想，通过合法途径或"圣战"，在全世界穆斯林居住区建立统一的大"哈里发"帝国。1998年前后，"伊扎布特"骨干分子阿卜杜拉·艾则孜以经商为名，在乌鲁木齐开始传播"伊扎布特"极端思想，此后建立了"伊扎布特"新疆总部，并将其势力迅速蔓延到南疆各地州。该组织在不放弃"建立大哈里发帝国"目标的同时，提出新疆可先建立"东突厥斯坦伊斯兰国"，并明确规划了其行动阶段：第一阶段宣传动员、发展组织；第二阶段政治斗争；第三阶段夺取政权。为逃避打击，该组织实现了结构无形化，以蜂窝状网络组织形式提高其抗打击能力。为扩大组织规模，其发展对象也更加多元化。

"世界维吾尔代表大会"（World Uyghur Congress）：2004年4月在德国慕尼黑成立，是在原有的"世维青年代表大会"和"东突民族代表大会"基础上改组构成。2003年12月"世维青年代表大会"被公安部确定为恐怖组织，随后自行解散，开始全面融入"世维会"。热比娅·卡德尔从第二届以来一直连任主席。

新疆"三股势力"由来已久，20世纪30年代甚至还一度在南疆建立了短命的所谓"东突厥斯坦伊斯兰共和国"。中华人民共和国成立之初的1950年，分裂组织在伊宁发动武装叛乱，此后陆续在多个阶段掀起了暴恐活动高潮，在各地制造爆炸、暗杀、投毒、绑架等暴力恐怖活动，残杀和伤害了数以千计的干部群众。从1990年"巴仁乡事件"以来，"三股势力"进入了一个新的活跃阶段，连续实施"断桥赶汉"系列刺杀及连环爆炸等暴乱活动，仅1990—2001年，就制造暴力案件400多起，造成 1000 多名平民伤亡。进入新世纪以来,"三股势力"活动更加猖獗：2008 年在喀什袭警,导致 16 人死亡、16 人受伤；2009 年在乌鲁木齐制造"7·5"严重暴力犯罪事件,造成 197 人死亡、1700 多人受伤；2013 年 10 月 28 日,恐怖分子驾车撞击天安门金水桥,造成 5 人死亡、38 人受伤；2014 年 3 月在昆明火车站砍杀无辜群众,造成 29 人死亡、143 人受伤……近年来,"三股势力"一方面与境外民族分裂、宗教极端、暴力恐怖组织及其他反华势力密切勾连,寻求国际支持；另一方面,加紧在新疆制造暴力恐怖事件,并不断向内地扩散蔓延。

四、应对中国民族问题的一些思考

1. 全面提升综合国力,夯实应对民族问题的基础

回顾中国近代历史,凡是国家衰弱内乱不止的时期,也必然是边疆危机和民族危机的时期。因此,强大的综合国力和重要的国际影响力是解决民族问题的基础和前提。所以我们要进一步完善市场经济体制,促进经济快速健康发展,塑造跨民族利益共同体；进一步推动社会治理模式变迁,推进政治体制改革,发展社会主义民主政治,使民族情感与公民意识相互促进,相得益彰；通过文化、教育等领域的改革,促进国家主流文化与生活方式同各族群特殊的文化和生活方式的融合,为中华民族共同体注入更多精神、文化黏合剂；积极应对全球化挑战,在互动中发展,在博弈中共赢。

2. 采取多种措施缩小区域间、民族间发展差距

要进一步完善民族区域自治制度,加大对民族地区发展的政策倾斜力度；加大对民族地区公共财政倾斜力度,迅速弥补因为公共物品供应和公共服务水平差距而导致的发展基础不平等状况；适当调整在民族地区资源开发和经济建设过程中的利益分配和补偿机制,使国家西部大开发政策对民族地区发展的拉动作用有效发挥；合理引导人才、资源、信息在民族地区和其他地区之间流动,借力市场体制消除区域发展差距。

3. 加速推进民族地区市场化进程

通过市场经济体制向民族地区的推进，可以更加有效地促进民族地区快速发展，消除民族间、区域间发展差距。市场分工、贸易往来，可以使各民族结合成更加紧密的利益共同体，进而增进民族间的交流融合。在市场化进程中，政府的作用相对有限，市场利益与规则作为推动跨区域、跨族群交往的主要纽带，可以有效促进各民族的交往交融。我国民族地区目前市场化面临的最主要障碍，是公共服务和基础设施不完善，市场力量向民族地区扩散的客观阻力较大，因此要通过加大公共财政投入，加强民族地区基础设施建设，提升民族地区公共服务水平，迅速提升民族地区市场化程度。

4. 加快建构现代公民国家

要积极建构公民国家，以法律、制度、权利、责任和回应等为纽带，建构超越血缘、宗教、民族意识、地域观念等传统社会纽带的共同体，是未来解决民族问题的一种比较可行的思路。公民国家的首要任务是维护和增进公民利益，在这个过程中同时保护作为公民利益一部分的民族利益。公民国家通过为公民提供均等化且不断增长的公共服务，促进社会发展，并获得全社会的认同。公民国家在保护民族文化多样性的同时，也要建构国家文化，并且在此基础上建构"国族"。

5. 遏制分裂和极端势力

要严厉打击暴力恐怖活动，加强反分裂宣传工作，在思想舆论领域铲除民族分裂势力的基础；对宗教活动要进行合理的规范引导，防止其成为极端势力利用的工具；加强国际合作，压缩民族分裂和宗教极端势力的国际生存空间；着力改善民生，解决少数民族地区群众生产生活中面临的突出问题，及时化解一般性社会矛盾；同时也要加强国家观、公民观、法治观和民族观教育。

6. 全面提升中华民族的凝聚力

中华民族凝聚力从内涵上来看，就是它所拥有的使所有从属于该共同体的人聚集、团结在一起的吸引力、向心力和亲和力。中华民族凝聚力主要体现在：各民族不断地交流、融合、凝聚；对中华文化具有共同的认同和强烈的归属感；始终维护国家的统一；与乡土观念和传统文化相伴随的高度的爱国主义情怀和积极进取的民族精神。目前，随着中国融入国际社会的进程加快和市场经济体制改革的深入，中国社会处于快速变化的转型过程之中，生活方式多元、利益多元、价值多元，以及中华文明与外部文明的碰撞和激荡等等，使中华民族的凝聚力在新的形势下也面临着一些新的挑战和冲击。所以我们要在坚持民族平等、民族团结、各民族共同繁荣的基础上，不断增强各族群众对伟大祖国的认同，对中华民族的认同，对中华文化的认同，以实现中华民族的伟大复兴。

（本文根据笔者于2013年9月23日在由四川大学"中国西部边疆安全与发展协同创新中心"主办的"西部边疆论坛"第六期讲座的录音整理。后发表于《西部发展研究》，四川大学出版社2014年12月出版。此次收入更新了部分数据。）

中国朝鲜族的民族认同与国家认同
——以某市朝鲜族为例

目前学术界有一个共识，就是在全球化时代到来的情况下，现代民族—国家内部的族群认同需要越来越强烈，民族国家日益面临着这样一个难题，即如何让文化、民族上的多元与国家政治上的统一和内部秩序达到和谐并存。美国社会学家曼纽尔·卡斯特曾经指出："全球化时代也是一个民族主义者复苏的时代，表现在对既有的民族国家的挑战及各地以民族性为基础的认同（重）建构；现今的历史阶段，多民族国家——不论是想要保持其完整的自主权，还是否认自己国家构成的多元性——都面临崩溃瓦解的命运。"[1]还有学者宣称，20世纪的后半段将会成为民族主义高涨及扩散的时代……这种要表达自己的认同且被别人确切地加以认可的急迫感有着越来越强的感染力。[2]著名学者亨廷顿更是指出，冷战后世界的根本冲突将不是以意识形态或经济为主，人类的重大分野和冲突的主要根源将是文明的或文化的；民族国家虽然是世界事务中最有力的行动者，但全球政治的主要冲突将发生在跨越国家疆界、信仰不同宗教、分属不同文化的民族和族群之间。[3]

---

[1] 曼纽尔·卡斯特：《认同的力量》，曹荣湘译，北京：社会科学文献出版社2006年版，第29页。
[2] David Hooson, *Geography and National Identity*, Oxford: Blackwell, 1994, pp.2-3.
[3] 塞缪尔·亨廷顿：《文明的冲突与世界秩序的重建》，周琪等译，北京：新华出版社2002年版，第6页。

这些论点所提出的根本问题，一方面涉及民族国家内部不同民族的民族认同、文化认同问题，另一方面则涉及不同民族对于国家的认同问题。

认同最初是心理学中的概念，现在被广泛应用到社会科学领域，指社会成员对自己归属的认知和感情依附。依此概念来理解，民族认同就是对自己的族群[1]（ethnic group）归属的认知和情感依附，其实质是族群边界（ethnic group boundary），表现为对内维持族群凝聚力的自我认同及对外区分"我群"与"他群"的相互认同两方面。其中，族源、宗教信仰、语言和生活习俗等文化认同是族群认同的核心。国家认同则是对自己的国家归属的认知和情感依附。

中国是一个多民族、多元文化并存的国家，民族自治地方占64%的国土面积，不同的民族以一种"多元一体"的形式存在于国家之中，并且多数少数民族位于边疆地区。这些位于边疆的少数民族中，有相当一部分民族是跨界民族。所谓"跨界民族"，是指在两个乃至多个国家的边界上居住的、历史上的统一民族。这些跨界民族在自己所属的国家是少数民族，但另有一个甚至两个以这个民族为主体的国家。不同国家同一个民族（族群）的人由于文化上同宗、人种上同源，彼此之间往往存在天然的文化认同和民族认同。但是，他们又分属于不同的主权国家，那么，这些跨界民族所具有的民族认同、民族情感、文化认同情况如何，他们的国家认同如何，他们所具有的国家认同、民族认同、文化认同对于国家安全和统一所产生的影响如何等问题，无疑值得关注。

中国的朝鲜族就是一个典型的跨界民族。中国的朝鲜族起源于朝鲜半岛，朝鲜族先民开始越过鸭绿江、图们江，定居于中国的东北地区，最早可追溯至明末清初，但是大量迁居中国是19世纪60年代以后，尤其是1910年日本侵占朝鲜以后。到2000年，中国的朝鲜族人口有192.38万。

---

[1] 日常在使用"民族"这一概念时，通常有两层意义：一是指某一特定的民族，二是指某一民族国家。当"民族"指涉民族国家的某一民族时，它实际是在"族群"（ethnic group）的意义上来使用的；当"民族"指涉"民族国家"时（如中华民族），它实际是在"国族"（nation）的概念上来使用的。本研究中，民族是指族群，国家指民族国家。

在中国境外有两个以朝鲜族为主体的国家：韩国（全称"大韩民国"，英文名称为 Republic of Korea）与朝鲜（全称"朝鲜民主主义人民共和国"，英文名称为 Democratic People's Republic of Korea）。由于朝鲜近些年来经济发展滞后，民众生活困窘，20 世纪 90 年代以后我国朝鲜族与朝鲜人民之间的交流日趋萎缩，朝鲜对中国境内的朝鲜族人口并不构成吸引力。但是韩国则不同，中国与韩国之间从原来的不接触、不联系状态到 1992 年实现外交关系正常化以后，两国之间的政治、经济、文化及人员交流日益频繁，其关系得到了前所未有的发展。韩国经济的快速发展对中国境内的朝鲜族人口形成的吸引力是巨大的，我国部分朝鲜族人乘中韩经济、文化等交流日益发展的良好趋势，利用其民族特有的亲缘、地缘关系和语言相同、习惯相近的便利，以探亲、劳务等形式大量流入韩国，掀起我国朝鲜族跨国界人口流动的大潮。如今，除了经济商贸、学术交流等往来以外，到韩国打工的朝鲜族人以十万计。据韩国法务部出入境管理处的统计，2002 年在韩国的中国朝鲜族人达 118300 名。[1] 中国朝鲜族劳动力持续、大量地流入韩国，年轻的女性通过跨国婚姻的途径大量外流。人口的大量外流，造成中国境内朝鲜族人口的不断减少，在一些朝鲜族聚集的村庄，甚至出现了"空洞化"的状况，即村庄里剩下的人口基本上都是老人和儿童，并由此产生了一系列的社会问题。在这种背景下，有学者敏锐地指出，东北边疆朝鲜族地区的社会发展及其稳定问题引人注目；在与韩国的频繁交流中，一些朝鲜族群众出现了一种把国家与民族相混淆的倾向，自认为与韩国人没有两样，这些模糊的认识不利于树立正确的国家观和民族观。[2] 因此，上升到学理的层面，中国境内的朝鲜族在民族认同和国家认同方面有什么样的特征，这些特征对于国家安全所形成的影响，无疑是值得我们去关注的。

为了考察这个问题，2007 年 7 月，中央民族大学"跨界少数民族的

---

[1] 郑信哲：《影响东北边疆地区朝鲜族社会发展的不稳定因素及其对策》，未刊稿，2003 年。
[2] 郑信哲：《影响东北边疆地区朝鲜族社会发展的不稳定因素及其对策》，未刊稿，2003 年。

民族意识与国家认同"课题组,在东北某地进行了专题调研。在此次实地调查过程中,获取资料的方式主要有两种,一是问卷调查法,二是访谈调查法。此次问卷调查共获得有效问卷 397 份,调查对象全部为朝鲜族,数据统计使用的是 SPSS 统计软件包。本次调查共访谈 14 人,接受访谈者有政府部门的官员,有中小学老师,有乡镇干部、边防武警战士、传教士、街道工作人员等,有汉族,也有朝鲜族。在调查过程中和结束后,参加此次调研的同学通过调查总结或调查日志的方式对调查过程进行了记录和分析。本文就是在上述所有资料的基础上撰写而成的。

一、朝鲜族内部的民族认同

民族认同(ethnical identity,族群认同)是一种复杂的心理过程,是社会成员对于自己民族(族群)归属的认知和感情依附,是一个民族的民族意识的基本构成。对于民族认同,本次调研的指标主要分为四个方面——民族标记、民族历史记忆、意识形态与价值观、民族交流意识。

(一)民族标记

所谓民族标记,指的是本民族成员借以区分本民族与其他民族的各项表征,具体表现为语言、服饰、饮食等方面。这些标记形成了民族的象征性,"一个民族的象征可以通过其所包含的客体——民族来显得与众不同,但是,同时也可以通过其符号的确切性和生动性来显示。这些符号能给特定民族的所有成员传递意味深长的力量"。"如果没有这些象征,则表明其存在严重的民族缺陷。民族诸象征的华丽甲胄为表达、代表和加强民族的定义范围服务,并且通过共享的历史记忆、神话、价值观等共同形象把民族内部所有成员团结起来。"[1]

---

[1] 安东尼·史密斯:《民族主义——理论、意识形态、历史》,叶江译,上海:上海人民出版社 2006 年版,第 9 页。

1. 服装方面

服装是族群间文化认同的显著符号，它是族群成员表述自己族群身份以及区别于他群的重要标志。朝鲜族服装有自己非常鲜明的特色，他们比较喜欢素白色服装，以示清洁、干净、朴素、大方，故朝鲜族自古有"白衣民族"之称，自称"白衣同胞"。妇女穿短衣长裙：短衣在朝鲜语中叫"则高利"，是一种斜领、无扣、用带子打结、只遮盖到胸部的衣服；长裙在朝鲜语中叫"契玛"，腰间有细褶，宽松飘逸，色彩鲜艳。朝鲜族男子一般穿素色短上衣，外加坎肩，下穿裤腿宽大的长裤——裤脚系上丝带，外出时多穿斜襟以布带打结的长袍。

对于自己民族的服装，81.1%的被调查者认为非常漂亮，13.6%的人认为比较漂亮，2.5%的人说不清楚，只有0.8%的人认为不漂亮或一点儿也不漂亮。可见，他们对于自己民族服装的评价还是相当正面的，几乎所有被调查的朝鲜族人都珍藏着一套民族服装，在一些重大节日及喜庆场合如春节、婚礼等，他们就会穿上，以示隆重与正规。但现在在日常生活中，朝鲜族的穿着打扮与汉族基本无异，两者在日常着装方面的趋同是明显的。当然，汉族人的服装并不代表就是汉族的特色，整个世界各个地方人的着装都日益趋同了，在日常着装上不具特色成为一个普遍现象。各民族的特色服装日益被挤压在盛大节日这个具有特殊意义的事件中，从而使服装所具有的文化符号象征意义更加明确了。在重要节日穿民族服装，是本族群的人互相认同的主要方式。

2. 饮食方面

朝鲜族的主要食粮一般是大米和小米，以鱼肉蛋奶制品和海鲜产品为辅，基本上以素食为主，同以吃荤为主的民族有明显的区别，与当地的汉族饮食也体现出一定的差异。辣泡菜是饮食中不可缺少的。另外，打糕、冷面、大酱汤、辣椒和狗肉也是他们非常喜爱的。在饮食方面，所有的调查对象都知道自己的民族风味，日常饮食也体现了这些主要特色。

3. 民族语言的掌握与评价

语言对于一个民族的重要性是不言而喻的,它是族群历史事件的记载方式和文化传统的象征,是族群认同的重要标志。由于语言的变迁相对缓慢,所以语言是最稳定、最不易改变的因素。[1]因此,"语言,特别是发展完整的语言,才是民族自我认知以及建立一个看不见的民族边界的基本特征"[2]。

在我们调查的对象中,67.8%的人在日常生活中用朝鲜语进行交流,只有3.8%的人使用汉语进行日常交流,还有25.9%的人两种语言都使用,另有2.6%的人不愿意回答这个问题。他们对于朝鲜语的使用与掌握也很好,81.1%的人不仅会说会读,还会流利地书写,只有1人不会说朝鲜语。由以上数据可知,对于朝鲜族来说,在与汉族频繁互动的同时,在其他认同符号逐渐式微、趋同非常明显的情况下,民族语言依然有强大的生命力,也是其民族认同的主要标志之一。

尽管如此,这个问题也应该动态地去看。汉语作为一种强势的语言,目前已经影响到了朝鲜族的语言传承。在调查中,某学校的老师告诉我们:"现在的朝鲜族小朋友都愿意讲汉语,我们学校里的学生平时课下经常用汉语交流。"[3]对于"您觉得什么语言对今后的发展帮助更大"这个问题,选择汉语的比选择朝鲜语的人数要多。

通过调查笔者发现,朝鲜族的语言传承和发展已经出现某种危机,出于对日后前途的考虑,很多朝鲜族家长更加重视对孩子的汉语教育。有一位受访者,她本身是朝鲜族中学的老师,然而她自己的孩子从小上的却是汉族学校。这种语言发展的危机已经在教育领域明显地表现出来:比如五中是当地最好的朝鲜族初中,学生主要是朝鲜族,自2002年(当时在校生人数为1500人)开始,在校生人数以每年100人的速

---

[1] 马戎:《民族社会学》,北京:北京大学出版社2004年版,第358页。

[2] 曼纽尔·卡斯特:《认同的力量》,夏铸久、黄丽玲等译,北京:社会科学文献出版社2003年版,第59页。

[3] 见访谈资料,资料编号:hunchun10-20070727。徐旭飞整理。

度递减,目前在校生人数为800人。民族学校是进行系统的民族语言教育的场所,民族学校的生源递减,客观上说明了民族语言的发展遇到了危机。

(二)民族历史记忆

一般认为,寻根认祖是一种民族认同的表现,人们通过对于自我历史的认识,确定民族共同的集体记忆,从而建立起民族认同。中国朝鲜族的集体记忆是怎样的情形?他们的历史认同所建立的根基是什么呢?在问卷中,我们设计了几个题目来进行调查,题目及问卷统计的结果见表1—4。

表1 1392年,李成桂将军建立的新的王朝是什么?

	新罗	高丽	渤海	朝鲜	不知道	总计
人数(人)	27	55	7	50	258	397
百分比(%)	6.8	13.8	1.8	12.6	65.0	100

表2 您是否知道中国处于清朝时,朝鲜半岛处于哪个朝代?

	新罗	高丽	渤海	朝鲜	不知道	总计
人数(人)	14	67	14	33	269	397
百分比(%)	3.5	16.8	3.5	8.3	67.8	100

表3 朝鲜半岛处于三国时代时,您是否知道朝鲜半岛所存在的三个国家?

	一个都不知道	知道一个	知道两个	知道三个	总计
人数(人)	308	6	22	61	397
百分比(%)	77.6	1.5	5.5	15.4	100

表4 是否知道"三一运动"是哪年发生的?

	人数（人）	百分比（%）	累计百分比（%）
是	8	2	2
否	383	96.5	98.7
不回答	6	1.5	100

由表1—4所显示的结果不难看出，中国的朝鲜族民众对于属于自己本民族的历史缺乏了解，不论是精英阶层还是普通大众都同样缺乏。对于这种不了解的情况，他们中大部分人能正常接受，被调查者多数也没有表现出对于相关知识的兴趣。访谈中发现，朝鲜族的普通民众对于中华人民共和国以前的历史也普遍缺乏了解，但是对于中华人民共和国史却能较好地掌握，对于建国、抗美援朝、"文革"以及其后发生的一系列重大事件，基本和主流社会共享着同样的经验和认识，访谈中与我们在这些方面的交流也具有共同话语。比如他们崇拜的英雄人物基本上是汉族的，如毛泽东、雷锋、邱少云等，只有少数人崇拜他们本族的英雄，且这些朝鲜族英雄也是延边自治州第一任州长朱德海这样的共和国人物。当然我们不能就此认为，中国的朝鲜族由于缺少对本民族历史的记忆而妨碍他们建立起对于本民族的认同。事实上，服饰、语言、饮食等文化表层的标记作用是明显的认同纽带。

（三）意识形态与价值观

卢梭曾经说过："每个民族都拥有，并且必须拥有品质特征；如果一个民族还没有自己的品质特征，我们就要开始让它拥有这样的一种特征。"[1]这种品质特征源于一个民族对于其价值观和意识形态方面的认同。就宏观的文明特征而言，朝鲜族的价值观具有明显的儒家特点，重视子女教育、

---

[1] 安东尼·史密斯:《民族主义——理论、意识形态、历史》，叶江译，上海：上海人民出版社2006年版，第27页。

尊重老人、讲究礼仪都可以在儒家思想中找到合理的解释。朝鲜族与汉族在文化上具有很强的同质性，互相之间不存在明显的排斥。比如，朝鲜族的节日基本上与汉族的相同。一年中主要的节日除春节、清明节、端午节、中秋节等外，还有三个家庭的节日，即婴儿周岁生日、"回甲节"（六十大寿）、"回婚节"（结婚六十周年纪念日），后三个相对具有朝鲜族特色。

这种历史上积淀下来的同质性在今天遇到了挑战，挑战主要来自两方面。一是中华文化在 20 世纪所发生的剧烈变革。自五四运动喊出"打倒孔家店"以来，以儒学为主体的中华传统文化受到极大的挑战，"文化大革命"时期传统文化的危机更是达到一个高峰。现今我国主流社会的传统文化无论在精英文化层还是大众文化层都遭到了很大的破坏，这就造成了与朝鲜族保留较好的儒家文化传统之间的差异性。二是韩国的文化传播。现今的韩国文化在保持原有的东方文化的基础上，积极引进了西方文化，形成了兼具东西方特点的本土文化；借助其发达的经济实力、频繁的国际交流，韩国也在积极地输出其文化产品和价值观念。作为一个例证，就是韩剧热近年来持续升温，由于语言方面的便利，朝鲜族民众对于韩剧的热情更是空前高涨。

韩国文化影响力的增强，主要源于其经济实力的增强。综观全球，各国意识形态对人们价值观的塑造作用越来越弱，而经济方面对人们观念的影响则越来越大。经济力量强大后，人们对一个国家其他各方面的认同也非常容易建立。

（四）民族交流意识

民族交流意识主要涉及一个民族对于其他民族的看法，进一步的发展就是对于民族交流的看法。通过交友和通婚这两个指标，我们大致可以看出他们对于其他民族的接受程度，在这里主要是对于汉族的接受程度。

从实际的行为来看，我们的调查对象对于"你的好朋友是否都是朝鲜族"的问题，回答都是朝鲜族的有 39.6%，回答有一部分其他民族（主要是汉族）的占 54.7%，回答全是其他民族的有 2.5%，有 3.6% 的人不回答；明确表示喜欢汉族人的有42.8%，觉得汉族人还可以的有45.8%，明确表示不喜欢的只有5.5%；觉得和汉族人打交道很不容易和不太容易的有31.3%，觉得很容易和比较容易的有55.6%。这表明朝鲜族对于与汉族的交往并不排斥，而且更多地呈现一种积极主动的态度。

但仅仅据此判断朝鲜族具有开放的民族交流意识还有所欠缺，作为一个民族，它还是有它的民族边界意识的，这突出地表现在族际通婚、交友以及对于其他民族和本民族相比的信任程度上。据调查，朝鲜族的配偶为自己本民族的占到了72.8%，配偶是汉族的只有1.5%。对于"结婚是否愿意找汉族人"的问题，回答愿意的有12.6%，回答不愿意的有53.7%，回答无所谓的有23.7%，说不清楚的有3.8%，另有6.3%的人不回答。"愿意"和"无所谓"加在一起占36.3%，说明朝鲜族人对于族际通婚持一种谨慎的态度。从交友的方面看，被调查对象实际拥有汉族朋友的有54.7%，这也就从客观上说明其对于外族的看法是有保留的，他们可以接受汉族人作为朋友，但对于选择其作为配偶则怀有很大的顾虑。朝鲜族接受与外族的交流，但对于这种交流却是控制在一定层次上的，没有发展到族际通婚的水平。由于这样清晰的族群意识，他们进而认为本民族的人比其他民族的人更可靠。根据第五次全国人口普查资料，2010年全国少数民族平均族外通婚率为21.47%，而朝鲜族族际通婚率为10.06%，显然低于全国平均水平（见表5）。

表5 2010年全国18个百万人口以上少数民族族际通婚率

族名	满族	蒙古族	瑶族	白族	侗族	土家族	苗族	布依族	彝族
比例（%）	44.80	39.36	29.01	27.02	27.24	25.82	23.63	23.30	20.56
族名	傣族	壮族	哈尼族	黎族	回族	朝鲜族	藏族	哈萨克族	维吾尔族
比例（%）	22.35	15.22	16.53	18.50	12.94	10.06	7.16	4.20	0.53

通过考察可以认为，中国朝鲜族对其民族的认同感和凝聚力是非常稳

固和坚定的，他们多数人为自己是朝鲜族而感到自豪，他们的认同来自共同的风俗习惯与语言，而不是来自对本民族历史的共同记忆。在意识形态与价值观方面，朝鲜族与汉族在文化上具有很强的同质性，互相之间不存在明显的排斥。但这种历史上积淀下来的同质性在今天也遇到了挑战，同时，朝鲜族接受与汉族的交往，然而这种接受还未发展到相互通婚的程度。

二、中国朝鲜族的国家认同

中国朝鲜族的国家认同是指他们作为中国国民或者中华民族大家庭的一员而对国家产生的政治上的认同意识。因为是跨界民族，且在中国境外有两个主体国家，所以考察中国朝鲜族的国家认同实际上会涉及另外两个国家——韩国、朝鲜。

（一）中国朝鲜族对于韩国的认同状况

为了考察中国朝鲜族居民对于韩国的国家认同情况，我们在问卷中设计了这样的题目："假如现在您正在观看一场韩国队和中国队之间的足球比赛，您是希望韩国队赢还是希望中国队赢？"对这个问题的回答情况见表6。

表6 您是希望韩国队赢还是中国队赢？

	人数（人）	百分比（%）	有效百分比（%）
韩国队	27	6.8	7.1
中国队	331	83.4	87.4
说不清	21	5.3	5.5
小计	379	95.5	100
不回答	18	4.5	
总计	397	100	

如果上述题目可以反映中国朝鲜族的国家观念的话，那么，由统计数据可以看出，绝大多数朝鲜族的国家认同是对中国而非韩国的，他们认为自己生在中国，长在中国，是中华民族大家庭中不可分割的一部分，对韩国持有认同的人仅占到被调查者的6.8%，不构成他们国家认同的主流。

一般来说，当人们未与外界直接或间接接触时，不可能形成他们所在的族体（包括国家）与外族不同的判断，也不会有归属于哪个族群和随之所产生的感情依附。不同民族之间的交往是民族认同发生的前提，通过接触产生分界意识，人们在接触的过程中发现所接触的对象在语言、风俗、习惯、价值观上都与自己不同，由此便形成了对自己族群的清晰认知。当人们认识到各自的利益差异，尤其是意识到自我族群利益受到侵害时，对自我族群的认同感就会强烈起来。[1]这个论点同样可以放到人们对于"国家"的感知上来。人们总说，不出国不知道什么叫作爱国，就是说不同国家的人民进行交往时，国家的意识和分界才会产生。有研究发现，中国朝鲜族在与韩国同族的交流中，一些人一开始确实在自己是"中国人"还是"韩国人"的问题上曾产生过模糊的认识，但这些都是短暂的，当他们与韩国人接触过一段时间后，特别是那些在韩国打工的人，几乎都自觉不自觉地感受到自己不可能成为韩国人，而自己是"中国人"的意识则更为强烈。[2]进一步去分析这一现象可以看到，在国家认同的层面，中国的朝鲜族人选择了中国。发达的韩国没有给予白衣同胞足够的礼遇，在客观上促成了朝鲜族人的这种选择。从心理感受上来说，如果他们放弃自己的中国人身份，则极易陷入一种弃儿的境地；在面对韩国人时，中国的朝鲜族是外来的，他们只有坚守住自己的中国人身份，才能构筑一道防线来防御来自富有的韩国人的歧视。中国朝鲜族、韩国朝鲜族、朝鲜朝鲜族，在民族的意义上虽然是一个民族，但他们彼

---

[1] 周建新、罗柳宁：《试论多样性文化互动下的民族认同》，载《广西民族学院学报》，2004年第1期。
[2] 郑信哲：《影响东北边疆地区朝鲜族社会发展的不稳定因素及其对策》，未刊稿，2003年。

此的国家意识是分明的。同是朝鲜族,中国的朝鲜族到韩国反而加强了对中国的国家认同,民族认同带来的亲切远不如国家差异所带来的不公平感强烈,他们转而要寻找和坚守自己的国家认同。所以,从感情上来说,中国朝鲜族对于自己族群的国家归属,应当说是清晰而强烈的。调查中一位被调查者还告诉我们一个有趣的例子,就是中国的朝鲜族和韩国人在一起时常常会为各自的国家而争执。这实际上反映出,他们认为没有大一统的朝鲜族,只有分属不同国家的朝鲜族。中国朝鲜族对于韩国的国家认同几乎不存在,他们对于中国的认同,反而由于出国打工而变得空前强烈和坚定起来。

(二)中国朝鲜族对于朝鲜的国家认同

关于中国朝鲜族对于朝鲜的国家认同,我们在问卷中使用了和韩国类似的指标去衡量:"假如现在您正在观看一场朝鲜队和中国队之间的足球比赛,您是希望朝鲜队赢还是希望中国队赢?"调查结果显示,绝大多数中国的朝鲜族选择了对中国的认同,只有一小部分人(6.8%)选择了对于朝鲜的认同。

中国和朝鲜的关系近些年来起起落落,在20世纪60年代,朝鲜的经济状况甚至好于中国,当时中国的朝鲜族曾经受到朝鲜民众的接济。改革开放后中国经济得到发展,民众的生活水平大大提高,而朝鲜由于内外多种因素造成了民众生活贫困,甚至温饱都难以解决。在这种情况下,我们能明显感觉到中国朝鲜族有一种身为中国人的自豪感。在访谈中,他们经常挂在嘴边的一个词就是"我们中国"。所以,从国家认同的层面上来看,如果把中国和朝鲜进行比较的话,中国朝鲜族毫无疑问是认同中国的。

从民族认同的层面来看,作为同一民族的同胞,彼此的同情心肯定是存在的。比如近年来由于中国朝鲜族有大量的年轻女性去韩国打工,造成了中国朝鲜族男性大龄未婚者增多,而有些朝鲜女性向往更好的生活,就非法越境和中国男子结婚或同居。对于此种现象,我们的许多调查对象认为应该给那些嫁到中国来的朝鲜妇女办户口,不应该把她们遣送回去。有时候朝鲜的边民逃到中国,中国的朝鲜族边民看到后,除非朝鲜人做违法犯罪的事,中国边民一般不报警,而是把那些朝鲜人劝回去。

基于以上的分析,就当前的资料来看,中国朝鲜族不存在对于朝鲜的国家认同。

三、关于朝鲜族国家认同中的问题

目前,去韩国打工的中国朝鲜族人数量依然呈现继续上升的势头,他们在韩国的工资收入远远高于国内,是他们前往韩国打工的直接原因,尚不能把这样的行为与民族情感挂钩。当然,我国朝鲜族劳工在韩国的劳动强度要远远大于国内,也大于韩国本国人;韩国的消费水平高,我国朝鲜族劳工在韩国的生活并不理想,韩国政府也没有明显的意图要把这些劳工纳入韩国,更不想让他们成为韩国的公民,只是想利用他们相对廉价的劳动力。所以这些朝鲜族劳工的长远打算,还是积攒足够的钱以后回国,而不是定居韩国。我国朝鲜族劳工在韩国的生活也主要围绕赚钱这个中心议题,并没有过多地参与当地的政治生活。韩国是否有明确的意图要利用大量劳工来韩的机会,鼓动居住在我国境内的朝鲜族的民族主义情绪,我们尚不得而知,但风险无疑是存在的,相关部门应该给予足够的关注。

一方面中国境内的朝鲜族在国家认同的问题上给出了非常明确的答案,另一方面他们也在用行动表达着自己的认同观,正如英国社会学家吉登斯所说,"认同是行动者意义的来源,也是由行动者经由个别化的过程而建构的"[1]。社会成员的行动,是建构其社会认同的反映,这种认同

---

[1] Giddens, Anthony, *Modernity and Self-Identity: Self and Society in the Late Modern Age*, Cambridge: Polity Press, 1991.

不一定以非常明确的感情来表达。无论是朝鲜人越境到中国来结婚或打工，还是许多中国的朝鲜族人到韩国务工，基本动机主要是经济上的考量，而语言文化的相同或相似则提供了条件或可能。

所以，尽管有许多人表示，去韩国打工只是为了挣到一大笔钱，回来后可以买房子、让孩子读书等，最终还是要回来的，而且认为"韩国小小的，中国大大的"，但笔者觉得这也许更多是一种无奈之举，因为韩国对于中国籍劳工的移民是限制的。如果韩国的移民政策宽松一些，许多去打工的中国朝鲜族人表示会留在那里。韩国为了本国的经济发展需要这些廉价劳动力，但却并不把这些劳工当作同胞看待。在这种情况下，中国朝鲜族没有表现出对韩国的国家认同，而是坚守对中国的国家认同。这种国家认同的坚守和积极地涌向韩国这一行动本身体现着一种矛盾，这种矛盾源自维护自尊和追求物质生活条件之间的矛盾，也源自韩国对于中国朝鲜族人作为外来人的防范。

作为一个跨界民族，客观上，朝鲜族具有多重国家选择的条件（非跨界民族是不可以选择的），具体对哪个国家的认同占上风，他们可以根据自己的需要来进行选择，在目前的和平形势下，经济的考虑往往大于政治上的考虑。打工本身的确与民族感情关联度不高，但长此以往，经济上的认同是否会影响国家的认同，则难以确定，特别是当前朝鲜族的国家认同很大程度上受制于韩国移民政策，更加剧了这种不确定性。

中国朝鲜族人对于朝鲜的国家认同基本不存在，更没有向朝鲜流动的迹象，两国朝鲜族人之间存在另一种截然不同的情形。中国的朝鲜族人除了去韩国打工之外，还有许多年轻女性嫁到韩国，此种情况不在少数。我们调查时某村庄的一位妇女主任告诉我们，现在一年到头村子里也没有举行婚礼。人口外流与女性外嫁造成了多方面的后果，比如女性婚育人口持续缺乏，农村有大量未婚男性找不到对象。也许五年、十年后，人口外流的后果会更进一步显现。因而，中国朝鲜族农村的未婚大龄男性吸引着朝鲜的妇女越境到中国与他们一起生活，这些越境多数是非法的，如果被发现，这些越境妇女会被遣送回去，她们和中国男子生育的孩子则被允许留在中国,是中国的合法公民。这些孩子的绝对数量虽然并不是很多(目前没有这方面的确切数据),但是,他们长大后会有什么样的国家民族观,他们的国家认同对于未来的社会安定与边疆安全的影响如何,现在做出判断都还为时过早,但应引起国家相关部门的注意。

从中国朝鲜族对于中国的认同来看,朝鲜族国家观的形成基本是基于对中华人民共和国的历史记忆而建构的,中国共产党通过"共产主义"这种带有普遍性和抽象性的价值观与信仰的教育,成功地越过了不同民族之间的矛盾和价值观的界限,建构起了中国境内的朝鲜族与中华人民共和国主流价值观与信仰体系——共产主义——的历史记忆与国家认同,从而建立起朝鲜族的国家认同。应该说,目前朝鲜族所具有的国家认同是对中华人民共和国的国家认同而非"大中国"[1]概念上的认同,这种认同的历史起点清晰可见,这从许多调查对象把毛泽东、邱少云、雷锋等当成他们崇拜的对象就可以看出,虽然这样的回答也许有有意而为之之嫌,但至少表明他们在迎合调查意图的时候,所具有的记忆存在于一个什么样的框架之中。可以说,以往的历史教育对于建立少数民族的国家观无疑是成功的。

改革开放后,我国的政治、经济形势发生了很大的变化,其中非常重要的一点,就是国家意识形态在社会生活中逐步淡化。随着国家改变过去全面控制社会生活的做法,原有的高于民族的阶级斗争及共产主义等观念日渐削弱,取而代之以经济理性,国家认同的纽带已经发生了改变。亨廷顿指出,在冷战后的世界里,文化既是分裂的力量,又是统一的力量,人民被意识形态所分离,却又被文化统一在一起,如朝鲜和韩国所经历的那样。[2]作为一个跨界民族,朝鲜族的认同纽带也在发生改变。他们保有自己的传统,不可能完全被主流文化所同化,中华人民共

---

[1] 此处的"大中国"认同是指汉族的主流文化所建构的价值观。
[2] 塞缪尔·亨廷顿:《文明的冲突与世界秩序的重建》,周琪等译,北京:新华出版社2002年版,第7页。

和国的历史记忆对于一个民族来说时间是短暂的,它只能重塑一代人到两代人的记忆。在经济的快速发展中,我国迎来了社会的转型期,过去的价值—信仰体系正在发生改变,新的价值—信仰体系还处于创造和改良的阶段,没有完全确定下来,存在着一定程度的信仰和价值观缺失。在这种情况下,多民族国家应该寻找什么样的认同纽带,增强各民族对于国家的向心力,是值得我们深思的。

由于跨界少数民族可能持有多重的认同形式——认同的来源既有民族(文化),又有国家。这种多元认同对于个人的自我表现和整体社会行动而言,都可能是压力和矛盾的来源。[1]生活水平和经济利益的现实考量,精神文化层面的认同与归属,会呈现出高度整合或矛盾撕裂的复杂形态。对新认同的寻求可能表现在以下两个方面。

第一,民族精英的自觉历史寻根。

民族认同构成的一个必要条件,就是共同的历史记忆。朝鲜族的民族精英分子正在寻找本民族的历史认同。从世界的经验来看,种族、宗教、语言以及领土,这些事物本身并不足以建立民族以至引起民族主义,共享的经验(历史)则可以。例如美国和日本的民族认同都很强,它们大部分的国民都感受到而且表达了很强的爱国情操。日本是种族同质性最高的国家之一,而美国则是种族异质性最高的国家之一,但这两国国民因有共享的历史而建立起了强烈的国家认同感。到历史当中寻找民族的根,是建立民族认同的主要途径。当然,民族认同的发生不是突发的,也不是瞬间完成的,而是一个逐渐浸润蔓延的过程。从族体成员来说,总是上层知识分子最先感悟认同,而后向其他社会阶层浸润。这是因为知识分子和社会上层容易具备形成民族认同所必需的认知能力和经验阅历。[2]认同教育的途径之一就是通过对本民族的语言、历史及文化传统

---

[1] 曼纽尔·卡斯特:《认同的力量》,夏铸久、黄丽玲等译,北京:社会科学文献出版社2003年版,第3页。

[2] 王希恩:《民族认同与民族意识》,载《民族研究》,1995年第6期。

的着意宣传，对民族成员的认同感加以培植。

目前我们国家缺乏一种普适的、国家的认同标准，这就在某些方面造成了少数民族在认同方面的危机。多元社会导致多元的认同标准，也会导致混乱；历史本身是怎样的姑且不去考虑，但历史是一个民族共同的记忆，因此最容易形成民族认同。精英的知识分子出于民族的自觉，一定会到历史当中去寻找认同的纽带。

第二，普罗大众的宗教寄托。

在宗教里找到慰藉及庇护是社会的基本属性，而且是人类的本性，如果有所谓人类本性的话。[1]对于一般的朝鲜族草根来说，他们对于自己的历史知之甚少，对以汉族为描述主体的历史也不了解，出于民族自觉也不太可能到汉族的主流文化当中去寻找认同的纽带，那么，宗教这种抽象的、普适的价值观就能契合普罗大众的民族认同需要而长驱直入，占领人们的心灵阵地，造成更为广泛和普遍的社会认同。一个社会处于残酷的社会变迁以及高度个人流动的时候，人们必然会常常怀疑现代化及世俗化的价值。

朝鲜族宗教的传播，就是在这样一个背景下展开的。一方面，该地区基督教的传播历史已将近百年，有比较广泛的群众基础；另一方面，随着中国与韩国之间交流的日益频繁，韩国除了在中国进行经济上的投资之外，也有一些团体和个人为了文化渗透的目的，加强对中国朝鲜族的宗教渗透。韩国宗教集团把在中国传播基督"福音"的对象首先定位为没有语言障碍的中国朝鲜族，抓紧向朝鲜族地区进行宗教渗透。另外韩国还针对朝鲜族的青少年举办各种培训班，通过在中国建教堂、投资学校、资助贫困家庭的儿童和青少年等手段，拉拢民族感情，以达到某些目的。有很多到韩国打工的中国朝鲜族人，到了韩国都成为弱势群体，原来不信教的也信教了。韩国对这些人的宗教渗透也很严重，以至于他

---

[1] 曼纽尔·卡斯特：《认同的力量》，夏铸久、黄丽玲等译，北京：社会科学文献出版社2003年版，第10页。

们回来时把韩国的邪教也带了回来,在中国造成很多问题。鉴于此种情况,中国政府已经制定了一些相应的政策来进行引导和规范。如今,该地区的宗教发展已经进入一个平稳期。但从调查中不难看出,宗教的兴盛与普罗大众寻求新认同的倾向是不无关联的。

总结朝鲜族国家认同中的问题后就会发现,虽然中国朝鲜族对中国的国家认同比较坚定和明确,但韩国对于他们的影响亦不容忽视。韩国的经济发展水平所构成的吸引力,韩国与中国朝鲜族在民族文化上的一致性所构成的吸引力,从中国的朝鲜族人不断涌向韩国去打工这一事实可以得到体现。假如韩国在移民问题上有所松动的话,中国朝鲜族的大量外迁将是不可避免的。如果韩国有意识利用中国朝鲜族的民族感情,也可能会对中国的国家安全造成影响。另外,近些年来中国国家意识形态力量对民众的影响力有所减弱,社会在认同方面出现了多元化的倾向;对于朝鲜族来说,他们主要通过历史寻根和宗教价值在寻找民族认同的纽带。所以说,从国家的层面来看,国家亟须塑造一种新的具有强大感召力、辐射力和统一力的价值观,同时这种价值观的扩张必须依托国家经济力量的强大作为坚实的后盾。

四、结论与建议

1.通过此次调查笔者发现,就当地朝鲜族民族意识的状况而言,他们对本民族有着较清晰的族群认同。这种清晰的族群认同又可以细分为对内、对外两个方面。在对内方面,朝鲜族内部成员对于共属于一个集体有着较清晰的认识,民族服装、生活习俗、民族语言都在民族成员中得到了较好的保护,并且得到了民族成员较高的评价。这表明朝鲜族的凝聚力较强,"在民族发展机制中,调动民族内部活力是重要的"[1],民族的凝聚力则是调动这种活力的保障。在对外方面,"民族认同意识和民族

---

[1] 金炳镐:《民族理论与民族政策概论》,北京:中央民族大学出版社2006年版,第64页。

边界意识是对应的客观存在"[1]，而朝鲜族的民族认同并不明显地表现出对于外族的排斥，也就是说其民族边界意识并不是十分清晰，第一部分我们已经分析朝鲜族对于汉族的接受程度较高，同时我们注意到朝鲜族对于春节、中秋、清明等汉族传统节日也较为接受。朝鲜族并不把本族的民族特征和汉族的民族特征尖锐对立，不过度强调本族与外族的异质性，对待外族的态度是积极和开放的。

2. 中国朝鲜族对于中国的国家认同是比较坚定的，即使那些曾经去韩国打工的人，对于自己中国人的身份认同也比较坚定。这种坚定的国家认同形成的原因是多方面的。首先是"既来之，则安之"的移民史造就的惯性。在漫长的移民史中，为了更好地在这块土地上居住下去，朝鲜族选择了对居住地的认同和融合。即使在今天，由于经济发达的韩国没有对这些海外同胞敞开大门，为了避免移民身份的尴尬，中国朝鲜族理性地选择了对于中国的认同。其次，在20世纪初大量朝鲜族的移民潮基本结束后，他们构成了我国现有朝鲜族的主体。定居后的朝鲜族与我国其他民族一起经历了一系列的重大历史事件，这使他们形成了与境外朝鲜族不同的历史记忆。这种客观的差异又在现有的历史教育下得到了加强。根据前面的分析，朝鲜族对于本族的历史缺乏了解，这源于现有的历史教材是以华夏文明为叙述主体来描述历史的，对于各少数民族的历史介绍不足。最后，我们不得不对20世纪所发生的一系列政治运动再次进行思考。这一系列的政治运动使阶级的对立代替了民族的差异，整个社会在政治运动中被统一的标准所规范，社会成员的思维也被标准化。安东尼·史密斯概括民族主义的核心原则之一是"民族是政治权利的唯一源泉"[2]，而这一点在当时被彻底地颠覆，阶级的划分主宰着政治生活。经历了那个时代的朝鲜族，其民族意识有所淡化。

---

[1] 金炳镐：《民族理论与民族政策概论》，北京：中央民族大学出版社2006年版，第64页。
[2] 安东尼·史密斯：《民族主义——理论、意识形态、历史》，叶江译，上海：上海人民出版社2006年版，第23页。

3. 清晰的民族认同，坚定的国家认同，两者在朝鲜族中同时存在，并行不悖。这一客观事实首先说明，民族认同与国家认同并不存在必然的对立，但民族认同中确实存在着影响国家认同的因素。首先，如果民族认同过于强烈，容易使民族边界意识变得清晰，过分强调本民族与外族的异质性。民族对立的情绪一旦扩大，不同民族对同一国家的认同就有可能出现障碍。其次，即使民族认同没有增强民族的边界意识，较强的民族认同也会使民族身份成为民族成员交往互动过程中优先选择的身份，导致普遍问题民族化。以当地的朝鲜族人口外流为例，目前农村劳动力大量剩余在全国各地都很普遍，而这个具有普遍性的问题在这个朝鲜族聚居区却呈现了不同的情况。由于临近韩国，语言相通，文化同宗，大量的中国朝鲜族人选择韩国作为打工地点，加之在韩国打工的收入远高于在国内的工资收入，所以这个地方劳动力外流的速度和数量都大于其他地区，甚至大量在当地有正式工作的人也辞掉工作去韩国打工。到了韩国以后，因为出入境的限制，这些劳务人员在短期内无法回国，一待就是几年，家庭的稳定、孩子的教育都出现了问题，这也是应该引起注意的。这样，在这个特殊的地区，民族身份的特殊性就使普遍的劳动力剩余问题沿着不一样的轨道发展，直接影响着当地的民族构成和社会稳定与发展。此外，大量劳工在韩国长时间工作与生活，无疑也给其接触境外生活、政治文化、民族观念提供了便利，如果他国有意识地利用这一点，其后果将变得难以确定。

4. 以往中国朝鲜族的国家认同建立在对于中华人民共和国的历史记忆之上，建立在具有普遍意义、超越民族文化的共产主义的政治教育之上。但是，随着市场经济的改革，以阶级斗争为纲变为以经济建设为中心，我们的政治运转机制发生了变化，不再强调社会成员思想行为上的整齐划一，中国朝鲜族在价值的认同方面也呈现出多元化，民族认同意识正在由精英与民众两者共同的社会行动所构建，表现为精英们历史寻根的努力和大众的宗教追求。坚定的国家认同得以存在的某些基础已悄然改变，民族认同却在各方努力下不断增强，两者之间的平衡受到一定的挑战。如何创造一种新的平衡,是一个急迫而有现实意义的命题。

5. 基于以上的分析和认识,笔者认为要处理好跨界民族的国家认同与民族认同问题,应有如下对策。

第一,坚持民族之间的平等与团结,将民族地区的发展与开发问题纳入国家以及地方的发展规划当中,防止普遍问题民族化,增进各民族对国家的向心力。在中国转型发展的过程中,其实有许多问题不仅存在于民族地区,也存在于非民族地区,如人口的外流、农村的空洞化、乡村学校生源不足难以为继等,但这些问题到了民族地区,就多了一层民族的含义。毫无疑问,从宏观的层面看,民族地区的经济发展水平普遍低于非民族地区,所以,为了避免普遍问题的民族化,增加各少数民族对于国家的向心力,国家应该考虑加大对民族地区各方面的财政投入,在某些方面要向民族地区倾斜,实施专项扶持策略。比如此次调查中我们发现,当地一所民族中学近年来生源逐年减少,许多朝鲜族学生都到汉族学校去读书,由于国家是按照人头来划拨教育经费的,因此这所民族学校的经费越来越少,教师待遇也越来越低,教学质量难以提高。一些教职工对此忧心忡忡,曾经向有关部门进行呼吁,但没有得到回应,于是会觉得自己作为少数族群是弱势的。这种感觉是一种离心力,不利于他们认同自己在这个国家所具有的地位,尤其在境外有一个以自己的民族为主体的国家存在的情况下。

第二,中国要加强对于海外中国人权益的保护。比如对于在韩国打工的中国朝鲜族,从目前已知的情形来看,虽然韩国有向这些人进行思想和宗教渗透,但停留在无组织的层面,未上升到国家有意识的层面。中国的驻外使领馆应该充分注意到他们的权益并加以保护,使他们的利益不受到侵害,帮助他们解决困难和问题,使他们保有对于中国的国家认同。相反,如果中国政府不重视这些人的利益和感受,不仅使他们与中国的疏离感增强,而且会将这种疏离感通过多种方式传递到国内的朝鲜族那里,以致引起一系列不良的连锁反应。

第三,加强主流价值观的教育与宣传,加紧建构国家的核心价值观。

对于一个多民族国家来说，如何在持有不同价值观和文化传统的各民族之间建立起共同的认同纽带，是一个需要深入思考的问题。美国是一个多民族、多种族的国家，不同民族之间既具有清晰的族群边界，同时又有对于国家的坚定认同，原因就在于他们认同美国主流的价值观。中国应该宣扬一种什么样的普遍价值观，应该用什么样的纽带维系各民族，是目前摆在我们面前的难题。

从大历史的眼光来看，有一个强大中国的存在，并使少数的族群享受国民待遇甚至是超国民待遇，使他们心中建立起一种国家的自豪感，是跨界的少数民族保有国家认同的根本。公民权制度是现代民主的公民国家的一项基本制度，是在不分种族和血统的情况下，保证国家所有的成员平等或相对平等的权利。公民权在这里创造了一种新的认同，一种与族群意识（民族）、族籍身份分离的政治认同，是多民族国家、多元文化保持政治统一的纽带。它提供了一种将种族或民族上的认同（文化认同）与和国家相联系的政治认同（国家民族）相分离的方法。由公民组织起来的国家，是一种政治上的联系，同时是一种新的国家认同。公民权可以创造出双重认同：一是对民族的认同，二是对国家的认同——一种更高层次的认同。在多民族国家建构一致性的国家认同，必须在理论和实践层面厘清民族与国家的关系，确定民族认同与国家认同的边界与层次，调整好民族身份与公民身份的关系。

（本文与王纪芒、肖灵合作撰写，原载《中国社会科学内部文稿》2008年第5期）

二 民族地区行政管理与行政改革

中国民族自治地方行政管理研究的回顾与前瞻

中国是一个统一的多民族国家，民族区域自治制度是我国的三大基本政治制度之一。民族自治地方政府不仅在国家的统一领导下承担着发展本地区经济、文化和各项社会事务的职责，还担负着依法推行民族区域自治制度、加强民族团结、维护国家安全与稳定的重要责任。在中国政府体系中，民族区域自治地方政府既有一般地方政府的共性，又有其自身独具的特点。从1947年第一个民族自治地方政府建立到现在，民族自治地方政府在促进当地经济社会发展，维护社会稳定和民族团结方面，发挥了重要作用。在新的历史时期，民族自治地方政府也面临着进一步发展的机遇和挑战。因此，对民族区域自治地方行政管理进行系统深入的研究，对于丰富和发展马克思主义民族理论，进一步完善民族区域自治制度，拓展政治学、行政学和民族学的研究领域，科学合理地设置民族区域自治地方政府机构、转变政府职能、提高行政效率、实现政府管理的科学性和有效性，有着十分重要的理论价值和现实指导意义。

一、民族自治地方行政管理研究的历程与成就

虽然中国的民族区域自治制度在1947年就已经正式确立，但对中国民族自治地方行政管理的研究，却是从20世纪90年代才开始的。而且

从研究的深度和广度来看，与民族理论及民族政策、民族法学、民族经济等学科相比，相去甚远。之所以会出现这种情况，原因主要有两个方面：第一，中国行政管理学科恢复较晚，从而导致对特殊领域的行政管理问题的思考与研究也相应滞后。中国当代行政管理学科恢复于20世纪80年代中期，在学科恢复与重建的初期阶段，首要任务是建构自己的学科体系，引进介绍国外前沿理论，尚未对这一学科的各个研究领域进行深入挖掘。第二，虽然中国民族区域自治制度实行得较早，但是《民族区域自治法》却直到1984年才出台。在此前，虽然中国存在许多民族自治地方，但民族区域自治制度的具体内涵，民族自治地方特别是民族自治地方行政机关的地位、作用、组织建设等问题都还缺乏基础性的法律规范，这导致对民族自治地方行政管理研究难以深入开展。

（一）民族自治地方行政管理学创建的理论准备

20世纪80年代，在民族政策、民族理论、民族法学和民族经济学等学科的研究中，有不少内容涉及民族自治地方的行政管理问题。而且此后的民族自治地方行政管理学的研究，也是在此基础上开展的。1994年之前这些属于其他学科范畴但却与民族自治地方行政管理问题密切相关的研究，主要围绕三大主题展开。(1)关于民族间发展不平等的讨论。在"文革"结束之后的很长一段时间里，关于民族间发展不平等问题的讨论非常热烈，这些讨论最终达成了这样的共识：第一，民族间发展的不平等是一个客观事实，需要认真对待、努力解决[1]；第二，民族间发展不平等的矛盾属于人民内部矛盾，可以通过政府与社会的努力解决[2]；第三，上级政府应当赋予民族自治地方更多自主发展的权利，并积极给予扶持和帮助，以缩小差距[3]。关于这一主题的研究成果，很多都

---

[1] 韦明山：《逐步消灭民族间事实上的不平等》，载《广西民族学院学报》，1981年第2期。
[2] 马贤能：《试论在我国消除民族间事实上不平等的问题》，载《西南民族学院学报》，1981年第1期。
[3] 王大昌：《社会主义时期民族工作的重点》，载《青海民族学院学报》，1984年第3期。

成为1984年《民族区域自治法》关于自治权的设定、关于上级政府对民族自治地方职责规定的理论依据,对于民族自治地方行政管理实践以及后来的民族区域自治地方行政管理学研究都具有极为重要的意义。(2)关于民族干部培养的讨论。"文革"十年对民族干部的培养破坏严重,因此"文革"之后如何培养出大量的少数民族干部尤其是行政管理干部,并且让这些干部更好地服务于民族自治地方经济社会发展,一度成为理论界关注的一个热点。这方面的研究主要解决了两大方面的问题:第一,在民族自治地方,以及没有建立自治地方的其他民族地区,应该确保少数民族干部在数量上占有相当比例,确保少数民族干部能真正代表少数民族治理本地方事务[1];第二,应当建立国家与上级政府支持、渠道众多、形式多样、效率高而成本低的民族干部培养体系,促进民族干部队伍快速成长壮大[2]。这些讨论为后来的民族自治地方人事行政理论奠定了基础。(3)关于自治权的讨论。1984年5月《民族区域自治法》出台后,关于自治权的问题也成为理论界关注的热点,而这些讨论主要是要解决自治权的性质、归属、行使方式等问题,这些问题都是后来民族自治地方行政管理学的核心内容。"自治权是民族自治和地方自治的结合"[3],"自治权要得到完全的实行,必须有立法、行政、司法和党的活动制度等方面的保障措施,必须遵循法定性与特殊性结合的原则"[4]等观点逐渐成为共识,而这些讨论内容,很多都成为后来民族自治地方行政管理学研究中关于行政体制、行政权力、政府职能等理论的基础。

20世纪80年代民族理论、民族经济、民族法学的研究者对于民族自治地方行政管理问题的关注,对民族自治地方行政管理学的诞生起到了

---

[1] 农彩文:《大量培养配备民族干部是实行民族区域自治政策的需要》,载《广西民族研究》,1987年第2期。
[2] 杨绍德:《大力培养和选拔任用少数民族干部,适应民族地区急需》,载《贵州民族研究》,1987年第4期。
[3] 金炳镐:《试论自治机关的建设与自治权的行使》,载《民族研究》,1988年第2期。
[4] 吴宗金:《论自治权的特征及行使保障》,载《宁夏社会科学》,1987年第6期。

催化作用。进入 90 年代，一些学者开始了从行政学角度研究民族自治地方政府行为的尝试，提出了民族自治地方行政管理的特点、应遵循的原则以及如何规范民族自治地方政府行为等问题，民族自治地方行政管理学开始进入萌芽阶段。[1]此后，这些问题引起了更多学者的关注，开始逐步探索民族自治地方行政管理学科体系的构建。

从 1990 年到 1994 年，学术界主要在这样几个方面为民族自治地方行政管理学做了理论准备：（1）研究民族自治地方行政管理的必要性。中国民族众多，民族自治地方辖区辽阔，具有重要的战略地位，但由于历史、地理等原因，经济社会发展相对滞后，民族自治地方政府承担着非常繁重的行政管理任务，因此研究民族自治地方行政管理非常必要。[2]（2）民族自治地方行政管理研究应该关注的主要问题。民族自治地方行政环境及行政机关的特殊性，民族自治地方政府职能行使及其阻滞，民族自治地方行政机构的改革与发展成为重点关注的问题。[3]（3）对民族自治地方行政管理一些专门问题的探讨，包括民族自治地方行政管理的特殊性、民族自治地方行政组织特点、民族自治地方行政沿革、民族自治地方行政改革等。例如关于民族自治地方行政管理的特殊性，学者们认为民族自治地方行政管理在行政环境、政府职能、行政职权、机构设置和行政过程等五方面与其他地方相比，都具有特殊性，而这些特殊性又使得民族自治地方行政改革需要有与其他地方不同的方法和手段。[4]

理论准备时期的这一系列研究成果，使得社会各界对民族自治地方行政管理研究的重视程度大大提高，对民族自治地方行政管理研究的方向和主要问题也有了一定的认识，从而为民族自治地方行政管理学的建

---

[1] 孟昭武：《民族自治地方行政管理特点初探》，载《民族论坛》，1991 年第 4 期；金安江：《民族自治地方行政管理的原则》，载《贵州民族学院学报》，1990 年第 4 期；谭明华、陈玫君：《民族自治地方政府经济行为及其社会规范》，载《中南民族学院学报》，1991 年第 1 期。

[2] 段尔煜：《论重视民族自治地方行政管理研究的必要性》，载《民族研究》，1992 年第 3 期。

[3] 杨荆楚：《我国民族自治地方行政管理的几个问题探索》，载《中央民族学院学报》，1993 年第 6 期。

[4] 周平：《民族自治地方行政管理的特殊性》，载《思想战线》，1993 年第 4 期。

立奠定了基础。

（二）民族自治地方行政管理学的构建

1993年10月，中国行政管理学会、国家民委民族问题研究中心和新疆维吾尔自治区行政管理学会在乌鲁木齐共同举办了"全国首次民族地区行政管理研讨会"。这次会议的一项重要任务，就是总结此前民族自治地方行政管理问题研究的成果，探索建立民族自治地方行政管理学学科的途径。会议认为："民族区域自治是我国的重要国情和重要特色之一，民族地区行政管理学是我国行政管理学的重要组成部分，它的建立和发展将丰富和完善具有中国特色的行政管理科学体系。"[1]与会学者对民族自治地方的自治权的内涵、特点，自治权的落实，行使自治权需要处理好的各种关系进行了比较深入的讨论，总结了民族自治地方行政组织结构的特点，预测了民族自治地方行政发展的趋势及存在的问题，并对民族地区行政干部的培养和干部人事制度的改革提出了建议。在深入讨论的基础上，会议认为，应当建立"中国民族自治地方行政管理学"学科，其研究内容包括"自治地方行政领导机关、自治地方的行政组织体制和权限、自治地方行政管理职能的配置、行政管理体制改革、自治地方政府与上级政府的关系、自治地方的经济发展战略、自治地方的精神文明建设、自治地方的发展关系等"，并提议为加强学术交流、促进学科发展，应成立"全国民族地区行政管理研究会"。[2]

此后，相关成果不断增多，1994年段尔煜、刘宝明所著《中国民族自治地方行政管理学》一书正式出版。本书对民族自治地方行政管理研究的体系、方法做了系统的论述，并在构建学科的理论框架方面做了重要的探索。

---

[1] 靳江好、施文波：《全国首次民族地区行政管理研讨会综述》，载《民族研究》，1994年第2期。

[2] 靳江好、施文波：《全国首次民族地区行政管理研讨会综述》，载《民族研究》，1994年第2期。

(三）民族自治地方行政管理学的发展

20世纪90年代中期以来，民族自治地方行政管理学研究有了快速的发展，每年关于民族自治地方行政管理的论文、著作、调研报告、硕博论文，以及课题项目日益增多，学科研究的深度和广度不断扩展。中央民族大学和云南大学先后设立了民族地区行政管理博士点和硕士点，使得这一学科有了专门的人才培养和学术研究基地。截至2006年底，共发表相关论文近300篇，出版著作20余部。内容涉及民族自治地方行政环境、行政组织、政府职能、公共财政、公共政策、危机管理、电子政务等等，基本覆盖了民族地区行政管理的各个层面。这些成果对推动学科发展的贡献主要体现在以下几个方面。

第一，初步构建了民族自治地方行政管理学科的框架体系。通过长时期的探索、争鸣、归纳和总结，认为民族自治地方行政管理学应"由逻辑起点——法律依据，主导要素——行政组织，关键环节——特殊权限和职能，环境因素——行政环境，立足基点——管理实践，逻辑归宿——促进各项事业持续快速健康发展这六个方面，构成一个崭新、完整、周密的学科体系结构"[1]。学科体系的构建为进一步深入研究提供了基础和起点。

第二，对民族自治地方行政环境的特殊性有了更加深入的了解。民族自治地方大多分布于边远山区、沙漠、草原地带，有18000多公里的边境线，经济社会发展滞后，民族宗教构成复杂，语言文化风俗习惯差异性很大。特殊的行政环境，"使得民族自治地方行政管理具有特定的行政管理目标和任务，从而具有特殊的行政职能"[2]。

第三，对民族自治地方政府权力的构成及其特点阐释更加全面。从权力来源和法律地位来看，民族区域自治地方政府作为中华人民共和国的地方政府，根据"议行合一"的原则和单一制国家结构形式，它既是

---

[1] 段尔煜：《民族自治地方行政管理学学科体系的界定》，载《云南日报》，2004年1月5日。
[2] 周平：《民族自治地方行政管理的特殊性》，载《思想战线》，1993年第4期。

同级人民代表大会的执行机关,又是中央人民政府统一领导下的地方行政机关,同时也是民族区域自治机关,依法拥有执行权、行政权和自治权。近年来关于自治权的设定及其构成、自治权的行使及相关的制度保障,以及自治权行使过程中涉及的不同层级间政府关系等问题,日益成为学术界关注的重点。

第四,研究领域不断拓展。在学科发展的早期阶段,研究重点主要集中在体制改革和职能转变几个方面。近年来,随着公共行政学在中国的快速发展,如构建服务型政府、政府绩效评估、公共产品的生产与提供、行政成本控制、电子政务、危机管理等新的理念与方法,被逐步引入民族自治地方行政管理研究之中,使其传统研究主题逐步深化,新的研究领域不断拓展。

二、深化民族自治地方行政管理研究应该关注的几个重点

进一步深化民族自治地方行政管理研究,必须在涉及宏观和微观领域的几个方面认真探索。

第一,研究对象需进一步明晰。在民族自治地方行政管理的现有研究成果中,绝大多数都把自治权及其行使作为本学科的研究核心,一切内容都围绕着自治权的行使来展开。这种研究对象的界定,并不符合民族自治地方的实际情况。民族自治地方行政管理研究,自治权当然是不可回避的内容,甚至是关键的内容,但却并不是全部。《民族区域自治法》第三条规定:"民族自治地方设立自治机关,自治机关是国家的一级地方政权机关。"《中华人民共和国地方各级人民代表大会和地方各级人民政府组织法》第三条规定:"自治区、自治州、自治县的自治机关除行使本法规定的职权外,同时依照宪法、民族区域自治法和其他法律规定的权限行使自治权。"从这些规定可以看出,民族自治地方的自治机关,首先是作为国家的一般地方政权机关存在,行使一般地方政权机关的职权,在此基础上才依照《民族区域自治法》规定行使民族区域自治权。

同时，在民族自治地方具体的行政管理实践中，更多的活动是依据一般地方政权的规范来进行，如果仅仅把自治权的行使作为主要的研究对象，这无疑使得对民族自治地方行政管理研究的视域受到了极大的限制，相关研究也难以深入。

第二，研究视角应进一步拓宽。受传统行政管理学科整体发展状况的影响，政府地位、政府权力、政府组织、政府运行，是民族自治地方行政管理学研究中最为集中的主题，而政府之外的其他社会治理主体，则尚未引起学界足够的关注。要完善民族区域自治制度、建立适合民族自治地方需要的公共事务治理机制、推进民族自治地方社会和谐，仅仅依靠政府是远远不够的。在治理理论的视域中，政府只是民族自治地方治理的一个相对重要的主体，并且在市场经济体制日益完善、社会力量不断崛起的当代社会，政府的权力和活动将受到越来越多的限制，市场主体、社会主体在社会治理中的地位将日益突出。在这种情况下，围绕着政府这一唯一主体来研究民族自治地方公共事务的治理机制，就表现出了明显的缺憾。

第三，进一步深入挖掘民族自治地方行政管理的特点。民族自治地方行政管理与一般地方行政管理有着重要的差别，这是该学科得以建立并不断发展的起点。但在现有成果中，除了对行政环境的差异性挖掘较深以外，其他对行政组织、政府职能、行政程序、政府过程等方面的差异性和特殊性则挖掘不足，有些研究仅停留在用行政管理一般理论分析民族自治地方的相关问题，而不是基于民族自治地方的特殊性，发掘民族自治地方行政管理的特殊规律，研究深度不够和针对性不强的问题也相当明显。如关于民族自治地方政府职能的问题，许多论著都只是依据一般的政府职能理论来分析民族自治地方政府职能设置是否合理，以及如何合理化等等。其实更重要的问题是当前民族自治地方的经济与社会发展需要政府做什么？怎样做？这些问题都需要从对民族自治地方的社会生态研究中去寻找答案，但遗憾的是相关研究尚未充分展开。

三、民族自治地方行政管理研究的发展

改革开放以来,民族地区(指五个自治区和云南、贵州、青海三个多民族省)经济与社会有了快速的发展,2005 年 GDP 已超过 16000 亿元,"十五"期间年均增长速度 11% 左右,高于"九五"期间 2.4 个百分点。但由于历史、地理等多种原因,我国民族地区经济社会发展仍然存在诸多困难和问题,2004 年末,全国农村绝对贫困人口为 2610 万人,其中少数民族地区贫困人口为 1246 万人,占 47.7%,贫困发生率高达 7.8%,比全国高 5 个百分点。2005 年民族地区地方财政收支差额达 2130 亿元,比"九五"末增加 1277 亿元。[1] 民族地区各级政府都面临着重大的机遇与挑战。深入研究民族自治地方行政管理学,提升民族自治地方公共管理能力,是促进民族地区发展的关键。时代的发展,呼唤着理论的创新,而民族自治地方行政管理学科的发展,也必须实现以下三个方面的跨越。

第一,从行政管理向公共管理的跨越。民族自治地方行政管理研究需要实现向民族自治地方公共管理研究的跨越,这不但要求扩大研究的对象,重新构筑研究体系,同时也意味着对民族自治地方公共事务治理研究的思维方式和具体研究方法的转变。

第二,从以自治权为研究中心向以民族自治地方公共事务治理为研究中心的跨越。在研究对象上,不应再局限于自治权及其行使,而应从民族自治地方公共事务治理的高度,来重新审视研究对象。如对政府的研究,不仅要重视民族自治地方政府作为自治政府的特殊性,也需要注意到它们作为一般地方政府的共同属性。在政府之外,要投入更多的关注,研究民族自治地方非营利组织、社会团体以及市场主体在公共事务管理中的作用及其实现途径。

第三,从一般公共管理向立足于民族自治地方社会生态研究的范式

---

[1] 根据《中国统计年鉴(2005)》有关资料整理。

跨越。民族自治地方公共管理不能仅停留在用一般公共管理的理论来解释民族自治地方的社会实践，而应当在深入研究民族自治地方社会生态环境的基础上，积极寻找和创建适合民族自治地方社会需求，促进民族自治地方和谐发展的理论体系和制度规范。

（原载《中国行政管理》2007年第5期）

民族区域自治地方行政管理的特点

中国是一个统一的多民族国家，各民族一律平等，为尊重和保障各少数民族自主管理本民族内部事务的权力，实现民族平等和民族团结，在少数民族聚居地区实行民族区域自治制度，设立自治机关，行使自治权。目前，我国共有155个民族区域自治地方，其中有自治区5个，自治州30个，自治县（旗）120个。此外，作为民族区域自治的补充，我国还有1100多个民族乡。民族区域自治地方的总面积占到国土面积的64%，自治地方人口约占全国总人口的14%。民族区域自治地方政府作为中华人民共和国的地方政府，根据"议行合一"的原则和单一制国家结构形式，它既是同级人民代表大会的执行机关，又是中央人民政府统一领导下的地方行政机关，同时也是民族区域自治机关，依法拥有执行权、行政权和自治权。宪法、地方人民政府组织法和民族区域自治法等法规，设定了其独特的法律地位和权力来源。各级民族区域自治地方政府不仅在国家的统一领导下承担着发展本地区经济、文化和各项社会事业的职责，还担负着依法推行民族区域自治制度、加强民族团结、维护国家安全与稳定的重要责任。因此，在中国的政府体系中，民族区域自治地方政府既有一般地方政府的共性，又有其自身独具的特点。

一、特殊的行政管理环境

从行政生态学的角度来看,行政环境是行政管理主体赖以存在的基础,是行政管理目标设定、行政组织结构形态和运行方式选择、行政资源的汲取与调配等重要的限定和约束条件。民族区域自治地方行政环境的特殊性,决定了其行政管理的特点。

第一,自然地理条件。中国的民族区域自治地方地域广袤,且大多分布于高原、荒漠等自然条件相对恶劣的边疆地区,经济发展受到的约束因素较多,公共服务的供应成本高昂。例如西藏自治区120万平方公里区域,平均海拔超过了4000米;新疆166万平方公里面积中,沙漠、戈壁占到了一半以上;青海全省72万平方公里中高寒冻土面积约45万平方公里,占全省面积55%左右;云南、贵州等地则群山峻岭密布,交通极为不便。

第二,人口环境。中国的边疆民族地区虽然人口总量相对较少,但人口增长速度很快,1949年全国仅有3600多万少数民族人口,到2010年第六次全国人口普查时,少数民族人口已达到了11379万。由于客观条件限制,民族地区文盲比例远高于全国其他地区,而各项教育指标普遍均偏低。此外许多地区还存在着性别失衡、城市化水平低、农牧业生产人口比例高、青壮年人口多、就业压力大等诸多问题,使民族区域自治地方政府在教育、医疗、就业、社会保障等方面,承受着巨大的压力。

第三,经济发展水平。中华人民共和国成立以来,民族地区经济社会发展有了巨大变化,但与全国平均水平,特别是东部发达地区相比,依然存在着巨大的差距。2008年,占到国土面积64%的民族地区经济总量只占全国的9.7%,广东GDP为35696亿元,宁夏GDP为1070亿元,新疆GDP为4203亿元,而西藏GDP仅为392亿元。民族地区规模以上工业企业总数远低于其人口在全国所占的比例,教育、医疗、交通、通信等基础设施相对薄弱,农村绝对贫困人口占全国总数的52.3%,贫困发生率比全国平均水平高4.8个百分点。因此,民族区域自治地方政府发展经济，改善民生的任务十分艰巨。

第四，社会习俗和文化传统。各少数民族主要聚居区在社会习俗和文化传统方面也存在较大差异。例如藏族、维吾尔族聚居区，几乎全民信教，西藏有藏传佛教各类活动场所1700多处，新疆有清真寺2.43万座，宗教氛围浓郁，宗教生活对社会治理有着直接的影响；在西南部分少数民族聚居区，聚落、家族、宗亲势力的社会影响力很大。这种社会习俗和文化传统方面的差异，使得当地社会结构、社会整合方式、社会治理理念与一般地区也有着显著差异。

第五，传统的治理模式。社会治理特别是行政管理具有历史惯性，过去的治理经验会对现实社会治理结构产生较大影响。在历史上，中国的民族地区在治理模式上，不但与一般地区存在较大差异，甚至民族地区内部也存在较大差异。如西藏实行的是政教合一的封建农奴制度，西南部分地区实行土司制度，内蒙古部分地方实行盟旗制度，以及新疆的伯克制度，凉山彝族的家支制度等。这些历史上的治理模式，对中华人民共和国成立后民族地区社会治理都产生了或大或小的影响。

第六，国际环境。中国与14个国家接壤，有陆地边境线2万多公里，边境分布着136个县、旗、市、市辖区，其中107个是民族自治地方；边境县总人口2000多万，其中近半数是少数民族。在中国55个少数民族中，有30多个民族与境外同一民族相邻而居。近年来，随着中国的快速崛起，国际反华势力企图利用所谓中国的"边疆民族问题"牵制甚至肢解中国，而"藏独""疆独"活动也十分猖獗。因此，维护边疆民族地区社会稳定与国家安全，也是民族地区各级政府一项重要而紧迫的职责。

二、特殊的使命与职责

民族地区特殊的行政环境，决定了民族自治地方行政管理的特殊性。

第一，从政府职能的角度来看，民族自治地方各级政府除了履行一般的公共管理和公共服务职能之外，还必须承担一些特殊的职责。

在政治方面，民族自治地方各级政府是直接面对少数民族群众，直接应对具有高度敏感性的民族、宗教事务的社会治理主体，因此要贯彻执行党和国家的民族宗教政策，保障民族平等，促进民族团结，防范和化解民族矛盾，严厉打击民族分裂活动，构建和谐的民族关系；管理宗教事务，保障宗教信仰自由，限制非法宗教活动。特别是近些年来，民族分裂势力活动十分猖獗，先后在西藏、新疆制造了破坏力极强、影响极坏的"3·15"事件和"7·5"事件，因此，维护国家统一和边疆地区的长治久安，是民族区域自治地方政府的首要职责。

在发展经济方面，由于许多落后的民族地区普遍存在着市场观念淡漠、市场主体弱小、市场规则残缺、支撑市场运行的社会公共服务体系薄弱等诸多问题，因而在东部发达地区政府普遍关注政府与市场边界的清晰划分，不断强化市场机制对社会资源配置作用的情况下，一些民族自治地方政府更多的却是需要承担一种市场"保姆"甚至市场"乳母"的角色，只能整合有限的资源，或者从外部引入市场力量并精心培育，或者需要强力介入市场运行以保护本地市场机制的成长。因此，在这些民族自治地方如果一味强调市场自身的作用、政府失灵等现代政府与市场关系理论，至少在现阶段是脱离实际的奢侈空谈。当地经济社会发展的现状，需要行政管理理论解答的紧迫问题是，政府怎样才能迅速在几乎没有市场的地方培育市场？政府如何能够迅速改变社会广泛存在的贫困、封闭和落后状态？

在文化职能方面，民族自治地方政府承担着国家统一、民族团结意识形态的塑造，提高少数民族文化素质，保护、传承、弘扬少数民族优秀传统文化，促进民族文化交流等职责。

第二，从行政权力角度来看，民族区域自治地方政府除了拥有一般地方政府的权力之外，作为自治机关，宪法、民族区域自治法律法规体系，赋予了民族自治地方政府许多特殊权力，如可以通过法定程序变通或停止执行上级国家机关不适合民族自治地方实际情况的决议、决定、命令和指示；可以在国家计划的指导下自主地安排和管理地方性经济建设事业，如确定草场、森林的所有权和使用权，优先合理开发自然资源，自主安排地方基本建设项目，开辟边境口岸，进行对外贸易；其预备费在预算中所占比例可高于一般地区，可根据实际需要决定减税或免税项目，通过国家财政转移支付制度享受上级财政的照顾；可以在执行职务时使用民族语言文字，自主地发展民族科技、教育和文化事业，保护民族文化遗产；还可以依照国家军事制度和当地的需要，经法定程序，组织本地方维护社会治安的公安部队等等。

第三，从行政组织的结构来看，民族自治地方地域辽阔，各民族人口分布呈现多样性特点，各地文化传统和历史沿革也有所不同，而民族自治地方政府又行使着特殊的自治权力，这使得民族自治地方行政管理组织在结构上与一般地方也存在一定的差异性。这种差异包括政府纵向层次上的差异，也包括同一层级内组成部门设置的差异。从层级上来看，有些民族自治地方政府层级要多于一般地方，例如新疆不仅有与政府系统并列的生产建设兵团，其伊犁哈萨克自治州还是全国唯一的既辖地级行政区又辖县级行政区的自治州，也是全国唯一的副省级自治州。从自治区到乡存在五级地方政府；而不同层级政府享有的权力与一般地方同级之间也有很大差别，例如自治州与一般地级市、地区属于同一级别，但享有的权力差别很大。民族自治地方政府组织结构的特殊性，还与政府职能的特殊性联系在一起。例如在民族自治地方，具体管理民族、宗教事务的政府部门，往往承担着更为重要的职能。

第四，从公共部门人力资源的角度来看，自治机关的民族化是民族区域自治制度的一项重要内容。民族自治地方行政组织中公务员的任用，对于少数民族人员的比例一般都有特别要求，要合理配备各民族人员，且行政组织的首长一般都由实行自治的主体民族担任。这既是民族自治地方行政管理现实的需要，也是民族区域自治的题中应有之意。但是，由于民族自治地方教育发展水平较低，少数民族群众受教育程度与汉族往往存在较大差距，这也使得民族自治地方公务员选拔、招录和任用，不能完全遵循竞争择优原则，而是要在相对公平与民族比例方面兼顾。

第五，从行政改革的压力和任务相对特殊的角度来看，由于特殊的文化传统和社会结构的影响，民族自治地方行政改革面临的压力，需要完成的具体任务，与一般地方也有一定差异。从行政改革面临的压力来看，由于民族自治地方大多比较落后，社会传统对行政改革的制约非常明显，而且民族区域自治制度下形成的对中央和上级政府特殊照顾政策的依赖，也使部分民族自治地方在行政改革方面缺乏足够动力。同时，由于民族自治地方政府面对的社会问题、应对的社会任务与一般地方有所不同，民族自治地方在行政改革的方向选择、政府职能该如何定位、政府组织结构该如何优化等具体问题上，也需要有不同的思路。

三、特殊的困难与问题

自从中华人民共和国成立以来，民族自治地方各级政府通过开展卓有成效的行政管理活动，大大推进了民族地区经济社会发展，促进了中国的民族团结，巩固了边疆安全，使民族地区各族人民生活发生了巨大的变化。2008年，民族地区经济总量由1952年的57.9亿元增加到30626.2亿元，按可比价格计算，增长了92.5倍。随着经济增长，民族自治地方各项社会事业也得到了快速发展，人民生活水平不断提高。例如在教育方面，1949年前只有不到5%人口识字的西藏自治区，2007年青壮年文盲率已经降到10%以下。在交通基础设施方面，1949年以前，占中国国土面积60%以上的民族自治地方，铁路、公路等交通基础设施几乎一片空白，没有一个机场，现代化的交通工具对民族地区的群众而言非常陌生，经过60余年的建设，民族自治地方铁路线长从3500公里增加到18000多公里，公路通车里程从1.14万公里增加到77.28万公里。在少数民族文化保护方面，国家投入了巨额资金，整理少数民族文化古迹，保护少数民族物质文化遗产和非物质文化遗产，使许多一度陷入困境、面临灭绝威胁的少数民族文化得以传承和延续。

然而，民族自治地方政府虽然在推动民族自治地方发展方面成效显著,但是在开展行政管理活动时,却也遭遇了许多体制上的困难,对自身角色定位存在一些困惑。具体存在以下几方面的问题。

第一,行政管理活动的法制基础不够完善。行政管理活动需要有法制基础,否则就将失去约束或方向。民族自治地方行政管理既要应对一般地方行政管理所面对的问题,又要行使自治权,因此它事实上既需要一般行政管理的法制基础,又需要民族区域自治法制基础。但现实状况却是,一些民族自治地方政府对自治权的行使不足,而更多是像一般地方政府一样处理所面对的各类社会问题。这种情况的出现,一方面是因为行政管理的技术性特征使然,但另一个原因是我国的民族区域自治法律体系还不够完备,民族自治地方政府自治权的行使缺乏必要的法制基础。《民族区域自治法》制定较早,其条文大多都是一些抽象的原则性规定,而在民族自治地方,处于最高级别的五大自治区,都没有出台具体指导本地方自治权行使自治条例。一些自治州、自治县虽然制定了自治条例,但可操作性不强,对指导自治权的行使不具有多少实际意义。民族自治地方应对各种具体事务的一些单行条例,也还不同程度地存在着数量不足和质量不高的问题。截至2007年,各民族自治地方共制定自治条例135个、单行条例447个、变通和补充规定75件。除了5个自治区,还有15个州县没有制定自治条例;单行条例平均算下来,每个自治地方只有3件,远未能适应民族自治地方复杂的社会事务管理。

第二,一些民族区域自治地方行政辖区过大,管理成本居高不下。在中国5个自治区中,有3个面积超过100万平方公里,而世界上近200个国家中,只有不到30个面积超过100万平方公里。其他如新疆巴音郭楞蒙古族自治州,面积达47万平方公里,相当于一个中型国家;若羌县面积达20.23万平方公里;内蒙古自治区东西直线距离约2400公里。这样广阔的辖区,使得各自治区的行政成本居高不下,也增加了管理技术上的许多难题。为这样大的区域范围提供均等化的公共服务,不但成本高昂,而且效益非常低。这些问题在市场经济条件下,已经变得越来越突出。

第三，自治州、自治县城市化进程遭遇角色困境。随着中国经济社会的迅速发展，城市化步伐越来越快，全国大多数地方地区行署先后撤地改市，不少县级政府也撤县改市，城市化发展为当地经济腾飞增加了强劲动力。但是，一些发展较快且已具备改市条件的自治州、自治县，却在城市化进程中遭遇法律瓶颈的制约，因为宪法和民族区域自治法规定，民族区域自治地方政府只有自治区、自治州、自治县三级，没有关于自治地方改市的相关规定。因而，为保持自治地方的特殊地位，它们只能维持现状，而城市化进程的迟缓，无疑会让本来就相对落后的民族自治地方失去不少发展机会。

第四，民族乡的法律地位需要进一步明晰。民族乡是为了满足散居少数民族治理本民族、本区域事务要求而设立的一级政府建制，作为民族区域自治制度的一种补充形式，它也享有范围较广泛的自治权力。但是，民族乡却没有被纳入《民族区域自治法》中，指导1000多个民族乡工作的法规，仅仅是国务院出台的《民族乡工作条例》。这种情况，使得民族乡运行存在许多不确定性，很多具体工作由于面临法律、制度上的限制，而难以开展。

第五，全国行政体制改革后地方权力扩张导致自治权的特殊性淡化。民族区域自治制度是在计划经济时代设定的制度体系，其中最核心的内容是自治权，特别是经济类自治权。但这些权力，许多都是基于计划经济的背景条件而设定的。在《民族区域自治法》出台的早期，自治权的内容与其他地方政权机关享有的权力相比，具有明显的特殊性。但是改革开放以来，由于中央不断向地方放权，使得原先许多只有民族自治地方专享的权力，也逐渐被一般地方所享有，特殊性色彩逐渐淡化。当然，这种基于对比而出现的民族自治地方自治权特殊性色彩的淡化，是中国整体经济社会发展和行政体制改革的必然结果，这种变化对于民族自治地方而言，并不一定意味着权力和权利的损失，反而会给民族自治地方带来改革和发展的动力。同时，这些变化趋势也反映出在计划经济体制色彩还较浓的背景下制定的《民族区域自治法》，虽然经过了一次大规模修订，但是与当前市场经济体制发展的步伐相比，与中国整体行政管理体制变革的进程相比，仍需适时调整，以探索新形势下自治权行使更加科学有效的方法。

民族自治地方行政管理面临的这些问题，有一些是民族自治地方通过自身改革和调整可以克服的问题，但更多问题却需要从国家宏观层面去解决，涉及国家一些基本法律和制度的调整。但是，具体该如何调整，却需要行政管理理论研究和相关法律制度理论研究提供思路。在强调民族自治地方行政管理特殊性的同时，我们也必须注意在理论研究和实践工作领域中的另外一种倾向，那就是将民族自治地方行政管理特殊性，乃至民族自治地方经济社会整体特殊性固化的倾向。中国设立民族自治地方政权体系，赋予民族自治地方特殊政治、行政权力，最终目的不是要扩大民族自治地方与一般地方的差异，而是在充分尊重现实差异的基础上，采取特殊的管理体制，推动民族地区经济社会的超常规发展，进而弱化这种差异，实现各民族"共同团结奋斗、共同繁荣发展"的政治目标，实现国家与社会的高度整合。因此，民族自治地方行政管理改革和发展的方向，必须有利于实现民族地区与一般地方的同步发展，有利于民族地区社会与其他地方社会的融合，否则这种特殊性就将会成为一种消解性力量而非建设性力量。

（原载《北京行政学院学报》2010年第2期）

政治生态主义视域中的民族自治地方公共管理

一、民族自治地方公共管理面临的机遇与挑战

中国是一个统一的多民族国家,各民族一律平等,为尊重和保障各少数民族自主管理本民族内部事务的权力,实现民族平等和民族团结,在少数民族聚居地区实行民族区域自治制度,设立自治机关,行使自治权。目前,我国共有155个民族区域自治地方,其中有自治区5个,自治州30个,自治县(旗)120个。此外,作为民族区域自治的补充,我国还有1000多个民族乡。民族区域自治地方的总面积占到国土面积的64%,自治地方人口约占全国总人口的14%。民族自治地方地域辽阔,资源丰富,战略地位十分重要。近年来,国家在民族工作领域相继采取了一系列重大举措,先后制定了《扶持人口较少民族发展规划》《少数民族事业"十一五"规划》《兴边富民行动"十一五"规划》等,使民族自治地方经济与社会发展取得了重要的成绩。截至2005年底,全国民族自治地方生产总值为15706亿元,按可比价格计算,比上年增长14.9%;人均生产总值超过1000美元,城镇居民人均可支配收入达8441元,农牧民人均纯收入为2287元。其他道路、交通、邮电通信等基础设施建设和文化、教育、医疗、社会保障等社会事业,都有了长足的发展。但由于历史和自然条件等因素的制约,民族自治地方的发展依然相对落后。

2005年，民族自治地方生产总值仅占全国生产总值的8.6%，人均生产总值只相当于东部地区人均水平的35.8%；民族自治地方财政收入为1026亿元，支出为3050亿元，收支差达2024亿元。截至2005年底，五个自治区及云南、贵州、青海、四川四个多民族省还有约1.6万个行政村不通公路；新疆、云南、广西、甘肃和内蒙古还有600多个乡镇不通电，涉及人口160多万；不少地区人畜饮水十分困难，如宁夏目前全区还有223万人饮水不安全，其中77万人严重缺水。基础设施薄弱和生态环境脆弱，已成为长期制约加快发展的"瓶颈"。少数民族聚居地区的农村绝对贫困人口为1170.4万人，占全国的49.5%；初步解决温饱的农村低收入人口为2048万人，占全国的50.4%；贫困发生率为6.9%，比全国高4.4个百分点。其中，约有20个民族390万人贫困程度较深，贫困发生率高达23.9%。

改变民族自治地方的落后状况，实现民族自治地方经济与社会的跨越式发展，需要多元力量的推进。但在民族自治地方市场和社会力量还不够强大的历史阶段，民族自治地方各级政府在规划、指导、推动、协调经济社会发展方面承担着重要的职责。民族自治地方政府不仅在国家的统一领导下承担着发展本地区经济、文化和各项社会事务的职责，还担负着依法推行民族区域自治制度、加强民族团结、维护国家安全与稳定的重要责任。在中国政府体系中，民族区域自治地方政府既有一般地方政府的共性，又有其自身独具的特点。从1947年第一个民族自治地方政府建立到现在，民族自治地方政府在促进当地经济社会发展，维护社会稳定和民族团结方面，发挥了重要作用。在新的历史时期，民族自治地方政府也面临着进一步发展的机遇和挑战。在构建和谐社会的进程中，民族自治地方公共组织如何才能成为相对落后的民族自治地方社会和谐的推动力量，成为引领民族自治地方经济社会发展的舵手，是一个值得认真研究的重要问题。但令人遗憾的是，在目前大多数关于民族自治地方行政管理问题的研究成果中，更多是基于公正、效率等价值基础，局限于用传统的、一般的行政组织理论和政府过程理论来讨论民族自治地方政府职能转变、机构改革和政府过程的优化，较少探讨民族自治地方公共组织奉行的价值理念、职能定位、组织结构、制度设计是否适合于民族自治地方社会生态环境的特点，较少反思民族自治地方公共管理过程与民族自治地方社会生态环境是否和谐。因此在相关的研究中，研究者往往习惯于以一般的理论去分析民族自治地方特殊的公共管理问题，用一般的行政方法去解决民族自治地方特殊的公共组织建构和公共政策问题。但实际上由于民族自治地方社会生态环境特殊性的存在，一般的理论和方法在民族自治地方应用时却经常会遭遇适应性困难，甚至使本来与社会生态环境关系就存在一些矛盾的公共组织陷入更加尴尬的境地。因此，要分析和解决民族自治地方公共管理中遇到的特殊问题，就需要突破传统理论局限，积极寻找新的分析和解决问题的途径。而政治生态主义作为一种与和谐社会理念在诸多方面相似的政治思想，其生态主义的价值观，基于生态理念而提出的行政组织思想和政府过程理论，或许可以为民族自治地方公共管理实践及其理论研究思路的转变提供借鉴。

二、政治生态主义要义

在传统政治学和行政学的视角中，作为理论基础的价值观，从来都是在效率和公平两种价值取向间摇摆，而很少讨论其他的价值。然而不论效率还是公平，其前提都是人有权力支配这个世界，人是世界的中心。政治生态主义超越了效率与公平，否定了人的自我中心思想，而将人类社会放置在从属于自然界的地位，以生态的和谐为最高价值，要求人类的一切活动都不能破坏生态的和谐。政治生态主义在这一基本价值观的基础上，对政治价值的追求也是生态的和谐，包括社会的和谐以及自然的和谐。

政治生态主义是从对人与自然关系的生态学研究中引申出来的一种政治哲学，其核心的理念是通过政治过程的重新设计，构建和谐的人、社会与自然之间的关系。政治生态主义形成于 20 世纪 70 年代，至今也只有三十多年的历史。但是，生态主义政治理念，却无疑是对现代充满了自信的人类当头泼下的冷水，是对人类那种标榜"自我中心"，无视环境承受能力的生存模式的深刻反省。而且生态主义在提出之后，其关注的内容很快就超越了人与自然的关系，而扩展到人、社会、自然的各种关系层面，对人的生活和发展模式、社会结构与制度、人与自然的关系等都进行了批判与重构，"它的主要目标不在于实现无铅汽油、天然食品、污染控制、废品回收，而在于重构人类社会，包括政治、经济、伦理、知识等各个层面"[1]。生态主义重构这一切关系的终极目的，则是"推翻我们污染环境、掠夺性的、物质主义的工业社会，代之以一个将使人类与星球和睦相处的新型经济和社会秩序"[2]。同时，政治生态主义主张建立一种新的生态化的生活方式，"所谓生态化生活方式的真谛是要充分意识到连我们自己在内的周围生命系统所具有的神秘性与复杂性，然后以此意识来节制人类社会对自然的影响"[3]。

政治生态主义理论家为了实现其目标，对社会各方面的规范与制度几乎都做了重新的思考与设计，其中很大一部分内容是关于公共组织和公共管理制度的思考与设计，而这些思考与设计的核心价值就是和谐，即公共组织、公共管理制度应该有利于维持和促进社会的、自然的和谐，而不是相反。基于这种价值观，政治生态主义提出了这样一些政治与行政理念：

1. 绿色的政治目标：政治生态主义的核心目标，是建构一个可持续发展的社会。政治生态主义理论家认为，在以增长为根本目标的资本主义——市场经济发展观主导下，人类社会的价值观日益狭隘化，人类社群伦理被破坏，"因此造成铺天盖地和持续不断的环境破坏和社会破坏。要着手扭转这一进程，尚需进行一场旨在改造社会和政治的运动，而采

---

[1] 徐大同：《西方政治思想史》，第五卷，天津人民出版社2005年版，第328页。
[2] Andrew Dobson, *Green Political Thought: An Introduction*. 转引自徐大同：《西方政治思想史》，第五卷，天津人民出版社2005年版，第328页。
[3] [美]丹尼尔·A. 科曼：《生态政治：建设一个绿色的社会》，上海：上海译文出版社2006年版，第6页。

用维护生灵、注重可持续的价值观,将是这一创造性运动的有机组成部分"[1]。政治生态主义虽然没有与达至可持续社会的政治运动的内容达成一致,但是在围绕着可持续发展的社会来设计政治组织、来安排政治过程以及进行相应的政治改革的必要性方面取得了共识。

2. 绿色的政治组织:为了实现可持续社会这一绿色政治目标,政治生态主义理论家认为需要建立绿色的政治组织。"向生态社会转型要求建立起可持续的组织,以此为建设可持续社会率先垂范。"[2]而这种绿色的、可持续的政治组织,有这样一些特征是其必备的:非暴力、多样性、权力下放、公众参与、未来视角、高度重视个人与社会责任。

3. 绿色的政治过程:政治生态主义理论家认为,"'自然的'世界应当决定社区的政治的、经济的和社会的生活"[3]。因此,他们主张政治过程应该以人们生活于其中的社群为中心,在此基础上再扩展到大的社区以及国家。"在一个对生态负责的世界秩序中,国家的和国际的组织必须重新定位,以扶持那些能使直接基层民主在地区层面乃至在全球层面发挥作用的组织形式。"[4]之所以这么认为,主要是因为在政治生态主义理论家看来,只有那些生活于社群中的人,而不是那些远在千里之外的官员,最知道他们自己、他们所处的生态区域需要什么。他们称这种政治过程为"家园政治",其内涵是指只有生活在这个家园中的人,才会真正关心自己的家园,也才知道如何去关心自己的家园。

4. 绿色的政治改革:在政治生态主义理论家看来,现代社会的政治组织、政治过程都是不可持续的、非绿色的,因此需要开展全面的改革。而政治改革必须以绿色政治目标为方向,建立绿色的政治组织,实现政

---

[1] [美]丹尼尔·A. 科曼:《生态政治:建设一个绿色的社会》,上海:上海译文出版社2006年版,第80页。

[2] [美]丹尼尔·A. 科曼:《生态政治:建设一个绿色的社会》,上海:上海译文出版社2006年版,第102页。

[3] [英]安德鲁·多布森:《绿色政治思想》,济南:山东大学出版社2005年版,第130页。

[4] [美]丹尼尔·A. 科曼:《生态政治:建设一个绿色的社会》,上海:上海译文出版社2006年版,第102页。

治过程向绿色的转变。

三、和谐价值的生态主义取向

在民族自治地方公共管理实践和理论研究中,以什么样的价值观来指导公共组织行为,来指导理论体系的建构,是一个先导性的问题。价值导向不同,会使得公共组织的活动取得截然不同的社会效果,也会使得民族自治地方公共管理理论研究在体系和内容方面大相径庭。

目前关于民族自治地方行政管理研究的成果,对学科价值基础的讨论还基本停留在效率与公平之争,在具体的内容设计上或取效率,或取公平,而且更多是坚持效率优先取向。这种价值取向与实践中民族自治地方公共组织尤其是民族自治地方政府在开展公共管理活动,进行自身组织建设时的效率取向有直接关系。然而,新的时代特征却决定了简单地在公平和效率之间取舍,特别是效率优先的价值取向,已经不能全面反映公共管理的复杂性,不能科学地指导公共组织开展公共管理活动,进行自身组织建设。民族自治地方公共管理实践和理论研究,必须探索新的价值基础。

实际上,在中国政治语境中"和谐社会"思想的提出,其实就是公共生活领域中价值取向的一次革命性变化,和谐价值是超越公平与效率的全新的价值取向。"我们要构建的社会主义和谐社会……要坚持以科学发展观统领经济社会发展全局,按照民主法治、公平正义、诚信友爱、充满活力、安定有序、人与自然和谐相处的总要求,以解决人民群众最关心、最直接、最现实的利益问题为重点,着力发展社会事业、促进社会公平正义、建设和谐文化、完善社会管理、增强社会创造活力,走共同富裕道路,推动社会建设与经济建设、政治建设、文化建设协调发展。"[1]和谐社会思想与政治生态主义价值观有着很多相似之处,如可持

---

[1]《中共中央关于构建社会主义和谐社会若干重大问题的决定》。

续发展、社会伦理与文化的重建，关注民众最切身利益等。从根本上来说，和谐社会所追求的是人与社会、人与自然关系的融洽，构建安定有序又不失活力的健康的社会生态。

目前我国民族自治地方经济社会发展水平整体落后，社会内部还存在着许多不和谐的问题。而增强民族团结、维护国家统一、实现各民族的共同繁荣，是建设和谐社会的前提条件和重要内涵。但推动民族自治地方经济与社会发展，实现民族团结、边疆稳定和各民族共同繁荣的和谐目标，需要民族自治地方公共组织在开展公共活动、协调处理社会事务，以及进行自身组织建设之时，都应该始终以"和谐"作为基本的价值原则，使民族自治地方公共组织真正成为社会生态环境中友好的组成部分，使公共组织开展的公共管理活动和执行的公共政策成为促进社会更加和谐的强大动力。民族自治地方公共管理学，作为研究民族自治地方公共管理实践的学科，更是应该超越简单的"公平""效率"之争，而以"和谐"价值为指导，去分析和研究民族自治地方的公共管理问题，去构建能够指导民族自治地方公共组织和民族自治地方社会朝着更加和谐方向发展的理论体系。

四、民族自治地方生态型公共组织

民族自治地方公共组织要引导和推动社会和谐，首先要使自身成为社会生态环境和谐的有机构成，而绝不能让在一些地区和部门中还不同程度存在着的职能定位不当、结构失衡、规模庞大、运作成本高昂、工作作风简单、透明和开放程度不高等问题，成为影响社会和谐的制约条件。

1. 以社会生态和谐为导向的公共组织职能定位

社会生态环境对公共物品和公共服务的需求，是公共组织结构形态及其职能定位的基本依据。然而在民族自治地方，却依然有相当一部分的公共组织或者其职能部门，与社会生态环境的需求并不一致。这些组织或职能部门的存在，更多是基于层级之间的对口需要，或者是基于公共组织自身利益的需要而建立。笔者在近年来的调查中发现,民族自治地方县级政府机构大多在30—40个,例如在西南某自治县,全县能够称得上工业企业的组织一共只有13家,其中还有几家处于停产半停产状态,全部生产总值每年不到1000万元,但是该县政府却设有工业企业局、乡镇企业局、经济贸易局三个专门管理企业的经济职能部门和若干与企业直接相关的机构,仅这三个局就有公务员编制61人,每年的经费达100多万元。此外,还有大量的"××领导小组"等非常设机构,最多的一个县领导小组竟有96个。在其他一些自治地方尤其是一些自治县,虽然情况不如这般严重,但是多设机构以多占编制,从而获得更多的行政经费的现象也绝非罕见。至于片面追求与上级政府对口设置机构,或者片面模仿发达地区政府机构设置来设计职能机构的现象也相当严重,而且被认为是组织机构体系完整严密甚至是思想超前的体现。因此,虽然大多数民族自治地方的经济相对落后,政府所应对的社会事务与东部发达地区差异很大,但是其政府职能机构的设计与处于较高层级的上级政府、相对发达的东部地区政府几乎没有差别。

  这种不考虑社会生态环境需要,只为多占编制和经费,或者为片面追求上下级对口、同级政府一致而设立职能机构的做法,无疑导致了民族自治地方公共组织职能与社会生态环境关系异化,其结果就是公共组织行使的职能不是社会所需要的,而社会需要的服务与规制,公共组织却无法提供。在构建民族自治地方和谐社会的新的历史时期,民族自治地方公共组织的第一项任务,就是组织职能的定位必须适应社会生态环境的需要,根据民族的、地方的经济社会和谐对公共服务和公共物品的需求,重新定位公共组织的职能,从而为民族自治地方公共组织结构优化、人员精简和公共管理活动成本的降低创造条件。

  2. 基于社会生态环境的公共组织结构和规模设计

  在以社会生态环境的需要为依据定位民族自治地方公共组织职能之后,公共组织的结构和规模设计就是确保这种职能定位得以巩固的必要条件。由于公共组织职能定位与社会生态环境之间关系的异化,民族自治地方公共组织，特别是政府组织，在结构和规模上也表现出了与社会生态环境之间关系很不和谐的状况。这种不和谐表现在这样四个方面：第一，当前民族自治地方公共组织特别是政府内部职能部门设计，基本上都围绕着经济建设主题，专门管理经济、市场，以谋求经济增长为目的的职能部门，在公共组织中占据了绝对优势。而专门负责为社会提供基本的公共服务和公共物品，以促进社会和谐为主要任务的职能部门却相对弱小。第二，职能部门之间分工不明确，职能、权力交叉现象严重，以至于在一级政府内部，还需要设立数量众多的常设或临时协调机构来协调职能部门之间的关系，使得政府内部层级事实上增加了一级甚至更多。第三，为了保证与上级政府的对口关系，或者为了模仿发达地区发展经验的需要，设置了不少社会生态环境事实上没有需求或者需求极少的职能部门。第四，这些结构设计上的问题，导致公共组织总是处于不断膨胀的过程中，公共组织的规模远远超出社会生态环境的需要和承载能力。

要解决这些问题，需要在明确民族自治地方公共组织职能的基础上，根据社会生态环境的需要重新设计民族自治地方公共组织的结构，重新评估民族自治地方公共组织规模和数量，合理分配公共组织内部的权力责任，使得民族自治地方公共组织的内部职能结构、层级结构、各职能部门规模及组织整体规模，都与社会生态环境的需要契合。应当遵循党的十七大提出的关于"探索实行职能有机统一的大部门体制，健全部门间协调配合机制。精简和规范各类议事协调机构及其办事机构，减少行政层次，降低行政成本，着力解决机构重叠、职责交叉、政出多门问题"[1]的原则，积极探索民族自治地方公共组织的改革。

3. 基于社会承受能力的公共管理成本

公共组织职能定位和结构规模的异化，使得当前民族自治地方公共管理成本与社会承受能力之间存在着张力。一方面，民族自治地方公共

---

[1]《高举中国特色社会主义伟大旗帜，为夺取全面建设小康社会新胜利而奋斗》，人民出版社2007年版。

管理的成本非常巨大，且增长非常迅速，但是这巨大的公共管理成本并没有为社会带来充足的公共服务和公共物品供应，且公共组织的服务能力增长远远赶不上其运作成本的增长。另一方面，由于市场经济环境带来的公民权利意识的觉醒，社会对公共组织高成本、低效率运作的容忍度却不断地降低，公共组织的社会形象出现了恶化的倾向。

民族自治地方公共管理成本相对而言远远高于一般地方。2005年，八个民族省区[1]财政支出中，公共管理成本的三个主要支出项（行政管理费、行政单位离退休事业费、公检法司支出）的总支出占八个民族省区财政总收入的比例为60.45%，占地区国民生产总值的比例为4.61%，而全国各省区这三项支出的此两项占比平均为35.27%和2.65%。[2]许多民族自治地方，尤其是财政收入水平相对较低的一些自治县，这三项支出甚至达到地方财政收入的3—10倍。虽然公共管理成本居高不下，部分原因是民族自治地方客观自然环境相对恶劣，因此完成同样的公共管理任务所需要的费用更大，但最主要的原因还是民族自治地方公共组织规模相对于社会需要、社会承受能力而言过于庞大，公共组织用于自身人员供养、软硬件建设和活动的经费占总开支的比例过高。

公共管理的成本与公共组织提供公共服务和公共物品的能力成反比。在一些民族自治地方，由于公共管理成本过高，公共财政支出仅仅能够勉强维持公共组织自身的运作，形成了所说的"吃饭财政"，根本无力支持社会事业建设，公共服务和公共物品的供给处于非常微弱甚至是停滞状态，而这无疑意味着公共组织存在的社会基本价值的流失。因此，民族自治地方公共组织必须通过控制规模、节减开支、消除内耗等措施来降低成本。

4. 公共组织的社会亲和力

对于民族自治地方公共组织而言，正确定位职能、合理设计结构、

---

[1] 五个自治区加上贵州、云南、青海三个少数民族聚居较集中的省。
[2] 国家统计局编：《中国统计年鉴（2006）》，中国统计出版社2006年版。

控制组织规模与成本等，只是保证公共组织成为社会和谐有机构成的基础性工作。要使民族自治地方公共组织真正成为民族自治地方社会和谐的促进力量，还需要加强公共组织的社会亲和力。由于长时期计划经济体制所形成的"管制型"行政文化的影响，一些民族自治地方公共组织中还不同程度地存在着"门难进、脸难看、事难办"的官僚主义和推诿扯皮、效率低下的形式主义，作为社会和谐促进者的作用发挥不够，公共组织的公信力和亲和力需要提高。

对于民族自治地方而言，要建立有亲和力的公共组织。第一，必须努力克服官僚主义、形式主义作风，改进公共组织行为规则，重塑行政文化和行政伦理。第二，大力培养民族干部，提升民族地区干部素质，增强少数民族群众的亲和感。第三，促进当地经济社会发展，切实维护群众利益。第四，加强对自治权的理解和行使。国家赋予民族自治地方自治权，就是赋予民族自治地方公共组织以广泛的权利和更切合本地实际的方法去加快本地发展，所以应当依法行使好这项权力，推动民族自治地方和谐社会建设。

5. 公众参与和公共组织的社会融合

民族自治地方生态型公共组织的建立，最有力也是根本性的措施，是通过广泛的公众参与，使公共组织与社会实现生态融合，使公共组织真正立足于民族自治地方"生态家园"，成为能更好地为民族自治地方社会公众服务的公共组织。

要扩大公众参与，实现民族自治地方公共组织与社会的生态融合，需要做到：第一，公共组织透明化。公众参与公共组织及公共组织与社会生态融合的第一步，是公共组织活动的透明化，使公众能够随时了解公共组织在做什么，是怎么做的，从而为公众监督、参与公共组织的活动创造条件。这需要在公共组织特别是民族自治地方政府强化政务公开、信息公示制度、信息查询服务体系等约束公共组织、便利群众的信息制度。第二，推进基层自治。由于我国民族自治地方自然条件比较恶劣，交通通信等基础设施较为落后，且民族自治地方大多数都地域辽阔，在民族自治地方让公众参与较高级别公共组织的活动还很困难,因此当前主要的任务是在农村和城市社区推动基层自治,通过基层自治满足公民参与公共管理的要求,锻炼公民参与公共管理的能力,并在此基础上不断提升公民参与公共管理的层级和深度。这种从公民"生态家园"出发的公众参与,正是政治生态主义政治结构体系的根基,是未来民族自治地方民主政治发展的基石。第三,加强以听证制度为代表的社会参与制度的建设,拓宽公民参与公共组织活动的渠道。与公众利益有重大关联的公共决策,必须有相当比例的公众代表参与,充分反映利益相关群体的诉求和对公共产品选择的偏好,而不能由公共组织闭门决策。当前,听证制度已经在部分地方试行,并取得了良好的效果,未来民族自治地方需要在进一步完善听证制度的基础上,寻找更多的其他渠道来满足公众参与公共管理的要求。第四,大力推动公共服务和公共物品供应的社会化。民营化、业务外包、特许经营、政府购买等公共服务和公共物品供应的新形式,不仅仅是公共服务和公共物品供应方式的革新,也是公众参与公共管理的途径。在民族自治地方,这些新的途径许多都还处于起步探索阶段,是未来需要加强的领域。第五,大力扶持民族自治地方非营利组织成长。非营利组织是公民自治和参与公共管理的重要形式,但在民族自治地方,非营利组织的数量少、影响力低、服务能力弱、对政府的依赖程度高等问题还非常严重,这也是未来民族自治地方公共治理需要着力的重点领域。

五、民族自治地方生态化公共政策

建立生态型公共组织,只是为了民族自治地方公共组织实现自身内部和谐,消除公共组织与社会生态环境关系不和谐状态,而不能自动地使公共组织成为促进社会和谐、增进社会福祉的推动力。民族自治地方公共组织要在构建民族自治地方和谐社会中发挥积极的主导作用,还需要推行一系列生态化的公共政策,通过为民族自治地方社会发展提供优质的公共服务和公共物品，来消除社会不和谐现象。生态化公共政策，是对当前民族自治地方在公共管理中盛行的 GDP 导向的公共政策，通过掠夺自然资源和破坏生态环境求得暂时经济绩效的发展战略，以及不顾社会公平和社会承受能力的发展手段的扬弃。要实现生态型公共政策，需要做到以下几点。

1. 坚持科学发展观

我国的民族自治地方大多数都处于自然环境比较恶劣的地方，这些地方生态平衡非常脆弱，已经出现的诸如干旱、水土流失、沙漠化、土质退化等生态灾难发生面广，危害也非常严重。在民族自治地方，人与自然的矛盾较一般地方更为突出。这也意味着，在民族自治地方，处理人与自然的关系，协调资源与发展的矛盾，将更为艰难；贯彻科学发展观，寻找一条全面、协调、可持续发展的道路，比一般地方更为迫切。

然而，当前一些民族自治地方的政策导向、发展战略和采用的发展手段，却并没有充分体现科学发展观的要求。相反，不少地方为了追求 GDP 的增长，为了谋求政绩，而不顾当地自然环境承受能力，不顾社会公平和社会承受能力，采取了一些与当地自然、社会环境不和谐的发展战略和发展手段。据新华社报道，"在 20 世纪 90 年代世界范围的产业结构调整中快速发展起来的西部高耗能产业，目前已经成为西部各省（区）的出口支柱，由于其面向国际市场的发展思路，极有可能成为世界高耗能产业转移的重点地区"。报道认为，"在一些招商引资快速膨胀的贫困地区，高耗能工业已成为当地经济发展的支柱。如今，高耗能产业在我国西部能源产区出现遍地开花的发展态势"。[1] 该报道涉及的主要地区都是民族地区。许多民族自治地方政府出台的经济发展规划和招商引资政策中，也不乏为追求经济发展而不顾环境保护的内容。例如西北某市招商引资优惠政策规定"在××工业园区内投资兴办符合国家产业政策的

---

[1]《我国西部将成世界高耗能产业转移重点地区？》，http://news.xinhuanet.com/newscenter/2005-07/13/content_3213126.htm。

高耗能工业生产企业，实行优惠电价"。然而该市却处在水资源极为缺乏，煤电生产的环境危害极为严重的生态区域。在生态环境脆弱的地方，政府不但不限制高能耗产业，反而采取措施鼓励高能耗产业发展，这种不合理的发展观所产生的后果相当严重。其他如赋予投资者以超国民待遇，给予在经济上已经占据强势地位的群体或个人以一定的政治地位；动用政府权力，强行将社会资源集中起来供个别企业廉价使用；对企业不承担应有社会责任的行为不但不作限制，甚至帮助企业规避社会责任等内容，在一些民族自治地方的公共政策条款中也时有所见。

落后的现状，缺乏竞争力的社会现实，使得民族自治地方公共组织特别是政府形成了发展经济就是一切工作的核心的观念。以 GDP 增长为核心的政绩考核体系，对上不对下的权责机制，又进一步强化了民族自治地方公共组织在发展观上的片面性。这些问题使得探索一条符合民族自治地方可持续发展的战略，寻找一套使科学发展观得到尊重和贯彻的政绩考核体系以及公共组织责任机制，成为民族自治地方公共管理实践探索和理论研究的一个重要而紧迫的课题。

2. 以"人本主义"政策为导向

当前在有些民族自治地方，公共组织的一些政策与公共组织行为应该具备的公共性要求还存在着较大的差异。花费巨大但实用价值很少的"形象工程"；只具有作秀色彩，却不能对社会问题的解决有任何实际作用的"面子工程"；打着公共政策幌子，实际上只有利于公共组织自身或者与公共组织关系密切的组织或群体的政策措施；为了一时的政绩需求而兴办对本地的自然生态环境有巨大损害的产业或企业等等，这些与人本主义要求截然相反的政策现象在许多地方都普遍存在，在个别地方甚至相当严重。例如某自治州虽然下属县无一例外都是贫困县，全州有几万名适龄儿童失学，但政府却能够以"公共利益"为由兴建耗资数亿元的超豪华办公大楼，使政府人均办公面积达 40 多平方米；某旗全部人口仅有 10 万多人，政府却兴建了可容纳 8 万人的大型体育中心；西北某地全区都面临着严重的缺水和沙漠化威胁，却能公然地将高耗能尤其是对水资源消耗极大的一批产业列为区重点支持的支柱产业。这些政策现象的出现，根本的原因在于部分民族自治地方公共组织，还没有真正坚持以人为本，没有把人的生存、人的长远发展放在政策规划的核心位置，没有将公共组织应当具有的公共性特征和公共组织对社会的基本责任作为制定公共政策的前提。

  民族自治地方公共组织要真正成为构建和谐社会的主导者，就必须纠正这种不合理的政策导向，使民族自治地方公共政策、公共管理活动回归到以人为本的正确导向上来。所谓以人为本，就要求公共组织"要始终把实现好、维护好、发展好最广泛人民的根本利益作为党和国家一切工作的出发点和落脚点，尊重人民主体地位，发挥人民首创精神，保障人民各项权益，走共同富裕道路，促进人的全面发展，做到发展为了人民、发展依靠人民、发展成果由人民共享"[1]。对于民族自治地方而言，公共政策以人为本意味着：第一，公共政策必须优先解决各族群众基本的生存和发展问题。我国绝大多数的贫困人口，绝大多数未受教育的人口，都集中在民族自治地方。这些贫困人口和未受教育人口，是当前我国生存质量最低、发展能力最弱的群体。因此，在民族自治地方，优先解决弱势群体的基本生存和发展问题，是公共组织特别是民族自治地方政府需要优先完成的重大任务。第二，公共政策应将民生问题放在首要位置。改革开放之后，全党全国从以阶级斗争为纲的错误思路转向了以经济建设为中心。但是，在不少民族自治地方，这种以经济建设为中心的思路却被片面性地理解为以追求经济发展速度为中心，以追求GDP增长为中心，政府几乎将所有的资源和智慧都投入到微观经济领域以推动经济发展的工作中去，与民生直接相关的许多社会事业的发展被相对搁置。这种政策除了造成人与自然关系的恶化，还带来了严重的贫富分化和社会伦理道德的危机，有些地方各族群众所能享受的基本公共服务如

---

[1]《高举中国特色社会主义伟大旗帜，为夺取全面建设小康社会新胜利而奋斗》，北京：人民出版社2007年版。

基础教育、基本的公共卫生服务、基本的社会保障不但没有得到改进，反而出现了某种程度的退步。可以说，当前的许多社会不和谐现象，其实正是片面追求经济发展速度的产物。出于对这种政策取向的反思，党的十七大提出了"加快推进以改善民生为重点的社会建设"的要求，提出"必须在经济发展的基础上，更加注重社会建设，着力保障和改善民生，推进社会体制改革，扩大公共服务，完善社会管理，促进社会公平正义，努力使全体人民学有所教、劳有所得、病有所医、老有所养、住有所居，推动建设和谐社会"[1]。因此，民族自治地方公共组织要在构建和谐社会的历史进程中发挥建设性的作用，必须将公共政策的重心从谋求经济增长转到改善民生状况，提升各族群众生活质量，确保社会公正等事业上去。第三，公共政策必须为弱势群体提供更多的人文关怀。中华民族的原典之一《礼记》在描述大同社会理想境界时，就对弱势群体表现出了格外的关注，提出要"使老有所终，壮有所用，幼有所长，矜寡孤独废疾者，皆有所养"[2]。其中的老、幼、矜、寡、孤、独、废疾，都是属于在社会生活中处于弱势的群体。在民族自治地方，社会弱势群体还包括那些因为长期生活于恶劣自然环境中而无法分享现代文明成果，因为市场竞争和企业改革需要而失去工作，因为环境保护需要而放弃传统的耕作或放牧的各族群众。这一部分人虽然在总体人口中所占比例不大，但是如果他们的基本生活得不到保障，社会和谐就无从谈起。而要使这些人的基本生活有保障，公共组织就需要对他们采取特别的照顾措施，以改善他们的弱势地位。

3. 用足用好自治权

政治生态主义所提倡的"家园政治"，是建立和谐社会的必然选择。所谓"家园政治"，其实就是让政治决策、政治过程从居民生活于其中的

---

[1]《高举中国特色社会主义伟大旗帜，为夺取全面建设小康社会新胜利而奋斗》，北京：人民出版社2007年版。

[2]《礼记·礼运》。

家园、社区开始，让生活于特定生态家园中的人自主决定其家园、社区的公共事务，自主决定地方的利益和价值分配。"家园政治"是权力、责任、利益与其各自主体结合的最佳状态。对于民族自治地方公共管理过程而言，要实现这种和谐的"家园政治"过程，就必须在公共政策中用足用好自治权。

国家之所以将民族区域自治制度作为一项基本政治制度，赋予民族自治地方自治机关以自治权，其主要的原因就是民族自治地方在社会生态环境等方面与其他地方有着程度不同的差异。自治权的主要内容，基本上都是对民族自治地方的特别授权。作为自治权辅助内容的上级机关职责的规范，也基本上都是要求上级机关在涉及民族自治地方事务的管理中采取一些特殊措施。因此，民族自治地方公共管理要用好自治权，实现经济社会的和谐发展。

（本文主要观点曾以《民族自治地方公共管理改革刍议》为题，刊发于《政治学研究》2008年第2期）

略论民族地区政府绩效评估的价值取向

近年来,作为一种新的政府治理工具,政府绩效评估,无论在理论还是实践层面上都受到了高度重视。全国许多政府部门都在积极探索实施绩效评估以提高行政效率、改善行政效能的途径和措施。相关的理论研究也在不断深入,研究内容涉及政府绩效评估的理论基础、结构体系、程序方法等诸多方面的问题。

但令人遗憾的是,目前关于民族地区政府绩效评估的理论研究成果尚不多见,在政府实践领域相关的试点推进工作,也基本上没有展开。故本文试结合民族自治地方政府的特点以及民族地区经济社会发展的现状,就民族地区政府绩效评估的价值取向问题作一些初步的探索。

一、作为一种价值保障机制的绩效评估

所谓"绩效",顾名思义就是"成绩""功绩"和"效果"或"效率""效益"等含义的合成。在英文中,"绩效"(performance)也有"行为""表演""成绩"等诸多含义。对政府部门及其工作人员的效率与成就进行考核,在中国有着悠久的历史,传说在尧舜时代就已经实行了"三载考绩,三考黜陟";战国以降一直至隋,考课官员的主要形式是"上计";隋唐时期,吏部专设考功司负责考核,考核的标准是"四善二十七最",对

不同职责的岗位分类制定了考核标准;明代文官考核有"考满"和"考察"两种形式;清代考核京官称"京察",考核外官称"大计"。现代意义的政府绩效评估源自西方,是20世纪70年代以来兴起的"新公共管理运动"所倡导的核心管理工具之一。关于政府绩效评估的含义,《美国标杆管理研究报告》认为:"绩效评估是评价达到预定目标的过程,包括以下信息:资源转化为物品和服务(输出)的效率,输出的质量(提供给顾客的效果,顾客满意程度)和结果(与所期望目的相比项目活动的后果),政府在对项目目标特定贡献方面运作的有效性。"[1]美国《政府绩效与结果法案》虽然没有给绩效评估进行定义,但是在描述法案的目的时说:"本法案的目的是:(1)通过制度使联邦部门负责任地达到项目成果,以提高美国人民对联邦政府的信心;(2)启动项目绩效改革,在设定项目目标、按照目标衡量项目的绩效、公开报告进度方面采取一系列试点措施;(3)将重点放在关注成果、服务质量和用户的满意度,改善联邦项目的效果和公开性;(4)通过要求制定项目目标计划和为其提供有关项目成果和服务质量的信息,帮助联邦管理者改进所提供的服务;(5)提供更多关于达到法定目标方面的信息,以及有关联邦项目和支出成效及效率方面的信息,改善国会的政策制定;(6)改进联邦政府的内部管理。"[2]中国学者对此也有多种定义,蔡立辉认为:"概括地说,政府绩效评估就是根据管理的效率、能力、服务质量、公共责任和社会公众满意程度等方面的判断,对政府公共部门管理过程中投入、产出、中期成果和最终成果所反映的绩效进行评定和划分等级。"[3]卓越教授认为:"公共绩效可以定义为公共部门在积极履行公共责任的过程中,在讲求内部管理与外部效应、数量与质量、经济因素与伦理政治因素、刚性规范

---

[1] 转引自范柏乃:《政府绩效评估:理论与实践》,北京:人民出版社2005年版,第33页。
[2] 《美国政府绩效与成果法》,原载美国白宫网,http://www.whitehouse.gov;中文版见财政部财政科学研究所网站,http://www.crifs.org.cn/0416show.asp?art_id=45,余小平译。
[3] 蔡立辉:《政府绩效评估的理念与方法分析》,载《中国人民大学学报》,2002年第5期。

与柔性机制相统一的基础上，获得的公共产出最大化。"[1]中国行政管理学会课题组完成的《政府部门绩效评估研究报告》对政府绩效的定义是："其字面意义是指政府所做的成绩和所获得的效益，但其内涵非常丰富，既包括政府'产出'的绩效，即政府提供公共服务和进行社会管理的绩效表现；又包括政府'过程'的绩效，即政府在行使职能过程中的绩效表现。"[2]

虽然这些定义在具体细节上有所差别，但其中有一点是共同的：绩效评估作为一种政府管理工具，其目的是确保政府更好地达到组织目标，实现组织自身价值。而政府行为的价值取向决定了政府需要在哪些方面做出绩效，需要达到什么目标。这些需要做出绩效，需要达到一定目标的事项，就是绩效评估体系的来源。从这个意义上来说，不论如何设计指标和制度，绩效评估体系都是一种价值保障机制，它通过各种量化的考核指标，通过形式多样的评估制度和奖惩制度，来进一步确认政府要实现的价值，来保障政府各部门及其工作人员的工作目标都自觉朝向既定的价值方向，来确保整个政府组织更快更好地实现其价值。因此，政府行为的价值取向，是讨论绩效评估体系的理论基础，"如果要搞政府绩效评估，首先要明确哪些事情是政府该做的"[3]。

二、政府行为的两种价值取向

关于政府行为的价值取向，是政治学与行政学研究中一个恒久的命题，概略而言，可分为两大派别。一派是坚持最大幸福原则，以让最大多数人的幸福最大化作为政府行为的根本原则，在此基础上讨论其他有关政府的理论，包括政府绩效评估体系的理论；另一派则坚持最小痛苦

---

[1] 卓越：《公共部门绩效评估初探》，载《中国行政管理》，2004年第2期。
[2] 中国行政管理学会课题组：《政府部门绩效评估研究报告》，载《中国行政管理》，2006年第5期。
[3] 桑助来：《就〈中国政府绩效评估体系〉答记者问》，载《中国青年报》，2004年8月2日，第2版。

原则，以让尽可能多的人从现实的、具体的苦难中解脱出来，作为政府行为的根本原则，并在此基础上讨论包括绩效评估在内的其他有关政府的理论。

最大幸福原则，首先是由哲学家边沁（Jeremy Bentham）系统提出的，是用来说明人民为什么要服从国王（在边沁的著作中，"国王"在多数语境中是指政府，下同）的一种解释，以及国王制定法律、管理社会时应遵循的原则。最大幸福原则在边沁那里的经典表述是：在人民方面，许诺全体服从国王；在国王方面，许诺始终以一种特定的，即有助于人民幸福的方式来治理人民。[1]这种理论，后来成为许多国家制定政策的价值基础，特别是一些奉行强力干预经济政策的国家。然而，最大幸福原则本身却存在着致命的缺陷，使之在理论上受到了越来越强烈的批判，在实践领域也遇到了非常严重的问题。从理论上来说，这一原则的根本缺陷是，它将一种不可能用任何量化指标衡量的东西量化了，幸福本身不是一个可以量化的概念。那什么是最大幸福？什么情况是幸福的最大化？功利主义思想家们无法合理解释这一问题，就采用了简单化的处理方法，把幸福简单地等同于经济利益，等同于物质财富。而在实践领域，这一原则最致命的缺陷，是它无法提供一个实现最大多数人幸福最大化的途径，因而使得本来复杂的政治—社会管理问题，被迫以简单化的方式来实现，在追求达到所谓最大多数人幸福最大化的同时，忽视甚至无视少数人的特殊要求，以虚假的整体观念否定任何特殊性。因此，对于经济总量与发展速度的过度追求，对于整体的过分强调，对于结果的过度关注成为其特色。

正是由于这些理论的与实践的缺陷，功利主义不断地受到批判与质疑，最大幸福原则因此也逐渐被修正。而修正的一个结果，就是最小苦难原则的提出。最小苦难原则的倡导者是卡尔·波普尔（Karl Popper），其核心内容是政府工作的目标，应当是消除社会中最重大和最急迫的具体苦

---

[1] 边沁：《政府片论》，沈叔平等译，北京：商务印书馆1995年版，第18页。

难和罪恶，而不是追求最大的终极的善；不要求政府主动采取措施去代替社会及个人追求幸福，但也不像早期自由主义经济学家那样要求政府完全被动地做一个消极的"守夜人"角色，而是在承认政府能力有限的前提下，将政府的角色定位为一个社会、个人苦难的排除者。政府由于自身的能力局限，无法代替社会和个人追求幸福，但是，政府却可以用它所掌握的资源、它所具备的能力，帮助那些遭受苦难的人消除苦难，帮助那些在追求幸福过程中受到各种各样制约的人减少外在的约束，从而使得社会及社会中的每一个人，都能够更加自由地追求自己的幸福。[1]

坚持最小痛苦原则对政府角色的定位，有利于科学界定市场经济条件下的政府职能。在2005年《政府工作报告》中，温家宝总理首次明确提出了我们要努力建立一个服务型政府，而服务型政府就是"寓管理于服务之中，更好地为基层、企业和社会公众服务"的政府。服务型政府的根本任务不是政府代替社会追求经济的发展，不是政府代替人民选择追求幸福的路径，而是政府为社会、为人民创造一个和谐的环境，使人们能够更好地从社会的发展中，从对利益的追求中获得幸福。温家宝指出：要"抓紧研究建立科学的政府绩效评估体系……不搞劳民伤财的'形象工程''政绩工程'"。在当前和今后相当长的一段时间里，政府的根本任务就是全面推进社会主义和谐社会的建设，使"社会主义民主法制更加完善，依法治国基本方略得到全面落实，人民的权益得到切实尊重和保障；城乡、区域发展差距扩大的趋势逐步扭转，合理有序的收入分配格局基本形成，家庭财产普遍增加，人民过上更加富足的生活；社会就业比较充分，覆盖城乡居民的社会保障体系基本建立；基本公共服务体系更加完备，政府管理和服务水平有较大提高；全民族的思想道德素质、科学文化素质和健康素质明显提高，良好道德风尚、和谐人际关系进一步形成；全社会创造活力显著增强，创新型国家基本建成；社会管理体系更加完善，社会秩序良好；资源利用效率显著提高，生态环境明显好

---

[1] 卡尔·波普尔：《历史决定论的贫困》，杜汝楫、邱仁宗译，北京：华夏出版社1987年版，第70页。

转；实现全面建设惠及十几亿人口的更高水平的小康社会的目标，努力形成全体人民各尽其能、各得其所而又和谐相处的局面"[1]。从这些目标和要求中可以看出，其主要的内容，并不是追求经济的增长，而是让尽可能多的人从社会的进步中受益，是为人们提供更加好的社会环境。

三、构建符合科学发展观的民族地区政府绩效评估价值体系

改革开放以来，民族地区（指五个自治区和云南、贵州、青海三个多民族省）经济与社会有了快速的发展，2005年GDP已超过16000亿元，"十五"期间年均增长速度11%左右，高于"九五"期间2.4个百分点。2005年，内蒙古、广西、西藏、青海、宁夏、新疆六省区的人均GDP均超过1000美元。[2]但是，由于历史、地理等多种原因，我国民族地区经济社会发展仍然存在诸多困难和问题，2004年末，全国农村绝对贫困人口为2610万人，其中少数民族地区贫困人口为1246万人，占47.7%，贫困发生率高达7.8%，比全国平均水平高5个百分点。2005年民族地区地方财政收支差额达2130亿元，比"九五"末增加1277亿元。[3]亟待发展的社会公共事业巨大的资金缺口和入不敷出的地方财政，使民族地区各级政府几乎都面临着如何统筹解决温饱问题和全面建设小康社会、维护社会稳定和加快经济发展的矛盾与压力。于是迅速发展经济、壮大社会财富总量，并在此基础上增加政府财政收入以提升政府能力，就成为缓和矛盾化解压力的首要选择。政府全力以赴拼经济，为了振兴地方经济而不惜代价，甚至直接以公共权力介入微观经济领域，就成为不少民族自治地方政府的政策选择。这种选择的突出表现是：

---

[1]《中共中央关于构建社会主义和谐社会若干重大问题的决定》，北京：人民出版社2006年版。

[2] 根据《中国统计年鉴（2005）》有关资料整理。国家统计局编：《中国统计年鉴（2005）》，中国统计出版社2005年版。

[3] 根据《中国财政年鉴（2005）》有关资料整理。国家统计局编：《中国统计年鉴（2005）》，中国统计出版社2005年版。

1. 政绩考核中经济指标占有压倒性的权重。以最大幸福原则为取向的政绩考核指标，经济内容必然占据主导地位。在功利主义的鼻祖边沁那里，幸福就被简单地理解为利益了。边沁说："契约是由国王（政府）和人民缔结的。它的条款规定要达到的结果是：在人民方面，许诺全体服从国王；在国王方面，许诺始终以一种特定的，即有助于人民幸福的方式来治理人民。"[1]而幸福是什么？边沁没有回答，但是，他在论述人民服从政府的理由时，却提出："到底是根据什么理由，人们应该遵守诺言呢？当前被提出的可以理解的理由是：正是为了社会利益。"[2]这里的利益主要是指物质财富，因此GDP成为绩效指标体系中的核心内容，这也正是这种价值取向背后潜在的逻辑。

2. 以总量—增量为主要内容的政绩指标设计。既然幸福被简单化地理解为利益，即物质财富、经济指标，那么，促进人类幸福的手段被简单化地理解为促进物质利益的增长也就不可避免了。但是，由于最大幸福原则追求的是整体幸福，而非个体幸福，因此它不可能关注每一个个体具体的财富增长了多少，只能关注总体的财富增长了多少。社会整体财富的增长，就被想当然地等同于社会总体幸福的增长。在这种理解下，以最大幸福原则为指导的政绩考核体系，其指标设计基本上都是以总量—增量作为内容。因此，GDP总量、财政收入总量，就成为政绩考核指标的主体内容，而通过总量对比得出的增量，就成为彰显政府每一阶段工作成就的亮点。

3. 以内部过程为主要特色的政绩考核程序。以最大幸福原则指导的政绩考核体系，不可避免地会使绩效评估过程内部化。目标由政府内部提出，指标由政府内部设计，各种考核与奖惩制度也完全由政府内部设定。最大幸福原则追求的是总体幸福，即总体利益的增长，它几乎可以忽略个体的感受与需求。除了享有公共权力的政府，任何其他社会组织

---

[1] 边沁：《政府片论》，沈叔平等译，北京：商务印书馆1998年版，第21页。
[2] 边沁：《政府片论》，沈叔平等译，北京：商务印书馆1998年版，第23页。

或个人，都很难搜集到关于社会总体的信息，都不可能从总体上对社会发展进行规划和引导。在这种情况下，政府很容易就会陷入一种自我假设中去：只有政府能够代表社会总体利益，而且政府义不容辞地应该代表社会总体利益。既然这样，那么只有政府能够提出公共目标，并且根据这个公共目标设计绩效评估体系。而这个绩效评估体系的运行，其他组织由于得不到充分的信息，不享有足够的权威，影响力极其有限，所以整个过程也只能由政府主导。

最大幸福原则指导下的政绩考核价值取向，突出地表现在每年各地的政府工作报告中最主要的内容都是各种反映经济建设成就的内容，而其中表达成果的方式，也无一例外地以总量—增量为主，各种目标的提出都来自上级政府或者本级政府，绩效评估过程内部化倾向严重。

以最大幸福原则为指导的绩效评估体系，使得政府几乎把所有的力量都集中到了经济建设中，谋求经济发展速度的提升。不可否认，大部分民族自治地方，在这种绩效体系的约束和引导下，确实也取得了经济发展的巨大成就。然而，这些成就与服务型政府的目标，与社会和谐的目标相比，却并不一定协调。实际上，过于关注经济，过于关注总量—增量的政绩评估体系，带来了许多发展问题。

首先，快速发展与可持续发展的矛盾日益突出。由于以经济指标为核心的政绩考核体系带来的巨大压力，追求经济发展速度成为各级地方政府的根本任务。各地为了追求经济发展，达到政绩指标的要求，或取得优良政绩，不约而同地将主要的精力都集中到直接的经济建设领域中，扶持重点企业，大力招商引资，大规模兴建开发区，不遗余力地增加各项建设投资，全力以赴开发境内自然资源。这种求发展的模式，带来的却是不可持续的发展，虽然经济发展指标短期内迅速攀升，但是其代价却非常高昂。以资源利用率为例，中科院发布的《2006中国可持续发展战略报告》显示，当前中国已经成为世界上资源利用率最低的国家之一，整体资源利用率在世界59个主要国家中排名第54位。而可持续发展指数和资源节约指数国内各省区排名，八个民族省区（五个自治区加青海、云南、贵州三省）都在最后十位之列。[1]不少民族自治地方，为了获取外来投资，为了换得 GDP 总量和财政收入的大幅增长，不惜以超低的价格出让宝贵的自然资源和土地资源。辉煌的经济增长数据的取得，是以当地的环境急剧恶化，人的生存空间日益狭窄，未来发展前景暗淡为代价的。

其次，经济增长与社会的全面进步存在着某种程度的脱节。单纯追求经济发展，追求总体财富增加，取得的结果未必是社会的幸福。目前一些民族地区生存困难的群体仍然非常庞大，中国农村极端贫困人口的80％以上都集中在中西部民族地区，西部民族地区贫困发生率高于东部地区 4—5 个百分点。民族地区的基础设施相当薄弱，教育、医疗、卫生等公益事业发展滞后，社会保障覆盖面窄。据统计，少数民族和民族地区尚有 2570 万人、2893.6 万头（只）牲畜饮水困难，在少数民族比较集中的贵州仍有 8000 多个村不通公路，1045 个村不通电，37 个乡镇没有卫生院。[2]因而尽管近年来民族地区扶贫工作有了重大进展，但由于缺乏可持续发展的基础条件，尚有数目庞大的群体多年来始终徘徊在脱贫与贫困的边缘，返贫率极高。经济增长与社会全面进步未能密切关联的一个极端事例，就是民族地区某旗：其 GDP 总量和财政收入总量进入了全国百强县行列，是西部省区中三个进入全国百强的旗县之一；然而，该旗却始终未能摘掉贫困县的帽子，与丰富的资源、富有的财政相伴的却是数十万的贫困人口。[3]

再次，政府行为不断出现偏离服务型政府要求的倾向。为了实现政绩，政府不得不全神贯注于经济发展，从而在具体的公共管理过程中，极易出现违背服务型政府要求的方向偏差。为了完成政绩指标，政府将

---

[1] 中国科学院可持续发展战略研究组编：《2006 中国可持续发展战略报告》，引自《新京报》2006 年 3 月 1 日第 2 版。

[2] 林万龙：《中国目前的贫困群体及突出问题》，载中国网，http://www.china.com.cn/zhuanti2005/txt/2005-12/01/content_6047440.htm。

[3] 刘健、秦亚洲等：《这些"百强县"竟是贫困县》，载《瞭望》，2006 年第 20 期。

主要精力投入到招商引资、开发区建设等等方面,对基础教育、公共卫生、环境保护等公共事业重视不够。政府与企业的关系,也不是服务者与被服务者的关系,不少企业必须完成政府交付的产值和纳税增长的任务,以满足政府对 GDP 总量增长和财政收入增长的政绩要求,而服务反倒成为政府与企业交易的筹码。甚至在有些地方,政府与重点企业签有协议,企业承诺实现在一定时期内产值与纳税额的增长,以此换取政府给企业提供各种有违市场经济原则的便利和支持,服务蜕变为交易。

总之,实现民族地区经济与社会的协调发展,关键在于全面落实科学发展观,而科学发展观的践行,必须有正确价值观指导下的政府绩效评估体系作为保障。价值取向是制度的灵魂,既是制度内在价值精神的集中体现,也是该制度运行的原则和依据。而以最小痛苦原则为指导的绩效评估体系,其作为政府管理工具的效用显然优于以最大幸福原则为指导的绩效评估体系。坚持这一价值取向的意义在于,不能够想当然地认为政府可以代替社会及人民追求幸福,从而使政府向提供社会发展基础平台、消除社会成员发展障碍的应然角色回归,并在此基础上构建政府绩效评估体系。

(原载《新视野》2007 年第 4 期)

突破"非均衡且限制"的樊篱
——关于民族自治州政府门户网站的实证分析

在信息化时代,加快发展电子政务已经成为民族自治地方构建服务型政府、推动经济社会发展、提高区域竞争力的重要举措,作为电子政务支撑平台的政府门户网站日益凸显出其功能意蕴。目前,各民族自治地方政府网站的前台站点已基本具备,但由于地处边远,信息交通不畅,经济基础薄弱,文化价值多元,前后台信息难以有效整合加工,门户网站的实际价值不能得到实现,直接影响着政府管理创新的推进,理论架构和实践模式方面的问题亟待探索解决。故本文以30个民族自治州政府门户网站作为研究样本,借助中国政府网2006年和2005年绩效评估的相关数据为对照参量,通过进入访问的形式对2007年各自治州门户网站的功能发展情况做逐一调查和系统分析。

一、非均衡的现状表征

政府门户网站肇始于电子政务的建设,最早出现在西方国家。中国自1999年政府上网工程实施后,在"三网一库"项目的带动下,各级政府开始建设门户网站,力求为公众提供便捷高效的公共服务。政府门户网站(Government Portal)即公众信息网,是电子政务网络群的一个核心组件,指各级政府在部门政务信息化的基础上,将后台行政管理的行为、方式、程序等业务流程进行数据整合加以网络化处理,建立起便于用户接入、综合性的公众信息前台系统,是公众、企业、政府三方主体实现和谐互动的新型媒介,是提升行政效能、走向民主政治的重要载体。建设框架主要包括公开政务信息、在线处理行政事务、公众交流互动平台、网站页面的整体规划,其中政务信息公开、在线处理事务和公众互动平台是功能属性,网站规划是基础性架构。

截至 2007 年 6 月 1 日,共计 27 个自治州已建立政府门户网站和相应管理部门,果洛藏族自治州、黔南布依族苗族自治州和海南藏族自治州仍未建立门户网站,克孜勒苏柯尔克孜自治州于 2006 年建立政府门户网站,但没有相关指标的统计数据,故只进行网站进入式的定性分析而不作为量化对象。总体上看,自治州政府门户网站建设率达到 90%。根据中国电子信息产业发展研究院和中国信息化绩效评估中心 2006 年和 2005 年对全国 333 个地级市政府所做的绩效评估结果,可得到表 1 相关数据。

表 1 2005 年和 2006 年自治州政府网站绩效评估结果

序号	自治州名称	2005/2006 总分	2005/2006 信息公开指数	2005/2006 在线办事指数	2005/2006 公众参与指数
1	延边朝鲜自治州	19.925/17.85	0.3/0.202	0.044/0.067	0.187/0.2
2	恩施土家族苗族自治州	26.375/28.48	0.281/0.323	0.1/0.2	0.467/0.263
3	湘西土家族苗族自治州	19.525/28.29	0.191/0.332	0.135/0.181	0.2/0.288
4	阿坝藏族羌族自治州	13.95/10.68	0.141/0.15	0.038/0.024	0.247/0.065
5	凉山彝族自治州	43.425/41.75	0.709/0.479	0.133/0.327	0.333/0.365
6	甘孜藏族自治州	17.775/19.23	0.309/0.229	0.04/0.134	0.12/0.08
7	黔东南苗族侗族自治州	35.5/27.93	0.478/0.291	0.1/0.147	0.6/0.378
8	黔西南布依族苗族自治州	16.975/16.1	0.263/0.152	0.08/0.063	0.093/0.275

续表

9	西双版纳傣族自治州	11.625/8.75	0.172/0.077	0/0.012	0.167/0.08
10	文山壮族苗族自治州	18.5/30.85	0.275/0.318	0/0.202	0.3/0.388
11	红河哈尼族彝族自治州	12.25/11.15	0.15/0.133	0.075/0.008	0/0.14
12	德宏傣族景颇族自治州	10/27.53	0.119/0.291	0.025/0.2	0.167/0.278
13	迪庆藏族自治州	11.425/14.58	0.166/0.217	0/0.028	0.153/0.12
14	大理白族自治州	31.65/33.38	0.397/0.396	0.129/0.332	0.4/0.125
15	楚雄彝族自治州	20.625/21.98	0.356/0.265	0.5/0.188	0.067/0.09
16	临夏回族自治州	14.375/17.3	0.138/0.209	0.1/0.099	0.133/0.1
17	甘南藏族自治州	17.625/11.25	0.281/0.144	0.025/0.039	0.133/0.1
18	海北藏族自治州	5/6.05	0.072/0.061	0/0	0/0
19	黄南藏族自治州	13.425/9.35	0.194/0.123	0.056/0.025	0.087/0.03
20	海西蒙古族藏族自治州	12.375/15.44	0.184/0.233	0.05/0.065	0/0.045
21	昌吉回族自治州	12.5/21.47	0.144/0.216	0.05/0.105	0.133/0.335
22	巴音郭楞蒙古自治州	23.25/37.08	0.284/0.414	0.05/0.281	0.467/0.378
23	博尔塔拉蒙古自治州	22.25/18.05	0.375/0.221	0.05/0.073	0.133/0.16
24	伊犁哈萨克自治州	26/17.83	0.322/0.195	0.088/0.076	0.467/0.23
25	玉树藏族自治州	0/11.4	0/0.126	0/0.01	0/0.135
26	怒江傈僳族自治州	0/7.85	0/0.118	0/0.02	0/0.02

注：绩效总值为100，信息公开权重值均为0.4，在线办事指数2005年为0.4，2006年为0.34，公众参与指数2005年为0.15，2006年为0.2，剩余权重值是网站设计。玉树藏族自治州、怒江傈僳族自治州2005年尚未建立门户网站，数值设置为0。以下图1至图6中各自治州对应序号均与此表相同。

(一) 总绩效值

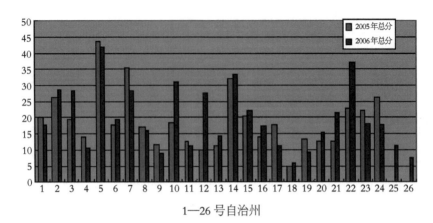

图1 2005年和2006年自治州政府门户网站总分对比

全国333个地级市政府网站的平均绩效值2005年为29.67，2006年为31.07。由图1可见，2005年有三个州、2006年有四个州超过平均值。2005年有87.5%、2006年有88.5%的自治州在平均值以下。2005年和2006年分别有66.7%和61.5%的自治州的平均值低于20。海北藏族自治州连续两年处于最末位，与平均值相差5倍多，这与在线办事、公众参与两项指标值均为0有关，访问其政府门户网站，首页主题栏目是海北概况、海北要闻、海北经济、招商引资、海北图片、海北旅游，进行二级搜索，政务信息公开资料不全面，无人事任免、政府文件、部门机构等政务信息，无行政审批、在线查询、州长信箱、论坛栏目等公众服务栏目，点击海晏县、祁连县、刚察县、门源县四个子标题会失去响应，这直接导致了海北州绩效值较低。访问连续两年绩效值最高的凉山彝族自治州网，一级栏目有认识凉山、居民、企业、投资者、旅游者、公众参与，各栏目下设8项以上的二级栏目，信息内容较丰富，为居民和企业服务的办事指南翔实，设有"12345州政府呼叫中心"专题，受理群众通过电话、短信、传真、电子邮件和万维网方式提出的咨询、建议、批评、投诉，可及时查询回复处理结果，提高了该州网站的评估总值。

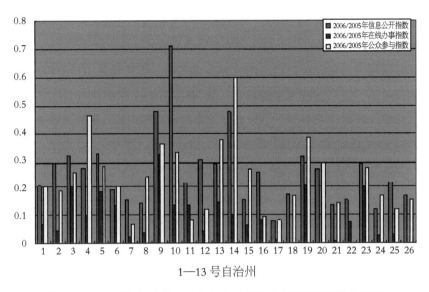

图2　1—13号自治州2005年和2006年三项指标综合对比

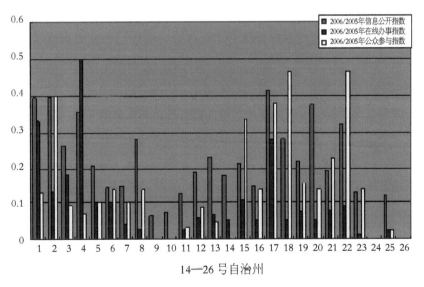

图3　14—26号自治州2005年和2006年三项指标综合对比

由图1可见，57.7%的自治州2006年网站建设绩效值呈上升趋势，文山壮族苗族自治州、德宏傣族景颇族自治州、巴音郭楞蒙古自治州变

二　民族地区行政管理与行政改革　　141

化较显著，结合图2和图3，与2006年政务信息公开和在线办事指数的提高是密切关联的，三个州在线办事指数都提高大于0.17的指数值，巴音郭楞州"办事大厅"栏目能看到申请人在办事机构的申请事项名称、受理时间、办结时间和审批状态：从2007年4月28日到6月1日共在线受理行政审批4335项，并以流动字幕显示各部门每月在线处理事项状态的统计结果。德宏州整合服务信息，信息快速访问力强，面向个人、面向企业的栏目下设办事指南、常见问题解答、相关法律，表格部分可下载。文山州有专题栏目"职工查询"，在线可查询工资、公积金、医保、养老保险金。随着公众参与意识的提高，在线服务栏目的设置能提升政府网站的总体水平。在42.3%绩效值下降的11个州中，可分析出91%的州是政务信息公开指数下降所导致的，36%的州是在线办事指数下降引起的，55%的州是由于公众参与指数下降，73%的州是由于两指数同时下降。

就自治州所在行政区域进行分析，位于四川省的三个州2006年平均绩效值是23.89，凉山州分值最高，为41.75，其余都在20以下；位于新疆维吾尔自治区的四个州2006年平均绩效分值是23.61，其中最高值是巴州37.08，最低值是伊犁州17.83；青海省的自治州中最高的是海西州15.44，低于新疆的平均绩效值，未建立门户网站的果洛藏族自治州、海南藏族自治州都位于青海省；云南省拥有自治州数量最多，大理州和文山州分值较高、发展迅速，而怒江州和西双版纳州均在10以下。同样，就2005年的数据进行分析，结论亦如此，同处一省（区）的州政府门户网站发展存在不平衡。

（二）政务信息公开指标值

政务信息是测评政府绩效状况的基础性指标，是实现在线办事和公众参与功能的前提，可按照主题、部门、服务资源等标准分类，内容包括部门机构（概况、法律公文、工作动态、人事任免、财政预算、发展规划、统计公报、政府采购等）、面向居民（婚姻、生育、户籍、教育、文化、卫生、出入境、社会保障、就业、交通、殡葬、公共事业等）、面

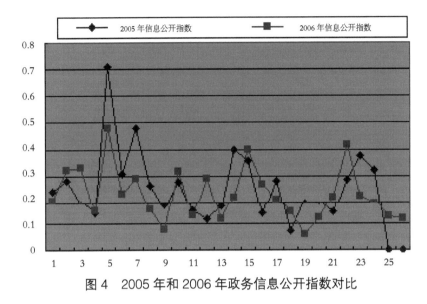

图4 2005年和2006年政务信息公开指数对比

向企业（行业准入、设立变更、纳税、年检年审、质量检查、安全防护、资质认证、知识产权、破产注销等）、面向投资者（投资资讯、投资环境、投资政策、招商项目等）和面向旅游者（旅游线路、旅游服务、景点资讯等）方面的综合信息。我国333个地级市政府门户网站政务信息公开指数2005年和2006年平均值是0.38、0.339，从图4可见，2005年有12.5%、2006年有11.5%的自治州在全国平均值以上，2005年有70.8%、2006年有77%的自治州该项指标值低于0.3，最低值都是海北州，2006年政务内容公开程度明显下降，信息导入量严重不足。

对2006年高于全国绩效平均值的三个自治州网站进行调查，政务公开栏目都设有州概况、动态新闻、人事任免、政务要闻、领导讲话、政府文件、工作报告、专题栏目、办事指南、政府法制，对州领导个人资料、工作分工、联系电话、邮箱都有具体公布，其中巴音郭楞州有党委、人大、政府、政协37位领导的资料详情。凉山州"财政公开"栏目下设财政信息、财政报告、项目公示、财政收支四个标题，截至2007年9月29日，各标题记录数分别为87、5、6、16，尽管数字统计相对较少，但在全国财政信息公开力度普遍较低的现状下，凉山州财政信息的公开度仍位于自治州建设财政信息公示制度的前列。面向居民和面向企业的服务信息,三个自治州相关内容资料非常全面,办事指南介绍清晰明确,就"教育"栏目统计,大理州有24条相关记录,巴音郭楞州链接巴音郭楞州教育网,凉山州有教育收费、基础教育、民办教育、相关问题、相关服务等15条记录。

相比而言,对2006年政务信息公开指数位于末三位的海北州、西双版纳州、怒江州网站进行调查,指数值都低于0.12,以"领导介绍"为例,西双版纳州该栏目无法访问,海北州和怒江州设有此栏目,分别有两三位领导介绍。西双版纳州"部门信息"下设20个标题中有50%是"空网",三个标题各有一条内容。怒江州政务公开栏目设有政策法规和政府公告,信息量分别为8条、34条。海北州未设为公众和企业服务的栏目,怒江州便民服务栏目中有医疗保健、环境保护、社保法规和日常缴费四项标题,但内容不是关于程序和办事指南的介绍,只有少量新闻动态。西双版纳州为公众服务的信息设有12个标题,其中6个是"空网",3个的信息量都低于两条。

(三)在线事务处理指标值

在线事务处理是测评州政府绩效状况的关键性指标,是政府把后台整合加工后的业务程序进行前台网络办理的模式,能缩减有形成本的耗费,提高行政效能,有利于实现公开、公平、民主。在线事务处理主要包括信息整合方式、表格下载、在线咨询、在线申请和结果查询等行政流程。目前,我国政府门户网站三大功能中在线办事能力最低,333个地级市该项指数2005年和2006年平均值为0.16、0.23。由图5可见,2005年有4.2%的自治州指数在平均值以上,只有楚雄州指标值为0.5,有70.8%的自治州指数都在0.1之下,有16.7%的自治州无在线办事能力,结合表1可知是西双版纳州、文山州、迪庆州和海北州;而2006年有11.5%的自治州指标值在平均值以上,有53.8%的自治州指数在0.1以下,有3.8%的自治州无在线办事能力,指标值为0,结合表1可知是海北州。就2005年在线办事能力分析,2005年24个自治州、2006年26个自治州拥有门户网站的平均值分别为0.072、0.112,均低于全国平均值的一半。

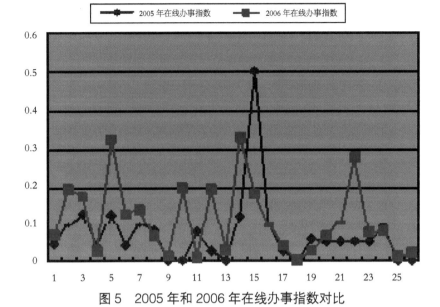

图 5 2005 年和 2006 年在线办事指数对比

同时,结合进入门户网站访问的形式分析 2006 年自治州在线办事状况。首先,从服务框架看,51% 的州按照用户对象的生命周期进行业务整合,分为居民、企业、公务员三类服务对象,经过整合后访问通道畅通,内容整体充实;7.7% 的州(阿坝州、临夏州)按照部门机构类别来进行信息整合;41.3% 的州在线办事信息零散分布在所属部门框架中。27 个自治州中阿坝州、临夏州、甘南州和海西州有专门的"政务大厅"链接到政务服务中心页面,在该页面下可访问到整合后的办事程序及相关规定。其次,从在线表格可下载数量看,29.6% 的自治州有表格且可下载,其中,阿坝州在 43 个具有行政审批权的部门的 561 项行政审批项目中共计有 324 项表格可下载,数量位居 27 个自治州之首,其次依次是:黄南州 170 项、湘西州 40 项、恩施州 17 项、海西州 14 项、楚雄州 8 项、大理州 4 项、红河州 2 项。克孜勒苏州、博尔塔拉蒙古自治州、伊犁州等 19 个州无在线表格下载功能。再次,从在线咨询或申请能力分析,湘西州可通过在线注册申报税收、执业资格、知识产权、海关事务和年检年审五项业务;阿坝州在"政务大厅"注册后可在线申请项目,可输入查询条件进行查看,但不能看到所有办理情况；凉山州通过"12345政府为民服务呼叫中心"实现；文山州"职工查询"栏目中只能访问25%的内容；巴音郭楞州行政审批项目4300多条均可在线查看处理结果；黔西南州和楚雄州能在线咨询少量信息，且可见处理结果；另外71.7%的自治州无法访问或者不具备在线申报行政审批项目的能力。最后，从在线咨询处理结果看，90%的自治州网站不具备显示处理结果的功能，只有个别州此项功能开发较好。延边州在"办事指南"下设"咨询目录"子栏目，所有在线咨询信件100%都处于"办理中"状态，随机点开一封咨询信件"请问延边的房屋中介电话，急！！！"查看，写信人发信时间是2006年8月10日，截至2007年6月1日，信件内容未审核，信件状态为"办理中"。另以凉山州为例，"12345政府为民服务呼叫中心"共收到441条信息，100%能得到及时处理。

（四）公众参与指标值

公众参与是测评自治州电子民主化发展水平的重要指标，网络社会进程的加速增强了公民的政治功效感，所谓政治功效感是一种他们能够影响政治家与政治秩序的感觉。[1]政治功效感的增强突出表现在社会参与认知能力的提高和公众权利维护意识的增长，他们借助各种渠道表达政治诉求和社会意愿，政府门户网站的开放回应了这种对特定事物迅速扩张的政治功效感，使公众找到了接近政府的最便捷通道，通过设立领导信箱、民意调查、在线访谈、互动留言版块等电子民主化栏目，随进随出地发表政治主张，表达个人观点，增强自我社会价值认同，满足了社会事务的知情权，以此有助于形成良性、和谐的参与型社会。

尽管公民政治参与通过多种途径可得到表达，但借助政府门户网站这一新形式进行诉求表达的参与水平比较低，我国333个地级市政府2005年、2006年门户网站参与水平平均指数是0.31、0.303。参照图6，25%的自治州2005年超过了全国平均水平，12.5%的自治州为0.2—0.3，

---

[1] 安东尼·M.奥勒姆：《政治社会学导论》，杭州：浙江人民出版社1989年版，第338页。

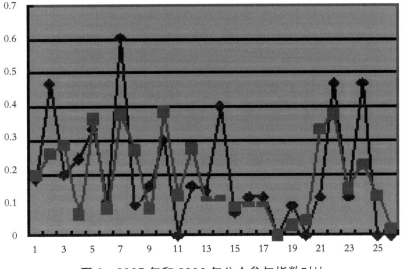

图6 2005年和2006年公众参与指数对比

62.5%的自治州都在0.2以下,红河州、海北州、海西州2005年未设公众参与栏目,指标值为0;2006年,19.2%的州指标值在全国平均绩效值以上,57.7%的州处于0.2以下,海北州指标值仍为0,45.8%的州公众参与指数略有增加。结合图6、图2、图3统计得到,2005年24个州、2006年26个州公众参与平均值分别为0.19、0.1795,2006年呈下降趋势。

进入自治州门户网站分析2006年"州长信箱"栏目建设情况,70.4%的州该栏目可访问,其中,西双版纳州、怒江州、甘南州和博尔塔拉蒙古自治州该栏目采用Outlook Express 6 邮件链接形式,只能单向传递参与内容,不能显示信件数量和回复情况,10个州此栏目能在线查看到投诉、咨询、求助、建议等处理结果,迪庆州、临夏州和伊犁州等6个州未设立"州长信箱"栏目。访问该栏目建设相对较好的州,截至2007年6月4日,湘西州该栏目群众来访信件共762封,涉及编号、时间、主题、内容、处理意见和处理结果;延边州信件共1080封,阿坝州共53封,甘孜州共184封,均能够全部得到回复,并可查看结果,但三个州95%的信件内容状态均是"该信件内容未审核"或"信件未显示"。巴音郭楞州共 2854 封，德宏州共 3025 封，楚雄州共 108 封，这三个州回复内容均可在线查看。黔东南州保留 239 条，最近更新时间是 2006 年 9 月 29 日"黎平的新闻怎么这么少"的信息。黄南州和昌吉州选登了部分典型性稿件。另据可在线参与的其他栏目统计，22.2% 的自治州设有"人大议案建议、政协提案"专题答复栏目，处理结果普遍较好。延边州设有"公共在线 BBS 论坛"（注册会员 148 位，32 篇文章），湘西州设有"湘西社区"（5834 位会员，90259 篇帖子），阿坝州设有"阿坝畅想"论坛，黔西南州设有"金州论坛"，文山州设有"七乡论坛"和"开化杂侃"（288 条留言），怒江州设有"峡谷论坛"（用户 163 位，1012 篇帖子）。克孜勒苏州、伊犁州、黄南州、临夏州等 10 个州设有"网上调查"栏目，可在线投票和查看统计分析。

二、限制性：门户网站功能难以实现

事实证明，我国自治州政府门户网站在优化政府管理流程和培育公众参与方面起到了至关重要的作用，逐渐成为公众增强政治功效感的重要渠道，自治州政府在网站建设方面也取得了一定的成效，普遍实现了政务信息的在线发布。但是通过以上分析我们发现，自治州政府门户网站发展极不均衡，州与州之间存在巨大的数字鸿沟，有若干原因限制着自治州电子政务的和谐发展。

网站功能建设内容严重匮乏和缺乏规范性、协同性是限制门户网站充分利用的表象因素。从本次访问看，具有政府门户网站的 27 个州到目前 100% 都实现了政务资料的网络化，但对于拥有超过 80% 社会信息的政府机构来说在线公布信息量太少，后台信息整合能力较弱，信息更新的频率迟缓。如前所述，政务信息主要包括部门机构和面向不同对象的服务类信息，27 个自治州中基础性信息集中体现在地区情况、机构设置、领导分工、新闻动态、政策法规、公示公告、人事任免、发展规划，公开程度相对较高，但就政府采购、财政预算、统计公报等制度建设需要更加透明化、监督化的敏感类信息公布力度不够,90%的自治州"财务公开"栏目是"空网"或根本未设立此栏目。我国于2004年实行了《行政许可法》和《电子签名法》,《中华人民共和国政府信息公开条例》即将在2008年5月1日实施,这些法规从应然层面上界定了公众的知情权和权益维护的依托,为自治州政府门户网站"内容导入"提供了法律依据,但在实践中执行力很弱,各自治州尚未建立清晰的政府信息公开目录。网站在线办事能力也很差,处于"办事指南"向"在线咨询"的过渡阶段,没有一个州能完全实现"在线申请"功能,也不能形成循环式的"前台—后台"流动系统,只是从网站到用户的单项信息流发布,距离真正为公众服务尚需更多的努力。同样,民族地区网站建设缺乏规范性,短时期内难以实现协同发展。2001年,国务院办公厅制定了全国政府系统政务信息化建设的五年规划,提出我国大体用3—5年时间建设以"三网一库"为基本架构的政府系统的政务信息化枢纽框架,并提出我国推动政务信息化的指导原则是:"以需求为导向,以应用促发展,统一规划,协同发展,资源共享,安全保密。"[1]我国共有30个民族自治州,目前只有27个州有政府门户网站(公共信息网),属于"三网一库"中的一网,果洛州、黔南州和海南州仍未建立门户网站。同时,就27个网站域名分析,海北州和玉树州网站分别是www.qh.xinhuanet.com/hbz、www.qh.xinhuanet.com/ysz/,以新华网青海频道作为政府门户网站,而其他25个州都冠以www.xxx.gov.cn,在xxx站点使用上有5个自治州采用全称,如阿坝州为www.abazhou.gov.cn,海西州为www.haixi.gov.cn,另有20个州均采用简称,如伊犁州为www.xjyl.gov.cn,临夏州为www.lx.gansu.gov.cn,xxx所代指的内容不具有统一性,使查找和进入网站具有难度。更有www.dl.gov.cn域名,既可代指大连政府网,也可代指大理州政府网,点击进入后是大连网,大理州政府门户网站网址是http://www.dali.gov.cn/DefaultStyle/DefaultStyle_NewPage.aspx?PageId=1。如此设置域名容易引起歧义,州与州各自为政,

---

[1] 侯卫真、于丽娟:《电子政务系统建设与管理》,北京:人民大学出版社2004年版,第16—17页。

难以形成网站群，增加了实际成本。就网站分析，许多州网站内容规划设计不合理，栏目纵横交错，内容零乱重叠，个别州门户网站俨然是旅游网和商务网，昌吉州、博尔塔拉蒙古自治州、玉树州等9个自治州没有站内搜索引擎，难以查询急需信息。

另外，政府门户网站定位和信息化建设基础设施耗资巨大是制约网站基础建设的蕴含因素。近年来，各级政府建设电子政务的观念已加强，90%的州建立起门户网站，8个自治州在网站上设立"电子政务"栏目，用以宣传电子政务概况及在本州的建设情况，其中有4个州隶属云南省，这与近年来云南省政府大力发展电子政务的决策呈正相关关系。但是，大部分州电子政务建设进程缓慢，并未充分意识到政府门户网站"门户"的重要价值，认为"电子政务只是技术系统"，存在过度重视政务的电子化而非电子化的政务，只把电子政务作为应对上级检查、迎合绩效型政府建设的表象工程。同时，民族自治州大多位于边远地区，信息化建设的基础设施如光缆微波的架构、电缆布线等所需资金量巨大，即使门户网站得以建立，但随之而来的维护费和运行成本仍耗资巨大，给本来经济基础薄弱的自治州造成了两难选择——是以捉襟见肘的财力全面建设电子政务还是用以满足居民的生活消费，这是很现实的选择。据《中国统计年鉴（2006）》统计，2005年，全国信息传输、计算机服务和软件业固定资产投入平均值是51.02亿元，新疆维吾尔自治区为40.4亿元，宁夏回族自治区为7.6亿元，青海省为1.7亿元，甘肃省为16.3亿元，云南省为48.1亿元，贵州省为29.8亿元，四川省为73亿元，湖南省为53.1亿元，湖北省为49.6亿元，吉林省为24.4亿元。[1] 30个自治州所在的省（区）只有阿坝州、凉山州和甘孜州所在的四川省投入量在全国平均值以上，其他所属省（区）均低于平均值。可见，信息化建设基础设施投入严重不足，正是目前不能实现自治州政府门户网站"广覆盖"、"三网一库"工程建设难的根本原因。

---

[1]《中国统计年鉴（2006）》，北京：中国统计出版社2006年版。

三、消解"非均衡且限制"的建议

民族自治州如何应对当前政府门户网站建设中的诸多困境,是自治州政府以及上级政府共同面对的挑战,也是关系到自治州经济发展、政治民主化和社会和谐发展的重大问题,需要多方付出努力。

首先,牢固树立公众核心理念,认识到政府门户网站建设是自治州发展的助推器。信息产业部副部长娄勤俭谈道:"信息产业是民族地区发展的助推器,信息产业的发展对于加快民族地区发展,提高当地人民生活水平具有重要意义。"[1]众所周知,交通闭塞、信息不畅是制约自治州发展的瓶颈,以往对外交流和商品贸易都是面对面交易,无疑减少了商品寿命,增加了产品成本,很难达到利益双赢,而门户网站这一媒体软件平台能超越时空在线发布州特色产业,可弥补因区位偏远、交通不便带来的对外宣传力度不够的缺陷,在此基础上进行商务贸易能缩减产品的有形成本,扩充贸易的范围和数量。故政府领导要充分认识网络平台所起的隐性作用,转变电子政务"政府中心"理念为"以服务公众",根据各州州情深入调研考察、扎实稳步地推进信息化建设,走一条循序渐进、长期规划的发展道路。

其次,网站设计上既要充分展现民族特色,又要提高网站实用性。自治州门户网站要充分宣传本州特色产业和民族风情,采用音频、视频等媒体技术展现人文景观和自然环境。诸如怒江州题为"东方大峡谷信息网"的网站标题和黔西南州的"中国金州"网站标题都能显示自治州特色。各自治州电子政务建设资金薄弱,要提高网站的实用性和针对性,首先网站域名和站点设置标准必须统一,还要开发适合州域发展的软件,如延边朝鲜族自治州有中文、朝文、英文版页面,湘西州和黄南州有繁体字版页面,力求减少语言上可能出现的障碍。内蒙古提出电子政务的建设要按照"以

---

[1]《信息产业,民族地区发展的助推器》,载《中国民族报》,2007年5月15日。

需求为导向，以应用促发展"的工作思路，遵循先进性、实用性、经济性、可扩充性和可维护性的技术原则。2005年12月内蒙古软件园成为国家火炬计划软件产业基地，立足于少数民族聚居地的实际，力求主打民族品牌，发展具有民族文化特色的软件产业。这是一种推动民族地区电子政务发展的重要尝试，由蒙科利软件开发有限公司开发的蒙语版Linux系统已在蒙语使用区相当普及，而园区将少数民族语言的通用软件作为自身发展的重中之重，欲使内蒙古软件园建设成为"中国少数民族软件产业示范基地"[1]，这大大提升了自治州政府门户网站建设的科学性和实用性。

再次，扩充门户网站建设资金投融资渠道，加强府际合作。目前影响自治州政府门户网站建设的关键因素是资金匮乏，仅凭政府自身的投入是杯水车薪，中央政府要从财政上大力扶持自治州的信息化建设，例如，信息产业部按照中央的部署，在"十一五"期间，将从加快通信基础设施建设、积极推进民族地区信息服务业的发展、不断加快民族地区产业发展和信息化建设、积极推进少数民族软件标准化等五方面大力发展民族地区信息产业。[2]在第十届全国人民代表大会第一次会议上，内蒙古冯笠等七名代表就报送了《关于国家电子政务建设资金投入应当更多地向西部地区倾斜的建议》。在中央政府大力扶持的同时，各对口支援地区要从资金、技术、人力、物资等各方面加大支援力度，加大府际合作。网站建设的技术项目可采取部分或全部外包形式，让软件企业参与建设和技术维护，走合作博弈之路。

（该文与马青艳合作撰写，原载《中央民族大学学报》2008年第6期）

---

[1]《火炬软件产业基地：行走在创新大道上》，见http://www.ednchina.com/blog/jerryzhang8023/15580/post.aspx。

[2]《信息产业，民族地区发展的助推器》，载《中国民族报》，2007年5月15日。

试论 MPA 教育与民族地区干部的培养

中国是一个统一的多民族国家，56 个民族共同创造了悠久灿烂的中华文明。但是占全国总人口 8.41%、聚居面积占国土总面积 64% 的 55 个少数民族，多处于边远地区，经济社会发展水平相对落后。截至 2003 年，民族自治地方 GDP 只占全国的 8.9%，在国家确定的 592 个扶贫开发重点县中，民族自治地方（不含西藏）就有 267 个。其他社会事业如医疗卫生、科技、文化、教育等，基础十分薄弱，发展相对缓慢。构建社会主义和谐社会，实现中华民族的伟大复兴，离不开民族地区的社会发展与经济振兴。只有大力培养民族地区干部，才能为加快民族地区经济和各项事业的发展，促进各民族的共同繁荣，提供强有力的组织保证。

提高民族地区干部的政治素质、业务能力和管理水平，努力造就一支宏大的德才兼备的少数民族干部队伍，是做好民族工作、解决民族问题的关键，党和国家历来对此高度重视。早在 1950 年，政务院就颁布了《培养少数民族干部试行方案》，提出了培养民族干部的指导方针：为了国家建设、民族区域自治与实现共同纲领、民族政策的需要，从中央至有关省县，应根据新民主主义的教育方针，普遍而大量地培养各少数民族干部。培养方式是通过开办政治学校和举办各种政治培训班。培养对象以政治干部为主，迫切需要的专业技术干部为辅。十一届三中全会以后，随着党的工作重心的转移，培养少数民族干部的方针也相应调整为：大力培养四化建设所需要的、具有共产主义觉悟的少数民族政治干部和专业技术人才，为少数民族地区的社会主义现代化服务。随着社会主义市场经济的建立和改革开放的深入，1993年12月，中央组织部、中央统战部和国家民委联合下发了《关于进一步做好培养和选拔少数民族干部工作的意见》，指出要从民族地区实际出发，采取切实措施，加强培养教育，进一步提高少数民族干部的政治、业务素质，努力培养造就一支德才兼备、廉洁勤政、密切联系各民族群众、门类齐全、专业配套、结构合理，能够适应改革开放和发展社会主义市场经济需要的少数民族干部队伍。半个世纪以来，民族干部工作取得了巨大的成就，我们已初步建立了一支德才兼备、数量较为充足、结构趋于合理、专业基本配套的民族地区干部队伍。

但是，民族地区经济社会发展的相对滞后，在相当程度上制约着民族地区干部的成长与发展，因而必须进一步加大民族地区干部的培养力度。特别是当前，我国正处于社会转型的关键时期，经济与社会生活领域所发生的广泛而深刻的变化需要公共管理重新定位，传统的全能政府必须向有限政府转变，管制型政府必须向服务型政府转变，生产建设型政府必须向公共服务型政府转变。政府的管理方式也由管制为主变为服务为主，由直接运作为主变为间接运作为主等。这些转变，对公共管理人员的管理理念和管理技术与手段都提出了新的更高的要求，使民族地区干部面临新的挑战。民族地区政府职能转变的关键在于民族地区干部素质的提高和角色的转变，而MPA教育的适时出现则为培养民族地区干部适应新形势需要的各种能力，提供了一条便捷、高效的途径。

一、MPA的基本内涵与特点

MPA是公共管理硕士（Master of Public Administration）的英文缩写。公共管理学（Public Administration）是一门运用政治学、管理学、经济学等多学科的理论与方法，研究公共组织尤其是政府组织的管理活动及其规律的学科体系。公共管理学涉及主题广泛，包括政府与社会、政府与市场的关系，公共产品的生产与提供，公共政策制定，公共资源（人力、财力、信息）调配等诸多方面，旨在促进公共组织尤其是政府组织更加有效地提供公共产品。因此，MPA作为一种专业学位，主要目的是培养从事公共事务、公共管理和政策研究等方面的高级人才，为公共部门特别是政府部门和非营利性机构培养具有现代公共政策、公共事务或公共管理理论素养，掌握先进分析方法与技术，精通某一具体政策领域的领导者、管理者和政策分析者。作为一种应用性而非学术性的研究生学位，MPA最先是在美国发展起来的。自1924年美国锡拉丘兹大学麦克斯韦尔公民与公共事务学院首创了公共管理研究生教育之后，MPA教育在欧美发达国家长盛不衰，与MBA（工商管理硕士）、JM（法律硕士）并列为文科高层次职业研究生教育的三大支柱。目前美国已有220余所院校开设MPA课程，学员达3万多人。哈佛大学肯尼迪政府学院、锡拉丘兹大学麦克斯韦尔公民与公共事务学院、英国伦敦大学政治经济学院、法国国立行政学院、德国斯拜尔行政学院、韩国汉城大学公共行政研究生院等都是成功开设MPA教育的典范。

由于MPA属职业背景教育，学习方法灵活，有全日制、在职或业余多种形式，以招收政府部门及非政府部门的在职人员为主，毕业生面向公共部门的各级各类管理机构。MPA教育与公共管理实践相辅相成，着力解决现实问题。课程分为必修、选修和实习三大模块，教学方法采用课堂讲授、研讨、模拟训练、案例分析及社会调查等多种形式，教学目的在于公共管理实际能力的培养和训练。因此，与政府部门及非政府公共机构相结合，有目的、分系统合作培养公共管理人才，是MPA教育的根本特点。西方国家的政坛精英大多接受过公共管理教育，如英国前首相撒切尔夫人、德国前总理科尔等。据调查，现在美国联邦政府就职的公务员中有10%—20%具有MPA学位或相关学位，在公共政策领域工作的公务员有50%—60%的人具有MPA学位或相关学位。同时，MPA学员也大量进入工商、文化、金融管理部门乃至大众传媒领域。

中国的 MPA 教育是随着社会主义市场经济体系的逐步完善，公共管理在推动经济及社会协调发展中的作用和管理手段发生着深刻变化的背景下应运而生的。经济与社会的发展变化，迫切需要建立和完善与之相适应的职责明确、运转协调、行为规范的公共管理体系，也必须造就一支坚持正确的政治方向，具有扎实的公共管理基础理论和特定公共部门管理的专业知识，熟练掌握外语、法律、计算机以及定性、定量等分析手段与方法，分析与解决公共管理和公共政策具体问题的专业队伍。为了适应这一需求，1999 年 5 月国务院学位委员会正式批准在中国设置 MPA 专业学位教育，MPA 专业学位成为我国 12 个专业学位之一。

中国的 MPA 教育在学习和借鉴西方 MPA 办学经验的同时，密切结合中国国情，在指导思想、培养目标、招生对象、培养方案、课程设置等方面形成了自己的特色。自 2002 年首批学生入学以来，经过几年时间的不断探索，我国的 MPA 教育如雨后春笋般地成长壮大，已形成了较完备的培养模式和培养体系。目前，全国已有 83 所试办院校，覆盖 24 个省、直辖市、自治区。MPA 教育在中国的大规模展开，不仅使我们找到了一条培养适应社会主义市场经济与依法治国要求的公共管理人才的有效途径，也为提升民族地区干部的素质与能力构筑了一个新的平台。

二、民族地区干部队伍建设现状分析

改革开放以来，在党和国家的高度重视下，民族干部队伍建设工作取得了巨大的成绩。各民族自治地方认真贯彻党的干部政策和民族政策，加强对民族干部进行马克思主义民族观、宗教观和党的民族政策教育；把培养少数民族干部与推动民族地区经济社会发展紧密联系，不断扩大民族地区专业技术人才队伍；积极通过普通高校、各级党校、行政学院、挂职锻炼、干部交流等多种培训形式，提高民族地区干部队伍的素质。近五年来，仅国家民委就通过举办民族干部培训班，培训县处级以上干部 3000 多人次。中共中央组织部制定专门规划，组织西部地区和其他少数民族地区干部到中央国家机关和经济相对发达地区挂职锻炼,已有2000多名基层干部参加。仅2004年就有418名干部参加了挂职锻炼,其中有少数民族干部203人,分别在中央和国家机关的58个部委办、3个直辖市、5个省和15个副省级城市的不同岗位上挂职工作半年,在思想观念、知识结构和工作能力等方面都得到了新的提高,收到了良好效果。

目前,在少数民族地区从事公共管理的党政干部、国有企事业单位的管理人员和各类专业技术人员约有300万人,他们在不同的工作岗位上兢兢业业、辛勤工作,为推动民族地区经济与社会的发展做出了重要的贡献。但是,随着改革开放的不断深入,民族地区干部队伍建设存在的一些不足也日益突出,主要表现为以下几个方面。

(一) 知识素质需要进一步提高

知识素质决定着干部驾驭局势的能力和判断、管理能力。一般来说,一个人知识水平高、知识结构合理,其工作能力和心理包容力、承受力、应变力、创造力就强。改革开放以来,党和国家采取各种政策,通过多种途径,努力培养和选拔民族地区干部,并取得了重要的成绩。如内蒙古自治区,1998年机构改革之后公务员队伍中具有大专以上学历者所占比重达55.66%,年龄在45岁以下者所占比重为76.48%。[1]但是,由于民族地区经济文化总体发展水平的制约,教育基础薄弱,人才流失严重,在人才相对短缺的条件下培养起来的干部队伍,整体文化素质相对偏低。目前在我国民族地区的少数民族干部中,具有大专以上文化程度的仅占到28%左右,中专(高中)以上的占到47%。[2]这距干部队伍"知识化"的要求尚有较大差距,显然无法满足社会发展的需要。此外,管理专业知识和技能的缺失也是一个较为突出的问题。调查统计表明,在民

---

[1] 刘白露:《民族自治地方公务员队伍建设问题探析》,载《中国人才》,2004年第12期。
[2] 沈桂萍:《少数民族干部知识素质现状与教育需求研究报告》,载《中央社会主义学院学报》,2003年第12期。

族地区县、乡两级，80%的经济管理类干部没有系统学习过经济学理论，75%的党政干部没有接受过科技培训的经历，90%的行政干部没有系统学习过行政管理及相关学科的知识。[1]虽然目前干部队伍正加强在职培训或参与函大、夜大、电大的业余学习，学历层次在逐渐提高，但由于客观条件的限制，参与人数不多，培训内容也比较单一，大多是党政管理、中文、文秘专业，现代经济管理、现代计算机网络操作技能、法律知识、金融知识等比较欠缺。由此，干部构成上呈现出"三多三少"的特点，即"懂党务和行政的干部多，懂经济会管理的干部少；懂农业的干部多，懂工业和高新技术的干部少；懂生产的干部多，懂经营管理的干部少"[2]。民族地区干部队伍的知识素养和业务能力都需要进一步提高。

（二）思想观念需要进一步转变

民族地区经济社会发展的滞后，也造成了部分干部思想观念的陈旧和思维模式的单一。由于受到客观条件的制约，民族地区干部接受再教育的机会较少，知识更新较慢，因而在一些部门和地区还不同程度地存在着计划经济体制下形成的管理体制和思维模式，仍以自上而下的政府指令为主，企事业单位缺乏以市场和科技为导向的主动发展意识；干部中存在着"等、靠、要"的思想，工作主动性与创新性不足；发展思路较为狭窄，简单地把发展等同于数量的增长，盲目追求经济总量及其扩张速度，忽略地区经济发展的质量和竞争实力；经济模式仍以粗放型为主，走资源型发展道路，生产效率不高，管理手段落后。还有一些地方片面追求经济效益，对社会公共事业的发展重视不够，导致教育、医疗、卫生、社会保障等公共产品供给不足。因而民族地区干部队伍迫切需要通过不断学习，解放思想、转变观念，确立以人为本的科学发展观。

---

[1] 顾华祥、陈宏：《关于少数民族地区干部队伍建设问题的战略思考》，载《中央民族大学学报》，1998年第6期。

[2] 童名谦：《切实加强民族地区干部队伍建设》，载《中国党政干部论坛》，2001年第8期。

（三）需要建立新的公共管理理念和掌握现代管理的方法与技术

中国是一个"政府主导型"的发展中国家，长期以来公共事业的运行和管理，都是由政府直接运作的。随着经济的迅猛发展，越来越多、越来越复杂的社会公共事务使政府管理日趋复杂化和专业化，在相当程度上导致了政府公共行政管理功能的扩张，继而导致国家行政权力的集中和加强。政府权力的无所不在，导致政府机构和人员急速膨胀，行政成本大幅度增加。同时由于政府过多的干预，市场和社会的作用被大大削弱。因此，传统的"行政管理"理念受到了挑战，建立一个具有全新管理模式的灵活、高效、廉洁的政府成为政府机构改革的目标。这就要求政府一方面要优化公共管理机构，提高现有政府官员和各机构管理人员的素质，建立专业化的公务员队伍和公共管理人才队伍，树立公共管理新理念，由"官僚"向"管理者"转变，调整管理方式，由管制者向服务者转变，以公众的需求为导向，以公众的满意度为政绩评估的指标，精通现代管理理论和计算机、网络、信息处理技术等现代化科学技术手段，以提高公共管理的服务质量和管理水平；另一方面，要打破政府对公共管理权力的垄断，及时将一部分公共事务的管理权回归社会，鼓励非政府组织和企业参与公共事务管理和公共产品的提供，扩大公共管理的主体范围，使政府摆脱繁重的微观具体管理，转变为以宏观监管为主，能够集中精力充分发挥在核心公共产品如国防、科技、教育等方面的主导作用，提高政府对公共事业管理的绩效。因此我国迫切需要一批具有现代公共管理理念、掌握现代公共管理技能、了解国际公共管理改革趋势的高素质的公共管理人才。而目前，我国公共管理人才队伍整体素质尚不能满足现代公共管理的需要，主要表现在缺乏系统、规范的公共管理理论和专业技能。对于欠发达的民族地区来说，这一点尤为突出。

民族地区由于地处边远地带，受历史、自然条件的制约，经济发展普遍落后，而且相对封闭，市场经济发育程度较低，公共事业发展缓慢，专业化公共管理人才匮乏。长期工作于此的少数民族干部知识更新较为困难，缺乏现代公共管理理念和现代管理手段与技术，一些干部观念陈旧,角色转换困难,仍以"管制者"而非"服务者"的身份自居,加上公共管理所需的专业知识欠缺,市场经济、知识经济和现代科技知识不足,科学、法治意识淡漠,公共事务管理仍以传统方式运作,甚至有个别干部官本位思想严重,没有系统规范的专业管理知识为指导,管理行为中经验性、随意性和主观性成分较多,容易把特殊经验普遍化,很难满足经济与社会发展的需求。

总之,民族地区发展的关键在于加快高素质、高层次、专业化的干部队伍的培养,加快对民族地区干部进行公共管理知识的培训,以科学的发展观和现代科技文化知识武装头脑,强化科学理念,培养科学的思维模式和行为方式,提升民族地区公共管理的能力与水平,促进民族地区公共决策的科学化、民主化和法制化,以推进民族地区各项事业的全面发展。

三、MPA 教育开辟了提高民族地区干部素质的新途径

促进民族地区发展与繁荣,实现全面建设小康社会的战略目标,必须全面提高民族地区干部,尤其是各行各业管理人员的素质和能力。教育是一种塑造人的个性和能力的有意识的努力,民族地区干部素质的提高唯有通过各种教育途径来实现。MPA 教育作为一种职业性学位教育,弥补了传统教育和培训的内容单一,重理论轻实践,缺乏连续性、针对性等等不足,开辟了民族地区干部职业培训的新视角,拓宽了民族地区干部教育与培训的主渠道,是实现民族地区干部综合素质提高的便捷、有效的途径。它的指导思想、培养目标、培养方案、课程设置、教学方式等都直接为改善民族地区干部队伍现状,提高其综合素质,培养适应社会主义市场经济发展要求的具有现代公共管理新理念,现代专业管理知识、管理能力和管理水平的干部队伍提供了保证。

(一) MPA 教育是促进民族地区干部角色转换的有效方式

要实现民族地区地方政府的重新定位和角色职能转换,首先要实现

干部角色的转换。在观念形态方面，应从传统的政府全面主导的行政管理理念转为以人为本、公平正义的公共管理理念；在角色身份方面，应由民众之家长转为民众之公仆，从单向的恩泽性权威者向平等性的职业服务者转换。MPA教育体现的现代公共管理理念，有利于民族地区干部实现从观念到角色的全面转型。

首先，MPA教育体现了以人为本的现代公共管理理念。现代公共管理是以满足公众意愿、提供优质服务为第一价值取向的。这里的"公众"，指的是社会个体成员的集合，代表的是民众的利益和愿望。公共管理机构是公众的代理人，公众是公共管理机构的客户。因此，公共管理机构必须向公众负责，受公众监督，必须充分保证公众参与公共事务管理，最大限度地尊重他们对社会公共事务的知情权、选择权和管理权，建立畅通的公众参与决策的渠道、平等的规则和严格的程序。公共事务管理者作为公共管理机构的具体执行者，首先应对公众负责，对社会公共事务依法进行透明管理。把公众的满意程度作为评价公共管理者工作绩效的重要指标。这一取向有利于民族地区干部解放思想，树立正确的政绩观，改变"唯上不唯下"的工作作风，从官本位转向民本位，促使其由高高在上的领导者、指挥者向服务者转变。

其次，MPA是职业性教育，培养的是有专业领域特长的高级公共管理专门人才。这类人才只是公共管理机关中公共产品的生产者或提供者，和其他社会组织机构中的生产者一样具有平等的职业身份，而没有任何超越职业平等以外的特殊身份。这有利于民族地区干部扭转官本位思想和特权思想，树立平等的职业观；弱化职位权威，重视人格权威，强调公众的认同，以保证把公众的利益作为自己工作的出发点和落脚点。

再次，MPA教育突出专业性，强调专业技能培养，反映出现代社会角色形成的依据只能是职业规范的需求，这一需求的核心成分是理性知识，即专业技术能力，有利于民族地区干部打破行政管理的固定模式，由依赖行政手段的管制者向以现代科学知识与技能为基础的专业化管理者转变。

（二）MPA 教育是提升民族地区干部能力素质的便捷途径

民族地区干部的能力直接决定着民族地区政府的管理能力和管理水平，直接影响着民族地区政府体制改革的成效和整体社会的现代化进程。建立"小而强"的政府，是民族地区政治体制改革的必然选择和基本目标。一方面，由于民族地区经济水平较低，财政支付能力较弱，因而应在不影响管理能力的前提下，尽可能缩小政府规模和人员编制，减少财政负担，提高政府行政管理效率，减少不必要的干预，促进社会力量的发育成长；另一方面，民族地区市场发育先天不足，市场机制尚不健全，对经济的推动作用极为有限。因此要实现跨越式发展，必须充分发挥政府的强力主导作用，通过直接和间接的经济干预，实现资源的合理有效配置，促进经济社会的发展。建立"小而强"的政府对干部的能力建设提出了更高的要求，如总览全局的能力、宏观决策的能力、驾驭复杂局面的能力、科学管理的能力、创新能力、运用现代信息技术和科技手段处理问题能力、专业化领域管理能力等。

MPA 教育作为一种职业性学位教育，其目的是培养具有现代公共管理理论和政策素养的公务员及社会公共管理人才，帮助其获取分析解决公共管理与公共政策领域问题所必需的品质和知识技能，使其掌握政治、经济、法律、外语、现代科技等方面的知识，能够熟练地运用定型与定量分析方法和计算机、信息技术解决实际问题，成为宽口径、复合型、应用型人才。其教育目的定位于通才与专才的培养相结合。根据不同管理部门间的共通性和差异性，MPA 设置了多种专业方向，如公共行政管理、教育经济管理、国土资源管理、医疗卫生管理、社会保障管理、国家安全管理、环境保护管理等等，延伸到政府各个部门和公共管理的各个领域，涉及公共管理的方方面面。在知识结构上，MPA 主要包括三方面，即价值性知识结构、一般操作性知识结构和技术性知识结构。在课程设置上，MPA 既有关于公共管理与政策分析的基础理论和基本分析方法的核心课程，又提供了多样化的专业方向选修课程，学员可根据自己的专业领域和主攻方向及兴趣爱好自由选择，还有各种实习与研讨类课程，为学员创造了理论与实践结合的平台。这些都便于民族地区干部结合自己的现有知识结构、专业领域和地域特色，以需求为主导，有针对性地选择方向，在提高综合能力的基础上，拓展专业技能。在教学方式上，MPA教育不同于一般的本科生、研究生的培养和在职人员的培训，打破了分科讲授的传统模式，而是根据现代公共组织所面临问题的复杂性与综合性特点，整合各学科知识，围绕不同专题，实行多学科知识交叉综合运用，培养学员多向度、立体性思维，提高发现问题、分析问题、解决问题的实际能力。教学中更强调职业背景，突出实践性教学，多采用案例教学、研讨式教学、信息化教学、模拟式教学和实习式教学。教学内容面向社会实际，尤其是公共管理中所面临的实际问题，注重实践性和应用性。MPA教学所创设的具体情景，有助于学员消化理论知识，熟悉某一特定问题的背景，培养其实践操作技能，最适合民族地区干部在职攻读、深造，可以使他们能够在不影响工作的前提下，高效地获取所需知识。另一方面，MPA具有很强的针对性，能够真正做到学以致用。民族地区干部可以根据自己的专业领域和主攻方向选择专业，带着工作中的具体问题有针对性地学习，并将所学理论及时有效地运用于实践，提高对少数民族地区发展中的特殊情况和问题的分析与研究能力。MPA教育有利于开阔少数民族地区干部的视野，使其实现思想观念和思维方式的转型，使他们能够突破传统狭窄的思维空间和思维定式，以多维立体的思维方式来分析少数民族地区的特殊情况，增强其预见力和应变力，促使其以科学的、积极的态度来对待民族地区发展中所遇到的新问题、新困难，多角度分析，寻求最佳解决方案。

（三）MPA教育是实现民族地区干部队伍现代化的重要渠道

任何现代化都不可能是单纯的经济现代化，而是政治、经济、文化等方面的综合现代化，其根本出发点是人的现代化。民族地区实现现代化的战略选择是追赶和跨越式的，但追赶并不意味着被动重复别人的老路，而是应当结合自身区位特点和资源优势走特色发展之路，坚持开放资源优势和开发人才资源同等重要的原则，实现人才队伍建设与经济社会发展相互促进，因而干部队伍建设的现代化是其中的关键。干部队伍的现代化至少应体现在三个层面。一是观念的现代化。观念是行动的先导，对于干部来说，尤其是领导干部，观念是否现代化，直接决定着领导思维模式是多维立体的还是单一保守的，决策取向是全局性的、战略性的还是眼前的、局部性的，工作态度是积极进取的还是消极应付的，价值取向是心为民所系、权为民所用、利为民所谋的还是只"唯上不唯下"，搞政绩工程，捞升迁资本。二是科学知识的现代化。科学知识现代化是指随着时代的发展和社会的进步，人们不断更新、丰富、发展和完善原有的知识体系，使之与时代同步，体现出鲜明的时代性、发展性和前沿性，为实践活动提供科学的指导。知识是推动社会发展的动力，现代科学知识更是决定着干部的管理水平和决策能力，决定着干部的宏观驾驭能力、科学预测水平和应对复杂局势的能力。三是科学技术手段的现代化。公共管理者掌握和应用现代管理技术手段的程度和水平，决定着公共管理的效率与效益。

　　MPA教育的基本目的就是使培训对象在公共管理理念和知识结构方面得到整合和优化，使其既具有现代战略思维、能把握机遇、总览全局、宏观决策，又能实际处理、具体操作复杂的公共管理活动。从培养模式看，MPA教育具有国际化的特点，主要是"根据经济全球化和社会信息化的时代趋势，放眼全球，培养适应国际竞争的本国人才；根据中国加入世界贸易组织的规则和要求，培养熟悉WTO规则的高素质的管理人才；根据新公共管理的范式及其引领的政府公共政策科学化与公共管理社会化趋势，培养适应现代公共组织发展要求的管理人才；根据中国具体国情与现实状况，培养具体分析的管理多面手和危机管理能手"[1]。MPA教育可以使民族地区干部突破传统观念和思维方式的束缚，树立现代管理理念和创新意识，把民族地区的发展置于全球化的背景之下，充

---

[1] 陈潭：《MPA教育在中国：出路与选择》，载《当代教育论坛》，2003年第10期。

分考虑地方的区位特点、资源优势和市场需求，做出科学的战略性决策。从课程设置来看，MPA教育具有综合性的特点，一改因袭政治学、行政学学科母体的传统，以经济学、政治学、法学、社会学等多学科为依托，形成具有系统性、广泛性、专业性和跨学科、前沿性、应用性的专业学位教育。其科学的培养模式和课程体系具体体现为：第一，通过理论与实务并重的培训，提升学员的理论水平和实践能力；第二，通过解决复杂社会公共问题的政策分析方法与技能的培训，使学员掌握科学的定量与定性分析工具，从而提高专业素养和业务能力；第三，多样化的专业领域的专门知识技能培训，可以使学员有针对性地自主选择与自身工作密切相关的学科体系。因此，MPA教育的兴起，为促进民族地区干部队伍建设的现代化，提供了一条最佳的途径。

中央民族大学是我国民族院校中唯一进入"211"工程和"985"工程的重点大学，在为民族地区培养和输送人才方面，具有光荣的历史传统和义不容辞的神圣职责。目前我校经国务院学位办批准，已获得MPA专业学位培养单位资格，填补了专门面向民族地区的MPA教育的空白。在专业设置方面，我校立足于民族地区经济社会发展的需要，突出民族地方特色，开设了民族自治地方政府治理、民族地区行政领导科学理论与艺术、边疆民族地区安全稳定与社会管理以及民族地区人力资源开发与管理等专业方向，将为进一步提高民族地区干部的综合素质，提升民族地区的公共管理水平，促进民族地区的繁荣与发展，做出自己应有的贡献。

（原载《民族教育研究》2005年第5期。该文撰写时全国民族类院校中仅有中央民族大学具有MPA办学资格。此后，MPA教育如同雨后春笋般在民族院校和民族地区高校中发展起来。）

关于面向民族地区的 MPA 专业方向设置和课程体系构建的思考

中央民族大学是党和国家为解决中国民族问题、培养少数民族干部和高级专门人才而创建的高等学校,在中国高等教育体系中承担着特殊的职责和使命。中央民族大学也是我国民族院校中唯一进入"211"工程和"985"工程的重点大学。2005年,经国务院学位办和全国公共管理专业学位研究生教育指导委员会审议批准,中央民族大学成为我国公共管理专业硕士(MPA)培养院校之一。在为民族地区培养干部和输送人才方面,中央民族大学具有光荣的历史传统和义不容辞的神圣职责,获得 MPA 专业学位培养单位资格更是填补了我国专门面向民族地区 MPA 教育的空白。但如何立足于民族地区经济社会发展需要,突出民族特色,构建科学的人才培养模式和课程结构体系,则是中央民族大学及全国民族类高校和民族地区高校进一步办好 MPA 教育、为民族地区培养合格人才需要认真研究和亟待解决的重大问题。本文试从专业方向确定和课程体系构建两个方面,作一些初步的探索和分析。

一、突出特色是 MPA 教育的基础

MPA 教育的基本内涵主要有两点,即提高理论水平和强化业务技能。因此,MPA 教育的目标定位是"通才"与"专才"的有机结合。首先,

培养"复合型、应用型通才"是 MPA 教育的基本要求。MPA 教育作为一种职业性学位教育，其目的是培养具有现代公共管理理论和政策素养的宽口径、复合型、应用型人才。通过 MPA 教育，公共管理者可以获取分析解决公共管理与公共政策领域问题所必需的理论和技能，既具有扎实的政治、管理、法律、经济、外语、现代科技等方面的知识素养，又能够熟练运用定性与定量分析方法以及计算机、信息技术等工具，以提高公共管理的水平和能力。其次，有目的、分系统地培养公共管理不同领域的专门人才，是 MPA 教育的根本特点。与学术型（Academic）人才培养模式相比，MPA 的职业（Professional）教育属性使其教学目标更侧重于公共管理实际能力的培养和训练。其培养方式应针对不同地域、领域、层次公务员的职业特点加以选择，结合公务员的工作实际展开教学，通过对实际问题的分析和解决使其提高能力和水平。可以说，MPA 教育之所以能够迅速普及、蓬勃发展的一个重要原因，就在于它的实践性和针对性，在于它重视实际能力与素质的培养和训练。

在 MPA 教育实践中，美国哈佛大学肯尼迪政府学院、英国伦敦大学政治经济学院、法国国立行政学院等，都是立足于自身特点成功开展 MPA 教育的典范。当前，国内许多 MPA 招生院校依托自身的学科优势与特点，针对公共管理的不同专门领域，也设置了不少特色鲜明的专业研究方向，如华东师范大学的传媒管理，南京大学的新闻出版管理，武汉大学的司法行政与狱政管理，华中科技大学的高科技园区管理、科技政策与管理，上海交通大学的医药行政管理、科技创业与管理、警务管理，大连海事大学的交通行政管理、交通运输规划与管理、海事管理等等。

MPA 教育的特色是不同高校各自学科优势和专业特色的产物。目前国内的 MPA 院校涉及文、理、工、农、医等各类院校，学科背景、专业特色等方面的不同，构成了各个学校办好 MPA 教育的基础和优势。"精通某一具体政策领域"的人才培养目标，成为其各自教育特色的着眼点。只有依托学校特色、学科特色，才能提供差别化和特色化的服务，满足社会多种多样的不同需求。正是从这个意义上说，突出特色是 MPA 教育的基础。

二、科学定位是办好 MPA 教育的关键

科学确定面向民族地区和少数民族的 MPA 教育的定位，找准其在 MPA 人才培养体系中的位置，是办好 MPA 专业的关键。根据社会需求和自身条件，中央民族大学等民族类高校和民族地区高校认清并明确了在中国高等教育体系中的特殊地位和作用，并充分发挥民族学科等优势，逐步形成了自己的特色。

1. 把培养少数民族地区人才作为自己的神圣职责

构建社会主义和谐社会，实现中华民族的伟大复兴，离不开民族地区的社会发展与经济振兴。而提高民族地区干部的政治素质、业务能力和管理水平，努力造就一支宏大的德才兼备的少数民族干部队伍，是做好民族工作、解决民族问题的关键。但综观国内 83 所 MPA 招生院校的培养方向，专门面向民族地区的寥寥无几。只有云南大学的区域行政管理（含民族自治地方政府管理），新疆大学的民族区域自治地方的公共政策与决策工程、政府经济管理、人口资源与生态环境管理工程和边疆地区经济社会稳定与国际关系方向，是为培养民族干部而设置的。因此，设立适合民族地区公共管理需要的研究方向，把握和遵循"服务民族地区，服务少数民族"的办学方针，通过 MPA 专业教育加大民族干部的培养力度，让现有一大批民族干部转变观念，增长知识和才干，提高素质，实现由传统的党政干部向现代化、专业化公共管理专家的转变，是事关促进民族地区发展、维护民族团结、构建和谐社会的重要举措。

2. 科学确定专业战略发展方向

在为民族地区培养和输送人才方面，中央民族大学具有光荣的历史传统。其服务民族地区的特殊定位，多民族文化汇聚的深厚底蕴，国内领先的民族学、宗教学、少数民族语言文字等学科优势，都是其他学校所不可替代的。因此，中央民族大学 MPA 的战略发展方向就应立足于民族地区，充分整合学术资源，发挥学科优势，以进一步提高民族地区干

部的综合素质，提升民族地区的公共管理水平，促进民族地区的繁荣与发展。

三、专业方向设置和课程体系构建

民族地区公共管理有其特定的内涵和鲜明的特点。第一，从权力来源和法律地位来看，民族区域自治地方政府作为中华人民共和国的地方政府，根据"议行合一"原则和单一制国家结构形式，它既是同级人民代表大会的执行机关，又是中央人民政府统一领导下的地方行政机关，同时还是民族区域自治机关，依法享有执行权、行政权和自治权。宪法、民族区域自治法、地方各级人民代表大会和地方各级人民政府组织法等法律，设定了其独特的法律地位和权力来源。

第二，从权力结构和行政职能来看，民族区域自治地方政府除了拥有地方政府的一般权力以外，还作为自治机关享有特殊的行政管理自治权。如可以通过法定程序变通或停止执行上级国家机关不适合民族自治地方实际情况的决议、决定、命令和指示；可以在国家计划的指导下自主地安排和管理地方性经济建设事业；其预备费在预算中所占比例可高于一般地区，可根据实际需要决定减税或免税项目，享受上级财政的照顾；可以优先合理开发自然资源，自主安排地方基本建设项目，开辟边境口岸，进行对外贸易；可以在执行职务时使用民族语言文字，自主地发展民族科技、教育和文化事业，保护民族文化遗产；还可以依照国家军事制度和当地的需要，经法定程序，组织本地方维护社会治安的公安部队等等。

第三，从干部选拔任用和人力资源开发与管理的角度来看，实现自治机关的民族化，是民族区域自治制度的一项重要内容。因此，民族区域自治机关要大力培养选拔民族干部担任领导职务，在同等条件下优先录用少数民族成员担任国家公务员，企事业单位也要优先招收少数民族成员。

第四，从行政环境和对象来看，民族区域自治地区地域辽阔，资源丰富，但大多分布在山地、高原、边疆等经济、文化落后地区，民族、宗教构成情况复杂。

特殊的政治、法律地位以及自然、历史、文化、社会条件等，决定了民族区域自治地方政府在建构行政组织、行使行政权力、确立行政目标、履行行政职能、实现科学决策和管理等方面都具有自身的特点。

因此，MPA教育研究方向的设置，应遵循突出民族地方特点、适应民族地区经济社会发展需要的原则，既注重公共管理基本理论教育以夯实专业基础，更依据民族地区干部工作实际情况强化民族特色。围绕下列九个研究方向，MPA教育努力整合学科资源，打造品牌专业。

1. 民族地区行政改革与区域治理

民族自治地方政府领导的转型与治理结构的优化是民族地区公共管理的核心问题之一。然而，民族地区由于地处偏远、交通通信基础设施落后、市场与社会力量发育缓慢等原因，长期以来形成的地方政府管理模式及其固有的惯性力量，使得一些民族地区地方政府在管理职能、组织结构、行政能力、政府信用等方面表现出极大的不适应，有的甚至呈现出较为严重的公共管理危机。因此，研究地方政府与区域治理的理论与实践，变革和创新地方政府公共管理，使地方政府从传统的全面主导的行政管理理念转变为以人为本、公平正义的公共管理理念，在角色身份方面由民众之家长转变为民众之公仆、从单向的恩泽性权威者向平等的职业服务者转换的领导人，是这一方向研究的关键问题。其核心课程有地方政府基本理论、民族区域自治制度、自治区政府管理、自治州政府管理、自治县政府管理、民族乡政府管理、政府绩效评估、地方政府与基层治理前沿问题研究等。

2. 民族地区公共政策研究

公共政策具有跨学科性，其所面对的问题具有综合性，涉及社会各层次、各方面的利益冲突。公共政策分析人员需要掌握实用的分析框架和技术，以便在复杂多变的社会环境中能够正确识别和认识公共问题，科学分析和解决问题。本专业方向的目标是培养公共政策分析师，即为民族地区各级政府部门、非政府公共服务机构、政策咨询机构等培养不同层次的应用型政策决策及决策辅助专门人才。通过在民族地区从事公共政策决策及决策辅助部门的政策调研、决策分析、决策制定、政策实施及反馈、政策评估以及相关的公共服务活动，公共政策分析师对民族地区政府部门、社会组织等所面临的问题进行分析研究，提供备选政策方案，为其采取合理行动提供帮助。其核心课程有公共政策理论、中国公共政策分析、民族理论与民族政策、西部大开发及兴边富民行动、决策理论与方法、公共政策设计与评估等。

3. 边境事务管理

中国有2.2万多公里的陆地边境线，其中约有1.9万公里在少数民族地区。边疆地区涉及辽宁、吉林、黑龙江、内蒙古、甘肃、新疆、西藏、云南、广西九个省区，136个陆地边境县（旗、市、市辖区）中，有107个在民族地区；在2300多万边境地区人口中，少数民族人口占有将近一半。因此，边疆地区的经济发展、社会稳定、边民管理、口岸管理等等，都是事关边疆稳定与国家安全的大事。这一方向的核心课程有中国边疆的历史与现状、兴边富民战略及其实施、边境管理、口岸管理等。

4. 跨境公共事务及其协作治理

中国陆地边境线东起辽宁省丹东市的鸭绿江口，西迄广西壮族自治区防城港市的北部湾，总长度约2.2万公里，与朝鲜、俄罗斯、蒙古、哈萨克斯坦、吉尔吉斯斯坦、塔吉克斯坦、阿富汗、印度、巴基斯坦、尼泊尔、不丹、缅甸、老挝、越南等14个国家接壤，是世界上边界线最长、邻国最多、边界情况最复杂的国家之一。我国漫长的边境线上，分布着近百个边境口岸和数百个边民互市点，每天陆路口岸往来的人口达几十万人。睦邻安边是中国政府的一贯方针，近年来，我国建立了一系列的跨国合作机构或机制，如上合组织、中国—东盟博览会、大湄公河次区域经济合作、陆地边境综合保税区、跨境经济合作区等等。随着经贸往来、文化交流的加快，跨境贩毒、拐卖人口、商品走私、罪犯外逃、宗教渗透等跨国犯罪问题也日渐突出。因此,跨境公共事务及跨国合作治理就成为边疆民族地区公共管理领域中的一个十分突出的问题。该研究方向的核心课程有国际法、地缘政治学、国际合作治理、难民问题、跨国犯罪治理等等。

5. 民族地区区域合作与战略管理

由于民族地区大多地处偏远,因地理及交通条件的阻隔,在过去的很长时间里,与内地经济、社会联系不够紧密。民族地区要实现跨越式发展,就必须克服地理、行政、文化阻隔,与全国其他地区密切互动,相互促进、共同发展。随着经济全球化、区域经济一体化进程的加快,传统的在行政区划框架内规划经济发展战略的管理模式正面临着越来越严峻的挑战。因此,实现跨区域合作,促进生产要素合理流动,进行有效的资源配置,形成政府与市场的良性互动,从而推动本地区经济的跨越式发展,是民族地区亟待解决的重大问题。本研究方向的核心课程有战略管理、区域合作与开发、区域战略规划与管理、政府间关系研究等。

6. 民族地区公共事业管理

党的十六届六中全会明确指出,构建社会主义和谐社会必须"建设服务型政府,强化社会管理和公共服务职能",必须加快由"管理型政府"向"服务型政府"转变的步伐,切实转变政府职能,实现公共治理和谐。而民族地区地域辽阔,经济基础薄弱,社会公共事业发展滞后。因此,新形势下的公共事业管理已经成为一门新兴学科。该专业方向主要面向民族地区各级地方政府设置,强调管理方法和技术手段在公共管理中的运用,强调运用经济学原理和定量方法去处理实际问题;通过对管理人员基本素质和基本能力的培养和训练,使其掌握现代管理理论、技术与方法,具备规划、协调、组织和决策方面的基本能力,能在文教、体育、卫生、环保、社会保险等公共事业单位和行政管理部门从事较为高层的管理工作。其核心课程有公共事业管理、公共经济学、公共项目管理、非营利组织管理、社会保障、文教卫生事业管理、资源环境管理等。

7. 民族与宗教事务管理

中国是一个多民族的国家,民族区域自治制度是我国三大根本政治制度之一。民族、宗教问题具有长期性、复杂性和敏感性等特点,正确认识和处理民族宗教问题是关系到国家统一、社会稳定、民族繁荣的大事。而一些边疆民族地区的民族、宗教文化具有特殊性,如西藏有藏传佛教各类活动场所1700多处,新疆有清真寺2.43万座,宗教氛围浓郁,宗教生活对社会治理有着直接的影响;在西南部分少数民族聚居区,聚落、家族、宗亲势力的社会影响力很大。因此,研究中国民族与宗教问题的特点,提高政府管理民族、宗教事务的能力,是本研究方向设立的主要目的。其核心课程有民族学、宗教学、马克思主义民族理论与政策、马克思主义宗教理论与政策、民族区域自治制度等。

8.民族地区公共安全与危机管理

安全稳定的社会环境是民族地区经济发展和社会进步的前提。近年来,中央实施了一系列"稳疆兴疆、富民固边"的重要措施,各民族地区也不断适应经济社会发展的要求,加强和改进公共安全管理,完善公共安全预警和应急机制,提高自身处置突发事件的能力。但近年来,受国内外多重因素的影响,民族分裂、宗教极端、暴力恐怖等"三股势力",在边疆一些民族地区活动猖獗,并逐渐开始向内地蔓延,严重地威胁着社会稳定与国家安全。因此,该专业方向的重点在于深入探讨中国民族地区公共安全与危机管理的特点与规律,构建现代化的危机管理体系,培养民族干部应对危机的意识,提升民族地区危机管理的水平与能力。其核心课程有公共安全管理、危机管理理论与方法、公共危机预警与应急机制、边疆安全管理等。

9.民族经济与政府管理

对于广大的民族地区而言,西部大开发既带来了难得的机遇,也带来了严峻的挑战。实现民族地区的跨越式发展,关键在于将自身的比较优势转化为竞争优势,将潜在优势转化为现实优势。而要实现这一目标,必须正确处理国家与社会、政府与市场的关系,切实转变政府职能,构建科学的公共管理体制,为民族地区经济发展提供良好的制度平台和政策支持。该专业方向的核心课程有宏观经济学、民族经济学、公共财政学、区域经济学等。

总之，作为一种职业教育属性明确，实践性、针对性特点突出的公共管理人才培养方式，MPA教育为民族地区干部培训开辟了一条新的有效途径。而立足于民族地区经济社会发展需要，突出民族特色，整合培训资源，优化培训队伍，创新培训内容，改进培训方式，提高培训质量，则是我们民族院校办好MPA教育必须牢牢把握的基本原则和始终追求的目标。

（原载《民族教育研究》2007年第2期）

三 民族地区经济社会发展中的政府职能

民族地区政府与市场关系的定位与调适

政府与市场是配置资源、推动经济社会发展的两种基本力量,然而关于两者各自的作用方式、功能领域及其相互关系,自人类社会现代化进程启动以来,就一直存在着争议。世界各国在实践中,往往都会根据现实情况的需要,不断调整这两种力量之间的关系,并没有哪个国家为这两者之间的关系确定一种固定模式。当然,在世界各国对政府与市场关系的调适中,也表现出一定的趋势,即尊重和强化市场对资源配置的基础性作用,而政府主要承担弥补市场缺陷、提供公共物品和维护社会秩序的职能,尽可能避免过多介入微观经济领域。然而,这一趋势只是一种理想状态,并不意味着在任何时候、任何地方,都应该将"看不见的手"置于"看得见的手"之上,否定政府介入、干预微观经济领域的合理性,否定政府部分替代市场机制的必要性。

中国由于经历了长时期的计划经济,故自改革开放以来,随着市场经济体系的逐步成长壮大,也由于西方相关理论的被引入和普遍接受,无论在理论界还是在实际主管部门,近年来都形成了关于强化市场机制、收缩政府职能的比较一致的看法,并以之作为指导处理现实中政府与市场关系的准则。在充分肯定这一原则对于推动中国经济社会迅速发展并取得巨大成就的前提下,我们也应当看到,由于中国地域辽阔,区域发展差距突出,因而政府与市场的关系必然要因时、因地而宜,并不存在一个"放之四海而皆准"的普适性模式。我国占国土面积64%的民族地区，由于受诸多因素限制，大部分发展相对落后，市场主体孱弱，市场机制不够完善，而面临的外部竞争却异常激烈，因此如果一味强调市场机制作用，单纯依靠市场配置资源，而否定政府干预、培育甚至部分替代市场行为的合理性，不但不利于当地的发展，反而可能会使这些地区更加落后和边缘化，会对当地经济社会造成严重的损害。

一、完全市场假设与市场经济体制

西方经济学自诞生以来直到20世纪30年代，认为由市场发挥主导作用，由"看不见的手"完成社会资源配置的观点一直占据上风，并成为许多国家制度设计的原则。然而，这一理论的成立，其实是建立在一系列理想化的假设基础之上的。如进入市场的主体足够多，且充分竞争，不会因垄断而导致市场机制扭曲；人力、物力、财力等资源的无障碍流动；产品是同质的；市场主体都拥有充分完备的信息，等等。在这些假设基础之上，"自由放任"学派的经济学家们，极力主张政府放弃干预经济。"在政府中掌权的人容易自以为非常聪明，并且常常对自己所想象的政治计划的那种虚构的完美迷恋不已，以致不能容忍它的任何一部分稍有偏差。他不断全面地实施计划，并且在这个计划的各个部分中，对可能妨碍这个计划实施的重大利益或强烈偏见不作任何考虑。他似乎认为他能够像用手摆布一副棋盘中的各个棋子那样容易摆布偌大一个社会中的各个成员；他并没有考虑到：棋盘上的棋子除了用手摆布时的作用外，不存在别的行动原则；但是，在人类社会这个大棋盘上，每个棋子都有自己行动的原则。"[1]因此，政府最好从私人事务中退出，而只承担极为有限的职能，包括："第一，保护社会，使之不受其他独立社会的侵犯。第二，尽可能保护社会上各个人，使不受社会上任何其他人的侵害或压

---

[1] 亚当·斯密：《道德情操论》，蒋自强等译，北京：商务印书馆1997年版，第302页。

迫,这就是说,要设立严正的司法机关。第三,建设并维持某些公共事业及某些公共设施。"[1] 这些观点长期以来在西方经济学领域占有重要地位,当代新自由主义经济学仍然主张"市场具有足够的竞争性来有效解决生产什么和如何生产的问题,而不需要政府那只看得见的手。政府往往被看成没有效率的、腐败的和危害个人自由的"[2]。

其实,"自由放任"学派借以阐述理论的前提假设,在现实中没有一项是可以完全满足的。这导致"自由放任"式的市场经济模式从一开始就存在许多问题,因此虽然较早启动现代化进程的西方资本主义国家在"看不见的手"的引导下,取得了显著的发展成就,但也经历了多次经济危机。现实的挫折使人们对"市场失灵"有了深刻的认识,进而发展出"国家干预"的模式。当然,国家干预模式在实践中同样也存在许多问题,"国家的存在是经济增长的关键,然而国家又是人为经济衰退的根源"[3],"政府失灵"造成的损害有时比"市场失灵"更为严重。西方国家在经历了多次的波折之后,才逐渐认识到无论市场还是政府,都只是在特定领域、特定阶段和特定情况下具有优势,离开这些条件限制,它们都会有缺陷。因此最好的方式,是两者既互不干扰,在各自领域发挥作用;又互相配合,弥补对方的缺陷,使其各自的优势能够充分发挥出来。

二、民族地区市场环境及其与"完全市场假设"的差距

西方国家关于政府与市场关系的讨论,是基于其发达的市场经济基础之上的。而我国由于市场经济体制建立时间较短,且区域发展差异巨大,尤其是地域广袤的民族地区,目前市场主体的发育程度、市场运行的基础性条件以及政府和其他公共组织提供公共服务的能力等,都与理

---

[1] 亚当·斯密:《国民财富的性质和原因的研究》(下卷),郭大力、王亚南译,北京:商务印书馆1972年版,第253页。
[2] 保罗·萨缪尔森、威廉·诺德豪斯:《经济学》(上册),北京:中国发展出版社1992年版,第541页。
[3] 道格拉斯·C.诺思:《经济史中的结构与变迁》,陈郁、罗华平译,上海三联书店1991年版。

想化的市场经济运行所要求的各项条件差距很大，甚至在一些地方根本就没有所说的"市场"，自然经济仍然占据着重要地位。[1]在这种情况下，如果只执着于依赖市场机制的作用，其结果必然是发展迟滞或畸形，而不是期望中的市场机制所产生的效率。目前，民族地区市场存在的主要问题包括以下几方面。

（一）市场主体发育不健全

目前，在我国许多偏远的民族地区，自给自足的农牧业仍然占据着重要的位置，市场或者处于缺失状态，或者只具备雏形。即使将民族自治地方作为一个整体来观察，它的市场状况与"完全市场假设"的要求也相去甚远。

首先，民族自治地方企业数量少。截至2008年，我国少数民族分布最集中的八个省区（五大自治区加上青海、贵州、云南三省）全部国有及规模以上非国有工业企业总数为18779家，占全国总数的4.41%。

其次，企业规模小、产值低。八民族省区规模以上工业企业总产值为29861.67亿元，只占全国规模以上工业企业总产值的5.88%，仅相当于广东一省的45%。

再次，企业竞争力不强。在每年一度的全国科技企业100强和《福布斯》中国企业创新100强评选中，民族自治地方一直没有企业能够入选。在2010年全国企业500强中，八个民族省区一共才25家，只占总数的5%，其中宁夏、西藏两个自治区均没有企业入选。

同时，由于人才资源大量外流，民族自治地方企业的经营管理缺乏优秀人力资源支撑，运营效率也相对低下。

企业作为市场中商品的供应者和重要的消费者，是支撑一个地方市场经济运行的基础，民族自治地方企业的弱势地位，使得民族自治地方

---

[1] 笔者在某偏远民族地区调研问及当地工业发展情况时，有关部门介绍说："我们的重工业就是钉马掌，轻工业是打馕。"此虽近似戏言，但确实反映了许多民族地区工业发展落后的状况。

市场主体竞争力很弱。而另一个重要的市场主体——作为消费者的社会成员,在民族地区也存在着消费能力有限的问题。2008年,民族自治地方人均GDP为15457元,城镇居民人均可支配收入为12890元,农牧民人均纯收入为3369元,分别仅相当于全国平均水平的68.38%、81.68%、70.77%。民族自治地方社会消费能力的明显偏低,无疑会进一步制约当地企业的发展空间。

(二)市场发育程度不足

第一,民族自治地方市场化程度偏低。在中国经济改革研究基金会国民经济研究所2007年中国各省区市场化程度指数的排名中,八民族省区排名最靠前的内蒙古自治区也仅排名第20,其他省区依次是广西排名第21,云南排名第24,宁夏排名第25,贵州排名第26,新疆排名第28,青海排名第30,西藏排名最后。[1] 八民族省区都有大量农牧区,目前大多还处于自然经济状态,不论是政府力量还是市场力量,在其经济领域的作用都还非常薄弱。

第二,民族自治地方市场的产业选择与企业成长促进作用相对较弱。由于市场化程度不高,民族自治地方市场机制对于本地产业选择和企业成长的促进作用明显不足。目前完全依照市场机制调节而进入民族自治地方发展的外部资本,大多集中于资源开发领域,资本密集度高、环境友好程度低、吸纳就业能力不强。虽然这些资本的涌入对于民族自治地方GDP总量的增长有显著的拉动作用,在一定程度上也使一部分人的收入有所提高,但其负面作用也非常明显,甚至从长远来看可能有损民族自治地方的核心竞争力。有不少民族自治地方目前已经出现经济畸形发展的倾向,特别是在一些资源富集地区,高污染、高耗能、高排放企业扎堆,在为地方推高GDP数值的同时,却使得当地居民的生活受到严重

---

[1] 中国经济改革研究基金会国民经济研究所:《中国市场化指数(2009)》,北京:经济科学出版社2010年版。

损害。相反，那些对于民族自治地方市场环境改善和民生状况改良作用显著的企业，多为由国家兴办的国有企业或由集体组织兴办的集体企业，这些企业在民族自治地方的活动其实并不完全遵照市场机制的要求运行。

（三）支撑市场运行的社会基础薄弱

首先，民族自治地方区域竞争力相对偏低。2010年中国社会科学院发布的《中国省域经济综合竞争力发展报告（2008—2009）》蓝皮书显示，八民族省区的经济综合竞争力排名，除内蒙古最高为第10位处于上游区外，其他7个省区都处于下游区，排名先后依次是新疆第24、宁夏第25、广西第26、云南第27、青海第28、贵州第29、西藏第31。省域经济综合竞争力是指一个省（市、区）域在全国范围内对资源的吸引力及对市场的争夺力和对周边地区的辐射力、带动力，其具体衡量指标包含1个省域经济综合竞争力一级指标，9个二级指标，即宏观经济、产业经济、财政金融、知识经济、可持续发展、发展环境、政府作用、发展水平、科学和谐发展，每个二级指标之下再设置25个三级指标，分别由经济实力竞争力、经济结构竞争力、经济外向度竞争力等组成。在综合竞争力偏低的情况下，如果完全由市场机制进行资源配置，那么民族自治地方无疑将成为资源外流区域和经济附庸，根本难以自主决定本地方的发展。

其次，民族自治地方公共物品和公共服务缺失较为严重，难以为市场运行提供良好的平台。即使是最彻底的"自由放任"思想的拥护者，都不能否认使"看不见的手"充分发挥作用，需要政府为社会提供一定的公共物品和公共服务，并且随着社会发展进程的加快，这些公共物品和公共服务的内容也会不断增加。然而，民族自治地方目前在一些关键的公共物品和公共服务供应方面，存在着较为严重的缺失，进而使市场机制的有效运行受到诸多限制。例如在交通基础设施领域，民族自治地方公路、铁路密度不到全国平均水平的1/2，且主要公路、铁路干线的等级较低，运力很弱，这导致了民族自治地方常常出现内部人员、资源出不去，外部人员、资源进不来的状况。在基础教育、通信基础设施、公共文化服务等领域，民族自治地方也与全国平均水平存在很大差距，民族自治地方人均受教育年限比全国平均水平低接近一年，在就业人口受教育情况中，八民族省区除了广西和新疆外，其他省区未受教育人口的比例都高于全国平均水平，其中贵州、云南、青海、宁夏的比例相当于全国平均水平的2—2.5倍，西藏的比例相当于全国平均水平的6倍，有44%左右的劳动人口未接受过正式教育。而接受过大学以上教育的劳动力人口，八民族省区则普遍低于全国平均水平。劳动人口受教育程度低，再加上通信基础设施覆盖率、公共文化设施覆盖率也都远远低于全国平均水平，导致民族自治地方各族群众在获取信息、提升自我发展能力等方面都处于弱势地位。因而，市场机制有效发挥作用所要求的"充分信息"条件也很难具备。

当然，尽管民族自治地方市场机制存在着诸多缺陷，但依据经济发展的"扩散性""渗透性"等规律，民族自治地方依然可以在没有"看得见的手"的作用之下，获得一定程度的发展。但这样的发展速度必然相对缓慢，社会成本极其高昂，而且可以预期，民族自治地方与全国其他地方特别是东部发达地方的差距非但不能缩小，反而会由于市场机制的局限性而日趋扩大。资源丰富但社会竞争力相对较弱的民族地区甚至可能成为发达地区转移落后产业、倾销产品和获取能源的基地，在经济上沦为附庸角色。目前许多落后的发展中国家，在世界范围的市场格局中，恰恰就处于这样的状态，他们既无法修改市场规则，又无力抗拒来自发达国家经济力量的掌控，只能依靠廉价的资源与劳动力，在世界市场分工中获取微不足道的利润，大部分居民的生活水平长期处于贫困状态而不能得到有效改善。

在我国全面构建社会主义和谐社会，实现各民族"共同团结进步、共同繁荣发展"的伟大战略进程中，要推动民族地区实现跨越式发展和长治久安，就必须尽快改变民族地区的落后状态，避免其因市场自由竞争而在经济上处于发达地区的附庸地位，防止市场波动对经济社会造成的震荡与伤害。因而，由政府介入市场运行，为经济社会发展设定目标和规则，就成为必然的选择。

三、民族地区政府的"市场替代"行为及其合理性分析

基于民族地区特殊的经济与社会条件,改革开放以来,中国政府在促进民族地区发展的过程中,一方面大力推动建立和完善市场机制,一方面又积极发挥政府作用,通过"看得见的手"对经济社会发展过程进行引导和调控,力图以政府设计的目标清晰、过程有序的理性可控行为,推动民族地区实现跨越式的赶超发展。

近年来,在民族地区经济发展过程中,政府运用强制性权力,部分替代因客观条件限制而无法完全有效发挥作用的市场机制,以介入微观经济运行的方式实现经济的超常规发展,从而使实现资源的合理配置和经济有效运行的"市场替代"行为发挥重要作用。这些"市场替代"行为主要有两大类别。一类是产业选择或者说是产业培育,一类是对企业进行扶持。民族地区政府"市场替代"行为的大量存在,有其客观必然性。

(一)产业选择

在成熟的市场经济体制下,产业选择一般是通过市场的价格机制来实现的,即通过价格信号反映出的供求关系引导资本的流向。然而这种市场主导的产业选择至少需要具备三个条件:第一,市场对信息传递的灵敏度高,能够准确及时地将产业供求信息反映出来;第二,有大量的随时能够自由转移的社会资本的存在,能够对市场信息做出迅速的反应;第三,社会对资源的浪费和经济动荡的承受能力很强,能承受资本在不同产业间流动带来的资源浪费和经济波动。

虽然我们尚无有效手段测知民族地区市场信息灵敏度的准确数值,但由于教育、交通、通信等基础条件发展滞后的制约,全社会对信息的获取能力、市场信息传播的灵敏度较低却是不争的事实。由于经济整体落后,企业数量少、规模小,民间资本匮乏,民族地区也很难聚集起大量可以随着市场信息指引而在产业间自由流动的资本。此外,民族地区普遍经济基

础薄弱，生态环境脆弱，政治敏感性强，对于大规模经济波动震荡的承受能力也很低。在这样的情况下，如果任由本来就存在严重缺陷的市场自身来进行产业选择，给民族地区经济发展带来的更可能是灾难而非繁荣。

由于以上原因，对于民族地区政府而言，部分代替市场进行产业选择，就成了当前不可回避的一项重要职能。由于政府掌握着本地经济运行较为充分的信息，能够从整体上把握本地经济发展的优势与劣势，从而对本地经济进行合理的规划。同时，政府掌握着政策制定、资源分配及公共财力，可以对产业发展施加巨大的影响力。因此，民族地区政府必须肩负起对本地区的经济发展进行合理规划的重任，选择最佳产业进行突破，通过不断出台政策、提供资金、培养人才和信息服务等措施，代替残缺的市场机制，迅速建立起本地区的优势产业，壮大本地经济实力，为本地区的进一步发展奠定经济基础。从当前民族地区的实际情况来看，产业选择的内容包含：

（1）明确产业选择的目的

产业选择的直接目的是形成特定产业的产业竞争力。[1]不少民族自治地方政府正是通过运用政府权力和资源，代替市场的资源配置功能，对本地区的产业结构进行强制或者半强制性的重新设计，以最小的社会成本、最快的速度建立起了本地有竞争力的主导产业。产业选择的深层目的，是通过政府的扶持，形成本地区独特的经济竞争力，迅速壮大地区经济实力，为本地区其他方面的发展奠定基础。

（2）确定优先发展的目标产业

选择优先发展的目标产业，是在综合分析本地经济发展的优劣形势的前提下，寻找最能发挥本地优势，对本地经济社会发展具有长期且广

---

[1] 产业竞争力是指某一区域的若干产业，在特定的经济制度和资源条件下，参与国内外市场竞争并比竞争对手更具发展潜能、创造更多财富的能力。产业竞争力是一个综合的系统工程，涉及经济、技术、教育、环境等各方面。影响产业竞争力的因素包括资源禀赋、区位条件、产业政策措施、产业技术水平、经营管理能力、社会人文因素等。伍长南：《新型工业化与产业竞争力互动关系研究》，载《东南学术》，2003年第5期。

泛的影响力，能最大限度带动本地经济社会全面发展的目标产业的过程。这个目标产业一旦选定，就要通过政府职能的行使，以优惠政策、廉价政府服务、财政资助手段进行重点扶持，使目标产业在最短的时间内迅速成长壮大，形成较强的市场竞争力。

（3）产业选择的方式

①政府完全主导型：完全由政府投资兴办涉及目标产业领域企业或企业群，使该产业在政府的庇护下成长发展；②政府主导，市场推动：政府出台支持政策，对目标产业领域的重点企业进行帮助，同时给社会发出强烈信号，引导社会资本向目标产业集聚，由市场来推动产业发展；③市场主导，政府引导型：市场资本已经有向目标产业集中的倾向，政府通过政策与公共服务的提供促进市场力量进一步向该产业集中，加快产业发展速度；④其他类型：产业选择方式不是固定的，还有很多方式，需要因地制宜创造性地运用。

（二）企业扶持

在成熟的市场经济环境下，企业作为市场活动的主体，在优胜劣汰的竞争机制作用下，必须自己在市场中寻求生存和发展的机遇，政府不应该干预企业的运营。但是民族地区由于区位、交通、市场环境等方面的限制，以及技术、人才和经营管理的落后，企业在参与全国乃至全球市场竞争时，大部分都缺乏足够的生存能力。因此，运用公共资源，直接扶持本地企业，增强企业的竞争力，无疑是民族地区政府不得不行使的职能。企业扶持是与产业选择相辅相成的职能，主要手段包括：

（1）为企业发展提供政策便利

根据政府的产业选择，民族地区政府需要采取措施，扶持这一产业中的企业发展壮大，从而形成产业凝聚核心。由于政府产业选择与市场产业选择有所不同，选择的不是当前最有利可图的产业，而是有长远利益和社会影响力的产业。为了吸引企业和社会力量参与到这一产业领域，政府需要从政策上为参与产业发展的企业提供便利，在税收、监管和服务方面给企业提供便利,为企业贷款、用地、用人和企业的产品销售、原料获取等活动降低成本,为企业创造宽松的发展环境。

(2)为企业发展提供资金扶助

对于落后地区的企业而言,资金从来都是企业发展的最大障碍之一。因为区域经济基础薄弱,市场体制不健全,企业往往很难凭借自身力量,从市场中筹集到发展所需的足够资金。日本赶超发展的经验为解决这个问题提供了一些可资借鉴的方案,那就是通过政府财政的支持,建立有政府财政背景的主办银行为企业提供专门化、低成本的融资渠道,保证企业资金来源的充足与稳定。[1]在必要的时候,政府甚至可以直接动用财政资金,向大型的企业注资以帮助它们渡过难关。当前,不少民族地区也正是通过控制国有银行的投资方向,为本地需要重点扶持的企业提供了比较稳定的资金,有不少民族地区政府还在财政资金中设立了专门款项,用于扶持本地重点企业。

(3)为企业发展提供中介性服务

地区经济的成长,需要有大批企业的支撑。但是企业的发展壮大,除了政策、资金扶助之外,还有一个重要因素就是企业间协作与分工的格局形成,大企业不断涌现,产业聚集效应产生。[2]但是,这个过程需

---

[1] 主办银行制度又称主力银行制,是指在业务往来中,企业与一家银行建立较为紧密的、固定的信贷联系,主要与该家银行发生信贷关系,由该家银行向企业提供贷款等金融服务。日本大藏省通过各种财政手段,集中大规模资金,建立财政投融资制度,有计划、有系统地将这些资金提供给日本公路集团、日本开发银行、日本输出入银行、海外经济协作基金、住宅金融公库等具有官办色彩的银行,以达到政府扶助企业的目的。通过主办银行制度,企业在信用紧张时,贷款需求仍然能够有保证,资金配置的效率大大提高。相关内容见金明善、车维汉:《赶超经济理论》,北京:人民出版社2001年版,第248—279页。

[2] 产业聚集也称产业集群,简单地说,就是在一个适当大的区域范围内,生产某种产品的若干个同类企业,为这些企业配套的上下游企业,以及相关的服务业,高密度地聚集在一起。由于大量的企业相对集中、相互补充、互为竞争和依存,因此在产业聚集区内,基础设施、信息与社会服务等可得到共享,资源能够得到最大限度的利用,生产率可得到充分提高,企业核心竞争力会得到迅速提升,能形成庞大的专业市场,可最大限度地提高经济效益。如我国浙江省近几年形成的"块状经济",包括永康"五金城"、嵊州"领带城"、诸暨"袜子城"等,同一产业高中集中,大大降低物流、信息成本,经济效率非常高,成为带动浙江发展的最强劲力量。相关内容见浙江产业集群网,http://www.zjsme.gov.cn/。

要有市场中介组织从中牵线搭桥,而当前民族自治地方能承担这种任务的市场中介组织力量还非常弱小。为此,在赶超发展的初期,代替市场中介组织,整合企业经营的方向和目标,直接主导招商引资,推动企业协作与产业聚集的形成,是政府必不可少的一项职能。

(4)为企业发展排除其他困难

民族地区的企业在发展过程中经常面临许多自身难以解决的困难,特别是对处于发展初期的企业而言,每解决一个困难都意味着生产经营成本的增加,都有可能影响企业的快速成长。对于企业无法解决或者自主解决成本过高的困难,民族地区政府往往会主动帮助企业解决,比如大规模的人才培训、新技术的引进等等。

(5)企业保护

提升民族地区企业的竞争力需要一个较长的阶段,在目前民族地区企业竞争力普遍较弱的情况下,如果没有适当的保护,让这些脆弱的企业直接面对残酷的市场竞争,企业被淘汰的可能性远大于企业成长壮大的可能性。因此,在民族地区赶超发展的过程中,民族地区政府需要通过与中央政府、其他地方政府的协调,为本地企业争取适当的保护,使其能够发展壮大,不断提升参与国内或国际市场的竞争能力。

四、民族地区政府与市场关系调适中必须妥善处理的几个问题

在民族地区政府与市场关系定位中出现的政府作用突出,市场机制作用相对较弱的局面,虽然有现实的必要性,而且也取得了巨大的成效,但同时也引发了许多问题,比如效率低下、权力寻租、政府利益与社会利益脱节、有关规划和管制措施缺乏足够的科学性等等。甚至可以说,当前民族地区政府与市场关系的定位,与我国市场经济体制改革的整体方向出现一定程度的背离,是一种"非正常"状态。毕竟目前我国从整体上来看,市场经济体制完善面临的最大问题,还是政府对经济社会干预过多,政府权力过大,市场机制的作用受到来自公共权力的挤压。因

此，我国市场经济体制的完善在未来很长一段时间里，都需要坚持强化市场机制作用，弱化政府在中观、微观经济领域的作用，不断化解目前政府作用相对突出、市场机制运行存在制度性障碍的问题。

民族地区由于经济社会发展情况的特殊性，在当前可以采取一些"非正常"的方式，允许政府在一定程度上介入、干预甚至替代市场机制的作用，但一定要防止把这种"非常态"固化为"常态"。民族地区在今后的发展过程中，应将政府与市场关系逐步调适到市场主导资源配置、政府辅助并服务市场的正常状态。要做到这一点，关键的任务就是要控制好目前政府干预市场的各种行为。

（1）政府干预行为尽可能遵守市场经济规律。政府干预市场，是通过对市场信息的部分扭曲来实现特定地区非常规发展，实现经济短期内赶超。这种做法只能在部分领域短暂采用，在其他发展领域政府应该尽可能遵守市场经济规律，不能以市场存在缺陷为由全面管制经济社会发展事务，否定市场机制。民族地区政府需要清楚地认识到，干预的目的是完善市场，而不是否定市场。

（2）只要条件许可，政府就应退出所干预的领域，将该领域的事务交还市场主导。政府干预市场，是追求短期非常规发展效益的权宜之计，目的是用政府力量去加快市场成熟的速度。因此，一旦政府通过市场替代等措施培育的产业、扶持的企业发展成熟，就应该将它们交还给市场，而不应该长期介入市场进行干预。

（3）政府干预市场的行为需在法治的框架下开展。政府干预市场的行为，必须建立在严格的法制基础上，政府所有干预市场的职能行使必须在法治的框架内开展，否则不可避免地会出现偏差，如政府干预过度、垄断的形成、权力寻租、程序混乱等问题。离开法治，政府对市场的干预很可能会取得相反的效果，造成社会经济发展的紊乱。

（4）政府干预市场必须有清晰的目标与原则。民族地区政府干预市场特别是介入本地方产业选择和企业经营管理时，必须有明确的目标和原则。政府干预市场的行为，必须以有利于本地区长远发展，有利于提升本地核心竞争力为目标,以增强本地区自我发展能力为方向,而不是以政府的主观判断、个别领导人的喜恶或政绩导向为依据。政府干预市场的领域、内容和具体方式,应随时间和经济社会发展的情况变化及时调整,避免干预行为的僵化导致干预效率低下,使政府干预的目标发生偏离。

在妥善处理政府干预行为可能出现的问题的基础上,民族地区政府更需要积极鼓励和支持市场主体的成长,保障市场主体在本地区按照市场机制的要求开展的各类经营活动并为之提供良好的公共服务。政府应尽可能地避免干预那些市场机制能够有效发挥作用的领域,使市场机制在良好的政策环境下不断发育成熟。从长远来看,民族地区政府要有从现行所有干预的中观、微观市场领域退出的决心和准备,并积极探索建构服务型政府、有限政府、掌舵而非划桨政府的方式和途径。

(原载《中国行政管理》2010年第11期)

民族地区制度变迁的路径选择与可持续发展

自中华人民共和国成立以来，我国民族地区的经济、文化以及各项社会事业都有了长足的发展。截至2008年底，民族地区经济总量由1952年的57.9亿元增加到30626.2亿元，按可比价格计算，增长了92.5倍。到2008年，西部大开发以来民族地区固定资产投资累计达到77899亿元，比2000年增长5倍。其他如道路、交通、邮电通信等基础设施建设和文化、教育、医疗、社会保障等各项事业，也都有了较快的发展。但是，由于诸多因素制约，与全国特别是与东部地区相比，民族地区的发展依然相对落后，生产总值仅占全国的9%左右，人均生产总值只相当于东部地区人均水平的35%左右，地方财政收支差达2000多亿元。目前，我国农村绝对贫困人口和初步解决了温饱的低收入群体也主要集中在少数民族聚居区，这些地区的贫困发生率远高于全国平均水平。其中，约有20个民族390万人贫困程度较深，贫困发生率高达23.9%。五大自治区及少数民族聚居较为集中的云南、贵州、青海、四川四省还有约1.6万个行政村不通公路；新疆、云南、广西、甘肃和内蒙古还有600多个乡镇不通电，涉及人口160多万；不少地区人畜饮水十分困难，教育、医疗条件还相当落后。基础设施薄弱和生态环境脆弱，已成为长期制约民族自治地方加快发展的"瓶颈"。要改变民族地区的落后状况，实现民族地区经济与社会的跨越式发展，维护国家统一和增强民族团结，需要多元力量的推动，但通过制度创新促进民族地区的发展，无疑相当关键。

所谓"制度"，是指一系列约束和激励社会成员行为的规则。制度变迁与经济发展具有非常直接的关联，从某种意义上说，一部人类发展史也就是制度变迁史。制度变迁一般通过两种方式进行：一种是诱致性变迁，即社会群体或个人在响应由制度不均衡引致的获利机会时所进行的自发性变迁；另一种是强制性变迁，是指由政府主导自上而下强力推进的制度变迁。目前，我国民族地区的发展进入了一个关键阶段，一方面国家采取了一系列重大政策措施以促进民族地区发展，实现民族关系的和谐，但另一方面，长期历史进程中形成的区域间、民族间发展差距，在市场经济体制下其实并没有缩小，反而有扩大的趋势。因此，民族地区社会各界尤其是政府，都在试图通过大规模的制度创新以推动民族地区经济社会的跨越式发展，但是在制度变迁的路径选择方面，却面临着一系列问题。这些问题的存在不仅影响着制度变迁的效果，甚至可能会影响到民族地区的长远发展。本文试结合民族地区政府职能转变与制度变迁的路径选择，对相关问题进行一些初步的探索。

一、基于社会需求的诱致性制度变迁

在制度经济学理论中，引起或影响制度变迁需求的要素有六项，其中任何一项的存在，都可能导致社会产生制度变迁的需求。它们是要素与产品相对价格的长期变动、技术进步、其他制度安排的变迁、市场规模、偏好的变化、偶然事件。民族地区在过去多年里，非常注意对制度变迁需求的把握，并试图在此基础上实现诱致性制度变迁，以减少制度变迁的社会成本。但这一过程，却因为对制度变迁的需求把握不足，或者内部诱致动力缺乏，而暴露了一些问题。在诱致性制度变迁中，政府所需要发挥的作用非常有限，制度变迁直接由社会需求引发，由社会组织完成，其满足社会需求度高且社会代价相对较小，是较为理想的制度变迁模式。但是，民族地区诱致性制度变迁却在以下几个方面受到了重大局限,并引发了一些问题。

(一)技术、市场及其他制度的诱发能力微弱

近年来,学术界在研究总结东南沿海经济快速发展的成功经验时,经常把浙南和苏南两种发展模式加以对比,认为浙南的经济发展主要是由于诱致性制度变迁的推动,而苏南则更多是由于强制性制度变迁的推动。在分析浙南的诱致因素时,有学者认为浙南地区相对较差的自然环境带来的生存压力,善于经商的传统习俗,敢闯荡、敢冒险、不怕苦、讲实效、勤俭节约的价值观等内在的地方文化,是当地政府可以实现诱致性制度变迁的内部条件;而1978年之后中央政府对地方控制的放松,浙南过去与海外的密切交流所带来的对外部世界的了解,发达国家产业转移等则是外部因素。内外因素共同激发了社会群体追求利益的强大积极性,政府则因势利导,不断地放松对经济的限制,鼓励新的市场经济制度的生成与完善,从而进一步激发了民间的经济活力,促成了浙南经济的空前繁荣:在短短二十几年里,浙江这个既没有区位优势,又没有资源优势的省份,人均收入从全国排名靠后一跃而成为除几个直辖市外最高的省级区域。[1]对于当前民族地区而言,外部诱致性因素与浙江有很多相似之处——国家控制放松,发达国家、发达地方产业要向内地转移。但是,民族地区却存在着内部性诱致因素不足的问题。市场狭小、观念落后、社会发展水平低,使整个社会对制度变迁的需求远没有东部沿海地区那样强烈。由于地理的封闭和文化因素的影响,民族地区社会缺乏参与市场活动、追逐个人利益的激情和能力;许多少数民族群众根本无法接受高风险、快节奏的市场经营方式;少数民族群众大多注重当前的生活,重视宗教和传统仪式,而不太在意生产资料和资本的积累,在民间很难形成可观的资本力量;由于教育水平相对较低,交通、通信等基础设施不够完善,民族地区各族群众对市场信息的了解和利用程度

---

[1] 参看田伯平:《区域现代化与区域制度变迁》,载《江海学刊》,2003年第2期。

都远低于其他地方，利用市场机制的能力也受到更多客观条件的限制；民族地区的企业管理者与发达地区相比，整体上思想解放程度以及能力和素质方面存在差距。这些内在的不利因素，使得民族地区政府想通过诱致性制度变迁来激发本地发展动力的努力往往达不到应有的效果。在这种情况下，民族地区政府更多地想通过要素与产品价格因素，利用外部诱致因素，来实现制度变迁，但这又出现了新的问题。

（二）要素与产品价格引发的诱致因素具有反生态性

随着整个社会的经济发展，资源、能源和其他初级产品的价格在不断上升。许多落后地方正是利用这一趋势，通过制度变迁参与全球市场，实现了本地经济的高速发展。民族地区在内部诱致因素缺乏的情况下，也积极地利用当前存在的发展差距，以及民族地区富有资源、能源和其他初级产品的优势，鼓励本地社会进行制度变迁以参与到全国乃至世界经济大市场中，实现本地区的快速发展。招商引资、企业改制、大建工业园区，都是这种制度变迁的表现。但是，这种基于要素和产品价格长期变动而进行的制度变迁，却给民族地区长期发展带来了新的问题。

首先，外部资本向高能耗、低效益产业集中。据新华社报道："2002年下半年以来，国内能源趋紧，高回报低投入的巨大反差，使高耗能产业一时间成为暴利行业。各国投资者蜂拥而至，西部能源富集区成了高耗能工业发展的乐园。在一些招商引资快速膨胀的贫困地区，高耗能工业已成为当地经济发展的支柱。如今，高耗能产业在我国西部能源产区出现遍地开花的发展态势。"[1]这种高能耗产业集中的现象，在民族地区相当普遍。许多民族地区都出台了大量的优惠政策，鼓励外来资本开发本地资源，以换取本地经济的快速成长。尽管社会各界认为这种发展模式对于当地长远发展极为不利，希望能够改变，但是当前这些地方要寻

---

[1]《我国西部将成世界高耗能产业转移重点地区？》，http://news.xinhuanet.com/newscenter/2005-07/13/content_3213126.htm。

找新的发展路径以替代这种高能耗产业,却非常困难。

其次,外部资本往往投向资源密集型产业,对促进民族地区民生问题的解决作用甚微。外部资本进入民族地区,纯粹本着逐利目的,它们不关心当地的就业和民生问题,尽可能地回避自己应尽的社会责任。而政府出于引资和留资的需要,对外来资本的投向引导不力,对其社会责任监管力度不强。这使得许多外来投资,往往都投向了追求短期利益的资源密集型产业。外部资本在疯狂地掠夺当地资源、剥削当地本已廉价的劳动力之后,往往出现外来资本获得暴利,政府财政迅速膨胀,经济成长指数高位运行,而民生状况却没有改善甚至反而恶化了的奇怪现象。2006年5月15日,《瞭望》以《这些"百强县"竟是贫困县》为题,报道了民族地区某地经济发展中出现的企业、政府、百姓在经济发展中获利极度不均的现象。该报道认为:"由于大企业采用机械化作业方式,因此当地文化程度低的农民根本无法到企业就业。所以从经济上看,资源开发促进了整个国民经济的发展,但是对当地百姓的脱贫贡献甚微。"[1]实际上,这种由外来大企业参与开发民族地区资源,使当地经济发展速度和财政增长速度都大大提升,但百姓却获利甚微的现象,在民族地区是极为普遍的。甚至在西南诸省的旅游产业开发中,对劳动力吸纳能力较强,对周边产业辐射面大的旅游企业,也并没有对当地就业和其他产业的发展有显著的推动作用。更多的情况是政府投了大量的资金修建旅游基础设施,外来资金占据了旅游资源获取暴利,而民众从其中获利甚微。这些问题的存在,使得借助外部诱致性因素的制度变迁带来的经济发展,不具有可持续性。

(三) 诱致性制度变迁带来的问题

民族地区诱致性制度变迁带来的经济发展,主要是由来自区域之外的企业推动的,而民族地区内部诱致因素的成长现在效果还不明显。这

---

[1] 刘健、秦亚洲等:《这些"百强县"竟是贫困县》,载《瞭望》,2006年第20期。

种制度变迁造成的发展模式，使得民族地区的经济有边缘化趋势，民族地区自主发展的环境不但没有改善，反而可能出现恶化。这主要表现在以下方面。

第一，民族地区在国家产业分工中处于低端，经济产出的附加值更多地被其他地方获得。在经济领域，处于产业分工高端的产业，经济产出的附加值往往更高，反之亦然。在当前民族自治地方产业结构中，处于低端的以生产初级产品为主要业务的产业占据了绝对优势，而科技含量高的深加工产业比例较低。这使得民族地区在产业分工上有沦为其他地方附庸的危险，而这种附庸地位一旦形成，将很难改变。例如，新疆是我国的棉、毛主产区，但新疆却没有几家有实力的服装设计和生产企业，而只能向东部服装产业基地供应原料，获利较低。但是，东部服装产业基地生产出的服装成品，利润一般要高很多。这种产业分工，不利于民族地区的竞争力提升。

第二，民族地区产业单一，在市场价格竞争中处于劣势。在对内蒙古、宁夏等产煤区，云南、贵州等金属矿物和能源产区的调研中，当地官员对当前矿产资源和能源的定价机制都极为不满。以内蒙古为例，内蒙古的煤炭出境价格往往只有消费地市场价格的 1/2 或 1/3，而内蒙古采购外来产品却只能依照市场价格。这种价格机制一方面固然有国家政策的影响，但从根源上来说还是因为民族地区产业结构单一，在市场定价机制中缺乏影响力。这种价格竞争的劣势，使得民族地区事实上处于被剥夺的不利地位。

第三，社会自发展能力低下导致各种资源外流，进一步恶化了当地的自发展能力。由于这种诱致性制度变迁对民族地区自发展能力的推动作用并不明显，民族地区与其他地方的发展差距在这些年不但没有缩小，反而呈现进一步扩大的趋势。这使得民族地区的人才、资金等对本地发展至关重要的资源大量外流，进一步恶化了民族地区本已不佳的发展环境。

二、基于政府自觉的强制性制度变迁

制度变迁的需求对于民族地区而言始终存在,但是诱致性制度变迁带来的发展问题也非常严重。民族地区制度变迁的诱致受到局限之后,政府习惯性地就承担起了推动制度变迁的责任,从而使得民族地区整个社会制度变迁的主体日益单一化。而政府要实现制度变迁,只能利用政策、法令等具有强制色彩的工具,这就使得整个民族地区的制度变迁逐渐从诱致性向强制性转变。"强制性制度变迁是指由政府命令或法律引入和实现的制度变迁。"[1]民族地区政府采取了许多强有力的措施,出台了不少法令政策,以实现政府引导下的制度变迁,从而推动经济发展。但这一过程,仍然会引致许多问题。

(一)民族地区政府强制性制度变迁的行为

由于诱致性制度变迁可能带来诸多的不利,因此,民族地区政府在继续通过诱制性制度变迁以吸引外部逐利组织来本地发展的同时,也采取了许多强制性制度变迁手段,刺激本地的内在发展动力,或者限制外来资本的不利影响。主要形式有以下几种。

(1)新观念的灌输

民族地区强制性制度变迁首先表现在政府通过其掌握的舆论资源,向社会灌输新的观念,而这种灌输往往具有一定的强制性。在许多民族地区,如果政府试图采取某种新的方式来干预经济,试图在制度方面进行创新,往往会通过各种会议、各种媒体来向社会宣传政府的意图,统一全社会的思想。在宣传过程中,与新制度有着重大利益关系的企业家或者社会组织,往往会被要求参与有关会议或者学习有关精神。由于政府拥有强大的资源,所以这种宣传方式对于市场主体和其他社会成员而

---

[1] 林毅夫:《关于制度变迁的经济学理论:诱致性变迁与强制性变迁》,载 R.H. 科斯等《财产权利与制度变迁》,刘守英等译,上海:上海人民出版社1994年版,第396页。

言，具有非常强的压力。这种通过灌输新观念从而为制度变迁创造思想基础的行为，与林毅夫在《关于制度变迁的经济学理论：诱致性变迁与强制性变迁》一文中强调的意识形态对制度变迁的作用颇为类似，所不同的是林毅夫强调既有意识形态对制度变迁的影响，而政府通过灌输新观念则是以意识形态的创新推动制度变迁的进行。

（2）对企业行为的介入

在完全自由的市场经济环境中，企业的决策应该完全自主，政府作为公共权力的行使主体，不应该介入企业的行为。但是，当前民族地区政府介入企业行为的现象不但广泛存在，而且介入程度非常深。例如，为了完成政府的经济发展绩效目标，而给企业规定生产增长计划；为了实现政府财政收入增长，而对企业的纳税额提出具体要求；为了培育有竞争力的大型企业集团，而由政府主导实现不同企业之间的联合或者合作；为了使企业能够提升科技含量，政府给企业下达科研指标；为了节约企业经营成本，政府动用公权力帮助企业建立原材料供应渠道或者进行市场推广；为了培育新型的企业经营模式，政府要求企业按照其意图进行经营体制改革……诸如此类的干预行为，在民族地区屡见不鲜。由于民族地区具有一定规模的企业往往都是国有或者集体企业，它们与政府的关系一般都非常密切，因此即使政府的干预行动严重侵扰了企业的自主经营权利，企业也很少会进行抵制。

（3）对市场调节机制的替代

市场机制是围绕着价格机制的一系列资源流动机制的总和，具体包括价格机制、竞争机制、风险机制和供求机制。市场机制要发挥有效的作用，必须具备几个重要的条件：价格由市场自发形成，市场主体意志自由，资源流动不受非市场因素控制。为了实现本地区经济按照政府的意图发展，当前有不少民族地区政府非常频繁地以政府行为代替市场机制，改变市场运行的条件，以控制资源配置，使之服从服务于政府预期目标。这些措施包括：关键产品政府限价甚至定价，如政府对土地、农产品、矿产资源等制定价格，以方便或者限制使用者获取这类资源；设定特别的市场准入标准,使进入特定市场领域的市场主体符合政府要求,从而使特定产业或行业按照政府预期目标发展;以公权力整合资源,廉价供应特定的企业或行业使用,帮助这类企业或行业获得超常的市场优势;以行政命令干扰市场信息,从而改变市场资源流向。

(4)政府承担市场中介角色

当前,有不少民族地区政府实际上已经成为市场中介的主力,活跃于各种掌握资本的投资人中间进行游说。在一些民族地区,招商引资被确定为政府最重要的任务,政府每个部门都被安排了一定的招商指标,而且招商绩效往往是部门绩效考核最重要的指标,即使该部门的主要业务与经济并没有直接关联。从最高行政首长到基层的部门职员,每年都会被要求去相对发达的地方开展一定时间的招商工作,完成一定额度的招商任务。[1] 为了促进本地企业的壮大,政府出面撮合本地企业进行合作也是常见的现象,政府经济主管部门的一项重要任务,就是促成企业之间的合作,为企业之间的沟通协调提供服务。政府整合科研机构资源,要求高等院校为企业技术、管理能力和人力资源素质提供提升服务,从而提升企业竞争力,也是政府作为市场中介的行为表现。

总的来看,当前民族地区在经济发展过程中,制度变迁大多数遵循这样的路径:以政府承诺作为社会动员的主要方式,由行政力量推动制度变迁信息的传播,资源分配方式高度体现政府意志,经济发展领域的选择由政府而非市场主导。正是在这样的路径下,政府将新的制度外加于社会,从而释放社会发展的力量。

(二)强制性制度变迁带来的问题

强制性制度变迁,对于相对落后的民族地区而言,具有必然性。因为诱致性的制度变迁要想取得较好的效果,必须具备一定的条件,如交

---

[1] 李俊清:《地方政府招商引资绩效考核制度研究——以某自治州为实例的考察》,载《国家行政学院学报》,2007年第4期。

易受到的非市场因素阻滞很少,市场信息传播顺畅,产权制度比较完备。然而,"无摩擦交易、完备的信息和明确界定的产权等假设条件,在处理不发达地区(那里的要素和产品市场不完全)的许多经济问题和理解历史的演进过程时显得尤其不适当"[1]。在民族地区,市场交易受到的限制来自多个方面,许多限制条件如果依靠市场主体自身去应对,或者无能为力,或因成本过高而无意去应对;市场信息由于相对落后的交通、通信基础设施状态,由于整个社会普遍的教育水平的相对低下等因素,无法顺畅传播;而产权制度不明晰,一直是我国经济领域里的顽疾。这些市场机制中存在的缺陷,以及民族地区后发劣势的现实,使得民族地区如果完全依靠诱致性制度变迁将会导致许多问题,最终影响经济健康发展。而通过强制性制度变迁,则有可能纠正诱致性制度变迁中的不利因素,使经济按照政府理性规划而运行,从而确保经济成长的健康稳定。事实上,当前民族地区经济发展速度非常快,且出现了一大批有竞争力的企业和产业,这都与政府的强制性制度变迁有着直接的关系。

然而,强制性制度变迁却也给民族地区带来了许多问题,这些问题如果得不到很好的解决,就有可能影响到民族地区的长远发展。制度经济学认为强制性制度变迁受宪法秩序和规范性行为、制度设施和实施的成本、社会科学知识的进步、制度群的集合程度、上层决策者利益、官僚体制运行状况等因素的影响,操作不当往往会导致制度供给出现不均衡状态,从而引发一系列问题。在民族地区,强制性制度变迁就已经引发了以下诸多问题。

(1)政府庇护下的企业、产业竞争力具有一定虚假性

政府推动经济发展过程中的强制性制度变迁,一般都是直接针对特定企业或特定产业,其主要内容往往都是通过新制度的运行,为这类企业和产业的发展提供便利,使之能够获得超常规的发展。由于政府权力

---

[1] 林毅夫:《关于制度变迁的经济学理论:诱致性变迁与强制性变迁》,载 R.H.科斯等《财产权利与制度变迁》,刘守英等译,上海:上海人民出版社1994年版,第398页。

的特殊关照，这些企业或产业相对脱离市场竞争机制来发展自己，提升自己的实力。但是，这种脱离市场竞争机制而获得的实力，是不是真实的市场竞争能力却值得怀疑。

（2）强制性的产业聚集并没有带来经济效益的实际提升

在民族地区政府对经济发展所进行的强制性制度安排中，通过集中土地、公用设施、公共服务等一系列资源整合行动而建立开发区，以政府的力量推动产业聚集是非常普遍的现象。然而，这种由政府强推的产业聚集而形成的开发区，取得良好效益的却并不多。在有些民族地区，开发区遍地开花，但许多开发区设立目标不明确，主导产业不清晰，入驻企业数量少、投资额低，土地闲置率高等，造成事实上的开而不发，大量的土地、公用设施、财政投入和金融资产，因为这些无效率的开发区的建设而被浪费。

（3）政府与企业、市场的关系与政府改革潮流背道而驰

由于民族地区的强制性制度变迁，往往采取的是对特定企业或行业进行特别照顾的方式来实现的，而这种特别的照顾总是伴随着政府对企业行为的介入，对市场机制的替代等，这使得民族地区政府与企业、市场关系的调整进展缓慢。在不少民族地区，企业尤其是大型国有企业，对政府的依赖程度极高，企业事无巨细总是想当然地向政府汇报、寻求政府的帮助。而政府特别是其经济主管部门，也不认为政府参与企业决策，政府参与企业日常经营管理存在什么问题。行业协会、市场中介组织等也与政府有着密切关系，实际上大多数行业协会根本就没有脱离政府系统而独立运行，其主管人员来自政府，主要决策依赖于政府意志，日常活动经费由政府提供。在行政命令与市场规则的博弈中，通常是行政命令优先于市场规则。这种政府与企业、市场的关系状态，与我国建立市场经济体制、建立公共服务型政府的目标正相违背，但要实现强制性制度变迁的目标，却又无法完全避免。

（4）政府行为进一步加剧了社会不公正

强制性制度变迁往往意味着政府凭借强制力量整合社会资源，供应

具有资本、技术、管理等方面优势的主体使用,以实现经济的更高效率的发展。而这又必然带来另外一个严重的问题,即本来在市场经济条件下就已经非常严重的社会不公平现象,政府不但没有从基于确保社会公正的角度去消解,反而因为制度变迁的需要而使之进一步加剧。

(5)权力滥用现象难以遏止

在政府掌握大量资源并且对这些资源的分配具有支配性影响的时候,权力寻租现象就会难以遏止。近些年来,民族地区有不少党政干部因为贪污腐败而沦为阶下囚,其中不乏高级领导干部。腐败现象的根源,就在于党政权力对社会资源配置的影响太大太直接,使得想要获取资源和利益,但却不愿意付出市场成本的投机者争相通过非法渠道,以腐蚀掌权者的方式实现自己的利益。实际上,贪污腐败现象只是权力滥用的冰山一角,在政府整合社会资源,推动强制性制度变迁的进程中,以非法手段剥夺弱势群体利益,对丧失土地、房产等基础性生活资料的群体补偿不公,以公共利益名义谋取政府自身狭隘利益,以超越宪法公平原则的方式赋予部分人特权等权力滥用现象也时有所见。

(6)路径依赖导致制度僵化

强制性制度变迁过程中,还有一个非常严重的问题,这就是强制性制度变迁的路径依赖现象往往很严重。诺斯在其著作中这样描绘路径依赖的形成:"参加者的主观精神构想会演进成一种意识形态,它们不仅会使社会的结构理性化,而且还选择了不佳绩效。结果,经济中会演进出一些加强现有激励与组织的政策。"[1]在民族地区,制度变迁的路径依赖在许多方面已经显现出来,如习惯性地移植部分发达地区现成制度和经验,习惯性地依赖行政命令或政府的组织力量推进社会制度变革,习惯性地为本地企业和产业社会责任的规避进行辩护等。而因为利益集团的形成而导致的既得利益者强力影响公共政策和制度设计,使得制度变迁停滞不前,或按既得利益者的利益方向进行的现象也常有发生。路径依

---

[1] D.C.诺斯:《制度、制度变迁与经济绩效》,上海:上海三联书店1994年版,第132页。

赖会导致制度变迁事实上失去变迁的意义，使制度设计对经济活力的释放效果变得非常微弱，甚至成为束缚生产力的桎梏。

三、民族地区制度变迁路径选择的优化

（一）以科学发展观指导制度变迁目标与路径选择

在当前民族地区经济社会发展过程中，虽然政府整体上对于制度变迁与经济发展之间的关系有着非常明确的认识，但是一些地方政府对于通过制度变迁应该实现的目标定位却出现了偏差。有些民族地区政府只是简单地想要通过制度变迁来实现经济的短时期快速增长，从而获得本届政府的政绩，而并没有形成关于制度变迁的战略规划——通过制度变迁的推进，提升本地方自我发展的能力，使本地方具有长期发展的动力。正是这种目标定位的偏差，使得许多可能损害本地方长远经济发展能力，但却能获得即时性经济增长表象的制度，居然会成为一些民族地区制度变迁路径的首要选择。

民族地区制度变迁的目标定位，首先，应当"坚持以人为本，树立全面、协调、可持续的发展观，促进经济社会和人的全面发展"[1]。无论是诱致性制度变迁还是强制性制度变迁，都必须使其带来的利益能够惠及全体人民，能够实现民族地区经济社会的全面发展而不是畸形发展，能够确保民族地区内部协调可持续发展，而绝不能是只顾眼前不计长远，只顾局部而不考虑全局的发展。其次，民族地区制度变迁应以提升本地区的发展能力为根本目标。切实转变政府职能，明确政府并不是经济发展的直接参与者，只是经济运行的护航者。政府不应该片面地追求当前的经济成长指标，不能为了一时的政绩而改变经济发展的正常轨迹，不能为了谋求政府自身或者个别领导人的狭隘利益，而在制度变迁路径选

---

[1]《中共中央关于完善社会主义市场经济体制若干问题的决定》，http://news.xinhuanet.com/newscenter/2003-10/21/content_1135402.htm。

择与目标设定的重大问题上草率行为。

（二）坚持诱致与强制相辅相成的制度变迁方式

在制度变迁的两种主要方式中，诱致性变迁是基于社会自发形成的强烈诉求，而强制性变迁则是基于政府所拥有的强制性权力，因此诱致性制度变迁不仅成本较低，而且变迁所产生的新的制度体系与社会的融合程度较高，制度效果也会更好。目前，我国民族地区制度变迁的诱致因素很多，如丰富的自然资源、廉价的劳动力、尚未开发的巨大市场等等。而近年来诱致性制度变迁之所以产生了一些问题，主要是由于民族地区社会内部对诱致因素的响应不足，而来自外部的响应者则又利用政府引导与控制力度不足的空隙，不承担相应的社会责任，"搭便车"现象严重所造成的。如果能够采取恰当的方式，激发本地社会力量对本地诱致因素的响应，同时加强对外部响应者的引导与约束，则完全可以充分利用本地的诱致因素，使制度变迁高效而成本低廉。要在诱致性制度变迁与确保本地自然和社会生态环境良性发展方面取得平衡，最关键的问题是要在推动诱致性制度变迁的过程中，找准诱致因素，有选择性地将存在于本地的诱致因素的势能发挥出来，通过回应性的政策释放，适当借助外部经济力量，培养本地的竞争力，而非仅仅追求表面的经济成长数据。从这个意义上说，对于民族地区而言，如果诱致因素及其诱致的外部经济力量有利于本地长远发展能力的提升，则这种诱致因素是可用的；如果诱致因素及其诱致的外部经济力量只能带来短期的经济增长，但会损害民族地区的可持续发展能力，则要严格控制。

（三）以强制性制度变迁推动诱致性制度变迁因素的成长

由于民族地区的市场机制还不完善，社会成员的权利观念、制度观念和风险意识等都还有待培育，因此，仅仅依赖诱致性制度变迁来实现民族地区发展能力的提升，其效果并不会很明显。民族地区政府需要有计划、有步骤地通过一些强制性的手段，如强制性的观念灌输、颁行政策法规、适当的企业扶持、对市场机制的部分替代等途径，有目的地在本地强制推行一些本地社会中诱致因素较少，但却有利于本地长远发展的制度，并以政府持续的政策活动，使相关制度与本地社会文化实现融合。

由于强制性制度变迁具有相当高的风险，因此政府在推动强制性制度变迁的过程中，一定要以培育民族地区市场环境的制度和法规为主要内容，引入本地相对缺乏的诸如产权制度、交易体系、竞争机制、权利观念等有利于市场经济体制完善的制度和观念，为资本市场的形成、金融服务体系的完善、市场中介组织的成长以及市场活力的提升注入能量。此外，强制性制度变迁要特别注意强制的方式，绝不能把强制等同于政府强权，等同于行政动员，等同于事事都由政府包办，否则只能扼杀社会自主发展和自我管理的活力，形成市场主体对政府的无限依赖，使之总是期待着政府给资源、给服务、给市场、给政策，从而失去了自身的创新动机和竞争活力。要积极鼓励和引导社会力量对制度变迁的广泛参与，增强其对制度变迁的认知和响应能力，使制度变迁的收益增大成本降低。

（四）通过发展教育提升制度变迁的动力

在诺斯及其他制度经济学派的视域中，制度变迁最根本的动力，并不在于经济性的制度供给或者对具体经济问题的解决，而在于一种与经济有关但却无法归入经济领域的社会问题的解决，那就是教育和社会知识的传播。诺斯等人认为："知识的积累，教育体制的发展——导致了社会和技术信息的广泛传播，以及与工商业和政府机构的发展密切相关的统计资料储备的增长，减少了与某种安排革新相联系的成本。"[1]拉坦更是认为社会科学知识的传播是促进诱致性制度变迁的重要因素，他在分

---

[1] L. E. 戴维斯、D. C. 诺斯：《制度创新的理论：描述、类推与说明》，载 R.H. 科斯等《财产权利与制度变迁》，刘守英等译，上海：上海人民出版社1994年版，第247页。

析了社会科学知识进步与诱致性制度变迁之间的关系模型之后得出结论说:"社会科学和有关专业知识的进步降低了制度发展的成本,正如自然科学及工程知识的进步降低了技术变迁的成本一样。……社会科学知识可能会经由现存的制度或通过促进新的更为有效的制度的发展和创新而导致更为有效的制度绩效。"[1]

当前民族地区之所以在诱致性制度变迁和强制性制度变迁过程中都会遭遇种种阻力,其中最根本的原因还在于整个社会教育发展水平的落后,以及由此导致的社会知识的整体贫乏。社会对于市场、法治、竞争等市场经济体制中至关重要的观念认识不足,而且缺乏追求利益的足够的技术与能力,这些都导致了民族地区社会既缺乏制度变迁的内在诱致因素,又缺乏响应政府强制性制度变迁的意愿,从而使得制度变迁难度相对较大,成本居高不下。反观国内外制度变迁的成功范例,几乎都在制度变迁的准备阶段或者制度变迁过程中,采取强制措施整合社会资源以优先发展教育,提升社会知识水平。由此可知,教育和社会知识水平对于一个地方制度变迁与经济发展而言,具有决定性的意义。然而,目前民族地区的教育事业发展相对落后,教育投入不足、教育水平不高,仍然是非常严重的社会问题。[2] 虽然民族地区政府对此有着相当深刻的认识,但是在 GDP 至上的政绩观引导下,具体的经济类事务仍然在政府事务中占据着绝对优先的位置,对开发区的建设,对招商引资的热衷,对企业的帮扶,都远远超出对教育的关注。这种经济优先教育的发展战略,虽然在短期内可能会带来部分地方的迅速发展,但是对于民族地区社会整体竞争力的提升,却是严重的本末倒置。

(原载《中国行政管理》2009 年第 7 期)

---

[1] V. W. 拉坦:《诱致性制度变迁理论》,载 R.H. 科斯等《财产权利与制度变迁》,刘守英等译,上海:上海人民出版社 1994 年版,第 412 页。

[2] 关于民族地区教育与知识水平,可参看李俊清:《民族地区公共产品的缺失与政策选择》,载《中国行政管理》,2006 年第 4 期。

民族地区公共产品的缺失与政策选择的困境

中国的民族地区大多分布在边远山区，由于历史、地理等诸多方面的原因，经济社会发展相对滞后。振兴民族地区经济，推动民族地区社会事业的发展，是协调区域发展，构建和谐社会，实现中华民族伟大复兴的重要内容。然而，目前民族自治地方普遍存在着因公共产品供给不足而严重制约经济与社会发展的问题。本文试以五大自治区加上云南、贵州、青海三个少数民族较多的省为例，对其公共产品的缺失状况以及地方政府在政策选择时所面临的困境进行分析。

一、公共产品的缺失情况

所谓"公共产品"，是一个与"私人产品"相对应的概念，指需要通过政府财政机制向社会提供满足社会成员公共需要的产品，主要包括交通基础设施、环境保护、基础教育、公共卫生、社会保障、城市公用设施等。公共产品对于国计民生与社会发展具有先导性、根本性影响，往往需要巨额投资，却不能产生直接的经济效益，因而市场经营主体一般不愿意或者难以承担这类投资，它的有效供给通常依赖政府公共财政资源。

与全国平均水平相比，民族地区在几项主要公共产品供应领域都存在着巨大的差距。

（一）交通基础设施薄弱

交通是现代经济发展的命脉，对整个社会发展具有基础性作用。交通基础设施的完善程度，是决定一个地区经济发展能力的关键因素之一。我国民族自治地方的交通基础设施很不完善，已经成为制约经济成长的瓶颈之一。2003年的统计资料显示，全国的公路密度（公里/百平方公里）平均为18.85%，而民族地区只有9.1%；其中二级以上公路占公路总里程比例，全国平均为15%，民族地区仅占6.89%。全国的铁路密度（公里/万平方公里）平均为76.04‰，民族地区为32.12‰。全国人均年旅行次数为12.3次，民族地区仅有8.6次。

（二）公共卫生状况堪忧

公共卫生服务，是国家为保障国民身心健康而向社会提供的公共产品。公共卫生服务水平会直接影响一个地区的国民身体素质，影响居民健康消费结构，从而影响本地经济社会发展能力。民族自治地方的公共卫生服务水平相比全国而言亦有很大差距。据《中国卫生年鉴》统计，2004年，全国婴儿死亡率为27.30‰，广西为44.00‰，贵州为52.40‰，云南为65.80‰，青海为66.30‰，新疆为58.50‰，西藏高达96.20‰。全国5岁以下儿童重度营养不良比例为2.07%，广西为4.70%，贵州为4.36%，云南为5.47%，西藏为4.49%，新疆为4.45%，青海为7.21%。全国传染病发病率（1/10万）为244.66，广西为300.30，贵州为322.91，青海为384.59，新疆为435.59，宁夏为516.40。全国孕产妇死亡率（1/10万）为45.20，贵州为95.40，西藏为310.40，青海为114.50，新疆为123.70。可见，民族地区的公共卫生服务程度很低，据统计，西部地区因病致贫者已达到300万—500万人。

（三）社会保障体系脆弱

社会保障是实现社会公平、保持社会稳定的重要工具。我国的社会保障事业起步比较晚，但是发展非常迅速。随着市场经济体制的逐步完善,主要由政府提供的社会保障系统将是维持公民职业、身心、养老等方面安全的基本手段,如果社会保障系统不健全,整个社会的经济发展能力将受到极大的制约。社会保障通常包括社会救助、社会保险、社会福利和社会优抚等诸多方面的内容,以下仅就社会保险的几个主要数据进行一个比较。[1]

全国与民族省区社会保险覆盖率比较

	全国	民族省区	备注
失业保险参保比例（%）	98.86	79.18	参保人数/职工总数
工伤保险参保比例（%）	43.6	23.44	参保人数/职工总数
养老保险参保比例（%）	12.3	6.92	参保人数/人口总数
医疗保险参保比例（%）	8.65	6.45	参保人数/人口总数
生育保险参保比例（%）	34.84	14.63	参保人数/职工总数
农村养老保险参保比例（‰）	43.06	4.35	参保人数/人口总数

从表中数据可以看出,民族省区社会保障的覆盖率与全国平均水平有着不小的差距,这给民族地区的社会和谐与经济发展带来了非常严峻的挑战。

（四）教育发展水平较低

普及基础教育,提高国民素质,是政府义不容辞的职责。教育同时也是变人口压力为人力资源优势的关键因素。民族地区经过多年的努力,在为公民提供良好的教育方面取得了巨大的成就,大山深处建起了各级学校,草原腹地书声琅琅,民族自治地方的文盲率由1999年的23.32%降低到2003年的8.57%。现在每年有数百万少数民族孩子接受高等教

---

[1] 根据《中国劳动与社会保障年鉴（2004）》有关资料整理。

育,每十万少数民族群众中,拥有大专以上学历的人由十年前不足300人提升到2003年的2900多人。[1]

但由于基础条件薄弱,民族地区的教育,特别是基础教育,与全国其他地方相比,还存在着很大的差距。据《中国教育年鉴》的资料统计,2004年全国中小学危房占校舍面积的百分比分别是高中1.96、初中4.67、小学6.68,而民族地区相对应的数据则分别是4.84、8.38和11.68,比全国平均水平高出一倍还多。全国平均每千名学生拥有的计算机台数为初中32.00台、小学22.91台,而民族地区则分别为21.39台和12.57台。全国中小学生人均图书藏量为初中12.4册、小学12.07册,民族地区为8.59册和8.11册。全国中小学生人均教学仪器价值初中为316.69元、小学为264.98元,民族地区仅有182.56元和150.87元。此外,全国27%没有普及九年义务教育的农村人口,也主要集中在西部民族地区。整体来看,民族地区教育基础设施短缺,教育经费不足的问题相当突出,已经对民族地区经济社会的发展形成了重要制约。

其他一些公共产品如公共文化体育设施、人畜饮水、生活垃圾的无害化处理等也存在着严重的缺失。

还有一些在经济社会发展中起着重要的基础性作用的准公共产品,虽然它们的供应主要依赖市场或者社会自身的力量,但其发展的初级阶段离不开政府的投入和支持,政府是推动社会力量参与这些产品供应的主要动力。例如信息网络的普及以及对信息资源的掌握是数字化时代生存与发展的重要条件。但据中国互联网信息中心(CNNIC)2006年1月发布的第17次《中国互联网发展状况统计报告》,截至2005年12月30日,我国的网民总人数达111000万人,但西藏的网民数仅占全国网民总数的0.1%,青海占0.2%,宁夏占0.3%,贵州占1.0%,内蒙古占1.0%,新疆占1.1%,广西占3.0%。域名总数为2592410个,其中青海仅占0.1%,西藏占0.2%,宁夏占0.2%,内蒙古占0.4%,贵州占0.4%,新疆

---

[1] 参考《中国教育年鉴(2004)》。

占 0.5%，广西占 0.9%。"信息鸿沟"对经济社会发展所产生的影响是不言而喻的。由上可见，民族地区公共产品的缺失情况相当严重，影响和制约着当地人民的生活质量和社会发展，使其自我发展能力难以得到根本性的提升。

二、困境的形成与政策选择

民族地区公共产品短缺的根本原因，在于经济发展滞后和公共财政的匮乏。尽管民族自治地方政府为改善当地公共产品的供应情况，做出了巨大的努力，但由于经济发展落后及财政收入水平低下，其在诸多方面都只能是有心无力。从有关统计数字来看，近年来虽然民族地区财政收入增长速度很快，但总规模很小，无论是占国家财政收入，还是占全国地方财政收入的比重都在逐年降低。2003 年，全国人均财政收入为 1680.4 元，民族自治地方只有 391.5 元，相当于全国平均水平的 23.27%。在接受了大量国家财政转移支付之后，民族自治地方的人均财政支出达到 1225.4 元，仅相当于全国平均水平的 64.24%。[1]然而民族自治地方由于大多数处于边远山区，公共产品的提供成本往往远高于其他地方。2001 年，内蒙古、广西、西藏、宁夏、新疆的财政支出在全国的总排序分别为第 20、17、28、30、24 位，而其人均财政支出在全国的总排序则为第 10、25、3、7、9 位。这样的财政收支状况，使得民族地区在公共产品供应方面举步维艰，陷入两难困境：一方面公共产品的缺乏导致了诸多社会问题，制约着企业发展能力的提升，降低了地方吸引投资的能力，成为经济落后的原因之一；另一方面经济落后和发展能力低下又使政府公共产品供应能力得不到提高，公共产品供应的缺口政府无力弥补。如果政府按照市场经济条件下政府的基本职能运行，以公共产品供应为政策的核心，那么有限的财政资源将使政府的公共产品供应

---

[1] 根据《中国统计年鉴（2004）》《中国民族统计年鉴（2004）》有关资料整理。

能力长期得不到根本性提升，在其他地区都迅猛发展的情况下，这将进一步削弱民族地区的竞争力。如果政府选择直接以自身拥有的公共权威和资源整合能力介入微观经济领域，通过政府干预的方式推动产业发展和企业成长，可能获得短期内经济的快速增长，但又会牺牲部分公共产品供应的能力，同时与当前政府改革的方向背离，而且由于存在政府失灵的可能，这样做会引发很多其他问题，从长远来看对社会发展的负面影响将非常严重。

面对公共产品供给与经济发展的两难，几乎所有的民族自治地方政府都选择以经济发展为优先目标，在对经济发展进行宏观管理的同时，动用大量的公共资源直接介入微观经济领域，以图迅速将经济"蛋糕"做大。政府的制度设计和工作任务安排，几乎都是基于追求经济发展速度这一目标。为了保证经济发展的速度，许多时候政府甚至不惜暂时牺牲部分公共产品生产的能力和部分公共利益。这种政策选择，从某种意义上说，是落后地区无奈的选择。

民族自治地方政府政策选择上的这一倾向主要体现在以下几个方面。

（一）以大量的公共财政资源支持企业发展

公共财政是社会以税负方式向政府缴纳、用以支付公共产品生产成本的特殊资源，属于社会公共利益。以公共财政资源支持企业发展，是牺牲部分公共产品的生产能力来促进企业成长，是将社会公共利益向市场领域的转移。一些民族地区为了扶持本地企业，为了招商引资，每年都会通过直接或间接手段，将部分公共财政资源转移给企业使用，以提升企业的竞争力。转移的形式主要有以下几种。

1.安排专门的财政资金帮助企业进行技术改造。每一级政府财政预算中，都有专门的企业技术改造资金，以政府财政资金直接支付企业技术改造成本。虽然技术改造资金在财政预算中占的比例不大，但是对民族自治地方公共产品供应能力的影响却不可小觑，如贵州黔南州2003年支付企业技改资金3713万元，比当年州全部城镇低保资金还多出1000

多万元。[1]同时，一些民族自治地方的招商引资政策中，往往都承诺以财政资金帮助投资商进行技术改造。

2. 减免企业税收。减税是政府支持企业发展的一种常用手段，但运用不当会导致公共财政资源萎缩，进而导致公共产品供应能力萎缩。当前，几乎每一个民族自治地方政府都对本地重要企业和外商投资者实行减免税收的优惠政策，以扶持企业发展。对于财政原本就局促的民族自治地方而言，减免税收以扶持企业的做法，虽然对一些企业的成长起了一定的作用，但是却造成了本地区企业的虚假竞争力和对外来投资的虚假吸引力，从长远发展的角度来看，显然弊大于利。

3. 直接动用财政资金为企业的发展提供资金扶持。在企业发展的初期或者企业出现经营困难时，政府往往动用财政资源，帮助企业。其主要方式包括财政贴息帮助企业融资、政府担保帮助企业借贷、财政直接给企业借款、财政向企业提供无偿使用资金。

4. 以财政资源奖励引资人。在几乎所有的招商引资优惠政策中，对引资人的奖励都是非常优厚的，如《广西招商引资奖励办法（试行）》中就规定："对社会引资者，按实际到位外来资金总额的0.1%—1.5%予以奖励，政府奖励资金，在财政一般预算或基金预算中安排。"

（二）以牺牲部分社会利益为代价换取经济发展

公共产品供应不足会导致企业在获取自身发展需要的社会空间和资源时，与其他社会利益主体发生冲突，如果完全依据市场原则，通过交易来解决有关冲突，企业经营成本将大大提升。如果此时政府运用自身的权力，通过强制性措施将部分社会利益从原来的主体手中转移给企业使用，则能大大降低企业生产经营的成本，促进企业快速成长。在一些民族地区，政府运用自身的资源整合力量，通过压制或者牺牲部分公共利益来扶持企业的做法主要体现在以下几个方面。

1. 压制普通用地需求，为企业用地提供优惠。许多地区在招商引资

---

[1] 根据《黔南年鉴（2004）》有关资料整理。

的优惠政策中，都列有让企业以极低价格或者免费获取土地的承诺。如某市经济技术开发区土地优惠政策第二条规定："对厂房、设备等固定资产投资1亿元以上的大型生产性企业，可实行零地价。"

2. 让企业廉价使用资源，换取企业在本地留驻。西部地区是我国的资源富集区，但是由于公共产品供应不足，资源开发的成本相对较高。为了吸引外来资金参与资源开发，各地竞相打出资源牌，将属于地方公共财产的自然资源以极低的价格甚至免费提供给企业使用。

3. 免除企业的公共责任，将企业因生产经营造成的环境危害转嫁给社会。这主要体现在两个方面：首先是企业因经营活动对社会造成的环境危害责任减免，企业因生产经营活动对当地的环境造成污染，一般都不会被严厉地追究责任，而由社会自身消化这些危害；其次是对企业在使用劳动力方面的责任减免，政府往往不会干预企业对劳动力的使用状况，除非出现严重的劳动损害事件。

（三）政府投入大量的精力于微观经济管理

服务型政府的主要工作内容应该是为社会提供公共服务，但是由于计划经济时代政府管理模式的延续，许多民族自治地方政府把经济振兴看成第一要务，政府大部分的精力都用在了微观具体的经济管理中，比如对企业生产经营的管理、招商引资工作等。

笔者在某自治州调查时发现，其2001—2005年的373份政府常务会议纪要和政府专题会议纪要中，涉及招商引资工作、企业的经营管理问题的就有113份，企业财税安排、招商引资、企业生产和工业园区建设，是政府会议纪要中出现频率排名从第一到第四的主题词。相比之下，这些年涉及教育问题的政府常务会议和专题会议纪要只有22份，涉及公共卫生的会议纪要只有13份，涉及社会保障的会议纪要只有8份。政府常务会议和政府专题会议是政府主要的决策形式，从会议纪要主题词的比例可以看出，政府主要的精力基本上都投入到了具体的企业事务中。一些重点企业的全部生产经营事务基本上都有政府参与，企业的所有重大决策都需要征求政府的意见。2000—2004年州政府就某厂召开会议20多次、发布文件110份，政府过问的事件，涉及该厂的资金安排、生产计划、工人生活、经营者奖励、厂房建设、购用车辆、人员培训等方方面面。在政府"无微不至"的管理下，企业几乎完全丧失了自主经营的空间和活力。

（四）企业生产经营状况和招商引资成绩成为政府考核最重要指标

民族自治地方政府为了确保财源稳定，往往把企业的生产经营状况作为时刻关注的目标。为企业提供服务，使企业获得稳定的生产经营条件，成为政府对各部门，甚至一些不具有经济职能、只提供公共服务的部门年终考核的最重要指标。同时，为吸引尽可能多的外来投资，政府往往将招商引资的目标任务分解到各部门，与部门的考核挂钩，使招商引资成为各部门必须完成的硬指标。2004年，贵州某自治州政府曾下发文件规定："一、2004年州级各工作部门（单位）的招商引资任务新建项目按1.08亿元，续建项目按1.965亿元安排（另附各工作部门、单位招商引资任务安排分配表）。州级各工作部门（单位）要抓紧落实，务必确保完成或超额完成今年安排分配的招商引资任务。二、州级各工作部门（单位）的招商引资任务完成情况与本部门（单位）全年工作经费10%挂钩，年终进行考核。完成招商引资任务的部门（单位）经费全额支付，并按政策给予引资奖励，未完成招商引资任务的，按比例核减工作经费；对省级垂直单位完成招商引资任务的进行通报表彰，并按政策给予引资奖励，未完成任务的，进行通报批评，并函告其上级主管部门。三、对2003年招商引资任务未完成的单位，在超额完成2004年任务后，超额部分可追补上年所欠任务，并补拨上年未完成任务所扣的工作经费。四、为进一步抓好招商引资任务的落实和签约项目履约工作，州委督查室、州政府督查室、州招商引资局等相关部门组成联合督查组，定期进行检查。按照《××州招商引资考核认定办法（试行）》进行年度考核，对工作开展及任务完成情况进行通报，年终兑现奖惩。"[1]一些与招商引

---

[1] 中共××州委办公室××州人民政府办公室：《关于2004年度州级各工作部门（单位）招商引资任务安排分配的通知》。

资根本不相关的公共服务部门，如教育局、卫生局、文化局甚至计生局等都被安排了每年至少 50 万元以上的招商引资任务。

三、公共政策选择所导致的问题

经济压倒一切的政策选择引发了一系列的问题，首先是政府职能的错位。政府创造环境，社会创造财富，微观经济运行有其自身的动力和规律，不需要政府的直接干预。但在以经济指标为核心的政绩考核指标体系引导下，具有理性经济人属性的各职能部门和领导干部，必然会千方百计地调动公共资源，直接介入经济活动，忽略社会的综合协调发展，以求短期经济指标的快速攀升，背离了在社会主义市场经济条件下，政府应当从"生产建设型"向"公共服务型"转变的宗旨。

其次，有限的公共财力大量投入到对企业的扶持中去，地方政府无力构筑安全有效的社会保障体系，造成两极分化严重，社会贫困加剧。目前全国尚有 3000 万未解决温饱的贫困群众，绝大部分生活在民族自治地方的偏远地区，脱贫难度越来越大。导致贫困的主要原因依次为"环境破坏型贫困、教育消费型贫困、人才流失型贫困、疾病型贫困、信息匮乏型贫困、政策偏向型贫困"[1]。这六项原因都与公共产品供应不足有关，而政策性致贫最主要表现为政府行为导致的失地失家城乡群众的贫困。2003 年，西部地区 20% 最高收入组的收入相当于 20% 最低收入组的 21 倍，贫富分化现象已经非常剧烈。[2]

再次，政府过度介入微观经济领域的政策选择，虽然在短时期内会有一定的成绩，但并不能够真正提升企业的竞争力。2003 年，民族自治地方规模以上工业企业总数为 10499 家，占全国比例为 5.35%，远远低于其人口占全国总人口 14.62% 的比例，民族自治地方全部规模以上工

---

[1] 王成新：《警惕我国农村新的致贫因素》，载《发展论坛》，2003 年第 6 期。
[2] 参考《中国人类发展报告（2005）》。

业企业平均生产总值 5376.44 万元，比全国平均水平 7250.52 万元低将近 2000 万元。民族自治地方全部的规模以上工业企业产值总和为 5655.72 亿元，仅为广东一省的 1/4 强，在全国前 100 强企业中，没有一家来自民族自治地方。[1] 民族自治地方规模以上工业企业中，处于产业链低端，以能源和资源开发为主的重工业企业数量占总数的 61.49%，而全国规模以上工业企业，重工业企业只占总数的 52.76%，民族自治地方经济对重工业的倚重程度可见一斑。[2] 从企业效益来讲，民族自治地方规模以上企业平均利润额只有 313.62 万元，比全国平均数 424.89 万元低 100 多万元，民族自治地方规模以上企业亏损面达 32.21%，相比之下，全国重点企业平均亏损面只有 6.7%。[3] 民族自治地方的工业企业，没有一家进入全国人气指数前 100 位，没有一家进入全国优秀品牌前 100 位。[4] 在当前激烈竞争的市场环境下，许多民族自治地方企业都处于举步维艰的境地，其发展壮大有赖于严格遵守现代企业制度，不断增加自主创新能力。政府的直接扶持只能使其产生依赖心理，丧失市场竞争能力。

四、走出困境的一些建议

民族地区如何才能摆脱当前面临的公共产品供应不足导致的公共政策选择困境，是民族自治地方政府及其上级政府需要共同应对的挑战，是关系到民族团结、国家稳定和社会和谐的重大政治问题，需要认真研究解决。

首先，民族自治地方政府要切实转变政府职能，合理分配用于经济发展和公共产品生产的资源。牺牲部分公共产品生产能力和部分社会利

---

[1] 根据国家统计局 2004 年有关统计资料整理。
[2] 根据国家统计局 2004 年有关统计资料整理。
[3] 根据《中国统计年鉴（2004）》《中国民族统计年鉴（2004）》有关资料整理。
[4] 参考《中国市场优势企业品牌人气指数调查报告》，《中国经营报》网站。

益来扶持企业，吸引投资，从表面上来看，确实能在短时间内使经济获得较快的发展，但是这种发展的社会成本高昂，不具有可持续性，在政府存在"失灵"的情况下，其危险后果也难以预测。因此政府应转变政策导向，将主要的精力和财政资源投入公共产品供应领域，通过公共产品供应能力的提升，从根本上提升地区的发展能力，而不是直接代替企业决策，直接用公共资源为企业输血，以地区公共利益为代价换取投资。政府应该确保公共财政资源完全服务于公共产品供应需要，而不应将公共资源用于任何非公共性领域。同时政府要不断探索服务企业的有效手段，通过公共产品的生产和供应减轻企业经营成本，通过规则的制定和执行从宏观上管理企业，而不应过多介入企业微观经营。政府应当改变绩效导向，用科学的发展观和正确的政绩观推动政府职能转变。目前在许多地区和部门的政绩考核中，GDP、工业产值、招商引资数额等指标是最具权重的指标，而环境、教育、卫生、社会保障等公共服务内容在考核中却微不足道。要切实转变政府职能，就必须改变目前的绩效评估体系的价值导向，应当逐渐淡化具体经济指标在绩效考核体系的权重，增加公共产品和公共服务的考核内容，从而防止政府以社会长远利益为代价，追求片面的经济目标，防止一些部门不计社会成本地开展工作。这样的绩效评估体系，将能更有效地引导政府行为向公共产品生产方面倾斜，使政府职能真正转到为公众服务上去。

其次，应当进一步深化行政体制改革，降低行政成本，提高行政效率。多年来，我国的行政成本居高不下，政府本身消耗的财政资源占据的比例非常大。2000年，中国财政供养人口为4290万人，其中行政人员为988万人，事业人员为3292万人，与总人口的比例约为1∶30，经济不发达的西北地区达到1∶20。1996年中国政府以1元的行政经费，产出了57元的国内生产总值。到了2001年，这个数字下降到27元，政府部门运作成本越来越"昂贵"。[1] 2005年，政府行政成本有所降低，但

---

[1] 参考财政部2003年3月《财政解释人员参考资料》。

财政供养人口仍然有4000多万，政府运作支出占财政支出比例仍然高达24%。[1]在民族自治地方，由于治理难度更大，这些比例更高。降低行政成本，为公共产品供应挤出更多财政资源，已经成为刻不容缓的任务。行政成本居高不下的一个主要原因在于机构臃肿，而政府的膨胀，根本原因在于政府对自己的职能没有科学明确的定位。政府的政策选择决定了当前民族自治地方政府承担着的职能，远远超过了市场经济条件下政府应该承担的职能范围。政府的机构与人员编制，是由政府职能决定的，在职能没有转变的前提下，政府规模不断膨胀的趋势很难得到根本性的遏制。

再次，发展民族地区经济，改善公共产品供给不足的状况，一方面需要各级民族自治地方政府的努力，另一方面也需要上级政府的大力支持。2005年5月27日，中央民族工作会议暨国务院第四次全国民族团结进步表彰大会在北京召开，胡锦涛总书记在会议上发表重要讲话，强调支持少数民族和民族地区加快发展，是中央的一项基本方针，指出中央将继续加强对少数民族和民族地区的扶持，既要支持他们把经济建设搞上去，又要支持他们把文化、教育、卫生等各项社会事业搞上去，实现全面协调发展，促进人的全面发展。[2]这表明中央对加快民族地区发展的重视，也对各级政府支持民族地区发展提出了具体的要求。而中央各部委在过去几年中也切实加大了对民族地区的支持力度：仅2005年，国家就在西部地区安排重点项目87个，总投资1360亿元，向西部民族地区投入财政扶贫资金48.4亿元；同时，国家科技部、人事部、商务部都出台了新的对民族地区的帮扶政策[3]，其他地方政府和民族自治地方的上级政府也都响应中央的号召，加大了对民族自治地方的帮扶力度。

但是，从当前民族自治地方公共产品供应和政策选择的困境来看，

---

[1] 参考南方网2005年两会特刊（2005年3月10日电讯）。
[2] 胡锦涛：《在中央各民族工作会议暨国务院第四次全国民族团结进步表彰大会上的讲话》。
[3] 参考《中国民族报》，2005年12月23日。

国家在支持民族自治地方发展时，还需要在帮扶力度和方式上进一步改进。一是要进一步明确上级政府与民族自治地方政府的事权财权划分，合理界定全国性公共产品与地方性公共产品的提供主体。在教育、公共卫生和社会保障等关系到民生的领域，上级政府应该更多地承担责任，帮助民族自治地方尽快赶上全国平均水平。二是要进一步规范对民族自治地方的财政转移支付制度。2003年，民族自治地方财政收入为1180.22亿元，而支出却高达2207.39亿元，财政支出中一半左右来自上级拨款。《民族区域自治法》对有关财政转移支付事项进行了原则性的规定，但正因为民族自治法的规定太过于原则化，在实际操作过程中这种原则往往被强调实效的具体部门以全国划一的实施规则代替。财政转移支付的标准全国一致，专项拨款的条件全国一致。财政转移支付的"一刀切"，使民族自治地方经常处于弱势，得不到充足而稳定的财政资源和建设资金。此外，国家和民族自治地方的上级政府，在制定本级政府发展规划时，应优先考虑民族地区的发展需要，优先安排民族地区的建设项目，优先解决民族地区存在的社会问题；在基本建设投资中，优先安排涉及民族地区的项目；在对企业的投资中，优先扶持民族地区的企业；在安排公共产品供应任务时，优先解决民族地区的需要。

总之，转变民族自治地方政府职能，走出政策选择的困境，才能使民族地区经济与社会全面协调发展，实现各民族共同团结进步、共同繁荣发展的历史使命。

（原载《中国行政管理》2006年第4期）

地方政府招商引资绩效考核制度研究
——以某自治州为实例进行的考察

笔者在为期半年的实地调查的基础上,试以某自治州为例,分析地方政府尤其是经济社会发展相对落后的民族自治地方政府,在招商引资工作中,如何通过绩效制度的设计,调动政府甚至整个社会的招商积极性,以达到政府招商引资目标,同时分析这种绩效制度可能引致的问题。

一、绩效考核对象选择

绩效考核对象选择,即政府所属的哪些部门和单位会被纳入到绩效考核制度框架内。对象选择可以很直观地反映出地方政府为了促进招商引资工作,而在政府内部进行的力量整合的规模和力度。在全国许多地方,由于GDP增长"锦标赛"的政绩评价体系驱动,政府往往会提出类似于全民招商的口号,将政府所能影响到的所有的部门和单位都整合到招商引资工作中来,从而扩大招商引资面,争取更多的吸引外来投资的机会。

而在某州这种全民招商的倾向亦非常明显,在州党委和政府下发的关于招商引资任务安排的文件中,被安排了具体的招商任务,纳入到招商引资绩效考核体系中的部门和单位,除了有州政府各职能部门如水文局、文化局等,具有行政职能的直属事业单位如供销社,州政府议事协调机构如农业办公室、人防办公室，州政府驻外机构如驻北京、上海、广州、深圳联络处或办事处之外，还包括州党委、州人大、州政协、群团组织、企事业单位、中央和省驻地单位等。其中承担有明确引资数额的部门和单位有 55 个，没有明确引资数额但对其进行引资服务绩效考核的单位有 22 个，既承担引资任务又进行引资服务考核的单位有 18 个。每个单位都承担着招商引资的明确任务，都有绩效考核的具体指标和相关的奖惩制度，基本形成了全州招商引资甚至是全民招商引资的格局。

二、绩效指标设计

绩效考核制度的基础是绩效指标体系，指标体系是绩效评价的依据，从而也成为绩效奖惩制度、绩效救济制度等其他绩效考核制度的前提。同时，绩效指标体系的内容，也能体现政府在招商引资行为中的价值取向。

1.招商目标。地方政府对下属单位和部门绩效考核体系的具体考核指标，依据党委和政府总体招商目标来确定。而党委和政府招商引资的总体目标，一般都包括这样三个方面：第一，改善投资环境的目标，即通过政府公共物品供应和公共服务提供，从整体上改善本地经济发展条件和市场运行环境，这是地方吸引潜在投资者、留住当前投资者的前提条件。第二，新的引资量目标，表现为一定金额的新引进投资量，一般分为合同资金与到位资金两种情况。第三，为投资者提供服务的目标，即为现有的投资人提供的公共服务在质量和数量上应达到的目标。政府一般会根据上年度的招商情况结合经济发展形势，以及部分党政领导者对政绩追求的需要，确定目标的具体内容。总体目标确定之后，就会在各部门之间分解，形成涉及政府所有组成部门的目标体系，而目标分解的主要形式，是要求下属县市和州直部门与州委、州政府签订责任书。通过签订招商引资目标责任书和区别不同情况分类向州直有关部门分解招商引资工作任务的形式，能明确县（市）和部门招商引资、投资环境建设等的工作目标。

2.绩效指标及打分方式。下达给各部门的目标并不能直接作为绩效考核的依据,绩效考核的指标设计,需要将具体任务分解成绩效因素,并给各个因素以不同的分值,即在绩效考核中具体的权重,才能完成。针对不同的部门,每种因素的权重会有所不同。

从对县级政府的考核指标来看,内容设计非常全面,引资实绩指标就占50%的分值。从这种指标设计可以很明显地看出,考核的重点是尽可能多地吸引新的投资。

对部门的考核则相对简单得多。在对被安排了招商引资量的部门的考核中,绩效指标根据目标引资量来设计,目标量被设定为100分值,在此基础上每升降一定的百分比,就会增减一定的分值,或者每增减一定的引资额,绩效分值相应出现增减。具体分值安排因部门性质不同会有细微差别,招商引资工作关系密切的部门如招商局、驻外办等,每一分值对应的引资量会大得多,往往每一分值对应数百万元,而一般的公共管理或公共服务部门则是每一分值对应几万元而已。被安排了定性任务的部门,绩效指标设计的依据要复杂一些。完成定性任务的部门,其主要的工作是为招商引资创造良好的软硬件环境,而这种环境创新不是可以简单量化考核的内容,因此考核中往往采取考评组打分和外来投资者评价打分两种考核方式相结合的方法。其具体操作方式为:投资硬环境占30%分值,投资软环境占70%分值。投资软环境中,外来投资企业对县(市)投资环境和有关服务部门的评价占60%分值,州考评小组对县(市)投资环境的评价占40%分值。投资软硬环境的具体内容,在州政府印发的《外来投资企业对县(市)投资环境评价调查表》《外来投资企业对县(市)有关服务部门评价调查表》《外来投资企业对州直有关部门改善投资环境工作情况考核评价调查表》中详细列出。对总体环境考核的内容包括舆论环境、政策法制环境、行政服务环境、市场经营环境、招商引资实绩、考评组织工作情况等内容。针对具体部门的考核,则包括服务质量、承诺政策兑现情况、乱收费乱罚款、故意刁难、吃拿卡要等方面。外来投资者评价指标分为很满意、满意、较满意、基本满意、不满意、差、较差、很差几个等级。考评组则是由州政协、州政府办、州委督查室、州政府督查室、州监察局、州招商引资局、州统计局、国家统计局企业调查队、州商务局、州经贸局等十个部门共同抽派人员组成，他们根据下属县市和州直部门提供的数据，在必要时还要进行实地调查取证，获得评分资料，进行评价并打出分值，考核内容包括对改善投资环境工作重视程度，落实上级投资政策情况，投资服务体系及工作运行情况，投资环境整治措施及落实情况，投诉及办理情况五个方面。

三、绩效奖惩措施

依据绩效指标打分之后，绩效考核并没有完成。紧跟评价分值的措施，就是各种奖惩措施，而这些奖惩措施，才是真正对下属部门和单位形成压力的实质性措施。绩效奖惩措施主要包括以下几种形式。

1.绩效结果与部门、单位经费挂钩。纳入招商引资年度指令性计划考核的单位，将其当年的引资实绩与单位部分工作经费挂钩，对于完成任务的单位，据实拨付，节约部分可用于奖励职工；完不成任务的单位，扣减年工作经费。受招商引资绩效影响的经费量，一般是部门总经费的10%。但是专门负责招商的部门，如招商局、资本运营公司、各驻外办等则要高很多，往往达到30%以上。定性考核的部门，虽然没有明文规定绩效结果与部门经费挂钩，但是如果绩效考评指标不合格，单位会失去获得各种奖励的机会，同样意味着单位整体利益会受损失。

2.绩效结果与部门、单位和个人的荣誉挂钩。每年召开州招商引资总结表彰大会，严格按照出台的招商引资奖励办法，对招商引资先进单位和个人进行表彰，对项目第一引荐人和单位兑现奖惩。对不能按时完成任务者，给予通报批评直至取消其评先评优资格。然而实际情况远不止如此，招商引资任务完成不理想的单位，所失去的荣誉获得机会并不会局限在招商引资领域，其他领域也会受到影响，特别是政府综合性的表彰，一般都不会得到提名。

3. 绩效结果与部门、单位首长的政治命运挂钩。笔者实地调查中发现这是一条虽无明文规定，但在实践中却人人皆知的潜规则。从考察州委、州政府首长的资历和对一些部门领导的访谈中，不难发现招商绩效结果与个人政治命运的关系。2000 年之后的历届州委、州政府正副首长，大部分都有过较好的招商业绩，或者曾经主持过下属县的招商工作，或者主持过工业园区建设。而那些曾经因为招商引资考核不过关受到惩戒的部门、单位负责人，或者被免职，或者被调任闲职，基本上升迁无望。

4. 绩效结果与个人物质利益挂钩。完成招商任务、业绩较佳的个人，将得到额外的资金奖励；没有完成目标任务、绩效成绩不合格的个人，将会受到减薪甚至罚款等处罚。

四、几个需要解决的问题

通过严密设计的绩效制度的引导，某州政府从上到下参与招商的积极性都被充分调动起来。2005 年全州招商引资到位资金 38.38 亿元，2006 年为 46.2 亿元。外来投资成为州社会固定资产投资的主要来源，其中 2005 年占全部社会固定资产投资比例甚至达到了 60%。招商引资工作的优异成绩，无疑为相对落后的地方经济发展注入了强大的推进力。然而，尽管招商引资的成果颇丰，但是至少从政府对招商引资的绩效制度设计来看，还是存在许多问题，需要引起注意。

1. 绩效考核对象选择错位。在某州的绩效考核体系中，所有党政机关及其下属部门，几乎所有与政府关系密切的社会组织及企事业单位，都被安排了绩效目标，纳入到绩效考核体系中。这种做法至少会带来几个方面的问题：第一，使政府整体职能导向被扭曲。服务型政府应该以为社会提供服务为导向，其基本职能是公共服务、市场监管和宏观调控，而不是直接参与到市场活动中去，做市场资本流动的中介。即使在相对落后的地区，因为市场发育不成熟，需要政府参与部分市场活动，部分代替社会中介组织来完成一些本应由市场完成的事项，也应该有节制、有限度地参与。将那些专职从事公共服务和行政执法工作的部门也纳入到绩效体系中来，甚至给他们也安排招商引资量化任务，这无疑是对政府公共服务资源的滥用和能力的削弱，是对政府整体职能导向的扭曲。第二，使政府与社会、企业关系被混淆。工商联、工会、供销社等社会团体，以及各国有银行等金融企业和电信、电力等国有企业，都是独立的社会主体，而非政府所属部门。政府与这些社会主体的关系，并不是居高临下的行政隶属关系。政府需要为这些单位提供服务，这些单位当然也有责任和义务参与社会治理，但其前提是这些单位都有自主决策的权力。政府没有权力，也不应该给这样的社会主体下达指令性任务，更不要说给他们安排与他们本职工作并无直接关联的招商引资任务。第三，混淆监管者的角色。在被安排招商引资工作任务的部门中，如工商税务等许多部门都是市场监管者，他们本身掌握着对企业生产经营活动的监管权力。让他们去拉投资、招商家，无疑会异化这些监管者的角色，使得权钱交易、权力寻租等现象无法避免。

  2.绩效考核主体的局限。在某州招商引资绩效考核体系中，考核的主体主要来自两个方面，一个是投资者，一个是政府内部选派的人员。首先，投资者所追求的是利益最大化，因此他们对于政府的优惠政策及优先服务等方面具有无限的期望。让投资者主导（占环境评估60%分值）绩效评估，将不可避免地使政府陷入永远无法达到良好绩效的怪圈中，使政府不得不在优惠政策设计和公共服务优先承诺与维护公共利益的矛盾中陷入困境，从而最终使政府角色由服务整个社会的公共组织，蜕变为掌握大量资本的投资人的代理机构。其次，政府内部选派的人员基本来自当初制定绩效指标或者本身就承担一定绩效任务的部门。自己定规矩，自己要分担任务的人，对自己的活动进行监督检查，其考核的公正性如何保证？这无疑是将规则的制定、规则的执行、规则的监督权力集中到一个主体身上，这种权力根本就没有制约，因而也无法相信其正当性。再次，因招商引资活动而利益受影响的广大民众被排除在绩效考核体系之外，无法对招商引资工作表达自己的利益和诉求。招商引资工作必然会带来大量的土地占用问题，大量的搬迁安置问题，大量的环境保护问题，以及大量的与就业相关的问题，这些都与当地普通群众密切相关。但是，考核主体中，普通群众集体缺位。按照这样的考核方式，他们的利益又如何能有保障？

3. 绩效奖惩方式缺乏弹性。资本的流动是高度市场化的现象，它受到各种市场、社会信息的影响，具有非常大的不确定性。以硬性的任务指标去应对具有不确定性的投资流动，那些被纳入绩效考核体系的部门和单位本身就处于极其尴尬的境地。然而，处于这种不利局面的单位，还要面临弹性很小的奖惩制度的约束，这必然会使得许多部门和单位的行为背离其组织目标和宗旨。笔者在调研过程中，发现有不少部门的正副首长，经常离岗在外，活动于发达地区专门进行招商活动，因为如果他们完不成招商任务，他们面临的惩戒措施会超出他们的承受能力。同样，招商引资的奖励与投资额成正比，这意味着拉到一单投资就能给自己带来几万元甚至十几万元的收入，利益的诱导也使得许多人无心从事本职工作，而热衷于招商引资。不论是奖励还是惩戒，缺乏弹性的制度设计，进一步加剧了政府职能定位的偏差，扰乱了政府各部门正常的工作日程安排。这些偏差和干扰，对于政府的影响究竟有多大，现在还无法精确评估，但至少与现代服务型政府的理念是背道而驰的。

总之，某州政府为促进招商引资工作而设计的绩效考核制度，在我国其他相对落后的地区并不是特例，一些地方相关的制度设计甚至比其表现得更为激进。这些绩效制度设计，是当前地方政府招商引资热的背后热源。其根本原因，则是国内生产总值至上的发展观和政绩观所致。这种运动式的招商引资热潮，对于地方经济、社会发展是一把双刃剑，对于政府自身的发展带来的问题则极其复杂，负面影响很大。因此，无论是理论工作者还是实际工作部门，都需要引起足够的重视，认真研究，合理规范，以期使招商引资工作产生良好的经济和社会效益。

（原载《国家行政学院学报》2007年第4期）

推动民族地区跨越式发展应处理好三大问题

中国是统一的多民族国家，少数民族人口约 1.14 亿，民族自治地方占国土面积的 64%，广阔的西部和边疆地区大多都是少数民族聚居区。民族地区的发展在我国经济社会整体发展中占有重要的地位。近年来，国家先后采取了一系列重大举措，为加快推进少数民族和民族地区经济社会发展奠定了坚实的基础。当前，我国民族地区正处于跨越式发展[1]的进程当中，经济快速增长的同时，传统发展方式和经济结构面临挑战，民生领域仍然薄弱，资源消耗与环境承载问题凸显，快速工业化、城市化引发的种种不适应日益显现。认识并处理好这些问题，不仅关系到我国区域发展和现阶段民族问题的解决，而且关系全面建设小康社会奋斗目标的实现，关系到民族团结、社会稳定和国家的长治久安。

一、民族地区保增长与转方式、调结构、改善民生的关系

中国经济经历了长时期的持续快速发展，2011 年国内生产总值已经达到了 47.2 万亿，成为世界第二大经济体，但同时也面临着由于粗放式

---

[1] 国家民族事务委员会主任杨晶在第十一届全国人民代表大会常务委员会第十八次会议上所作《国务院关于加快少数民族和民族地区经济社会发展工作情况的报告》中，提到"努力推进少数民族和民族地区跨越式发展，确保如期实现全面建设小康社会的奋斗目标"。

增长而引致的人口、资源、环境之间的矛盾和压力。因此，2012年中央政府将国内生产总值预期增长速度调整为7.5%，主动降低增速，目的是引导各方面把工作着力点放到加快转变经济发展方式、切实提高经济发展质量和效益上来，以利于实现更长时期、更高水平、更好质量的发展。

但对民族地区而言，却面临着加快实现跨越式发展和转变经济发展方式的双重压力。尽管"十一五"以来民族地区的地区生产总值、财政收入每年均以两位数的速度增长，远高于全国平均增速，综合经济实力大幅提升。但是，由于诸多因素的制约，民族地区与全国特别是发达地区的发展差距仍然明显存在，并呈继续拉大趋势。2009年，民族地区人均地区生产总值仅为全国平均水平的65.2%，城镇居民人均可支配收入为全国平均水平的82.9%，农民人均纯收入为全国平均水平的72.4%，按照原有的贫困标准统计，尚有1955万农村贫困人口，占全国农村贫困人口总数的54.3%。因此，加快经济发展依然是民族地区的首要任务。2012年年初，内蒙古、新疆等八个民族省区先后公布了经济增长预期目标，全部高于10%，比全国平均水平高3.5个至6.5个百分点：内蒙古13%、新疆11%、西藏12%、宁夏12%、广西11%、贵州14%、青海12%、云南12%。之所以经济预期增长速度保持如此高位，主要还是因为现实的差距仍然存在，要实现2020年与全国人民一道迈入全面小康社会的远景目标，必须相对快一点。民族各省区在保增长、缩小与全国差距的认识上高度一致，新疆维吾尔自治区有关负责人认为，要实现中央新疆工作会议上确定的"2015年新疆人均地区生产总值达到全国平均水平"的目标，经济增长每年至少需要高于全国3.5个百分点；而内蒙古自治区主要领导也表示，"内蒙古还是一个经济欠发达地区，必须要保持一定的增速，才能缩小与全国的差距"[1]。

我们必须要注意的是，民族地区实现跨越式赶超发展的阶段，恰逢全国落实科学发展观、积极转变经济发展方式的转型时期，东部已经率

---

[1]《民族地区GDP预期增长，为何高于7.5%？》，载《中国民族报》，2012年3月13日。

先放缓增速，国内生产总值增长"西高东低"的现象已成为近几年中国经济发展的新趋势。东部经济发展的经验表明，传统的粗放型经济发展方式难以持久，加快转型是唯一出路。在发展经济的探索道路上，国内与国外相比属于后发型；而国内的区域梯度开发，民族地区与东部地区相比属于"内生后发型"。

民族地区的经济增长方式有两类较为突出：一类是资源型，以内蒙古为代表；一类是投资型，以广西为代表。内蒙古以煤炭产业领跑了经济增速冠军，而广西去年仅全社会固定资产投资就达1.02万亿元；新疆则是两者兼具。过度依赖资源和投资谋增长，是难以持续的，必须要将保增长和转方式、调结构、提质量两步合为一步走。"十一五"时期，经济结构调整已经取得一些成效，2005年民族地区三次产业的比重为19：42：39，2009年调整为15：46：39。农牧业比重明显下降，工业比重显著上升。当前，民族地区要继续加快转变经济发展方式，深化优势资源转化战略，坚持走新型工业化道路，努力形成传统优势产业、战略性新兴产业和现代服务业协调发展的新格局。深入发展传统的特色农牧业，推进以龙头企业带动的生产方式转变，形成一批具有民族特色的农牧业品牌，如内蒙古的乳业和羊绒产业、新疆的棉花、广西的蔗糖、云南的花卉等都是极具知名度和竞争力的亮点；加快能源、矿产业的现代化程度，高标准地建设一批石油、天然气、煤炭、水电、风电等国家能源战略基地；加大有色金属等资源的综合利用，形成一批新兴的深加工产业基地；积极利用民族地区的天然资源，大力发展特色旅游、民俗体验和文化产业，形成新的经济增长点。

保增长同时要关注民生。民生连着民心，单是统计意义上的增长和发展，群众生活得不到改善，得不到实惠，享受不到发展成果，不仅偏离了发展的目标，而且也会造成不良的社会情绪进而引发不稳定因素。在一些偏远地区，由于地理、交通、历史等诸多条件的限制，许多群众还存在生活困窘、吃水难、行路难、看病难、上学难以及致富无门、增收困难等诸多问题。国家大力支持民族地区加强以改善民生为重点的社会建设，建立健全覆盖城乡居民的公共服务体系。一是在保增长的前提下，要继续加大对民族地区的教育投入，着力改变其基础教育相对落后的局面，同时加快其职业教育发展步伐；二是要继续加大对边境地区医疗卫生事业的扶持力度，设立边境地区医疗卫生专项资金，有效改善边境乡镇卫生院和村级卫生所的医疗设备和医疗条件，并引导社会力量参与边疆民族地区的医疗卫生帮扶工作，有效改善其医疗卫生落后状况；三是加强文化建设，大力扶持边境地区的文化馆所建设，积极引导、支持少数民族文化人才的培养、对外交流和艺术团体活动；四是大力发展社会保障事业，切实解决民生问题，努力改善群众的基本生活条件，防止出现因灾致贫、因病致贫和上学、失业致贫的现象。

总之，民族地区的经济增长仍是主旋律，但是要更加注重转方式、调结构、保质量、重民生，力争实现科学发展、均衡发展、和谐发展。

二、民族地区经济发展与资源开发、环境保护、生态建设的关系

民族地区是中国的资源富集地，主要的能源资源石油、天然气、煤炭储量分别占到了全国储量的56%、62%和44%，主要的矿产资源铁、锰、铬分别占到了全国储量的48%、38%和75%；同时民族地区又是中国重要的生态功能区，大江大河多从民族地区发源，草地、林地面积分别约占到全国相应总面积的70%、30%。民族地区在全国的能源战略和生态调节方面占据重要地位。

近年来随着经济的快速发展，资源开发利用的加快，环境和生态面临严峻挑战。土地荒漠化、草原退化、水土流失、水资源短缺等问题不断凸显。截至2008年，中国荒漠化面积为263.62万平方公里，占国土面积三分之一；沙化土地为173.97万平方公里，占国土面积的五分之一；荒漠化土地90%分布在民族地区，新疆占40%，内蒙古占24%，西藏占16%；内蒙古科尔沁、锡林郭勒，宁夏中部的沙漠正在逐渐扩大，直接危及周边省区；草原退化呈加速趋势，中国现有的3.9亿公顷草原，90%

已经或正在退化，草原退化面积以每年 200 万公顷的速度递增，其中尤为突出的地方是内蒙古、新疆两个自治区和甘肃、四川两省的民族地区；内蒙古、云南、新疆三省区水土流失面积曾一度年超 10 万平方公里；地下水被大规模开采，西北民族地区普遍处于干旱少雨状态。

民族地区发展经济有两个先天的因素难以短期加以改变。一是因本身所处的地理位置、地质地形条件和气候的影响，生态环境系统相对脆弱，承载力低，地质灾害、气象灾害以及各种衍生的灾害发生频次高，环境质量极易受影响而快速下降，民族地区一直都是我国的重点多灾害地区。二是农牧业、矿产资源开发、高耗能产业在民族地区经济结构中占据很大比重，这些产业的发展与环境高度相关，替代性选择较少，这就使得民族地区的经济发展与环境保护、生态承载成为一个矛盾体——不开发很难发展，开发必然损害环境。许多民族地区在发展中面临着非常艰难的抉择。

科学发展、和谐社会，是人民的根本福祉。尽管民族地区是在十分脆弱和严峻的生态环境条件下进行资源开发和经济建设的，但是在跨越式的追赶中，必须时刻保持清醒的头脑，强化机遇意识和忧患意识，坚定不移地落实科学发展观，把经济发展与资源开发、环境保护、生态建设结合起来，统筹兼顾，积极探索走出一条新路来。

资源开发利用和环境保护是人类进入工业社会以来与自然界发生冲突的具体反映，并不单是我国和民族地区特有的问题。首先，它们二者是相互影响、相互促进的关系，人类取得自然资源是为了满足自身的生产生活需要，开发资源也拓展了人类空间，进而改造了自然界。同时，我们要认识到，资源开发和环境之间的矛盾并不是从来就有的，早期人类对资源开发利用的程度和对环境影响的程度没有超过资源再生速度和环境总量的许可范围，所以要树立科学的观念，将资源开发和环境保护统一于人类社会的可持续发展当中。

就民族地区而言，目前在处理好资源开发与环境保护的问题上，需要更高的要求和切实有效的措施。其一，要科学实施资源开发与环境保护,重点把握好适可而止,竭泽而渔的做法是不可取的。如内蒙古自治区已开始逐步控制能源采掘业,依靠发展装备业、电子信息产业以及第三产业来降低对环境的压力,2011年第三产业投资首次超过工业。其二,要大力引进新的生产工艺和流程,高标准、高起点,不走高投入、高消耗、高污染、低效率的粗放型弯路。民族地区有着后发的优势,也有着对口帮扶的技术支持,在资源行业有采用清洁生产技术的条件。山东在援建喀什的过程中,山东钢铁集团、山水集团、新矿集团等知名大企业大集团从项目落户到投产都是以现代工业体系标准进行的,有利于环境保护和可持续发展。其三,深化改革,形成有利于资源开发的体制条件和政策环境。综合运用财税、投资、信贷、价格等政策手段,调节和影响市场主体行为,建立自觉节约资源和保护环境的机制,增进资源利用效率,减少不必要的环境损害。

生态保护和建设是一个长期的过程,建立健全民族地区生态保护和资源开发补偿机制是当务之急。民族地区的生态保护,关系到整个国家的生态安全。全国生态建设规划的重点地区和重点工程大多数都在民族地区。"十一五"规划确定的22个限制开发区域,有19个在民族地区,占86.4%。黄土高原水土保持区、西北草原荒漠化防治区、青藏高原江河水源涵养区、西南石漠化防治区、重要森林生态功能区,是国家生态安全的重要屏障。继续推进退牧还草、三北防护林、石漠化治理等重点生态工程,是促进生态保护的重要途径;强化大江大河、湖泊和一些特殊地区的环境综合治理工程,让生态环境保护形成良性机制。另外,积极开展资源开发补偿试点,推进煤炭、原油、天然气等资源的税费改革,建立健全草原、森林等专项生态补偿基金制度,加大中央和各级政府的转移支付等一系列举措,形成一套资源开发补偿的常规机制。从2011年开始,中央财政每年安排专项资金,在内蒙古、新疆、西藏、青海、四川、甘肃、宁夏和云南八个主要草原牧区省(区),建立草原生态保护补助奖励机制。

三、民族地区工业化和城市化进程中的发展与稳定问题

世界各国的现代化历程表明,虽然现代性意味着稳定,但现代化的进程则容易诱发矛盾。目前,我国民族地区正处在一个重要的发展机遇期,但同时也处在一个矛盾多发期。自2000年启动了"西部大开发战略"以来,"兴边富民行动""扶持人口较少民族发展规划"等一系列战略行动的不断推进,国务院关于民族地区各省区加快发展的专门规划意见逐步出台,对口帮扶政策不断落实深化,国家对西部民族地区的投入呈爆炸式增长状态,使我国边疆民族地区赢得了良好的发展机遇,西部民族地区的经济总量迅猛增长,现代化的步伐不断加快。在这个快速变革的过程中,民族地区社会体系并没有能够做到同步转型,确切说是还没有做好准备。民族地区在其发展过程中,城市化加速、利益多元化、多元文化碰撞、快速世俗化等都可能引发一系列问题。

一是城镇化进程中的社会转型与适应问题。城市化是现代化的标志之一,民族地区城市化日益加速,统计数据表明,从2000年到2008年,八个民族省区城镇人口占总人口的比例增加了近9个百分点,城镇人口总量增加了1900多万。然而,民族地区城市化对当地社会的冲击也是异常强烈的。民族地区城市化的过程中,也遭遇了内地城市化过程中同类型的问题,如农民入城的就业和生活转型问题,流动人口的管理问题,公共服务短缺问题等。近年来,民族地区城镇人口迅速增长,其中相当一部分是没有接受过良好的现代科技文化教育,对现代社会生活方式较为陌生的人群,给民族地区造成的压力是显而易见的,其中就业、教育、社会保障、公共卫生等领域的问题尤其突出,而这些问题又非常容易被分裂势力和反华势力渲染以制造族群间的仇视情绪,进而煽动民族间矛盾与冲突。例如在2008年的西藏拉萨,城区和近郊区聚集的闲散无业人口总量已达数万之众,由于没有工作和稳定收入、不能完全享受城市提供的各类公共服务,一些人对政府、社会存在不满情绪,在"3·14"事件中,其中一部分人受"藏独"势力鼓惑,成为制造骚乱的重要力量。

二是不同族群成员高度聚居带来的相互适应与包容问题。民族地区每一个城市就是一个融合了不同利益、观念和生活方式的综合体，在城市这个狭窄的空间里，随着不同族群利益的纠结、文化的碰撞、观念的激荡、生活方式的交汇，有时一件小小的个人争端，就有可能引致大规模的族群间矛盾冲突。在这种情况下，如何引导各族群市民互相调适，就成为未来整个社会需要特别关注的问题。民族地区在城市化过程中，必须引导各族群众形成宽容精神、法治观念和市场意识。没有对异文化的宽容，没有严格遵守法律的观念，没有尊重市场规则的意识，人口快速集中的城市化进程将不可避免地引发社会动荡。相反，如果能够在民族地区城市化进程中，相应地培育起这些方面的思想、观念和意识，则城市化必然会成为民族地区经济腾飞的强大助力。

三是利益格局多元化诱发深层矛盾。随着民族地区经济快速发展和市场化程度的不断提高，民族地区社会利益多元化的趋势将会日趋明显。利益多元化包括利益类型、利益内容、利益观念、利益分配结构等多方面的多元化和快速变化，而这必然会导致社会各方利益竞争的激化。在此过程中，如果社会利益、价值分配的规则未能及时跟进和完善，则必然会使部分人因利益之争陷入激烈的矛盾冲突之中，进而引发社会动荡。例如，在那些过去闭塞程度较高、开发较晚的民族地区如西藏、南疆部分地区，工商企业中管理层目前普遍都是来自内地的人，本地人非常少，甚至普通员工中当地人的比例也不高，这种情况使得不少当地人尤其是少数民族群众出现了不满情绪，认为内地人涌入，夺取了他们的资源与就业机会，却没有给他们带来实际利益。而这些相对闭塞落后的地区，由于各种社会事业建设起点低，居民受教育程度不高，市场观念淡漠，自身推动本地经济社会快速发展的内生性力量不足。来自外部的市场主体毕竟是以追求利润为目标的"理性经济人"，进入民族地区之后，它们需要考虑经营管理的成本和获利预期。这些利益分配格局既有现代市场的因素，又要照顾到民族地区资源开发和当地群众利益，一些地区已经探索通过调整资源税率来优化民族地区与外来企业、国家之间的分配结构。

四是多元文化激荡融合带来的社会整合问题。在民族地区发展过程中，随着资源、信息和人员流动的加强，肯定会带来不同文化和生活方式的交流碰撞。而不同文化的激荡磨合，有时会不同程度地引发社会群体之间的矛盾冲突。未来如何应对不同文化群体之间的交流融合，最重要的是培育良好的社会包容和接纳能力。同时更需要警惕的是，利用民众对异文化的陌生，制造恐慌气氛，历来都是分裂势力、国际反华势力的惯用伎俩。防范这两股势力借我国民族地区多元文化激荡之际，宣扬狭隘民族主义和宗教极端主义思想，制造社会群体间的敌对情绪，也是我们当前需要格外注意的问题之一。

五是社会快速世俗化对宗教生活的冲击。我国许多少数民族全民信教，宗教生活对于不少群众而言具有至关重要的意义。然而，历史已经证明，随着一个地方经济发展水平的提高、市场经济体制的完善和城市化发展，社会世俗化的趋势将不可避免。这个过程会产生一系列矛盾与问题，包括信教群众信仰方式的改变引发的矛盾，信教群众与非信教群众之间的矛盾，宗教生活与现实生活的矛盾等。而宗教因素引发的矛盾，如果与其他因素引发的矛盾交织在一起，将会带来更大的社会影响，有时会引发一些极端行为。对此，全社会需要思考并设计应对方案，采取恰当的手段，引导大众正确处理宗教生活与现实生活的关系，发挥宗教对道德和善良习俗的促进作用，避免宗教负面作用的扩散，特别要防范宗教因素成为激化其他领域矛盾的催化剂。

（原载《行政管理改革》2012 年第 6 期）

加快转变经济发展方式，突出民生关怀，推动民族地区又好又快发展

——写在"十二五"开局之际

国家"十二五"规划纲要（以下简称"纲要"）描绘了中国未来五年的发展蓝图，振奋人心。让民族地区更受鼓舞的是，"纲要"提出要实施区域发展总体战略，逐步缩小区域发展差距，推进新一轮西部大开发，坚持把深入实施西部大开发战略放在区域发展总体战略优先位置，给予特殊政策支持，加大扶持革命老区、民族地区、边疆地区和贫困地区，大力支持西藏、新疆和其他民族地区发展，扶持人口较少民族发展，深入推进兴边富民行动。

过去五年，民族地区发展取得了新的突破，但仍然存在许多问题，面临严峻挑战。如何把握发展的主题和主线，进一步推动民族地区又好又快发展，"纲要"提出了具体要求，并给了我们许多重要启示。

一是要坚持科学发展，用发展解决发展中的困难和问题。民族地区面临的根本问题还是民生问题，即少数民族社会面临的实际生存处境问题。只有加快转变经济发展方式，加快民族地区科学发展，才能更好地解决民族地区当前存在的困难和问题，提高民族地区民生幸福指数。

二是要加快转型升级，提高产业核心竞争力。坚持走中国特色新型工业化道路，结合民族地区实际，发展结构优化、技术先进、清洁安全、附加值高、吸纳就业能力强的现代产业，加快提升制造业发展水平，培育发展战略性新兴产业，推动能源生产和利用方式变革，构建综合交通

运输体系，全面提高信息化水平，推进海洋经济发展。

三是要加强人才队伍建设和科技保障。科学发展宏伟蓝图的实现，归根到底要靠人才和科技的保障与支撑。民族地区在转变经济发展方式过程中，最缺乏的正是人才和科技力量。因此，必须着力解决制约民族地区经济发展的高端人才缺乏问题和重大科技问题，造就宏大的高素质人才队伍，不断增强科技运用和创新能力。

四是要认真抓好农村地区的建设和发展。民族地区农牧民人口占当地总人口的比重达60%以上，"三农"问题关系到科学发展和经济发展方式转变的步伐与成败。因此，要进一步强农惠农，推进社会主义新农村建设，加快发展现代农业，完善农村发展体制机制，拓宽农牧民增收渠道，改善农村生产生活条件，加强农村基础设施建设，强化农村公共服务，加大教育投入，保障就业和合理收益，改善卫生条件，健全养老制度，加强农村环境综合整治，稳步推进城镇化发展工作，做到"迁得出、留得住、富得起"。

五是要继续加强生态环境保护与建设。民族地区地域广，绝大部分处在生态环境脆弱区，必须把民族地区生态环境保护与建设作为一项长期的重要任务来抓。要不断加大环境保护力度，加强污染物减排和治理工作，防范环境风险，加强环境监管，促进生态保护和修复，构建生态安全屏障，建立生态补偿机制。

六是要加强财政保障，完善考核机制。要进一步优化财政支出结构和政府投资结构，逐步扩大中央政府投资规模，投资重点转向民生和社会事业、农业农村、科技创新、生态环保、资源节约等领域，更多投向中西部地区和老少边穷地区。同时，要进一步完善相关绩效评价考核体系和具体考核办法，弱化对经济增长速度的评价考核，强化对结构优化、民生改善、资源节约、环境保护、基本公共服务和社会管理等目标任务完成情况的综合评价考核，真正做到将群众满意不满意、高兴不高兴、答应不答应作为衡量政府工作好坏的唯一标准。

事实上，各民族地区在转变经济发展方式、改善民生方面业已取得一定的成就和成功经验，同时也都提出了各自在"十二五"时期的发展和民生目标。

在转变发展方式方面，云南2002年率先提出发展文化产业，将发展文化产业，繁荣民族文化，建设民族文化大省、强省作为发展目标，充分挖掘和有效利用民族文化资源，在推动文化产业成为国民经济支柱性产业方面迈出了重要一步。内蒙古提出，"十二五"期间将一改煤炭"当家做主"的局面，大力发展一大批战略性新兴产业。西藏提出，"十二五"期间将旅游开发与生态环保有机结合，建立和完善生态补偿机制，实现旅游产业与资源、环境相适应的可持续发展，做大旅游特色支柱产业，力争到2015年接待游客达到1500万人次，实现旅游收入150亿元。

在民生建设方面，新疆2010年向民生投入1170亿元，占全区财政一般预算支出的七成左右，有力地支持了地方教育、社会保障、保障性住房、医疗卫生等民生事业的发展。宁夏实施"帮助一个贫困家庭解决一个孩子就业"工程，通过职业教育给贫困家庭孩子一技之长，帮助其解决就业难题，取得了很好的成效。"十二五"期间，宁夏还将从整体上缓解中低收入群体住房困难问题，建设保障性和政策性住房12.44万套，改造棚户区住房4.23万套。西藏、内蒙古、广西分别提出，"十二五"期间，使农牧民人均纯收入年均增长各自达到13%、12%和11%。

民族地区在整个国家的发展格局中有着极为重要的战略意义。没有占西部地区总面积90%的西部民族地区的有效开发，就谈不上西部大开发的成功；没有占国土总面积64%的民族地区的发展，就谈不上全国的发展；没有55个少数民族的小康，就没有国家的全面小康。民族地区发展任重而道远，如何抓住"十二五"这一重要战略机遇期，紧紧围绕发展主题和主线，突出民生关怀，推动民族地区又好又快发展，考验着我们的智慧和能力。

（原载《中国民族报》2011年4月8日）

民族地区转变经济发展方式刻不容缓

加快转变经济发展方式是党的十七大提出的战略任务,是今年两会关注的焦点。会上,温家宝在政府工作报告中指出,要加快转变经济发展方式,调整优化经济结构。会前一个月,在省部级主要领导干部深入贯彻落实科学发展观、加快经济发展方式转变专题研讨班上,胡锦涛发表重要讲话,深刻阐述了加快经济发展方式转变的重要性和紧迫性,进一步提出了加快经济发展方式转变的工作要求。

中华人民共和国成立 60 年特别是改革开放 30 年来,民族地区经济发展取得了举世瞩目的辉煌成就,年国民生产总值已由建国初的 50 多亿元增长到当前的 3 万多亿元。然而,过去经济走的是高消耗、重污染的粗放型发展模式,是以牺牲资源、环境甚至民生为代价的。即便如此,民族地区生产力发展总体水平还比较落后,人民生活水平还比较低,地区发展不平衡,贫富差距扩大,在发展竞争中劣势凸显,面临着巨大的压力。

加快民族地区经济发展方式转变,是深入贯彻落实科学发展观的重要目标和战略举措,是推动民族地区跨越式发展和社会全面进步的必然要求,是实现各民族共同繁荣、共同进步的根本保障,关系到民族地区的团结稳定和长治久安,关系到改革开放和社会主义现代化建设大局。

加快转变经济发展方式是一项宏大而复杂的系统工程,不仅涉及经济增长，还涉及资源、环保、文化、三大产业、科技、人才、就业、消费、政治等方面。

民族自治地区占全国国土面积的64%左右，拥有丰富的自然资源，拥有全国75%的草原面积、44%的森林面积、66%的水资源，拥有超大比重的矿产资源和新能源资源。同时，民族地区传统文化博大精深，风俗民情丰富多彩，形成了独一无二的"软实力"。因此，在转变经济发展方式上，要充分认识并利用这些资源优势，发展特色经济，使之成为带动民族地区发展的支柱产业。一方面，要做好自然资源的保护和开发，走低碳经济和可持续发展道路，强化生态功能，努力发展新能源和可再生能源，加大"碳汇"工程；另一方面，要加大民族文化的保护、传承和开发力度，大力发展文化创意产业、旅游业等，"盘活存量，优化增量"，搞活市场，提高文化产业、旅游业等在国民经济中的比重。

民族地区工业基础比较薄弱，高耗能、高排放问题较为突出，竞争力严重不足。在产业结构调整和转移过程中，许多民族地区照搬东南沿海地区模式，自甘成为发达地区工业体系的末端。因此，民族地区首先要将眼前利益与长远利益结合起来，坚持工业化主导方向，推动产业结构优化升级，加大技术改造力度，鼓励技术研发和推广，提高自主创新能力，加快科技成果向现实生产力转化，降低能耗和污染，提升产品科技含量和质量，打造自主品牌。其次，要创造技术和资金条件，扩大低碳产业投资，加快发展战略性新兴产业，延长产业链，提高效益。此外，要"大力发展金融、物流、信息、研发、工业设计、商务、节能环保服务等面向生产的服务业，促进服务业与现代制造业有机融合"。

民族地区农牧民人口占总人口高达60%以上，三农问题关系重大，关系到经济发展方式转变的步伐与成败。所以，一要做好林权改革，促使土地合理流转，发挥土地资源优势，利用林地、草原、沙漠等发展特色经济，不断加快推进农牧业科技创新，全面提高农牧业现代化水平，大力发展生态经济，推广低碳、环保生活方式。二要"改变社会的经济形态，建立一种与货币经济相适应的运行关系"，使各种涉农资源成为活跃的市场要素，以便拓宽农牧民增收渠道，提高增收能力。三要加快调整城乡结构，推进城镇化，提高城镇综合承载能力，加强和完善农村服务体系，扎实推进社会主义新农村建设。

科技是第一生产力，在经济转型中，谁掌握科技，谁就掌握发言权。民族地区在转变经济发展方式时，最缺乏的就是科技。而"人才是第一资源"，是掌握科技的主人。国家要在科技和人才方面给予民族地区更多的照顾和倾斜，民族地区也要充分发挥地方高校、科研院所、企业在推动科技创新和人才培养等方面的重要作用，"统筹推进各类人才队伍建设，突出培养创新型科技人才、经济社会发展重点领域专门人才和高技能人才"，加大科技和人才引进力度，创造良好环境，吸引人才，用好人才，留住人才。

民族地区经济转型之根本在于实现以居民消费为主导的增长方式，而实现的前提是千方百计扩大就业，解决好民生问题。要不断完善就业服务体系，加强政策支持和就业指导，规范劳动力市场，维护劳动者合法权益；"重点做好高校毕业生、农民工、就业困难人员就业和退伍转业军人就业安置工作"，完善劳务输出输入机制，在向发达地区输出劳务的同时，做好留守劳动力的就业工作，使得广大劳动力能够充分就业；改革收入分配制度，提高工资水平，提高社会福利，使劳动者"各尽所能、各得其所"，共享改革开放的成果，过上有尊严、体面的生活。

"没有政治体制改革，经济体制改革和现代化建设就不可能成功。"要转变经济发展方式，必须加强行政改革。首先，要改变政绩考核方式，消除"GDP崇拜"，促使考核从重视经济指标向富民强区指标并重转变，强化节能减排目标责任制，防止"政绩工程"。其次，要加快政府职能转变，大力推进服务型政府建设，加强社会管理，提高公共服务水平。再次，要优化总体调控，防止对微观经济干预过多。此外，还要充分发扬社会主义民主，推进依法行政、勤政廉政。

在转变经济发展方式的伟大进程中，各民族地区业已取得一定的成就和经验，有些地区还走在了前列。比如过去一年，内蒙古自治区在金融危机中,积极调整产业结构,着力转变经济发展方式,国内生产总值增长17%,保持了连续八年增速全国第一的位置。近日,该区还提出:今年适度降低经济增速,不再追求国内生产总值增速的全国第一,主要是从追求速度向追求质量、效益转变,将注意力和工作重心转移到发展方式转变和改善民生上来。

总之,转变经济发展方式刻不容缓,我们要以全局的眼光,统一思想,提高认识,以"等不起"的紧迫感、"慢不得"的危机感、"坐不住"的责任感,充分利用国家所给予的优惠政策,充分发挥民族区域自治的优势,因地制宜,"因俗而治",突出重点,狠抓落实,把加快经济发展方式转变真正落到实处。

(原载《中国民族报》2010年3月9日)

公共服务与少数民族文化保护
——中国的实践

特定文化是民族构成的核心要素，也是民族凝聚和发展延续的重要纽带。中国是一个多民族国家，经过正式认定的民族有56个，其中汉族人口占总人口的绝大多数，除汉族以外的其他55个民族因为人口相对较少，习惯上被称为少数民族。截至目前，中国55个少数民族占总人口的比例约8.4%，中国每一个县级以上行政区域，都有少数民族分布。每个民族在其历史发展过程中，都创造出了各具特色的灿烂文化，共同构成了中华文明的绚丽多彩。中国政府奉行民族平等、民族团结、各民族共同繁荣的政策，始终重视对少数民族权利包括文化权利的保护。在宪法和《民族区域自治法》规定的民族区域自治制度框架下，县级以上各级政府都设立有专门的民族事务管理机构，在少数民族聚居地区建立自治区、自治州、自治县3级155个民族自治地方政权机关，系统保障包括文化权利在内的少数民族平等权利，维护民族团结，促进少数民族和民族地区的发展繁荣。中国55个少数民族中有44个建立有自己的民族自治地方，散杂居的少数民族则通过建立"民族乡"来维护其平等权利，保护其传统的文化和生活方式；11个因人口较少且聚居区域较小而没有实行区域自治的少数民族中，有9个建有民族乡。同时，中国构建了较为完善的民族事务法律体系，包括宪法、《民族区域自治法》，国务院、国家部委、地方政府的相关法规。迄今为止，各民族自治地方共制定了

134件自治条例，429件单行条例，74件涉及婚姻法、继承法、选举法、土地法、草原法等法律的变通和补充规定，其中涉及少数民族文化和生活方式等方面的内容占了50%左右。中国其他法律法规中，对涉及少数民族生活习惯和文化的一些敏感问题，也作了特别规定，如民法对个别民族婚姻方面的特别规定，刑法、治安管理法规对少数民族一些习惯如佩带刀具等方面的特别规定。2010年5月，国务院专门颁发了《关于进一步繁荣发展少数民族文化事业的若干意见》，系统规定了促进少数民族文化事业发展的目标、措施、机制等，其中设定的目标是到2020年，要使民族地区文化基础设施相对完备，覆盖少数民族和民族地区的公共文化服务体系基本建立，少数民族享受精神文化生活的主要困难与问题得到较好解决，少数民族优秀传统文化得到有效保护、传承和弘扬。

一、少数民族语言文字的保护与发展

语言文字是民族文化传承、延续和发展的基础。中国55个少数民族中的53个民族有自己的语言，数量超过80种。在中国1亿多少数民族人口中，通晓本民族语言的约有6400万，占少数民族总人口的60%以上。中国现有22个少数民族在使用28种文字，全国约有3000万少数民族公民使用本民族文字。少数民族的语言权利得到了良好的保护。

早在中华人民共和国成立之初的20世纪50年代，中国政府就着手帮助尚无文字的一些少数民族创制文字，先后为壮、布依、彝、苗、哈尼、傈僳、纳西、侗、佤、黎、景颇、土等12个少数民族创制了16种以拉丁字母为基础的拼音文字，使这些少数民族陷入危机的语言得以挽救，且为后来少数民族的教育、文化事业的发展创造了条件。同时，对于已有本民族文字的少数民族，国家也采取帮扶措施，帮助其优化发展本民族文字。

为了强化少数民族语言文字的应用，中国政府自20世纪50年代初期就鼓励民族地区在公共生活中使用少数民族语言文字。如教育领域，由政府主导的民族地区基础教育、扫盲教育广泛采用少数民族语言,高考、公务员考试、司法考试等重要考试专门为少数民族考生提供民族语言文字的试卷。中央政府公文、民族地区政府公文,一般都会准备汉语文本和各少数民族语言文本;政府举办的各类会议,也要求配备少数民族语言翻译;民族地区地名和公共场所名称,在有条件的地方,也同时用汉语和民族语言标示;民族地区广播、电视、互联网等大众传媒,一般也要求配备汉语和当地民族语言两种界面。

中国每年都投入大量人力物力,支持少数民族语言文字的出版物发行,鼓励以少数民族语言文字为载体的文化产品的生产与消费。早在建国之初的1951年,中国政府就支持出版了蒙文、藏文、维吾尔文、哈萨克文等民族文字的书籍共176种,220多万册。[1]2007年,中央五部委联合发出《关于进一步加大对少数民族文字出版事业扶持力度的通知》,提出要加大资金投入力度,增加对少数民族文字出版事业的财政补贴,扶持对少数民族文字编译人才的培养,帮助民族文字新闻出版单位设备更新和技术改造,推动少数民族文字出版"走出去"。当年,国家财政用于支持少数民族出版事业的投入就达3000多万元。截至目前,少数民族文字出版物的文种已达26种,基本上所有有本民族文字的民族,都有了用本民族文字出版发行的出版物。2008年中国出版少数民族文字图书5563种,印数达3797万册;少数民族文字期刊192种、报纸82种,印数达14964万份。[2]

中国政府还不断加大对用少数民族语言文字播放的广播、电视节目编译、创作和播放的支持力度,并建立了少数民族语电影译制中心,研发出电影译制数字化新技术。2008年,国家用于补助广播影视译制的经费达1.3亿元,各级文化主管部门平均每年免费提供45部优秀影片版权用于少数民族语译制。自2005年起,各级文化主管部门还发动全国的电

---

[1]《少数民族语文的出版、广播事业正在发展》,载《人民日报》,1954年1月16日,第2版。
[2] 数据来源:《中国民族统计年鉴(2009)》。

视剧制作机构每年向西藏、新疆捐赠1000集电视剧版权用于少数民族语译制播出，截至目前累计捐赠电视剧211部5157集，有效地缓解了少数民族语影视剧片源短缺的问题。

从2002年起，中国政府推动实施了文化信息资源共享工程，并将少数民族优秀文化成果作为该工程重要的建设领域。到2008年，文化信息资源共享工程已在新疆、西藏等八个民族省区建设了34357个各级中心和基层服务点，同时建立了少数民族语专题资源库，其中维吾尔文、朝文、蒙文、藏文四种少数民族视频节目1048部，584个多小时。少数民族文电子图书共1250种，12.5万册。

二、保护少数民族传统文化习俗与文化遗产

中国政府奉行宗教信仰自由政策，尊重和保护少数民族宗教信仰自由。由于部分少数民族全民信教，但其所居住区域经济社会发展水平仍相对落后，中国政府便将这些区域的宗教场所维修纳入政府公共文化服务范围，并将宗教神职人员的基本生活纳入社会保障体系。截至2008年，西藏拥有各类成规模的藏传佛教寺庙1700多处，僧尼有4.63万人。新疆全区有清真寺、教堂、佛道教寺庙等宗教活动场所约2.48万座，宗教教职人员2.9万余人，宗教团体91个，宗教院校2所，满足了当地群众宗教活动的需求。[1]

中国政府制定了一些特别的政策措施，以尊重和照顾少数民族饮食、节日、婚姻、丧葬等风俗习惯。例如针对穆斯林群众特殊的饮食习惯，穆斯林群众分布较为集中的省、区和一些大城市，都出台了《清真食品管理条例》，对清真食品采购、加工和交易全过程进行严格监管，并要求在人口流动较为频繁的场所配备清真餐厅或食堂。中国政府将一些少数

---

[1] 国务院新闻办:《新疆的发展与进步》(白皮书)，转引自新华网，http://news.xinhuanet.com/politics/2009-09/21/content_12090105.htm。

民族特有的节日列为民族地区公共假日，并且为少数民族节庆活动所需物资提供特别资助。蒙古族的"那达慕"，回族、维吾尔族等民族的开斋节、古尔邦节，壮族等的"三月三"，傣族的泼水节，彝族的火把节等传统节庆活动，都得到较好的传承和弘扬。中国政府还采取多方面措施，挖掘、搜集、整理民族传统体育项目290多个，其中不少项目在全国各地受到广泛欢迎，如蒙古族的摔跤、朝鲜族的荡秋千等。为推广弘扬少数民族体育项目，在政府主导下，中国每四年举办一次全国少数民族运动会。

中国政府投入了巨额资金，将少数民族地区各类重要文物纳入国家保护。截至2008年，民族地区的全国重点文物保护单位已达366处。基本上每个民族较为重要的历史文化遗迹和重点文物，都得到了国家的严密保护。对于一些因为传承年代久远而出现损坏，或可能出现损坏的文物，国家也投入了巨额资金给予修缮。例如1989年到1994年间，中央人民政府拨出5500万元和大量的黄金、白银等珍贵物资用于布达拉宫（一期维修工程）。从2001年开始，国家又拨专款3.3亿元人民币，用于布达拉宫（二期维修工程）和罗布林卡、萨迦寺三大文物古迹的维修。2006—2010年，中国政府仅用于西藏22处重点文物单位的维护保护费用投入就高达5.7亿元人民币。

在政府的推动下，中国成立了专门的组织机构——全国少数民族古籍整理出版规划小组，在全国范围内协调少数民族文化典籍整理和出版工作。在国家的大力支持下，截至2010年，中国少数民族古籍出版物已达5000余种，全国已有28个省区市、100多个市县建立了少数民族古籍工作机构，少数民族古籍专兼职人才达到5000多人，《中国少数民族古籍总目提要》的编纂出版工作，也已完成《纳西族卷》《白族卷》《哈尼族卷》等19个民族卷，近年来抢救、整理散藏在民间的少数民族古籍约百万种。[1] 其中特别值得一提的是少数民族三大英雄史诗的出版，藏族

---

[1]《我国少数民族古籍保护工作取得重大成绩》，载《中国民族报》，2010年12月14日，第1版。

英雄史诗《格萨尔》已正式出版的 100 多部藏文本，总印数达 400 万册，按藏族总人口计算，平均每个成年人就有一本《格萨尔》。蒙古族的英雄史诗《江格尔》已经陆续出版了各种版本近 10 种。柯尔克孜族的《玛纳斯》也已出版演唱本 8 部（23 万余行，共 18 册）柯尔克孜文本，而且有英、俄、汉、土、日、哈等多种译文。

在各级政府的扶持下，中国建立了大量少数民族文艺团体和艺术研究、教学机构，专门培养少数民族文艺人才，传承和弘扬少数民族文艺。截至 2008 年，中国民族自治地方共有艺术表演团体 25912 个，其中少数民族歌舞团 5912 个；艺术表演场所 3294 个，群众艺术馆 1725 家；中国已经在 5 个自治区和云南、贵州、吉林等省建立了 24 所高等和中等艺术院校，专门培养少数民族艺术人才。在国家的精心培养下，许多优秀少数民族艺术家都成为全国闻名的演艺明星，如藏族著名歌唱家才旦卓玛、苗族著名歌唱家宋祖英、白族著名舞蹈家杨丽萍。

中国各级政府每年投入大量的资金，专门保护一些具有浓郁民族特色的艺术形式，并推动具有市场前景的艺术产品实现市场化。如藏族的藏戏、壁画、唐卡，维吾尔族、蒙古族的地毯、壁挂，布依族、苗族、瑶族、仡佬族等民族的蜡染，土家族、壮族、傣族、黎族、侗族等民族的织锦技艺等，都深受全国人民的喜爱。

为扩大少数民族文艺的影响力，1980 年中国政府组织了第一次少数民族文艺会演，为少数民族搭建了一个文艺宣传、交流的平台。从 2002 年起少数民族文艺会演定期化，每五年举办一次。地方政府与其他一些机构，也为开展少数民族文艺交流、宣传、推广，搭建了许多便利的平台，例如由北京市民族事务委员会举办的"北京民族电影节"，就为优秀的少数民族电影在北京提供了一个展映的平台，使更多人能够接触和了解少数民族文化、艺术以及民族地区的自然、人文风情。

中国政府重视少数民族文学的传承和发展。许多大专院校中建有专门的少数民族文学、语言类专业或学科，以培养少数民族语言、文学人才。中国作家协会有少数民族作家近 600 人，占作协总人数的 10% 左右，55

个少数民族都有自己的作家。此外,中国还定期举办少数民族题材文学、影视作品"骏马奖"评选,自1981年至今已经举办了10届。获奖作品以少数民族和民族地区的生产生活为主要题材,其中相当一部分更是以少数民族语言文字创作,如第七届骏马奖获奖的55部文学作品,有22部都以少数民族语言文字创作。一些获奖作品在全国范围内产生了广泛影响,例如著名回族女作家霍达的作品《穆斯林的葬礼》《补天裂》自发表以来一直畅销不衰,《补天裂》更是在1999年被评为中华人民共和国成立50周年以来"十部优秀长篇小说",获"五个一工程奖"。

中国政府2005年发布了《关于加强我国非物质文化遗产保护工作的意见》,2011年出台了《非物质文化遗产保护法》,不断加大对非物质文化遗产保护工作的力度,特别是加强了对少数民族非物质文化遗产的保护支持。2006年5月20日,国务院公布的第一批非物质文化遗产共计518项,其中少数民族项目占165项;2008年6月第二批公布的510项中,少数民族项目占482项;2010年5月公布的第三批国家非物质文化遗产项目为190项,少数民族项目占106项。也就是说,到目前为止,我国公布的非物质文化遗产名录中,半数以上都是少数民族非物质文化遗产,我国55个少数民族都有项目列入国家级非物质文化遗产保护名录。在加强保护的同时,中国政府还积极推动少数民族非物质文化遗产申遗工作,截至2010年,中国共有34项非物质文化遗产入选联合国非物质文化遗产名录,其中近一半项目来自少数民族和民族地区。被列入联合国急需保护的非物质文化遗产名录的6个中国项目中,羌族的羌年、黎族的黎锦、维吾尔族的麦西热甫都是少数民族非物质文化遗产。[1]

少数民族传统医药,是少数民族文化的重要内容。为保障少数民族群众的身体健康并尊重其传统习惯,中国政府在民族地区除积极发展公共卫生事业之外,还大力扶持少数民族特色医药、医院发展。目前,中

---

[1] 王锦强:《我国少数民族非物质文化遗产保护情况》,载《中国社会科学报》,2010年9月14日,第3版。

国有藏、蒙古、维吾尔、傣、壮、朝鲜、苗、瑶、回、彝、土家、布依、侗、哈萨克、羌共15个民族设置本民族医药的医院共203所。国家在重点中医医院建设、农村基层医疗服务体系建设中，中央财政共计安排专项资金7亿元支持35所地市级以上民族医院、79所县级民族医院基础设施建设。蒙古族、回族、藏族、苗族、维吾尔族等16个民族都整理出版了具有民族特色的传统医药专著。藏药、蒙药、维药、傣药、苗药、彝药等6个民族药系约800多个品种的成药已经批量生产，仅贵州以苗药为特色的制药产业年产值就达110亿元以上。[1]

进入新世纪以来，随着民族地区发展的加速，民族地区原生态的自然、人文环境受到一定冲击。为此，中国各级政府加强了立法管制和资金投入，将一大批少数民族村寨、社区纳入国家保护范围，限制市场主体的进入和开发。仅湖北省宜昌市从2009年以来，就投入了3000多万元，用于辖区内民族村寨的特色人居环境保护和改造。[2]

三、促进民族地区教育、文化事业的发展与繁荣

文化的传承与发展，从根本上有赖于社会教育、文化事业的发展和人口素质的提升。为此，中国政府一直非常重视提升少数民族地区的教育和文化服务水平，提高各民族人口的科学、文化素质。

中国政府在教育和民族事务管理部门中设立专门的民族教育管理机构，指导和扶持少数民族及民族地区教育工作，并为发展民族地区教育事业提供特别的经费支持。为了在民族地区因地制宜发展教育事业，中国政府在民族地区教育发展过程中，还采取了更加灵活的办学形式，教学方式和教学内容设计方面也与内地不完全相同。针对民族地区师资力量薄弱的状况，中国从1951年开始，陆续出台了一系列特殊的政策措

---

[1] 梁启成：《从民族医药的现状看发展前景》，载《中国中医药报》，2008年7月31日，第2版。
[2] 《湖北省民族特色村寨保护与发展引人注目》，载《湖北日报》，2010年8月12日，第3版。

施，帮助少数民族地区培养师资力量，特别是能够进行"双语"教学的师资力量。中国各级各类学校的招生，对少数民族都采取了特殊的照顾政策，以使更多生活在教育发展水平相对较低的民族地区的青少年，能够有更多的机会获得良好的教育。特别是在高等学校的招生方面，各类高校通过降低录取分数、增加招生指标等方式，不断增加少数民族学生的招生比例。从2004年到2007年，中国在中西部地区实施了"两基"攻坚计划，在被列入计划的410个县中，有312个县位于民族自治地方，占总数的76%。中央财政先后投入100多亿元，帮助中西部地区特别是广大民族地区改善基础教育阶段学校教学环境，提升教学质量。为了巩固"两基"攻坚成果，中央又连续实施了农村寄宿制学校建设工程、对中西部农村"两免一补"政策、农村中小学现代远程教育工程、西部农村教师队伍建设工程等。"两基"攻坚计划及其配套工程实施四年，使西部地区"两基"人口覆盖率达到98%，各省初中毛入学率超过规划提出的90%，西部地区青壮年文盲率降到5%以下。中西部36万所学校已建立了多媒体教学基础设施，惠及1亿多学生；中西部395个县、4074所农村中小学已新聘特岗教师3.3万人。[1]在"少数民族事业'十一五'规划"和《国家中长期教育改革和发展规划纲要（2010—2020年）》中，国家除了要继续加大对少数民族地区基础教育事业的投入力度外，还将少数民族地区高等教育、职业教育、特殊教育等纳入规划，正投入巨资推动相应领域的发展。在国家的大力支持下，中国少数民族和民族地区人口素质得到了显著提升，少数民族成年人口文盲率已经从1990年的30.1%下降到2008年的13.1%；高等学校少数民族在校生从1950年的1300多人增加到2008年的127万多人，高等学校少数民族在校生占学生总数的比例也从1951年的1.51%提高到2008年的8.2%。[2]

---

[1] 国家"两基"攻坚办：《国家西部地区"两基"攻坚计划完成情况》，载中国中央政府门户网站，http://www.gov.cn/wszb/zhibo177/content_818059.htm，2007年11月28日。

[2] 根据《中国民族统计年鉴（2009）》数据整理。

中国政府特别重视民族地区公共文化基础设施建设，每年投入大量的人力、物力和财力，帮助民族地区搭建各类文化传播平台，方便少数民族群众享受更多元、更丰富的文化生活。自1978年以来，中国民族自治地方剧场、影剧院数量从56个增加到163个，群众文化机构从2500多个增加到7500多个，公共图书馆从不到300个增加到600多个，专业文化事业机构从122个增加到732个，博物馆从27个（1983年）增加到240个。公共文化基础设施的增加，使得更多的少数民族群众能够便利地获取各种文化信息，参与现代文化娱乐生活，也为少数民族文化的传承、发展和弘扬奠定了坚实的基础。例如西藏博物馆，就成为进藏旅游的游客必去之处，对于宣传藏族传统文化，促进其他民族对西藏历史、宗教和文化的了解发挥了极其重要的作用。20世纪90年代以来，为进一步繁荣发展民族地区文化事业，提升少数民族群众文化素质，丰富少数民族精神文化生活，中国陆续实施了一系列文化惠民工程。从1998年启动的广播电视村村通工程，主要目标是在人口密度相对较低、广播电视覆盖面狭小的中西部地区，提高广播电视信号覆盖率，便利当地群众收听、收看广播电视节目。该工程在全国范围内由中央、省、市、县各级政府分级负责，分担经费，但在新疆、内蒙古、宁夏回族自治区和青海、甘肃、云南、四川省藏区则主要由中央政府承担建设经费。到2010年底，由于该工程的实施，民族自治地方广播覆盖率已经达到90%，电视覆盖率达到93%，分别比工程实施初期提升了7个百分点和6个百分点，受益人口超过3000万。从2000年开始启动的"西新工程"，主要是解决西藏、新疆等偏远边疆少数民族地区广播电视覆盖率低、民族语言节目少的问题。"西新工程"实施以来，西部地区广播电视实验总功率增加了4倍，民族语言节目时间增加了一倍多。新疆、西藏等地大部分农牧区，都可以收听到5套以上的调频、调幅广播。"十五""十一五"期间，中国加大了对农村公共文化服务体系建设的投入力度，其中"十五"期间重点解决了县县有图书馆和文化馆的问题，"十一五"期间重点建设乡镇文化站。截至2009年，中国县级公共图书馆、文化馆、乡镇（街道）文化站覆盖率达到 90% 以上，基本实现了"乡乡有综合文化站"的目标，建立农家书屋近 40 多万个，覆盖了 50% 以上的行政村。这些新建的文化馆、站和农家书屋，有相当大一部分都建在中西部民族地区。

中国政府还特别注重推动少数民族文化产业化，借助市场力量发展繁荣少数民族文化。一些有着众多少数民族文化资源的省、自治区政府，已经制定了详细的文化产业发展政策，打造具有竞争优势的文化产业链。例如云南省政府早在 2000 年就提出"民族文化产业兴省、民族文化立省"的战略，并实施了"民族文化生态村规划建设"和"文化资源保护与产业开发试点"项目，取得了非常显著的经济、社会效益。2009 年，全省文化及相关产业增加值达 360 亿元，占全省 GDP 的 5.9%。[1]内蒙古自治区也于 2003 年 11 月出台《关于进一步加快文化发展的决定》，明确提出"构建以文化旅游、文艺演出、新闻出版、广播影视、文博会展等文化产业为重点的文化产业体系，文化产业的增速要高于 GDP 增长速度，成为自治区经济发展的支柱产业"的发展思路。在政府的大力支持下，自治区文化产业增加值从 2005 年的 41.11 亿元上升到 2009 年的 105.03 亿元。[2] 2009 年 9 月，国务院发布《文化产业振兴规划》，提出要结合当前市场经济发展步伐，积极发展公益性文化事业，并提出了具体对策。该规划的出台，无疑将进一步促进文化资源丰富多元的民族地区文化产业的发展。

四、现代化进程中面临的挑战

虽然中国政府高度重视少数民族文化权利和少数民族文化的保护，但是中国与世界其他地方一样，也面临着工业化、信息化、城镇化、市场化、国际化发展对少数民族文化的冲击，也出现了新型大众传媒体系

---

[1]《云南文化产业突出民族特色》，载《人民日报》，2010 年 8 月 22 日，第 1 版。
[2]《内蒙古：深入文化体制改革 提升文化软实力》，载《内蒙古日报》，2010 年 12 月 8 日，第 3 版。

带来的语言、价值观、思维方式的激荡碰撞导致少数民族语言文化式微的困扰，面临着少数民族地区经济社会的发展与文化保护之间的矛盾。

由于文化更多是通过民众的日常生活来延续与传承的，在当今世界，随着交通与通信技术的发展及经济全球化的加快，世界范围内人们的生产、生活方式出现明显的趋同化倾向，这使得一些人口数量相对较少，在经济、社会生活中影响力相对较弱的民族，越来越难维持本民族传统的生产、生活方式，从而使植根于特殊生产生活方式的民族文化陷入危机。据统计，人类历史上曾经存在过的7000—8000种语言，目前已经有超过2000种绝迹，而剩下的语言中，95%以上的语言被不到4%的人口使用，60%以上蕴含着人类智慧、情感、历史发展线索的数千种语言则正在急速走向衰落。目前世界每15天就有一种语言消逝。[1]少数民族语言濒临危机的现象在中国也已经出现，如满族人口虽然超过1000万，但由于居住分散且生产生活方式早已转型，满语迅速衰落。现代满族人日常生活中实际上主要用汉语，只在中国东北部分村庄，以及个别专门研究机构里，还有极少数会讲满语的人，且多数人只会说不会写。其他一些少数民族语言的使用也存在减少的倾向。少数民族语言的消逝和生产生活方式的转变，进一步导致其他少数民族优秀的传统文化成果，出现了受众越来越少、传承越来越难的问题。一些叙事长歌、民间乐器、独特的传统工艺，也因为人们生活状态的变化而被淡忘。[2]

随着大众传媒的市场化，以迎合市场需求为导向的传媒机构的大量兴起，也导致少数民族语言、文化和价值观念受到越来越大的冲击和挤压。以互联网为例，目前中国互联网普及率正快速提升，网民数量已达4.3亿，普及率达到31.8%。从2005年到2010年，网民数量增加了4倍。但是，在互联网普及率快速增长的背后，却隐藏着一个对少数民族文化保护而言非常不利的状况：网络信息资源大部分都是以英语或汉语

---

[1]《谁来拯救濒危语言》，载《光明日报》，2011年2月26日，第5版。
[2]《三个甘肃独有少数民族民间文化面临失传危机》，载《人民政协报》，2005年4月13日，第2版。

为语言载体,其内容则主要来自于西方发达国家或国内相对发达地区。因此少数民族群众接触网络越多,事实上在语言、价值观念、生活方式上受到这些"外来"文化的影响就不可避免地越来越大。据统计,2007年我国注册的互联网域名中,八个民族省区注册域名总量只占全国的3.61%,而70%以上的域名集中分布在北京、上海、广东、浙江、福建、江苏等少数几个发达省市,且主要以汉语和英语为信息载体。[1]即使是民族省区的互联网信息提供机构,也多以汉语和英语作为主要的信息载体,少数民族语言在网络中的应用非常有限。中国每年制作的电影、电视节目,出版的期刊、杂志,也基本上都使用汉语,因为涉及知识产权保护和人才短缺问题,其中只有较少部分能被翻译成少数民族语言。少数民族群众如果想要通过大众传媒获取信息,享受更加丰富的精神文化生活,就不可避免地要掌握汉语、英语等大众传媒通用语言,并受"外来"的价值观念、思维习惯的深刻影响。

民族地区市场经济体制的完善,社会流动性的增加,也对少数民族文化的传承、保护和弘扬造成了现实的压力。由于市场机制的完善,中国中西部地区包括广大少数民族地区,也越来越深地卷入到了现代化、工业化、城市化发展浪潮中,民族地区与其他地方人口、资源、信息流动呈现出爆炸式增长局面。相伴而来的,则是不同文化、价值观念、生活方式的激烈碰撞与交融。由于民族地区无论在人口数量、经济发展水平还是掌握的信息资源方面,都无法与内地相提并论,这种文化大碰撞事实上更多地表现为内地的发展模式、生活模式、文化、信息和价值观念在民族地区的渗透与扩散,民族地区则处于相对被动的接受、融入状态,许多传统文化和生活方式则在市场的冲击下逐渐淡化。

在市场经济环境下,政府保护少数民族文化的政策选择空间,也受较大制约,只能在一定领域和范围内对少数民族文化发挥保护作用。政府与市场及其他社会主体之间有着明确的分工,政府职能相对有限,所

---

[1] 根据《中国统计年鉴(2008)》有关数据整理。

能采取的公共管理手段也受到许多限制，特别是不能轻易介入市场、社会主体微观活动领域。然而，文化却更多地与个人的生活联系在一起，是无数个人日常生产生活中点点滴滴细节经过时间的积淀和社会的洗练形成的。文化的传承，也更多地依赖于个人在日常生产生活中的坚守。面对不同区域、不同族群的生产、生活方式正日渐趋同，少数民族传统文化赖以生存的社会土壤不断变化，国家既不能强制要求相应的族群中全部或部分群体固守传统的生活方式，又不能强行阻隔市场主体在民族地区的生长。因此，如何在现代化进程中，在少数民族和民族地区经济社会的快速发展中，保护、传承和弘扬少数民族传统文化，依然是摆在我们面前，需要深入研究和不断探索的一个重要问题。

（2011年4月，中澳2010—2011年度人权合作项目以召开由国家民委和澳大利亚人权委员会共同主办的"中澳公共服务与少数民族文化保护学术研讨会"的形式开展，笔者受国家民委委派组织并主持"公共服务与少数民族文化保护：澳大利亚与中国的实践"专题会议。本文在会议上宣读，并收入中央民族大学出版社2011年出版的《中澳公共服务与少数民族文化保护学术研讨会论文集》。）

四 民族地区社会组织与社会治理

少数民族地区社会组织发展现状及社会功能研究

改革开放以来,中国社会结构发生了重大的变化,各类社会组织(NGO)的迅速兴起以及在公共治理中的作用日渐凸显,就是其中一个显著的标志。由于经济发展相对滞后、文化风俗和信仰的差异,少数民族地区社会问题具有特殊性,社会组织的出现给政府以有力帮助,对改善民族地区公共治理结构、推动经济社会发展,具有重要的作用。但与民族地区社会组织迅速发展形成鲜明对比的是,学术界长期以来对民族地区社会组织的发展及其作用关注不足,一些研究也主要集中在理论描述和个案介绍,尚缺乏基于系统调查的深入研究。

为了准确地把握民族地区社会组织的发展状况,本课题组于2008年1月至2009年9月,先后在桂、滇、藏、新、蒙、黔、宁、青等少数民族地区,进行了问卷调查和实地调研。课题组共发放问卷559份,回收559份,回收率为100%。其中有效问卷555份,有效率达99.28%。我们实地深入到省(自治区)、市、县(旗、市辖区)、乡进行考察,访谈民政、业务主管部门、组织440余个。在本次调查中,我们重点选择的是基层的草根组织,同时兼顾一些自上而下成立的官办或政府支持的社会组织。

调查样本分布情况如下。

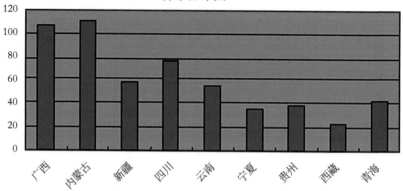

样本分布图

本文中的社会组织所指的是在少数民族地区开展活动的社会组织，分正式注册登记和未登记两种形式。前者包括在当地民政部门注册登记并开展活动的组织，也包括在其他地区登记但在民族地区开展活动的组织，还包括在境外登记但在少数民族地区开展活动的机构。未登记的组织是指没有注册登记取得法人资格的社区组织或家族、宗族组织，还指在形式上工商法人登记但实质开展非营利活动的组织，后两类组织在总体数量上占着相当大的比重，远远超过正式登记的组织。

一、少数民族地区社会组织的产生与发展

中国现代意义上的社会组织是在20世纪70年代末渐次出现，与政治上的拨乱反正和思想解放密切相关，与经济体制改革和社会结构变化相伴成长。少数民族地区社会组织的发展与全国的总体趋势既相一致，又有其自身特色，主要表现为境外因素的参与和民族传统组织的复现。

中国少数民族地区的社会组织发展历史悠久，如藏族的"吉毒"，鄂温克族的"莫昆"等，早在氏族社会阶段时已有雏形。在漫长的历史演进过程中，各类传统的社会组织发挥着其独特的作用。民族地区近代意义上的社会组织也出现较早，如清光绪三十三年（1907年），南宁商人

组织成立"南宁商务总会"[1]；1924年4月，梅宗黄、杨正帮等人在昆明创办云波文学社[2]；自民国二十三年（1934年）起，各省及各地在昌都的人按照同乡关系，先后建立自己的同乡会馆，如甘肃会馆、秦州会馆、两湖会馆、陕西会馆、山西会馆、天津公所（会馆的别称）、河南会馆、四川会馆等。此外，在甘南藏族中存在的沙尼组织，也有着悠久的历史。

新中国成立以后，对社会组织采取了整顿的措施，民族地区一些传统组织部分得以保存，部分被归为其他组织管理，也有部分被取缔，社会组织的政府色彩浓厚。

改革开放以来，随着社会活力的逐渐释放，民族地区涌现出一些草根组织，在基层社会开展服务。近年来，国内其他地区的社会组织也大量深入到少数民族地区，在资金、技术、人员、信息、项目合作等方面和当地组织联合开展活动，构成了这些地区社会发展的重要力量，带动了当地社会组织能力的提高。此外，一些境外社会组织在民族地区开展活动，其特殊身份和行为方式给当地带来了新的结社观念，尤其如慈善组织，在扶贫、教育、卫生等领域发挥了积极作用，带动了当地社会组织的形成与发展。当然，推动少数民族地区社会组织发展最强劲的动力，是当地经济社会发展的需求。市场经济的推进、社会结构的变化、传统治理模式的改革、社会需求的多样化以及公民社会的成长等，都需要社会组织的广泛参与，从而促进了社会组织的数量增长和能力提升。

二、少数民族地区社会组织的现状

（一）少数民族地区社会组织登记注册状况

1. 登记注册的种类

在我们所调查的社会组织中，在民政、工商或政府其他部门（如编

---

[1] 南宁市百科全书编委会编：《南宁百科全书》，广西人民出版社2008年版，第348页。
[2] 昆明市地方志编纂委员会：《昆明市志》（第九分册），人民出版社1999年版，第207页。

制管理部门等）注册的共计占46.13%，有超过一半的社会组织未注册。已注册的组织中，民政的占51%，工商的占21%，编制管理部门的占3%，政府其他部门的占16%（见下图）。

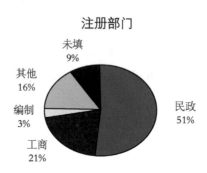

总体来看，在民政部门注册的组织仅占调查总数的24.9%，四分之三以上的组织未能以社会组织身份注册。调查表明，未进行民政登记的主要原因有：找不到业务主管单位；没有足够的资金；觉得没有必要登记或者不知道需要登记。这一方面说明目前我国社会组织登记注册的门槛还比较高（在登记注册方面，少数民族地区社会组织与其他地区社会组织的情况具有一致性），反映了双重登记管理制度存在的局限，使得一些组织只能采取工商注册的方式取得法人地位；另一方面也说明有些组织这方面的意识不强，只开展活动而不注册。

2.登记注册的层级

正式注册的社会组织中，在市一级政府部门注册的占31%，在省、县两级注册的分别占29%和25%，国家级注册的在民族地区活动的占6%（见下图）。

在省一级注册的组织中，相当一部分和原来的上级部门是对应的，还和同级政府有较密切关系。在县一级登记注册相对较少的原因，主要是县级政府对这种组织知晓不足，许多地方不知道还有民政登记的方式；另外，一部分组织认为登记与否关系不大，反正自己开展工作不危害国家，也很少和外界发生往来，政府机关也不来检查，想做什么就去

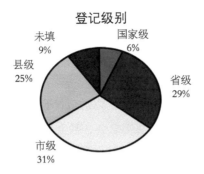

做什么，只把握一个不违法的原则。

（二）组织活动状况

1. 活动范围

调查对象活动范围主要在省（自治区）一级区域内，其次是在县范围内，在全国范围内活动的较少，但有一部分在全国活动的组织（包括少数民族地区），其注册登记部门不在少数民族地区。在乡、村范围内活动的组织就更少，主要以传统的民族类组织为主，但随着国家对农村专业合作组织的支持，它们的数量在明显增加。同时，由于地理环境的制约，在村中活动的组织数量要比乡镇一级的多。具体比例结构如下图所示。

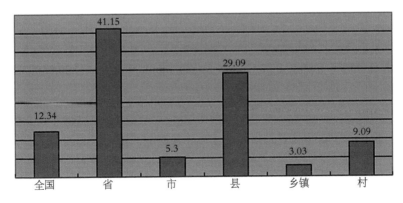

2. 活动领域

民族地区社会组织活动的领域大多数都涉及教育、文化、经济、环保、扶贫、慈善等方面的宣传和倡导，希望借此推动社会观念的改变。其次是医疗护理、社区参与（服务）和行为实践，目的是通过实际行动改变民族地区的生活习惯、行为方式，以适应社会的发展进步。只有较少数量的组织涉及资金募集（如慈善总会、基金会、公益捐赠活动等）。法律政策咨询近年来也在逐渐发展，并在社会上产生了一定影响；也有一些在从事心理咨询、生产发展等活动。总体结构如下图所示。

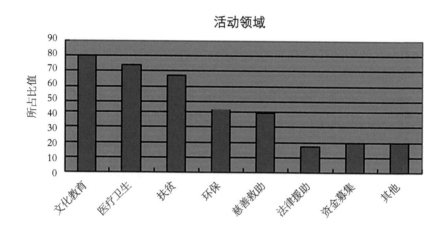

（三）资源状况

1. 经费来源

目前我国少数民族地区社会组织经费的主要渠道有三类：境外（包括港澳台地区）资助（占 52.16%）、国内非政府资助（占 29.88%）、政府资助（占 14.11%）。具体结构见下图。

调查显示，虽然国家对少数民族地区社会发展的财政投入在不断增加，但这些资金流入社会组织的比例还比较低，渠道不太通畅，地方政府专门资助社会组织活动的经费很少。目前出现的一个新态势是，越来越多的企业开始关注并借助社会组织，开展慈善义捐等活动，以履行企业社会责任，并树立和打造自身社会形象。

资金来源结构

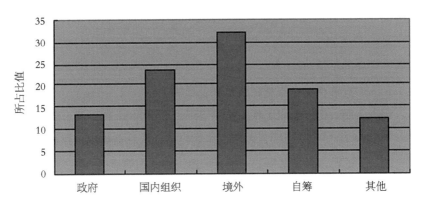

2. 经费规模及其使用情况

被调查的社会组织在2007年全年活动经费平均为25387元，总支出中各项费用的支出比例见下图所示。

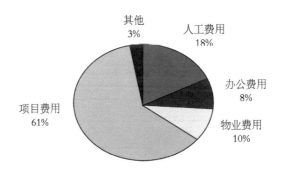

项目费用是组织的主要支出，这符合一般的规律；人工费用、物业费用所占比例较大，是因为参与组织的个体以此为专职，需要尽量节约其他费用增加员工补贴，以调动其积极性。此外，许多组织没有属于自己的办公场所，房租、水电等物业费用是一笔不小的支出。

在经费使用审计方面，在被调查的社会组织中，其年度财务报告有正式审计的占51.32%，相当多的没有接受社会独立审计，只是由资助方财务审查，或进行组织内部汇报。许多社会组织甚至一些政府部门认为这种简单审计程序比较合适，没有必要严格按照规定进行审计，基本的理由是经费规模小、不会出现大问题，一定程度上反映出目前社会组织监管中存在的不足。

3. 人力资源状况、规章制度及办公场所

调查表明，拥有专职工作人员的组织占总量的51.3%，有正式书面组织章程的占71.53%，说明目前我国少数民族地区社会组织的组织化程度还比较低。这种情况在基层的草根社会组织中尤为明显，专职工作人员占全部人员的比例为15.97%，平均每个机构拥有专职工作人员2.35人。

在组织成员的学历构成方面，以初中及初中以下为最多，高中文化程度次之，大专和大学文化程度比较少，硕士及硕士以上文化程度更少（如下图所示）。这与当地文化发展水平存在着密切关系，在客观上制约了组织能力的提高。

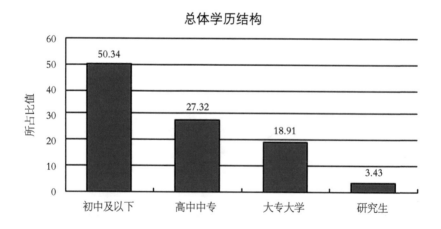

总体学历结构

上述数据表明，目前我国国内少数民族地区社会组织的人力资源状况尚不够理想，专业化程度和人员素质还有很大的改善空间。

4. 社会组织的资源需求状况

资源是组织发展的重要基础,在调查对象中,大部分组织对资金、技术和信息的需求最为迫切,所占比例分别为81.47%、73.53%和57.47%,对人力资源的需求程度相对来说较弱,这并不意味着它们在这方面已经满足,而是从一个侧面说明了本地区社会组织的发展还没达到重视人力资源的阶段。

社会组织资源需求状况调查结果(%)

满足程度	资金	人员	志愿者	技术	信息
欠缺	81.47	45.11	36.76	73.53	57.47
满足	13.21	53.75	57.57	23.24	39.81
不知道	5.32	1.14	6.67	3.23	3.72

(四)决策方式

决策行为是衡量组织发育状况的重要指标,目前提高决策水平的普遍方式是建立理事会管理制度,实行理事会决策治理下的秘书长负责制。在调查的对象中,组织的重大事项由领导人个人决定占2.03%,由两个以上的负责人协商决定的占21.04%,由理事会全体会议决定的占34.43%,由组织的全体成员协商决定的占42.27%,反映出组织的总体决策状况比较好。

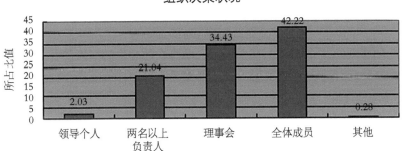

组织决策状况

(五）组织与外界关系

1. 组织公关情况

通过对外宣传以求组织扩展和树立自身形象,目前已经成为大多数社会组织的共识。但在调查对象中,以印刷品形式介绍自身概况的占总数的51.28%,相当多的组织没有任何对外介绍材料,有独立网站的组织较少,大部分情况下是靠地方媒体作为新闻事件报道,另外就是作为研究对象资料被学术界采用。实地调研中发现,那些自身资源条件差、组织能力弱、与外界沟通有较大障碍(由于地理环境、语言文化等原因)的组织在这方面非常欠缺,在很大程度上限制了其资源获得和能力的提高。相关情况见下图。

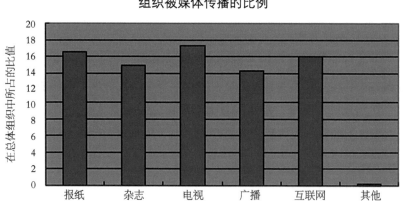

组织被媒体传播的比例

2. 与政府的关系

中国是一个行政主导型的国家,政府在社会生活中扮演着掌控主要资源的重要角色。调查发现,大部分组织都希望能在多个领域配合政府需求开展活动,同时也对政府有一定程度的依赖感,希望在政策、资金、人力等方面得到支持。但是,也有一些地方政府部门要求多、支持少,从而影响了社会组织对政府的期望,使它们在实际工作中只能依靠自身努力,不再去刻意追求其他援助,进而造成了社会组织虽然非常希望得到政府帮助,但又没有很高的期望值的结果。

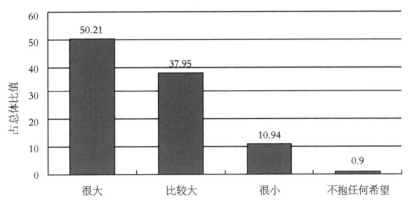

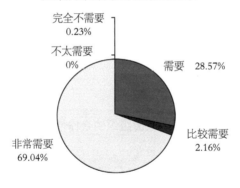

3. 与其他社会组织之间的关系

组织之间的交流、合作对彼此都有促进作用,现代社会的发展,特别是科技手段的进步,使信息传播更加便捷,为相互间的沟通提供了有利条件。总体看,少数民族地区社会组织与境外社会组织的合作还是比较高的,平均每个社会组织与1.03个境外社会组织有合作或协作关系,但合作频率并不很高(如下图所示)。和境外组织合作的主要方式是接受资金、技术等的援助,合作内容覆盖扶贫、教育、医疗卫生、环保、文化保护等多个领域。

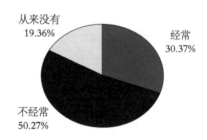

与境外社会组织合作开展活动情况

相比之下,国内社会组织之间的合作活动频率更高,平均每个组织与3.94个国内其他社会组织有合作或协作关系(如下图所示)。合作内容主要有信息沟通、经验分享、项目执行、技术指导等,资金合作较少,其中项目合作和信息共享占了相当大的比重,调查表明有71.82%的组织愿意在这些方面开展合作。资金合作少的状况反映出国内支持组织发育不足的问题。

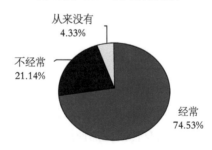

与国内社会组织的合作情况

通过比较不同的合作对象,我们可以看出国内社会组织之间的合作在频度上要优于它们与境外社会组织的合作。

4. 对社会组织的支持

社会组织在发展过程中，得到了社会各方面的支持。调查显示：41.79%的组织认为境外机构对其支持最大，其次是业务主管机关的支持（36.34%），其他组织，特别是同类型的组织对自身的帮助作用也较为明显。调查资料也在一定程度上印证了传媒对中国社会组织发展的影响。相比之下，登记管理机关、部分业务主管单位和其他政府部门、社会组织支持网络的作用还有待加强（见下图）。

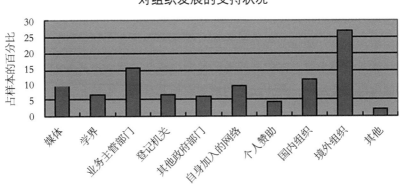

对组织发展的支持状况

三、少数民族地区社会组织目前面临的问题

根据调研分析，目前中国少数民族地区社会组织存在的主要问题有以下几个方面。

1. 人力资源欠缺

管理人才和专业技术人员的不足是限制少数民族地区社会组织发展的最根本问题。由于缺乏管理人才，组织很难规范运行，发展目标不明确，规章制度不健全，导致很难有效凝聚组织团队，从而影响了自身功能的有效发挥，并且很难获得稳定的经费来源，形成了对境外资源的过分依赖，这制约着组织的健康稳定发展。粗放、经验式的管理是其基本的特点，难以适应规范性的社会需求。专业服务人才的缺乏，使得组织很难提供高质量的社会服务，不利于扩大其社会影响。

2. 组织治理不完善

良好的治理是组织健康发展的基本保证。受社会、经济、历史文化等条件的制约，少数民族地区社会组织还普遍存在治理不完善的问题，主要表现为规章制度不健全、决策运行机制不完善、部门机构设置不合理、信息不够公开等。这些问题影响了民族地区社会组织的社会公信力，客观上制约了后续社会资源的获取，恶化了自身生存的社会环境。

3. 发展能力不足

能力是组织长远发展的核心所在。依靠良好的发展能力，组织可以提高服务质量，加强与外界的沟通，改善社会形象，营造宽松的社会资本环境。总体来看，少数民族地区社会组织开展活动所必要的专业知识和能力仍比较缺乏，大多缺乏明确的宗旨和战略，决策和项目管理水平不高，缺乏必要的信息渠道，对外界信息的知晓程度较低。人力资源的总体素质尚待进一步提高，自我宣传和媒体的宣传报道不够，在社会中的公信力还有待进一步提高。

4. 得到的支持力度不够

社会的广泛支持是社会组织快速成长的基本条件，目前社会组织没有得到充分支持的原因，除了组织自身和全国性的普遍因素外，与民族地区的登记管理机关、业务主管机关及其他政府部门也有一定的关系。虽然民族区域自治法赋予了民族自治地方广泛的自治权，以支持民族地区经济社会各项事业的发展。但据我们调查，各自治地方运用自治权扶持社会组织发展这方面工作开展得还很少。

5. 法规缺陷，监管缺位

由于现行关于社会组织相关法规的缺陷，少数民族地区尚有许多社会组织没有正式注册登记。境外在华社会组织因为在国家民政部登记存在实际困难，且地方政府又没有相应的法律管理依据，无法获得合法身份，这使得政府主管部门无法对其进行必要的监管，也制约了社会对社会组织进行有效的外部监督。

6. 社会参与的渠道和空间仍有待拓展

目前少数民族地区社会组织的参与制度化渠道尚不通畅，参与的空间仍有待拓展。根据已有的国家政策，它们参与国家决策的领域主要集中在环保和医疗卫生，国家在其他有关政策方案的提出、征询意见、建议、制定的过程中，也不同程度地鼓励社会组织参与，但在实际生活中，除一些具有政府背景的，或者是有影响的境外以及国际组织能够有一定机会受到邀请参与外，广大的草根社会组织参与的机会往往十分有限。在政府的政策设计和资金安排方面，目前社会组织亦无普遍的、固定的、制度化的渠道获得支持或资助。

四、少数民族地区社会组织的社会功能

大量的事实表明，少数民族地区的发展需要社会组织，它不仅是政府职能实现的支持者，也是社会治理的重要主体。其主要功能体现在以下几个方面。

1. 充当公民与政府沟通的桥梁

通过组织化的行为，社会组织将一些具有共同价值取向或利益需求的群体聚合在一起，将公民分散的个体凝合成团体的力量，使得各种零星的、微弱的吁求转变成统一的、具有一定影响的社会诉求，将参与者对政府的要求、意愿、建议和批评等诉求进一步凝练和提升，为普通民众搭建了一条有效影响公共权力的途径。

据调查，大部分社会组织都有向政府提供政策建议的意愿，希望能与政府建立正常的沟通渠道，以表达自己的想法。

通过向政府提交政策建议，社会组织提高了公民对公共生活的参与兴趣，提升了他们的社会参与热情，进而可能影响政府的公共决策，使公共管理过程日趋透明化，为民主社会建设进行了有益的探索。

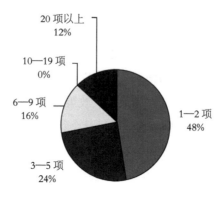

提交政策建议情况

2. 参与社会公益事业

社会组织在扶贫济困、维护权益等公益方面的作用越来越凸显。据调查统计，在少数民族地区开展工作的社会组织大约有13万个，其中大多数以关注社会弱势群体为其使命和宗旨，根据民族地区社会经济欠发达、多元文化并存的实际，它们在教育、环保、卫生、文化、妇女等多个领域开展公益活动。如中国妇女发展基金会在新疆维吾尔族妇女中间开展的"小额循环金扶贫"项目，在甘肃、内蒙古等地区实施的"母亲水窖"项目；北京今典苹果教育慈善基金会在西藏地区开展的"苹果赤脚医生工程""苹果学校助学工程"等公益项目，有效地改善了阿里地区的医疗和学校教育设施；西藏发展基金会的"光明工程""育人工程""阳光工程"等社会公益示范工程，都在不同程度上促进了当地民众生活的改善，促进了当地社会事业的发展。

3. 提供公共服务

近年来，国家在大力推进社会建设的发展战略中，明确提出了鼓励社会力量参与的方针。越来越多的社会组织参与提供公共服务（如居家养老照顾服务、社区基本服务、公民权益的保护、公共信息的获取和维护等），丰富了公共服务的内容，满足了人们的多元需求；在公共物品的分配过程中，社会组织充分发挥自身扎根基层、信息灵通的特征，向政府及相关部门提供及时准确、切实可行的建议，提高了公共物品使用的合理性和有效性，成为政府提供公共服务的有力助手。更有一些社会组织在政府未涉及而市场力量又不愿意涉及的领域开展活动，为社会和经济发展做出了独特的突出贡献。许多少数民族地区地广人稀，交通不太便利，国家管理和服务难以深入，分散的农民很难抵御市场经济的冲击，自身常处于不利地位，农村经济类的社会组织则将分散的个体经营者组织起来，通过集体行动的方式来保护农业劳动者的利益，避免了由于分散状态而造成的不必要损失，成为农村社会发展的主要推动力。此外，许多慈善组织通过兴办老年关怀机构，为老年人的生活提供更多关照；众多的行业协会正在成为引导行业发展、规范企业运营、组织社会评比的服务机构。大批的社会组织通过提供公共服务，减轻了政府的压力，满足了社会多样化的需求，维护了社会稳定，促进了社会的建设。

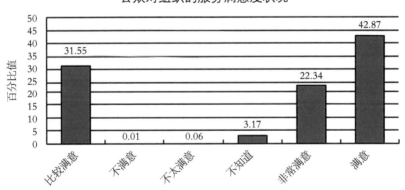

公众对组织的服务满意度状况

4. 境外在华社会组织的作用

受管理体制的影响，有相当数量的境外在华社会组织是在工商部门注册的，只有少数在国家民政部登记；大多数境外在华社会组织没有依法在当地进行登记，也没有相应的部门对其进行必要的引导和监管，基本上处于无人监管状态。它们通常在北京等大城市设立总部或办事处，在中国境内形成一个反应迅速、信息通畅的网络，通过引进和注入境外资源，开展包括小额信贷在内的多种项目，其中相当多的境外社会组织在中西部欠发达尤其是少数民族地区开展活动。它们通过引导社会力量参与，推动社区发展，改善当地的自然和人文生态环境，对于改善贫困农民特别是老弱病残妇幼等弱势群体的生活状况发挥了积极的作用；通过项目援助与合作的方式，它们也有效带动了本地社会组织的发展。为了便于开展工作，这些组织与基层政府之间建立了合作关系，借此推动地方政府的观念变革，带动政府管理理念的创新，为当地社会组织的发育、发展起到了启蒙和标尺作用。但是，并非所有的境外在华社会组织都在开展公益活动。就是那些从事公益活动的社会组织，由于其组织宗旨、身份背景、政治意图等千差万别，其所追求的价值目标、理念和效果也不一定符合我们的国家利益。因此，完善相关的法律法规，建立有效的监管机制，进行必要的规范管理，也势在必行。

（本文与陈旭清合作撰写，原载《国家行政学院学报》2010年第6期）

加强和创新社会管理，推动民族地区社会和谐发展

　　进入新世纪以来，在国家的大力支持和各族人民的共同努力下，我国民族地区经济社会发展取得了举世瞩目的成就，经济持续快速发展，各族人民的物质文化生活水平不断提高。2009年，民族自治地方GDP总量达到3.19万亿元，不考虑通货膨胀因素，相当于2000年的4.26倍；占全国GDP总量的比例也从2000年的8.50%提升到2009年的9.39%；人均GDP为1.73万元，相当于2000年的3.87倍。

　　然而，在经济飞速发展的同时，民族地区的社会管理体制改革步伐却显得相对缓慢，社会事业建设并没有完全做到与经济发展同步，进而引发了一系列社会问题。如一些地区因对发展过程中形成的利益多元、价值多元化的趋势应对乏力，而引发了群体性事件；在发展过程中未能较好处理人口、资源、环境之间的关系，而使生态环境受到破坏，社会发展的后劲不足；在发展过程中对利益分配、公共服务的忽视，使相当一部分群体未能分享到经济发展的成果。例如，内蒙古自治区GDP总量自2002年以来，连续八年居全国各省区市首位，在全国排名也由第24位上升到第15位，但是，《中国经济周刊》在加入"居民收入水平""民众幸福感"等指标后，对比全国各省区市GDP"含金量"时，却将内蒙古列为倒数第一。上述种种，都促使我们对民族地区传统发展模式进行反思。

要尽快扭转这种局面,民族地区需要在不放松经济工作的同时,进一步突出社会管理工作在本地区各项工作中的地位,完善社会管理格局,加强公共服务,加大对社会事业建设的投入,使各族群众能够更充分地分享本地区发展的成就,促进民族地区不同群体间关系更加融洽,实现民族地区人与自然的和谐发展。

1. 准确定位政府社会管理职能,深化社会管理体制改革。民族地区各级政府,需要依照市场经济体制改革的步伐,不断调整自身职能,准确定位政府在社会管理方面承担的职能,避免在社会管理方面出现缺位、越位和错位。对于涉及的社会最基本利益、秩序的领域,必须由政府承担相应的管理职责,政府必须投入足够的资源和力量去履行职责,而不能回避或忽视;对于市场、社会主体能够自主管理,但由于市场、社会主体自身局限性而可能会出现问题的领域,政府需要在合理的限度内承担起对市场、社会主体的扶助、引导和监管职责;对于完全属于市场、社会主体自主范围内的事务,政府应避免过多介入,防止干扰社会、市场的正常运作。政府需要在充分履行自身职责的基础上,鼓励和引导社会自治组织的成长,支持其参与各项社会事务管理,服务公众;鼓励和引导企业、公民个人参与公共管理过程,参与社会治理。从长远来看,要实现社会各类群体和谐相处、人与自然和谐相处的善治状态,必须充分发挥各类社会主体在社会治理过程中的作用,实现多元主体对社会的共治。

2. 大力发展社会事业,为民众追求个人幸福感创造条件。事实上,在民族地区发展过程中,相当一部分人既不能参与到发展大潮中去,也无法分享经济发展带来的成果。这其中的关键原因,是民族地区各项社会事业发展相对滞后,使得部分民众既缺乏参与市场活动的能力,也缺少参与发展成果分配的渠道。由于教育、公共卫生事业发展滞后,使部分群体缺乏足够的知识、信息甚至身体条件参与现代市场经济活动;由于交通、通信等事业的薄弱,民族地区的资源、人才、信息无法有效进入全国大市场流动,进而无法转变成财富;由于环境保护、科技服务等方面事业的发展滞后，民族地区经济社会发展的生态成本高昂，可持续发展能力脆弱，相当一部分人群的生活质量甚至因环境问题而出现滑坡。在市场经济环境下，政府的主要职能就是为社会提供各种公共物品和公共服务，而上述社会事业，恰恰是政府应该向社会提供的最为关键的几类公共物品，社会事业发展的滞后，在许多地方已经成为制约当地发展的"瓶颈"。为此，民族地区政府在未来需要不断加大在社会事业建设方面的投入，推动民族地区各项社会事业"跨越式"发展，夯实民族地区社会发展的基础，为民众追求个人幸福创造条件。

3. 优化公共服务机制，推动公共服务均等化。自"西部大开发"战略实施以来，国家在西部民族地区投入了巨额资金，以加强西部民族地区各项社会事业的发展，民族地区各级政府也不断加大在社会事业建设领域的投入。但是，由于公共服务的机制仍然不完善，公共服务未能实现均等化，民族地区仍然有相当一部分区域和人群，未能享受到这些投入带来的利益。在目前的公共服务机制下，公共服务从主体而言，过度依赖政府一家，主体单一化的问题非常突出；在公共服务项目设计和资金分配上，过度着眼于城市，对农村的服务非常薄弱；在公共服务供应过程中，供应主体的决策权力过于集中，而被服务的社会成员参与决策的空间非常有限；公共服务供应受行政区域的制约过大，因此直接导致经济发达地区与经济落后地区在公共服务方面的差距与经济发展方面的差距始终同步变动。要实现公共服务均等化，就必须改变公共服务供应中存在的这些机制上的问题，积极引导社会组织、市场主体甚至公民个人参与公共服务，改变公共服务供应的项目设计和资金分配结构，创新公共服务供应模式，为多元主体参与公共服务和分配提供平台，打破公共服务供应的行政区划限制，推动公共服务向农村和后发地区倾斜。

4. 建立多元且高效的社会问题诊治机制，及时发现并化解发展过程中出现的各种社会矛盾。在民族地区快速现代化进程中，随着社会利益、价值多元化趋势的凸显，不同群体、区域、阶层间的矛盾和冲突也会不断增加。为此，政府需要通过与社会主体合作，建立多元且畅通的社会问题诊治机制,尽可能在各种矛盾冲突还未激化的阶段,就将之化解。当前,对于民族地区而言,涉及经济利益分配、就业与失业、利益诉求表达、基层社会矛盾纠纷化解等方面的工作,都是未来很长一段时间里需要高度重视、着力解决的重要问题。

(原载《中国民族报》2011年4月26日)

充分发挥社会组织作用
完善民族地区社会管理格局

　　社会管理的基本任务包括协调社会关系、规范社会行为、解决社会问题、化解社会矛盾、促进社会公正、应对社会风险、保持社会稳定等，每项任务既各有侧重，又相互联系，彼此间是一种有机的合作关系。我国正处于社会转型时期，各种矛盾相互交织，经常会引发一些影响社会稳定的事件。面对复杂艰巨的社会建设任务，仅靠政府是远远不够的，需要动员社会各方面的力量，发挥多主体的作用。而改革开放以来，中国社会结构发生了重大的变化，各类社会组织（NGO）的迅速兴起以及在公共治理中的作用日渐凸显，就是其中一个显著的标志。由于经济发展的相对滞后、文化风俗和宗教信仰的差异以及地理区位等因素的影响，少数民族地区社会问题具有特殊性。社会组织的出现给政府以有力帮助，对改善民族地区公共治理结构、推动经济社会发展，具有重要的作用。

　　在推进社会体制改革的过程中，要求以实现公平与公正为目标，充分调动政府、企业、社会组织等各类社会管理主体的积极性，处理它们各自在提供社会公共服务过程中的角色、作用、相互关系等制度安排。社会组织参与社会治理，有助于处理好战略机遇期和矛盾突发期的各类社会问题、社会矛盾和社会冲突，为全体居民营造一个和谐有序的环境。

　　当前中国少数民族地区社会管理体制存在的主要问题，既有市场经济的基本框架初步建立、与之相应的社会管理和社会管理制度框架还需要进一步完善的全国性普遍特征,更有民族地区的特殊情况,这在一定程度上增加了当地社会管理的复杂性和艰巨性,要求我们采取有差别的思路来化解所遇到的问题。从根本上看,民族地区社会管理的主体是民族地区的全体民众,如何发挥他们的积极性,是当前迫切需要解决的问题。

实践表明,社会组织在民族地区社会管理中是可以大有作为的,它们在政府的引导和自身的努力下,在弥补政府和市场缺位方面发挥了促进作用。如社会组织将一些具有共同价值取向或利益需求的人聚合在一起,将分散的公民个体凝合成团体的力量,使得各种零星的、微弱的呼求转变成统一的、具有一定影响的社会舆论,将参与者对政府的要求、意愿、建议和批评等诉求进一步凝练和提升,为普通民众搭建了一条有效影响政府的途径。

社会组织还在教育、环保、卫生、文化、妇女等多个领域开展公益活动,在不同程度上促进了当地民众生活的改善,促进了当地社会事业的发展。它们还参与提供居家养老照顾服务、社区基本服务、公民权益的保护、公共信息的获取和维护等公共服务,丰富了社区生活的内容,满足了人们的多元需求,成为帮助政府开展活动的有力助手。一些农村经济类的社会组织则将分散的个体经营者组织起来,通过集体行动的方式来保护农业劳动者的利益,抵御市场经济的冲击,化解自身所处的不利地位,避免了分散状态的不必要损失,成为农村社会发展的主要推动力。此外,许多慈善组织通过兴办老年关怀机构,为老年人的生活提供更多关照;众多的行业协会正在成为引导行业发展、规范企业运营、组织社会评比的服务机构。社会组织通过提供公共服务,减轻了政府的压力,满足了社会多样化的需求,维护了社会稳定,促进了社会的建设。

总体看,社会组织通过开展不同形式的活动动员民众参与社会事务,构建了社会网络,培育了公民之间的信任,重建了社区运行规范,加强了社会的整合,成为缓解政府遇到矛盾时有效的"减压器"和保证社会祥和的"稳定器"。这在艾滋病防治、环境保护、扶贫济困、教育促进等方面已得到了显著体现。

　　培育少数民族地区的社会组织，要注意到它们的特殊性。客观地讲，仅靠目前民政管理中社会团体、民办非企业单位、基金会三种分类来认识民族地区社会组织是远远不够的，各少数民族传统的社会组织在当地一般都有较大的、潜移默化的影响，人们往往自觉自愿地加入；一些已经消失的社会组织近年来还有复现的趋向，并被人们很容易地接受。充分认识这种特殊性，是规范和发挥社会组织功能的前提。此外，民族地区的社会组织还普遍存在着人力资源欠缺、组织治理不完善、发展能力不足等问题，需要我们制定政策去帮助和引导。

　　发展民族地区的社会组织，应当将其置于总体的社会发展背景下，根据社会的宏观发展布局进行规划，树立助人自助的价值观念，突出运作管理的当地化，加强对组织的能力培训提升，实行重点有区别的推进策略。为此，政府部门应该提高认识、发挥主导作用，通过政策法规引导、规范社会组织的健康、良性和持续发展，借助政策的服务功能，积极应对发展中的种种问题，使社会组织成为基层政府部门办事的"腿"、说话的"嘴"、执法的"权"、调控的"手"。社会组织应该增强自身发展活力，用开放的胸怀，积极吸纳一些专业性人才，弥补环境艰苦、资金和专业人员严重不足的困难。

（原载《中国民族报》2011 年 4 月 21 日）

五 城市民族工作

东部城市少数民族流动人口公共服务研究

改革开放以来，随着中国经济的快速发展，城市化率不断提高。2012年初，中国城镇人口首次超过农村人口达到了69079万，占总人口比重为51.27%，城市数量已经达到657个。这是中国从农业大国向城市化、工业化国家转变进程中具有里程碑意义的事件。城市化进程与工业化、市场化、信息化、社会流动性增强、现代性发育等联系在一起，有力推动了中国经济社会的发展。中国的城市化进程从东部沿海地区启动，绝大部分规模巨大、经济发达的城市集中分布在东部沿海地区。东部地区的城市化进程，对于中西部地区尤其是少数民族地区产生了重要的影响。据统计，截至2010年，我国少数民族流动人口已接近3000万，其中绝大多数都流向东部沿海发达地区城市务工、经商、求学，中国的民族分布与交往格局发生了重要的变化。如广东省珠江三角洲城市群，1982年第三次人口普查时，少数民族人口不足2万，目前已接近200万。其中深圳1979年仅有少数民族4人，目前已达75万人。[1]北京市1953年第一次全国人口普查时，少数民族人口有16.85万人，2010年第六次全国人口普查时，少数民族人口达80.1万人。2010年上海全市少数民族人口总数为27.56万人，比10年前增长了165.9%。

---

[1] 盘小梅：《城市少数民族流动人口问题研究》，载《民族宗教研究》，2011年第12期。

少数民族群众大量涌入东部沿海城市，在为当地经济社会发展做出贡献的同时，也开阔了视野，增加了收入，改变了原有的生活状况。然而，东部沿海城市少数民族人口的快速增长，也引发了两个不适应问题：一是进入城市的少数民族不适应城市的生活，不了解城市的管理规章，面对新的环境感到茫然和无助，总有一种防范的心理，往往容易抱团，加上自身传统文化习俗与城市文化的差异，一时很难融入城市社会之中。二是东部城市对大量涌入的少数民族群体不适应，一些城市的有关部门和部分市民思想准备不足，在心理接纳和公共服务方面存在缺失。[1]两个不适应的存在，使得一些地方的族群关系不够融洽，甚至个别地区还出现了一些涉及族群因素的矛盾甚至冲突。近年来，涉及民族因素的群体性事件，有80%发生在东部非民族地区。因此，如何通过公共服务优化与公共管理创新，化解少数民族群众在东部城市面临的困难，帮助他们更好地融入所在城市，从源头上消除涉及族群因素的社会矛盾，具有非常紧迫的现实意义。

一、城市少数民族流动人口的管理与服务问题

总体而言，各地政府对少数民族流动人口高度重视，许多地方都出台了服务少数民族群众，帮助他们解决生产生活中遇到的实际困难，引导他们融入当地社会的特殊政策。同时，随着涉及少数民族因素的各类社会管理问题不断增加，不少地方政府也在积极创新社会管理模式，探索相应的治理策略。然而，相对于流入东部地区少数民族的人口规模与速度及其对公共服务的需求而言，公共服务体系仍然缺口严重，针对少数民族流动人口的引导与管理措施也还远远不能满足社会需求。

1. 针对少数民族流动人口的公共服务缺失

我国东部地区由于经济发达、社会开放，公共服务总体水平远高于

---

[1] 陈乐齐：《我国城市民族关系问题及其对策研究》，载《中南民族大学学报》，2006年第5期。

全国平均水平。但由于户籍、地域、就业状态等因素限制，这些公共服务的供给对流入本地的外来人口存在诸多门槛。同时，由于历史上族群结构相对单一，少数民族人口较少，在东部沿海地区，涉及少数民族特殊生产、生活需求的公共服务一直比较薄弱。因而，当少数民族人口大量流入以后，这些地区在一般公共服务与特殊公共服务方面，缺失问题都日益突出。目前针对少数民族流动人口的公共服务短缺，主要集中在三大领域。

首先是公共基础教育领域。东部沿海城市的教育，总体上在全国处于领先水平，我国大多数高质量的教育机构，包括基础教育机构和高等教育机构，都分布在这些城市。但是，对于流入的少数民族群众而言，要享用这些优质教育资源，却可能会面临资源稀缺、语言障碍、政策门槛及部分地区存在的有形或无形的社会偏见等诸多问题。其中比较突出的如：因教学资源使用饱和，致使求学无门；教材与教学进度不一致，教育衔接困难；语言不通，教学过程中师生难以互动；个别地区甚至有本地学生家长抵制学校接收外来少数民族人口子女，给学校教学工作带来巨大压力等。

其次是社会保障领域。由于相当一部分少数民族流动人口集中在一些层次较低的行业，或在经营不正规的企业就业，或者自己零星创业，许多人都面临着工作处所用工不规范、居住手续不完备、劳动权利保障不足等问题，因而无法参加社会综合保险，无法享受本地政府提供的各类针对少数民族流动人口的优惠政策，使他们的工作、生活处于无保障状态。而少数民族流动人口大多数学历偏低、谋生手段单一、收入不高、法律意识与权利意识淡薄，也缺乏获取社会保障的知识和能力。因此，在东部沿海城市，有为数众多的少数民族流动人口游离于社会保障体系之外，在生活与心理方面都出现了一些问题。

再次是公共文化生活领域。公共文化生活是增强社会成员国家认同，培育公民精神，凝聚国民心理的重要公共服务。参与公共文化生活也是个人融入社会的重要渠道。然而，由于东部省区的公共文化基础设施建设、公共文化娱乐活动方式与内容设计，过去都较少考虑少数民族因素，特别是对语言、宗教禁忌等方面内容的考虑较少，因此当大量少数民族人口涌入之后，既有的公共文化服务体系对少数民族流动人口的吸引力不足。公共文化生活的缺乏，使得一些少数民族流动人口更倾向于同族聚居，以获得社会认同与精神心理的慰藉，保守、排他、封闭的特征明显。

2. 对少数民族流动人口的引导与管理不足

少数民族流动人口大量涌入发达地区城市，也引发了一些社会问题，使当地社会事务管理面临新的困难与压力，迫切要求当地政府进行公共管理创新。近年来北京、上海、广东等地，涉及民族因素的信访事件不断增多，涉及民族因素的突发事件也时有发生。如 2009 年广东某工厂发生的员工聚众斗殴事件，因涉及少数民族务工人员，而被境内外分裂势力恶意炒作，成为引发新疆"7·5"事件的重要诱因。

这些问题的出现，其原因有多个方面。

首先，一些东部地区政府与社会对大量少数民族流动人口的快速涌入，缺乏足够准备。东部地区地方政府及其职能部门，在政治层面上都高度重视民族工作，但在行政技术层面，有些部门的工作人员在提供公共管理和公共服务时，却由于相应的理论政策知识储备不足及缺乏民族工作实践经验，感到原则不好把握，工作无从着手，不同程度存在着"不愿管""不会管""不敢管"的问题，甚至有些部门及个别工作人员，怀着"敬而远之"的态度，以提高"门槛"的方式将部分少数民族拒于公共服务之外。而专职管理少数民族事务的民族宗教局，在新一轮地方政府机构改革中，有些被与统战、侨务甚至旅游文物等部门合并。即使是保留单独建制的，也大多存在着人员编制少，权力与职能范围小，经费局促，许多工作人员系临时抽调、借调或同时兼任其他方面事务，民族工作经验不足等问题，因而不能有效地引导少数民族流动群体融入当地社会，不能为他们提供良好的公共服务和充分的发展空间。这些都严重影响了当地政府服务、管理少数民族流动人口的能力。

其次，少数民族流动人口自身存在的一些局限性，使东部地区政府在引导、管理和服务过程中面临困难。一些少数民族流动人口，不适应城市生活，不理解城市的管理规章，在择业、居住等方面存在较大盲目性，使所在的城市在管理、引导方面无法制定和实施有效的政策。同时，少数民族流动人口中有一部分人由于受教育程度相对较低，法治观念、市场观念淡薄，对国家民族政策理解片面，在进入东部地区城市后，一方面不尊重当地的社会管理与市场运行法规，另一方面又常常以"少数民族"身份给当地政府和市场主体施加压力，寻求"特殊公民"待遇，给当地社会治理带来了许多困难。如开办餐馆不到工商部门申领执照，不接受卫生消防检查，流动商贩占道经营、强买强卖甚至售卖管制刀具等违禁物品。

再次，分裂主义势力渗透使得本来局限于边疆地区的反分裂斗争，开始向内地特别是发达的东部城市蔓延。近几年来，新疆"三股势力"和"藏独"集团的一些成员，借助市场经济环境下人口流动和信息传播的便利，从边疆渗透到内地，从事分裂国家的活动，使当地的一些普通社会问题与遥远的边疆地区具有反分裂性质的政治斗争联系在了一起，加大了当地政府服务和管理少数民族流动人口工作的难度。近年来，东部地区一些城市已先后破获了数起涉及分裂主义势力活动的案件。而这种情况的存在，进一步加剧了部分东部地区相关部门对少数民族流动人口"不想惹，不敢惹"的情绪，加剧了东部地区民众对少数民族流动人口的猜忌心态，使得少数民族流动人口生产生活面临更多困难。

二、少数民族流动人口在东部城市的融入困难

政府公共服务供应缺失，针对少数民族群众的引导和管理措施不足，以及与此有着一定关联的社会对少数民族人口流入的不适应，又反过来引发了少数民族群众融入当地社会的困难。当前，这种融入困难主要体现在三个方面。

1. 经济融入困难

目前，大多数流入东部发达城市的少数民族群众，都集中于与少数

民族特色或区域相关联的餐饮、运输和中介服务行业工作，还有相当一部分人则以在街边经营小摊为业。少数民族流动人口参与东部沿海主流经济活动的比例较低，很难从经济上融入所在城市。例如上海的一份调查显示，当地少数民族流动人口31.4%都是经营小生意的商贩，合同制工人和临时工人分别占29.1%和20.3%，自主创业者仅为4%左右。[1]就业层次低，收入微薄且不稳定，是他们面临的共同困难。绝大部分流动的少数民族群众，难以充分分享流入地经济发展所带来的成就，在当前社会发展中往往处于边缘位置。

2. 社会融入困难

建立一定的社会关系是个人融入社会的重要条件，有效的社会关系可以帮助个人获取各类与生活、发展有关的信息与资源，降低个人社会生存的成本。城市的形成和发展，从根本上来说是为了满足人际交往互动的需要，因此城市在历史上一直是促进社会不同群体融合的强大力量。然而，由于文化的差异和城市人际交往的特定形式，以及部分少数民族成员自身语言、习俗及文化心理等方面的制约，目前流入东部发达城市的许多少数民族成员，除与本族、本地一同流入的群体保持较紧密的关系之外，与当地人的社会关系几乎都处于空白状态。而与当地人的社会关系的空位，使他们事实上与当地社会处于某种程度的隔绝状态，不能有效地参与到当地经济、文化和社会生活中去。目前，我国许多城市都出现了特定少数民族聚居而形成的特殊社区，这些社区与城市中其他社区在经济、文化和生活方式上差异非常明显，成为城市中的族群"孤岛"。这类社区一方面固然为进入城市生活的少数民族人口提供了生活方面的便利，但是它们也普遍存在着经济、文化和社会关系方面相对封闭、隔绝的特征。世界上许多国家的经验已经证明，不同族群在同一城市中相互隔绝，常常会强化各族群狭隘的民族主义情绪，进而导致族际关系紧张，甚至会引发族群冲突。目前我国一些族群活动区域有明显分

---

[1] 华东师范大学、上海市民宗委：《上海市外来少数民族人口服务与管理长效机制研究》，内部资料。

界的城市，已经发生了一些因宗教信仰、利益分配、生活方式、族群意识引发的矛盾，如果这一趋势进一步发展，可能会引发更多更严重的社会问题。

3. 城市认同困难

由于我国大多数少数民族群众都信仰特定宗教，宗教在日常生活中占有重要地位；而且在其他生活习俗方面，他们也与东部地区群众有着程度不同的差别。而东部发达地区缺乏满足少数民族宗教、饮食、居住、文化、娱乐及其他特殊要求的生活设施，使许多少数民族成员流动到东部地区之后，在日常生活上遭遇了许多困难，这些困难加上前述的经济、社会融入的困难，进一步导致少数民族在心理上无法融入当地社会，不能形成对所住城市的认同与归属感。例如我国有十个信仰伊斯兰教的少数民族（回族、维吾尔族、哈萨克族、乌孜别克族、塔吉克族、塔塔尔族、柯尔克孜族、撒拉族、东乡族、保安族），而东部城市原有的清真寺、清真餐馆数量较少，许多少数民族流动人口的宗教活动、日常饮食、丧葬习俗等特定需求往往难以得到有效满足。此外，在改革开放以前，由于计划经济的束缚，中国社会流动性很弱，各族群交往互动不多，彼此熟悉程度较低，因而在城市化导致人口大规模快速聚集的过程中，不同文化理念、生活习俗、宗教信仰之间的相互理解与宽容，尚需要较长时间的磨合，也使流入的少数民族群众对所住城市缺乏归属感。尤其是在拉萨"3·14"事件和乌鲁木齐"7·5"事件发生后的一段时间里，东部个别城市就曾发生过一些对来自新疆、西藏的少数民族流动人口出租车拒载、旅馆拒住、机场歧视性安检等现象。更有个别有偏见的市民，将来自一些特殊民族地区的青少年务工者简单等同于"小偷""强买强卖者"等，严重影响了少数民族流动人口对所在城市的归属与认同。目前有些东部城市的部分少数民族流动人口，在东部城市生活过一段时间后，往往族群区分更加清晰，民族意识更加强烈，均与上述问题有直接或间接的关系。

三、公共服务改进与城市族际关系的调适

推动少数民族流动人口融入东部地区城市，不仅仅是东部地区城市面临的重要公共问题，从长远来看，它更是关系到我国整体民族—国家建构战略目标实现的重大问题。从近代以来世界各国经验来看，城市化进程中族群关系的变化，虽然受多方面因素的影响，但公共组织特别是政府公共管理与公共服务方式、内容，具有关键性影响。因此，在中国城市化进程不断加快，少数民族流动人口迅速增加的形势下，通过不断改进公共服务进一步调适族际关系，是公共管理面临的紧迫而又重要的任务。

1. 公共服务组织与制度创新

针对少数民族人口的增长与公共服务需求的增加，东部城市首先需要在公共服务组织机构建设与机制创新方面采取积极有效的行动。

第一，推动涉及少数民族公共服务主体多元化。自20世纪70年代以来，新公共管理、新公共服务、治理理论等公共管理新思想先后兴起。在此基础上西方国家陆续出现了一系列公共管理改革浪潮，如政府流程再造、公共组织扁平化、公共服务民营化、打造多中心治理结构等。这些新的思想与实践经验，是对现代信息化、知识化、多元化社会发展趋势的反映，其核心是基于社会发展需要，通过公共管理、公共服务主体多元化、方式多元化，满足社会发展对公共管理、公共服务日益增长的需求。公共管理理论与实践的这些新成果，对于优化多元族群社会公共管理与公共服务机制，具有格外突出的价值。少数民族流动人口涌入，使得本来就已经存在多元化发展趋势的东部城市，多元色彩更为浓厚，居民对公共管理与公共服务的需求在层次、结构、内容、形式等方面日趋分化。日趋多元化的公共管理与公共服务需求，只有建立由政府、市场、社会组织、基层自治组织、公民个人等多元主体共同参与、分工合作的公共管理与公共服务格局才能有效满足。在涉及少数民族流动人口这一特殊群体的公共管理与服务领域，东部城市要在合理分类的基础上，

由不同性质的治理主体分别承担不同的任务。政府的角色，主要是提供基础性公共服务和高度权威性的管理、规制，并在规则、资源、信息等方面，为其他公共管理和服务主体提供必要支持。而涉及少数民族流动人口特殊需求偏好的公共服务，尽可能由具备专业能力的市场主体、非营利组织提供；少数民族流动人口因就业、居住、生产、经营和日常生活等方面因素而发生的，需要公共部门介入管理的事务，政府也要更多借力社区组织、非营利组织、公司企业和有威望的社会人士的力量，甚至由他们主导，以更灵活、更富弹性、更贴近少数民族流动人口面临的现实的方式去应对。

第二，建立涉及少数民族流动人口公共管理与服务的合理分工机制。在现代城市中，每一个人都是多重角色身份的综合体，是各种社会关系的总和。在不同的场域下，其活动所依赖的规则各不相同，因而相应的公共管理和服务机构也不同。少数民族流动人口在城市日常生活中出现的问题，实际上大多属于一般公共管理与服务领域的问题，应该由专门的公共管理和服务机构应对。民族事务管理机构，在专门机构服务少数民族流动人口，管理涉及少数民族流动人口事务的过程中，要适当发挥咨询、协助作用，但要避免对一般性事务的过度介入引发社会成员误解，将一般社会问题不恰当地理解为民族关系问题。对于少数民族流动人口由于族群特殊原因导致的生产生活困难，如与其他群体交流的困难，对城市管理规则适应的困难，特殊公共服务需求的困难，民族宗教事务管理机构应积极履行自己的职能，为其提供专业化服务。

第三，建立针对流动人口的跨区域协作机制，实现公共服务与管理随人口流动而流动。目前，部分省区的流动少数民族人口已经形成了定向性强、规模化、职业与行业选择较为稳定等趋势。如青海化隆县回族流动人口，基本上都集中于东部大城市经营清真餐饮；广西壮族流动人口，多数流向珠三角工厂务工；新疆维吾尔族流动人口多从事干果及民族手工艺品经营等。这些趋势为人口流入地、流出地，甚至包括流经地政府及其他公共部门开展公共服务与管理协同合作提供了便利。不同区域公共部门应结合这些趋势与特征，分工协作，分类指导，从不同环节分别承担相应的服务与管理职责，做到服务与管理随人口流动。

第四，充分发挥社区公共服务平台在服务流动少数民族人口方面的作用。少数民族流动人口数量多，分布区域高度分散，族群、区域渊源非常复杂，公共服务需求极其多元。而政府因其组织、制度与行为方式的局限，很难为流动少数民族人口提供偏好性极强的公共服务。然而，社区平台在这方面却具有非常独特的优势，社区平台贴近公共服务需求对象，数量众多，且其他公共服务主体进入也相对容易。在条件许可的社区配备民族工作联络员或聘请懂民族工作的专家做顾问，指导多元主体借助这一平台服务与管理流动少数民族人口，既能更好地满足流动少数民族人口对公共服务的多元化需求，又能更好地对高度分散的流动少数民族人口进行动态化管理。

2.公共服务的内容与形式创新

在公共服务和管理的主体多元协作机制完善的同时，针对流动少数民族人口公共服务与管理的内容和形式，也需要结合城市发展、少数民族流动人口需求变化情况，不断创新发展。

第一，进一步充实针对少数民族流动人口的公共服务项目。对于流动少数民族人口公共服务需求，流入地城市需要在合理区分一般性需求与特殊需求的基础上，增加公共服务的项目，特别是与少数民族特殊需求偏好联系在一起的服务项目，使之能够更快更好地适应流入地社会，在经济、社会与文化生活方面更快地融入。例如针对少数民族特殊精神文化需求，流入地城市可以寻求民族文化社团帮助，在公共文化活动设计、电视节目编排、图书音像制品发售等方面，对流动少数民族人口采取特别措施；针对少数民族特殊生活需求，如清真饮食、特殊丧葬习俗、特殊宗教仪轨等，则可以与具有一定实力的企业、宗教组织、其他非营利组织合作，在政府提供必要支持的情况下，主要由这些机构直接提供相关服务。

第二，优化公共管理理念与方式。东部城市针对流动少数民族人口的公共管理措施，也需要在管理理念、具体内容与管理方式等方面进行创新。首先在理念方面，要克服对涉及少数民族流动人口的事务的畏难、避难情绪，或者是只要涉及少数民族的事务就特事特办的心理，而要从国家政治、经济发展战略层面思考和对待涉及少数民族流动人口的事务。在公共管理过程中，既不能忽视少数民族文化习俗的特殊性，也不能弱化市场经济规律的普适性与公民身份的平等性，要在坚持依法管理、热情服务的原则前提下，积极引导少数民族流动人口融入当地社会，形成在现代公民国家和市场经济社会应有的公民精神、市民精神、市场观念等社会共识。其次，在涉及少数民族事务管理的机制上，要逐渐弱化由特殊机构依据特殊规则来管理特殊群体的传统机制，而更多地依靠一般的行政管理机制、规则与方法处理涉及少数民族流动人口的管理事务，减少政府对族群意识、宗教信仰、生活习俗等领域的直接介入。鼓励市场主体、社会团体用更加灵活的方式参与涉及少数民族事务的服务与管理，借助社会力量特别是市场力量，进一步打破不同族群间在居住、工作与生活等方面相互隔绝、排斥的状态，防范族群认同蜕变成族际交往藩篱，族群意识演化为族际情感疏离。

第三，优化针对少数民族流动人口就业信息、培训等专项服务。少数民族流动人口在流动过程中之所以出现许多问题，事实上多数情况下与族群认同无关，而与他们流入地的现实情况相联系。大多数流动少数民族人口都是希望在流动过程中，获得更好的发展，积累更多的财富，但是现实给他们提供的机会却非常有限。这既有客观环境因素的影响，也有针对少数民族流动人口就业的信息、培训等服务不足的影响。为此，有必要在流入地与流出地政府、社会组织合作的基础上，不断优化针对少数民族流动人口的就业信息、就业培训服务，使少数民族流动人口在开始流动之前，就能掌握相关的职业技能，了解流动过程中所需要掌握的知识，熟悉流入地法律法规，进而减少少数民族流动人口在东部城市就业、生活、维护自身权利等方面面临的困难与障碍。

第四，积极探索涉及族际关系问题的治理机制。首先要尽可能消除当前既已存在的一些可能导致族群隔膜的因素，解决流动少数民族在就业、求学、市场交易、社会生活等领域存在的困难与问题，消除某些文化产品与宣传资料中涉及族群歧视的内容，杜绝宣传教育领域中的个别大民族主义和狭隘民族主义的内容与形式等。其次，要探索在社会各领域建立促进族群交往、交流、交融的机制与体制。建立能够平衡一般性需求与特殊群体偏好性需求的城市公共资源配置与公共服务供应机制；培育核心价值鲜明，内容与形式丰富多彩，能满足不同群体精神需求的文化供给体系；进一步推动多元主体以多元方式共同参与城市各层次问题治理，并在此过程中实现利益、观念、价值、文化等领域的交融；在中华民族"多元一体"的历史与现实基础上，积极推进各民族"共同团结进步，共同繁荣发展"，实现中华民族的伟大复兴。

（原载《中国行政管理》2012年第11期）

积极探索城市民族工作的新路子

改革开放以来，特别是进入新世纪以来，随着中国经济的持续快速增长，城市化水平不断提高。截至 2010 年，我国城市数量已从中华人民共和国成立前的 132 个增加到 655 个，城市化率由 7.3％提高到 49.68％。据估计，到 2020 年，我国城市化水平将进一步提升到 58％—60％，城市人口将达到 8 亿至 9 亿。城市化进程加快造成的直接影响之一，就是人口的流动性提高，原来在相对偏远地区聚居的少数民族人口，大量向内地及东部城市或本地区域城市聚集。成千上万的少数民族群众，或读书经商，或劳务输出，或旅游观光，从雪域高原、群山峻岭、草场、沙漠腹地走出来，不仅带来了五彩斑斓的各族文化，更为东部地区经济与社会发展注入了新的活力。据不完全统计，目前，中国少数民族流动人口已接近三千万，中国传统的民族分布与交往格局，呈现出了新的发展变化态势。

城市化进程是与工业化、市场化、社会流动性增强，及现代性的发育密切联系在一起的。城市化进程的加速，大大推动了我国经济社会的发展，推动了各项社会事业的进步，同时也为我国社会治理提出了许多新的课题。在我国城市化进程中，民族工作在两个方面面临着新任务与挑战：一是少数民族人口大量涌入中、东部地区，需要中、东部地区城市不断提高对少数民族群众的服务水平和管理能力；二是民族地区也需要积极探索应对自身快速城市化相应的服务与管理问题。

由于中、东部地区的城市化，数以千万计的少数民族群众涌向这些地方的大小城市，改变了延续数千年的日出而作、日落而息的农牧生活，谋求新的生活方式，他们中绝大部分人因此过上了更加富裕、更加充实的生活。在民族地区，城市化对经济社会发展的拉动作用非常突出。民族地区自身也在加速城市化，一座座新城崛起于民族地区的广阔大地上，其中有些城市的现代化程度即使与东部发达城市相比，也毫不逊色。这些崛起在民族地区的城市，不但为民族地区注入了强劲的发展动力，而且也有力地促进了各民族间的交流与理解。

然而，我国城市化发展对全社会的冲击也全面而深刻，对我国民族关系的影响也非常明显。伴随城市化进程，人口高度聚集，信息传播极为迅疾，生活方式和价值观念日趋多元化，涉及民族因素的群体性事件也呈现出规模不断扩大、影响因素日趋复杂、事件影响力扩散迅速、影响面超越区域限制等现象。这些情况的出现，意味着我国民族工作的功能定位需要重新调整，方式方法需要不断创新，工作理念需要有新的变革。

面对城市化进程给民族工作带来的新挑战，不论是东部发达地区的城市，还是民族地区的城市，都在尝试创新社会管理，改革民族工作的机制，改进民族工作的方式方法，以适应民族工作发展的新形势需要。广东东莞以海纳百川作为城市精神，围绕营造平等氛围这一主题，通过为少数民族群众办实事、做好事，切实保障少数民族群众权益，使其在东莞真切感受到来自政府和社会的平等对待与真切关怀。深圳市则积极引导和鼓励社会工作者这一志愿性群体，参与提供针对少数民族群众的公共服务，借助社会力量满足少数民族群众对公共服务的多元化需求。江苏南通市首先以开放的胸怀，接纳涌入的少数民族务工人员，并通过打造一张无微不至地关怀、服务少数民族群众的网络，积极引导外来务工少数民族群众在经济、文化和社会生活等各个方面融入当地社会，并借助社团文化活动等平台，促进外来少数民族群众与当地民众互动交流，使不同族群在频繁互动中培养相互尊重、相互理解、相互认同的情感。部分民族地区地方政府,也积极应对城市化发展带来的挑战,积极进行社会管理创新,满足城市少数民族群众对公共服务的新需求。广西南宁通过为少数民族流动人员提供包括经商就业、住房租赁、子女入学、法律援助服务、困难补助、清真食品在内的六大服务,让外来少数民族找到"家"的感觉。同时,针对不同社区的少数民族分布状况及对公共服务需求的特殊要求,在社区层面突出公共服务供应内容和方式的差异性,以更贴近少数民族流动人口的现实需求。

这些地方的社会管理创新尝试,为城市少数民族流动人口的管理和服务创新积累了非常丰富的经验,具有非常重大的现实意义。然而,相比当前城市化发展带来的少数民族人口分布格局和对公共服务需求的变化情况,这些社会管理方面的创新与探索仍然远远不够。从目前各地出现的涉及民族因素的社会问题来看,未来各地在针对少数民族的社会管理方面,还需要加强以下几个方面的工作。

第一,建立涉及民族因素的公共服务需求与群体意识、社会运动监测预警机制。随着城市化进程而来的人口流动,族群杂居和生活方式、价值观念多元化现象日益突出,可能引发族群间矛盾冲突的因素必然呈现多样化、细节化、突然化趋势。这需要政府从两个方面加强监测和预警。首先,建立针对少数民族的公共服务监测机制,要及时、充分掌握少数民族人口特别是少数民族流动人口对公共服务的需求及其变化,有针对性地为其提供优良的公共服务,以公共服务均等化消解存在于族群间可能的冲突。其次,也要建立对涉及民族因素的群体意识、社会运动的预警机制,通过整合政府、社区、社会组织和公民个体的力量,及时了解境内涉及民族因素的各类社会矛盾与问题,力争在问题还处于酝酿阶段就将之化解。

第二,建立跨区域利益、行动协调机制,统筹应对涉及民族因素的社会问题。鉴于当前涉及民族因素的公共服务需求问题及群体间矛盾冲突多与流动人口有关,而流动人口不论从服务还是管理上来说,都涉及不同区域的利益、行动协调。因此，在国家和各地方相关部门的主导下，建立跨区域涉及民族因素的公共服务和社会管理协调机制非常必要。通过这一机制，及时向不同地区通报少数民族人口流动状况、公共服务需求信息、可能存在的群体间矛盾和问题，并整合各地政府、社会力量，以应对相关的问题。

第三，在建构公民国家的基础上，建立促进族群交往、理解、融合的长效机制。近代以来国家建构的经验表明，在伴随工业化、市场化、城市化而来的多元族群交往、融合进程中，不同族群间必然会有一个从不适应到适应，从隔离、猜疑到交往融合的过程。这一过程进展顺利与否，决定性的因素是以民主、法治为核心的公民精神是否得到良好的培育。我国当前城市化进程中，不同族群的人口在流动过程中，也出现了"两个不适应"问题，即流动人口不适应流入地社会生活，流入地本土人群不适应新流入的人群，部分地方甚至出现了本地人歧视流动人口特别是流动少数民族人口，而流动少数民族人口多借助法律以外的途径表达利益诉求、寻求"特殊公民"待遇等现象。要解决这些问题，从根本上消除族群间矛盾冲突产生的土壤，就有必要结合我国民主政治建设进程，淡化族群差异对公共生活的直接影响，强化不同族群社会成员的公民精神，特别是法治观念和对国家的认同。

（原载《中国民族报》2011年9月2日）

六 边疆民族地区公共治理

边疆民族地区公共安全治理体系与能力现代化研究

中国有2.28万公里的陆地边境线，陆上与14个国家接壤，其中1.9万多公里在民族地区。边疆地区涉及黑龙江、吉林、辽宁、内蒙古、甘肃、新疆、西藏、云南、广西等9个省、自治区的136个陆地边境县（旗、市、市辖区）和新疆生产建设兵团的58个边境团场，其中自治县或民族自治地方所属县为107个。边境民族地区总人口2200多万，少数民族人口占了近一半，有30多个民族与国外同一民族相邻而居。边疆民族地区独特的自然环境、宗教信仰、社会习俗，使其公共安全问题形成和发展既具有内地的一般特征，又受其独特环境影响而具有一定的特殊性。近年来，随着经济快速发展，人口流动加快，区域开发力度加大，边疆民族地区各种自然灾害、事故灾难和群体性事件发生的频率有所上升，而且在国内外多重因素的作用影响下，分裂势力、宗教极端势力的活动也十分猖獗，对边疆民族地区人民的生产生活、社会稳定造成一定的影响，甚至对民族团结、边疆安全和国家统一大局都构成威胁。因此，如何根据边疆民族地区的特殊情况，分析其公共安全问题形成发展规律以及公共安全治理体系存在的问题，推动边疆民族地区公共安全治理体系现代化，具有非常重要而又紧迫的现实意义。

一、边疆民族地区公共危机类型分析

边疆民族地区公共安全事件主要有两大类：一是与内地相同的一般突发公共事件，如自然灾害、事故灾难、公共卫生事件和社会安全事件；二是与民族分裂、宗教极端、暴力恐怖势力联系在一起的各类公共危机事件。近年来，由于受多方面因素的影响，边疆民族地区两大类公共安全事件，有时在特定的情况下，会出现相互叠加、催化转换等复杂情况。且原来主要发生在一些边疆地区的暴恐活动，也出现了向内地蔓延、与境外勾连的趋势，使边疆民族地区公共安全治理面临着新的挑战。

（一）一般突发公共安全事件

内地常出现的一般突发事件，在我国边疆民族地区也多有发生，部分类型的突发事件，更是集中多发于边疆民族地区，且表现出与内地不同的特点。

自然灾害方面：中国边疆民族地区主要分布在雪山冰川、荒漠戈壁、群山峻岭地带，是地震、泥石流、滑坡等灾害的重灾区，新疆、西藏、云南等都处在地震带上，地震灾害频发。云南、广西、西藏、新疆的部分地区处于泥石流灾害的易发地带。广西、西藏南部和云南等地降雨充沛且集中于特定时段，因而洪涝灾害也经常发生。而新疆和内蒙古部分地区干旱、沙漠化、土地退化等问题较为严重，导致沙尘灾害多发。边疆民族地区还是雪灾、大雾、风暴、冰冻等极端天气的受害地区。自然灾害频发给边疆民族地区造成了严重损失，以2012年内蒙古雪灾为例，共有56.38万平方公里区域、44万多人受灾，造成倒塌房屋1133间，严重损坏房屋700间，一般损坏房屋1258间；死亡大小牲畜17979头（只），造成直接经济损失5.2亿元。[1]

事故灾难方面：近年来随着边疆地区开发力度的加大，各类事故灾

---

[1] 2012年12月14日新华网，http://news.xinhuanet.com/city/2012-12/14/c_124096405.htm。

难也呈现增加趋势。其中尤其以草原或森林火灾，因道路险峻而发生的交通事故，资源开采工矿企业等安全生产事故居多。例如，2013年1—11月，新疆全区共发生各类生产安全事故1411起，死亡770人，受伤1405人，直接经济损失达6058.28万元。[1] 2013年，云南全省共发生各类伤亡事故12848起，死亡2260人，全年共发生63起较大事故，道路交通43起，工矿商贸14起，煤矿5起，火灾1起。[2] 而内蒙古自治区仅2014年1月，就发生各类安全事故近800起，其中死亡3—9人的较大事故就有4起。

公共卫生事件方面：边疆民族地区部分传染病高发，给各族民众身体健康造成了较为严重的威胁。据统计，2013年全年，广西共报告法定传染病发病34688例，死亡443人；而新疆从2004年到2010年，共报告法定传染病34种105万例，共死亡2393人。而因饮食质量和管理不当引起的集体食物中毒、饮用水安全等问题，也常有出现。2013年6月，广西贵港一中学发生集体食物中毒，导致93名学生和教职工中毒住院；2014年3月，云南文山州一幼儿园发生集体食物中毒，导致32名孩子出现了中毒症状，其中2名儿童因抢救无效死亡。广西河池在2008年曾出现因水污染而导致136名村民砷中毒事件；2012年，也是在河池及周边地区，因部分企业违规排放，流经河池、柳州等地的龙江受严重镉污染，致使数百万群众饮水供应出现危机。

群体性事件方面：边疆民族地区在经济发展、资源开发和对外开放过程中，因为传统生产生活方式发生急剧变化、利益格局重新调整而引发的群体性事件也出现了上升态势。根据社科院相关研究显示，2000—2013年，我国共发生百人以上群体性事件871起，其中广西、内蒙古、新疆、西藏四个边疆省区共发生69起。广西和云南百人以上群体性事件

---

[1] 新疆维吾尔自治区安全生产委员会办公室文件《2013年11月全区生产安全事故情况通报》，http://www.xjsafety.gov.cn/tabid/160/InfoID/35756/frtid/514/Default.aspx。

[2] 云南省安全生产监督管理局：《2013年1—12月全省安全生产情况通报》，http://www.ynsafety.gov.cn/contents/229/13696.html。

发生数量居全国前列，分别为 29 起和 32 起。和内地群体性事件多与征地拆迁、劳资纠纷、市场管理等诱因联系在一起不同，边疆民族地区群体性事件中，环境因素、政府公共管理因素、族群因素、宗教因素影响更加突出。

随着边疆民族地区对外开放进程的加快，目前与边疆、跨境、国际因素等联系在一起的一些特殊公共问题，也呈现快速增长势头。特别是跨境贩毒、军火交易、人口买卖、涉黄赌毒经营活动、走私活动、"三非"人口流动、宗教文化渗透等，近几年发案数量越来越多。有些跨境犯罪活动甚至使边疆部分村寨整体卷入，在增加刑事打击困难的同时，也对边疆民族团结和边疆安全造成一定影响。例如 2004 年，在云南的一次打击贩毒专项行动中，临沧市某村 90 多人被抓，全村几乎每个家庭都有人卷入。一些边境地方还存在所谓"走私村"，全村居民几乎家家户户都参与走私，既增加了边境打击走私工作的困难，也引发了一些惨痛的事件。例如 21 世纪初，在广西边境部分地区，不少村民参与走私，为避开政府缉私巡逻而专走未完成扫雷工作的边界山路，每年在路上因事故死亡的人数达 200 多人。[1]

（二）与分裂活动相关联的特殊公共危机事件

从 19 世纪后期到 20 世纪上半叶，西方列强不仅直接动用武力对中国领土蚕食鲸吞，而且操纵支持新疆、西藏等地的分裂主义势力，制造了一系列旨在分裂中国的严重事件。新中国成立以后，分裂势力蛰伏了一段时间，但从 20 世纪 80 年代以来，"藏独"和"三股势力"活动日益猖獗，陆续制造了多起骇人听闻的恶性恐怖事件。

十四世达赖及其"藏独"集团从 1959 年叛逃后，从未停止过对我藏区进行武装袭扰、思想渗透和策动叛乱。20 世纪 80 年代以来，受国内外多重因素的影响，"藏独"势力活动更加频繁，1987 年、1988 年、1989

---

[1] 穆撒：《中越边境走私带调查 "敢死队"飞蛾扑火式死亡》，载《瞭望东方周刊》，2004 年第 48 期。

年连续三年在西藏制造了大规模的骚乱事件。2008年在我国举办奥运会前夕,该股势力策动了拉萨"3·14"严重打砸抢烧杀事件,此后又通过积极策划煽动,不断制造僧人自焚事件。

新疆"三股势力"渊源久远,20世纪30年代甚至还一度在南疆建立了短命的所谓"东突厥斯坦伊斯兰共和国"。新中国成立之初的1950年,分裂组织在伊宁发动武装叛乱,此后陆续在多个阶段掀起了暴恐活动高潮,残杀和伤害数以千计的干部群众。从1990年"巴仁乡事件"以来,"三股势力"进入了一个新的活跃阶段,连续实施"断桥赶汉"系列刺杀及连环爆炸等暴乱活动,并逐步形成了以"世界维吾尔代表大会""东突流亡政府"和"东突厥斯坦伊斯兰运动"为代表的三大派系。分裂势力一方面与境外民族分裂、宗教极端、暴力恐怖组织及其他反华势力密切勾连,寻求国际支持;另一方面,加紧在新疆制造暴力恐怖事件,并不断向内地扩散蔓延。2008年喀什袭警案,导致16人死亡、16人受伤;2009年乌鲁木齐"7·5"严重暴力犯罪事件,造成197人死亡、1700多人受伤;2013年10月28日,暴恐分子驾车撞击天安门金水桥案,造成5人死亡、38人受伤;2014年3月昆明火车站砍杀无辜群众暴力恐怖案,造成29人死亡、143人受伤;同年5月22日,暴恐分子在乌鲁木齐早市制造冲撞和爆炸,致使31人死亡、94人受伤。

频繁的暴恐活动,不仅使人民群众生命财产遭受严重损失,对边疆民族地区乃至对全国的社会稳定与国家安全构成了严重威胁。

二、边疆民族地区公共危机的特点与发展趋势

(一)一般突发公共安全事件特点与发展趋势

边疆民族地区一般突发公共安全事件,总体上与内地发生、发展规律相似,但也呈现出一些与内地不同的特点和发展趋势。

首先,边疆民族地区由于自然和社会环境的特殊性,各类突发公共安全事件在发生数量和事件规模、影响力方面,整体呈现上升趋势。如

前述各类自然灾害、火灾等事故灾难和群体性事件，在几大边疆省区，发生频率高，且造成的损失严重。

其次，边疆民族地区在应对突发公共安全事件方面存在着更多的困难。边疆民族地区经济发展水平相对滞后，自然地理条件更加恶劣，这使得边疆民族地区应对突发公共安全事件面临专业人才短缺、物资储备不足、技术手段落后等困难，同时受地形、地貌因素制约非常严重。例如2009年发生雪灾的西藏普兰县，离最近的城市日喀则超过1000公里，且被雪山荒原阻隔，雪灾发生后，交通、通信中断，救援极其困难。2012年新疆若羌地震，震中距离最近的周边城市也都超过500公里，且受高山、沙漠地形阻拦，救援队伍和物资很难及时到达。

再次，边疆民族地区突发公共安全事件诱因增加且呈复杂化趋势。随着边疆民族地区经济发展、利益格局变化、对内交往和对外开放程度加深，边疆民族地区各类突发公共安全事件，特别是突发群体性事件的诱因不断增加，各类诱导因素间关系也变得日益复杂，使事件应对更加困难。

（二）特殊公共危机事件的特点与发展趋势

第一，极端势力暴恐活动更加猖獗。进入新世纪以来，民族分裂、宗教极端势力活动频繁，接连制造了多起严重的暴力恐怖事件。仅在2014年上半年，新疆就连续发生了十几起严重袭击事件，远超过去常年平均值，并出现了独狼式、家族式犯罪团伙，呈现出从筹划到实施时间短、暴恐活动点多面广、伤亡人数不断增加等特点，引发的社会恐慌情绪日益严重，使边疆乃至全国的社会安全成本不断增加。

第二，特殊公共安全事件的诱因和发展轨迹呈复杂化趋势。目前，边疆民族地区正处在快速的社会变化阶段，社会转型必然会引发一些新的矛盾与问题。在过去较长一段时间里，边疆民族地区的一般突发事件，涉及民族、宗教、边疆因素的公共危机事件，具有分裂国家诉求的敌对势力策划制造的事件，相对发生在各自不同的领域和层面，相互之间影响较小。但近几年来，各类因素有时会相互叠加、催化转换。如一些跨境走私物品可能会成为极端势力所需的暴恐、通信器材；部分地下讲经活动或非法宗教聚集，可能会演变为极端思想传播和暴恐活动策划的温床；非法越境人员中有一部分就是出境接受极端组织培训或参加"圣战"的成员；普通的民间纠纷、治安问题，也会被别有用心地赋予民族宗教色彩；甚至对自然灾害、事故灾难的应对和处置，都会被牵强地用于质疑政权的合法性、质疑民族团结共处的合理性。这其中最重要的原因是分裂主义势力改变了活动策略，刻意利用边疆民族地区经济社会发展过程中各种阶段性问题，制造或扩大社会矛盾，煽动族群间仇视情绪，并借力犯罪势力获取资源。极端势力不断寻找利用社会转型期出现的各种矛盾与问题，煽动和制造分裂国家的事件，使得这类事件诱因更复杂，发展轨迹与以往相比也出现了较大变化。近年来若干暴恐事件都体现了这种新的变化——经济发展落差、公共服务短缺、人口增长与就业困难、极端宗教传播、分裂主义蛊惑、境外势力操纵、新型传媒手段对信息的扭曲扩散等等，使公共危机管理在原因分析和应对措施等方面都面临着更为复杂的局面。

第三，分裂势力加速向内地蔓延并努力拓展国际生存空间。近年来，分裂势力不断借助我国对内放松管制，对外扩大开放的形势，加速向内地和国际社会扩散，试图在国内扩大其社会基础，制造更具震撼性的事件，对外推动中国边疆"民族"分离运动国际化，借力国际反华势力对华遏制战略以壮大实力。目前已经有数起被破获的案件显示，"三股势力"已在内地一些省市建立了活动基地，发展组织成员，且其情报搜集、资源准备、组织动员等能力已经达到相当程度。在国际层面，"藏独"势力、新疆"三股势力"都在积极寻求国际社会支持，在西方国家频繁窜访，与其政治领袖、国会议员等密切接触；并在国外建立活动基地，成立多种类型的分裂组织。如"国际西藏运动"已在世界160多个国家和地区设有分支机构，成员多达9万余人。"自由西藏学生组织"，也在欧美和南亚等35个国家的高校及社团中拥有超过650个分支机构。"世界维吾尔代表大会""东突厥斯坦伊斯兰运动""东突厥斯坦解放组织"等也在境外频繁活动。各类组织相互呼应,彼此借力,不断推动所谓"西藏问题""新疆问题"的国际化。

第四,国际反华势力借助所谓"民族""宗教"问题干扰中国发展与稳定,以达到其遏制中国的目的。21世纪以来,对国际格局变化产生最重要影响的因素就是中国的迅速崛起,因而国际反华势力不断寻求各种手段试图"遏制"乃至肢解中国。而中国边疆分裂极端势力,就成为他们可资利用的最有力的工具之一。目前有30多个国家的议会有支持分裂势力的组织,频繁就西藏、新疆问题召开专门会议,通过各种议案、听证会等对中国政府施压。一些西方国家甚至公开纵容、支持分裂势力在其境内或各个国际领域开展反华活动;部分国家的主要领导人频繁接见分裂运动领袖,而且在涉华重要外交场合安排分裂势力活动,或给分裂活动提供某些方面的支持,而对分裂势力近年来制造的各种惨案则会选择性失忆。这已经成为一些国家对华交往的"惯例"。

三、推动边疆民族地区公共安全治理体系和能力现代化

多年来,边疆民族地区各级政府及其他社会治理主体,为了维护社会稳定,促进民族团结,巩固边疆安全,一直积极努力防范和化解各类社会矛盾,应对各类公共危机事件造成的挑战,并取得了较为丰富的经验和显著的成效。当然,由于受到诸多因素影响,目前边疆民族地区公共危机治理体系也还面临着侧重于对公共安全事件既发后的响应处置,而预警预防机制建设则相对不足;应急预案的针对性与可操作性不够强,相关预案与本地区特点结合度不高;应急管理所需人力资源、物资储备、应急设施等配备不足;应急管理与一般社会管理、公共服务的衔接不畅等诸多问题。因此,边疆民族地区需因地制宜采取措施,不断完善本地方的应急管理体系。

（一）严厉打击暴力恐怖势力

近年来，分裂和极端势力异常活跃，暴力恐怖活动日渐频繁，对于边疆民族地区乃至全国的发展稳定构成了严重威胁。因此，集中力量严厉打击暴恐活动，是当前维护边疆民族地区社会稳定和长治久安的首要任务。

首先，要结合打击暴恐活动的专项行动，构建预防和打击暴恐势力的群防群治机制。2014年5月，经中央批准、国家反恐怖工作领导小组决定，以新疆为主战场，其他省区市积极配合，开展为期一年的严厉打击暴力恐怖活动专项行动，以有效应对当前严峻复杂的反恐怖斗争形势，遏制新疆暴力恐怖活动多发频发势头，防止暴力恐怖、宗教极端活动向内地发展蔓延，确保全国及新疆社会大局的稳定。但由于边疆特殊的地理环境、社会环境，暴力恐怖主义势力隐藏较深，组织人员分散在各地，已经形成了较为隐蔽且稳定的活动基地和联络渠道。要从根本上铲除暴力恐怖主义势力，不仅要有国家专政力量的集中专项行动，更要积极发动群众，建立有效的群防群治机制。要在政府主导下，以公共安全部门为主力，以基层政府、基层自治组织为框架，各类社会组织和广大民众共同参与，编织起反恐斗争的天罗地网，让暴力恐怖分子无藏身之地。

其次，要加强宣传工作和舆论引导，切断暴力恐怖势力思想传播渗透的渠道。极端宗教思想和极端民族主义思想渗透——培养思想极端化的活动骨干——组织实施暴恐活动，是暴力恐怖活动的三个关键环节，而思想渗透又是其基础和前提。针对恐怖势力不断利用各种传播媒介开展的思想渗透，要依托现有的大众传媒、宗教组织、学校和基层宣传舆论阵地，开展有效的反渗透宣传，要重点加强对网络舆论平台和其他电子媒介的引导与监管，及时清理各类煽动暴力恐怖活动的宣传信息，切断暴力恐怖势力信息传播渠道。

再次，加强国际反恐合作，压缩暴力恐怖主义势力的国际生存空间。恐怖主义是人类共同的敌人，反恐斗争也需要国际合作和相互支持。一方面要主动掌握国际话语权，积极向国际社会介绍中国边疆民族地区经济社会发展成就,及时揭露分裂极端势力用血腥手段滥杀无辜的凶残暴行,批驳国际反华势力别有用心的宣传鼓惑和对事实真相的歪曲。另一方面,要加强与中亚五国和巴基斯坦、阿富汗等国的反恐双边合作,铲除极端势力在邻国的活动基地;加大"上海合作组织"框架内的反暴恐合作,并积极与阿拉伯国家及相关国际组织沟通协调,强化打击暴力恐怖活动的国际协作机制。

(二)积极探索化解影响社会安全各类矛盾的长效机制

维护边疆民族地区社会稳定,必须探索建立消除社会危机根源的长效机制。要将发展经济、完善市场机制、培育公民观念、合理引导宗教活动、创新社会治理方式等措施组合在一起,形成综合治理力量,以实现边疆民族地区的长治久安。

第一,创新边疆民族地区公共安全治理理念。在边疆公共安全治理过程中,我国需要从现代国家经济、社会、文化整合和区域、族群交流互融的宏观视角审视相关体制与机制,不断创新公共安全治理理念。首先,要统筹协调发展与稳定的关系。历史经验表明,一些发展相对滞后、贫困群众相对集中的地区,恰恰也是分裂势力活动相对猖獗的区域。因此,加快改善民生,缩小区域发展差距和改善利益分配格局,让发展成果惠及更多民众,对于促进社会稳定具有非常重要的意义。然而经济发展并不会必然带来社会稳定,只有将改善民生、加强和创新社会管理、加大打击分裂极端势力的力度结合起来,才能真正实现边疆社会稳定和长治久安。其次,要警惕和防范分裂极端势力与国际反华势力借助一般公共安全事件破坏社会稳定与民族团结。在应对各类突发事件过程中,要对其中涉及的民族因素、宗教因素、国际因素进行科学的分析和预判,采取综合性、长效性应对方案,而不是简单地平息事态。再次,强化法治观念,在公共危机事件应对过程中,要坚持法治手段优先,真正做到法律面前人人平等。

第二,积极推动教育事业发展,加大力度解决就业问题。目前暴恐活动的一个重要特点,是参与人员年轻化,受教育程度低,对"三股势力"宣传渗透缺乏免疫力。同时,一些边疆民族地区出生率高、人口增长快,而就业市场容量小、就业服务体系相对薄弱,因此农村剩余劳动力转移困难,特别是青年人就业困难,并由此滋生了不满情绪。两者叠加,使得部分青年容易接受极端思想的宣传鼓惑。因此,要进一步突出教育优先发展的地位,提高边疆各级学校入学率,大力发展职业教育,尤其要加快偏远农村牧区的教育发展,以教育现代化促进区域和人的现代化。同时,要积极依托日益发达的市场机制,并辅之以必要的政策扶持,建立多元就业渠道,并要探索有序扩大引导边疆各族群众到内地就业,建立内地政府、企业面向边疆的就业合作体系,从源头上解决"暴恐年轻化"的问题。

第三,加快推动边疆民族地区公共服务体系建设与市场机制完善,将全体国民整合成牢固的利益共同体。要积极借助市场机制,促进边疆内部资源整合,推动边疆地区市场与内地市场的融合,加强不同区域和族群间利益联系。通过市场机制,促进各族民众在一起就业、创业、交易、交流,进而形成和强化共同利益感。要积极依托新型社区建设和公共服务,特别是解决住房、教育和公共卫生等民生问题的公共服务,打造各民族共同居住的相互嵌入式社区,在共同生活中加强彼此交流和了解,以优质公共服务为纽带强化各族群众的共同利益和共同责任。

第四,加强国家认同、公民意识和法治观念教育。强烈的国家认同、明晰的公民权利和责任意识以及法治观念,是维护边疆民族地区社会稳定与民族团结的基石。因此,应以教育体系和公共文化服务体系为基本依托,积极探索多层次、多角度、行之有效的国家观、公民观念、法治观念教育,厘清国家与民族、宗教与社会的关系,明确族属情感、宗教信仰在社会公共生活中的领域与范围,不断增强各族群众对祖国的认同、对中华民族的认同、对中华文化的认同,防范分裂极端势力利用"民族""宗教"问题,煽动各类社会矛盾。

第五,规范和引导宗教活动。许多边疆地区少数民族基本上全民信教,宗教活动是民众日常生活的重要组成部分,也是民族文化的重要组成部分。如西藏有1700多处藏传佛教活动场所,住寺僧尼约4.6万人。新疆有清真寺24000多座,宗教教职人员29000多人,清真寺的数量、密度和人均拥有量已超过了一些传统的伊斯兰国家。然而,在保障民众宗教信仰自由的同时,也要严厉打击非法宗教活动,防范分裂极端势力利用民众虔诚信教的社会环境,歪曲宣传宗教教义,曲解宗教与社会、宗教与国家的关系,进而煽动组织暴恐活动。

第六,积极创新社会管理体制与机制。维护边疆民族地区社会稳定,必须要通过社会治理创新,夯实基层工作,特别是要加强基层治理主体,包括乡镇政府和基层群众自治组织的力量,提高基层治理主体服务能力以及对各类公共安全问题的监测、管理和控制能力。应依法授予基层治理主体适当先期处置决策权力,使其对一些危险情境和危险人员能够采取必要的及时处置,避免小范围的危险因素扩散,引发更严重的公共危机事件。要积极引导内地优秀人才到边疆民族地区基层治理机构工作,进一步加强边疆民族地区现有的基层联防机制建设,充实基层治理主体开展社会管理工作所需的资源。

(原载《中国行政管理》2014年第11期)

中央一般转移支付与边疆省（区）公共服务供给

中国有2.28万公里的陆地边境线，与14个国家陆地接壤。沿边辽宁、吉林、黑龙江、内蒙古、甘肃、新疆、西藏、云南、广西九省（区）总面积达590万平方公里，约占国土总面积的60%。截至2017年，在140个陆地边境县中，有107个属于民族自治地方；边境地区总人口为2300多万，少数民族人口占将近一半，有30多个民族与境外同一民族毗邻而居。[1]边疆九省（区）是边境与少数民族聚居区的交汇地带，经济社会发展面临的问题既有一般性，也有特殊性。正如国务院在《关于印发"十三五"促进民族地区和人口较少民族发展规划的通知》中指出："我国经济下行压力增大，稳增长、调结构、惠民生、防风险任务日益繁重，民族地区协调各方面关系、承受各种风险、化解社会矛盾的压力呈现加大趋势，面临脱贫攻坚和实现全面小康双重任务、发展经济和保护环境双重责任、加快发展和维护团结稳定双重压力。"[2]可以看出，边疆与全国其他地区同时面临调结构与转方式、加快发展与保护环境等一般性经济改革问题，还有维护边疆安全与稳定和协调民族地区各方面关系等区域性问题。如果从其特殊的经济社会背景看，边疆省（区）是少数民族地区、边境地

---

[1] 李俊清、黎海波：《中国的跨界民族与边疆公共事务治理》，《公共管理学报》，2015年第1期。
[2] 参见国务院《关于印发"十三五"促进民族地区和人口较少民族发展规划的通知》。

区、贫穷地区重合的地理区域。特别是西部边疆自然条件恶劣，基础设施薄弱，贫困人口集中，发展起点低，历史欠账多，城乡差距大，公共服务供给滞后。相较于内陆和东部地区，边疆省（区）尤其是西部边疆省（区）公共服务支出的财力基础更为薄弱，公共服务供给远低于全国平均水平。

因此，党和国家历来重视边疆治理，积极推进边疆民族地区经济社会发展。特别是改革开放以来，中央先后制定"西部大开发""兴边富民行动""促进民族地区和人口较少民族发展""支持沿边重点地区开发开放""一带一路"等重大倡议规划，并多次召开西藏、新疆专题工作会议，专题部署并从不同政策领域加大对边疆民族地区的援助工作，有效改善了边疆社会民生，减少了边疆与内陆、西部与东部的基本公共服务非均等化程度。而基本公共服务均等化的实质是财力均等化。国务院在《关于印发"十三五"促进民族地区和人口较少民族发展规划的通知》中明确指出："加大中央财政投入力度，完善财政一般性转移支付增长机制，一般性转移支付资金和相关专项转移支付资金进一步向民族地区倾斜，确保对民族地区转移支付在总盘子中的比重继续增加。"[1] 只有加大中央一般转移支付在边疆民族地区的财政投入，才能提升边疆地区公共服务供给的规模效率，推进边疆地区基本公共服务均等化。

而作为均衡地方财力和促进基本公共服务均等化的中央一般转移支付在我国边疆省（区）的政策效果如何？结合影响边疆公共服务供给规模的一般性和特殊性因素分析，科学评估中央一般转移支付促进公共服务供给规模的政策效应是本文研究的重点问题。

一、关于转移支付与地方政府支出偏好的理论探讨

（一）国外文献回顾：转移支付与财政支出的关系

由于多数西方国家实行分权化财政体制，西方学者大多围绕中央（联

---

[1] 参见国务院《关于印发"十三五"促进民族地区和人口较少民族发展规划的通知》。

邦）与地方财政行为的关系开展研究，包括转移支付与地方税收行为、转移支付与地方政府行为、转移支付与地方财政支出的关系等。

在转移支付与地方税收行为层面，主要形成三类不同的观点。第一类观点认为，地方政府会同等对待上级政府的转移支付与本地税收收入，财政收入结构不会影响地方财政支出行为及其效率。[1]第二类观点认为，由于地方政府不能将征税成本内部化，所以倾向于将上级政府的转移支付用来替代征税成本较高的地方税收，因而联邦转移支付会降低地方政府税收努力，削弱地方财政运行效率及财政自主性[2]；第三类观点则认为，在均等化财政转移支付体制下，联邦或中央政府的转移支付会弥补税收竞争损失，地方政府提高税率反而容易获得上级政府的财政补助[3]。

在转移支付与地方政府行为层面，学者们主要围绕财政支出与公共产品供给效率进行研究。一方面，地方政府间财政分配关系体现了中央与地方政府行为之间的博弈和政策空间的交互策略[4]；另一方面财政转移支付结构也影响地方政府公共财政支出效率。后者的研究主要有两派观点：一是地方政府竞争可以促进公共产品的优化配置[5]；二是政府间的竞争并不必然导致公共产品供给效率的提高，效率主要取决于分权体制下地方政府财政激励的非线性转移支付机制。[6]

在转移支付与地方财政支出层面，国外相关研究集中在转移支付的公平与效率问题，即转移支付能否使得地方政府更为公平和有效地提供

---

[1] Bradford D.F., Oates W. E., "Towards a Predictive Theory of Intergovernmental Grants", *The American Economic Review*, 1971:440–448.

[2] Inman R. P., "Transfers and Bailouts: Enforcing Local Fiscal Discipline with Lessons from US Federalism", *Fiscal Decentralization and The Challenge of Hard Budget Constraints*, 2003, 35: 45–47.

[3] Smart M., "Taxation and Deadweight Loss in a System of Intergovernmental Transfers", *Canadian Journal of Economics*, 1998:189–206.

[4] Cai H., Treisman D., "Does Competition for Capital Discipline Governments? Decentralization, Globalization, and Public Policy", *The American Economic Review*, 2005, 95(3): 817–830.

[5] Tiebout C. M., "A Pure Theory of Local Expenditures", *Journal of Political Economy*, 1956, 64(5): 416–424.

[6] Weingast B. R., "Second Generation Fiscal Federalism: The Implications of Fiscal Incentives", *Journal of Urban Economics*, 2009, 65(3): 279–293.

公共服务。[1]在效率方面,"粘蝇纸效应"假说认为与增加本地公共支出相比,上级政府转移支付或补助会提升地方公共服务支出效率。[2]在公平方面,有学者认为,平等而不是效率的价值取向决定了政府补助分配的标准,降低中央转移支付促进公共服务供给的规模效率。[3]但也有学者综合两派观点形成相反的研究结论,认为分权程度越高的经济体财政分配越公平,有助于提供更优质的公共服务[4]。另外,一些学者通过评估美国联邦政府财政均等化政策,发现联邦的财政转移支付政策既无效率也失公平,反而造成公共支出效率更低和少数族裔补助不足等问题。[5]

国外关于我国中央转移支付影响地方公共支出偏好的研究主要分为两类假说:一是资本流动假说,其代表性观点认为,地方政府对流动资本的竞争,推动地方政府偏好生产性投资,如基础设施建设[6];二是"维护市场型联邦主义"假说,其主要观点认为,地方政府为获取较高财政收入,偏好生产性投资而不是再分配收入资源,如公共服务等[7]。

(二)国内文献回顾:一般转移支付与公共服务供给

我国自1994年实行"分税制"改革以来,学界围绕财政资源再分配的公平与效率议题开展了较多研究。在公共服务财政支出领域,主要从

---

[1] Gamkhar S., Shah A., "The Impact of Intergovernmental Fiscal Transfers: A Synthesis of The Conceptual and Empirical Literature", *Intergovernmental Fiscal Transfers: Principles and Practice*, 2007: 225-258.

[2] Oates W. E., "An Essay on Fiscal Federalism", *Journal of Economic Literature*, 1999, 37(3): 1120-1149.

[3] Hines J. R., Thaler R. H., "Anomalies: The Flypaper Effect", *The Journal of Economic Perspectives*, 1995, 9(4): 217-226.

[4] Borck R., Owings S., "The Political Economy of Intergovernmental Grants", *Regional Science and Urban Economics*, 2003, 33(2): 139-156.

[5] Albouy D., "Evaluating the Efficiency and Equity of Federal Fiscal Equalization", *Journal of Public Economics*, 2012, 96(9): 824-839.

[6] Keen M., Marchand M., "Fiscal Competition and the Pattern of Public Spending", *Journal of Public Economics*, 1997, 66(1): 33-53.

[7] Qian Y., Roland G., "Federalism and The Soft Budget Constraint", *American Economic Review*, 1998: 1143-1162.

基本公共服务均等化、转移支付效率、优化财政支出结构、竞争激励等视角进行分析。

在基本公共服务均等化领域,有学者认为,1990—2005年中央财政转移支付虽然促进了省际公共医疗卫生服务均等化,但对公共基础教育服务无显著影响[1]。在转移支付效率层面,我国财政转移支付资金由于分配不规范、监督不到位、操作不透明,导致中央转移支付促进地方公共服务产出效率低[2]。在财政支出结构层面,"中央转移支付会增强政府'重生产、轻民生'的传统治理模式,延缓基本公共服务均等化"[3]。一些研究表明,我国中央转移支付并没有增进地方公共服务支出或投资社会福利事业的规模效率。[4]在竞争激励层面,有学者提出,在追求职位晋升和经济绩效的"政治锦标赛"中,地方政府会积极投资周期短、见效快、收益高的生产性项目而不愿增加社会民生支出。[5]

因此,国内实证研究中央一般转移支付与地方公共服务支出的关系主要集中在两个方面:一是转移支付对地方政府财政行为的影响;二是转移支付促进公共服务支出的制度效率。但已有文献尚缺乏中央一般转移支付对边疆省(区)公共服务供给规模的政策效果分析。

二、理论假设:一般转移支付影响边疆公共服务供给何以可能

虽然经过了二十多年的转移支付发展实践,但我国中央转移支付促进公共服务均等化效果并不理想,并未显著改善地方"重生产、轻民生"的支出结构。这主要表现在两方面:一是中央一般转移支付扭曲了地方

---

[1] 郭庆旺、贾俊雪:《中央财政转移支付与地方公共服务提供》,载《世界经济》,2008年第9期。
[2] 安体富、任强:《中国公共服务均等化水平指标体系的构建——基于地区差别视角的量化分析》,载《财贸经济》,2008年第6期。
[3] 付文林、沈坤荣:《均等化转移支付与地方财政支出结构》,载《经济研究》,2012年第5期。
[4] 傅勇:《财政分权、政府治理与非经济性公共物品供给》,载《经济研究》,2010年第8期。
[5] 周黎安:《中国地方官员的晋升锦标赛模式研究》,载《经济研究》,2007年第7期。

政府公共服务支出偏好,削弱了公共服务支出效率[1];二是中央一般转移支付对公共服务支出影响不显著或效果不均衡[2]。

而中央一般转移支付制度是我国分权财政体制的重要构成,是边疆多数省区财政收入的最重要来源。例如除辽宁(30%)和内蒙古(43.51%)外,2014年其他边疆七省区中央补助收入占本年财政收入总计的比例均高于50%,其中西藏中央补助收入占本地财政收入总计的78.63%,甘肃中央补助收入占本地财政收入总计的66.34%,新疆中央补助收入占本地财政收入总计的56.7%。近年来,中央政府对边疆省(区)的一般转移支付逐年增加,例如对老少边穷地区转移支付由2013年的1081亿元增加到2016年的1538亿元,年均增长12.5%。无论是市场联邦主义、资本流动假说,还是政治锦标赛、粘蝇纸效应等理论假说,都认为上级政府转移支付与地方政府公共服务支出偏好有显著关系,尤其是对财力比较薄弱的西部地区,中央一般转移支付对边疆公共服务供给规模有直接影响。进而提出研究假设:

H_1:中央一般转移支付促进边疆地区公共服务供给规模。

解释转移支付效果悖论的原因是多方面的,其中很重要的原因是受财政预算约束。政府公共财政预算的调整反映了政府活动的内容和范围的变化。其中变化的焦点是比较政府财政支出的方向和力度是集中在生产性投资领域还是社会民生项目。一般认为,社会民生建设乏力和地区财政收支失衡的地区越容易获得中央一般转移支付。事实上,边疆省区政府除承担经济建设、社会管理和公共服务等一般性职能外,还要制定和执行民族宗教政策,维护边疆安全与稳定等特殊职能。财权不足以匹配事权导致边疆地区财政支出"捉襟见肘",可供公共服务支出的财力基础更加薄弱。例如,2014年除辽宁省(53.64%)外,其他边疆八省区本

---

[1] 傅勇、张晏:《中国式分权与财政支出结构偏向:为增长而竞争的代价》,载《管理世界》,2007年第3期。
[2] 范柏乃、张鸣:《基于面板分析的中国省级行政区域获取中央财政转移支付的实证研究》,载《浙江大学学报》,2010年第11期。

地财政收入都不及其财政支出的一半,西藏本地财政收入占其财政总支出的比例仅为9.44%,新疆为36.18%,甘肃为24.68%,云南为35.71%,广西为36.17%,黑龙江为30.6%,吉林为37.4%,内蒙古为42.68%。[1]边疆省区政府承担了绝大部分公共服务职能,而大部分边疆地区可供其支付的财权则不到其事权的三分之一。为充实地方财源,优化财力结构,地方政府的部分财政赤字应当由中央政府来弥补。[2]研究表明,上级政府转移支付有"熨平"地区财政收支缺口的政策效果,增强公共服务供给的财政基础,激励地方政府公共服务支出偏好,不断提高公共服务供给水平。[3]基于此提出假设:

H_2:边疆地区财政赤字越大的省(区),公共服务供给规模越小。

不同于内陆和东部地区,边疆是特定区域和特定人群的交汇地,既要解决"保增长和转方式、调结构与惠民生"等经济改革的一般性问题,还要面对"保护民族文化多样与维护边疆安全与稳定"等特殊的区域性问题。

首先从一般性层面看,边疆经济发展整体滞后,产业结构转型困难,贫困人口集中,脱贫难度大,公共服务水平低。例如2015年,边疆九省(区)人均GDP为4.32万元,远低于全国平均水平(5.3万元)。边疆第二产业占GDP的比值偏低,2015年黑龙江、甘肃、云南、新疆和西藏第二产业占GDP比值均低于全国平均水平(43.04%)。第三产业不发达,内蒙古、吉林、辽宁、广西、云南、新疆六省区第三产业占GDP比值低于全国平均水平(47.05%)。2015年,吉林、黑龙江、辽宁、内蒙古、西藏教育支出占一般公共预算支出之比,广西、新疆、西藏的社会保障

---

[1] 此处本地财政收入主要指本地税收收入和非税收入,本地预算支出总计不仅包括预算决算支出科目,还包括上解中央支出等十项目。本文数据依据《中国财政统计年鉴(2015)》计算得出。

[2] 范柏乃、张鸣:《基于面板分析的中国省级行政区域获取中央财政转移支付的实证研究》,载《浙江大学学报》,2010年第11期。

[3] 王广庆、侯一麟等:《中央对地方财政转移支付的影响因素——基于省际14年面板数据的实证分析》,载《公共行政评论》,2012年第5期。

支出占一般公共预算支出之比，吉林、黑龙江、新疆、辽宁、内蒙古和西藏医疗卫生支出占一般公共预算支出之比，黑龙江和云南的文体传媒支出占一般公共预算支出之比，均低于全国平均水平。改变经济社会贫困落后的面貌，边疆地区必须适应国内经济增长动力和发展方式的转变，围绕"调结构、转方式、促发展"等目标在经济改革领域有所作为，力争2020年基本建成公共服务体系和城乡基本公共服务均等化，并且努力与全国其他地区一道完成"全部脱贫摘帽"任务和全面建成小康社会的宏伟目标，实现边疆省区跨越式发展，增强当地公共服务供给水平的财力基础。因此转方式与跨越式发展从根本上决定边疆经济增长的质量和效益，是扩大公共服务财力规模的关键环节，有助于降低边疆地区依靠中央转移支付承担地方公共服务事权的财政依赖。进而提出研究假设：

H_3：转方式与跨越式发展是边疆扩大公共服务财力规模的根本途径，能降低边疆省区政府依靠中央一般转移支付提升本地公共服务支出的财政依赖。

其次从区域性特征看，我国边疆是资源富集区，是我国重要的能源生产基地和金属矿产开采基地。例如内蒙古2015年全区原煤、焦炭、原油、燃油、汽油、煤油、柴油的总产量为188769.98万吨，约占全国总产量的1/5，居全国第2位，仅次于山西省；内蒙古铁矿产量、铬矿产量和电力发电量均居全国第3位。再如新疆2015年全区天然气产量约147.83亿立方米，占全国总产量的22%，仅次于陕西省，居全国第2位；新疆煤炭、铬矿、原生钛铁矿、铁矿产量分别居全国第3、3、5、8位；辽宁铁矿产量和西藏铬矿产量均占全国第1位；广西锰矿、钒矿都居全国第1位；甘肃铬矿、钒矿产量分别居全国第2、3位；云南锰矿居全国第4位。可见，边疆能源矿产开采和加工行业是边疆经济发展的重要产业，资源开发一方面是边疆经济社会快速发展的重要动力，另一方面也是"高能耗、高投入、低产出"等粗放型增长的典型代表，导致边疆经济发展质量和效益低，环境污染和生态破坏严重，经济社会快速发展不可维系，反映了边疆经济社会发展是一个"矛盾体"：一方面，资源开发过少难以推动边疆经济快速增长和跨越式发展；另一方面，开发过多必然损害当地脆弱的生态环境，对边疆甚至是全国的生态功能造成严重威胁，也限制了边疆公共服务财政的持续投入和大规模增长。进而提出假设：

H_4：边疆资源开发虽然能显著促进当地经济增长从而促进边疆公共服务供给规模，但资源开发过多产生的生态环境治理成本会降低中央一般转移支付和通过地区资源开发扩大边疆公共服务财力规模的政策效应。

最后从民族宗教因素看，我国边疆省区多数是民族自治地区，绝大多数少数民族都在边疆有聚居区，区域社会宗教信仰浓厚，各级政府承担着大量复杂而敏感的民族宗教事务和紧迫的边疆维稳任务，增加了边疆公共服务提供成本和公共事务管理的技术难度，导致中央一般转移支付在公共服务、民族、宗教和边境事务与全国其他地区的资源配置效率也不相同，这是由边疆辽阔的行政空间、多元民族文化和边境特殊地缘所决定。具体表现在四个方面。

首先是边疆民族地区地域辽阔，公共服务行政管理成本较高，中央一般转移支付对公共服务的财政投入需要承担更多区域性成本。例如新疆全区166万平方公里，占中国国土总面积六分之一，西藏全区面积120.223万平方公里，约占全国总面积的1/8；内蒙古面积118.3万平方公里，占全国总面积的12.3%，边疆少数民族四个自治区约占国土面积的45%。特别是西部边疆地广人稀，如西藏广袤的国土上仅生活着300多万人，而新疆的面积是江苏的10倍以上，人口却不足其30%。边疆地区河谷城镇、工矿企业、交通沿线的公共服务投入较多，但生活在高寒山区、偏远牧场，特别是沿边境线居住的边民，由于远离人口密集的消费市场，人口密度小，公共服务供给不足。这就需要中央直接提供或依靠转移支付委托地方政府提供这些公共产品。事实上，边疆省区近几年对主要社会民生项目的财政投入主要来自财政转移支付。例如新疆维吾尔自治区2015年全区节能环保支出53.7亿元，来自节能环保转移支付项目的资金占比92.2%；全区医疗卫生与计划生育总支出118.8亿元，而来自医疗卫生与计划生育转移支付项目的资金就占 86.36%；全区住房保障支出 224.4 亿元，来自保障性住房转移支付项目的资金占比 77%；全区各类教育支出 144.4 亿元，其中来自教育转移支付项目的资金占比 53.6%。

其次是民族文化多样性对公共服务生产成本、需求类型、提供方式、区域稳定的影响。边疆要提高少数民族教育水平，保护和传承少数民族文化等公共服务比非民族自治行政机构需要更多的人、财、物资源，对边疆公共服务财政规模及上级转移支付和税收返还的刚性需求也越大。例如，在基础教育和公共文化领域，边疆地区不同民族语言文字的差异，需要进行多语种的双语教学和广播电视报纸的双语甚至是多语翻译，增加了公共文化服务的供给成本和交流成本。边疆民族地区在保护文化遗产、使用民族语言文字、发展民族特色的公共服务方面，比内陆和东部省区需要更多的中央财政支持。比如，少数民族特需的公共产品就需要地方政府或上级转移支付的财政资助。这是因为边疆地区交通不发达，生产成本大，市场利润低，消费需求少，市场主体不愿提供。少数民族的特需产品如边销茶、灯用酥油、赛马弓箭、奶酒蒸屉等少数民族日用品、工艺品、文体用品和民族医药品等，主要由中央政府提供财政补助或委托边疆政府专项提供或补贴市场生产。

再次，从宗教文化层面看，边疆地区社会现代性发育迟缓，宗教氛围浓郁，不少民族甚至是全民信教。如西藏有藏传佛教寺庙 1700 多处，驻寺僧尼约 4.6 万人。宗教活动在广大藏族群众的日常生活中占据着重要的地位。再比如新疆大小清真寺约有 2.4 万座，教职人员 2.65 万人，伊斯兰教信徒众多，开斋节既是维吾尔族等少数民族的传统节日，也是重要的宗教节日。可以得出，宗教文化对少数民族特别是藏族和伊斯兰教徒的生产生活有着重要而直接的影响，使得边疆治理必须考虑区域性的民族因素和宗教因素。因此，加强中央一般转移支付和专项转移支付对民族政策和宗教政策的财政支持，不仅促进民族团结和维护民族平等，还有助于发展边疆社会民生，提高公共服务供给水平，促进各民族共同繁荣发展。

最后，从边境区域性因素看，我国边疆安全与稳定面临巨大压力和严峻挑战。例如"三股势力"的颠覆破坏活动、毒品走私、非法移民、难民涌入、人口买卖等跨国安全问题在部分边境屡屡发生，严重扰乱边疆居民的生产生活秩序，甚至是威胁边境群众的生命财产安全。这就需要中央政府和边疆各级政府在公共安全领域增加财政投入，夯实维护边境地区"安定团结"的财政基础，防范和化解各类社会风险，预防和遏制不稳定因素的产生。提出研究假设：

H_5：维护民族文化多样性和边疆安全与稳定是边疆特殊的省（区）情，构成制约公共服务财政支出规模的区域性因素，削弱了中央一般转移支付促进边疆公共服务支出的财政效率。

另外，公共服务水平落后的地区往往会获得更多中央一般转移支付，这是由一般转移支付促进基本公共服务均等化的财政目标所规定。因此，边疆公共服务供给的财力规模在很大程度上也受本地公共服务绩效的影响。为单独考察中央一般转移支付对边疆公共服务供给的净效应，有必要把地方公共服务绩效作为控制变量。本文分别将边疆省区社保医疗因子和文化教育因子作为研究模型的控制变量。[1]

三、数据、模型与统计

（一）数理模型与数据来源

本文采用1995—2015年陆地边疆九省区面板数据[2]，用双向固定效应模型检验理论假设。由于数据扰动项存在组间异方差和组间同期相关，在面板校正标准误条件下进行参数估计。

---

[1] 本文对每十万人（幼儿小学初中高中）在校生人数、图书馆数量、博物馆数量、每万人医院卫生院床位数、医疗卫生机构数、年末参加养老保险人数、年末参加城镇基本医疗保险人数等绩效指标作降维处理，KMO值=0.76，Bartlett Sig=0.000，因子累积方差贡献率为78%。依据各指标的因子得分系数和因子载荷，提取两个新因子，分别命名为"教育文化因子"和"社保医疗因子"。

[2] 对2006年及以前地区环保支出采用最大似然估计法插补缺失值。

$$y_{it} = x'_{it}\beta + z'_i\delta + \mu_i + \varepsilon_{it}(i=1\cdots9, t=1\cdots12)$$

被解释变量 y_{it} 是"边疆省区公共服务支出占一般预算支出之比",解释变量 x'_{it} 包括"中央一般转移支付""地区财政赤字""地区能源资源产量""地区环境保护财政支出""少数民族人口占本省区人口之比""综合能耗产出率""地区GDP指数相对增长率"等,$z'_i\delta$ 是不随时间而变的个体特征,如地理区位、资源禀赋等,$\mu_i + \varepsilon_{it}$ 是复合扰动项。除"财政赤字"外,其他变量取对数,统计检验各省区指标的数据基本平稳。借鉴技术经济学的方法,用"综合能耗产出率"代替"地区转变经济发展方式",以"地区能源资源产量"代替"地区资源开发",以"地区GDP指数相对增长率"代替"地区跨越式发展"的速度,以"地区公共安全财政支出"[1]测度"边疆安全与稳定"的水平。同时基于上文理论假设,在模型增加"资源开发与环境保护"和"跨越式发展与转变发展方式"作为调节变量,将地区"公共文化教育"和"地区社保医疗"的绩效作为模型控制变量。

本文数据全部来自《中国统计年鉴》《中国民族统计年鉴》《中国科技年鉴》《中国财政年鉴》《中国教育年鉴》《中国民政统计年鉴》《中国社会年鉴》《中国卫生年鉴》《中国环境统计年鉴》等。具体变量描述见表1。

表1 变量描述

变量	均值	标准差	最小值	最大值	样本观测值
公共服务支出占一般预算支出之比[2]	0.34	0.11 0.07 0.09	0.10 0.24 0.15	0.83 0.48 0.68	N=189 n=9 T=21
中央一般转移性支出（万元）	6348498	5689307 1371296 5539658	232826 3418939 -551258	21600000 7844701 20200000	N=189 n=9 T=21

---

[1] 地区公共安全支出2006年之前的统计口径是地区公检法支出和地区武警经费支出之和。

[2] 本文地区公共服务支出是边疆九省区历年"社会保障支出""医疗卫生支出""各级各类教育支出""公共文体支出"和"国防支出"之和。

续表

省区少数民族人口占比	0.30	0.26 0.24 0.12	0.00 0.08 -0.13	0.97 0.80 0.57	N=189 n=9 T=21
省区环境保护支出（万元）	475909	382477.00 183059.90 341090.50	47651.00 139159.90 -113987.00	1752500.00 687032.10 1655675.00	N=189 n=9 T=21
省区公共安全支出（万元）	697197	677283.10 247284.50 635663.50	5812.61 272992.40 -210365.00	2567200.00 1113255.00 2480889.00	N=189 n=9 T=21
省区财政收入（亿元）	504.63	625.08 320.00 547.01	2.15 32.80 -508.68	3343.81 1197.68 2650.76	N=189 n=9 T=21
省区财政支出（亿元）	1226.36	1294.87 436.82 1227.26	34.87 385.63 -451.46	5197.42 1951.65 4472.13	N=189 n=9 T=21
省区原煤焦炭原油燃油汽油煤油柴油产量（万吨）	7246.41	10034.27 5878.49 8355.01	1.00 1133.61 -12136.60	94384.99 19786.71 81844.69	N=189 n=9 T=21
省区综合能耗产出率（元/千克标准煤）	6.06	2.68 1.16 2.44	2.76 4.10 1.84	14.75 7.77 13.47	N=189 n=9 T=21
省区 GDP 指数占全国 GDP 指数之比	1.01	0.02 0.01 0.02	0.96 1.00 0.96	1.11 1.04 1.09	N=189 n=9 T=21

资料来源：作者自制。

(二) 模型与统计分析

依循理论假设，将边疆省区的公共服务绩效作为控制变量后，依次加入中央一般转移支付构成模型1，增加地区财政收支水平组成模型2，增加资源开发与环境保护组成模型3，增加跨越式发展与转变发展方式构成模型4，最后加入边疆区域性因素，即民族文化多样性和边疆安全与稳定构成模型5，以检验中央一般转移支付对边疆省区公共服务供给的政策效果。其中模型3、模型4是考察全国性宏观经济结构调整目标,主要是资源开发与保护环境、跨越式发展与转变发展方式对边疆一般转移支付政策效果的限定作用。模型5研究边疆区域性因素,即民族文化多样性和边疆安全与稳定对地方公共服务供给的内在约束效果(统计结果见表2)。

模型1显示,在边疆地区拥有相同公共服务绩效水平条件下,中央向边疆九省区转移支付数额每增加1%,边疆省区公共服务财政支出就增加约0.11%(p<0.01),说明国家层面的一般转移支付可以有效激励边疆省区政府提供包括社会保障、医疗卫生、公共教育、公共文体和国防产品。而且地方自身公共服务供给的绩效水平和中央一般转移支付解释了边疆省区公共服务财政投入比例的58.6%(p<0.01),H_1得到支持。但是获得中央一般转移支付越多的省区通常是地区财政收支失衡越严重的地方,财权不足会扭曲地方政府公共服务财政支出偏好,当地公共服务水平也较低,会导致中央一般转移支付促进边疆省区公共服务财力投入的政策效果被低估。因此模型2控制地区财政收支水平后,中央一般转移支付促进边疆省区政府增加公共服务投入的激励效果比模型1提高了约7.3%(p<0.01),但假设H_2未得到支持。同样地,地方公共服务绩效与获得中央一般转移支付的水平与当地优势产业、发展方式、增长速度等经济结构密切相关。实践表明,环境污染少、资源替代性较强的地区发展方式更趋于集约化,增长速度也较快,发展的质量和效益也越高,地方政府增加公共服务支出的财政资源也越充足,区域公共服务供给水平也较高。因此模型3、模型4分别控制边疆资源开发与环境保护、跨越式发展与转变方式后,中央一般转移支付促进边疆省区政府在公共服务领域增加财政支出的比例降低为0.114%(p<0.01),转移支付的政策激励效果比模型2减少约3%(p<0.01);而且还发现边疆能源资源生产量每增加1%,边疆省区公共服务财政投入的比例会提升0.1%(p<0.01),假设H_4得到支持。这是因为一方面我国边疆九省资源富集,是我国重要的能源产业基地,如石油、煤炭、天然气和其他金属矿产开采及加工等"高投入、高能耗、低产出"行业是边疆经济社会发展的基础产业,资源替代性较弱,加上资本、技术、人才等生产要

素稀缺,产业结构升级或转变发展方式存在先天劣势和后天不足的双重困境,使得资源开发成为边疆省区经济发展的重要动力;另一方面,边疆地区是我国"两屏三带"生态安全屏障区,生态环境脆弱、资源开发承载力低,导致边疆经济社会发展是一个"矛盾体"。模型3的统计结果证实了上述理论假设:虽然边疆资源开发能促进政府公共服务财政投入,但是依赖传统粗放型增长的发展方式和发展能源资源产业改善本地公共服务财政规模的政策作用会被削弱约0.08%($p<0.01$)。从资源开发与环境保护的辩证关系看,资源开发激励边疆省区政府增加公共服务财政投入的净效应会被当地环境治理成本削弱约0.094%($p<0.01$)。具体言之,资源开发促进边疆省区政府提高公共服务财政投入比例的政策作用会被本地环境污染及生态破坏的代价所抵扣。模型4也显示,要从根本上实现边疆省区跨越式发展必须要改变边疆粗放型增长方式。借鉴经济学界测度转变经济发展方式的科学做法,结果表明:边疆经济发展的综合能耗每降低1%,地区公共服务财政投入的比例将增加0.32%($p<0.01$)。可以看出转变发展方式后的边疆依靠经济跨越式发展带动本地公共服务财政投入增加的政策效果远远高出中央一般转移支付的激励效果。前者的政策作用是一般转移支付的2.82倍,模型有效解释了边疆省区政府公共服务财政投入比例的约62%,假设H_3得到支持。但是这种政策解释框架不同于我国东部沿海或内陆地区公共服务提供模式,很重要的原因是边疆是区域性因素和民族宗教因素交互影响的特殊地区,既受国家宏观政策调节等一般因素的外生影响,也深受边疆地区民族宗教和边疆政策等特殊性因素的内在约束。模型5显示,控制各省区少数民族人口占比和地区公共安全财政开支后,中央一般转移支付促进边疆省区政府增加公共服务财政投入比例的边际作用降低为0.068%($p<0.1$),政策激励作用被削弱了约40.35%。统计还显示,少数民族占本省人口比例每增加1%,当地省区政府公共服务财政投入占一般预算支出的比例就减少约0.056%($p<0.01$),假设H_5得到支持。边疆公共安全开支每增加1%,当地省区政府增加公共服务财政支出的比例则提升约0.1($p<0.01$)。模型5从整体上解释了边疆省区政府公共服务财政投入占一

般预算支出比例变异量的约64%（p<0.01）。因此，虽然中央一般转移支付能有效激励边疆省区政府发展公共服务的偏好，但是政策效果受到外在宏观因素的限制和内部民族宗教等区域性因素的约束，只有综合考虑以上因素，才能科学解释边疆省区政府提高公共服务财政规模的一般规律。

表2　不同模型系数估计结果

解释变量	模型1	模型2	模型3	模型4	模型5
教育文化绩效	0.0983*** （0.022）	0.0579* （0.034）	0.0875** （0.035）	0.0814** （0.036）	0.0644* （0.035）
社保医疗绩效	−0.157*** （0.034）	−0.196*** （0.051）	−0.171*** （0.052）	−0.187*** （0.052）	−0.217*** （0.051）
中央一般转移支付	0.109*** （0.035）	0.117*** （0.036）	0.114*** （0.035）	0.114*** （0.036）	0.0676* （0.038）
财政赤字		−0.0000971 （0.00007）	−0.0000558 （0.000069）	−0.0000251 （0.00007）	−0.0000819 （0.00007）
资源开发			0.0767*** （0.024）	0.0955*** （0.024）	0.112*** （0.024）
资源开发与环境保护			−0.0786*** （0.024）	−0.0942*** （0.024）	−0.115*** （0.024）
跨越式发展与转变方式				0.322*** （0.071）	0.301*** （0.074）
少数民族人口占比					−0.0564*** （0.011）
边疆安全与稳定					0.1** （0.044）
参照组：内蒙古					
辽宁	−0.00427 （0.13）	0.0382 （0.138）	0.00985 （0.143）	−0.0222 （0.139）	−0.113 （0.136）

续表

吉林	0.376*** (0.055)	0.378*** (0.056)	0.417*** (0.051)	0.354*** (0.044)	0.282*** (0.051)
黑龙江	0.0977* (0.053)	0.109** (0.055)	0.143** (0.063)	0.075 (0.062)	-0.143* (0.074)
广西	-0.118** (0.049)	-0.104** (0.048)	-0.135** (0.060)	-0.238*** (0.071)	-0.25*** (0.073)
云南	-0.117*** (0.044)	-0.124*** (0.047)	-0.0822 (0.061)	-0.132** (0.062)	-0.146** (0.068)
西藏	-0.294*** (0.062)	-0.322*** (0.065)	-0.377*** (0.081)	-0.345*** (0.082)	-0.278*** (0.079)
甘肃	-0.0698 (0.057)	-0.0537 (0.056)	-0.0834 (0.062)	-0.078 (0.063)	-0.0977 (0.065)
新疆	0.0144 (0.047)	0.0205 (0.049)	0.0293 (0.061)	0.0293 (0.057)	0.0652 (0.061)
时间	-0.00306 (0.006)	-0.00827 (0.007)	0.000833 (0.008)	-0.0104 (0.009)	-0.0225** (0.01)
截距	3.366 (12.32)	13.6 (13.99)	-3.549 (14.8)	18.62 (17.03)	42.50** (19.61)
样本	189	189	189	189	189
模型拟合度	0.586	0.589	0.596	0.615	0.641

注：*p 值 < 0.1，** p 值 < 0.05，*** p 值 < 0.01。

四、结论与讨论

（一）影响中央转移支付促进边疆省（区）公共服务供给的一般性因素分析

中央一般转移支付促进边疆公共服务供给的财政政策效果应区别对

待。如果不考虑影响边疆省区的经济增长的一般性因素和特殊性因素，那么中央一般转移支付能有效激励边疆省区政府增加公共服务的财政投入。但是获得中央转移支付越多的地区往往财政收支失衡越严重，当地公共服务绩效越低，公共服务供给规模越小。这就说明中央转移支付促进公共服务均等化的政策效应受内生因素的制约。从这个角度看，中央一般转移支付激励边疆省区政府公共服务财政支出偏好的政策效应就会被低估。如果改善地方财政收支结构，合理匹配中央与地方的财权和事权，增加地方政府财政收入，可以扩大边疆公共服务的财力基础，中央一般转移支付促进公共服务供给的政策效率会更高。由于特殊的区位优势，能源矿产开发是边疆经济结构的重要产业，过去依靠资源密集型产业推动地方经济快速发展，虽然改善了地方公共财政收支结构，但是边疆财政收入的增加是建立在粗放式经济增长的基础上，经济社会发展质量和效益低，财政收入长期增长的可持续性不强，公共服务的财力基础十分薄弱。因此，边疆地区必须适应当前经济增长动力和发展方式的转变，处理好资源开发与环境保护、转变方式与跨越式发展的辩证关系，才能从根本上降低边疆省区对中央一般转移支付的财政依赖，积极推进公共服务供给的规模和质量效益。具体表现在两个方面。

1. 资源开发与环境保护

边疆省区资源富集，既是我国重要的能源产业基地，又是我国最重要的生态功能区。域内森林、草原、湿地、荒漠等生态系统分布密集，是我国重要的水资源涵养区、生物资源多样性聚集区、矿产资源富集区、土地资源储备区、森林资源供给区。虽然边疆资源蕴藏价值极高，但生态系统脆弱，承载能力很低，自然灾害及次生风险发生频率高。如2015年，云南发生地质滑坡的次数约占全国6%。边疆九省区发生泥石流次数约占全国39%，地面塌陷约占全国67%。全国发生5.0—6.9级地震次数14次，其中内蒙古、云南、西藏和新疆共发生10次，占全国总数的71%。九省区森林火灾发生次数1567次，占全国总数的53%。辽宁、内蒙古、吉林、黑龙江、西藏、甘肃和新疆七省区草原鼠害危害面积1708.4万公顷,占全国总数的59%,草原虫害面积约319.27万公顷,占全国总数的69%。边疆九省区的旱灾面积621.86万公顷,约占全国59%,洪涝、山体滑坡、泥石流受灾面积149.05万公顷,占全国五分之一,发生风雹、低温冷冻和雪灾205.29万公顷,占全国受灾总数的54%。2015年,边疆自然灾害造成直接经济损失851亿元,约占全国总损失的30%。

另外,矿产、农牧业、高能耗产业是边疆省区主导的产业。例如2015年,除西藏外,边疆八省煤炭采选业投资1222.13亿元,约占全国投资额的1/3;除云南外,边疆八省区石油和天然气开采业投资约1309.87亿元,占全国投资总额的44%。这些产业与边疆能源资源开发紧密相关,产业替代性小,结构转型存在瓶颈。边疆经济发展与资源开发面临两难选择,资源开发与保护环境是制约边疆经济社会发展的"矛盾体"。少开发或不开发资源,难以实现民族地区快速发展和跨越式发展,开发过多、过快必然损害本地生态环境。[1]例如资源型驱动增长的内蒙古,依靠投资增长的广西,连续多年GDP速度呈两位数增长,甚至超过同期的部分东部省市。但是,这种依靠高投入、以高能耗换取高增长的发展方式是不可持续的。2015年,边疆省区二氧化硫、氮氧化物和粉尘排放总量约1506.81万吨,约占全国排放总量的29%;工业废水排放121.27亿吨,占全国排放总量的16.5%。同时,边疆水土流失治理面积新增184.29万公顷,占全国新增水土流失面积的34%。再如,西藏基础建设所占比重过高、轻工业过低,是投资率高的重要原因,说明就业人员数量结构是"一、三、二"型结构。[2]这说明西藏产业结构与区域资源环境高度相关,对农牧业过度依赖,导致第二产业促进经济包容性增长的作用较小,增长质量和效益较差。因此,边疆资源开发、环境保护

---

[1] 王广庆、侯一麟等:《中央对地方财政转移支付的影响因素——基于省际14年面板数据的实证分析》,载《公共行政评论》,2012年第5期。

[2] 王娜:《西藏产业结构与就业结构的演变及关联性分析》,载《西藏发展论坛》,2010年第4期。

与经济发展的内生关系，对西部边疆可持续发展提出了更高要求。合理开发资源不仅是边疆跨越式发展的基础，也是维护国家"两屏三带"生态安全战略格局的紧迫要求，是边疆转方式、调结构、惠民生等深化改革的关键一环[1]，是边疆地区减少对中央转移支付财政依赖，自发增强政府公共服务职能的前提条件。

2. 转变发展方式与跨越式发展

中共中央、国务院《关于深入实施西部大开发战略的若干意见》提出，要"积极支持民族地区跨越式发展"。跨越式发展强调"保增长"，包容性增长强调"转方式与调结构"。西部边疆面临转变发展方式与实现跨越式发展的双重压力。边疆地区只有在"十三五"时期加快发展、跨越式发展才能缩小与内陆发展差距，保证到2020年与全国人民一道迈入全面小康社会和全部贫困县脱贫摘帽。近年来，边疆大部分省区经济增长速度明显高于全国平均水平，为加快发展、跨越式发展创造了条件。例如2015年，西藏和新疆GDP指数分别居全国第1位和第8位，云南、广西、甘肃GDP指数也都高于全国平均水平。除内蒙古自治区外，其他边疆八省区第一产业GDP指数均高于全国平均水平，其中甘肃、云南和新疆GDP指数增速分别居全国第2、3、5位。部分边疆省区第二产业地区生产总值增幅走在全国前列，如西藏和云南分别居全国第2位和第6位，广西、内蒙古、甘肃和新疆第二产业GDP指数也高于全国平均水平，新疆、云南第三产业GDP指数分别居全国第2、10位。

但是边疆经济发展总体水平滞后，与内陆特别是东部沿海差距较大。2015年，边疆九省（区）人均GDP仅达到全国均值的81.51%。边疆经济发展不均衡，2015年内蒙古和辽宁人均GDP分别为7.11万元、6.54万元，在边疆省区排名前两位，除吉林（5.1万元）外，新疆（4万元）、黑龙江（3.95万元）、广西（3.52万元）、西藏（3.2万元）、云南（2.88万元）、甘肃（2.62万元）六省区人均GDP不仅低于全国平均水平（5.3

---

[1] 李俊清：《民族自治地方公共管理改革刍议》，载《政治学研究》，2008年第2期。

万元），甚至低于边疆九省区人均GDP（4.32万元）。

边疆地区发展方式粗放，产业结构亟待优化。2015年，除内蒙古（9.07%）、西藏（9.05%）和辽宁（8.32%）三省区外，其他六省区农业产值占比高于全国平均水平（9.91%）。黑龙江和新疆农业产值占比分别居全国第2、3位。边疆省区第二产业占GDP比重偏低，第三产业不发达。以2016年为例，除甘肃和西藏第三产业占GDP的比重略高于全国平均水平（51.6%）外，其他边疆省区第三产业占GDP的比重都低于全国均值。尤其是西部边疆是典型的能源投资性产业结构。2015年，全国国有经济能源工业固定资产投资平均为15419亿元，甘肃、新疆、云南、黑龙江和吉林国有经济能源工业固定资产投资额分别是全国均值的3.75、3.02、2.43、1.41和1.09倍。内蒙古原煤产量约占全国的四分之一，黑龙江和新疆原油产量分别占全国的17.89%和13.03%。新疆天然气产量约占全国的22%，云南水利发电量约是全国的19%，广西水力发电量约占全国的7%，边疆九省区水利发电量约占全国的32.34%，边疆九省区火力发电量占全国的22.83%。

此外，西部边疆贫困人口贫困程度深，减贫成本高，脱贫难度大。特别是西藏及四省藏区、新疆南疆三地州、滇桂黔石漠化区、滇西边境山区是国家"十三五"时期扶贫攻坚主战场。《国务院关于印发"十三五"脱贫攻坚规划的通知》指出，多数西部省份的贫困发生率在10%以上，特别是边疆民族五省区贫困发生率达12.1%。因此，从根本上减少边疆省区对中央转移性支付的财政依赖就要打破制约区域贫困的瓶颈。积极利用边疆特色优势民族资源，倡导产业扶贫；强化基础设施建设，推进交通扶贫；挖掘民族地区自然人文资源，开展生态旅游扶贫；加大教育投入，推进教育扶贫；通过保护民族多样性，实现文化扶贫；健全民族地区基本公共服务体系，促进社保兜底扶贫、健康扶贫。通过转变发展方式推进边疆跨越式发展，努力解决边疆群众通行难、吃水难、看病难、上学难等社会民生问题，是不断提升边疆省区公共服务供给水平的关键，确保2020年边疆地区基本建成基本公共服务体系与实现基本公共服务均等化。

(二）影响中央一般转移支付促进边疆公共服务供给规模的特殊性因素分析

虽然东北边疆经济快速增长和改善区域公共服务质量的关键是积极转方式与调结构。但是我国西部边疆受特殊区位和特殊人群的影响，在自然条件、社会结构、文化习俗、经济产业、治理模式及复杂的地缘国际环境方面都不同于东北和内陆地区，决定了西部边疆有区域性的焦点问题、发展目标和限制条件。其中影响中央一般转移支付促进边疆省区公共服务供给规模的特殊性因素主要是民族、宗教和边境。具体表现在三个方面：一是民族地区公共服务行政成本较高；二是保护民族文化多样性的需求；三是维护边疆安全与稳定的压力。

1.边疆民族地区公共服务的行政成本居高不下

边疆民族自治地区的政府面对区域性公共服务行政成本居高不下的巨大压力，导致中央一般转移支付促进边疆公共服务供给规模的效果较差。原因主要有四点：一是民族自治地方政府职能比普通地方政府复杂。民族自治地方政府除了享有其他地方政府所享有的一般性权利，还享有《民族区域自治法》规定的特殊权利，决定了民族自治地方政府职能与一般地方政府存在较大差异。民族自治地方政府不仅要承担普通地方政府市场监管、社会管理和公共服务的职能，还承担着促进民族团结，管理宗教事务，维护边疆安全稳定，保护民族文化多样性，合理开发资源与保护生态环境、沿边开放合作等特殊职能，这都增加了民族自治政府提供公共服务的行政成本，降低了一般性转移支付生产公共服务的边际产出，即中央提供等量的一般转移支付，边疆省区政府促进公共服务财政投入的效率较内陆和东部省份低。二是民族自治地方行政改革相对迟缓，也增加了公共事务管理的交易成本。如一些地方制定的《自治条例》和《单行条例》过于空泛；有些地区公共服务中存在决策的随意性和职能交叉性，导致一些政府或部门推诿、塞责本应该肩负的公共事务，政府公共服务主体责任缺位或履职不够的情况屡见不鲜；还有的地方随意增加行政编制和岗位，导致机构臃肿，权责交叉，多头管理、重复管理，协调难度大，提供公共服务的行政成本大，导致转移性支付激励政府增加公共服务规模的财政效率较低。三是边疆民族地区自然环境恶劣，生态环境脆弱，行政辖区范围大，公共服务管理成本高，导致边疆省区比内陆和东部省市承担更多公共服务的行政管理成本。首先，西部边疆域内广布戈壁沙漠、雪山冰川等地形地貌。如西藏地处"世界屋脊"，平均海拔超过4000米；新疆的荒漠戈壁占其面积一半以上；云南、贵州等地则群山密布。边疆复杂的地质地貌和恶劣的水文气候条件，加上交通设施落后，公共服务单位生产成本高，导致转移性支付对公共服务资源的配置效率低。其次，我国边疆省区行政辖区较大，管理公共服务的行政成本居高不下。例如广西壮族自治区行政区域的面积约23.67万平方公里，相当于一个英国。边疆3个少数民族自治区就相当于3个国土面积超过100万平方公里的世界性陆地大国。而云南省行政区域的面积是39.4万平方公里，比日本和德国面积还大。东三省的行政区域面积总和80.84万平方公里，相当于法国与意大利两国的面积；甘肃行政区域面积是45.37万平方公里，相当于瑞典的国土面积。全国有30个自治州（盟），117个自治县，4个自治旗，1020个民族乡。其中辽宁有8个自治县和56个民族乡；吉林有1个自治州、3个自治县和28个民族乡；黑龙江有1个自治县和53个民族乡；广西有12个自治县和59个民族乡；云南有8个自治州、29个民族县和140个民族乡；甘肃有2个自治州、7个自治县和34个民族乡；新疆有5个自治州、6个自治县和42个民族乡；内蒙古有3个自治旗和18个民族乡。辽阔的地域分布着多层级的自治单位，居住着不同文化背景的少数民族，导致配置公共服务资源的信息成本高、公共事务监管难度大。加上边疆民族地区经济社会发展滞后，贫困发生率高，经济发展方式粗放，产业竞争力不强，结构转型不易，使得边疆省区政府改善社会民生和提升公共服务质量面临巨大压力。四是少数民族自治地区多个管理层级降低了边疆公共服务供给的财政效率。民族自治地方政府结构也比一般地方政府复杂。例如新疆维吾尔自治区政府和生产建设兵团横向并列,而副省级的伊犁哈萨克自治州则在纵向上既辖地级行政区又辖县级行政区。边疆九省区辽阔的地域和行政管理体制的特殊性,加上大量复杂而敏感的民族、宗教、边境事务,导致边疆民族地区公共管理责任重、难度大。相比于内陆和东部省区,边疆民族地区提供等量的公共服务需要承担更多区域性成本,提高公共服务供给水平不仅成本高昂,而且效率低下[1],削弱了中央一般转移支付促进边疆省区公共服务的财政效率。

2. 保护民族文化多样性

我国边疆地区是多民族聚居地。民族八省区有 5 个分布在西部边疆,约占国土面积的 49%。我国 55 个少数民族中,除高山族、黎族、畲族等,多数少数民族都在边疆有聚居区。边疆民族文化多元削弱了中央一般转移支付促进地区公共服务供给规模的财政效果,原因主要有两点:一是少数民族特需公共产品需要地方政府直接提供或依靠转移性支付委托地方政府或市场提供。由于规模效应和市场收益小,地方政府拨付公共财政资助少数民族特需类公共产品大规模生产的积极性不高,而更倾向于从上级政府转移支付的资金中抽取一部分资助这部分特殊民族类需求的公共服务,这就相对减少了转移支付在其他公共服务领域如社保、环保、公共安全、教育等项目的财政投入资金,降低了边疆一般性公共服务支出项目的相对财政规模。二是民族文化和宗教信仰的交互影响,边疆地区提供民族宗教类公共服务提供需要承担更多区域性成本,如发展民族文化教育、广播体育、影视出版和依法管理宗教事务。而边疆省区政府不愿意提供外溢性较大、投资周期长、社会收益慢的公共产品如基础教育、国防、生态环境保护、打击跨国犯罪和地区恐怖主义、维护民族团结和管理宗教事务、国际开发与合作等跨境公共产品。所以,中央政府不得不出面直接提供这类公共服务或通过转移支付和税收返还的方式委托边疆地方政府提供。但是囿于信息不对称、监管难度大,中央转移支付提

---

[1] 李俊清:《民族自治地方公共管理改革刍议》,载《政治学研究》,2008 年第 2 期。

供区域性公共产品的成本较高，提升边疆地区公共服务供给规模的财政效率低。

3. 维护边疆安全与稳定

近年来，国际热点问题大多聚集在中国周边，朝核问题、中亚和克什米尔地区反恐问题、中印领土争端、中缅中越边境的跨国犯罪和难民问题等严重威胁边疆安全与稳定。此外，西部边疆在快速工业化、城镇化、信息化等现代化的进程中，因社会转型而引发的矛盾和冲突也不断增加。因此，正如中央第四次民族工作会议指出："做好民族工作，最关键的是搞好民族团结，维护边疆稳定。"例如体现在边防开支方面：2015年广西国防开支占本地一般公共预算支出的2.4‰，居全国第2位；辽宁国防开支占比为1.76‰，居全国第8位；吉林国防开支1.68‰，居全国第10位；西藏、云南、黑龙江、新疆、内蒙古和甘肃国防开支占比分别为1.6‰、1.5‰、1.68‰、1.3‰、1.27‰、1‰，分别居全国第11、15、18、19、22和26位。另外，西藏和新疆由于地缘环境和历史社会因素的影响，民族分裂主义和暴恐事件时有发生。实证表明，边疆维稳压力越大的地区利用中央转移支付改善地区社会民生的意愿越弱，难免陷入公共服务供给规模越低而公共安全支出比例越高的恶性循环。这是因为边境的民生问题总是与边疆安全问题相互交织。如果不积极改善边疆群众的就业、收入、社会保障、医疗卫生和文化教育水平，极易滋生边疆社会矛盾，威胁边疆稳定，导致边疆公共安全支出居高不下。例如2015年，西藏、新疆公共安全支出占本地一般预算支出的比例分别为7.47%、6.62%，分别居全国第1、2位，但是同年西藏和新疆公共服务支出占一般预算支出的比例（包括教育支出、社会保障支出、环境保护支出、公共文体支出、医疗卫生支出、国防支出等）分别为31%、37.3%，远落后于全国平均水平41.6%，分别居全国倒数第1、2位。反之，维稳压力较小的边疆省区，本地公共服务供给规模越大。例如辽宁、广西、云南、黑龙江、甘肃的公共安全支出分别为5.73%、5.42%、5.15%、4.5%、4.2%，分别居全国第6、10、13、15、22、28位，而五省区对应的公共服务支出占一般预算支出比例分别为46.8%、45.5%、43.3%、44%、45%，都高于全国平均水平41.6%，分别居全国第4、6、12、11、7位，均排名靠前。说明边疆安全问题与民生问题是边疆治理的"一体两面"：公共服务供给滞后容易诱发社会矛盾与风险，而社会不稳定反过来限制边疆社会民生的快速发展。这是由影响边疆安全与稳定的一般性和特殊性因素决定的：在一般性层面，边疆既有与内地相似的社会风险诱发的潜在社会矛盾。如农民工就业、劳资纠纷、城市融入、环境污染、流动人口管理和公共服务供给不足的问题。在特殊性层面，边疆有民族、宗教、边境因素等诱发的社会稳定等地缘性问题。如城镇化进程中不同族群成员高度聚集时的相互适应与包容问题，市场经济发展与快速城镇化使宗教文化世俗化的问题，信教群众与不信教群众、宗教生活与现实生活的矛盾，境内外民族分裂、宗教极端、暴力恐怖势力的渗透煽动、暴恐事件多发问题等。如果这些问题与其他社会风险交织，特别是被少数分裂主义势力和宗教原教旨主义利用，极易引发社会矛盾及次生风险，威胁边疆安全稳定与民族团结。[1]

总之，边疆省区政府应立足于边疆经济社会的一般性和特殊性，既要转变发展方式，实现跨越式发展，统筹资源开发与环境保护，还要维护边疆稳定与安全，保护民族文化多样性，合理使用中央财政优惠等政策资源，因地制宜，因时制宜，切实保障和改善社会民生，才能保障边疆全体人民共享改革发展的红利，巩固边疆"软治理"的社会根基。

（本文与谢星全合作撰写，原载《国家行政学院学报》2017年第4期）

[1] 李俊清：《推动民族地区跨越式发展应处理好三大问题》，载《行政管理改革》，2012年第6期。

中国的跨界民族与边疆公共事务治理

当今世界上约有3000多个民族，交错分布于200多个国家和地区。许多民族的聚居地为国家主权和领土疆界所分开，同一文化民族在不同的政治国家之间跨界而居，是当今世界较为普遍存在的一种历史、文化与政治现象。正如恩格斯所指出的，"没有一条国家分界线是与民族的自然分界线，即语言的分界线相吻合的"[1]。在当今经济全球化、民族主义思潮与现代国家民族建构运动以及非传统安全等因素的多重影响之下，跨界民族对国际关系以及一国内部事务尤其是边疆公共事务治理，造成了较为复杂而重要的影响。处理好跨界民族所涉及的公共事务，既关系到不同国家内部的民族问题与边疆发展，同时也会涉及周边毗邻而居的同一民族及其所在国。因此，对于这一较为独特的民族文化与政治现象，仅从传统的民族学和历史学的角度去分析显然已难以适应现实需要，必须融入政治学和公共管理学的视角、理论与方法，拓展和加强跨界民族与边疆公共事务治理的研究。而在传统的公共事务治理研究中，对于跨界民族与边疆公共事务这一特定区域和群体的研究也是较为欠缺的。

中国共产党十八届三中全会，把推进国家治理体系和治理能力现代化作为全面深化改革的总目标，习近平同志也提出了"治国必治边"的

---

[1] 马克思、恩格斯：《马克思恩格斯全集》，第16卷，北京：人民出版社1964年版，第176页。

重要战略思想。基于这一背景，边疆治理作为国家治理的一种重要组成与特殊形式，必须积极应对边疆经济与社会发展中的现实问题，改进传统的治理理念，创新治理的体制与机制，不断探索边疆地区的"善治"（Good Governance）之路。

一、中国边疆跨界民族经济社会发展基本情况分析

中国有2.28万多公里的陆地边界线，其中约有1.9万公里在少数民族地区，分别与周边14个国家接壤；136个陆地边境县（旗、市、市辖区）中，有107个在民族地区；在2300多万边境地区人口中，少数民族人口占有将近一半；全国55个少数民族中，有朝鲜族、蒙古族、哈萨克族、景颇族等30多个民族与境外同一民族毗邻而居，形成跨界民族，其中有8个建立了独立的民族国家，有4个民族在周边邻国建有一级行政区。

（一）跨界民族地区基本经济情况分析

1. 纵向发展较快，横向发展相对落后，差距呈扩大化趋势

中国的民族自治地方大都集中于西部边疆地区。跨界民族地区则更是位于"西部之中的西部"。由于历史和自然条件等多种原因，民族地区的经济发展长期滞后。新中国成立后，特别是改革开放以来，国家采取特殊的政策和措施，对少数民族地区给予积极的支援和扶持，极大地促进了少数民族地区的经济发展与社会进步。

纵向来看，2013年，民族地区的经济总量由1952年的57.9亿元增至64772.1亿元，按可比价格计算，增长了258.5倍；城镇居民人均可支配收入由1978年的307元增至22699元，绝对收入增长了22392元；农牧民人均纯收入由1978年的138元增至6579元，绝对收入增长了6441元。[1] 2013年，陆地边境县的国内生产总值达到8097亿元，相比2010

---

[1] 罗黎明：《加快民族地区经济社会发展 推动小康社会同步实现》，载《经济日报》，2014年9月21日。

年,增长了58%,高于全国增长幅度21个百分点;人均地区生产总值达到3.4万元,相比2010年,增长了54%,高于全国增长幅度26个百分点。[1]

横向来看,边境民族地区与全国尤其是与东部发达地区相比,依然处于相对落后的位置。2013年,边境县中未通电话的行政村还有999个,没有卫生室的行政村有1326个,未通沥青(水泥)路的行政村有2993个。民族八省区农村贫困人口占全国的比重为31.1%,贫困发生率高于全国8.6个百分点。[2]而边境地区的人均生产总值、人均收入、人均固定资产投资等经济指标都要低于全国平均水平,贫困发生率更是全国平均水平的2倍之多。

2. 民族地区区域间和区域内以及跨区域发展不均衡

我国边疆民族地区地域辽阔,自然资源、历史基础、人口结构和经济状况等方面差异性较大,致使边疆民族地区区域间和区域内的经济发展极不平衡。据2013年发布的《中国省域经济综合竞争力发展报告(2011—2012)》蓝皮书显示,在西部八个民族省区的经济综合竞争力排名中,除内蒙古是以第10位处于上游区之外,其他民族省区大都处于下游区,具体排名情况是:新疆第24位,广西第25位,云南第26位,青海第27位,宁夏第28位,贵州第29位,西藏第31位。从地区GDP来看,内蒙古和广西等地相对较高,而西藏则较低;从人均GDP来看,新疆和内蒙古明显要高于广西和西藏。由此可见,民族地区之间区域性的不平衡特点十分明显。这种不平衡同样也体现在跨界民族地区之间。如2011年,内蒙古边境县GDP为1212亿元;新疆边境县为1013.82亿元;云南边境县为844.29亿元;广西边境县为463.15亿元;西藏边境县为53.66亿元,区域差距非常明显。

---

[1] 王正伟:《将兴边富民行动一任接着一任干下去》,载《中国民族报》,2014年9月28日。

[2] 国家民族事务委员会经济发展司:《2013年民族地区农村贫困情况》(2014年4月21日),http://www.seac.gov.cn/art/2014/4/21/art_151_203095.html。

即使同一地区，由于诸多因素的影响，也存在着巨大的发展差异。如 2012 年新疆克拉玛依市人均 GDP 为 34074.04 美元，而和田地区人均 GDP 仅为 1145.20 美元（2012 年美元兑换人民币平均汇率为 6.3001）。2012 年，西藏拉萨市、昌都地区、山南地区、日喀则地区、那曲地区、阿里地区和林芝地区的 GDP 分别为 260.04 亿元、89.75 亿元、73.7 亿元、115.24 亿元、65.16 亿元、25.63 亿元、72.39 亿元。[1] 位居第一的拉萨市，其 GDP 则是阿里地区的 10 倍。

此外，我们还可做一个横向的国际比较。据国际货币基金组织 2014 年 4 月 8 日公布的统计数据显示，2013 年中国与周边邻国的人均 GDP 分别为：俄罗斯 14818 美元，哈萨克斯坦 12843 美元，中国 6747 美元，蒙古 3971 美元，不丹 2665 美元，越南 1901 美元，印度 1504 美元，老挝 1476 美元，巴基斯坦 1307 美元，吉尔吉斯斯坦 1280 美元，塔吉克斯坦 1044 美元，缅甸 868 美元，尼泊尔 692 美元，阿富汗 678 美元，朝鲜 583 美元。当然，跨界民族所涉邻国众多，各国、各地的情况都有很大差异，而且一国总体的经济状况也不能完全代表其边民或者跨界民族的经济状况。如近年来，虽然在国家"西部大开发""兴边富民"等各项政策的大力支持下，我国陆地边境县的人均 GDP 呈跨越式增长，但 2013 年也仅达到全国平均水平的 80% 左右。

3. 可持续发展能力不强，生态破坏与污染跨界蔓延

由于经济发展长时间处于落后状态，一些边疆民族地区的政府部门大都将快速提高经济总量作为其最主要的工作目标，对可持续发展的重要性认识不足。许多市场主体在经济开发中也只是片面追求高额利润，而承担相应的社会责任不足。这就导致了资源的过度开发和消耗。以能源消费为例，下表是边疆民族地区能源消费总量的统计情况，从表中可以看出 2007—2011 年，内蒙古、甘肃和新疆等地的生产总值能耗虽然总体有所下降，但绝对数值一直较高，能源消费的可持续性令人担忧。

---

[1]《西藏统计年鉴（2013）》。

边疆民族地区2007—2011年生产总值能耗（单位：吨标准煤/万元）

地区	2007年	2008年	2009年	2010年	2011年
内蒙古	2.30	2.16	2.01	1.92	1.41
广西	1.15	1.11	1.06	1.04	0.80
云南	1.64	1.56	1.50	1.44	1.16
甘肃	2.11	2.01	1.86	1.80	1.40
新疆	2.03	1.96	1.93	—	1.63
西藏	—	—	—	1.28	—

资料来源：国家统计局网站。

边疆民族地区凭借着资源、能源方面的优势条件取得了经济的较快发展，但同时环境的破坏和污染也呈现出日益严重的态势。

近年来，部分边疆民族地区的原始森林被毁林开荒，致使森林面积不断减少。中老边境地区的一些不法分子甚至跨界进行非法砍伐和盗猎活动，对热带雨林和珍稀物种的保护形成了较大的威胁。[1] 中国的4亿公顷草原主要分布在边疆民族地区，其生态环境近年来也有不断恶化的趋势，90%的可利用天然草原存在着不同程度的退化，50%的草原存在沙化或盐碱化等问题。草场沙化引发的沙尘暴等灾害，不仅直接影响到我国的气候与环境，也会威胁到邻国的生态安全。境外的生态环境问题也会影响我国，如蒙古国秋冬季节发生的森林草原火灾，不仅引起野黄羊等动物跨境迁徙，而且火灾有时也会蔓延至我国境内。

边疆民族地区大多干旱少雨，水资源相对短缺，加上近几年大量新建矿山和电厂等，水资源受污染较为严重。云南近年来气温逐步升高，而降水量则明显减少，2009—2013年连续经历了五年干旱，这对云南生态环境构成了严重威胁。一些跨国河流或界河，如湄公河（在我国境内

---

[1]《中老全面建设跨境联合生态保护机制》（2013年12月30日），http://www.yn.xinhuanet.com/newscenter/2010-10/21/content_21187190.htm。

称澜沧江)、雅鲁藏布江、伊犁河、松花江等，水资源的分配和防治污染也需要流域国家间的协调与配合。

(二) 跨界民族地区基本社会情况分析

1. 交通基础设施

交通基础设施建设有所发展，但周转量较小，维修能力弱，边境口岸的内外通道建设有待加强。交通基础设施及其利用效率是影响一个地区经济发展能力的关键因素之一。虽然近年来边疆民族地区的交通基础设施建设有了一定程度的发展，但其利用率一直落后于中部和东部地区。2011年，民族自治地方的公路里程达到96.14万公里，铁路营业里程达到2.3万公里，分别占全国比重的23.4%和24.7%，但旅客周转量和货物运输量占全国的比重分别是4.9%和2.4%。[1]交通基础设施利用率的滞后，成为制约民族地区经济发展的瓶颈之一。

从陆地边境县来看，2013年，公路线路里程达到21.4万公里，比2010年增长了10.3%；未通沥青(水泥)路的行政村数量也从2010年的4184个减少到2013年的2993个。不过，边境地区由于地理位置边远、经济发展相对落后、生态环境脆弱和自然灾害频繁等原因，基础设施建设成本高，历史欠账多，维修能力弱。[2]

边境口岸的设立，开辟了邻国之间的经贸往来通道，使边境的屏蔽效应转化为中介效应。我国实行沿边开放政策以来，国家及边境地区都加大了对边境口岸交通等基础设施的建设力度，边境口岸城市的基础设施得到了较大改善。但是随着经济全球化和区域经济一体化的发展，边境口岸的内外通道建设都还有待加强：对外涉及与邻国对接口岸以及相应地区的建设协调问题，如有些陆路口岸因基础设施滞后，通关能力较弱，边境贸易的发展受到制约；对内涉及与腹地的综合交通体系衔接问

---

[1]《中国民族统计年鉴(2012)》。

[2] 王正伟：《将兴边富民行动一任接着一任干下去》，载《中国民族报》，2014年9月28日。

题,有些边境口岸城市与腹地之间的铁路和公路网密度还较低。

2. 公共卫生服务

公共卫生服务水平较低,跨界传染威胁卫生安全。近年来,尽管民族地区的医疗卫生条件有了较大改善,但由于诸多因素的限制,相对全国而言,民族地区的公共卫生服务水平依然较低,特别是许多边境山区和牧区,医疗设备陈旧,医务人员严重不足。2011年,民族自治地方共有病床数为643035张,每万人拥有医院病床数为34张;医师人数为279269人,每万人拥有医师数为15人。陆地边境县共有病床数为74231张,每万人拥有医院病床数为32张,医师人数为32576人,每万人拥有医师数为14人。跨界民族地区的公共卫生服务总体还处于较低的水平。

由于跨界民族跨境通行十分便利和频繁,尤其是一些非法贩毒与走私、人口拐卖、非法婚姻等活动,往往容易逃避卫生检疫等的监管,导致如艾滋病、结核病、肝炎和登革热等的跨界传播,从而给跨界民族地区的公共卫生安全造成一定威胁。2004年,云南省孟连县检测出艾滋病感染人数达到192例,当地居民占81人,其中42人都是跨国打工回来的妇女。[1] 2009年6月至2010年5月,全国出入境口岸对25075381名出入境人员进行了传染病检测,总检出率达到0.75%。其中,在中国籍传染病检出率中,涉外婚姻占1.95%,边民占0.27%;在外国籍传染病检出率中,涉外婚姻占0.66%,边民占3.71%。[2]

3. 社会保障体系

社会保障体系不健全,差距持续扩大容易引发跨界民族"动荡"。社会保障体系是促进经济社会协调发展的"安全网"与"稳定器"。由于受经济发展水平等因素的限制,民族地方的社会保障事业与全国平均水平相比仍存在着较大的差距。

---

[1]《中缅边境的艾滋病困境:跨境流动》(2013年12月30日),http://news.xinhuanet.com/world/2005-10/10/content_3600825.htm。

[2] 薛志明、陈维胜:《我国国境口岸传染病监测分析》,载《职业与健康》,2012年第5期。

有学者采用因子分析法定量分析了2011年我国30个省域（西藏除外）的社会保障水平。[1]下表是笔者选择其中7个省域的数据进行对比的情况（综合得分大于0，表明该省域的社会保障水平高于全国平均水平；综合得分小于0，表明该省域的社会保障水平低于全国平均水平）。

2011年我国部分省域社会保障水平综合得分

地区	综合得分	排名
北京	1.878399	1
上海	1.281799	2
广东	0.927946	3
新疆	−0.19431	13
内蒙古	−0.24131	16
广西	−0.44815	26
云南	−0.53814	28

由此表可以看出，北京和上海等地区属于发达的一类地区，而新疆、内蒙古、广西和云南等边疆民族地区则属于落后的三类地区，这些地方的社会保障水平都要低于全国平均水平。

2013年，我国136个边境县全都建立了新型农村合作医疗制度和农村低保制度。但一些地区仍存在报销限制较多和比例偏低等问题，这给跨界民族的社会稳定与经济发展也带来了一定的挑战。跨界民族之间社会保障上的差距持续扩大往往容易引发民族"动荡"。如越南边民可在医疗保障上享受基本保障政策，小病不收费，大病住院则由国家承担80%、个人承担20%，而且不设封顶线。[2]这在一定程度上吸引了我国的部分

---

[1] 刘超群：《我国社会保障水平区域差异分析及协调发展对策研究》，山东财经大学硕士学位论文，2013年，第35—36页。

[2] 李崇：《越南边境民族政策对我国云南中越交界地区跨界民族的影响及对策研究》，中央民族大学硕士学位论文，2013年，第26页。

边民迁徙到越南。

4. 教育发展受到主客观多重因素制约

教育是推动民族地区经济发展、社会进步和国家认同的基石与动力。为了推动民族地区的教育发展，国家先后推动了贫困地区义务教育工程、农村中小学危房改造工程和西部地区"两基"（基本普及九年制义务教育、基本扫除青壮年文盲）工程等的建设。2000年，云南省率先实施边境学校"三免费"教育（免除课本费、杂费和文具费）。2004年，国家在西部农村地区开始实施"两免一补"（免除杂费和课本费，补助寄宿学生生活费）政策。2008年，云南省率先启动国门学校建设工程，计划在24个边境县建设28所国门学校。[1] 2011年，民族自治地方普通高等院校共有211所，在校学生人数达到160万；普通中学共有9751所，在校学生人数达到1039.6万；普通小学共有46510所，在校学生人数达到1484.4万。陆地边境县普通中学共有1359所，占全国中学的比重为2.01%；在校学生人数达到110.5万，占全国中学生人数的比重为1.47%。陆地边境县普通小学共有5647所，占全国小学的比重为2.34%；在校学生人数达到164.8万，占全国小学生人数的比重为1.66%。

尽管如此，民族地方的教育，尤其是跨界民族教育的发展，受到主客观多重因素的制约，与其他地方相比，仍存在不少差距。

从客观方面而言，跨界民族多处在偏僻的山区，地理条件复杂，交通条件差，信息闭塞，经济落后，人口分散，环境较为恶劣。这就制约了学校的集中设置、经济投入以及师资建设等。"引进教师难，留住教师更难"，可以说是我国民族地区教育面临的一个共同问题。

从主观方面而言，在一些边疆民族地区，人们对教育往往重视得不够。一些家长只是让孩子学到一定的年龄后就回家继承祖业。有些家长把孩子送到学校只是因为贪图学校所提供的免费福利。[2] 男尊女卑的传

---

[1] 何跃、高红：《论云南跨境民族教育的软实力》，载《云南民族大学学报》，2012年第6期。
[2] 桂卓兮、钟海霞：《关于少数民族地区教育问题的思考》，载《攀枝花学院学报》，2010年第6期。

统观念也对民族地区的教育产生了重要影响,人们往往认为男孩可以读点书,而女孩则没有必要。此外,宗教对跨界民族的教育观念也产生了一定影响。由于跨界民族普遍信奉宗教,与教育活动相比,他们更关心的是宗教活动。在一些跨界民族地区,一个普遍现象就是寺院比学校要修建得好。[1]

跨界民族地区教育与一般民族地区教育的一个最大的不同之处就是双向的跨境民族教育流动群体的出现。[2]其中,既有缅甸、越南等国的跨界民族跨入我国上学的现象,又有我国跨界民族跨出国境进入越南、缅甸和哈萨克斯坦等国上学的现象。这给学校的日常管理和资源投入都带来一定的影响,甚至还涉及边境管理、国家认同与文化安全等问题。

二、边疆跨界民族跨境交往的成就与问题

由于语言、宗教、风俗习惯等诸多方面相同或相近,跨界民族在跨境政治、经济和文化交往中都起着十分重要的作用。当然,由于地域相连、文化相似,跨境交往也会引发许多问题。

(一) 跨界民族跨境交往的主要成就

由于跨界民族毗邻而居,语言相通,文化习俗相近,因此,政治边界的划分并不能阻止和割断他们之间的经贸联系与文化交流。跨界民族之间展开的经贸合作与文化交流,为促进和加强跨界民族的和平跨居以及各自所在国之间的和平交往奠定了一定的基础。

1. 促进经贸合作与发展

改革开放以来,我国边疆民族地区的经济和社会事业都有了长足的发展,尤其是沿边对外开放战略的实施,更是为边疆民族地区的经济发

---

[1] 何跃、高红:《文化安全视角下的云南跨境民族教育问题》,载《云南师范大学学报》,2010年第4期。
[2] 何跃:《云南与周边国家跨境民族教育研究现状述评》,载《学术探索》,2009年第6期。

展提供了良好的契机。跨界民族与境外的同一民族有着天然的联系与交流优势，在与周边国家进行经贸往来和合作方面起到了非常重要的作用。

2010年底，全国经国家批准的对外开放口岸一共达到278个，其中沿边口岸共有106个。[1]新疆与哈萨克斯坦、塔吉克斯坦等欧亚八国接壤，10个地州的32个县市都与邻国交界。2012年，新疆与哈萨克斯坦等八国贸易额达到179.4亿美元，占其贸易总额的71.3%。[2]位于伊犁霍城县的霍尔果斯口岸则是新疆跨界民族进行对外边贸活动的重要窗口。结合2004—2011年的统计数据来看，霍尔果斯口岸每年的货运量都在42万吨以上，而且从2009年以来一直呈较大幅度增长的趋势。

2004—2011年霍尔果斯口岸货运量（单位：万吨）

年份	2004	2005	2006	2007	2008	2009	2010	2011
货运量	42.00	45.13	43.20	64.90	53.92	67.40	308.5	1091.23

资料来源：根据霍尔果斯口岸管委会数据整理。

中国的广西和云南分别与东南亚的越南、老挝和缅甸接壤，约有17个民族跨界而居。[3]位于云南省红河州的河口口岸，是云南与越南隔境相望的一个重要口岸，也是云南通往越南等东南亚国家的重要交通枢纽，每天的人流量约为9000人，其中越南人将近有6000名。[4]

2011年9月，广西凭祥综合保税区正式运营，这是全国第一个设在民族自治区和陆地边境线的综合保税区。它标志着中越经贸合作的新跨越。2012年，广西与越南的双边贸易额就达到97.3亿美元。

2012年8月，国务院正式批准了广西东兴、云南瑞丽和内蒙古满洲

---

[1] 《国家口岸发展规划（2011—2015年）》。
[2] 周小玲、唐勇、赵捷：《西向开放下的新疆边境贸易发展研究》，载《新疆农垦经济》，2013年第12期。
[3] 刘稚：《中国——东南亚跨界民族发展研究》，北京：民族出版社2007年版，第51页。
[4] 《繁忙的中越边境河口口岸》（2013年12月30日），http://www.chinadaily.com.cn/dfpd/gx/2010-06/27/content_10025552.htm。

里三大重点开放开发试验区建设实施方案。试验区建设的主要任务之一就是要发挥先行先试的优势，积极推进跨境合作与边境管理等体制机制创新，提升全方位、宽领域、多层次的对外开放水平。

此外，跨界民族在双边合作中还创造了中缅跨国种蕉、中越跨国种蔗等灵活多样的模式。

大湄公河次区域经济合作（GMS）和中国—东盟自由贸易区（CAFTA）等区域一体化安排，无疑为参与国以及跨界民族更好地发展经贸关系提供了合作机制。以往基于边界的封闭和阻碍所导致的"屏蔽效应"（边界在一定程度上限制了经贸跨界往来），容易引发"内陆边境经济低谷"现象（经济发达度从一国的政治经济中心逐步向边疆和边界倾斜），现在却由于跨界民族之间的特殊纽带和联系，使得他们在促进跨界经贸往来的过程中充当起"天然桥梁"的重要角色，从而促使边界的"屏蔽效应"向"中介效应"转化。[1]这也就极大地推动了边疆的经贸交流、合作与发展。

2. 推动文化交流与了解

跨界民族长期以来所构筑的文化认同和联系纽带，并不会随着边界的划定而断裂、解构或消失。尽管跨界之后处于不同的政治结构和社会环境当中，政缘关系有所改变，但他们作为同一个民族所凝聚和显示出来的那些亲缘、族缘、友缘、地缘和神缘等关系依然保持着，并发挥着重要的吸引与沟通作用，成为双边文化交流和互动的内在关联与重要动力。[2]

云南是我国少数民族成分最多的省份之一，在其边境带上，苗族、傣族和景颇族等16个民族跨界而居。云南跨界民族文化交流的形式可归结为这样四个方面：其一，通过跨界民族节日庆典等进行互动（如中缅胞波狂欢节，中、老、越三国丢包狂欢节等）；其二，通过跨界民族民间

---

[1] 彭朝荣、施晓东、李雄：《跨国界民族在转化边界"屏蔽效应"中的作用》，载《商场现代化》，2008年第26期。
[2] 黄光成：《跨界民族的文化异同与互动——以中国和缅甸的德昂族为例》，载《世界民族》，1999年第1期。

文艺团体进行交流；其三，开展民间的跨国学术交流；其四，通过发展跨境民族文化产业促动交流。[1]新疆也是我国跨界民族较为集中的地区之一，共有7个跨界民族。[2]2003年，新疆克孜勒苏柯尔克孜自治州叼羊队参加了吉尔吉斯斯坦举办的国际叼羊比赛。2007年，新疆伊犁哈萨克自治州举办的第十五届阿肯弹唱会则吸引了哈萨克斯坦和德国等地的哈萨克族人前来参加。[3]内蒙古的跨界民族主要包括蒙古族与俄罗斯族。2009年，中蒙双方在青河县塔克什肯镇举办塔克什肯·雅仁特口岸国际边境旅游节。额尔古纳市政府也先后组织了一些俄罗斯族家庭赴俄罗斯进行实地考察和交流，每年都要举办巴斯克节庆典；2012年，还在黑山头镇额尔古纳河畔开办了界河大舞台，与俄罗斯族民间艺术团隔河进行文化艺术交流。

这些跨界民族之间的文化交流形式不仅增进了处于不同国家的同源民族相互之间的了解与互动，而且也推动了他们各自所在国以及外部世界对跨界民族及其文化的了解。

（二）跨界民族跨境交往存在的问题

跨界民族跨境交往在促进经济文化交流发展的同时，也存在一些不容忽视的问题。

1. 跨界无序流动

跨界民族与边民跨界流动的"推拉"因素是多重的，既有国际因素，也有国内因素；既有政治的、经济方面的因素，也有社会的、文化方面的因素。

从国际关系因素来看，如1962年春夏，由于中苏关系的紧张，新疆

---

[1] 普丽春：《桥头堡建设中云南跨境民族的文化交往与安全》，载《云南民族大学学报》，2013年第2期。

[2] 艾莱提·托洪巴依：《新疆跨界民族问题研究》，载《实事求是》，2011年第2期。

[3] 《新疆十万哈萨克牧民聚会"阿肯弹唱会"》（2007年8月12日），http://news.sina.com.cn/c/2007-08-12/223612371257s.shtml。

伊犁和塔城等地区发生了大批居民非法越境事件，共有边民6万余人逃到了苏联。1978年，由于中越关系的恶化，越南大肆推行"反华排华"和"疆土净化"等政策，生活在中越边境越方一侧的苗族、瑶族、哈尼族、彝族和壮族等少数民族边民被驱赶进入我国境内。[1]据河口县志记载，1978年7—8月，河口接待的难民就达到48564人。

从国际政治、经济因素来看，如1995年底，一些生活困难的朝鲜居民前来我国投亲访友，寻求救济，并刺激了一批朝鲜人非法越境到我国寻找生路。这些人就是最初的"脱北者"。后来又有更多的朝鲜人从图们江等地非法越境，进入我国吉林省延边朝鲜族自治州，继而进一步扩散到东北三省等地。[2]随着这一问题的国际化，"脱北者"不仅引发了我国内政上的一系列社会问题，而且还对我国外交也构成了一定的挑战。此外，2009年8月27日，靠近我国云南省的缅甸果敢地区发生武装冲突，这一事件引发缅方边民恐慌，共有3万余名难民涌入我国境内。

从国内政治因素来看，如"大跃进"期间，云南边境地区外逃人数约有15万人之多，边境一带的永和区，总人口约有5000人，就跑了3000多人，"全县有21个村寨全部跑光"[3]。

从国内经济和社会因素来看（其中也夹杂有国际因素以及跨界民族文化族群因素等的影响），跨界流动主要可以概括为以下三种形式。

其一，"三非人员"的日益增多。近年来，随着我国边境的经济发展和社会进步，境外人员包括跨界民族非法入境、就业和居留的人越来越多。如东北三省的"三非"朝鲜人较为集中，广西和越南的"三非"越南人和缅甸人等数量较多。

其二，跨界通婚的势头不断扩大。跨界民族素有同族通婚的传统，

---

[1] 肖震宇：《云南印支难民问题的审视及思考》，载《云南大学学报（法学版）》，2011年第4期。
[2] 朴键一、李志斐：《朝鲜"脱北者"问题的国际化及其影响》，载《现代国际关系》，2012年第7期。
[3] 何明：《开放、和谐与族群跨国互动——以中国西南与东南亚国家边民跨国流动为中心的讨论》，载《广西民族大学学报》，2012年第1期。

加上近年来经济与人口等因素的推动,跨界婚姻更是呈现出不断扩大的势头。2012年,云南省25个边境县(市)跨界民族通婚共有37360对,涉及267个乡(镇)、2226个行政村和19938个自然村。[1]这些跨界民族的通婚绝大多数是非法事实婚姻,严格依法登记结婚的较少,因此就更谈不上加入中国国籍和正式落户。即使是那些办理过婚姻登记手续的夫妻,大多数也未能或无法按照我国的法律规定办理入籍和落户手续,这就导致了边疆地区无国籍、无户口、无结婚证的"三无"人员大幅增加,从而带来了一系列社会问题,如传染病的蔓延,社会治安的混乱,外来宗教的渗透与入境通婚人员的个人发展、权益保障以及子女发展等方面的问题。[2]与跨界民族非法婚姻相伴随的还有一些骗婚、非法移民和人口拐卖等现象的发生。

其三,边民规模性回流成为一个新问题。由于我国改革开放的深化、兴边富民行动的实施、边疆经济社会的发展以及国际因素等多重影响,以往流出的边民规模性的回流入境定居,构成边境地区的一个新现象与新问题。近年来,边境跨界民族中的回流人员逐步增加。据不完全统计,截至2012年底,云南省回流边民约有1144户,共5598人。[3]其中,又以怒江州回流边民最多,占回流人员总数的85.6%。因边民回流而引发的户口、住房社会保障、社会治安等问题给当地政府造成了较大的压力与挑战。

总之,从边民与跨界民族而言,他们恒久作为某一国国民的意志并不坚定,而文化利益和物质利益经常成为其决定身份选择和地域以及国家归属意识的重要因素。[4]因此,在国际、国内多重因素的影响下,跨界民族既有不同民族共时性的流出与回流,也有同一民族历时性的流出与回流。

---

[1]云南省民委外事接待处等:《云南跨界民族跨界婚姻调研》,载《今日民族》,2014年第2期。
[2]黎海波:《论我国跨界民族的双重作用与双刃剑效应》,载《理论月刊》,2014年第9期。
[3]云南省民族事务委员会:《云南跨界民族社会管理有关问题调研报告》,2013年。
[4]谷家荣:《边民生活政治:滇越跨境民族的记忆、心境与行动》,北京:社会科学文献出版社2013年版,第34页。

2. 跨国犯罪

伴随着改革开放、沿边对外开放以及全球化进程的加快，边疆民族地区的跨国犯罪活动越来越猖獗，跨国暴力恐怖活动、贩毒、走私和人口拐卖等跨国问题也不断产生。

近年来，"三股势力"和"藏独"集团在新疆和西藏等地活动猖獗，接连制造了多起暴力恐怖事件，严重威胁着当地的社会稳定与人民群众的生命财产安全。这些暴恐事件基本都呈现出利用民族宗教因素、境外指挥、境内组织、网络化以及内外联动等特点。因此，加强边境管理，切断境内外民族分裂和宗教极端势力的联系纽带，与周边相邻国家建立和强化反恐协作机制，是维护边疆稳定与国家安全的重要措施。

在跨国贩毒方面，新疆和云南地区毗邻世界毒源地"金新月"和"金三角"。多年来，这些地区的毒品不断向我国扩散，贩毒组织把边民跨境交往作为其贩毒走私的重要渠道和中介。在近年来边疆地区查处的大量贩毒案件中，有相当多的贩毒涉案人员是跨界民族的成员。由于有熟悉地形、通晓两国语言和文化的边民与跨界民族的参与，打击贩毒的难度大大增加。

人口拐卖已经成为全球的第三大犯罪产业。大湄公河次区域是当今世界上拐卖妇女儿童最为集中的地带，每年都有数十万妇女和儿童被拐卖。在我国云南和广西部分地区，跨境人口拐卖犯罪非常猖獗，严重影响了当地的社会治安和人民生活。

3. 宗教渗透

我国的跨界民族大多都信仰某种宗教，如伊斯兰教、藏传佛教、南传佛教、天主教或新教，还有许多各自的原始宗教和本土信仰等。因此，宗教活动是跨境交往的重要内容之一。但需要注意的是，近年来境外背景复杂的各种组织，利用跨界民族宗教交流对我国进行宗教渗透，如在跨界民族的宗亲联系、经贸往来与文化交流中传播教义、发展信众，在边疆民族地区捐助修建宗教场所，开办宗教培训班和举办各种法会等吸引信众出境"学习"，派遣"大师""活佛"入境传经布道，制作和传播纸质与电子宗教宣传品，通过电台和互联网等科技手段进行空中传教等。除了直接向边疆跨界民族地区进行宗教渗透外，境外宗教势力还利用跨界民族这一中介逐步向内地更大范围地扩展与渗透。

4. 市场化对跨界民族经济的冲击

在当今的边疆民族地区，尤其是在跨界民族地区，市场主体的发育程度与市场运行的基础性条件等都与理想化的市场经济运行的环境和条件存在着很大差距。甚至在一些边境区域，自然经济仍占据着重要地位。[1] 以前，跨界民族之间共同的文化与民族认同使其在相互的经贸联系中起着较为特殊的纽带作用。而在当今市场化的冲击下，跨界民族传统的小边贸与发达地区的大商贸相比自然处于劣势，如参与我国与中亚外贸的跨界民族很少，这一外贸大多是由东部沿海地区的商业经济组织主导。[2]

即使是在一些外来冲击并不明显的地方，跨界民族之间的经贸联系也存在着其他民族影响的问题。如滕传婉等通过对西双版纳州勐腊县南浪村跨界民族关系进行实地考察，发现南浪村跨界民族互动的特点是：跨界同一民族（跨界哈尼族）之间文化互动较多，而经济交往较少；跨界不同民族（跨界哈尼族与傣族）之间经济交往较多，而文化互动较少。[3]

因此，跨界民族的经贸合作如何在全球化的市场浪潮中进行调适，应是一个值得关注的重要问题。

三、跨界民族与边疆公共事务治理：基于边域的区域多元治理模式

人们通常认为，中国的边疆区域，就是少数民族聚居和生活的地方，

---

[1] 李俊清：《科学调适民族地区政府与市场的关系》，载《理论研究》，2013年第3期。
[2] 金炳镐：《跨界民族与民族问题》，北京：中央民族大学出版社2010年版，第210页。
[3] 滕传婉、金炳镐：《跨界民族的经济文化互动与民族关系发展——以西双版纳州勐腊县南浪村为例》，载《云南民族大学学报》，2014年第2期。

然而其中却有一个历史性的变化。历史上的边疆可以说主要是少数民族的聚居区,而发展到今天,则应强调为跨界民族聚居区。[1]因此,跨界民族事务构成了当今我国边疆治理的重要组成部分。

跨界民族与单纯的少数民族相比,一个最大的特点就是具有国际性,"是一种兼有国际关系与族际关系内涵,又兼有政治与文化内涵的特殊人们共同体和族群集团"[2]。边疆公共事务治理视野下的跨界民族问题,涉及的区域与领域非常复杂,既涉及不同边疆与微观区域,又涉及宏观区域和次宏观区域;既涉及国内民族政策和边疆发展问题,又涉及周边国家民族政策与边疆发展问题;既涉及国家内政问题,又涉及周边影响和国际干预问题;既涉及传统安全问题,又涉及非传统安全问题;既涉及边防和恐怖主义等政治性公共事务,又涉及经济合作、生态环境、人口婚姻、文化教育等经济性和社会性公共事务。由此可见,跨界民族事务并不只是与"民族"有关,也并不只是与边疆有关,更不只是与其所住国有关,其本身就是一个复杂的"区域问题"。因此,我们应该转变边疆公共事务治理中的传统模式——族际主义的一元治理模式[3],坚持民族因素与区域因素相结合[4],尝试构建区域主义的多元治理模式。

边域(边疆的社会化)的主要功能是跨越国界的交往、交换、交通、交易和交流,这种跨国活动生成和构建了一种非军事和非政治的经济区域、社会区域、文化区域与生活区域。[5]当然,当前处于和平与发展这一总体时代主题之下的边疆,除个别存在争议的特定区域外,其军事功能的地位相对有所下降,而社会和政治功能的地位逐步上升。

---

[1] 马曼丽:《中国西北边疆发展史研究》,哈尔滨:黑龙江教育出版社2001年版,第27页。

[2] 马曼丽、艾买提:《关于边疆跨国民族地缘冲突的动因与和平跨居条件的思索》,载《中国边疆史地研究》,2003年第2期。

[3] 周平等:《中国边疆治理研究》,北京:经济科学出版社2011年版,第101—102页。

[4] 《中央民族工作会议暨国务院第六次全国民族团结进步表彰大会在北京举行》,载《光明日报》,2014年9月30日。

[5] 邹吉忠:《边疆·边界·边域——关于跨国民族研究的视角问题》,载《中央民族大学学报》,2010年第1期。

基于这种观点，综合当前我国跨界民族的主流趋势是与境外同族和平跨居、自由往来这一特点，以及当前我国的跨界民族问题更多是体现于非传统安全领域这一特点，我们应该从边域的视角出发来构建跨界民族边疆公共事务治理中的区域多元治理模式。当然，这里的边域是综合了社会空间、政治空间与军事空间的跨地区场域，并不仅是单纯的社会空间。

治理就意味着政府、社会和市场的一种新的组合和多元参与。边疆公共事务治理是一个内容广泛、参与主体和治理机制多种多样的过程，其中有非常多的问题需要去关注和研究。

结合跨界民族与边疆公共事务治理来看，治理内容主要包括：各种分裂势力利用科技手段和社会网络等不断扩散蔓延的非传统威胁；跨国贩毒、走私、拐卖人口等跨国犯罪问题；艾滋病防控等公共卫生问题；宗教渗透、跨界民族教育、公民认同等文化安全问题；环境污染和植被破坏等生态保护问题。当然，对于不同的地区，其内容侧重也是不一样的。

在治理主体上，应构建一个由我国中央政府、边疆地方政府、边疆社会（跨界民族）组成的以及周边邻国中央政府、边疆地方政府和边疆社会（跨界民族）"协同"的主体结构。

在治理机制上，可以从以下七个方面来加强建设。

其一，将跨界民族地区作为一个特殊的区域进行规划调整，确立其在全国甚至全球市场格局中的位置，充分发挥中央、发达地区与民族地区三个方面的积极性，加强边疆与内地的经济联系，促进边疆民族地区自我发展能力的提升，着力改善跨界民族地区的民生，引导跨界民族人口和资源与中、东部地区形成合理的交流与互动，从而以经济融合推动各民族共同利益体系的建构。

其二，坚持法治化原则，立足社区，加强和创新跨界民族地区的社会治理。没有社会治理的法治化与现代化，就没有民族地区的稳定、发展和进步，也就没有边疆和国家治理的现代化。边疆地区党委与政府应当以法治为保障，切实落实宪法与民族区域自治法的规定，积极调动社会力量加强和创新社会治理。同时,也应以社区为着力点,大力推动建立"相互嵌入的社会结构与社区环境"[1]。

其三,合理引导跨界民族的社会文化生活,加强对跨界民族宗教活动、非法婚姻和跨界民族教育等方面的引导与治理,着力培育和强化公民认同与国家认同。如许多边境地区实施了"国旗工程",即由国家出资,在边境的街道和村寨等地悬挂国旗,每逢重要节假日,"国旗工程"点都要举行庄严的升旗仪式;此外,还实现了广播电视信号的全覆盖,并开展了其他多种形式的民族团结和爱国主义教育活动等。

其四,构建周边调查与协调机制,周边国家的发展变化与政策动态无疑会对本国的跨界民族产生一定的影响,如越南对其跨界民族地区推行的优惠政策和措施、哈萨克斯坦经济的快速发展等,都会对我国毗邻地区产生一定的影响。因此,我们一定要密切关注周边国家的发展动态及其民族与边疆政策,及时发现问题并采取应对措施。

其五,坚持"以邻为善、以邻为伴"的周边外交方针以及"睦邻、安邻、富邻"的周边外交政策,充分发挥边疆地方政府在"外交"中的积极作用,推进双边或多边合作的共同治理机制。在双边治理机制上,如云南西双版纳与老挝南塔省以及丰沙里省建立了164万亩的天然林联合保护区域,协助缅甸边境地区实施毒品替代种植等。在多边治理机制上,如继续推进上海合作组织在打击"三股势力"和治理跨国问题方面的协作配合,完善中老缅泰湄公河流域执法安全合作机制等,扩大共同利益领域,不断深化合作。

其六,政府部门要善于与非政府组织进行合作,发挥其积极作用,遏制其消极影响。当前,非政府组织在云南等边疆民族地区的活动较为活跃。据2013年5月的统计资料显示,在云南省备案的境外非政府组织

---

[1]《中央民族工作会议暨国务院第六次全国民族团结进步表彰大会在北京举行》,载《光明日报》,2014年9月30日。

就有39家之多。[1]这些组织涉及扶贫、教育、防艾、环保、戒毒以及社区建设等多个方面。对于非政府组织的作用，我们也应辩证看待，要注意在不被国际反华势力利用的前提下，充分发挥它们的积极作用。

其七，构建跨界民族的参与机制，增强跨界民族的主体意识，发挥其边域优势和文化资本的作用，促进族群—边疆—国家的多赢。公共事务的"治理"本身就意味着多元主体的参与，只有在政府的主导下，充分调动市场和社会各方力量共同参与和协作，才能达成"善治"。除了可以发挥跨界民族在推动经贸合作与文化交流等方面的积极作用之外，政府还可利用跨界民族的文化与社会资本，动员跨界民族积极参与艾滋病的宣传与防治工作，如云南德宏傣族景颇族自治州在艾滋病治理工作中就善于把傣语和傣戏以及"洗寨子"这些文化资本利用起来。[2]此外，云南省勐腊县还与老挝警方建立了信息资源共享、联合扫毒、联合打击毒品犯罪的跨境联动机制。即使是在维护边疆民族地区的国家安全与社会稳定方面，除了军队和警察等国家强制力量之外，跨界民族也可发挥重要作用。跨界民族大多是土生土长于边疆的居民，非常熟悉边疆的地形地貌，同时又与界外同一民族保持着较为密切的联系，对周边邻国的情况相当熟悉。有边民，才会有边疆，才能更好地守边防。只有充分发挥"一座毡所（农舍）就是一个哨所，一个边民就是一位哨兵"的特殊作用，积极探索建立和完善边民参与的边境联防联治体制和机制，才能确保边疆地区的长治久安。

（与黎海波合作撰写，原载《公共管理学报》2015年第1期）

---

[1] 段学品、张海夫：《边疆多民族地区非政府组织发展与维稳方式转变》，载《云南行政学院学报》，2013年第6期。

[2] 余翠娥：《公共事务的合作共治——德宏傣族景颇族自治州艾滋问题治理模式研究》，云南大学博士学位论文，2011年，第69—70页。

推进广西公共安全治理体系与能力现代化研究

20世纪90年代以后,特别是中国—东盟自贸区协议签署以后,广西实现了快速赶超发展,与其他沿海省区的差距迅速缩小。经济发展、社会开放与市场经济体制的完善,推动了广西社会结构快速变迁,在社会整体活力不断得到释放的同时,各种风险因素也随之增加,其中尤其是诱发公共安全问题的社会风险因素不断累积,对广西社会稳定、民族团结和边疆安全格局造成了较大压力。为此,有必要在了解广西经济社会发展带来的社会风险的基础上,探讨广西当前公共安全治理体系状况及存在的不足,并基于广西的特殊区情,探索推动广西公共安全治理体系与治理能力现代化的思路。

近年来,在广西应急体系建设研究方面,先后有黄琳富、叶露[1],韦丽、李小敏、覃春霖等[2],分别对危机管理的体系构建、绩效评估等问题进行了探讨。庞文运[3]、韦长庆[4]等,对广西海上和内河水上搜救应急管

---

[1] 黄琳富、叶露:《试论地方政府公共危机管理绩效评估指标的设计——以广西南宁市为例》,载《传承》,2014年第4期。

[2] 韦丽、李小敏、覃春霖:《从广西龙江河镉污染事件看地方政府危机管理能力》,载《大众科技》,2013年第11期。

[3] 庞文运:《广西内河水上搜救应急管理研究》,大连海事大学硕士论文,2012年。

[4] 韦长庆:《广西海上搜救应急管理对策研究》,大连海事大学硕士论文,2012年。

理进行了研究。陈亮[1]等在电网防灾减灾战略防御与应急管理平台研究与开发、构建广西应急物流体系等方面提出了建议。

随着广西城镇化速度的加快，城市突发事件应对也成为热点研究问题。蓝常周、周超、张毅等[2]，以及张毅[3]、班卫东[4]，分别对广西城市应急管理体系建设进行了较为系统的分析。

北部湾是中国大西南和华南地区货物出海的主通道，也是广西加快建设的重点区域，因而其公共安全成为重要的研究课题。曾伟[5]，贺世红、马小雅[6]，陈圆、青尚敏[7]，黄传英[8]，分别对北部湾经济区公共安全、港口应急管理、海洋油污染防治等问题进行了研究。

其他关于广西自然灾害、事故类灾难、突发公共卫生事件以及社会安全方面的研究，王凯学、覃保荣、周家立[9]，孙恒、陈智平[10]，洪长安[11]等人有成果问世。

总体来看，目前关于广西公共安全的研究还相当薄弱，研究力量分散，成果系统性不足，尚未能充分揭示其规律和特点。

---

[1] 陈亮：《广西电网防灾减灾战略防御与应急管理平台研究与开发》，广西大学硕士论文，2012年。
[2] 蓝常周、周超、张毅：《广西城市突发事件应急管理现状调查与分析》，载《广西城镇建设》，2007年第3期。
[3] 张毅：《广西城市突发事件应急管理存在的问题与对策研究》，广西师范大学硕士论文，2007年。
[4] 班卫东：《南宁市城市公共安全与服务管理系统优化研究》，广西大学硕士论文，2009年。
[5] 曾伟：《广西北部湾经济区公共安全研究》，载《学术论坛》，2013年第3期。
[6] 贺世红、马小雅：《广西北部湾港口应急管理问题与对策研究》，载《物流技术》，2014年第8期。
[7] 陈圆、青尚敏：《广西北部湾海洋油污染影响与应急管理浅析》，载《海洋开发与管理》，2013年第3期。
[8] 黄传英：《广西北部湾经济区构建区域应急合作机制的障碍及对策研究》，载《中共南宁市委党校学报》，2014年第5期。
[9] 王凯学、覃保荣、周家立：《广西农业生物灾害应急管理探析》，载《广西农学报》，2010年第4期。
[10] 孙恒、陈智平：《广西突发公共卫生事件应急管理面临的形势与对策》，载《应用预防医学》，2010年第3期。
[11] 洪长安：《新时期广西预防和化解社会矛盾的实践与思考》，载《桂海论丛》，2012年第2期。

一、广西公共安全面临的主要挑战

广西是中国沿海沿边开发开放的重要省区，也是少数民族人口最多、少数民族数量较多的省区，截至2014年，广西常住人口达到4754万人，相当于新疆和内蒙古两个自治区的人口总和。其中少数民族人口占全省总人口的37.18%，主要聚居于广西的壮族，是中国人口最多的少数民族。广西自20世纪90年代中越关系正常化以来，经济发展速度较快，各项社会建设事业也快速推进，市场经济体制改革不断深化，社会格局出现了深刻变化。经济的快速发展，为广西社会事业建设奠定了基础，自1990年以来，广西教育、卫生、交通、通信、社会保障等公共事业都取得了长足进步，民众的生活状况持续改善。然而，2015年，广西人均GDP为35345元，只占到全国平均水平的71%；区内各地发展差异较大，如防城港人均GDP为10975美元，而河池只有2875美元；常住人口城镇化率为47.1%，比全国平均水平低9个百分点。在经济社会发展的同时，广西社会多元化格局日益明显，两极分化现象趋于严重，多种思想观念辐射传播，人们生活方式日渐多样化，多元化局面使得社会群体之间的关系变得更为复杂。同时，经济发展对自然、生态环境造成的压力也越来越严峻。从整体上看，广西已经进入一个快速转型的高风险期，而且由于地处边疆，民族宗教构成情况复杂，广西面临的公共安全风险相比内地有许多特殊之处。

（一）一般突发事件

广西的自然地理环境相对特殊，从区位上来看，广西处在云贵高原东南边缘，四周多山，中、南部多平地，地势自西北向东南倾斜；喀斯特地貌集中连片分布在各地，占总面积超过37%；从气候条件来看，全区都处在热带季风区影响下，雨量充沛。这些特殊环境，使广西历来都是水旱灾害、台风灾害和地质灾害的多发区。过去较长一段时间里，部分地方政府在发展过程中对生态环境的忽视，进一步加剧了广西的自然灾害。广西几乎每年都会遭遇洪水灾害，其中2001年全区特大洪灾导致10多人死亡，因灾损失159.03亿元；2008年全区特大洪灾导致17人死亡，6人失踪，43.7万公顷农作物受灾，15000多间房屋倒塌，直接经济损失达36.4亿元。台风灾害也是广西面临的一项挑战，2014年7月，台风"威马逊"横扫桂东南，导致9人死亡，310万人和141.113万公顷耕地受灾，直接经济损失达40多亿元。因降雨导致的喀斯特山地地质灾害，始终威胁着广西部分山区县市，最严重的地质灾害发生在1985年，资源县、桂林的海洋山等地降雨引发泥石流，受灾面积1000平方公里，毁房3493间，死亡54人，直接经济损失达1.6亿元。2015年前半年又先后发生了几起严重事件。3月，桂林景区山体滑坡，导致7人死亡，19人受伤。6月，连续强降雨已造成45.51万人受灾，因灾死亡3人，失踪5人，紧急转移安置5523人；农作物受灾面积2.863万公顷，其中成灾1.608万公顷；倒塌房屋287户682间，严重损坏房屋212户453间；直接经济损失达1.83亿元，其中农业损失1.26亿元，家庭财产损失2064万元。从2011年到2014年，平均每年地质灾害发生数量在400起以上，导致死亡人数每年超过30人。

  随着工商业的快速发展，广西工矿企业日渐增加，交通运输量也快速增长，但相关领域的安全管理机制跟进不足，导致各类安全事故多有发生。仅2014年上半年，广西便已发生各类安全生产事故508起，死亡414人，受伤384人，直接经济损失达4128万元。[1]在广西安全生产事故中，火灾、交通事故、工矿事故相对多发，凸显了这些领域的监管体系亟待完善。仅2015年头五个月，广西全区就发生1883起火灾，死亡39人，受伤23人。在频繁的火灾背后，是80个重大火灾隐患单位及69个区域性隐患未整改销案，各类工业园区786家企业未办理消防手续擅

---

[1] 张莉：《广西安全生产形势持续好转　未发生重特大安全生产事故》，载《中国日报》，2014年7月30日。

自施工、投入使用。[1]在2008年,广西仅农村地区因交通事故死亡人数达695人,此后虽逐年下降,但是2012年仍然死亡了596人。2014年,仅自治区通报的10起重大交通事故,就造成超过60人死亡,100多人受伤。工矿事故也是广西安全生产领域的治理重点,2001年南丹矿难造成81人死亡,事故被隐瞒半个月之久。2013年11月至2014年1月,广西多地接连发生烟花爆竹爆炸事故,导致19人死亡,直接经济损失超过1000万元。[2]

广西人口众多,医疗卫生体系建设相对滞后,民众生活方式仍然存在一些不利于身体健康的陋习;加上公共卫生教育和宣传滞后,公共卫生应急救治体系不健全,广西公共卫生事件也相对多发。2005—2009年,广西共发生1147起公共卫生事件,导致70人死亡,61488人发病。[3]而在2010—2013年,仅学校系统,广西就发生突发公共卫生事件384起,发病数11666人,死亡数27人。此外,广西还多次发生重大环境污染事件,引发较严重公共卫生危机。如2010年靖西铝厂违法排污,导致下游居民生活受到威胁,引发群体性事件;2012年发生的龙江镉污染事件,导致下游柳州等地数十万居民饮水安全受到威胁,在全区造成了非常恶劣的影响。虽然整体上看,近几年广西突发公共卫生事件的发生起数呈逐年递减的趋势,但形势仍不容乐观。

经济发展、利益多元化和社会快速变迁,使得广西不同社会群体间关系张力趋紧,进而导致相对激进的群体性突发事件和其他危害公众安全的极端行为时有发生。2000—2013年,广西发生百人以上群体性事件29起,在全国排名靠前,属于大规模群体性事件多发省区。除了与内地相同的征地拆迁、劳资纠纷、市场管理等诱因外,广西还因为环境因素、政府公共管理因素、族群因素的诱发发生了多起大规模群体性事件。比

---

[1] 马艳、宫玉郡:《住宅工业园区火灾隐患严重》,载《法制日报》,2015年6月2日。
[2] 孙恒、陈智平:《广西突发公共卫生事件应急管理面临的形势与对策》,载《应用预防医学》,2010年第3期。
[3] 《广西壮族自治区梧州市岑溪市三堡镇炮竹厂"11·1"烟花爆竹爆炸重大事故调查报告》。

较典型的如 2010 年 7 月，靖西信发铝厂因道路施工与周围村民发生冲突，引发数千村民聚集并打砸车辆，破坏工矿设备；2012 年 12 月东兴海关缉私引发的群体性事件，有 1000 多人聚集，数辆执法部门车辆被烧毁，1 人受伤；2013 年 6 月，南宁市因交通事故引发上千名群众聚集事件，导致部分车辆被烧毁。2015 年 9 月 30 日，犯罪嫌疑人韦某因采石生产与附近村民、相关单位产生矛盾，在柳州市柳城县制造了 17 起爆炸事件，共造成 10 人死亡、51 人受伤。除了这些群体性事件外，还有一些治安案件，也对公共安全造成非常现实的危害或潜在威胁。如 2014 年 12 月，广西破获的"全能神"邪教传播案，抓获一名骨干教徒，其控制下的教徒达到 2000 人之众。2015 年 11 月，广西又破获"主神教"邪教传播案，被捕的三名"全能神"骨干分子，多次在农村组织群体集会与传教活动。2015 年 11 月，广西危爆物品管理大整治暨打击涉枪涉爆违法犯罪专项行动仅开展一个月时间，就破获涉枪涉爆案件 628 起，捣毁涉枪窝点 14 个、涉爆窝点 5 个，打掉涉枪团伙 22 个、涉爆团伙 4 个，抓获涉枪涉爆犯罪嫌疑人 882 名，缴获各类枪支共 4948 支、仿真枪 11905 支、管制刀具 3538 把。此次专项行动，涉案人员众多，影响面非常广泛，若不是及时得到化解，对公共安全造成的威胁将非常巨大。

（二）与边疆、民族因素相关的特殊公共安全问题

自中越关系改善，广西对外开放的大门打开之后，广西作为中国面向东南亚国家的经济、贸易前沿基地的作用日益突出，跨境人员往来呈现快速增长势头。对外开放在为广西发展带来巨大活力的同时，也使广西面临诸如跨境犯罪、"三非"流动人口管理、境外思想文化渗透等公共安全难题。同时，受境内外一系列因素影响，狭隘民族情绪在部分群体中有所抬头，其对广西民族团结和社会稳定的潜在威胁需要引起重视。

第一，跨境犯罪，包括跨国贩卖毒品、跨国人口买卖和走私活动等，这些年都呈现增长态势。由于广西邻近世界著名毒品产地"金三角"，近几年来，国内和国外制毒、贩毒势力借广西对外开放之机，纷纷向广西

集中，致使广西面临非常艰巨的打击跨国贩毒的压力。2014年，广西共破获毒品刑事案件6602起，抓获毒品犯罪嫌疑人7718名，缴获毒品海洛因314.5公斤、冰毒496.1公斤、氯胺酮2016.7公斤，其中缴毒量千克以上案件295起。[1]2015年6月15日，梧州警方出动600多名警力，重拳整治藤县太平、和平下辖的两个涉枪涉毒村落，捣毁了制枪、制毒窝点。跨境拐卖人口，尤其是拐卖越南妇女到中国的现象，也一直是广西面临的较为棘手的公共安全问题，据越南方面统计，在1998—2007年，越南全国共有6684名妇女、儿童被拐卖，其中绝大部分被拐卖到中国广西、云南两省，然后进一步向内地拐卖。2009—2013年，中越两国在联合打击跨国拐卖人口行动中，在中国境内解救并送返被拐越南籍妇女1804名、儿童41名。[2]境内外非法经营者相互勾连，依托北部湾水域和广西漫长陆上边境开展的非法走私活动，近几年也出现了较大规模的增长。2014年广西全区共查办涉走私案件7800多起，涉案案值74亿元，涉税18亿元；销毁涉嫌走私物品4000多吨；抓获涉案嫌疑人员3100多人，查扣涉嫌运输私货车船3500多辆（艘）。[3]

第二，历史遗留"三非人员"和近几年涌入的"三非人员"，对边疆地区社会稳定也造成了一定挑战。尤其是近几年来，由于中越两国经济发展差距大，涌入中国"淘金"的越南"三非人员"，借道广西进入中国内地的人员数量持续增加，而部分"三非人员"又与边疆跨境走私、人口拐卖和毒品贩卖等有着密切联系，给广西公共安全造成极大压力。目前，究竟每年从广西千里边境线潜入中国的越南"三非人员"有多少，还缺乏权威的数据。2013年，仅防城港一市就在打击"三非人员"专项行动中，查获近900名"三非人员"。笔者在对凭祥、靖西等地的调研中，还发现每年在甘蔗收获季，会有数以千计越南劳动力入境，其中部分人

---

[1] 彭宁莉：《广西去年共破获毒品刑事案件6000多起》，载《南国早报》，2015年2月5日。
[2] 《中越警方联手合作严厉打击跨国拐卖犯罪》，http://www.mps.gov.cn/n16/n1237/n1342/n803715/3782081.html。
[3] 周红梅：《今年广西反走私突出"三大着力点"》，载《广西日报》，2015年4月1日。

非法滞留后潜入广西其他地方乃至内地。在"三非人员"中，嫁到中国但却未能履行正常婚姻登记手续的所谓"越南媳妇"，构成一个相对特殊的群体。仅根据笔者在东兴的调查，该市目前有中越跨境婚姻超过1000对，但是履行了正式婚姻登记程序的只有19对，这也意味着98%以上嫁入东兴的越南妇女，事实上是"三非人员"。推及广西全境，仅跨境婚姻产生的"三非人员"数量就相当可观。

第三，宗教文化渗透的威胁不容忽视。越南北部与广西边境各民族语言相通，生活方式相近，各类交往频繁，这也使得越南北部成为部分国际势力对华进行宗教和思想文化渗透的重点地区。该地区宗教生态的变动，常会直接影响中国边境民族地区。自越南战争结束以后，天主教、基督教在越南快速发展，背后有国际政治势力和宗教势力的大力推动，而且在部分地方与越南民族分裂势力紧密相连。这些分裂势力背后的族群大多数属于中越两国跨境居住族群，从而导致宗教成为中越地缘政治和社会发展中一个非常关键的不稳定因素。目前，越南人口中30%多信仰各种宗教，总信教人数近2000万。在2001—2004年，越南中部、北部少数民族聚居区，曾多次出现基督教徒与其他人群的冲突。2011年越南西北部奠边府省赫蒙族（与中国苗族为同一民族）居住区甚至发生由宗教势力组织的分裂性质活动，而这次活动得到美国公共政策分析中心所属"苗族前进"的支持。美国政府更希望通过宗教纽带整合越北少数民族群体，建立独立的"赫蒙共和国"。对越北瑶族，美国等国宗教组织和政治机构，也制定有专门的宗教传播和思想渗透策略。[1]进入新世纪以来，广西的宗教特别是来自西方的基督教、天主教传播也非常快，信徒逐年增加。虽然现在还没有确切的资料显示广西宗教传播与境外的宗教组织、政治势力存在关联，但对宗教传播可能引发的社会风险，特别是经由越南传入与宗教有关的政治—社会风险，需要未雨绸缪做好准备。

---

[1] 徐祖祥：《中越边境政治社会稳定的重要影响因素——深析越南北部地区的复杂宗教生态》，载《人民论坛》，2014年第9期。

第四，防止极端势力煽动狭隘民族主义情绪。中华人民共和国建立以来，特别是改革开放以来，广西的民族团结工作成绩显著，各民族之间关系和谐融洽，不同民族交往交流交融程度不断深化。然而，受国内外多重因素的影响，狭隘民族主义情绪在个别领域尚有一定市场。国际反华势力和境外一些"社会组织""学术团体"，不断借助学术研究、网络社区和民间组织活动等方式，有意夸大族群间差异乃至制造壮—汉、瑶—汉、苗—汉的对立；将学术领域的"壮—泰"同源讨论政治化，以"泛泰主义"干扰各民族的国家认同；虚构、歪曲壮族的形成和发展历史，试图改变广西民族关系的历史叙事；将中国的区域发展不均衡归因于民族关系不平等，而有意忽略历史上广西各民族一体化格局的长期性和稳定性，忽视国家和广西各级政府为促进民族间、区域间发展差距做出的努力及取得的成就。如此种种，均需要引起高度重视。

第五，"三股势力"试图借道广西开辟活动新通道，未来反分裂、反暴恐压力将不断加大。2013—2015年，广西连续破获多起边境民众受利诱，帮助"三股势力"成员偷越国境的案件，仅2014年1月至9月，这类案件就破获58起，涉及216人。2014年4月，一批"三股势力"涉案在邻近广西边境的越南广宁省与当地边防人员发生冲突，导致2名越南警察和5名偷渡人员死亡，16人被抓捕。2015年4月17日，东兴市发现多名涉恐分子，在抓捕过程中，这些人与警方发生冲突，至少有2人被警方击毙，14人被抓捕。这几起案件显示，"三股势力"成员成规模、有组织借道广西出入境，并且存在严重的暴力抗法倾向。在凭祥破获的几起案例中，"三股势力"成员还涉嫌参与边境走私、贩毒等活动，与一般犯罪势力相互勾结。

二、广西公共安全治理体系及其存在的问题

（一）一般突发事件应急管理体系

2003年"非典"发生以后，中国各地都加快推进突发事件应急管理

体系建设，广西也不例外。2006年6月，广西出台了自治区《突发公共事件总体应急预案》，对全区突发公共事件应急管理作了全面系统的规定，同时建立自治区人民政府应急管理委员会和应急管理办公室，统一协调全区突发公共事件应急管理事项。经过近十年的发展，目前广西已经形成了较严密的突发事件应急管理体系，包括机构体系、预案体系、人力资源体系、应急管理平台建设、应急保障体系、应急宣传体系等，且都在不断完善。

1. 应急管理机构体系

在自治区层级，广西建立了以自治区主席为主任的应急管理委员会，下设18个应急管理专项指挥部；各市、县也相应建立本级应急管理委员会和专项应急管理指挥部；自治区、市、县、乡镇四级应急管理机构体系基本建成，各部门应急管理工作职责日益明确，分工协调机制不断优化。

2. 突发事件应对法规与应急预案体系

截至2012年，广西全区编制有各类突发事件应急预案12.07万件，建立了以自治区突发事件总体应急预案为核心，由专项应急预案、部门应急预案、市县应急预案、基层单位应急预案共同组成的、涉及领域广泛、层级结构严密的应急预案体系。依托应急预案，全区每年还组织各部门、各基层组织和单位综合或专项突发事件应急演练200多次。2013年3月，《广西壮族自治区实施〈中华人民共和国突发事件应对法〉办法》（以下简称《办法》）正式颁布，该《办法》根据广西面临的情况细化和补充了一些内容，并对各机构主体责任和义务及追究方式进行了创新，为全区突发事件应急管理提供了法律依据。

3. 应急管理人才队伍建设

根据广西壮族自治区政府应急管理办公室统计，截至2012年6月底，全区已建立综合应急救援队伍121支共23465人，专业应急救援队伍126支共29805人，县（区）级专业应急救援队伍705支共33124人，街道、乡镇综合应急队伍691支共593586人，初步形成了覆盖各层级，规模较大，涵盖领域较多，应急管理能力较强的突发事件应急管理人才体系。[1]

4. 应急资源保障

全区各地级市均制定了《综合应急救援队伍建设后勤保障规划》，根据该规划，各市都要逐年按比例增加应急救援装备专项经费，2012年平均每个地级市投入300万元以上，确保应急救援装备更新换代常态化。目前，地级市综合应急救援队伍车辆配备率已经达到100%，器材配备率达到93%。同时，自治区政府还统一领导建立了自治区和市级重要物资监测网络，突发事件应急物资生产、储备、调拨和紧急配送体系，开展各类应急资源普查并建立了应急资源基础数据库和调用方案，初步形成了全区范围内跨部门、跨地区、跨行业的应急物资协同保障机制。

5. 应急平台建设取得初步成果

自治区人民政府应急平台建设的可行性研究报告已经完成，部分建设项目已经进入招投标环节；自治区政府总值班室视频会议系统、红机A网视频会议系统建设完成并实现与国务院总值班室对接；在部分区域和部门开展了小型移动应急平台应用示范，对突发事件现场信息的快速采集和实时传输进行了较全面细致的验证；对南宁市、柳州市等重点城市应急平台进行了技术升级。

（二）应对特殊公共安全问题的治理体系

目前，广西在应对与边疆、民族因素相关的特殊公共安全问题工作方面，由不同职能部门分别承担不同的职责。

1. 在公安机关统领下，打击跨境犯罪，建立起内部协调机制和中越两国协调机制

2013年，中越公安边防部门签署了共同打击犯罪的合作协议，此后，

---

[1]《全区应急队伍建设基本情况》，http://emo.gxzf.gov.cn/yjdw/jsqk/201210/t20121031_416705.htm。

广西壮族自治区、边境县市等公安机关分别也与越南方对等机构签署合作协议,举行定期会谈,建立热线电话与联络员制度,互相通报跨境犯罪案件,在打击犯罪和管控边境非法出入境活动方面开展了深度合作。同时,广西还由公安机关主导,建立了打击毒品贩卖和吸毒行为的四道防线:第一道防线,最大限度地把毒品截获在边境地区防止入境;第二道防线,沿边境公路突袭毒贩防止毒品深入内地;第三道防线,在内地严查严控毒品流通和销售;第四道防线,通过特色禁毒宣传让群众远离毒品。同时,由国家与越南签署的中越《关于禁毒合作的谅解备忘录》,为广西建立与越南的禁毒协调机制提供了法律依据,广西壮族自治区政府和边境县(市)政府与邻近的越南对等地方政府,相应地建立了联合行动机制并开展了一系列合作。

2. 由商务部门主要负责打击跨境走私活动

2013年3月,广西出台了《广西壮族自治区反走私综合治理办法》,并在商务厅下设广西壮族自治区商务厅打击走私综合治理办公室,组织、指导、检查、协调、监督各市和各部门反走私联合行动、综合治理工作,公安、工商等部门协同配合。而中越两国由于对走私现象的界定有差异,目前还未就打击走私达成专项协议。

3. 由公安系统协同法院系统采取了一些应急措施,打击"三股势力",阻断"三股势力"过境通道

2014年7月,广西在自治区警官高等专科学校组建了全国公安院校第一支反恐和处理突发事件预备队,以应对日益增加的"三股势力"过境人员可能制造的暴恐事件;10月,广西壮族自治区高级法院就法院系统打击"三股势力"工作做了专门安排,要求全区各级法院依法严惩暴力恐怖、杀人、爆炸、编造散布虚假恐怖信息等案件。

4. 应对思想文化和宗教渗透的措施

对狭隘民族主义思潮传播和狭隘民族主义势力活动,以及境外宗教和思想文化渗透,目前主要还是通过推动经济发展、公共服务优化等方式,夯实民族团结和各民族交往交流交融的基础,同时通过宣传、文化

等领域的工作，应对较明显的思想文化和宗教渗透。

（三）公共安全治理体系存在的问题

1. 公共安全治理理念与现实存在一定脱节

广西在某种程度上可以看作中国社会的一个缩影：经济发展起步晚但速度快，相应的社会转型与变迁的节奏也非常迅速；民族成分众多，民族关系虽然总体良好，但也存在一些历史遗留问题需要消化；东西部发展差距、城乡发展差距、行业发展差距等都非常明显，社会贫富分化问题比较突出；生态环境与经济社会发展关系张力不断趋紧，发展思路转型压力重大；与邻国关系微妙，边疆安全与对外贸易始终存在较多不确定因素。这一系列因素都决定了，广西社会不但面临着较高的公共安全风险，而且影响社会公共安全格局的诱因复杂，不同诱因之间关系交错，公共安全领域一旦出现问题，对其的处理也相应比一般地方更加棘手。然而，目前不论是政府决策层，还是理论界，对广西风险社会的认知与研究都还非常薄弱，对广西公共安全领域存在的问题思考和讨论均严重不足。现阶段对公共安全的关注，更多局限在一般突发事件的应急管理领域，且多从应急管理机制与技术性角度探讨，对引起突发事件的深层次社会因素缺乏反思。对广西面临的边疆安全问题、民族问题的思考和研究，非常有限；对公共安全治理的综合思路与综合治理体系的讨论，更是一片空白。

2. 公共安全治理机构与机制缺乏整合与协调

这主要表现在两个层面。首先是一般性突发事件的应急管理和涉及边疆、民族因素的公共安全问题治理，缺乏统一的协调机构和资源、力量的整合。特别是在市、县和基层乡镇一级，越到下级，两套公共安全治理系统的脱节越明显。针对一般性突发事件的应急管理机构，自上而下形成了较严密的体系，但是越到下级，决策空间越小，行动受限越大；而涉及边疆、民族因素的公共安全问题治理，则更多由垂直管理机构主导治理，低层级政府在其中的参与非常有限，甚至垂直管理部门也不希望低层级政府参与其中。比较典型的如打击走私,笔者在对部分边境县和乡镇的走访中发现,有些基层干部即使亲眼看见走私船或走私团队出入境,也不会去阻止,究其原因,更多是因为这样的事项不在他们的职责范围之内。对边境"三非人员"往来,边境基层乡镇政府和基层社会群众自治组织,事实上掌握着大量关键线索,可是大多对"三非人员"睁一只眼闭一只眼,因为相关事项的治理也不在他们的职责范围之内。其次是针对一般性突发事件的应急管理体系,表面上看自成体系,但实际运作过程中仍然多以各部门各自为政的方式运行,部门之间、区域之间的协调配合程度还非常有限。特别是2012年龙江镉污染事件,1月15日就已经发现污染导致的河水水质异常现象,但是直到1月28日Ⅱ级应急响应才启动,暴露出相关信息在层级间(宜州市环保部门—宜州市政府—河池市政府—自治区政府)、区域间(事发地宜州—河池和受影响较严重的柳州)、部门间(环境保护部门—信息监管部门—应急管理部门)传递缓慢,不同机构间的行动协调效率不高。

3. 公共安全治理法律法规体系仍不完善

第一,中越两国对涉及两国安全的跨境、民族、宗教和人员、经贸往来等安全威胁的应对,还缺乏完善的国际协议。对涉及民族分裂、宗教渗透和恐怖主义势力的问题,中越两国目前还没有协议;对打击跨境犯罪和防控"三非人员"往来,两国虽然建立了一系列协调机制,但是由于双方对一些具体环节的认知不同,协调过程中出现了较多的障碍。例如在当前"三非人员"中最多的"越南媳妇"方面,越南方对嫁入中国的妇女结婚登记所需要提供的一系列证明材料,基本上都采取不配合态度,使得成千上万妇女因缺乏应有的资料而无法在中国进行婚姻登记;对在中国犯罪后潜回越南的越南公民,或在中国犯罪逃入越南的中国公民,越南公安机关也大多采取消极态度,回避中国公安机关配合破案的要求。第二,应对公共安全问题的顶层制度与法律不完善。当前中国相对比较完善的涉及公共安全的法律体系就是一般性突发事件应对,在《中华人民共和国突发事件应对法》框架下,形成了由部门法规、地方法规和一系列技术性规范共同组成的严密的制度、法规体系。然而，即使是一般性突发事件应对法律体系，也存在责任规定刚性不够、部分责任的规定不够周延、责任主体有所缺失等问题，使得突发事件应对机构频繁出现争夺权力、推卸责任的现象。禁毒、反走私、"三非人员"防控等问题，目前相关法律法规也都很不完善；防止非法宗教传播，防范境外思想文化渗透，防范狭隘民族思潮扩散等工作，都没有法律法规可依。第三，广西地方性法规与制度缺失。首先是不少公共安全问题没有地方性法规，广西至今还未出台《禁毒条例》《反恐条例》，《宗教事务管理条例》虽然出台，但是也缺乏责任条款和追责机制、救济方式等方面的规定，使得管控非法宗教传播工作难以有效开展。民族事务管理、宣传舆论工作等，也缺乏操作性强的地方性法规引领。

4.一般突发事件应急管理体系仍需完善

第一，对突发事件治理的理念需进一步优化。当前各层级、各部门对突发事件的治理，更侧重于事发后的应急管理，而相对忽略对诱发突发事件的深层次社会因素的反思、治理和防范，相对忽视突发事件预警预防机制建设。第二，应急管理机构设置不尽合理。由于国家重视突发事件应急管理，地方各级政府积极响应，几乎每一级地方政府、每一个政府部门甚至每一个具备较大规模的社会团体，都成立了应急管理机构。但是，突发事件毕竟是小概率事件，其应对需要高度专业化的知识和技能，需要相对特殊的资源支持，这种泛化的应急管理机构体系事实上既导致有限的应急管理资源浪费，又不能真正高效应对突发事件，是很不可取的。在泛化的机构建设过程中，有些与突发事件应对直接相关的监测预警机构却出现很多缺口，例如环境监测机构，目前广西有8个市未设固体废物管理机构，16个市辖城区未设环境监察机构，25个县（区）未成立环境监测站，乡镇一级基本无环保管理机构，农村环境监管尚处空白。[1]第三，突发事件应急管理人力资源不足。广西区、市、县、乡（镇）

---

[1] 昌苗苗：《广西夯实环保根基》，载《广西日报》，2015年2月3日。

四级政府现在共有应急管理人员超过70万人，表面上看队伍庞大，人员充足，但实际上真正具备突发事件应急管理专业知识和技能，能在一线处置紧急状态的人却少之又少，大多数所谓应急管理人员，事实上只是普通的公共组织工作人员身兼二职而已。例如环境监测与预警方面的人才，广西全区各级环境监察机构实有人员916人，按国家西部地区标准缺口1394人，84个县级环境监测站中专业技术人员比例达到80%的仅有26个，低于50%的有21个，有10个站无一名专业技术人员，一些站因专业技术人员缺失致使仪器设备无人操作，工作无法开展。专业人员少、持证上岗人员少、独立操作仪器人员少的"三少"现象在广西基层环境监测站十分普遍和突出。第四，设备、技术和资源保障不足。突发事件的应对，特别是环境、卫生和自然灾害类突发事件预警预防、应急处置，需要有先进的技术与设备支持，有充足的资源保障才能有效应对，但目前广西在这方面还存在较大缺口。例如突发事件应对过程中地理信息系统的引入和应对，目前由于基础地理信息只覆盖主要城镇的建成区，且地理信息与其他突发事件应对的信息衔接与匹配度也不高，使得借助地理信息系统进行应急物资配备、预警点设置和应急管理人员调度等工作开展困难。

三、推进广西公共安全治理体系与治理能力现代化的思路

1. 优化公共安全治理理念

要树立公共安全综合治理理念，克服头疼医头、脚疼医脚的治理思想。首先，要在自治区整体层面，对广西风险社会状态进行全方面的研究和评估，并基于综合性的研究和评估，制定未来广西公共安全治理中长期规划。其次，克服不同公共安全事项分治格局，要充分认识到在广西整体进入高风险社会状态背景下，一般突发事件和涉及边疆、民族因素突发事件存在相互转化的极大可能，对两大类公共安全问题要放在一起统一思考和系统应对。再次，对一般性突发公共事件，也要克服表面

上由应急主管机构主管，但事实上由各部门各自为政的应对状态，真正做到公共安全问题出现之后，应急管理力量、资源和信息的高度协同。最后，要将公共安全治理重心下移，工作重点前移，治理重心下移即将主要的公共安全治理机构、人员和资源配置在基层，而非区、市两级政府；工作重点前移即将更多工作人员和资源投入到公共安全问题预警预防阶段乃至前期一般性社会治理领域，而不是将重点放在突发事件发生后的应急处置、善后管理等环节。

2.整合公共安全治理机构体系和队伍

首先，整合一般突发事件的应急管理和涉及边疆、民族因素公共安全问题治理机构体系力量，成立综合性的"公共安全治理委员会"，统筹治理全区公共安全问题。其次，压缩精简现有突发事件应急管理机构，综合性的政府应急管理办公室只建立到县级政府，对乡镇一级政府所属部门和基层单位，不强制要求建立突发事件应急管理专门机构，而是指定专人作为应急管理信息员或协调员，负责突发事件预警信息、上传下达信息和其他信息的传递，以及应急预案启动后负责本单位组织力量与资源的协调工作；自治区、地级市和县分工组建突发事件应急专业队伍，自治区负责组建专业化程度非常高，培养难度大且成本高，专门应对小概率严重突发事件的专业队伍，如突发事件科研机构、心理疏导专家队伍等；地级市负责组建专业化程度较高，培养难度较大，能够应对发生频率较大的突发事件的专门队伍，如各类自然灾害应急专家组、事故灾难处理与鉴定专家组、舆情信息分析专家组等；县级政府则主要负责一线紧急处置力量的组建和运作，并根据县域公共安全形势合理配置相关人员。再次，要加大对基层公共安全预警预防体系和公共安全治理基础工作领域人才队伍建设的投入，要依托现有基层公共治理机构，将突发事件预警预防人员、设备、工作理念融入各机构、各部门、各单位日常工作中去，将公共安全隐患尽可能消除在基层，消除在初发阶段。

3.改进公共安全治理机制

首先，加强区域性公共安全治理平台建设，并依托日益完善的应急管理平台，整合公共安全治理资源，综合应对区域性公共安全问题。其次，要加快自治区政府应急平台建设，使应急平台真正能够做到在全区范围内完成综合协调、监测监控、信息报告、综合研判、调度指挥、应急培训演练、应急管理绩效评估等网络化、信息化功能，依托最新技术完成应急平台计算机网络系统、通信系统、数字录音系统、视频监控系统、视频会议系统、大屏幕显示系统、安全防护系统、移动指挥车系统等建设，不断丰富和完善基础数据库、空间数据库、事件库、预案库、案例库、模型库、知识库和文档库等支撑公共安全治理的数据库，有序推进公共安全治理地理信息平台、数据共享交换平台、数字化预案平台、通信集成平台、综合业务管理系统、风险隐患监测防控系统、预警预测系统、辅助决策系统、指挥调度系统、应急资源保障系统、模拟演练系统、信息发布系统和应急门户系统等子平台或运行系统建设。在自治区应急管理综合平台建设基础上，探索市、县两级综合应急管理平台建设思路。再次，不断完善公共安全治理基础设施与基础工作机制，如进一步加大各类地理信息监测点布设，加大地质灾害监测仪器埋设，加强应急物资仓储设施和流通渠道建设，加大基层社会风险预警人员配置和设施配备。最后，改进公共安全治理决策与实施机制，依托现有应急预案体系和相关责任机制，层层落实公共安全治理责任与资源，将更多的责任与资源下沉到县级区域，以真正实现快速、高效治理公共安全问题特别是各类突发事件。

4.引入多元社会主体参与公共安全治理

要树立公共安全多元主体共治理念，积极引导、鼓励社会主体参与到公共安全治理过程中，扩大公共安全问题应对的资源整合范围。特别是在以下几个领域，要鼓励社会主体参与：第一，公共安全应对物资储备与流通。要积极与各类市场经营主体合作，借助其商业仓储设施和经营设施，将商品流通与公共安全应对的物资储备融合在一起，既避免公共安全应对物资单独储备导致的资本沉淀或资源浪费，又尽可能多地储备相关物资。第二，公共安全基层预警预防体系建设。公共安全问题特别是各类重大突发事件，往往是由一些正常的社会矛盾和风险累积所致。在社会矛盾和风险能量累积阶段，政府公共安全治理机构常常难以发现、识别相关信息，或者对相关问题缺乏足够重视，进而失去预警预防的契机。但是，各类社会组织乃至公民个人，对能量累积阶段的社会矛盾和风险，一般更加敏感，也更有机会捕捉到有关信息。因此，在公共安全预警预防阶段，应积极引导各类社会组织和公民个人参与。第三，应急管理平台建设。应急管理平台建设，需要融合多种技术，涉及多方面数据库建设，需要整合方方面面的信息和资源，因此最好的建设方式，是面向社会广泛征求合作伙伴，以尽可能广泛地吸纳社会资源与信息。第四，部分应急管理专业活动。在突发事件处置和善后阶段，借助部分专业性社会组织的力量，可以使应急管理过程以更低的成本取得更好的成效。如心理疏导工作，可以委托专门心理研究机构进行；灾害损失评估，也可以委托具备良好信用资质的第三方机构进行。第五，公共安全治理绩效评估。目前，中国还未建立系统的公共安全治理绩效评估系统，也未有专门的机构开展相关的服务。从长远来看，对公共安全治理进行绩效评估，是推进公共安全治理现代化的必然要求。而绩效评估要做到客观、公正、全面，就需要多元主体从不同的角度开展不同的评估，其中尤其需要引入第三方力量进行评估。

（与谢尚果、卢小平共同撰写，原载《广西民族大学学报》2016年第2期）

边疆研究要有使命感和责任感

陈超：李院长您好！非常感谢您接受我们的访谈。我们知道您在中国少数民族地区公共管理与公共政策方面做了大量研究，成果丰硕。我看到您最早关于边疆民族问题的研究是2006年在《中国行政管理》发表的《民族地区公共产品的缺失与政策选择》一文。第一个问题是想了解一下，您是如何从一般性公共管理研究关注到边疆民族问题的。

李俊清：我一开始做的是一般性的公共管理。公共管理既有普遍性也有差异性。我昨天在西南民族大学讲的就是"民族地区公共管理的环境"。公共管理的普遍性原理从逻辑上讲很正确，但是能不能在实践中具有有效性，关键在于能否契合实践中的管理对象。如果不契合可能出现水土不服。因为公共管理更多的是抽象人类社会管理的一般原则，但问题是中国这么大，各地千差万别，行政管理中的各个环节，例如资源禀赋、经济发展、文化因素、区域位置都不一样。我在中央民大工作，社会科学的重点方向就是研究民族问题、培养民族干部，所以我就开始关注民族地区。

我认为公共管理的重要职能首先是服务。我发现民族地区公共产品明显要短缺得多。这几年我重视田野实践，几乎跑遍了全国边疆民族地区。我深深感觉到民族地区公共产品太短缺了，2006年的文章主要就是说这个问题。"缺"是一个表象,我列了很多数据,基础设施、医疗卫生、义务教育等。问题是,缺了为什么不提供呢?说到底是民族地区政府提供公共产品的能力弱,经济发展弱,政府可动员的财力、公共资源、手段都比较弱。民族地区政府面临这样的问题:有限的资源和材料都用在提供公共产品上了,但是再生能力不强,造血能力不强。我当时写作的题目是"民族地区公共产品的缺失与政策选择的困境",后来把"困境"两个字删掉了。实际上我想说困境问题。我想这些有限的财力还是用在扩大地方的经济实体,让它具备更多的造血能力,对以后的发展更好一些。

从这篇文章开始,我从公共管理的基本理论出发,开始研究基本理论适用到民族地区的问题。后来我写了一本教材《中国民族自治地方公共管理导论》,北京大学出版社出版的,获得了"教育部'十二五'国家级规划教材""北京市精品教材"等荣誉。我经常讲,民族地区公共管理并不是一个学科,就是公共管理的一般理论在民族地区的实践和应用。后来我写了一系列文章,《民族区域自治地方行政管理的特点与改革》(《北京行政学院学报》2010 年第 2 期),我讲了使命特殊、环境特殊、法律地位特殊等特点。我还写了《中国民族自治地方行政管理研究的回顾与前瞻》(《中国行政管理》2007 年第 5 期),梳理了中国民族自治地方行政管理研究是从什么时候开始的,历经几个阶段,发展到什么程度,将来应该重点研究什么问题。我逐渐把这一方面的学科领域拓展了,为原本的传统政治学、行政学开辟了新的研究领域。

陈超:您是如何将公共管理的一般理论逐步适用到边疆民族问题的研究中去的?

李俊清:中国少数民族分布具有大杂居、小聚居的特点,但是整体而言,还是西北、西南、东北,靠边疆地区多一些。所以,边疆民族地区在相当部分是重叠的。中国有 2.28 万公里的陆地边境线,其中 1.9 万多公里都是民族地区的县，边疆人口多半是少数民族。行政管理的一般原理要考虑到民族因素和边境因素，同样的问题放在内陆是一个样子，放在边疆就大不一样了。2007年，我申请到一项国家社科基金项目"中国边疆少数民族地区政府应急机制建设研究"。刚立项不久，2008年发生"3·14"事件，2009年发生"7·5"事件。那时内陆的危机管理还没有兴起多久，大家刚开始说风险社会，政府应急应该怎么做，边疆地区更是没有这方面的准备。边疆地区原来是把传统安全放在首位，讲敌情多，讲社情不多。后来我的课题报告提出来，要建立"大安全观"，就是说有的时候敌情和社情是交织在一起的。社情容易被敌情利用，敌情有时候以社情矛盾的形式出现，这是情况特殊。报告还提出我们的应急形式要建立大安全机制，边疆地区群体性事件往往掺杂了很多种其他复杂因素，因此要建立信息共享、队伍共建、情报共用的机制。

2008年，国家社科基金重大项目"边疆民族地区社会稳定"面向全国公开招标，我去申报这个课题。我印象特别深，当年答辩完了以后，国家社科规划办给这一课题立了三个重大项目。"西藏社会稳定的突出问题及对策""新疆社会稳定的突出问题"两个项目分别给了西藏社科院和新疆社科院。当时国家社科规划办提出新疆和西藏在最前线，对社会实际问题和一线资料掌握更加全面。但是，中国边疆安全既有个性也有共性，于是又设立了一个"影响边疆少数民族地区社会稳定的突出问题及对策"的项目，让我立足北京，从全国共性的角度进行研究。所以我主持了这个重大招标项目，后来又有若干项成果要报，陆续被批示，其中部分观点得到相关领导的高度重视。

通过这些研究，我越来越认识到，边疆问题研究的学科是交叉的，民族问题跟边疆问题、宗教问题会交织在一起，既有传统安全方面的问题，也有公共管理学科的问题。后来，我做了一系列研究，发表的文章包括《试论民族地区制度变迁的路径选择与可持续发展》（《中国行政管理》2009年第7期）、《我国少数民族地区社会组织发展及社会功能研究》（《国家行政学院学报》2010年第6期）、《民族地区政府与市场关系的定位与调适》(《中国行政管理》2010年第11期）等。一句话，我研究的目标非常清楚，就是边疆民族地区。这几年中国一个重大的特点是城镇化加快，少数民族流动性增强，城市民族工作成为重点。2012年国家民委派我到珠三角做了大量调研，我给民委写了一个报告，后来还写了《东部城市少数民族流动人口公共服务研究》(《中国行政管理》2012年第11期）这篇文章。近期《中国行政管理》将发表另一篇我的文章《关于推动各民族互嵌式社会结构中的公共服务》。我们问民族理论和民族政策的方向往哪里走，习总书记提出来：一定要建立各民族相互嵌入式社会环境和社会结构。

陈超：您讲到边疆民族问题研究，立足不同区位具有不同的优势，例如新疆、西藏对当地实际问题了解更加深入，北京具有更加宏观的视野。有优势就有相对的不足。那么，不同区位研究边疆问题的局限是什么？如何克服？

李俊清：我觉得要防止两个倾向。站在全国的角度，我经常说一句话：中国的民族地区是中国960万平方公里的一部分，中国的1.137亿少数民族是13.7亿共和国公民的一分子。所以，各地区肯定有共性。中国处于社会主义初级阶段，经济建设取得了一定成就，但是还不发达。所以，首先不要过于强调特殊性，一定要把握共性和大的宏观原则。例如，如何处理民族关系、如何把握宗教关系尺度、如何把边境管控好等问题，全国哪个地方都要遵循基本原则，不能突破。

但是，也要防止过分强调共性而忽略了每个地方的特殊性。因为，中国2.28万多公里的边境县，接壤的国家14个，东南西北无论是自然条件还是地理环境，还是跟邻国的关系，还是当地风土人情，都相差甚远。所以我们不要过分强调共性而泯灭了个性。中国确实太大了，每个地区有差异性和特殊性。国家社科规划办为什么那一年同一题目立了三个项目，就是因为觉得我远在北京，虽然有国际和全国眼光，但是对区域特点的了解肯定不如当地。前几年我到喀什调研，访谈中一位官员说得动了感情。他说你们在北京可能没感觉，我在喀什，离乌鲁木齐空中距离1500公里，地面距离2000多公里，离北京空中距离2800公里，地面距离4300公里，但是喀什周围500公里范围内，有四个国家的首都。可想而知，在喀什感受到的外界地缘政治压力，跟在北京拿着地图看，感觉是完全不同的。普遍性、一致性、特殊性和区域性，听起来好像是大话，但是在实践中要结合好。

陈超：现在越来越多青年学者进入边疆民族问题研究领域，您认为青年学者研究边疆领域，需要注意哪些问题？

李俊清：长江后浪推前浪，一代肯定比一代强。年轻人对新思路的了解，对现代技术手段的运用肯定比上一代好一些。但是，年轻人最大的特点是从书本到书本，从家门到学校门到机关门，实践经验不丰富，切身感受不强。

第一，边疆研究要有使命感和责任感。我觉得研究学问是要科学价值中立，但是人文社会学科，特别涉及边疆问题，有个情感和价值在里面——不是学术的冷眼旁观和价值中立，而是要有爱国情感和责任感、使命感。

第二，边疆研究要有问题意识。边疆研究的学问不是像历史、哲学、数学一样间接地引领社会，边疆民族宗教都是应用性、实践性很强的学科。例如边疆学，一定是实践导向的，不能空想，一定要有问题意识。抓住问题之后，研究方法、理论一定要服务于目标。学术研究不能被形式绑架，要有使命感，要对国家方针政策负责。

第三，边疆研究要将西方理论化为己用。近现代以来，中国大部分人文社会科学的研究方法都是西方来的。有的人"食洋不化"，有的人"化为己用"。例如，费孝通先生写的《江村经济》《生育制度》等，通篇就是用中国式话语娓娓道来。但是要知道，西方相关社会理论和学说已经化为费老观察问题的方式了，写出来完全就是当代人类学观察问题的方式，这是化成内在了。我不是反对运用新方法，而是希望真的运用新方法得出传统方法看不到的问题和结论。

陈超：您解决了我一直以来的一个困惑，即运用西方理论分析中国边疆民族问题的时候，我总是担心会不自觉带上西方的立场。您提出，问题不在于理论是西方的还是本土的，而在于首先要将理论化为己用。最后一个问题，对于我们四川大学中国西部边疆安全与发展协同创新中心未来的发展，您有什么建议？

李俊清：我认为这个中心的成立对于推动边疆研究特别重要。关于中国边疆，唐朝诗歌有一个流派是边塞诗派，但是那个时候是文化疆域，不是民族国家，边界在哪儿并不清楚。真正研究边疆是近代，边疆危机出现了，大家开始关注边疆。后来中华人民共和国成立了，我们除了抗美援朝、中越反击战等，大家好像不怎么去关注边疆了，包括改革开放时期——当然我们当时面临的主要任务是如何进行社会转型，如何发展经济。当今天积累了一定国力，我们突然发现，中国边疆问题的重要性凸显出来了。边疆问题跟国内民族、宗教，跟边疆地区经济社会发展，跟边疆地区特殊的地理、地形、地貌，跟边境口岸贸易等好多问题交织在一起，非常复杂。

当前世界依然是以主权国家、民族国家作为国际法的主体和利益单位，而中国的国家利益在边疆地区是集中体现的。既然问题这么重要，学术机构一定要回应，好的学术研究一定要回应社会现实问题。在罗书记的带领下，四川大学建立起来这么一个机构，形成了一系列或固定的或灵活的或弹性的机制。学术需要交流，交流需要平台。

下一步我觉得需要逐步推动边疆研究"由粗到细"，因为边疆是一个大的话题，很多研究者的学科背景、知识结构不同，可能没有交集。我建议，下一届中国边疆学论坛，既要有原则性的中国整个边疆研究，以引起社会关注；又要有分主题的讨论，例如聚焦藏区边境，或者新疆边境。这样的话，大家能就一个相对具体的问题，从多学科展开思考，形成思想碰撞，可能会有更好的讨论效果，也能为国家提供咨询服务。

陈超：谢谢您接受我们的采访！欢迎李老师以后常来我们中心交流指导。

（本文根据2016年10月21—22日"第四届中国边疆学论坛"期间的访谈整理而成。访谈人陈超，四川大学中国西部边疆安全与发展协同创新中心助理研究员。此次论坛由四川大学中国西部边疆安全与发展协同创新中心与中国社会科学院中国边疆研究所联合主办。）

ially provides unlimited benefits, and the Company shall not be able to provide any services.

七 西藏、新疆的发展与稳定

"藏独"的本质是复辟政教合一政体

一、政教合一政体是一种被历史淘汰的政治形式

（一）政教合一政体的实质

作为人类政治发展历史上的一种政治统治形式，所谓政教合一，是指"政权和神权合而为一的政治制度，其基本特点是：国家元首和宗教领袖同为一人，政权和教权由一人执掌；国家法律以宗教教义为依据，宗教教义是处理一切民间事务的准则，民众受狂热和专一的宗教感情所支配"[1]。政教合一制度在中世纪的欧洲、亚洲一些基督教、伊斯兰国家都曾有过漫长的统治，在近现代极少数国家仍有遗留，如沙特阿拉伯、伊朗、1870年以前的教皇国等。1959年民主改革以前的西藏地方政府也实行政教合一体制。政教合一政体有多种具体形式，但其根本特征是宗教首领或宗教集团掌控国家或地区的政治权力，宗教权力凌驾于世俗权力之上，教权渗透并掌控了世俗政权，政权和教权高度整合。具体说来，政教合一政体有如下几个特征。

（1）政权和教权合而为一。这种合而为一最常见的体现，是政权和教权由同一人执掌。如果政权和教权为不同的人所掌握，在政教合一体

---

[1]《中国大百科全书·政治学》，北京：中国大百科全书出版社1992年版，第481页。

制下则体现为政权从属于教权。如1075年教皇格里高利七世所宣称的，"一切君王应亲吻教皇的脚"，"教皇有权废黜皇帝"等。在西藏，格鲁派的达赖、班禅在宗教和政治上都是最高领袖，原西藏地方政府的任何决议，没有拉萨三大寺代表的同意则很难生效。

（2）神职人员掌握政府权力。政教合一不仅体现为政权和教权最高领袖的合而为一，也体现为神职人员对世俗政权的渗透和控制。比如在中世纪，罗马教皇在西欧各国建立了一整套与各国行政体系并行的教阶体制。教会享有独立的行政、司法、财政等权力，并设有专门的法庭——宗教裁判所。在沙特阿拉伯，庞大的穆斯林神职人员，如乌里马、穆夫提、卡迪、毛拉等，往往兼任政府官员，享有宗教和世俗方面的很大权力。

（3）宗教教义高于法律。在政教合一体制下，法律不得有悖宗教教义，且教义可以直接作为法律加以使用。在沙特阿拉伯，伊斯兰教的《古兰经》是法律的依据，各级法院均按各自的法律权限，依据伊斯兰教法执行审判。在伊朗，宪法规定伊斯兰教什叶派是国教。任何人不得利用各种社会活动以及言论、出版自由来反对伊斯兰教。立法会议颁布的一切法律必须符合伊斯兰教教义和先知的法律。伊朗还设有伊斯兰法庭，凡有关穆斯林之间的纠纷，均由宗教法庭以宗教法裁决。在民主改革前的西藏，宗教教义、戒律、寺庙规章都具有法律的效力。

（二）政教合一政体的历史局限性

在政教合一政体下，教会和世俗政权紧密结合在一起，这时，教会已不再是普度众生的圣地，而成为私利膨胀的权力中心，甚至成为社会罪恶的根源。在中世纪欧洲，为了争夺世俗权力，教皇与皇帝的斗争不断激化，并引发了多起战争。教会中的腐化现象也日趋严重，买卖神职现象非常普遍。为了讨伐东方的异教徒，以夺回圣地耶路撒冷，1095年，教皇乌尔班二世发起了十字军东征。十字军东征历时近200年，加剧了西欧社会各阶级之间的矛盾，广大群众饱尝战乱之苦，成千上万的人死于非命，而教俗领主却大发横财。在政教合一政体下，教会不仅控制人们的思想，残酷镇压宗教异端，还通过各种手段垄断社会权力，聚敛社会财富。政教合一制度把人们对教义的虔诚变为对教会的忠诚，进而转变为对宗教领袖的绝对服从，从而导致了以宗教领袖为首的教会的残暴统治。

（1）以宗教蒙蔽人民。虽然借助宗教蒙蔽人民不是政教合一政体所特有的现象，但在政教合一体制下，教会控制着社会舆论和人们的思想，不断强化人们对宗教的信仰，使人民接受贫苦的命运，磨灭民众的反抗精神，并通过神化宗教领袖的方式，加强对民众的精神控制。僧侣和教士被认为是佛与信徒、上帝与信徒的中介，他们向信徒转达佛与上帝的意旨，信徒们不得怀疑；寺院与教会不仅掌握着进入佛国、天国的钥匙，也可以签发下地狱的判决书。[1]

（2）残酷迫害教会的反对者。在政教合一政体下是没有信仰自由的，人们必须信仰也只能信仰某一种宗教，甚至某一种教派。对于不信仰者或宗教异端，教会总会对之残酷迫害，不会有丝毫的怜悯之心。1220年，教皇洪诺留三世认为地方主教镇压异端不力，通令建立直属教皇的"宗教裁判所"或"宗教法庭"，不受地方主教节制。宗教裁判所制定了严酷的审讯条例：只要有两人作证控告便能成立；证人如撤回证词，就按异端同谋犯论处；被告如不认罪，可用刑；被告不仅自己认罪，还需检举同案犯和异端嫌疑犯；为异端辩护者应受绝罚；被告认罪之后，如果翻供，按异端处理；被判为异端者，没收其全部财产。[2]据统计，在1483—1820年近340年，仅西班牙宗教裁判所判处的异端分子就达38万多人，被火刑处死者达10万余人。[3]

（3）民众没有政治权利。政教合一体制与资产阶级所倡导的个人自由、政治民主等观念格格不入，因此，它总是和封建社会或奴隶社会结

---

[1] 李文萍：《从西藏地方与中世纪西欧"政教合一制"形成之比较谈"政教合一制"的认识与把握》，载《西藏研究》，2006年第3期。
[2] 王秀美等：《基督教史》，南京：江苏人民出版社2006年版，第127页。
[3] 王秀美等：《基督教史》，南京：江苏人民出版社2006年版，第128页。

合在一起。在政教合一体制下，普通民众在政权和教权的双重压迫之下，没有任何政治权利。首先，行使国家最高权力的宗教领袖不是由人民选举产生的，人民对其只能无条件地服从。其次，政府的权力实际上掌握在教会和僧侣的手中，而教会本身实行等级严密的教阶体制，毫无民主可言。再次，教会的统治被认为代表着神的意志，从而从灵魂深处加强了对民众的控制，并为政教合一体制下的残暴统治戴上了正义的光环，使民众处于毫无权利的境地。因此，在政教合一体制下，统治者的统治通常不是更仁慈，而是更残忍。

（4）阻碍思想自由和文明的发展。在政教合一政体下，教义是最高的行为准则，包括国家法律在内的一切规范都不得与之相抵触。一切皆有天命、神权安排的宿命思想长期束缚着人们的观念和行为，阻碍了人们对自然奥秘的探索和求知，而且，宗教教义的神权思想总体上是与科学精神背道而驰的。在西欧中世纪，宗教裁判所以极端野蛮、黑暗的方式摧残、迫害了一大批科学家及进步人士。因此，政教合一体制严重禁锢了人们的思想，阻碍了文明的发展。这也是中世纪欧洲社会陷于停滞的根本原因。

（5）聚敛大量财富，阻碍社会发展。政教合一体制使教权渗透进社会生活的各个角落，宗教在控制社会生活的同时，也使宗教本身世俗化。宗教不再单纯是一种信仰，也成为僧侣们谋取财富的工具。反过来，财富本身又促使教会去谋取更多的世俗权力。正如东嘎·洛桑赤列指出的："他们如果没有私人占有的土地、牧场、牲畜，就没有私人占有生产资料的经济基础，也就不会有为保卫这种经济基础而争取掌握政权的动机。"[1]在西藏，寺庙上层僧侣是三大领主之一，拥有大量的庄园和奴隶。在中世纪欧洲，教会拥有征税权，对各国征收名目繁多的教会捐税，并通过出售"赎罪券"聚敛财富。罗马教会还利用十字军东侵掠夺了大量财富，用为十字军筹款的名义向欧洲各国课税，使大量财富源源流入罗

---

[1] 东嘎·洛桑赤列：《论西藏的政教合一制度》，陈庆英译，北京：民族出版社1985年版，第35页。

马。在政教合一政体下，不仅宗教活动本身耗费了大量财富，教会还通过各种途径聚敛财富，使上层僧侣过着奢华的生活，破坏了社会生产力，阻碍了社会的健康发展。目前，除极少数国家之外，政教合一政体已被绝大多数国家所抛弃，成为一种被历史淘汰的政治形式。

二、西藏政教合一时期的黑暗统治

在1959年以前，西藏地方实行了700余年的政教合一制度。达赖喇嘛既是宗教的最高领袖也是世俗政权的首领，上层僧侣大多担任各级政府的官员，宗教势力控制着西藏的政治、经济、文化等各个领域。上层僧侣、贵族和官员对农奴和奴隶进行残酷的经济剥削、政治压迫和精神控制，广大农奴和奴隶根本没有任何权利可言。可以说，政教合一体制下的西藏社会比欧洲中世纪还要黑暗和落后。

（一）政治压迫野蛮，农奴毫无人身权利

在西藏封建农奴制度下，农奴主在政治上享有至高无上的特权，而广大的农奴和奴隶却毫无权利。首先，法律本身极不公平。西藏地方统治者制定了一系列法律以维护农奴主的利益。旧西藏通行了几百年的《十三法典》和《十六法典》，将人分成三等九级，明确规定人们在法律上的地位不平等。法典规定："勿与贤哲贵胄相争"，"下打上者、小官与大官争执者，犯重罪，均应拘捕"，"不受主人约束者逮捕之"，"百姓碰撞官长者逮捕之"，"向王宫喊冤，不合体统，应逮捕鞭击之"，等等。不同等级的人触犯同一刑律，其量刑标准和处置方法大不相同。杀人赔偿命价律中规定："人有等级之分，因此命价也有高低。"上等上级的人如王子、大活佛等，其命价为尸体等重的黄金；而下等下级的人如妇女、屠夫、猎户、匠人等，其命价为草绳一根。伤人赔偿律中规定：仆人使主人受伤，应砍掉仆人的手或脚；主人打伤仆人，延医治疗即可，不给赔偿费。其次，农奴没有人身权利。农奴主占有农奴的人身，可以随意买卖、转让、赠送、抵押和交换农奴,并掌握着农奴的生、死、婚、嫁大权。不属同一农奴主的男女农奴结婚要缴纳"赎身费",农奴的子女注定终身为农奴。农奴主可以任意打骂农奴,甚至对农奴动用断手、剁脚、剜目、割耳、抽筋、割舌、投水、投崖等极为野蛮的刑罚。再次,农奴没有人身自由。五世达赖曾经发过一道谕令:"拉日孜巴的百姓听我的命令……如果你们再企图找自由,找舒服,我已授权拉日孜巴对你们施行砍手、砍脚、挖眼、打、杀。"可见,在政教合一时期的西藏,只有农奴主宰割农奴的权力,没有农奴不受剥削压迫的权利,农奴更没有反抗的权利。

(二)经济剥削残酷,人民生活极端困苦

在政教合一时期的西藏,社会生产力极为落后,广大的农奴和奴隶身受教权和政权的双重压迫,生活在死亡线的边缘。第一,社会财富分配极为不均。占西藏人口不到5%的官家、贵族和寺院上层僧侣三大领主,占有西藏的全部耕地、牧场、森林、山川以及大部分牲畜;而占西藏人口95%以上的农奴和奴隶,却不占有任何土地和其他生产资料。据1959年统计,在全西藏330万克(此处指藏民族使用的面积计量单位,15克相当于1公顷)耕地中,寺院和上层僧侣占有121.44万克,占36.8%;贵族和由僧俗官员组成的官府则分别占24.3%和38.9%。第二,通过差役对农奴进行残酷的剥削。由于缺乏生产资料,广大民众不得不依附于领主的庄园为生或充当家奴,世世代代为贵族、寺院、官府支付无穷无尽的乌拉差役。农奴为噶厦(原西藏地方政府)和庄园主支的差,占农奴户劳动量的50%以上,高者可达70%—80%。第三,三大领主通过租税、高利贷和商业盘剥等方式残酷剥削劳动人民。旧西藏的差税制度十分残酷,既有永久性差税,也有临时加派的差税。据不完全统计,仅噶厦征收的差税种类就达200多种。第四,存在着各种名目的宗教剥削,寺庙甚至以神权的威吓从信教群众中搜刮财物。在旧西藏,绝大多数孩子仅仅作为农奴或奴隶的后代降生人间,长成小农奴或小奴隶。伴随着他们成长的是饥饿、寒冷、恐惧,由于生存环境恶劣,很多孩子没有成年就因为饥饿、疾病或是意外事故而夭亡,儿童死亡率高达60%。农奴们承负着人类罕见的沉重劳动,却过着人间罕有的悲惨生活。

(三) 宗教桎梏沉重,社会发展陷于停滞

在西藏地方政权的强制推行下,藏民族的政治、经济、教育、文化及日常生活中,宗教的影响无处不在。宗教和寺院在旧西藏政教合一的社会政治结构中成为独立的政治、经济实体,拥有庞大的势力和众多的政治、经济特权。藏传佛教成为唯一的意识形态,支配着人们的精神文化生活。寺院上层僧侣既是西藏的主要政治统治者,也是最大的农奴主。"数百年藏族社会的每一重大的政治实践和历史运动,无不与寺庙有关或带着宗教色彩。"[1]首先,对宗教教义的盲目虔诚禁锢了人们的思想。在政教合一的西藏社会,人们只能从佛教的教义中获得对人生和世界的看法,这虽然有利于维护统治阶级的残暴统治,使民众接受残酷的现实,但不利于文明的发展和社会的进步。其次,宗教活动耗费了大量的人力资源和物质财富。据20世纪50年代调查统计,西藏共有2700多座寺庙,12万僧人,占当时西藏总人口的12%,大约有四分之一的男子出家为僧。过高的僧侣比例和众多的宗教活动消耗了大量的人力资源和物质财富,成为妨碍生产力发展的沉重枷锁。由于教义禁止喇嘛娶妻生子,造成藏族人口递减,也影响了藏族社会生产力的发展。正如美国藏学家梅·戈尔斯坦(Melvyn C. Goldstein)指出的,宗教和寺院集团是"西藏社会进步的沉重桎梏"和"极端保守的势力"。[2]再次,宗教妨碍了正常的生产活动。在生产上,春种秋收都要请喇嘛打卦占卜,问神,选择吉日。自然灾害被认为是神降的灾祸,病虫害糟蹋庄稼,按佛教不杀生的

---

[1] 龚学增:《论宗教与民族》,载牟钟鉴、刘宝明主编:《宗教与民族》,北京:宗教文化出版社2006年版,第41页。

[2] 梅·戈尔斯坦:《西藏现代史(1913—1951)——喇嘛王国的覆灭》,杜永彬译,北京:时事出版社1995年版,第39页。

信条，寺庙也规定严禁对害虫造成伤害。[1]

在政教合一的西藏社会，政治压迫极端残酷，人民生活困苦不堪，社会发展停滞不前，整个社会危机四伏，"政教合一制度已像油尽的灯火一样走向没落"[2]。可以说，"正是由于全民族信教和宗教首领执掌政教大权这一因素，导致西藏丧失了适应不断变化的环境和形势的能力"[3]。

三、"藏独""大藏区自治"的实质是恢复政教合一的统治

1959年3月10日，达赖集团在拉萨公开发动武装叛乱。3月17日，达赖喇嘛出逃印度。从此以后，达赖集团一直从事谋求"西藏独立"和分裂祖国的活动。从早期公开追求"西藏独立"到后来提出"大藏区自治"的主张，其实质都是要恢复1959年以前的政教合一体制，恢复高级僧侣、贵族、官家三大领主的封建统治。

（一）坚持独立立场，为恢复政教合一政体提供政治前提

达赖集团深知，只有实现了西藏独立，才能为恢复政教合一体制提供基本的政治前提。1959年3月26日，达赖喇嘛抵达山南重镇隆子宗，就迫不及待地宣布"西藏独立了"。4月18日，他通过喜马拉雅山口到达印度阿萨姆邦的提斯普尔，向聚集此地的各国记者散发了《达赖喇嘛声明》，全盘否定《十七条协议》，鼓吹"西藏独立"。4月25日，西藏分裂主义分子头目在印度城市穆索里召开会议，筹组"流亡政府"。1963年十四世达赖喇嘛主导制定了"未来西藏宪法"，要建立一个由达赖喇嘛任

---

[1] 龚学增：《论宗教与民族》，载牟钟鉴、刘宝明主编：《宗教与民族》，北京：宗教文化出版社2006年版，第41页。

[2] 东嘎·洛桑赤列：《论西藏的政教合一制度》，陈庆英译，北京：民族出版社1985年版，第72—73页。

[3] 梅·戈尔斯坦：《西藏现代史（1913—1951）——喇嘛王国的覆灭》，杜永彬译，北京：时事出版社1995年版，第2页。

国家首脑的"民主统一"的国家。1991年,十四世达赖喇嘛主导制定的"流亡藏人宪法"仍然贯穿着让西藏独立的宗旨,要"建立一个自由、社会幸福、政教合一、民主联盟的本地人国家",并由"达赖喇嘛任国家首脑"。达赖集团的藏独立场还体现在不断强化和完善"流亡政府"机构和继续唱伪国歌、升伪国旗等方面。

随着20世纪七八十年代国际形势的变化,"藏独"的市场越来越小。达赖集团为了达到分裂祖国的图谋,不得不转变策略。1987年9月21日,十四世达赖喇嘛在美国国会人权核心小组会议发表演讲,就所谓"西藏问题"提出了一个"西藏和平五点方案"。1988年十四世达赖喇嘛又谋求到法国斯特拉斯堡欧洲议会演讲,遭到拒绝后改为在议会大厅散发演讲稿,提出"七点新建议"。以这两次讲话为标志,达赖提出了"大藏区自治"的主张,即在包括青海、甘肃、四川、云南等四省藏区在内的240多万平方公里的"大藏区"实行"高度自治"。达赖提出建立历史上根本不存在的"大藏族自治区"的主张,有着极其险恶的用心。第一,"大藏区自治"的主张图谋推翻西藏和其他藏区的现行政治制度,把"大藏区"事务交由十四世达赖喇嘛来管。第二,该主张要求"大藏区"内的其他民族迁出西藏。达赖在"西藏和平五点方案"中强调,必须"停止向西藏移民,并使移民入藏的汉人回到中国"。"西藏流亡政府"首席"噶伦"桑东在2005年一次讲话中也强调,"整个藏族居住区要由藏人自己来行使民族区域自治权,汉人等其他民族就像客人一样,不应以任何形式约束我们的权利"。他们透露出的信息无非是:达赖集团如果一旦在西藏掌权,将实行民族歧视和民族清洗的政策,人为制造民族矛盾。第三,主张西藏(大藏区)高度自治,并要求中国军队撤出"大藏区"。达赖在"西藏和平五点方案"中表示,"只有军队的完全撤退才能开始真正的和解过程"。他在1988年"七点新建议"中又说,"应该召开地区性的和平会议,以确保西藏的非军事化"。第四,坚持西藏可与其他国家或国际组织保持外交关系。可见,达赖喇嘛主张的"大藏区自治",实质上仍然是要改变西藏的法律地位,否定中国中央政府对西藏拥有的主权。

（二）粉饰旧西藏农奴制度，为恢复政教合一政体做舆论准备

西藏政教合一的封建农奴制度的残暴程度在历史上是罕见的。虽然佛教讲究慈悲为怀，但西藏的三大领主对广大农奴和奴隶毫无慈悲之心，对他们进行残酷的宗教欺骗、政治压迫和经济剥削。虽然佛教主张不杀生，但领主却可以任意侮辱、折磨、买卖、赠送、鞭打甚至残杀农奴和奴隶，农奴和奴隶没有任何人身自由可言。布达拉宫下面有一个地洞，百姓俗称蝎子洞，里面蓄养了无数的蝎子，专门用于噬咬犯人。人被丢下去以后，身上立即爬满了毒蝎，很快就被活活地蜇死。在1959年前藏传佛教的仪轨活动中，许多程式也相当残忍，比如：使用死人头颅做容器，陈列包括人肉在内的"五种大肉"，在上供仪礼中使用的长笛是用一根人胫骨制造的，即腿骨号。就是这样一个人间地狱，达赖居然将其粉饰成了人间天堂。1983年3月10日，他在印度达兰萨拉这样讲："过去，我们雪域西藏在佛光的照耀下，人们安居乐业。""我们的农奴制度并不同于其他的农奴制度，这是因为西藏地广人稀，佛教为众生谋福利，告诫人们相互要仁爱。因此我们的社会虽然实行的是农奴制度，但它是一种以佛教为基础、具有高尚和利他人之心的农奴制度。"可见，达赖为了恢复旧西藏的政教合一政体，丝毫不承认政教合一体制对广大农奴和奴隶犯下的滔天罪行。

（三）坚持政教合一的立国原则，确保达赖的最高权威

达赖集团之所以走上分裂祖国的道路，其根本原因在于旧西藏上层人士意识到，西藏和平解放后，民主改革是迟早的事，而他们根本不愿意触动维护他们利益的政教合一体制。因此，达赖集团的"藏独""大藏区自治"等主张的根本目的在于恢复西藏的政教合一体制。这可以从"西藏流亡政府"炮制的所谓"流亡藏人宪法"中清楚地看出来。该"宪法"第19条规定，"流亡政府最高权力属于达赖喇嘛所有"，也就是说，世俗政权从属于教权。该"宪法"还规定，"达赖任国家首脑""达赖喇嘛可以直接通过下属官员发布命令"，可"指令大臣"，可"颁授勋章和爵位"，"噶厦"会议是在达赖喇嘛领导下负责政府事务的，首席"噶伦"和诸"噶

伦"、"人民会议"的"会长""副会长""大法官"等，就职前均要向达赖喇嘛"宣誓"，会议"由达赖喇嘛主持"，"达赖喇嘛可以更换包括首席'噶伦'在内的全体'噶伦'"，"人民会议"和"噶厦"的一切行动、决议必须通过达赖喇嘛批准方能实施，等等。可见，该"宪法"赋予了达赖喇嘛至高无上的地位。达赖在讲话中还说过，凡是决定不了的事情也就是重大的事情，都要通过打卦来决定。打卦就是神断，就是由神最后来决定。很显然，这种政治体制的实质就是政教合一。

四、政教分离的民主改革给西藏带来了历史性进步

1959年，西藏少数上层反动势力的武装叛乱平息之后，达赖集团叛逃国外，西藏民主改革的时机成熟。在广大劳动人民和西藏上层爱国人士的要求下，西藏进行了政教分离的民主改革，建立了民族区域自治政府，结束了西藏的封建农奴制，百万农奴从此成为自己命运的主人。这次改革开启了西藏的现代化进程。经过近50年的发展，西藏的政治、经济、文化、社会等各方面都取得了巨大的成就，证明了西藏实现政教分离是历史的进步。

（一）公民享有充分的政治权利

西藏实行民主改革后，废除了封建农奴制度，百万农奴第一次获得了管理国家的政治权利。西藏自治区成立以来，西藏人民积极行使宪法和法律赋予的选举权和被选举权，参加选举全国和自治区各级人民代表大会的代表，并通过人大代表参与管理国家和地方事务。2002年，在西藏的自治区、地（市）、县、乡（镇）四级换届选举中，全区有93.09%的选民参加了县级直接选举，有些地方选民参选率达到100%。西藏自治区成立以来，先后6任（含现任在内）自治区人民代表大会常务委员会主任、7任（含现任在内）自治区人民政府主席和5任自治区政协主席均为藏族公民。同时，西藏充分行使宪法和法律赋予的自治权。自1965年

以来，西藏自治区人民代表大会及其常务委员会共制定了220件地方性法规和单行条例，内容涉及政治、经济、文化、教育等各个方面，有效地保障了公民的各种政治、经济和社会权利。如今，西藏人民不仅拥有人身自由和政治上的各种权利，而且在经济权、社会权、文化权、受教育权、司法权、宗教信仰自由权、生育权等方面都得到了充分保障。

（二）西藏经济迅速发展，人民群众安居乐业

首先，民主改革以后，西藏经济得到迅速发展，国民生产总值从1965年的3.27亿元增长到2007年的342亿元，人均GDP由1965年的241元增长到2007年的12000元。在毫无工业基础的情况下，西藏已经建立起包括20多个门类、富有地方特色的现代工业体系。现代商业、旅游、邮电、饮食服务、文化娱乐、IT等在旧西藏闻所未闻的新兴产业迅猛发展，实现了"县县通光缆，乡乡通电话"的目标。2007年，西藏接待国内外旅游者402万人次，旅游业总收入48亿元，相当于西藏生产总值的14%。青藏铁路的建成结束了西藏没有铁路的历史。铁路运输已成为内地物资进藏的重要方式。2007年青藏铁路货运量达到93万多吨，其中进藏货物超过82万吨，出藏货物为11.5万吨，进藏货物占货运总量的8成以上，有力地支援了西藏的经济建设。全区公路通车里程已达到4.86万公里。[1]其次，城镇居民社会保障体系建设成效突出。以城镇职工基本养老保险、基本医疗保险、失业保险、工伤保险、生育保险等制度为主要内容的社会保障体系已经建立。基本养老保险覆盖范围逐步扩大，实现了应保尽保。城镇居民医疗保险在全国率先实现了全覆盖。特困群众医疗救助制度和农牧区老干部、老党员、老模范的生活补贴制度得以建立。自然灾害救助、教育资助、司法救助稳步开展。残疾人事业也得到重视和加强。再次，西藏农牧区建设也取得显著成效。义务教育、

---

[1] 向巴平措：《2008年西藏自治区政府工作报告——2008年1月16日在西藏自治区第九届人民代表大会第一次会议上》，http://www.gov.cn/test/2008-02/18/content_892437.htm。

农牧区医疗制度和最低生活保障制度覆盖全部农牧区，农牧民人均纯收入连续五年保持两位数增长，2007年达到2788元。西藏地方政府在因地制宜、保持特色、量力而行、尊重群众意愿的原则下，实施了安居工程，解决了11.4万户农牧民的安居；建立了农村居民最低生活保障制度，将年收入低于800元的农牧民全部纳入了保障范围。农牧区"一孩双女"困难家庭扶助制度全面实施。扶贫开发力度进一步加大，全区重点扶持人口由107万下降到27万。

（三）文化卫生事业取得较大进步

民主改革以后，西藏地方政府大力推进教育、卫生、科技、文化等社会事业发展，取得了重大成效。全区已全面实现"普六"，63个县实现"普九"，青壮年文盲率由民主改革前的95%下降到4.8%，"两基"攻坚规划确定的任务全面完成。小学学龄儿童入学率达98.2%，初中入学率达到90.7%，全区学生义务教育阶段学杂费、书本费全部免除，真正意义上的义务教育覆盖全区城乡。广播、电视人口覆盖率分别达到87.8%和88.9%。全区医疗卫生条件得到显著改善。目前西藏拥有各类医疗卫生机构1305个，病床床位6216张，卫生技术人员8287人，每千人病床和卫生技术人员数高于全国平均水平。婴儿死亡率由1959年前的43%下降到3.1%。随着西藏医疗卫生事业的发展，西藏自治区的藏族人口已从1964年的120万人增加到250万人，西藏人均寿命从1959年前的35.5岁增长到现在的67岁。以免费医疗为基础的农牧区医疗制度惠及全体农牧民。地方病、传染病防治取得重要进展。覆盖城乡的卫生医疗体系、疾病预防控制体系和突发公共卫生事件医疗救治体系逐步健全。

（四）传统文化得到传承和发展

西藏传统文化是中华文明的重要组成部分。西藏民主改革以后，传统文化得到了传承和发扬。第一，藏语文得到广泛的学习、使用和发展。西藏自治区先后于1987年和1988年颁布实施了《西藏自治区学习、使用和发展藏语文的若干规定（试行）》（2002年修订为《西藏自治区学习、使用和发展藏语文的规定》）和《西藏自治区学习、使用和发展藏语文的若干规定（试行）的实施细则》，明确规定在西藏自治区，藏、汉语文并重，以藏语文为主，将学习、使用和发展藏民族语言文字的工作纳入法制化的轨道。西藏自治区的广播、电视台专门开设有藏语频道。全区现有14种藏文杂志、10种藏文报纸，《西藏日报》藏文版每天出版，并使用计算机藏文编辑排版的先进系统。第二，文化遗产保护工作进展顺利。西藏自治区各级政府成立有专门的民族文化遗产抢救、整理和研究机构，先后收集、整理和编辑、出版了《中国戏曲志·西藏卷》《中国民间歌谣集成·西藏卷》以及民间舞蹈、谚语、曲艺、民间歌曲、民间故事等文艺集成，有效地抢救和保护了西藏优秀的民族传统文化。《格萨尔王传》被称为"世界史诗之王"，是藏族人民创作的世界最长的英雄史诗，多年来一直作为口头说唱艺术流传在民间。西藏自治区于1979年成立专门机构，对《格萨尔王传》进行全面的抢救、整理。经过20多年的努力，现已录制了3000多盘磁带，搜集藏文手抄本、木刻本近300部，整理出版藏文版62部，发行300多万册，同时还出版了20多部汉译本，并有多部被译成英、日、法文出版。藏戏等7大类15项24个点被列入第一批国家非物质文化遗产名录。国家还投资3亿多元对布达拉宫、罗布林卡、萨迦寺"三大重点文物"进行保护维修。第三，传统习俗得到保护和发展。在西藏自治区，一些传统节庆活动如藏历新年、萨噶达瓦节、望果节、雪顿节等和许多寺庙的宗教节庆活动得以保留和继承，同时吸收了各种全国乃至世界性的新兴节庆活动。传统藏戏各地都在上演，牧区的"果朝"、农区的"果谐"、康区的"锅庄""弦子"、前藏和后藏的"堆谐""朗玛"等传统舞蹈，不仅在节日表演，而且已经成为藏民日常的文化娱乐活动。西藏已成为歌舞之乡、欢乐之乡。

（五）信仰自由得到有效保障

西藏自治区的绝大部分藏族和门巴、珞巴、纳西族群众等信奉藏传佛教，同时还有不少群众信奉伊斯兰教和天主教。目前，西藏自治区共有1700多处藏传佛教活动场所，住寺僧尼约4.6万人；清真寺4座，伊斯兰教信徒3000余人；天主教堂1座，信徒700余人。各种宗教活动正常进行，信教群众的宗教需求得到充分满足，信教自由得到充分尊重。

活佛转世制度是藏传佛教特有的传承方式，得到国家和西藏自治区各级政府的尊重。1992年，国务院宗教局批准了第十七世噶玛巴活佛的继任；1995年，西藏自治区按照宗教仪轨和历史定制，经过金瓶掣签，报国务院批准，完成了第十世班禅转世灵童的寻访、认定以及第十一世班禅的册立和坐床。西藏民主改革后，经过国家和西藏自治区批准继任的活佛共30余人。

工程浩大的宗教典籍的收集、整理和出版、研究工作也不断取得进展。布达拉宫、罗布林卡、萨迦寺等所藏经卷和佛教典籍得到很好的保护，《布达拉宫典籍目录》《雪域文库》《德吴宗教源流》等文献典籍得到及时抢救、整理和出版。1990年以后，藏文《中华大藏经·丹珠尔》（对勘本）、《藏汉对照西藏大藏经总目录》等陆续整理出版。目前，已经印制出版《甘珠尔》大藏经1490部，还印行藏传佛教的仪轨、传记、论著等经典的单行本供给寺庙，以满足僧尼和信教群众的学修需求。

总之，实现政教分离的民主改革之后，西藏的政治、经济、文化等各方面都取得了举世瞩目的成就，这些成就在政教合一政体下的旧西藏是难以想象的。不管是从世界民主政治发展的趋势来看，还是通过对西藏民主改革前后社会发展状况的比较来看，政教合一都是一种落后的政治体制。达赖集团妄图在西藏恢复政教合一体制违背了历史发展的规律，是一种历史的倒退，也是必然要失败的。

（原载《国际问题研究》中文版2008年第4期）

从政府公共服务水平提升看西藏人权的改善

在西藏发生的事件中，许多"藏独"分子打着"人权"的旗号，诬称中国政府在西藏侵犯人权，试图以"人权"这一普世价值掩饰他们图谋分裂国家、煽动民族仇恨的血腥暴力活动的非法性。其实人权从来就不是一个空洞的口号，人权的实现、人权的保护、人权的改善，需要一系列现实的制度与经济条件。然而旧西藏以达赖为核心的政教合一政权，不仅没有采取任何措施来改善西藏的人权，反而极力维持残酷的农奴制度，通过剥夺绝大多数藏族同胞的基本人权，来实现极少数的特权阶层对社会资源的垄断。在旧西藏政权的统治之下，西藏只有少数官家、贵族和寺院上层僧侣的特权，而广大社会民众基本上没有任何人权可言。西藏和平解放特别是1959年叛乱全部平息之后，中央政府和西藏自治地方政府采取了许多有力的措施，以改善西藏的人权状况。在这些措施中，由政府主导提供的各种公共服务，对西藏的人权进步无疑起了最重要作用。本文通过新旧西藏政府为社会提供的公共服务对比，及其对人权影响的分析，揭示"藏独"分子所标榜的"人权"的伪善与欺骗性。

一、政府公共服务与人权

（一）保护与改善人权是现代政府的义务

政府的出现和政府作用的定位，与社会对人权保护和改善的期待有一定的联系。而在大多数关于国家—政府该起什么作用的理论探讨中，为社会提供福利，给民众带来更好的生活是每一个时代人们对国家—政府的共同期待。例如以托马斯·阿奎那为代表的神学哲学家们，认为国家是上帝为了将善和幸福带给人间而建立的，他们提出一切政府都以公共福利为目标。[1]而契约国家理论则认为在自然状态下的人们，由于生活受到种种障碍，如果个人单独在自然状态下生存可能导致毁灭，因此人们通过签订契约，产生了一个道德的与经济的共同体，即国家和代表国家的政府，契约政府的主要作用是维护公民的财产权，保障公民的生存权，为公民提供比自然状态下更好的生存条件。[2]中国传统思想中占据主流地位的儒家学说，其关于国家和政府的思想，也以德治、仁政为核心内容，而德治、仁政无一不以关心民生为指向。因此，可以说政府的存在和作用应以改善人们的生活状况，改善人权为基础，是思想家们的共识。

现代国家和政府，也基本都按照这一共识来规定自己的宗旨与任务。美国宪法对联邦国家宗旨的规定是：……组织一个更完善的联邦，树立正义，保障国内的安宁，建立共同的国防，增进全民福利和确保我们自己及我们后代能安享自由带来的幸福。法国《人权宣言》第二条规定：任何政治结合的目的都在于保护人的自然的和不可动摇的权利。这些权利就是自由、财产、安全和反抗压迫。我国宪法则具体规定了国家要保护公民各项权利，发展各种社会事业，以增进社会的福利。

国家和政府可以采取多种方式来保护人权，比如通过法律制度以规定人权的内容，通过各种具有暴力后盾的执法活动制裁侵犯人权的行为，通过维持社会秩序和国家安全为保障人权创造良好的环境。更为重要的是，国家和政府一般还会采取多种措施，为社会提供大量的公共物品和公共服务，从而变对人权的消极保护为积极的改善，推动社会人权状态

---

[1] 梯利：《西方哲学史》，葛力译，商务印书馆1995年版，第223页。
[2] 卢梭：《社会契约论》，何兆武译，红旗出版社1997年版，第32—42页。

的不断进步。而历史和现实都已经非常有力地证明,为公民提供的公共物品和公共服务越丰富的国家,人权状态往往也更好,社会发展水平越高。

(二) 政教合一的旧西藏政权具有明显的反人权特征

虽然保护与改善人权是国家与政府应然的责任,然而在国家与政府漫长的发展历程中却出现过许多剥夺民众人权的残暴统治形式,政教合一就是其中最为典型的一种。所谓政教合一,是指政权和神权合而为一的政治制度,"政权和教权由一人执掌;国家法律以宗教教义为依据,宗教教义是处理一切民间事务的准则,民众受狂热和专一的宗教感情所支配"[1]。其根本特征是宗教首领或宗教集团掌控地区的政治权力,政权和教权高度整合。政教合一制度把人们对教义的虔诚变为对教会的忠诚,进而转变为对宗教领袖的绝对服从,从而导致了以宗教领袖为首的教会的残暴统治。历史事实表明,政教合一时期的西藏政府不仅没有行使保护人权的职责,相反却利用其掌控的暴力机器,有组织地、制度化地从事着残酷的侵犯人权的活动。

首先,旧西藏政权是西藏农奴制度的维护者。奴隶制度与农奴制度,是世界文明史上最为残酷的统治形式,是通过剥夺他人的基本人权,以获取少数统治者特殊利益的一种社会制度。在民主改革之前,西藏还保留着农奴制度,"农奴超过旧西藏人口的90%,藏语叫'差巴'(即领种份地,向农奴主支差役的人)和'堆穷'(意为冒烟的小户)。他们不占有土地,没有人身自由,都依附在某一领主的庄园中为生。此外还有占人口5%的'朗生',他们是世代家奴,没有任何生产资料,也没有丝毫人身自由。农奴主占有农奴的人身,把农奴当作自己的私有财产随意支配,可以买卖、转让、赠送、抵债和交换"[2]。为了维护这种残酷的农奴

---

[1] 《中国大百科全书·政治学》,北京:中国大百科全书出版社1992年版,第481页。
[2] 中科院民族研究所西藏社会历史调查组:《藏族简志》,内部发行,1963年,第26页。

制度，旧西藏政教合一政权制定了大量根据人的身份、地位和职业不同而差别对待的法律制度，并且采取了许多非常残酷的刑罚手段以震慑农奴的反抗情绪。

其次，旧西藏政府是特殊的经济所有制的维持者。在旧政权统治下，西藏的主要生产资料特别是土地被极少数特权阶级垄断，普通人根本没有获得生产资料的可能性，他们要想生存就必须依附于农奴主，被农奴主剥削。据记载，在民主改革之前，西藏约330万克（藏族面积单位）耕地中，寺庙占有36.8%，由僧俗官员组成的政府占38.9%，贵族占有24.3%。普通藏民没有一点儿属于自己的耕地。租种土地的农奴，被分为多个等级，然而即使最高等级的"大差巴"，其劳动成果也有50%左右要无偿上交农奴主，地位更低的其他农奴，则要将劳动成果的70%—80%无偿上交农奴主享用。

再次，旧西藏政权不为社会提供任何可能改善人权状况的公共服务。旧西藏政权虽然通过垄断生产资料和维持农奴制，将社会财富高度集中在占人口极少数的统治者和政府手中，但是它却不为社会提供任何公共服务和公共产品，毫不关注在其统治下的100多万名藏族同胞的生死存亡，甚至在社会遭遇重大灾害时也没有来自政府的救济。实际上，在旧西藏政权看来，普通人的生活状况、普通人的人权，根本与之没有任何关系。

这种残酷的统治方式，在旧西藏造成了严重的人道主义危机，使西藏成为当时整个世界人权状况最差的地方之一。

二、新中国政府为西藏公共服务所做的努力

西藏和平解放特别是1959年西藏叛乱平息之后，中央政府、西藏自治区政府以及其他兄弟省市政府，为改善西藏的人权状况，促进西藏社会的发展进步，采取了许多措施推动西藏公共服务事业的发展。

（一）中央政府对西藏公共服务事业发展的支持

从西藏和平解放时开始,中央政府就采取了一系列措施帮助西藏发展公共服务事业,以改善西藏的人权状况,促进西藏社会的发展。

1. 为西藏公共服务事业提供特别的财政支持

西藏的经济发展水平非常低,西藏地方政府的财政收入极其有限。然而,西藏公共服务的历史欠账又非常沉重,并且特殊的自然地理环境导致公共服务事业的建设成本极其高昂。因此,西藏根本没有可能凭借自己的力量满足本地方公共服务的需求,为此,中央政府从西藏和平解放以来,一直在财政上给西藏以特别的支持,帮助西藏迅速发展公共服务事业,改善西藏的人权状况。据统计,从1965年至2004年,中央政府对西藏地方的财政补助累计达968.72亿元,其中1994年至2004年达785.26亿元。[1]在"十五"期间,中央政府对西藏的财政补助达到947亿元,基本建设投资达到601亿元。[2] 2007年,西藏财政支出中来自中央的财政补助,更是达到358.72亿元,占西藏全部财政支出的92%左右。正是由于来自中央财政的巨额支持,西藏的公共服务事业才得以飞速发展。

2. 为西藏公共服务发展提供特殊优惠政策

中央政府为了促进西藏公共服务事业的发展,不仅提供了巨额的财政支持,而且几乎在每一项公共服务领域都采取了针对民族地区或者专门针对西藏的特殊优惠政策,以便调动西藏各级政府和社会参与公共服务的积极性。

为快速发展西藏的教育事业,国家出台了大量的优惠政策。这些政策包括:(1)设立专门的援藏教育机构,统一协调并负责对西藏教育的援助工作。(2)对藏族学生特殊优待,如各阶段内容不同的"三包"政策,特殊的奖学金与助学金发放政策,特殊的招生和毕业分配政策等。

---

[1] 中国新闻网《40年来中央对西藏地方财政补助收入累计逾968亿》,http://www.chinanews.com.cn/news/2005/2005-08-24/26/616011.shtml。
[2] 向巴平措:《西藏经济社会发展取得巨大成就》,载《人民日报》,2008年4月10日,第4版。

(3）帮助西藏大力兴办寄宿制、半寄宿制学校。这主要是为了适应西藏地广人稀，公共教育基础设施难以就近服务居民的需要而采取的特别政策。（4）组织教师和教学管理人员援藏，提高西藏师资水平。国家多次组织教师和教学管理人员援藏，从 1957 年到 2000 年共派遣了 6800 多名援藏教师。（5）组织其他省市兴办西藏中学或西藏班，直接利用内地优质教学资源帮助西藏发展教育。从 1984 年国家号召"在内地办学，为西藏培养人才"以来，到现在内地已经建立了 33 个西藏班（校）。内地西藏班（校）初中在校生 6705 人，高中在校生 4395 人，中专、中师在校生 936 人，高校在校生 2664 人。

为了提高西藏群众的健康水平，中央政府在解放军入藏之初，就开始采取一些特殊措施提高西藏的公共卫生服务水平。从西藏和平解放以来，国家一直对西藏农牧民实行免费医疗特殊优惠政策，随着经济与社会的发展，免费医疗经费先后得到四次提高，年人均免费医疗经费从 1993 年前的 5 元，提高到了现在的 90 元。[1]国家还大力协助传统藏医药事业的振兴和发展，帮助建立了多家藏医院，目前已有 283 种藏药获得国药准字号，216 种藏成药和 230 种藏药材被列入国家标准，200 种藏成药和 137 种藏药材被列入部颁标准。

西藏的社会保障事业开始于解放军入藏时对西藏乞丐、贫困僧侣及其他贫困群众的救济。解放军入藏之初，针对西藏存在大量衣食无着的游乞和游僧，西藏工委进行了普查，并按不同的情况开展了大规模的救济和布施行动。1959 年之后，国家开始探索帮助这些游乞和游僧就业，以帮助他们获得稳定的生活来源的救济方式。到 1960 年前后，曾经饿殍遍地的西藏已经实现没有一人饿死，基本无人要饭的目标。随后，国家采取了多种方式，在西藏开展生产性扶贫活动，通过发放无息贷款、无偿为农牧民提供农牧生产器具、无偿向农民供应种子和口粮等方式帮助农牧民发展生产。进入新时期之后，国家支持西藏大力发展新型社会保

---

[1]《西藏卫生事业发展概况》，http://www.xizang.gov.cn/getCommonContent.do?contentId=342032。

险事业，为西藏的社会保险发展提供财政、政策方面的特殊支持和补助。

西藏早期的基础设施几乎完全是在国家的支持下建设起来的。西藏和平解放之初，党中央要求入藏军队"一面进军，一面修路"，从那时起，国家先后投入了上百亿元资金，陆续修通了青藏、川藏、滇藏、新藏、中尼等连通西藏与外部的公路，以及区内众多干线公路、县乡公路及边防公路。同时，中央政府还下拨专项经费，帮助西藏组建了运输单位和汽车修理厂。这一时期，国家还帮助西藏建立了拉萨机场以及运送油气的管道等基础设施。进入新时期之后，中央投入了大量的财力帮助西藏完善基础设施，仅1994年至2005年就投资了630.11亿元。[1]一个以铁路、公路为重点，航空、管道运输协调发展的立体交通运输网络已在西藏形成，西藏主要的城市拉萨、日喀则、林芝等的基础设施已经非常完善。

西藏的传统文化保护以及居民公共文化生活需求一直都受到中央政府的高度重视。西藏和平解放之后，中央政府即组织专门力量在西藏广泛开展文化普查，对民间文化开展大规模的收集和整理，并对英雄史诗《格萨尔》进行抢救，使许多濒临失传的文化遗产得到抢救和发掘；从20世纪60年代至今，中国政府已在西藏建立了上百个国家级、自治区级和县级的各级文物保护单位。国家多次投入资金并调拨黄金等贵重物资，帮助西藏修缮各地重要寺院，同时还支持布达拉宫、大昭寺、罗布林卡等文化圣地成功申报联合国世界文化遗产名录。国家大力支持西藏的藏文图书、报纸杂志和音像出版事业，当前西藏图书市场上，70%的图书是藏文图书。同时，国家还投入大量资金和人力，抢救并保护西藏的非物质文化遗产，在国家首批公布的非物质文化遗产保护名录中，有22项是西藏特有的非物质文化遗产。

3. 为支援西藏公共服务采取了许多非常规措施

由于西藏特殊的自然和社会特点，国家在支持西藏公共服务的发展过程中，还采取了许多非常特别的措施，以帮助西藏迅速提高公共服务能力，

---

[1] 徐锦庚、郑少忠：《西藏基础设施绘出最美图画》，载《人民日报》（海外版），2006年9月11日，第1版。

以尽可能快的速度改善西藏的人权状况。这些特殊的措施包括以下几点。

（1）多次召开西藏工作会议，专门研究西藏的各项公共事业的发展。从党的十一届三中全会以来，中央共召开了四次西藏工作会议，每一次西藏工作会议都会讨论西藏发展过程中遇到的特殊困难和问题，出台支持西藏发展的特殊政策和措施。

（2）为西藏公共服务发展组织特别的管理协调机构。国家在不同的时期，为了发展西藏的公共服务事业，曾经在中央部委内组织过专门针对西藏教育、卫生、文化等事业的管理协调机构，以统一管理对西藏的援助工作。

（3）用特殊手段帮助西藏发展公共服务事业。为了更方便、更有效地帮助西藏发展公共服务事业，国家在不同阶段曾经采取过多种特殊的手段。如调动军队参与各种公共服务基础设施的建设，开展针对社会的具体服务；动员国家部委和各地方政府，对口支援西藏公共服务事业建设；有针对性地组织专门力量，帮助西藏突击发展专项公共服务等。

（二）西藏自治区政府促进本地公共服务发展的措施

西藏民族区域自治地方政府自成立以来，始终以改善西藏的人权状况为己任，在致力于推动西藏经济社会发展的过程中，将直接以改善民生为目的的各项公共服务事业放在优先的位置，采取了多项有力措施发展西藏公共服务事业。

1.财政支出向公共服务领域重点倾斜。在西藏的财政支出中，用于各种公共基础设施建设的支出占了最大份额，2003—2006年，这一支出每年占财政支出的比例分别为40.74%、24.21%、30.41%、29.26%；同一时期，财政支出中教育、公共卫生、抚恤与社会救济、社会保障四项公共服务支出总量占财政总支出的比例分别为16.51%、20.65%、18.88%、18.76%。[1]考虑到西藏整体财政收入水平低下，行政管理成本极高，而

---

[1] 根据《中国统计年鉴（2007）》有关资料整理。

且需要财政支持的领域非常多,自治区政府每年将这么大比例的财政资金投入到公共服务事业上,无疑体现了政府对与民生相关的事业的格外关注。

2. 为实现公共服务事业的快速发展提供制度保障。在西藏地方法规中,关于公共服务和民众权利保障的地方法规占据了非常大的份额。当前,西藏教育、公共卫生、社会保障、环境保护、扶贫开发、文化保护等领域,都已经有专门的地方法规进行规范。

3. 出台多项有力措施推动公共服务发展。例如为了提高全区教育水平,2007年西藏自治区提出"普及、发展、提高"为主要任务的教育发展方针,将从普及和巩固九年义务教育、加快高中阶段教育发展步伐、稳步发展高等教育、大力发展职业技术教育、加强教师队伍建设五个方面推动西藏教育事业的发展,同时大力在全区城乡推动中小学教育信息化建设。为了推动自治区公共卫生事业的发展,西藏自治区政府出台了多项有力的政策措施,确保全区把卫生工作重点放到农牧区,推进医药卫生体制改革,大力培养医疗卫生服务与科研人才,加大对防疫和妇幼保健工作的支持力度,加大对医疗卫生机构的监督力度。

(三)其他省、市、自治区对西藏公共服务事业发展的支援

在西藏和平解放之后,其他省、市、自治区政府为了帮助西藏改善人权状况,促进西藏经济社会发展特别是公共服务事业的发展,做出了重要的贡献。主要的援助方式包括以下几点。

1. 直接为西藏的发展提供物资援助。早在西藏和平解放初期,全国各省市就响应国家的号召,为建设西藏提供大量的实物援助。近年来,对口帮扶和无偿援助的规模更大、速度更快,仅从1994年到2004年的十年间,由各省市区提供的援助物资、设备折合资金就高达42246.45万元,其他专项资金达41224.89万元。[1]

---

[1]《全国对口支援西藏的现状》,http://politics.people.com.cn/GB/8198/50050/52280/3636709.html。

2. 为西藏援建各类项目。各省市区对西藏的援助，更多地表现为援建西藏的项目，帮助西藏提高经济发展能力和公共服务水平。从1994年国家号召全国支援西藏经济建设以来，几乎每一个省市自治区都在西藏援建了一些重大项目，截至2004年6月底，各省市西藏援建项目有1616个，完成投资516467.9万元。[1] 这些项目中，许多都是与西藏民生直接相关的公共服务项目。

3. 用本地公共服务资源服务西藏。除了为西藏提供物资、建设项目，不少省市区还利用本地的公共服务资源服务西藏同胞。如利用本地的学校，帮助西藏培养人才发展教育；利用本地的医疗卫生机构，帮助西藏培训医疗和公共卫生服务人员；利用本地的科研院所，帮助西藏提高科技发展水平。同时，不少省市区政府还经常组织本地优秀的公共服务人才，进入西藏开展援藏工作。

三、西藏公共服务发展的成效及其对人权的改善

在中央和其他省市区政府的支持下，通过西藏自治区政府的不懈努力，西藏的公共服务事业从无到有，从弱到强，发生了翻天覆地的变化。而公共服务水平的提高，大大改善了西藏的人权状况。

1. 公共教育

教育平等是人类社会平等的起点。而西藏和平解放之前，没有正式的教育机构，只有少数几家寺院和私塾能够为极少数人提供一些简单的教育。据最新的统计数据显示，2007年至2008年年初，西藏小学在校生已达到32万人，小学适龄儿童入学率达到98%；区内初中在校生达到13.1万人，初中入学率达到90%。"普九"人口覆盖率达到90%，西藏青壮年文盲率从和平解放前的95%下降至5%以下。区内高中阶段在校生达到6.3万人，其中区内普通高中在校生达到3.9万人，高中阶段

---

[1]《全国对口支援西藏的现状》, http://politics.people.com.cn/GB/8198/50050/52280/3636709.html。

入学率达到42%。区内普通高校计划招生9150人，高等教育入学率达到17%。[1]教育事业的飞速发展，为藏族同胞在其他方面的发展，为整个西藏经济社会事业的发展奠定了坚实的基础，同时也为藏族同胞获得更多的经济、政治、文化和生活方面的权利提供了条件。因此，可以说正是教育事业的发展，使西藏人民了解到了什么是人权，知道如何获得、如何保护、如何更好地发展和扩充自己享有的人权。

2. 公共卫生

西藏公共卫生事业在和平解放之前几乎是一片空白，整个西藏没有一所现代意义上的医院，只在拉萨有两家官办设施简陋的医疗机构，仅有的少数几个从事医疗卫生工作的人员，也都只是为处于上层的特权阶层服务，普通藏人根本享受不到公共卫生服务。公共卫生服务的缺乏导致西藏人口健康水平极低。

从西藏和平解放之时起，国家就开始有计划地建立西藏公共服务体系，当时就已经开始在西藏实行免费医疗，并开展了大规模的消灭流行性疾病的活动。经过多年的努力，现在西藏的公共医疗卫生服务已经达到相当高的水平，截至2005年底，全区各类卫生医疗机构有1378家，其中独立的藏医医疗机构17所，床位6412张，每千人拥有病床和卫生技术人员数高于全国平均水平。89.3%的西藏农牧民加入了农牧区医疗体系。西藏的人均寿命已经从和平解放初期的35.5岁提高到现在的67岁。[2]西藏孕产妇死亡率由全区解放初期的5‰，下降到2004年的0.31‰；婴儿死亡率由1959年民改前的43%，下降到去年的2.45%。[3]公共卫生事业的发展，大大提高了藏族同胞的健康水平，使藏族同胞最基本的生命权和健康权得到了有效的保护和改善。

---

[1]《西藏自治区2007年教育工作发展展望》，载《西藏日报》，2007年2月27日，第1版。

[2] 龙嘎：《西藏：医疗卫生条件得到长足改善》，http://news.xinhuanet.com/society/2006-08/15/content_4962592.htm。

[3] 徐锦庚、郑少忠：《西藏农牧民健康保障水平显著提高》，载《西藏日报》，2005年6月7日。

3. 社会保障

由于旧西藏政权的残酷统治，在西藏和平解放初期，西藏展示给世人的是"乞丐成群，景象凄凉"[1]的场面。民主改革以后，西藏经济得到迅速发展，国民生产总值从1965年的3.27亿元增长到2007年的342亿元，人均国内生产总值由1965年的241元增长到2007年的12000元。同时，西藏在和平解放之初，就已经开始实行免费医疗制度，当前西藏的免费医疗已经惠及全体西藏人民。在国家确立市场经济体制之后，国家大力支持西藏建立现代社会保险制度，并为西藏的养老、失业、医疗等保险项目提供特殊优惠条件和特别的资金支持，使西藏的新型社会保障事业的发展，走在全国的前列。社会保障事业的发展，为西藏人民追求更多的发展机会解除了后顾之忧，从而大大提高了生活质量，使西藏人民享有的人权更具现实基础。

4. 环境保护

在1996年之前，西藏几乎还没有任何正式的环境保护工作，然而，截至2005年6月，全区共建立自然保护区38个，其中国家级9个，自治区级6个，地（市）、县级23个，保护区面积达40.83万平方公里，约占全区国土面积的34.03%，居全国之首；建立了林芝巴结湿地生态功能保护区等17个生态功能保护区（其中，国家级1个）。1998年至2004年，全区共关闭水泥生产线9条、小钢铁厂5家、小造纸厂4家，开展了医院污水、汽车尾气、饮食业油烟等污染防治工作，加大了主要城镇生活污水处理厂、生活垃圾卫生填埋场等环境基础设施建设力度，投入城镇环境基础设施建设资金近3亿元。[2]

5. 公共基础设施建设

旧西藏几乎没有什么基础设施，没有公路，没有铁路，没有机场，

---

[1] 西藏自治区党史资料征集委员会、西藏军区党史资料征集委员会编：《和平解放西藏》，拉萨：西藏人民出版社1995年版，第157页。

[2]《西藏环境保护事业的发展》，http://www.xizang.gov.cn/getCommonContent.do?contentId=342717。

没有像样的城市公共设施。然而到2005年，西藏的公路总里程达到4.37万公里，其中近八成已实现"黑色化"，96%的乡镇和75%的行政村通了公路。拉萨机场、青藏铁路的通车，更是使西藏形成了立体的快速交通网络。1951年和平解放时，拉萨仅是一个2万多人的聚居区，面积不足3平方公里，唯一的一条八廓街不过1公里长，没有起码的城镇设施，没有一寸黑色路面。如今，拉萨面积是50年前的18倍，城区常住人口是50年前的10倍，城市道路总长241公里；有大学、博物馆，有步行街、汽车城，有保龄球场、温泉泳池，能买到几乎所有的时髦商品。20年前，西藏第二大城市日喀则的城区面积仅2平方公里，如今已增加到24.2平方公里。10年前，林芝地区八一镇还是一片荒滩，如今已成为一座颇具规模的现代化城市。[1]公共基础设施的改善，大大拓展了西藏人民的生活空间和发展空间，使西藏得以与全国乃至全世界大市场融为一体。城市基础设施的发展，直接改善了西藏人民的生活质量。

6. 文化保护

西藏具有非常独特的传统文化，西藏文化因此也成为中国具有多样性的民族文化的重要组成部分。但是，旧西藏政权根本无力保护这些传统文化，许多西藏优秀文化成果都因为各种原因处于不断消亡的状态。西藏和平解放之后，国家采取了有力的措施保护并弘扬西藏优秀文化。

首先，藏族特有的传统文化得到了非常好的保护。西藏许多濒临灭绝的民族民间文化，在国家的帮助下得到全面抢救和有效保护。据不完全统计，截至2004年，采访民间艺人达1万人次，收集各种照片1万多张，各种录像资料100多盘，录音带500多盘，各种音乐、歌曲、曲艺1万多首，文字资料1000万字，发表有关藏民族传统文化学术论文1000多篇，出版民族文化研究专著30多部。全区已拥有各类文化艺术工作者4000余人，其中藏族占90%以上[2]。"文革"之后，西藏修复并开

---

[1] 徐锦庚、郑少忠：《西藏基础设施绘出最美图画》，载《人民日报（海外版）》，2006年9月11日，第1版。
[2] 刘颖奕：《西藏文化事业硕果累累》，载《经济日报》，2005年8月26日。

放了1400多座寺庙，及时修缮和保护了大批文物。

其次，民众文化生活和传统文物保护工作成绩显著。到2005年，西藏已有县级民间艺术团17个，业余文艺演出队500多个，藏戏演出队160余个；文物点2000多处，历史文化名城3座，全国重点文物保护单位27处，自治区级文物保护单位55处，市县级文物保护单位96处；已建成各类多功能群众艺术馆6座、县级综合文化活动中心37座、乡级文化站175座、村级文化室550余个。[1]

文化事业的发展，不仅仅为西藏人民保留了传承千年的精神家园，而且大大拓展了他们的文化生活内容，使西藏人民的文化生活更加丰富多彩。

（原载《中国行政管理》2008年第6期）

---

[1] 叶华兵：《西藏文化事业蓬勃发展》，载《西藏日报》，2005年4月13日。

加快新疆发展过程中需要注意的几个问题

从 2010 年 5 月中央新疆工作座谈会以来，国家陆续推出了一系列针对新疆发展的政策措施，进一步加大了对新疆经济社会事业建设的支持力度，并提出了要在未来五年内使新疆人均地区生产总值达到全国平均水平，城乡居民收入和人均基本公共服务能力达到西部地区平均水平，基础设施条件明显改善，自我发展能力明显提高，民族团结明显加强，社会稳定明显巩固；到 2020 年使新疆实现区域协调发展、人民富裕、生态良好、民族团结、社会稳定、边疆巩固、文明进步的小康社会发展目标。为了实现这一目标，加快新疆经济社会发展，中央决定加大政策支持力度，在新疆率先进行资源税费改革，将原油、天然气资源税由从量计征改为从价计征；对新疆困难地区符合条件的企业给予企业所得税"两免三减半"优惠；中央投资继续向新疆维吾尔自治区和兵团倾斜，使"十二五"期间新疆全社会固定资产投资规模比"十一五"期间翻一番；同时加大全国 19 个省市对口支援的力度等。这些政策措施体现了中央对新疆发展事业的重视和对新疆各族人民的关怀，体现了中央加快推动新疆跨越式发展的决心。当然，在对新疆发展前景保持乐观的前提下，我们也要清醒地认识到，要使中央有关政策得到更有效的执行，要进一步提升新疆发展的质量与内涵，还需要谨慎处理好一些具体问题。

一、科学界定新疆发展过程中的政府与市场关系

由于新疆发展相对落后,各项公共基础设施相对缺乏,且新疆内部区域发展差距巨大,社会情况特殊,市场机制在当地资源配置过程中受到的限制比较多,难以有效发挥对资源配置的基础性作用。因此新疆在发展振兴过程中,不可避免地存在政府主导色彩。不论是中央直接出台的针对新疆发展的政策措施,还是由中央倡导、相对发达省区具体实施的对口援疆政策,资源分配、项目规划、具体建设事业的实施,背后都是政府这只"看得见的手"在着力推动。但是,由于我国整体上已经基本完成了由计划经济向市场经济的转型,即使是政府主导色彩较浓的援疆工作,事实上也不可避免地要借力于市场主体和市场机制,而且从相关政策的目标来看,也是以提升新疆社会自我发展能力,改善新疆市场环境为落脚点。这就意味着,各类援疆工作特别是对新疆经济建设事业的帮扶,应该建立在尊重市场经济规律的基础之上,科学界定政府与市场关系。其中最重要的是区分不同领域,明确哪些领域应该由政府发挥主导作用,哪些领域应该由市场发挥主导作用,使政府和市场主体能在各自擅长的领域发挥关键作用,真正做到政府与市场相辅相成而不是相互冲突。

首先,政府应该将主要的精力投入到那些市场主体进入不了、不愿意进入,但对新疆经济社会发展却具有基础性、先导性的公共事业领域。特别是要加强新疆相对落后地区的基本公共物品供应,这主要包括基础教育、基本公共文化服务体系、社会保障、公共卫生、环境保护等。

其次,在一些对改善民生和提升社会竞争力具有基础性影响的重要准公共物品供应方面,应该适当引入市场、社会主体参与,以增加供应量并优化这类物品的供应结构,同时处理好在这些领域中政府、企业和其他主体之间的利益分配关系。如交通基础设施、通信基础设施、农田水利设施、部分公共文化服务设施等,只要政府设定出科学的管理规则和利益分配方案,就可以吸引到大量的市场主体进入。这一方面能够减

轻政府的财政压力，增加此类物品的供应量，另一方面也可以确保此类物品供应的多元化和供应结构的优化。但其中的规划、协调工作应该由政府主导，以确保有限资源能够用到最急迫、最需要的领域，同时确保相关物品消费过程中的定价合理。

再次，在那些市场主体进入积极性非常高、市场机制能够充分发挥作用的领域，政府应该尽可能避免直接介入，而是承担制定并执行规则、协调关系、裁决争端、提供服务等管理职能，在为市场主体进入提供良好条件的同时，确保市场主体在这些领域的活动不会对新疆经济社会发展造成伤害。

二、处理好各项建设事业的优先排序问题

新疆地域辽阔，人口众多，民族成分复杂，区域发展差距很大，社会情况比较特殊。这对于新疆发展而言，意味着要从三个方面处理好各项建设事业的排序问题。

第一，处理好建设领域的优先排序问题。要实现中央确定的新疆发展的目标，投入将非常巨大，在我国整体经济实力还有限的情况下，必须尽可能做到将稀缺的资源投入需求最紧迫和最容易取得显著成效的领域。这要求有关部门在规划各类建设项目时，要科学论证项目的优先排序，不能追求面面俱到。什么都想做的结果，很可能是什么都做不好。目前对于新疆发展而言，需求最紧迫的领域当属那些相对落后地区与民生状况息息相关的公共事业，而最容易取得显著成效的领域则应该是新疆的资源开发领域。前者需要政府加大投入，合理规划，积极建设；后者则应该积极引导市场主体进入，同时加强对其监管与服务。

第二，处理好建设区域的优先排序问题。新疆区域发展差距极其巨大，北疆部分地、市、州的经济发展水平甚至远远高于全国平均水平，但南疆三地州则非常落后。这也意味着，源自中央、发达省区和新疆自身的各类政策措施及建设项目，应该优先安排在南疆，确保相对落后的

南疆三地州的发展，使之在较短时间里达到新疆乃至全国的平均水平。

第三，处理好城乡之间建设事业的优先排序问题。新疆的城镇与农牧区的发展差距非常大，主要的贫困人群都集中在农牧区。这就意味着要实现新疆的协调发展，需要优先解决农牧区的发展问题。首先是要解决目前仍然广泛存在的贫困人群的基本生活困难，在此基础上要通过加强农牧区公共服务供应、完善市场机制等措施，引导新疆农牧区群众提高自我发展能力。

三、坚持以提升新疆本地自我发展能力为援疆工作目标

国际社会对部分后发国家的援助，以及一些国家对本国相对落后区域的援助，都已经证明，外部的援助并不一定能够提升受援地的自我发展能力，反而有可能使受援地形成对外援的依赖心理，从而丧失提升其自我发展能力的动力。为此，在举全国之力，促新疆发展的过程中，我们需要特别注意处理好外部援助与新疆本地自我发展能力提升之间的关系，使新疆在外部支持下，不仅仅实现经济总量的提升和公共服务水平的提升，更重要的是要实现本地自我发展能力的提升，形成区别于其他地方的具有特殊优势的核心竞争力。这要求在未来新疆发展过程中，着力做好如下工作。

1. 摆正援助与自主发展的关系。不论是来自中央的援助，还是来自相对发达省区的援助，都应该严格定位为"援助"，而非越俎代庖的"包办"。对于新疆各项建设事业和发展规划，应该坚持由新疆各级党政机关主导决策，外援力量参与、配合或者提供适当的指导建议；援助项目和建设方案的确定，应该充分尊重受援地社会各界的需求和建议，而非由援助地政府一手包办；援助过程中，要侧重于提升受援地决策机关和参与者的市场意识、创新意识和管理决策能力，而不是简单地完成一些建设项目。

2. 由政府主导的援建项目以促进当地社会长远发展能力提升为重点。

这意味着由政府主导的援建项目，需要集中于一些基础性领域，着力解决新疆发展过程中面临的瓶颈问题，为新疆市场机制的培育和完善创造条件，而不应过多关注那些可短期获利的领域。在具体援建项目设计上，也应该要有长远眼光，要多建设实用性强的项目，提高与民生密切相关的公共基础设施项目的建设质量，避免"形象工程""面子工程"遍地开花，避免出现"豆腐渣工程"。

3.对市场主体在新疆的发展进行引导以确保市场机制健康发展。这一轮援疆工作，不论是中央还是承担对口援助的省区，都特别突出强调要大力借助市场机制的力量，鼓励市场主体参与。但是，市场主体参与新疆建设，固然意味着援疆力量会壮大，特别是能够大大增加援疆的资本总量和技术含量，但是也蕴藏着一定的风险。在新疆本地企业力量相对较弱，而资源依赖特征又非常明显的情况下，如果放任市场主体按照市场机制的要求去开展活动，很有可能导致新疆经济的边缘化和畸形发展。为此，各级政府需要对市场主体的投资领域、投资方式、利益分配方式、社会责任等进行适当的引导和管制。其中最为关键的一点是要在保证外来市场主体积极性的前提下，借助这些外来市场主体的力量，培育壮大新疆本地市场主体，在新疆建起一大批具有核心竞争力的本地公司、企业，培养本地社会成员的市场意识，促进新疆本地市场机制的健康发育。

4.不断提升新疆各族群众参与市场活动的能力与积极性。新疆发展的最终归宿是要使生活在新疆的各族群众获得实实在在的利益，使新疆各族群众自我发展能力得到根本性的提升。这要求不论是援疆工作还是新疆本地制定和实施的发展政策，都需要将提升新疆各族群众参与市场活动的能力与积极性放在重要位置。而要提升新疆各族群众参与市场活动的能力，除了加强基本公共服务特别是基础教育事业外，还需要做好以下几个方面的工作。第一，加快新疆职业教育和双语教育的发展，使越来越多的新疆本地群众能够获得参与市场活动必要的技能。职业教育的主要功能，是为当地群众提供进入各类企业、事业单位工作的知识和技术,而双语教育则是使他们能够了解外部市场信息,与外部世界进行交流的必要条件。第二,鼓励并引导外来市场主体帮助新疆培养科技创新人才和经营管理人才。随着大量外部资本的涌入,来自相对发达地区的先进科技、先进经营管理理念也会大量涌入新疆。在这个过程中,政府需要设计一套行之有效的制度,鼓励和引导外来市场主体将先进的科技与经营管理理念传授给新疆各族群众,帮助培养新疆的本地人才。其中比较关键的任务,是要引导外来公司、企业更多吸纳新疆本地劳动力,并扩大新疆本地员工在企业科技研发和中高层管理领域的参与面。第三,协调好新疆发展过程中政府、企业和个人之间的利益分配。在多元主体参与新疆建设发展的情况下,协调好不同主体之间的利益分配,对于保持新疆经济平衡发展和社会稳定,具有重要意义。对于新疆而言,比较合理的格局是政府不与民争利,不追求自我利益,而专注于解决社会面临的公共问题;企业追求利润要适度、合法,适当降低资本、技术因素在利益分配中的权重,更多让利于新疆人民;利益分配向基层员工、普通民众倾斜。

四、为快速发展过程中可能出现的各类社会问题的应对做好准备

中央提出的新疆发展目标,是五年内人均 GDP 达到全国平均水平,基本公共服务达到西部地区平均水平,十年内基本达到小康社会的标准要求。以目前新疆与全国发展的差距而言,这要求新疆在未来五到十年里,各项建设事业都必须加速。2009 年新疆人均 GDP 为 19700 元,南疆三地州之喀什人均 GDP 为 8560 元,和田人均 GDP 仅为 4330 元,克孜勒苏人均 GDP 为 6190 元,与全国人均 GDP 25200 元的水平,存在相当大的差距。2009 年新疆城镇居民人均收入 12120 元,农民人均纯收入 4000 元,与西部地区平均水平也都存在较大差距。这意味着未来五年里,新疆经济发展速度必须大大高于全国平均水平,才有可能达到这一目标。在公共服务领域,新疆的差距也很大,基础设施、医疗教育、社

会保障等各个方面都存在差距，例如，2008年新疆每万人口中在校大学生仅140多人，而全国平均为204人，比新疆多出64人；2007年新疆人均教育经费只有880多元，而全国平均为910多元；2000年人口普查新疆人均预期寿命62.59岁，比全国平均水平低了接近6岁。而且新疆地域辽阔，提供公共服务的成本也高于其他地区。这意味着在未来几年里，随着经济社会的跨越式发展，新疆社会利益、观念、生活方式、城乡面貌等诸多领域的结构都将发生巨变，这必然会引发许多新的矛盾和问题，需要社会各方面未雨绸缪做好准备。其中，最需要提前做好准备的包括以下领域：

1. 社会利益多元化可能引发的问题。随着新疆经济快速发展和市场化程度的不断提高，新疆社会利益多元化的趋势将会日益明显。利益多元化包括利益类型、利益内容、利益观念、利益分配结构等各个方面的多元化和快速变化，而这必然会导致社会各方利益竞争的激化。在此过程中，如果社会利益、价值分配的规则未能及时跟进和完善，则必然会使社会不同群体因利益之争陷入激烈的矛盾冲突之中，进而引发社会动荡。因此，在推进新疆发展过程中，不断根据发展形势的变化，调整和改进社会利益、价值分配的规则，在全社会形成依法参与市场竞争的氛围，培育公民理性对待各种利益，以及因利益产生的各种矛盾冲突的观念，是当前非常重要的一项任务。

2. 多元文化激荡融合带来的社会整合问题。在新疆发展过程中，举国援疆体制与市场机制共同发挥作用，不论是举国援疆体制还是市场机制，都必然意味着新疆人员流动性会加强。而人员流动性的加强，必然会带来不同文化和生活方式的交流碰撞。虽然新疆本身是个多民族区域，但实际上除个别城市多民族杂居现象较明显外，其他地方民族相对聚居程度较高，接触不同文化和生活方式的机会较少。因此未来如何应对不同文化群体之间的交流磨合，值得深入研究。同时，更需要警惕的是，利用民众对异文化的陌生，制造恐慌气氛，历来都是新疆民族分裂势力的惯用伎俩。如何防范民族分裂势力借新疆文化多元激荡之际，宣扬狭隘民族主义和宗教极端主义思想,制造社会群体间的敌对情绪,需格外引起关注。

3. 社会快速世俗化可能引发的问题。新疆许多地方宗教氛围非常浓郁,宗教生活对于不少群众而言具有至关重要的意义。然而,历史已经证明,随着一个地方经济发展水平的提高和市场经济体制的完善,社会世俗化的趋势将不可避免。这个过程中会产生一系列矛盾与问题,包括信教群众信仰方式的改变引发的矛盾,信教群众与非信教群众之间的矛盾,宗教生活与现实生活的矛盾等。而宗教因素引发的矛盾,如果与其他因素引发的矛盾交织在一起,将会产生更大的社会影响。对此,政府和社会从现在开始就需要思考并设计应对方案,通过采取恰当的手段,引导信众正确处理宗教生活与现实生活的关系,避免宗教负面作用的扩大,特别要防范宗教因素成为激化其他领域矛盾的催化剂。

4. 经济发展带来的生态环境压力问题。新疆是我国生态环境最为脆弱的地区之一,境内遍布沙漠、戈壁和雪山高原,降雨量极少,生态环境几乎完全没有自我修复能力。新疆要实现快速发展,在初期阶段必然要大大依赖于对生态环境影响较大的资源开采和初级工农产业发展。因此,中央和新疆地方政府一方面要采取多种鼓励措施,设定优惠条件,吸引国内外资本在新疆投资兴业;另一方面也要设立环境门槛,加强环境监管,防止以牺牲生态环境来换取经济的短期发展。

5. 经济社会事业发展与社会凝聚力的提升问题。我们举全国之力建设新疆,除了要提升新疆各族人民群众的生活水平之外,另一个重要的目标就是希望以发展的方式,促进新疆社会和谐,加强民族团结,维持边疆稳定,提高新疆各族群众对中华民族的向心力,增强国家认同感。但是,经济社会事业的发展并不必然会带来各族群众对国家认同的强化,并不必然会加强民族团结,巩固边疆稳定。事实上,如果在发展过程中,不能同时强化社会成员和谐共处的纽带,不能强化各族群众对党、国家和政府的认同,那么影响新疆社会稳定的因素不但不能消除,反而可能进一步恶化。由此,对于新疆治理而言,经济社会事业的发展固然是基础性工作，但在此基础之上，我们应该采取什么样的方法，提升各族群众对国家的认同，对中华民族、中华文化的认同，对社会主义道路的认同？我们应该怎样巩固"共同团结奋斗、共同繁荣发展"的和谐民族关系？我们如何才能从根本上铲除新疆"三股势力"生存、发展的土壤，实现新疆的长治久安？这些都是需要认真思考的。未来在新疆发展过程中，我们需要进一步通过教育、宣传、大众传媒、文化娱乐活动等途径，培育各族群众的公民观念、法治观念，加强各族群众的国家认同，巩固新疆民族团结的局面。

（《中国民族报》将本文分解为两个部分，分别以《发挥好政府职能，处理好优先排序》和《提升自我发展能力，积极应对社会问题》为题，刊载于2010年6月18日和22日头版《学习贯彻中央新疆工作座谈会精神系列谈》栏目。）

统筹十大关系，推动新疆经济社会全面协调发展

  2012年5月30日，中央召开了第三次全国对口支援新疆工作会议，这次会议的主要任务是深入贯彻落实中央新疆工作座谈会和前两次全国对口支援新疆工作会议精神，总结新一轮对口支援新疆工作全面实施以来取得的成绩和经验，研究解决存在的困难和问题，部署当前和今后一个时期对口支援新疆工作，进一步推进新疆跨越式发展和长治久安。自2010年中央新疆工作座谈会以来，19个支援省市、中央和国家机关、有关企业和新疆维吾尔自治区、新疆生产建设兵团认真贯彻中央的决策部署，团结协作，开展了规模空前的对口援疆，取得了令人瞩目的巨大成就。在对口援疆的强力推动下，天山南北形成了大建设、大开放、大发展的局面。但是要全面实现中央提出的到2020年，新疆区域协调发展、人民富裕、生态良好、民族团结、社会稳定、边疆巩固、文明进步，确保实现全面建设小康社会的奋斗目标，我们还需要不断总结经验，积极探索在新的历史时期如何推动新疆经济社会更好更快发展的思路与途径。在解决好"发展什么，怎样发展"方面，我们必须要处理好下列十大关系，才能够真正做到统筹兼顾和协调发展。

一、处理好加快发展与科学发展之间的关系

对口支援新疆建设,其主要的目的是促进新疆跨越式发展。但通过对口支援加快发展的前提,必须是科学发展。后发展、欠发达,经济发展规模较小,总量偏低,人均产值低,居民生活水平不高,是新疆维吾尔自治区的基本区情。这一基本区情决定了必须把不断解放和发展生产力摆在各项工作的首位,把经济建设作为各项工作的重心,以此推动社会全面发展进步。

一是自觉坚持以科学发展观为统领,转变发展观念,调整发展思路,把可持续发展放在第一位。科学评估新疆本地环境和资源承载能力、区域发展基础和条件、生产力布局现状、市场发育的程度,客观分析新疆经济结构不合理、区域发展不平衡、开放程度低、创新意识和能力薄弱等实际情况,认真研究生态脆弱、基础设施建设滞后、人才严重匮乏、贫困人口较多、民族团结面临新的挑战等问题,充分发挥资源区位优势,积极推进"外引内联、东联西出、西来东去"的开放战略,着力培育经济增长点,利用对口支援东风,实现新疆地区经济社会的又好又快发展。

二是必须明确新疆今后的发展道路和发展方式,这是对口支援新疆工作的前提和首要条件。针对新疆目前的情况,一方面要大力发展新型工业,突出解决产业结构不合理、经营方式粗放、高投入、低产出等突出问题;另一方面还必须进一步加强农牧业的发展,为新疆今后的发展奠定更为稳固的资本积累。在对口支援过程中,由于建设方式仍然具有动用国家力量进行高强度财政援助和项目援助的倾向,这样就容易滑向计划经济的运营方式,造成资源最佳配置的失效和无能,出现"政府失灵",导致经济发展乏力和后劲不足,使得大规模的经济援助难以形成经济增长点和发展点,因此必须加快转变发展方式,坚持市场经济导向,坚持援助带动战略、科技兴疆、文化兴疆战略,使得各项资源达到效用最大化的配置和使用,促进各个区域、产业实现可持续快速发展。

三是在坚持以经济建设为中心的同时,坚持以人为本,坚持全面、

协调、可持续发展。经济发展是基础，是保证，社会发展是目的。从中央新疆工作会议上，可以看出对口支援的重点是通过改善民生缓和社会矛盾，因此，必须把保障和改善民生作为全部工作的出发点和落脚点，突出解决医疗、教育、住房等直接与民众切身利益相关的关键问题，提高人民群众的生活水平，使人民群众特别是少数民族群众获得较大的实惠。在对口支援中，改变过去重经济发展、轻社会发展的理念，加大对科技、教育、文化、卫生、体育等社会事业的投入，并积极推进生态文明建设，保证经济建设、政治建设、文化建设和社会建设全面协调发展。在举国之力加快新疆建设的同时，做到统筹兼顾，充分发挥区位和资源优势，打造各自优势产业，形成区域协调均衡发展的新格局。

二、处理好经济发展与长治久安之间的关系

中央新疆工作会议明确提出了推进新疆跨越式发展和长治久安两大战略，传统理念认为，只要民族地区的经济得到了充分的发展，其他问题就会迎刃而解。但是自从发生了"3·14"事件和"7·5"事件之后，我们认识到，在发展经济的同时还必须密切关注社会的发展、政治的发展、文化的发展，只有实现均衡发展，才能真正实现民族地区的长治久安。作为一个复杂的区域性难题，新疆社会问题是由多种原因造成的，既有历史因袭和自然条件的原因，也有政治、经济的问题，既有社会阶层和群体意识层面的因素，也有地缘政治和国际环境的影响。如果只是注重强调经济发展规模、速度和水平，而忽视其他方面的发展，一旦出现政策失衡，就有可能加深和激化现存的矛盾，带来更多的不稳定，治理的成本就会更加高昂。同时，从一定程度上说，对口支援新疆建设是实现新疆全面现代化的过程，而在现代化的过程中充满着复杂的不确定因素，也是利益矛盾多发、凸显的过程。随着对口支援深入开展，新疆与外界的对比尤其是与发达地区的对比越来越明显，民族间差异、地区间差异、城乡间差异不断冲击和改变着人们的观念和价值取向，也容易

带来很多社会不稳定的因素。同时，大规模支援活动和大量资金的涌入，频繁的援建活动、大量经济行为、大量异域人群和思想意识的进入，在一定程度上会影响新疆传统的族群结构、社会结构和思想观念。在新疆多民族的地区中，如何使得现代化发展的过程对各个民族的传统生活习惯、观念意识所造成的影响、冲击消弭至最小，使得被影响的族群、人群身心的双重失落降至最低，是新疆长治久安的重要内容。从地缘战略的角度来看，在新疆外部空间中，信息化、多极化、全球化加速了世界各国、各地区之间的联系和交往。新疆民族地区与外部的物理空间距离逐渐缩短，彼此之间的相互作用日益加速，影响日益加强，关联度日益密切，新疆民族地区的安全稳定的"生态"环境（包括技术环境和制度环境）变得更加复杂、更加多样、更加隐蔽，所肩负的维护国家统一和民族团结任务更加艰巨。新疆处在各种敏感问题的"交织带"上，任何的风吹草动，都有可能诱发社会不稳定的"多米诺骨牌效应"，牵一发而动全身。因此，新疆推进建设发展的同时，如何加强对边疆地区的社会治理，加强对周边地区彼此之间的交流合作，增进信任，促进共同发展，就成为新疆地区长治久安的外部关键问题。

三、处理好政府主导与充分发挥市场作用之间的关系

处理好政府主导与发挥市场在基础资源的配置作用，是做好对口支援新疆具体工作的重要原则。市场的"无形之手"是微观经济活动运行的动力，但是市场机制在提供公共物品与公共服务、使用公共资源和存在外部性等情况下会失效，这就需要政府的"有形之手"来推动，做到两者相得益彰。历年中国各省区市场化指数排名显示，在政府与市场的关系、非国有经济发展、要素市场的发育程度、市场中介组织的发育和法律制度环境等各项指标方面，新疆与东部省区相比，都还存在着很大的差距，市场力量相对孱弱。因此在新疆发展振兴过程中，不可避免地存在政府主导色彩。不论是中央直接出台的针对新疆发展的政策措施，

还是由中央倡导、相对发达省区具体实施的对口援疆政策，基本上都是政府在强力推动。但从促进新疆长远持久发展的角度来看，只有培养市场主体，激发市场活力，充分发挥市场在资源配置方面的基础性作用，才能实现新疆的可持续发展。所以要清晰界定政府与市场的关系，区分其不同的活动场域，发挥其各自的优势，协同互补。在公共产品提供方面，政府责无旁贷。而在竞争性领域，则更多需依靠市场活力。

四、处理好带动发展与利用比较优势、后发优势发展之间的关系

所谓比较优势是指一个地区相对于另一个地区而言，由于资源占有等方面的优势，某产品的生产相对于其他地区而言成本较低，在交易中占有一定的优势。所谓后发优势是指后发展地区在推动工业化方面的特殊有利条件，后发地区通过引进、模仿、学习（包括技术和制度两方面），可获得后发利益，从而具有后发优势。由于学习成本大大低于创新成本，因此后发优势（包括技术性后发优势和制度性后发优势）不小于先发优势。一个地区如果能在每一个时点上按其当前的要素禀赋结构所决定的比较优势和后发优势来选择产业、产品、技术，经济发展就会富有竞争力，就有可能实现赶超式发展。对口支援新疆建设发展中，在坚持带动发展的同时，必须充分发挥自身比较优势和后发优势，防止简单追求"大一统"观念，将其他地方的发展模式套用到新疆地区。

一是从新疆自然资源的禀赋来看，新疆是一个物产丰富的地区，能源有石油、天然气、煤炭等，农产品有番茄、葡萄、哈密瓜，特色产品有巴旦木、罗布麻茶、天山雪莲、地毯、挂毯等，更有丰富的太阳能、风能，因此需要坚持因地制宜原则，把这些资源优势转化为经济增长的动力，创造出具有民族特色的品牌，提高在国内外市场的占有率，从而加快发展速度。

二是要立足实际，新疆发展应针对不同的类型区域分别给予不同的政策措施，注重不同地方的吸纳能力和发展潜力，毕竟大量的资金流入，

有可能造成资源产业在"繁荣"时期价格膨胀是以牺牲其他行业为代价的现象——国际上称之为"荷兰病"(Dutch disease),从而压制其他产业的发展,造成产业发展畸形,难以发挥区域经济活力。与全国其他地方相比,新疆的劳动力由于传统生活模式和文化背景的影响,在适应现代化工业生产方式方面会面临不少困难。因此,需要通过对新疆现有产业结构进行适当调整,例如充分发挥少数民族传统文化优势和利用少数民族本身的生活习惯,如可以利用能歌善舞的特点,发展文化服务业,培养影视演员、导游、餐饮管理等职业,充分发挥比较优势。

三是采取直接支援的发展方式,一定程度上会在短期内促使出现"发展饥渴症",受援地容易忽视自身优势,采取赶超发展,盲目上项目,产业结构同化重叠严重,价格扭曲,地方保护滋生,重复建设严重,反而不利于经济健康发展。同时,与"发展饥渴症"相对应的是所建成的项目存在着能力过剩的问题,如果一味地追求建设的项目数量、规模,而很少考虑建成实施后的投资回报率、市场占有率、使用率和增值率,就会导致产能过剩、资源浪费、效益低下。这是在进行对口支援新疆建设中必须慎重考虑的问题。

四是注重内涵发展。新疆的经济发展必须是内涵发展,必须在内容、实质上多下功夫、花大力气。发展是硬道理,任何事物的发展均以内涵为出发点和核心内容。没有坚实的内涵作为支撑,仅有数量和规模的简单扩张,那不是可持续能长久的发展。应通过对口支援集中力量促进特色优势产业、产品发展,使之在现有的基础上再上一个台阶;利用特色优势产业、产品带动其他产业、产品发展,形成更多的特色优势产业、产品。

五、处理好对口支援建设与自治自主发展之间的关系

对口支援就是要不断培育新疆各个地区自主发展能力,通过不断的"输血",达到自我"造血"、自我不断"供血"的最终目标。因此,新疆

各级地方政府必须充分发挥民族区域自治的作用，发挥自主功能，防止滑入"被援助"陷阱。"被援助"不仅会造成资源的浪费，还会在一定程度上削弱经济自生发展的能力，破坏先前发展的动力和机制，产生支援依赖症。如果一味地将其他地区的经济社会发展理念和模式移植到新疆，一方面可能出现水土不服、低效率发展和经济发展"内锁"现象，加大发展的经济成本、心理成本和社会成本，带来范式移植的灾难；另一方面也会削弱新疆自主发展能力，使其陷入经济发展的"内卷化"困境中，结果是只有经济规模和数量的增长，没有经济的整体发展。

要从整体上提升新疆经济发展的自生能力，防止形成支援依赖症，需要从以下四个方面努力。

一是解决好企业的自生能力问题。一个地区具有比较优势的产业产品、技术结构是内生于该地区的资源和要素禀赋结构的，忽视自身的要素禀赋结构而试图去生产和发达地区同样的产业产品，必然导致其发展目标载体的企业没有自生能力，竞争能力无法提高。而政府要维护企业发展，就必须靠扭曲价格信号、干预资源配置来达到补贴、保护这些没有自生能力的企业，随后寻租腐败、预算软约束、宏观不稳定、收入分配不公、民众不满等现象就会接踵而至，结果必然是欲速则不达。因此，要提升企业的自生能力，就必须立足新疆实际，严格按照产权清晰、政企分开、权责明确、管理科学的原则，对经营不好的企业，严格实行破产制度，克服政府背负企业亏损重负、政企不分、市场扭曲等计划经济模式下的经济发展方式。同时，进行制度创新，引进和培育具有现代经济意识和管理能力的企业家，利用专有人力资本优势，为经济发展服务。

二是用足用好用活自治权。对口支援并不等于是对民族自治地方自治权的削弱，相反，要根据新疆各地的具体情况，尊重不同地区的差异和特殊性，提倡求真务实，主动工作，防止自治权流失。同时要把握原则，因地制宜，灵活运用好人事管理、经济管理、财政税收和社会事业管理等方面的自治权。

三是加强创新机制建设，防止产生技术"路径依赖"。对口支援必须创新各种机制，使各项政策措施落实到位，防止在技术创新和制度创新大量涌现时陷入"路径依赖"，造成技术和资金的大量浪费，而一旦援助停止，又会回到原来的发展道路、方式和路径上，甚至比原来更差。新疆应通过对口支援，借力借势，摆脱依赖型经济的束缚，走自主自生独立经济发展道路。

四是提高建设项目的自我积累能力，防止项目建成后仍需更多的投资进行维持。项目建设的自我积累能力不足，意味着建成项目的"成活率"不高，赢利水平较低。而赢利水平低，当地民众从中获得的实惠就少，项目的可持续性就差，就需要更进一步的援助，从而产生项目依赖和投资依赖，造成激励机制扭曲，陷入严重依赖外部支援的"内锁"路径中。

六、处理好整体推进与重点发展之间的关系

在市场经济不断发展的今天，对口支援必须强调讲求重点，讲求效益，讲求长期发展。按照规划，新疆将建成西部经济增长极，因此，短期支持强度最大的是基建投资，重点是通过加强基础设施建设推动新疆的本地资源优势转化为经济优势，从而实现长期跨越式增长。对口支援的主体，主要有政府和企业。政府支援的重点在于改善民生，企业支援则是通过一些大项目的支持投入，来开发、带动新疆发展。在整体协调优化发展的同时，对口支援必须着重解决以下四个突出问题。

一是解决好民生问题。重点应从住房建设、生活设施、老龄人服务、就业与再就业、人才培养、社会保障、学生入学、法律援助、双语教育、精神文化需求等方面来解决人民群众迫切需要改善的问题。要采取内源式发展方式，充分尊重和发挥当地各族人民群众的积极性和创造性，让人民群众成为对口支援建设的主体，让人民群众理解对口支援的目的和意义，并能够参与到对口支援项目中来。要倾听人民群众的心声，并且保障当地在项目建设过程和实际运行中得到实惠，在参与过程中提高自

我积累与自我发展能力,实现经济效益和社会效益的统一。同时,坚持稳疆兴疆、兴边富民的目标,将公共资源特别是财政资源向基层一线、南疆地区和边远艰苦地区倾斜,向困难群众倾斜,从而促进新疆均衡和谐发展。

二是立足新疆区域经济发展实际,在农牧业、科技教育、基础公共物品供给、环境保护和基层政权建设上,解决制约新疆区域经济发展的瓶颈和短板。同时,紧密结合资源禀赋要素和发展根基,选择有发展前途并能够带动整体经济发展的地区、产业和项目,最大化地发挥资金、人力和智力的综合作用,切实发挥对口支援的效力。

三是在对口支援内容上,要坚持软硬件建设并重。硬件的支援,可以通过集中投资开发建设,不断优化完善来完成。软件建设则需要一个长期过程。对当地政府而言,努力创造支援发展的良好外部空间,不断培育市场,制定合理科学的发展思路,树立科学技术是第一生产力和科教兴疆的意识,不断提高公民的政治意识、参与意识、市场意识、公民意识、公共精神和理念,是当前需要认真思考的重点问题。

四是在援疆干部和本地干部的培养上,要在坚持对口支援、分片负责的基础上,集中力量,重点突破。如针对南疆发展比较缓慢的情况,就应该加大干部培养力度,改变缺什么干部补什么干部的被动局面。在地方党政领导班子中,援疆干部应占有一定的比例,并给予他们实职实权,使其能够充分发挥传、帮、带作用。

七、处理好投入发展与实际收益评估之间的关系

随着中央和全国对新疆投入和援助力度的加大,大批的项目进入新疆。要防止在一些项目建设中,常常会遇到要钱容易花钱难、建设容易管理难的问题,出现"建设—闲置—亏损—再建设—再闲置—更加亏损—继续投资"的高成本项目建设怪圈,这就证明对建设项目进行事前和事后成本效益科学评估的必要。在对口支援过程中,项目的投入资金和成

本效益直接决定了新疆自我发展的能力和可持续发展的动力。因此，必须要对资金投入和建设项目的效益、效率、效果和价值进行评估，不断完善对口支援政策的制定系统，克服政策运行中的弊端和障碍，增强政策的活力和效益。应通过政策实际收益的评估，来随时调整资金流向，确定对口支援的优先顺序和比例，并根据情况的变化，对政策做出继续调整。同时，对口支援各项政策的评估必须贯穿始终，要不断提高对口支援决策的科学化和民主化，做到事前心中有数、事中严格执行、事后清楚明了，提高项目建设的质量和资金使用的合法性、安全性，防止出现"烂尾工程""豆腐渣工程"。

八、处理好援助科学规划与规范运作之间的关系

对口支援是一个长期的过程，必须进行精心的准备和科学的规划，做到事前准备充分、事中运作规范和事后备案清楚。首先，应从全局的角度思考问题，要跳出对口支援来思考、谋划和推进新疆发展。应在充分调研、总结经验的基础上，立足新疆实际，根据新疆本身所拥有的资源禀赋和经济发展基础及其吸纳能力，充分尊重新疆当地的语言文字、价值观念、宗教信仰、多元文化，从新疆的地理位置、自然条件、历史文化、传统生产和生活方式出发，制定科学的发展规划和发展战略。还应充分考虑新疆现有的基础条件和建设现状、市场发育程度、人力资本存量等与发展现代经济相关的变量和因素，充分考虑和评估新疆的社会承受能力。同时，必须把握新疆发展的阶段性特征和需求，明确对口支援工作的战略方向，找准工作定位。各对口支援单位要切实承担起"共生崛起"的神圣使命和责任，加强各援助地区与新疆当地的良性互动，形成自我鞭策、自我生长的机制。要加强协调，切实做到思想上同心、目标上同向、行动上同步，共同推动新疆的现代化进程。

其次，应在不断完善规划和制度的基础上，建立对口支援和新疆发展的长效机制，实现新疆与其他地区的优势互补。新疆大多数产业为资

源性产业，产业链相对较短，虽然资源税由从量计征改为从价计征，所征税款将大大提高，但是相比其他省市，利用再生产过程为当地人民谋的利益还较少。因此，还需要双方加大贸易往来，通过减少税收、提高市场准入、加大对新疆特色产品的推广等形式，提高新疆产品在国内市场的占有率。要深入分析并依托受授双方的资源优势和支援方的技术、市场、信息优势，因势利导，实现优势互补。应规划、安排好对口援助资金的使用方向，避免将政府援助资金直接补贴给特定企业、特定产业。

再次，由于对口支援时间较长、规模大、任务重，在具体执行的过程中，需要建立健全一系列对口支援的法律法规，切实处理好项目建设与规范运作的关系。这就要求项目在执行过程中做到精细化管理。管理精细化应侧重于技术层面和细节，利用现代发达的技术手段，实现管理的细致化、科学化和自动化。体现在执行过程的每个环节，就包括目标确立、优先项选择、方案设计、实施完善与评价、环境保护等。

最后，对口支援是一个动态的过程，要根据不同阶段推出不同的项目和内容，不断适应新疆发展的需要。

九、做好智识引进与提升本地人力资本存量之间的关系

对口支援工作是一项系统工程，不仅需要政府、社会和民众的共同参与，也需要各种经济性资本、社会资本、文化资本和人力资本共同发挥作用。可以考虑成立对口支援新疆建设发展委员会，以此来制定对口支援的规划与方案，组织、协调落实各项制度，监督和检查各项任务的执行情况。对口支援新疆建设发展委员会除了由中央和新疆当地、对口支援省市的官员组成外，还可以吸收不同专业的人员参加，如人类学、民族学、社会学、管理学、政治学、经济学、环境学等领域的学者和技术专家等；并通过定期举行会议和座谈会，制定和部署对口支援规划，研究对口支援措施，检查各项政策的落实情况。要建立各类专家咨询智囊团，以充分利用专家学者的智识，发挥专家学者的专业特长，为对口

支援建设提供智力支持。同时，要出台各种鼓励、激励、发展人才的政策，解决好人才配偶和子女的就业、创业等问题。要通过创新机制，吸引人才进驻新疆、扎根新疆、服务新疆。要用机制盘活人才，完善各种培训机制，通过再培训再学习，不断提升本地人力资本存量，把尊重人才、用好人才、珍惜人才落到实处。同时，在管理模式和政策环境上，对现有人力资本和引进的人力资本应该适度保持一致，形成良好的人力资本管理环境，为他们提供良好的制度保障。同时，应建立人才储备机制，以发现"潜人才"和"准人才"，吸引更多志于创业、志于建设新疆的大中专生到新疆工作，形成独具特色的人力资源格局。

要提高新疆本地发展的软实力，就必须加大人力资本投入，增强人力资本存量，实现知识驱动发展。应充分发挥市场的激励竞争机制，使人力资本拥有者产生内在的驱动力，促使人力资本的素质和能力不断改善和提高。建设人力资本的再生产制度，通过培训等方式重点培养高水平、紧跟时代的管理者、经营者和政务工作人员，特别要在提高少数民族干部的领导和管理水平上下功夫。按照"利益获得"和"能力支付"原理，加大继续教育的改革和投入力度，更新知识和技能体系，建立终身学习的教育培训体系。要积极探索人力资本的交流与合作方式，始终站在人力资本生产和管理的前沿，通过与高校合作，采用多种形式培养高素质的行政管理人才和专业技术人才，使人才在学习中实现增值。同时，要继续加强基础教育建设，提高通用性初级人力资本的质量，奠定追加人力资本投资的基础，并使得人力资本所有者获得自我开发、深化和积累的能力。要大力发展职业技术教育，培养初等专用型人力资本，提高直接为新疆经济发展服务的人力资本整体水平。

十、处理好正式制度与非正式制度之间的关系

对口支援新疆建设发展必然要求有严格的法律、规章以及经济主体之间的正式契约等一系列的刚性约束，但是仅仅有正式的制度规范和运

作还不够。新制度经济学认为,一个社会的制度是否有效率,不仅要看制度结构中的正式制度安排是否完善,还要看正式制度与非正式制度之间是否相容。因为正式制度通常由非正式制度(诸如伦理道德、传统文化、风俗习惯、意识形态、地方性知识等)加以补充和发展,两者共同决定了经济绩效和发展水平。非正式制度的文化特征有可能对正式制度产生排斥力,从而不利于经济的可持续发展。根据这一理论,要实现新疆经济社会全面协调发展,一方面要制定适应新疆发展的正式制度,如从新疆实际出发,从对口支援法律、发展战略与规划、成立机构和运行、建立财政约束机制、制定支援项目和实施方式与评估监督、加强双方互动合作、探索支援方式、完善长效发展机制等方面进行制度约束和创新,明确双方的责任、权利、义务及其救济途径,为对口支援工作创造良好条件;另一方面,在坚持完善制度,发挥制度的预期、约束、激励和监督功能的同时,也要根据新疆当地所处经济发展阶段、民族文化遗产保护和民族文化传承的实际情况,从尊重少数民族风俗习惯、民族心理情感、民族礼节仪式、宗教信仰等出发,保持两者之间适当的张力和平衡。要尊重当地地方性知识,突出发展的差异性和异质性,不搞一刀切,体现出对不同民族经济条件和社会习俗的尊重和认可,实施政府的有限管理和依靠民众力量进行自我治理,实现自生能力的提升和少数民族优秀传统文化保护之间的平衡。

(与何修良合作撰写,原分上下两期分刊于2012年6月22日和29日《中国民族报》)

城镇化与新疆各民族互嵌式社会结构建设

最近，全国人大通过了《国民经济和社会发展第十三个五年规划纲要》，提出要优化城镇化布局和形态，首次在国家五年规划中提到要建设新疆天山北坡城市群，这是国家促进新疆经济发展、维护新疆社会稳定的重要思路创新。城镇化有利于促进新疆经济发展和产业升级，引导新疆各族群众在流动和转移就业过程中形成相互嵌入式社会结构；有利于破解长期以来因为各族群居住区域、社会经济生活相互分隔和不交融而导致的利益、情感隔阂；有利于弱化部分族群因封团、贫困而出现的宗教信仰氛围过于浓厚，社会结构严重固化现象。但是，新疆过去较长一段时期的城镇化进程，存在严重的民族间、区域间不均衡现象，城镇化不但没有促进多民族互嵌式社会结构建设，反而进一步强化了族群间、区域间发展差距。这样的城镇化不但不利于新疆长治久安，而且有可能在新疆社会造成更深刻的撕裂。在未来推动城镇化的过程中，新疆要将多民族相互嵌入式社会环境建设作为城镇化的重要乃至核心目标，不但要着眼天山北坡城市带建设，引导各民族群众在新疆维吾尔自治区内流动和优化配置，形成多民族互嵌式社会结构；而且要进一步打开思路，促进新疆人口、资源、产业与全国大市场的更深度融合，进而引导更多新疆民众走出去，在自治区外实现城镇化并与内地民众形成相互嵌入式社会结构，进而促进各民族交往、交流、交融，从根本上铲除影响新疆经济发展和社会稳定的一系列负面因素，实现新疆长治久安。

一、族群各自聚集、经济社会固化问题

新疆是我国面积最大的省级区域和民族自治地方，在166万平方公里土地上，居住着2322.54万人口，分属47个不同民族。其中人口在10万以上的民族有：维吾尔族人口为1127.19万，占新疆人口的48.53%；汉族人口为859.51万，占新疆人口的37.01%；哈萨克族人口为159.87万，占新疆人口的6.88%；回族人口为105.85万，占新疆人口的4.56%；柯尔克孜族人口为20.24万，占新疆人口的0.87%；蒙古族人口为18.53万，占新疆人口的0.8%。虽然从全疆来看，新疆是多民族杂居区域，但宏观上的各民族杂居表象下，中观、微观层面却因自然地理因素、历史传统和社会环境影响，形成了一系列族群—文化—经济孤岛现象，各民族之间并没有真正实现相互嵌入，即居住、就业、生活、文化、心理等领域全方位的相互嵌入。

（一）民族分布存在区域、行业、城乡隔离和碎片化

第六次人口普查显示，南疆喀什、和田两地，维吾尔族群众所占比例分别为90.64%和96.22%，而两地农业人口占总人口比重则分别为80.23%和85.70%，和田部分县农业人口占比超过95%。伊犁哈萨克自治州则集中了80%以上的哈萨克族人口，另有15%以上的哈萨克族人口分布在乌鲁木齐、昌吉、哈密三地，这四个地区的哈萨克族人口占其总人口的95%以上。哈萨克族人口中，80%以上从事农牧业生产，城镇化率非常低。在农业以外的职业分布方面，与市场经济活动、现代社会治理活动相关的职业领域，部分民族从业人员占比过低。下表显示了不同职业领域的按民族分类占比情况[1]（单位：%）。

---

[1] 吴良平、刘向权、尚阳：《新疆人口结构的民族差异及其问题研究——基于六普数据的分析》，载《西北人口》，2015年第6期。

	行政、党群、企事业单位负责人	专业技术人员	办事人员和有关人员	商业、服务业人员	农、林、牧、渔业生产人员	生产、运输设备操作员	其他人员
汉族	3.37	13.02	6.81	23.17	31.94	21.48	0.21
维吾尔族	0.45	4.24	1.92	5.81	83.01	4.45	
哈萨克族	0.14	7.36	3.64	5.03	78.10	4.59	0.05
回族	1.35	6.09	3.62	18.86	57.53	12.40	0.15
蒙古族	2.66	13.95	7.06	8.82	59.88	7.55	
柯尔克孜族	1.77	6.31	3.25	3.42	82.29	2.94	

（二）部分民族存在人口、社会结构、社会问题严重固化现象

首先是人口固化。在全国百万人口以上的少数民族中，维吾尔族和哈萨克族的流动率都是属于最低水平的，特别是维吾尔族，流动率只有7.66%，比全国平均水平低了9个百分点，且大多数流动人口仅在县域、市域范围内流动，跨越邻近区域特别是向自治区外流动的人口极少。在新疆的维吾尔族人口占全国维吾尔族人口总数的99.32%，新疆之外的维吾尔族人口，不到其全部人口的1%。而在新疆的维吾尔族人口又主要集中在南疆地区，占全疆的78.3%。其次，从族际通婚率来看，2010年第六次全国人口普查资料显示，全国少数民族族际通婚率为21.47%，而维吾尔族的族际通婚率仅为0.53%。再次，封闭、不流动导致的社会固化，又引发了严重的社会贫困问题，新疆27个国定贫困县（占新疆县级区划数量约1/3），南疆三地州（市）有19个，贫困人口约占全疆87%左右。由于三地州（市）维吾尔族人口占绝对优势，因此可以说新疆绝大多数贫困人口，都是维吾尔族群众。且南疆贫困人口贫困程度之深，扶贫难度之大，在全国范围内均处于前列，2014年克拉玛依人均GDP为27600.78美元，而和田地区人均GDP仅为1701.98美元；南疆三地喀什、和田、克孜勒苏农民人均纯收入分别仅为6419元、5692元、4852元（全国平均水平为9892元，新疆平均为8724元），贫困人口收入在此基础上

还要低很多。人口、贫困的固化，使得这些地方浓郁的宗教氛围、保守的经济思维、落后的生产生活方式等，也相应固化。

二、城镇化进程的民族间差异及其相关问题

城镇化是一个社会现代化的重要动力和必然选择，同时也是促进人口、资源流动和优化配置，推动不同区域、不同族群群体交往和融合的重要方式。在我国，"城镇化的推进，社会主义统一大市场的形成，加速了人口的流动，也使更多各族群众打破过去地域上的区隔，有了更多一起学习、劳动、生活的机会，这给促进我国各民族的交往交流交融，给增强中华民族的共同性和一致性，提供了难得的历史机遇"[1]。然而，新疆过去较长一段时期的城镇化进程，在促进各民族交往交流交融方面的作用却并没有得到较好的体现，甚至在某种程度上还加剧了族群间碎片化的现象，给新疆发展稳定造成了一定的隐患。

（一）新疆城镇化进程的民族间、区域间差异

目前，新疆有大小城市共96个，城镇化率为46%，但发展很不平衡，生产建设兵团城镇化率已达64%。新疆户籍城镇化率仅为38.1%，其中乌鲁木齐户籍城镇化率最高，达到80%—90%，和田则只有12%，在新疆城市里生活的1500万人口中，只有800多万人有城市户籍。新疆城镇化水平虽然与全国相比偏低，但从纵向来看，中华人民共和国成立以来特别是改革开放以来，城镇化进程并不慢。然而为什么过去几十年的城镇化进程，却未能改变部分群体的边缘化状况，值得思考。考察现有的新疆城镇分布格局不难发现，新疆真正意义上的城镇，即人口、产业、公共服务高度密集的城镇，大多分布在天山北坡沿线。其他地区特

---

[1] 朱维群：《在城镇化进程中推进各民族交往交流交融》，载人民网，http://politics.people.com.cn/n/2013/1205/c70731-23757697.html。

别是南疆所谓城镇，更多是人口密集的集镇，产业与公共服务的集中度并不高。而天山北坡城镇带过去在规划和建设过程中，各族群互嵌式社会结构的建设没有受到应有的重视，除党政机关对新疆几个少数民族群体有意识地吸纳了一批就业人员外，社会团体和公私企业吸纳少数民族参与、就业的比例偏低；城镇居住社区的建设，也没有主动考虑多民族相互嵌入式社会结构建设的需要。这种建设状况使得天山北坡城镇带在快速城镇化的过程中，首先对南、北疆几大主要少数民族人口吸附较少，其次即使吸附了部分少数民族群众，但因政策和服务跟进不足，大多数入城少数民族人口依然被边缘化。下表显示的是各地区城镇化率与宏观经济状况对比[1]（单位：%）。

地区	城镇化率（按非农人口计算）	二、三产业占比	人均GDP（元）	主要民族人口占比			
				汉族	维吾尔族	哈萨克族	其他民族
克拉玛依市	98.88	99.40	153084	74.72	15.56	4.10	5.63
自治区直辖县级市	84.52			83.41	12.09	0.43	4.08
乌鲁木齐市	72.90	98.90	70428	72.09	13.70	2.52	11.69
哈密地区	55.88	90.50	65646	68.75	17.76	9.34	4.15
昌吉州	49.12	77.30	66005	72.64	4.81	10.39	12.17
博尔塔拉州	54.75	76.00	52448	64.63	13.98	10.19	11.20
巴音郭楞州	49.09	83.50	79055	55.64	34.54	0.10	9.72
塔城地区	52.53	65.10	44851	56.47	4.07	25.62	13.84
吐鲁番地区	27.84	83.80	40457	21.21	72.57	0.05	6.18
阿克苏地区	31.47	61.80	29293	18.94	79.70	0.01	1.36
伊犁州	44.62	72.60	32825	41.54	17.37	26.55	14.54
克孜勒苏州	30.47	85.30	15222	7.28	65.00	0.03	27.69
阿勒泰	49.63	80.70	35932	40.51	1.42	52.29	5.77

[1] 根据《新疆统计年鉴（2015）》数据整理。

续表

伊犁州直属县（市）	40.73	76.10	26453	36.56	25.60	21.10	16.75
喀什地区	22.34	70.00	16024	6.62	91.92	0.00	1.46
和田地区	16.73	70.50	8993	3.52	96.26	0.01	0.21

从表中可以看出，目前新疆越是城镇化率高的地区，二、三产业在经济中所占比例越高，人均GDP越高，同时汉族人口占比也越高。城镇化水平最高的克拉玛依市的城镇化水平高出和田3倍以上，人均GDP高出其16倍，汉族人口占74%以上。也即是说，新疆目前城镇化及区内宏观层面的利益分配，存在极其严重的族群—区域不均衡交叠在一起的问题。在特定城镇内部，这个问题也一样突出，在经济利益分配中体现差异性的行业、岗位分配，存在较明显的族群差异与等级差距交叠现象，使得族群间利益分配不均衡现象不断恶化。

（二）城镇化进程的民族间差异引致的问题

1. 公共服务供应严重不均衡现象难以消除

由于新疆地域辽阔，大多数地方自然环境都较为恶劣，在全区范围内均等化提供公共服务成本高、效益低。因而将主要公共服务资源在条件相对较好的城镇集中供应，是符合新疆区情的选择。未来推动天山北坡城市带建设，也必然会导致公共服务资源进一步向这些城市集中。但是，如果公共服务资源的集中没有与人口的集中同步，那么新疆本来就非常严重的公共服务不均等问题，势必进一步恶化。而当前新疆北坡城市带的不少城市，在发展过程中本市以外的人口要进入都面临或多或少的障碍，从而使得像南疆三地州和伊犁州等地，本来在就业和市场参与方面就处于相对弱势的维吾尔族、哈萨克族群众，难以进入这些城市寻找发展机会，分享其优质公共服务资源和市场资源。

2. 社会利益分层与民族结构高度重叠加剧族群—文化—经济孤岛现象

由于新疆发展得较好的城镇，尤其是当前和未来重点发展的天山北坡城市带，主要为汉族、回族聚居区，而维吾尔族、哈萨克族等民族在这些区域人口少，进入困难。若不采取措施优化不同区域民族成分，在快速城镇化进程中本来就已经很严重的族群间发展差距势必进一步扩大，新疆区内利益阶层分布势必与民族结构高度重叠。而世界各地多民族国家治理的历史经验无不表明，若社会利益阶层分布与民族结构重叠，必然会导致族群间关系产生张力。

3. 部分民族社区的封闭引发治理困难

部分少数民族由于长期的封闭，导致社区高度固化，使得在这些社区发展生产，促进民族团结，维护社会稳定的一系列政策措施，在实施过程中都面临困难。以扶贫工作为例，南疆三地州作为全国最贫困区域，国家和自治区采取了多项扶贫措施，投入大量扶贫资金，但扶贫效果并不显著。在造成这种局面的诸多原因中，与社会固化形成的两个重要的观念固化影响最为明显：第一，生育观。在全国生育率持续下降的情况下，南疆少数民族生育率长期居高不下。第六次全国人口普查数据显示，南疆三地州生育率为2.5—2.6，远高于全国平均水平（1.18）。喀什、和田、克孜勒苏三地家庭少儿抚养比分别为38.29%、37.78%、41.25%，相比之下，全国平均水平为22.30%，新疆平均水平为27.99%。高生育率和高少儿抚养比，使得本来就贫困的南疆群众很难积累财富，扩大生产。第二，宗教信仰。关于宗教改革与经济发展的关系，以及宗教变迁对个体、家庭和社会财富积累的影响，马克斯·韦伯曾在《新教伦理与资本主义精神》中有过系统的论述。从全球现代化的历史进程来看，工业革命以后，世界范围内各大宗教面对新的科技和经济冲击，或多或少都做了调整，以适应经济市场化和人们生活世俗化的趋势。但在新疆部分地区，尤其是相对贫困的南疆地区，宗教保守主义却有抬头之势。有学者认为，在20世纪80—90年代，南疆多数维吾尔族群众对保守的伊斯兰教瓦哈比派教义是抵触的，他们很向往东部地区的世俗化生活，但进入新世纪后，外显性的宗教氛围日益浓厚，这在一定程度上反映出当地民众内在精神信仰从传统的世俗化向保守主义逐渐转变。[1]而新疆近年来清真寺的密度,神职人员所占人口比重,甚至超过印度尼西尼、伊朗、沙特等国家,也充分说明了宗教保守主义在区内已经有了相当大的影响。宗教保守主义使得不少信徒对与非伊斯兰教信徒的接触交往顾虑重重,这无疑使其融入现代经济文化的进程受到阻滞。

4. 族群—文化—经济孤岛现象为狭隘民族主义思想和宗教极端思想发酵提供了温床

部分少数民族群众在特定区域的高度集中,加之公共服务供应不足,经济贫困,宗教氛围过于浓郁,社会教育程度普遍偏低等一系列社会问题叠加,使得新疆部分地区具有狭隘民族主义思想和宗教极端主义思想滋生的空间。在一些封闭的农村社区,不少民众对于打着"讲经"旗号传播狭隘民族主义思想和宗教极端思想,乃至煽动暴力恐怖主义活动的"三股势力"成员,缺乏足够的分辨力和免疫力。

三、促进多民族互嵌式社会结构建设的城镇化思路转型

在现代经济发展过程中,城镇化是必然的选择,天山北坡经济带建设纳入国家"十三五"规划,对新疆而言也意味着迎来一个非常重要的发展契机。然而,在未来促进城镇化发展的过程中,不能仅仅将着眼点放在城镇的扩张和楼宇的建设,应更多思考在新疆这样特殊的区域,如何将产业发展、城镇建设、多民族互嵌式社会结构的构建有机结合起来;同时,也要考虑新疆整体面临的局限性,超越新疆的范围来思考新疆的城镇化和多民族互嵌式社会结构建设。

(一)新疆区域内城镇化与多民族互嵌式社会结构建设

1. 城镇化进程中的产业选择

过去新疆城镇化进程中,部分族群被边缘化,与新疆城镇化过度依

---

[1] 吐尔文江·吐尔逊:《南疆原教旨主义思潮的调查笔记》,《中国新闻周刊》,2014年总第661期。

赖资本、技术密集型产业，过度侧重于资源采掘领域有关。这样的产业选择和发展定位，使得新疆城镇化的产业领域较窄，对劳动力尤其是中低端劳动力吸附能力较弱。例如新疆人均 GDP 排名在前列的几个重要城市克拉玛依、石河子、库尔勒等，或者是重要的石油产区，或者以装备制造和化工为主要产业，相关产业对劳动力技术要求高，同时对劳动力需求量不大。这种情况，使得受教育水平和综合技能掌握程度都相对偏低的部分少数民族群体，很难获得进入机会，从而导致本地人就业困难，而相关企业却大量在内地招募员工的现象。以多民族互嵌式社会结构建设为导向的城镇化，在产业选择方面要进行必要的调整与改革，要结合国家"一带一路"倡议的实施，并依托新疆资源、区位优势，大力发展面向我国西北地区，以及中亚、西亚乃至欧洲的轻工业和服务业，尤其是对劳动力吸附量大，对劳动技能要求相对较低，效益周期相对较短的产业。要在推动南疆公路、铁路等基础设施建设，加强南疆职业教育、成人教育的同时，引导更多内地劳动密集型产业如纺织、服装、食品加工、日用产品制造等产业向南疆转移。通过产业选择的思路转变，促进新疆城镇发展转型，增强城镇对农村转移劳动力的消化能力。

2. 城镇化进程中的公共服务供应

在人口快速向城镇汇集的过程中，要通过公共服务供应质、量、结构的优化，促进多民族互嵌式社会结构建设，引导不同民族群众在城镇这一新的环境中和谐相处，在共同就业、共同居住、共同生活过程中，真正实现交往交流交融，在尊重差异、包容多样的同时，形成各民族基于城镇生活的共同的精神家园和共同体意识。首先，要加快双语教育在新疆各地的普及程度，并将之与现代科技、文化知识教育有效衔接起来，使越来越多的少数民族人口在进入劳动力队伍之前，就充分掌握能适应现代社会生活和市场经济的语言、知识、技能。其次，要打破教育、文化等领域公共服务按族群差异对待乃至区分供应的模式，从幼儿阶段就引导不同民族成员共同接受教育，相互欣赏彼此文化，培养对不同民族文化的包容精神。再次，在提高对弱势群体的公共服务倾斜式照顾精准度的同时弱化民族身份因素在其中的作用,即在诸如扶贫开发、教育加分、社会保障倾斜照顾、降低弱势群体市场进入门槛等方面,不要按民族身份而应更多按技术、经济标准实施。

3. 引导多民族在城镇中通过就业、居住、生活全方位互嵌

多民族互嵌式社会结构,不会因为不同民族共同居住在一个城镇或一个社区就自然形成,这种互嵌只是表象层面的互嵌,真正的互嵌是各民族形成利益—生活—文化—价值共同体。这种互嵌式社会结构需要从就业、居住、日常交往和公共生活等诸多领域共同着力才能建立起来。首先,在新疆本地城镇化进程中,不能再延续各地"画地为牢"式的就业与公共服务模式,而是要基于多民族互嵌式社会结构建设要求,面向新疆全区所有民众放开就业机会,并以就业、居住确定民众获取公共服务的资质。其次,公共机构如党政机关、社会团体、事业单位、国有企业等,要有与当地各民族人口比例相适应的、强制性的多民族互嵌式就业结构,同时引导私营机构也更多招募新疆本地少数民族劳动者,形成多民族互嵌式的就业结构。再次,居住社区规划和城市生活设施建设,要充分考虑多民族互嵌式社会结构建设的导向。特别要加大对相对贫困的少数民族市民住房保障的投入力度,并在保障性住房分配过程中强制执行嵌入式居住结构。服务市民生活的商业场所和基础设施,在尊重当地风俗的同时更要突出各民族共享共有理念。

4. 合理引导民众宗教信仰,促进宗教与城市生活相适应

第一,尊重当地民众千百年来沿袭的宗教信仰及与之相关的各类习俗,对于与宗教信仰相关的具有偏好性的公共服务设施,政府应通过与宗教团体合作,适当提供以满足其需求,但同时要依法管理宗教事务,避免政府自身违背政教分离原则,过度介入宗教场所建设和宗教活动。第二,对与宗教信仰相关联的商业服务机构,要适当给予用地、财税方面的优惠照顾,同时依法加强对其监管,严厉防范和打击部分市场主体通过炒作宗教信仰、民族情感等开展的不正当竞争行为。第三,加大对宗教极端思想渗透的防范和打击力度。通过引入网格化管理,加强网络信息管理,强化

社区管理等方式，不断压缩"三股势力"的活动空间，使其难以在城镇中传播宗教极端思想，更遑论以宗教极端思想煽动、制造骚乱。

（二）基于对口援疆思路转型的"引出式"城镇化

新疆虽然地域广阔，但实际适合人类生存的绿洲只占全区国土面积的 8.6% 左右，由于自然条件相对恶劣，远离人口密集的消费市场，公共服务供应欠账较多，产业基础薄弱，生态环境脆弱，因此完全立足于新疆的城镇化空间始终有限。而新疆发展稳定形势却相对严峻，特别是随着农业现代化加速，贫困地区群众受教育水平提升，农村转移就业压力将持续加大。面对这种情况，仅仅着眼于新疆的城镇化，并不能快速有效化解新疆发展稳定面临的现实困难，而必须将新疆人口、就业和多民族互嵌式社会结构建设放在全国大环境中来思考和解决。即通过转变"对口援疆"思路，变资金、产业、公共服务进入式的对口援疆，为对口援疆省市本地化对口援疆，将新疆剩余劳动力"引出来"到援疆省市求学、就业、居住、生活，并在援疆省市与当地民众形成互嵌式社会结构。

1.引导新疆各族群众有组织地、规模化地到援疆省市就业和居住

各对口援疆省市在继续对新疆基础设施和产业发展进行援助的同时，在国家统一协调安排下，每年拿出定额指标招募新疆少数民族劳动者，并在特定区域形成既有一定群体规模，又嵌入本地城市社区的就业、居住模式，以便于服务其特殊需求偏好的公共服务和生活服务可以跟进。19个援疆省市可根据本省市经济社会发展情况每年承接一定数量的新疆转移就业的劳动者，并适当集中安置于本地劳动密集型产业园区，开展有组织的、规模化的就业援疆，通过安置一个劳动者就业，带动一个新疆少数民族家庭在东部城市融入的方式，既帮助新疆解决少数民族就业、民生和公共服务问题，又能更好地促进多民族互嵌式社会结构的建设。同时，这种适当集中又在本地嵌入的就业援疆方式，也可以使宗教机构、清真餐饮、穆斯林生活用品供应等公共、商业服务跟进的成本大大降低。

2.为在内地就业的新疆少数民族群众提供融入本地的公共服务综合

项目

　　由于新疆远离内地，新疆少数民族群众在内地求学、就业、融入，会面临一系列困难和障碍，为此各援疆省市要结合本地情况，并通过与中央主管机构、新疆各级政府合作，为"拉出来"就业的新疆少数民族劳动者提供在本地融入的公共服务综合项目。具体包括：第一，就业准备阶段的服务项目。如就业技能培训，就业信息服务，在内地就业和生活的法治与生活知识教育，往返交通费用补助等。第二，城市融入服务项目。在新疆少数民族劳动者相对集中的城市，采取相对特殊的住房、教育、公共文化、社会保障措施，在引导新疆少数民族劳动者与本地居民形成互嵌式就业、居住、生活结构的同时，消除其因远离家乡，进入陌生社会环境而可能产生的心理、生活、工作方面的障碍。第三，鼓励新疆少数民族劳动者在内地深度融入的公共服务项目。采取物质奖补和精神鼓励等多元方式，鼓励新疆劳动者在内地参与公共生活，带动更多新疆少数民族群众到内地求学、就业和生活。

　　3. 引导与新疆少数民族群众特殊需求偏好相关的服务体系跟进

　　在鼓励新疆劳动者到内地就业和融入的过程中，政府既要尊重其与特殊民族、宗教信仰相关的物质生活、精神文化生活特殊需求，又不能过度介入相关服务体系，以避免强化部分人群特殊民族观念，或强化部分群体以宗教信仰要求特殊权利的意识。面对少数民族在这些方面的特殊需求，应主要通过宗教机构和相应的市场服务主体去满足，政府在不影响本地社会生活和本地市场公平竞争环境的情况下，可以对相关机构的进入采取有限的扶持措施，例如为清真寺建设提供适当场所，为清真餐饮机构入驻提供适当的税收优惠，对于少数民族群众开展的与本民族习俗或宗教信仰相关的公共活动提供适当的便利等。

　　（与卢小平合作撰写，原载《国家行政学院学报》2016年第4期）

新一轮援疆利用市场主体引导新疆经济发展
——《南方都市报》记者陈宝成专访

援疆新政究竟"新"在何处？市场经济体制下如何平衡援助地区与受援地区之间的利益关系？促进经济发展和维护社会稳定这两大主题，在"援疆新政"中如何体现？

带着上述问题，《南方都市报》记者专访了长期致力于民族自治地方研究的中央民族大学管理学院院长、中国行政管理教学研究会副会长李俊清教授。

"援疆新政"新在何处

《南方都市报》（以下简称"南都"）：总结中华人民共和国成立以来特别是20世纪90年代以来的援疆工作，新一轮援疆布局有哪些相同和不同点？

李俊清：相似之处，比如都由中央统一组织，各省市积极配合；都采取对口支援方式，由相关省市与新疆地、市、州、县、兵团结成帮扶对子；都注重援疆具体项目的实施，以项目建设为主导配备援疆人员、物资。至于不同点，这次援疆工作首先在形式上有所创新。过去援疆是一省市对一地区，援助什么、如何援助，主要由承担对口支援的省（市）

决定。这一轮援疆则将任务细化到县，援助对象的针对性更强；同时在确定援助项目和具体内容方面更加突出受援地的意见与需求，更为重要的区别是援助的指导思想与理念。

第一，更加突出市场机制作用。例如浙江、江苏、上海等地都将援疆工作与双边经贸关系的深化结合在一起；在向新疆提供援助的同时，更注意引导本地企业、资本向新疆转移并寻找机会，使双方市场主体加强互动。

第二，更加注意民生需求，而不只片面追求大项目、大工程建设。与民生息息相关的基础性产业与服务，如交通基础设施、教育、公共卫生、公共文化等领域，成为援疆重点领域。

第三，进一步突出了"造血"而非简单"输血"的援助思路，特别突出提升受援地长远发展能力。在向受援地"输血"的同时，更加注重引导发达地区的资本、技术、人才向受援地转移，注重结合受援地的资源禀赋和社会特色设计项目，帮助受援地形成本地核心竞争力和可持续发展能力。

第四，在机制上也有所创新。各省市都突出强调要将援疆具体项目与受援地中长期发展规划结合起来，突出了受援地的主体地位，使援助项目更具针对性和可操作性。

对口援疆需借助市场主体

南都：你提到了新一轮援疆布局这一带有官方主导色彩的行为与市场经济体制的关系。

李俊清：市场经济体制的关键特征，首先是强调市场机制在资源配置中的主导地位，适当减少国家对经济运行的直接干预；其次是突出市场主体的自主能力，使之能够相对自由地参与市场竞争。因此，即使是具有强烈国家主导色彩的对口支援，也需大力借助市场主体的帮助。离开了市场主体,特别是具有较强竞争力的企业的参与,对口支援的效率和效果都将受到制约。然而,市场主体一旦参与到对口支援中去,就必然需要妥善处理好援助地区与受援地区的利益分配,在确保受援地得到有效援助的同时,还应保障市场主体的参与积极性;而要处理好利益分配,就需要援助地区与受援地区的共同努力。

南都:在市场经济体制下,如何处理援助地区与受援地区的利益分配问题?

李俊清:就援助地区而言,可以通过税收、公共服务方面的倾斜照顾,激发本地企业参与对口支援工作的积极性,鼓励和引导本地企业到受援地区投资兴业,获取市场机会。就受援地区而言,要做好建设项目的规划与开发工作,提供适当的优惠条件,吸引援助地区企业入驻,参与本地经济社会事业建设并获得合理的利润。在此基础上,不论援助地区和受援地区,对于企业的行为应该尽可能减少直接干预,由企业根据市场规则具体操作援助项目。最后,援助地区与受援地区政府,都需要加强对参与对口援助的企业的监督,确保其承担应尽的社会责任,特别是要确保其尊重受援地的文化和生活方式,保护当地的生态环境。

"7·5"事件与援疆规划无关

南都:新疆"7·5"事件对中央全面布局新一轮援疆战略有什么影响?

李俊清:由于本轮援疆工作启动于"7·5"事件后,许多人想当然地认为是"7·5"事件强化了中央援疆的力度。我认为这是一种误解。援疆工作早在中华人民共和国成立之初就已开始,并持续至今。进入新世纪以来,新疆的发展速度一直在全国处于前列,与全国其他地方的发展差距明显缩小,对口援疆工作功不可没。"7·5"事件对新疆发展造成了一些干扰，但不会对新疆发展势头造成实质性损害。当前新疆与内地在发展水平上仍有一定差距，且新疆内部区域间的发展差距有所扩大；仅仅依靠新疆自身难以消除这些差距，因此新时期国家在援疆力度上不断加大，在工作形式上也不断创新，在具体内容和目标方面也有所调整。事实上，本轮援疆的前期准备早在"7·5"事件之前就已开始；对于援疆工作形式、内容和目的的调整，也是基于新疆经济社会发展的形势而做出的，与"7·5"事件并没有多少直接联系。当然，"7·5"事件也让人们进一步认识到新疆形势的复杂性，认识到促进新疆跨越式发展、消除新疆与内地以及新疆内部各区域间发展差距的紧迫性，认识到仅仅追求经济总量与增长速度的发展模式的局限性。这对于本轮援疆工作在受援地选择、援疆项目内容设计、援疆工作具体目标的确定等，都有一定的指导意义。

维稳与经济发展并非零和博弈

南都：在新一轮援疆布局中，如何处理新疆经济发展与社会稳定的关系？

李俊清：科学发展是解决新疆所有问题的基础与前提。目前新疆面临的最大经济问题，就是整体发展水平较低，且内部各地区之间发展不均衡。因此发展经济、消除区域发展不均衡状态，解决当前比较突出的民生问题，是化解新疆各类矛盾问题的关键。然而，近年来境内外"三股势力"活动猖獗。对这些活动不坚决打击，则新疆社会难以稳定；没有稳定的局面，新疆的发展也将难以持续。两者相辅相成，并不是一种零和博弈的关系。实际上，在"7·5"事件发生之前，新疆一方面对民族分裂势力及其他犯罪势力保持了高压，在维稳方面投入了极大精力；另一方面，新疆经济社会发展也呈现出加速状态。这说明维稳并不必然导致经济社会发展受到牵制。

（原载《南方都市报》2010年5月19日，题目为《中央新疆工作座谈会前夕，民族专家认为新一轮援疆讲究授人以渔"造血"而非"输血"，利用市场主体引导新疆经济发展，重点保障民生》。中国民族宗教网转载时将标题改为《李俊清：新一轮援疆利用市场主体引导新疆经济发展》。）

将更多资源精力投入到维护新疆社会稳定上
——人民网记者朱书缘专访

记者：中央时隔四年再次召开新疆工作会议，提出"社会稳定和长治久安是新疆工作的总目标"，与四年前的"推进新疆跨越式发展和长治久安"的目标结合，如何理解这次会议的重要意义？

李俊清：推动新疆跨越式发展的政策，实际上早在2010年新疆工作座谈会之前，就已经基本成形。西部大开发政策下的不少重大工程项目，都落户于新疆。2009年至今，中央又陆续出台了一系列推动新疆跨越式发展的新政策，如重新确定资源税税率和分成，启动新一轮对口援疆工作，打造丝绸之路经济带等。可以说，在推动新疆跨越式发展方面，相关的政策措施已经形成了非常完善的体系。这些政策措施的成效，也是非常明显的。自2009年以来，新疆GDP年均增长11.5%，增速排在全国前列；2013年城镇居民人均可支配收入和农民人均纯收入分别为19982元和7394元，分别相当于2009年的1.6倍和1.9倍；全社会固定资产投资四年累计完成2.26万亿元，相当于2000年至2009年10年总和的1.6倍。

但是，很显然新疆"三股势力"并没有因为新疆发展取得的成就而放弃分裂国家，破坏民族团结局面和新疆社会稳定的目标，反而随着新疆快速发展而变得日益猖獗。因为新疆越是发展，就越是证明他们的主张和行为，是违背历史潮流和社会发展趋势的，越是暴露他们极端反人类、反社会的性质。"三股势力"在新疆跨越式发展背景下，生存空间只能越来越狭窄，为此，他们不惜牺牲新疆快速发展的良好局面和新疆各族人民的幸福，采取各种极端手段破坏国家各项促进新疆发展，维护新疆社会稳定的政策的实施。

在这种情况下，适时调整政策，在确保各种推动新疆跨越式发展的政策措施继续实施的同时，将更多的精力与资源投入到维护新疆社会稳定，实现新疆长治久安上来，非常必要。经济的发展固然对社会稳定具有重要的作用，但经济发展并不能直接让社会稳定下来。特别是在新疆这样一个在过去近百年时间里，长期遭受"三股势力"荼毒的地区，若不能铲除"三股势力"生存的土壤，彻底清除"三股势力"，仅仅依靠经济发展是很难实现社会稳定的。要彻底清除"三股势力"，除了继续发展经济，还需要进一步推动新疆社会治理现代化，提升公共服务水平，推动公共服务供应均等化，合理引导民众宗教生活，规范宗教组织活动，推进不同族群和谐交融，加强民众对国家的认同。

记者：习近平总书记在会上提出一系列新的要求和思路，如"推进国内国际两条反恐战线""建各民族相互嵌入式社区""重视培养爱国宗教人员""教育经费要多往新疆投""对基层干部给予特别关心"等，您如何看这些要求？

李俊清：新疆"三股势力"有着非常复杂的国际背景，与境外"三股势力"和国际反华势力有着千丝万缕的联系，新疆"三股势力"的首脑机关和首脑人物，也多在国外。在多次暴恐活动中，真正的领导者、组织者和骨干成员都在国外遥控指挥，在制造了严重暴恐事件后也能逍遥法外。因此新疆反暴恐、反分裂斗争不能把眼光局限于国内，在加强新疆反暴恐、反分裂力量的同时，要采取有效的外交手段，切断"三股势力"的外部支持。特别是要向那些长期支持新疆"三股势力"的国家和境外组织施加压力，使之为支持新疆"三股势力"付出应有代价，压缩"三股势力"在境外生存的空间。

从过去人类历史经验来看，不同族群、不同宗教信仰人群只有在长期共同生活和交流互动中，才能对彼此的文化、信仰、生活方式更加了解，并相互尊重，从而和谐相处。相反，居住区域的隔离，常常会加剧文化群体间的陌生与隔阂，进而导致族群间和不同宗教信仰群体间关系紧张。建设各民族相互嵌入式社区，正是打破不同民族间居住区域隔离状况，促进各民族相互了解、尊重彼此文化与生活方式，和谐共处的有力措施。当然，我们也要注意到，相互嵌入式社区建设，在初级必然会面临诸多困难和障碍，尤其是原来相互间不熟悉的群体，在接触的初期，往往会因为对彼此文化与生活方式的陌生，而出现相互之间的不适应，产生许多矛盾冲突。因此，嵌入式社区建设，要辅之以社会管理方式创新，要对可能出现的一些小规模的群体间矛盾冲突制定详细的预案，要有长期坚持的计划。

新疆部分少数民族全民信教，宗教生活是民众日常生活的重要组成部分，也是民族文化的重要组成部分。新疆宗教信仰自由得到了较好的保障，目前新疆清真寺超过24000多座，宗教教职人员超过29000人。新疆清真寺的数量、密度和人均拥有量已远远超过了世界传统的伊斯兰国家如沙特、土耳其、埃及、伊朗等国。然而，在保障民众宗教信仰自由的同时，我们也要注意防范"三股势力"利用民众虔诚信教的社会环境，歪曲宣传伊斯兰教教义，曲解宗教与社会、宗教与国家的关系，进而为极端组织培养狂热分子。要从根本上切断"三股势力"对宗教的利用，对信教群众的毒化，必须借助爱国宗教人员和宗教组织的力量，与他们合作共同引导民众正常的宗教信仰与宗教生活，引导宗教与社会现代化相适应。而这需要加大培养爱国宗教人员力度，加强爱国宗教团体影响力，压缩"三股势力"在信教群众中的活动空间，割裂极端宗教思想的传播渠道。

新疆教育发展基础薄弱，历史欠账较多，双语教育起步较晚，教育发展存在较严重的城乡差距和南北差距。优质教育资源高度集中于北疆，过度集中于城市。例如全区 33 所高等院校，28 所在北疆，南疆只有 5 所。教育促进人才素质提升，推动社会现代化的关键，对新疆实现跨越式发展和长治久安具有基础性意义。在未来新疆发展过程中，必须加大教育投入，特别是加大在南疆地区的教育投入，加大双语教育普及力度，加快农村寄宿制学校建设，建立覆盖全疆的职业教育机构体系。

新疆的发展、稳定离不开基层干部的辛勤工作。然而新疆基层干部队伍却普遍存在工作压力大，薪酬福利低，生活条件差等现实问题，使基层政府和社区等机构，难以吸引到优秀人才，难以维持干部队伍的稳定，基层干部队伍的工作积极性也受到较大影响。尤其在南疆三地州，基层公务员平均工资普遍每月只有 2000 元左右，但严峻的维稳形势却使得许多基层干部长期处于高负荷工作状态，部分机构的基层干部甚至连续半年乃至一年没有休假。为此，国家需要加大投入，改善基层干部工作条件和生活状况，并吸引更多人才到基层去，充实基层公共组织，提高基层治理机构的治理能力。

记者：李克强总理对新疆工作做了部署，强调"加快改善民生促进社会稳定"，您如何看民生改善与社会稳定之间的关系？

李俊清：古人说"仓廪实而知礼节，衣食足则知荣辱"，贫穷与财富分配不公正，是威胁社会稳定的主要因素。从新疆过去的历史经验来看，发展相对滞后，贫困群众相对集中的南疆地区，恰恰也是"三股势力"活动相对猖獗的地区。这说明贫困与区域发展不均衡，部分民众、部分区域未能充分分享经济社会发展成果，在新疆发展过程中被边缘化，是引发新疆各类威胁公共安全的重要原因。从这个角度来说，加快改善民生，缩小区域发展差距和利益分配不公，让发展成果惠及更多民众，对于促进社会稳定而言具有非常重要的意义。

然而，我们也要意识到，改善民生固然重要，但民生改善与社会稳定并非是同步的。在改善民生的同时，也不忽视社会管理，不能放松对"三股势力"的警惕，只有将改善民生、加强和创新社会管理、加大打击"三股势力"的力度结合起来，才能真正实现新疆社会稳定和长治久安。

记者：对口援疆工作也是新疆工作的重要部分，您曾在媒体上深入分析过，在新的历史时机下，您认为援疆工作如何才能进一步做好？

李俊清：对口援疆工作，应与国家治理新疆，促进新疆跨越式发展，实现新疆社会稳定和长治久安的战略目标有效衔接。

首先，要加大受援地与援助单位的双向互动，增强受援地在项目设计与实施过程中的作用，使对口援疆工程项目建设，与受援地经济社会发展规划和受援地民众利益更好地结合在一起。

其次，要拓展对口援疆思路，特别是要结合中央关于有序扩大新疆少数民族群众到内地接受教育、就业、居住的规模的精神，在援助新疆各地工程项目建设的同时，为新疆劳务输出提供更多就业机会，为新疆青少年提供更多求学与发展机会，为新疆少数民族群众到内地居住和生活提供良好服务。

再次，要积极引导本地市场主体和社会成员关心新疆发展，参与新疆建设，引导本地产业、资源和人才向新疆有序转移，将运动式的援疆工作，转变成具有长期性、稳定性、双向性的产业、资源、信息与人力资源流动及优化配置。

最后，要改变对口援疆资源投向与目标定位。由政府主导的对口援疆项目和资源，应向那些对当地长远发展具有基础性意义的领域倾斜，着力化解制约当地发展的瓶颈因素；由市场主体参与乃至主导的援疆项目，应着重帮助当地解决就业问题，帮助受援地建立和壮大具有地方特色的产业体系。

记者：习近平总书记在工作会议上强调"各民族要像石榴籽那样紧

紧抱在一起"。在您看来，各民族如何才能"紧紧抱在一起"？

李俊清：中国是一个由56个民族共同组成的大家庭，在长期的历史发展过程中各民族团结互助休戚与共，相互学习借鉴，不断交往交融。历史证明，只有各民族紧密团结，才能使国家兴旺人民幸福，实现中华民族的伟大复兴。

这次会议提出的相互嵌入式的社会结构和社区环境，扩大新疆少数民族群众到内地接受教育、就业、居住的规模，促进各族群众在共同生产生活和工作学习中加深了解、增进感情等措施，都是促进各民族紧紧抱在一起的构想。

当然，让人们共同生产生活，只是第一步。更重要的，是采取各种措施，让各民族群众在共同生产生活过程中，形成多元且牢固的联系纽带，不断增强对祖国的认同，对中华民族的认同，对中华文化的认同，对社会主义道路的认同，进而结合成牢不可分的社会共同体。

首先，要借助市场机制和公共服务体系，在引导人们共同生产生活的同时，形成并发展共同经济利益，结合成利益共同体。特别是要加强新疆与内地产业体系和市场资源的优化配置，加快实现新疆与内地以及新疆区域内公共服务均等化，使新疆各族群众与全国其他地方民众有更多的经济往来，在利益诉求上有更多交集和共识。

其次，要在融汇各民族文化精髓的基础上，加强文化创新，通过公共文化服务和精神文化产品消费，为各民族群众搭建相互了解和交流的精神桥梁，消除民族间、区域间文化隔阂，培养各族群众对不同文化的尊重与宽容精神。

再次，要积极引导各民族群众共同参与所在区域公共事务治理，参与各级政府公共政策过程，使各民族群众在公共生活中不断形成和扩大共识。

（原载人民网，theory.people.com.cn/n/2014/0531/c40531-25089324.html，2014年5月31日）

八 政治学与公共管理其他问题研究

近年来国外政治学研究成果评析

20世纪90年代以来,在全球化浪潮的推动下,国际社会发生了广泛而深刻的变化,世界各国以及地区之间的交往日益密切,各国的政治发展及国际关系,都呈现出一种新的态势。发展变化着的现实政治,推动了政治学研究的深入发展,国外政治学研究,特别是西方国家的政治学研究,出现了许多新的变化。及时了解和掌握这些变化,对推动我国政治学研究的深入发展具有极为重要的意义。为此,笔者曾于1998年撰文对国外政治学研究的队伍构成及学术动向作了简要的分析。[1]本文试就国外政治学研究的最新成果,从政治学理论、各国政治、国际关系三个方面,择其要者作一概览式的评析,以求对国外政治学研究的现状,有一个更加全面的了解。限于笔者水平及接触的资料有限,文中挂一漏万或评介失当之处,敬祈方家指正。

一、政治学理论研究

近年来国外政治学理论方面的研究成果,大致可以分为政治哲学、

---

[1] 李俊清:《国外政治学研究的队伍构成及学术动向分析》,载《山西大学学报》,1998年第1期。此次亦收入本书。

政治史、民主问题、公民与政治、民族与国家、政党与选举、制度与文化以及工具书等几个方面。

(一)政治哲学

政治哲学研究在西方有着悠久的历史,从亚里士多德到罗尔斯都做出了重要的贡献。伦敦大学的乔纳森·沃尔夫教授的《政治哲学导论》(An Introduction to Political Philosophy)围绕"没有国家会怎样?""国家存在的合理性是什么?""公民应当享有多大的自由?""财富应当如何公平分配?"等政治哲学中的核心问题,对柏拉图、霍布斯、洛克、卢梭、密尔、马克思、罗尔斯等人的学说作了系统的梳理和分析,并提出了自己的见解。

自1971年罗尔斯发表《正义论》(A Theory of Justice)以来,新自由主义(New Liberalism)与社群主义(Communitarianism)的论争就成为西方政治哲学中最热门的话题。90年代以来,除了罗尔斯的《政治自由主义》(Political Liberalism)、威尔·金里卡的《自由主义、社群与文化》(Liberalism, Community and Culture)和戴维·米勒的《市场、国家与社群》(Market, State and Community)等体大思精的论著以外,还有哥拉德·F.岗斯的《为自由主义辩护:关于认识论和政治理论的论述》(Justificatory Liberalism: An Essay on Epistemology and Political Theory),该书阐述了个人、公众、自由、民主、平等等自由主义的核心概念,并对自由主义的哲学理论作了阐述。詹姆斯的《自由政治传统:当代再评价》(The Liberal Political Tradition: Contemporary Reappraisals)则考察了早期自由主义与新自由主义之间的联系与发展,对自由主义与社群主义争论的几个热点问题,如自由主义的多种形式,如经济自由主义、自由立宪主义、自由主义与女权主义、自由主义与后现代主义、自由政治思想之未来等,发表了自己的看法,较为全面地分析了自由主义在当代所面临的挑战及其发展前景。麦克洛德的《自由主义、正义与市场》(Liberalism, Justice and Markets)一书,则对新自由主义的代表人之一德沃金的著名的自由平等理论作了批判,揭示了把自由主义思想建立在市场逻辑之上的危险性和有限性。巴尼特的《自由之结构：正义与法则》(*The Structure of Liberty: Justice and the Rule of Law*)一书指出：与放纵相比，自由是什么？为什么会如此重要？当生活在社会中的人们追求幸福、和平与富足时，他们面临着知识、利益和权力普遍渗透的问题，处理这些问题有赖于对人民追求自己终极目标自由的保证。在这部富于挑战性的新作中，巴尼特仔细考量了因自由而提出的严重的社会问题和使自由与放纵区别开来的背景或自然权与法则程序，并建构了需要用来保护自由结构的宪法框架。在19世纪后期至20世纪上半叶，自由主义的主要表现形式是功利主义，但这一思潮在其发展过程中，遭到了康德、罗尔斯等新自由主义代表人物的激烈批评。到20世纪70年代，新自由主义基本击败了功利主义，在政治哲学中占据了主导地位。而詹姆斯·贝利的新作《功利主义、制度和正义》(*Utilitarianism, Institution and Justice*)则重新为功利主义辩护，贝利认为，在并不完美的现实世界中，听从功利主义的箴言，将引导我们促进制度的发展，其后果并不同于功利主义批评家凭空想象出来的可怕情境。菲利普·彼得的《共和主义：一种自由与政府的理论》(*Republicanism: A Theory of Freedom and Government*)认为，对近年来在政治哲学领域中居于主导地位而又一直争论不休的自由主义者和社群主义者来说，共和主义应是较好的选择。罗尔斯正义原则的核心思想是，所有社会基本原则或基本利益，如自由和机会、收入和财富，以及所有保证个人自尊和个性发展的客观条件，都必须平等地分配。1998年，安德鲁·多布森在其《正义与环境：环境维持的概念和社会正义的范围》(*Justice and the Environment: Conceptions of Environmental Sustainability and Dimensions of Social Justice*)一书中对这一理论作了深入讨论。该书从社会正义与环境政治、社会正义的范围、关键的自然资本与社会正义、不可逆性与社会正义、自然价值与社会正义等方面，对在什么人或什么事物之间进行分配、如何分配、分配的原则是什么等问题进行了分析。布莱恩·巴勒的《作为公正的正义：关于社会正义的论述》(*Justice as Impartiality: A Treatise on Social Justice*)、格普瑞特·马赫杰的《民主、差异与社会正义》(Democracy, Difference and Social Justice)等也对社会正义的有关问题作了探讨。

权利是近代政治哲学的核心范畴之一，相关著述可谓汗牛充栋。90年代后期，雷克斯·马丁的《权利体系》(A System of Rights)和马修·克拉默的《关于权利的讨论》(A Debate over Rights)两本专著，结合时代特点，对这一古老的命题作了新的探索。

关于政治发展的最新研究成果有沃林·赫伯特的《发展的奥秘：政治弹性理论运用研究》(The Mysteries of Development: Studies Using Political Elasticity Theory)和贝克等人合著的《可持续发展的政治》(The Politics of Sustainable Development)。赫伯特的著作把发展研究与比较政治学、公共管理等学科结合起来，解释了为什么自下而上的发展必须与自上而下的发展相联系，为什么一个能动的环境必须是一个可控的环境等有关政治发展的重要问题。

（二）政治史研究

政治是人类社会最古老的现象之一。近年来西方政治制度史研究的代表性成果，首推1997年牛津大学教授S.E.费纳教授所著的《自上古以来的政府史》(The History of Government from the Earliest Times)。全书共分三卷：第一卷为《古代的君主制与帝国》，计628页；第二卷为《中世纪的政府》，计458页；第三卷为《帝国、君主制与现代国家》，计646页。这是目前唯一的从苏美尔到现代欧洲的政府史。西方学者评论该书说："如果诺贝尔奖设立政治科学奖项的话，费纳将以其杰出的三部曲获得这一殊荣。"

有关政治思想史研究的代表性成果，是牛津大学马克·菲尔普主编的"现代政治和社会思想的创立者"(Founders of Modern Political and Social Thought)丛书。该丛书精选了从亚里士多德到近代西方著名的思想家若干人，分别由世界各地在政治思想史研究方面学有专长的学者，对某一人物的思想及其作品进行研究，分册出版。目前该丛书已经出版的分册有：理查德·克罗特对亚里士多德的《政治学》所作的翻译和评论。亚里士多德是政治学的创始人，其名著《政治学》在西方有多种译本。克罗特综合各家翻译的长处，以其清晰而准确的译文及深刻的分析和评论，使本书成为研究亚里士多德《政治学》最有代表性的成果之一。约翰·芬尼斯的《阿奎那》(Aquinas)，则对这位中世纪神权政治学的代表人物作了全面的研究。马基雅维利是近代资产阶级政治学说的创始人之一，其名作《君主论》完成了政治学与伦理学的分离。普林斯顿大学教授莫里齐奥·维罗利的《马基雅维利》(Machiavelli) 一书，不仅对其政治学说作出了新的阐释，而且对马氏思想中最富挑战性但却被人们完全忽视了的生活哲学的内容作了研究。朱莉娅则对马基雅维利的另一名著《李维史论》(Discourses on Livy) 作了翻译和注释。罗杰·克里斯对穆勒的代表作《功利主义》(Utilitarianism) 作了大量的注释，并在书后附了一篇对其人、其书的介绍与分析。汤姆·L.博卡姆对大卫·休谟的《道德原理研究》(An Enquiry Concerning the Principles of Morals) 作了系统整理，在书后附有关于作品的详细注释、专用术语表和补充阅读材料。菲利普·斯科菲尔德等人整理出版了《杰里米·边沁作品集》(The Collected Works of Jeremy Bentham)，弗雷德里克·洛克编撰了《埃德蒙·伯克》(Edmund Burke)。詹姆斯·克劳佩恩伯格撰有《自由主义的美德》(The Virtues of Liberalism)，菲茨吉本斯撰有《亚当·斯密的关于自由、财富和美德的体系》(Adam Smith's System of Liberty, Wealth, and Virtue)。除了对人物和作品的个别研究之外，该丛书中分量最重的是路易斯·P.波吉曼主编的《哲学经典》(Classics of Philosophy)，该书是迄今出版的最为全面的西方政治哲学史研究论文集，涉及从泰勒斯到约翰·罗尔斯，跨越了2500年的人类思想史，收录了42位哲学家的75部著作。全书分两卷，第一卷为《古代和中世纪》，第二卷为《近代和现代》。

（三）民主问题

民主是政治学研究中恒久的主题。近年来国外政治学界关于民主问题研究的最具代表性的成果是由劳伦斯·怀特赫德主编的"牛津民主化研究丛书"(Oxford Studies in Democratization)。该丛书一套七册,运用比较政治学及相关学科的方法,研究了"冷战"结束后世界的民主化进程,重点研究南欧、东欧、亚洲、非洲、拉丁美洲及加勒比地区。丛书之一是雷纳德·莫林奥的《在巩固与危机之间的民主:南欧地区的政党、集团与公民》(*Democracy Between Consolidation and Crisis: Parties, Groups and Citizens in Southern Europe*),着重考察了葡萄牙、西班牙、希腊、意大利四国民主制度的构成及其发展,并与东欧、拉美、亚太地区的相关制度作了比较分析;丛书之二是马克·罗伯逊的《民主发展国家:政治和制度的设计》(*The Democratic Developmental State: Political and Institutional Design*);丛书之三是阿历克斯·安德拉的《拉丁美洲的人权与民主化》(*Human Rights and Democratization in Latin America*);丛书之四是道格拉斯·A. 查尔斯等的《拉丁美洲不平等的新政治:对参与和代表制的再思考》(*The New Politics of Inequality in Latin America: Rethinking Participation and Representation*);丛书之五是弗威拉克尔的《公民权利和社会运动:比较和统计分析》(*Citizenship Rights and Social Movements: A Comparative and Statistical Analysis*);丛书之六是乔森·马里埃的《政权、政治与市场:南欧和东欧的民主化与经济变革》(*Regime, Politics, and Markets: Democratization and Economic Change in Southern and Eastern Europe*);丛书之七是劳伦斯·怀特赫德的《民主化的国际范围:欧洲和美洲》(*The International Dimensions of Democratization: Europe and the Americas*)。近年来研究民主问题的新著还有哈利维的《在民主与民主化中的阶级与精英》(*Classes and Elites in Democracy and Democratization*)、法纳等人的《东西方民主、社会化和对立的忠诚》(*Democracy, Socialization and Conflicting Loyalties in East and West*)、尼古拉等的《非洲国家和民主》(*The State and Democracy in Africa*)、瓦哈耐等人的《亚洲民主的前景》(*Prospects of Democracy in Asia*)、拉弗泰等的《民主及其环境:问题与前景》(*Democracy and the Environment: Problems and Prospects*)以及瓦哈耐的《民主的透视:对172个国家的研究》(*Prospects* of Democracy: A Study of 172 Countries）等等。

（四）公民与政治

现代民主政治的显著特征之一，就是公民对政治生活的广泛参与。埃蒙·卡伦的《伟大的公民：政治教育与自由民主》(Greating Citizens: Political Education and Liberal Democracy)，对由于教育程度的差异而导致政治参与不平等的问题作了研究。密歇尔·拉文的《私人意愿、政治行为：一种对理性选择政治学的激励》(Private Desires, Political Action: An Invitation to the Politics of Rational Choice)，对个体的愿望、满足个人愿望的社会途径以及集体行为所面临的问题作了分析。莱福·利温的《西方政治中的自我利益与公共利益》(Self-Interest and Public Interest in Western Politics)和理查德·戴戈尔的《公民美德：权利、公民资格与共和自由主义》(Civic Virtues: Rights, Citizenship, and Republican Liberalism)，则分别对个人利益与公众利益、公民的权利与义务等问题作了研究。

（五）民族与国家

从"二战"以来，民族主义在世界范围内有了新的发展，民族与国家关系问题成为一个在政治理论和实践中必须认真研究、妥善处理的重要问题。安娜·菲利浦斯的《政治存在：性别与种族的政治代表》(The Politics of Presence: The Political Representation of Gender, Race, and Ethnicity)一书，对世界上多民族国家普遍存在的妇女、少数民族和一些弱势群体如何广泛地参与政治活动的问题作了研究。玛格丽特·蒙利的《民族自决与分离》(National Self-Determination and Secession)，针对近年来国际社会中由于民族主义崛起而产生的问题，围绕民族自决与民族分离两个基本概念进行了多角度的探索。该书主要涉及自决的原则与种族分离，民主与分离，实践中的民族自决，民族自决的领土范围，民族自决——政治、哲学、法律，分离的孤儿——在民族分离地区和分离后国家的民族多元论，民族主义研究中的神话与误区等内容。有关民族问题研究的最新成果还有拉尔夫·格里奥的《多元主义与差异政治：比较视野中的国家、文化和种族》(Pluralism and the Politics of Difference: State, Culture, and Ethnicity in Comparative Perspective)、威尔·金里卡的《多元文化的公民资格：少数民族权利的自由理论》(Multicultural Citizenship: A liberal Theory of Minority Rights)、罗伯特·麦金的《民族主义道德》(The Morality of Nationalism)、埃里卡·本纳的《真实存在的民族主义》(Really Existing Nationalisms)、卡勒斯·A.弗劳芮的《民族主义激情》(Nationalist Passions)、康亨等的《移民政治》(The Politics of Migration)和莫里齐奥·维罗利的《关于爱国：爱国主义和民族主义论》(For Love of Country: An Essay on Patriotism and Nationalism)等等。

（六）政党与选举

政党与选举制度是资本主义民主政治的重要支柱。近年来这方面的研究成果有：彼得·曼瑞的《政党系统的变化》(Party System Change)，该书分析了现代政党和政党体系的变化，重点讨论了现代民主的挑战与政治代表传统形式的危机，以及政党体系是如何存在与变化的问题。迈克尔·杜米特的《选举改革的原则》(Principle of Electoral Reform)，迈克尔是著名的选举问题研究专家，本书对世界范围内的各种选举制度作了深入研究和比较分析。鲍勒·S.法里尔等的《政党纪律与议会统治》(Party Discipline and Parliamentary Government)，通过对欧洲十多个不同类型国家的比较研究，指出议会统治通常意味着政党统治，政党的凝聚力和组织纪律性是维持议会民主制的关键。其他还有莱恩的《比较政党制度变化》(Comparing Party System Change)、纳米·汉努的《投票悖论及如何处置》(Voting Paradoxes and How to Deal with Them)、阿雷德·里普哈特的《选举体系和政治体系》(Electoral Systems and Party Systems)等。

（七）制度与文化

关于政体方面的研究成果有：威尔诺·鲍格戴诺尔的《君主制与政

体》(The Monarchy and the Constitution),该书论证了君主立宪制在现代民主政治中的作用,并分析了它在未来的走向。拉南·加埃瑞克的《公共部门改革》(Public Sector Reform)对全球公共部门改革的经验作了比较分析,重点研究了公平与效率、地方政治的作用、分权和竞争等问题,认为放松管理和以市场机制运作,是公共部门改革的趋势。"为什么公共管理经常出错?""什么样的控制手段和规则能被政府运用?"克利斯托夫·霍德所著的《国家的艺术:文化、修辞和公共管理》(The Art of the State: Culture, Rhetoric, and Public Management)一书,运用格栅和组群文化理论作为分析手段,引用了不同时代不同地区的例证,对公共管理和服务的有关问题,特别是在由于现代化带来的全球一致性的条件下,公共管理的信条与实践的多样性依然存在的问题作了分析。杨格·克罗福德的《文化多样性的调适:个案研究》(The Accommodation of Cultural Diversity, Case Studies)是作者早年出版的《民族多样性和公共政策比较研究》的续篇。后者侧重研究多民族国家的公共政策,前者则从文化学的角度进行分析。菲尔德曼等合著的《政治演说:公共领域所用语言的世界性考察》(Politically Speaking: A Worldwide Examination of Language Used in the Public Sphere),从政治学、心理学、哲学、社会学、经济学、宗教、大众传播学、语言学等不同角度研究政治语言,对美国、法国、俄罗斯、日本、巴西及阿拉伯国家等不同类型国家的政治语言进行分析,内容涉及政治演讲、选举宣传、意识形态论文、政党纲领等等。研究语言与政治之关系的成果还有卡尔维特的《语言战争与语言政策之政治》(Language Wars and the Politics of Language Policy)。

(八)工具书

工具书的编纂属于学科基础建设,在推动学科发展方面具有不可替代的重要意义。有鉴于此,1988年中国政治学界曾组织近百人参与,历时四年,翻译了《布莱克维尔政治学百科全书》。近年来西方学者又编纂了一批新的政治学辞书,其中值得推荐的有:《新政治科学手册》(A New

Handbook of Political Science），由罗伯特·E.古丁等主编，牛津大学出版社1998年出版，全书计864页。该书由世界范围内的42位著名学者共同编写，各章参考文献共收集了由1630名作者撰写的3403部政治学著作，全面吸收了近20年来政治学研究的最新成果。全书共分9个部分：绪论、政治制度、政治行为、比较政治、国际关系、政治理论、公共政策与公共行政、政治经济学、政治学方法论。《简明牛津政治学辞典》（The Concise Oxford Dictionary of Politics），由雷恩·马克勒主编，牛津大学出版社1996年出版，全书计570页。全书收入了1500多个词条，包括政治制度、政治思想家、政治学概念、政治学最新分支学科、国际政治经济、选举理论以及女权主义等内容。《政治家传记辞典》（A Dictionary of Political Biography），牛津大学出版社1998年出版，收录了20世纪后半叶从斯大林、丘吉尔到克林顿、布莱尔等主要政治家的传记。

二、各国政治研究

（一）欧洲

英国是近代资本主义民主政治的发源地。布莱恩·哈里逊的《英国政治的转变：1860—1995》（The Transformation of British Politics, 1860-1995）和邓尼斯·卡瓦纳格的《英国政治：持续与变化》（British Politics: Continuities and Change）、F.黎德利等的《1945年以来的英国政府与政治》（British Government and Politics Since 1945），既回顾了英国政治在不同历史阶段的发展，又分析了它在未来的走向。议会制君主立宪政体是英国政治体制的显著特点，约翰·卡农等编纂的《牛津图解英国君主制度史》（The Oxford Illustrated History of the British Monarchy）收集了从中世纪到当代的130幅彩色图片、270幅黑白图片、6幅地图、10个家谱，编者不仅提供了许多国王和王后的图片，更多的是反映君主制作为一种政治和社会力量的图片，为研究英国君主制的发展史提供了生动形象的资料。罗德尼·布莱瑞尔的《宪政改革》（Constitutional Reform）对英国的议会民主、投票制度及司法体系的改革提出了许多建议,主张削减内阁的权力,并将王室的某些权力让渡给议会。皮帕·诺利斯等的《英国的投票选举,1997》(*Britain Votes, 1997*)对1997年英国选举活动中的政党竞选、媒体的效用等方面作了分析。柯林·泰恩等的《政府与国库:公共开支的计划与控制,1976—1993》(*The Treasury and Whitehall: The Planning and Control of Public Expenditure, 1976-1993*)、休·斯特罗恩的《英国军队的政治》(*The Politics of the British Army*)、巴奇等的《新英国政治》(*The New British Politics*)、巴塞·马科斯尼的《权利法案对英国法律的冲击》(*The Impact of the Bill of Right on English Law*)等新著,分别从不同角度对英国政治的有关问题作了研究。

研究爱尔兰政治问题的最新成果有:保罗·贝沃的《意识形态与爱尔兰问题》(*Ideology and the Irish Question*)、彼得·哈特的《爱尔兰共和军和它的敌人》(*The I. R. A. and It's Enemies*)、南森丁·寇蒂的《联合的爱尔兰人:大众政治在北爱尔兰和都柏林》(*The United Irishmen: Popular Politics in Ulster and Dublin*)等。

"二战"结束以后,法国的政治体制发生了重要的变化,罗伯特·吉尔德《1945年以来的法国》(*France Since 1945*)对这种变化作了详尽的描述。法国早在1873年即已确立了国家赔偿责任,是世界上最早颁行行政法的国家。目前这方面的最新研究成果是尼威勒·布朗等1998年出版的《法国行政法》(*French Administrative Law*)。

作为两次世界大战的主要发动国,德国的政治学理论与政治制度在20世纪经历了重大的变化。伊斯菲尔德等人的《政治科学和20世纪德国政体的变化》(*Political Science and Regime Change in 20th Century Germany*)和罗塞尔·凯特耐克尔的《1945年以来的德国》(*Germany Since 1945*)对德国在20世纪不同历史阶段的政治学说、国家制度以及政党政治的发展与变化,作了较为系统深入的论述。

罗纳德·格雷高的《苏联的实验》(*The Soviet Experiment*)一书,以560页的篇幅回顾了苏联的政治历程。施奈德的《俄罗斯联邦的政治体系》(Das Politische System der Russischen Föderation)和怀特等人的《俄罗斯如何选举》(How Russia Votes)则对目前俄罗斯政治制度的结构与运行等问题作了详尽的分析。

(二) 北美洲

美国是世界上的头号超级大国,其政治活动广泛地影响着国际社会。罗伯特·D.舒茨格的《1900年以来的美国外交》(U. S. Diplomacy Since 1900)全面回顾了20世纪的美国外交。乔治·托马斯卡勒的《美国政府史导论》(A Historical Guide to the U. S. Government)则叙述了美国从联邦政府的建立到今日庞大的政府组织的发展史。《危机中的美国总统》(The U. S. Presidency in Crisis,柯林·卡门比尔著)、《美国总统制的悖论》(The Paradoxes of the American Presidency,柯勒尼·托马斯等)两本书分析了制约美国总统的各种彼此矛盾的政治力量,认为美国总统处于既要有效地行使权力,又必须获得民众支持的矛盾境地。《政治、职位和权力:联邦组织的动力》(Politics, Position, and Power: The Dynamics of Federal Organization,哈罗德·塞德蒙著)、《权利革命:当代美国的权利与社区》(The Rights Revolution: Rights and Community in modern America,塞缪尔·沃克著)、《自由与法庭:美国的民权与自由》(Freedom and the Court: Civil Rights and Liberties in the United States,亨利·J.阿不拉汗著)分别从不同角度对美国的政府、公民、法律的关系作了论述。种族与性别歧视始终是困扰美国政治的一大难题,《分离与不平等:美国黑人与联邦政府》(Separate and Unequal: Black Americans and the Federal Government,戴斯蒙德·金著)、《面对不平等:美国政治中的社会多样性》(Faces of Inequality: Social Diversity in American Politics,罗尼德·海伦著)、《投票希望还是恐惧?白人投票者、黑人候选人和美国的种族政治》(Voting Hopes or Fears? White Voters, Black Candidates, and Racial Politics in America,凯思·利威斯著)、《机械中的天使:从内战时期到进步时代美国政党政治中的性别》(Angels in the Machinery: Gender in American Party Politics from the Civil War to Progressive Era，罗彼得·爱德华著）等系列著作，对种族与性别的不平等问题进行了研究。理查德·戴维斯的《新媒体与美国政治》(New Media and American Politics)、查理斯·诺贝尔的《我们所知道的福利：美国福利国家的政治史》(Welfare as We Know It: A Political History of the American Welfare State) 和哈罗德·赛德蒙的《独立城市：反思美国的城市政策》(Independent Cities: Rethinking U. S. Urban Policy) 则对美国政治制度和政治文化中的有关问题作了研究。

加拿大的种族问题也引起了学者们的重视，最近出版的两本新著《误解加拿大：为国家统一而斗争》(Misconceiving Canada: The Struggle for National Unity，肯尼斯·马克罗伯特著)、《寻找我们的路：对加拿大种族文化关系的再思考》(Finding Our Way: Rethinking Ethno Cultural Relations in Canada，威尔·金里卡著)，考察了加拿大种族文化的现状，认为适应种族文化多样性是应对挑战的唯一措施。

（三）亚洲

近年来国际政治学界关于亚洲问题的研究，集中在南亚、中东和朝鲜半岛三个热点地区。印度是南亚的区域性大国，近年来经济、军事实力增长很快，但也面临着宗教冲突与领土争端等严重的问题。阿姆里塔·巴苏《印度的社团冲突与国家》(Community Conflicts and the State in India)、G. 阿乐伊修斯《印度并非一族的民族主义》(Nationalism without a Nation in India)、巴勒《南亚民族的起源：现代印度形成中的爱国主义和道德政府》(Origins of Nationality in South Asia: Patriotism and Ethical Government in the Making of Modern India)、巴特赫·查特顿杰《自由的代价：印度民族国家的 50 年》(Wages of Freedom: Fifty Years of the Indian Nation-State)、格瑞普特·马哈詹《认同与权利：印度自由民主的外观》(Identities and Rights: Aspects of Liberal Democracy in India)、H. V. 霍德森《大分裂：英国、印度、巴基斯坦》(The Great Divide: Britain-India-Pakistan) 等新作，分别对印度的内政、外交等相关问题作了研究。

中东地区的矛盾冲突已经持续了多年,叶日德·撒伊哥赫的《冷战与中东》(*The Cold War and the Middle East*)、《武装斗争与寻求国家:巴勒斯坦的民族运动,1949—1993》(*Armed Struggle and the Search for State: The Palestinian National Movement, 1949-1993*)、莫舒·马奥日的《叙利亚与以色列:从战争到调停》(*Syria and Israel: From War to Peacemaking*)、萨兰姆的《分离的政治:阿卜杜拉国王、犹太复国主义者和巴勒斯坦》(*The Politics of Partition: King Abdullah, The Zionists, and Palestine*)等书,对中东和平进程的发展以及影响这一进程的各种因素,如石油资源、教派矛盾、大国势力等,作了多角度的探讨。

朝鲜半岛局势也是国际社会关注的热点之一。山姆·金的《朝鲜外交政策》(*North Korean Foreign Policy*),对最近朝鲜活跃的外交政策作了分析。

亨廷顿《文明的冲突》一书曾在亚洲国家激起强烈的反响,撒林·罗斯德《"文明的冲突?":亚洲的反响》(*"The Clash of Civilization?": Asian Responses*)一书,则对这一反响从多个维度作了系统的分析和概括。

(四)非洲和澳洲

这方面研究的最新成果有:管尔克等的《转型期的南非:误解了的奇迹》(*South Africa in Transition: The Misunderstood Miracle*)、格瑞·斯密斯的《世界中的澳大利亚:澳大利亚外交政策导论》(*Australia in World: An Introduction to Australian Foreign Policy*)和罗伊蒙德·米勒的《新西兰的政治转型》(*New Zealand Politics in Transition*)等等。

三、国际政治研究

(一)国际政治的理论与实践

戴维德·布查尔《国际关系的政治学理论:从修昔底德到当代》(*Political Theories of International Relation: From Thucydides to the Present*),

系统地考察了从古希腊的修昔底德到目前为止的西方思想家有关国际关系的论述。约翰·巴利斯的《世界政治全球化》(*The Globalization of World Politics*)、雷恩·克拉克的《全球化与碎片化：20世纪的国际关系》(*Globalization and Fragmentation: International Relations in the Twentieth Century*)、罗森·法斯特的《世界政治中的地区主义：区域组织与国际秩序》(*Regionalism in World Politics: Regional Organization and International Order*)、沃克尔·里特伯格等《统治理论与国际关系》(*Regime Theory and International Relation*)、约翰·H.德宁的《政府、全球化与国际商务》(*Governments, Globalization, and International Business*)等书，对当代国际政治与国际关系中的一体化与碎片化并行、全球主义与地区主义共存等特点与趋势，以及20世纪90年代以来由于经济全球化而使全球政治互动强化的有关问题作了剖析。

（二）国际组织

联合国是目前世界上最大的国际组织，福兰尼·凯尼普的《联合国体系与它的前身》(*The United Nations System and It's Predecessors*)上下两卷，以2600多页的篇幅对联合国的形成、发展及现状作了全面的介绍和分析。

安理会是联合国机构中唯一有权采取行动的机构，在维护国际和平中发挥着重要的作用。山迪·D.巴利亚等人的《联合国安理会的规程》(*The Procedure of the UN Security Council*)，分析了安理会的机构、职能、工作程序和作用。

欧洲一体化进程是近年来国际政治学界着力研究的一个重要课题。在1957年，欧共体仅仅是六国之间基于条约而成立的区域性经济组织，而今日之欧盟已构建成一个庞大的超国家实体，它所制定的规则可以约束其成员国及其人民。威思·桑德赫特的《欧洲一体化与超国家管理》(*European Integration and Supernational Governance*)，探讨了欧盟的决策与其成员国利益的关系，分析了为什么一体化进程在有些领域发展很快，而在另外一些领域进展缓慢的原因。1998年欧盟单一货币体系的建立，标志着其经济一体化进程进入了新的时代。与此相适应，欧盟的政治结构也有了重要变化，它的活动范围已超越了经济、环境领域，正在向对外政策、战略防御的一体化方向努力。约翰·宾德的《欧洲：联盟的建立》（*Europe: The Building of the Union*），对欧盟的发展趋势作了分析。欧洲议会的作用近年来不断增强，其决议对成员国及其人民有着越来越重要的影响。但与此同时，欧洲议会选举的投票率却在不断下降，形成了所谓"民主赤字"（Democratic Deficit）。让·布鲁德等所著的《欧盟的议会和人民：参与、民主与合法性》（*People and Parliament in European Union: Participation, Democracy, and Legitimacy*）和海伦·沃尔思的《欧盟的参与和决策》（*Participation and Policy Making in the European Union*），从政治参与、民主化、合法性等角度对欧洲议会与人民的关系作了论述。"为什么欧盟决定通过马斯特里赫特条约使其变成了一个政治联盟？它在未来的发展前景如何？"戴维德·马克卡亚的《草率的联盟》（*Rush to Union*）一书，通过从不同角度对欧盟的考察，认为由于缺乏基础性的政治变化，欧盟作为一个政治实体目前尚难有所作为。

曾经拥有"日不落帝国"辉煌的英国，长期以来一直对欧洲实行"光荣孤立"的政策，但由于地理、政治、经济等原因，又与欧洲有着千丝万缕的联系。戴维·马克的《英国对欧洲的支持和抵制：英国政治与欧洲一体化问题》（*Britain For and Against Europe: British Politics and the Question of European Integration*）和斯坦弗·乔治的《一个尴尬的伙伴：欧共体中的英国》（*An Awkward Partner: Britain in the European Community*）两书，考察了英国国内各派政治势力对欧洲的态度。

目前研究欧洲一体化进程最系统的成果，是由欧洲科学基金会主编的"信任政府"丛书。该丛书一套五册，从不同角度探讨了欧洲一体化问题。丛书之一《公民与国家》（*Citizens and the State*，汉斯·迪特克里格曼等编），通过对民主危机、政党危机、参与危机等问题的讨论，论述了近20年来西欧公民与政府的关系；丛书之二《公共意愿和国际治理》(Public Opinion and Internationalized Governance，奥思克·尼德尔马伊等编)，重点论述了欧洲整合及其他形式的国际化管理模式；丛书之三《政府的范围》(The Scope of Government，奥里·保罗等编)，认为政府应该履行提供公共福利、社会安全等基本职能，对政府放纵管理和超限活动的弊病作了批评；丛书之四《价值观的碰撞》(The Impact of Values，杰·W.威第斯等编)，认为在一体化进程中，不同价值观的聚合和碰撞，使宗教信仰和其他传统价值观衰微，而后实利主义、后现代主义、女权主义等正在兴起，这些观念必然会对政治和社会生活产生巨大的冲击；丛书之五《信任政府》(Beliefs in Government，马克斯·卡思等编)，对当代欧洲的政治参与、公众政治舆论、后实利主义、后现代主义、民主的变化与稳定等问题作了论述。

（原载《山西大学学报》2001年第3期）

国外政治学研究的队伍构成及学术动向分析

自第二次世界大战以来，特别是"冷战"结束后，国际社会发生了深刻变化。在这变化着的世界中，各国的政治机构、统治和管理方法，以及内外政策等方面，也相应发生了重要的变化。这些变化必然导致以政治现象及其规律为研究对象的政治科学空前活跃，政治学的研究队伍不断发展壮大，国际学术交往日益密切，研究主题也呈现出多样化的趋势。深入了解、分析和把握国外政治学的研究动向，无疑对促进我国政治学研究的发展有着极为重要的意义。本文试就国外政治学的研究队伍和学术动向两个方面，作一概略的介绍和分析。

一、国外政治学研究的队伍构成

自"二战"以来，老牌帝国主义国家面对新的国内、国际形势，在统治机构和统治方法等方面都先后作了一系列的调整和改革。美国由于战前罗斯福推行"新政"，强化国家职能，扩大行政权力，其统治体系发生了重要变化。法国政局则经历了长时期的动荡和调整。英国随着殖民体系的瓦解，正在调整其国际战略。日本由战前的二元君主制改变为议会君主制。而一大批刚刚摆脱殖民统治的第三世界国家则急需建立和完善新的政治体制。所有这些变化，都迫切需要相应的政治学理论去研究指导和分析总结。与这一时代需求相适应，国外政治学研究队伍出现了明显的变化。

首先是研究队伍迅速发展壮大。据全球最大的政治学研究团体——国际政治学会（International Political Science Association）统计，该会在1952年时，仅有个人会员（Individual Members）52人，联系会员（Associate Members，国际政治学会认为其宗旨或目标与该会相似的国际性或全国性学会、团体或社会机构）8个。此后迅速增长，到80年代后期，个人会员始终保持在1000人上下，联系会员在100个左右。截至1996年底，个人会员为1075人，联系会员为93个（见图1、表1）。

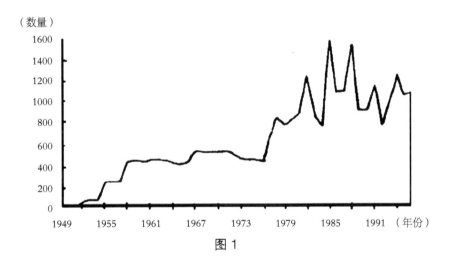

图 1

表 1

年份	个人会员（人）	联系会员（人）
1988	1525	99
1989	880	83
1990	902	86
1991	1150	88

续表

1992	774	98
1993	980	127
1994	1247	143
1995	1062	102
1996	1075	93

其次，从年龄结构来看，"二战"以后成长起来的一代学者成为政治学研究领域的主力。国际政治学会1996年对全球545名学者的年龄作了调查，其结果为：30岁以下的12人，占1.8%；30—39岁的有94人，占14.1%；40—49岁的有285人，占27.8%；50—59岁的有229人，占34.4%；60—69岁的有100人，占15%；70岁以上的有45人，占6.8%。由于政治科学研究不仅需要研究者具备广博精深的专业知识，还需要一定的政治、社会工作阅历，所以与其他学科特别是自然科学的研究队伍相比，成就卓著者年龄普遍偏大。

再次，随着经济发展与社会进步，全球范围内女性的地位都有了普遍提高。在过去一向为男性所垄断的政治学研究领域里，女性已成为一支不容忽视的重要力量。在1988—1994年举行的三次国际政治学大会中，女性代表所占的比例分别为15%、18%、20%，呈逐次上升之势，充分显示出女性在政治学研究中的重要作用。由于女性特殊的生理、心理因素，政治学研究队伍中的女性平均年龄低于男性。在国际政治学会1994年调查的72位女性研究者中，30岁以下的有8人，占11.1%；30—39岁的有10人，占13.9%；40—49岁的有24人，占33.3%；50—59岁的有15人，占20%；60岁以上的有7人，占9.7%；岁数不详的有8人，占11.1%。但随着社会的进一步发展，这一趋势正在弱化。1996年国际政治学会再次对545位男性、120位女性学者的年龄进行调查，其结果见表2。

表2

年龄组	男性		女性		总计	
	人数	比例	人数	比例	人数	比例
30岁以下	7	1.3	5	4.2	12	1.8
30—39岁	76	13.9	18	15.0	94	14.1
40—49岁	145	26.2	40	33.3	185	27.8
50—59岁	188	34.5	41	34.2	229	34.4
60—69岁	89	16.3	11	9.2	100	15.0
70岁以上	40	7.3	5	4.2	45	6.8
总计	545	100.0	120	100.0	665	100.0

可以看出，在50—59岁年龄段中，女性所占的比例，与男性基本相等。而50岁以下女性所占的百分比，明显高于男性，显示出越来越多的年轻女性跻身于政治学研究领域。

二、近年来国外政治学研究的学术动向分析

20世纪80年代以来，由于世界政治、经济、国际关系的重大变化，以及自然科学、社会科学中的许多新的理论和方法被引入政治学研究领域，国外政治学研究的学术动向有如下表现。

（一）研究领域不断扩大，研究主题呈多元化趋势

国外政治学研究，尤其是西方国家的政治学研究，从20世纪初到20世纪中叶，主要以国家理论、政治权力作为研究主题，内容和范围都比较狭窄单一。1949年国际政治学会在巴黎召开成立大会时，曾把政治学的研究内容分为政治理论、政治制度、政党社团与舆论、国际关系四个方面。此后研究内容不断丰富，研究范围拓展到了许多以前未曾涉及

的领域。目前国际政治学会下设38个研究委员会（Research Committees）和11个研究组（Study Groups），每个研究委员会或研究组都有一个相对集中的主题（根据国际政治学会有关规定，一个研究委员会或研究组如果在一定时间内未能组织学术活动，即告自行解散）。

各个研究委员会的主题分别是：

1. 概念和术语的分析

2. 政治精英

3. 欧洲统一

4. 发展中社会的公共官僚政治

5. 地方政府与政治的比较研究

6. 政治社会学

7. 妇女、政治与发展中国家

8. 立法专题

9. 比较司法研究

10. 全球政策研究

11. 科学与政治

12. 生态环境与政治

13. 民主化的比较透视

14. 政治与种族

15. 政治地理

16. 社会政治多元论

17. 正在形成中的国际经济秩序

18. 亚洲和太平洋研究

19. 性别角色与政治

20. 政治财政与政治腐败

21. 政治社会化与教育

22. 政治沟通

23. 政治支持与冷漠

24. 武装力量与社会

25. 健康政策比较

26. 人权

27. 政府结构与组织

28. 联邦制与联邦的比较

29. 政治心理

30. 公众舆论比较

31. 政治哲学

32. 公共政策分析

33. 政治科学的学科研究比较

34. 代表和选举体系比较

35. 技术与发展

36. 政治权力

37. 关于政治发展的反思

38. 政治与商业

各研究组目前的主题是：

1. 福利国家与发展中社会

2. 公共企业与私有化

3. 新的世界秩序

4. 地缘政治学

5. 分裂国家的系统整合

25. 宗教与政治

29. 军事统治与第三世界的民主化

33. 国际政治学定量研究法的发展

34. 全球环境变化中的政治

35. 地区与全球关系

36. 行政文化

（6—24、26—28、30—32 小组因暂停学术活动而未有研究课题列入）

可见国外政治学研究内容相当广泛，从学科角度来看，既涉及政治伦理、政治哲学等价值层面，也包含了政治制度甚至政治技术层面的问题；从地域来看，几乎涉及战后世界不同区域与国家一切与政治有关的领域。

（二）比较研究成为国外政治学研究的热点之一

1996 年国际政治学会对 458 位男性、110 位女性学者的研究兴趣作了调查，结果如下：

研究兴趣	男性		女性		总计	
	人数	比例	人数	比例	人数	比例
中央政府	17	3.7	3	2.7	20	3.5
立法机构	27	5.9	6	5.5	33	5.8
政治执行	10	2.2	1	0.9	11	1.9
司法系统	11	2.4	2	1.8	13	2.3
政党	26	5.7	7	6.4	33	5.8
选举制度	29	6.3	9	8.2	38	6.7
压力集团	10	2.2	2	1.8	12	2.1
政治理论	49	10.7	16	14.5	65	11.4
比较政治	115	25.1	20	18.2	135	23.8
区域研究	18	3.9	6	5.5	24	4.2
国际关系	78	17.0	12	10.9	90	15.8
国际法	2	0.4	0	—	2	0.4
公共行政	20	4.4	2	1.8	22	3.9
公共政策	26	5.7	3	2.7	29	5.1
地方与城市政治	6	1.3	4	3.6	10	1.8

续表

妇女与政治	1	0.2	15	13.1	6	2.8
发展政治学	8	1.7	1	0.9	9	1.6
政治学方法论	4	0.9	1	0.9	5	0.9
其他	1	0.2	0	—	1	0.2
总计	458	100.0	110	100.0	568	100.0
比例		（80.6）		（19.4）		（100.0）

从统计结果可以看出，在研究兴趣中排在前五位的分别是：比较政治、国际关系、政治理论、选举制度、政党与立法机构（后两者并列第五位）。这反映了在政治科学研究中，对学科基础理论的探讨，以及对支撑西方民主政治的重要支柱如选举制度、政党制度、议会制度等这些传统主题的研究，依然占据着重要的位置。但在国际社会一体化趋势日益明显，国家之间的互动和影响不断增强，人类的联系越来越紧密的今天，更多的学者开始从全球范围内着眼，通过比较分析的方法来研究问题。

（三）在学术国际化的同时，更加注重区域研究和专题研究

随着国际学术交流活动的增多，各国学术机构和学者一方面积极参与全球性的学术交流，更多的则依据各自的研究方向和兴趣，组合为许多规模较小的学术团体，召开研究主题更加集中的专题性的学术会议，研究解决某些国家或地区面临的政治问题。如英国政治学会将于1998年7月围绕英联邦的有关问题召开学术会议，其研究主题为："共同的历史渊源"与"共同或相似的政治经历"，包含历史、社会和"政治体系"、不列颠统治体系的变化（1791—1901）、"威斯敏斯特模式"（Westminster model）的发展和构成以及它与自治领的关系、"自治领"概念的发展和含义等22个有关英联邦的历史与现实问题；澳大利亚政治学学会于1997年6月召开的年会，则围绕澳大利亚与新西兰的政治与公共政策等

问题进行了讨论；由非洲政治学学会主办的《非洲政治学学刊》1996年专门邀请有关学者进行专题研究，出版了"21世纪的泛非主义"（Pan-Africanism in the 21st Century）专号，发表了《非洲的结构、机构和政治自由化》《民主的非洲化》《尼日利亚的群众斗争》等一批征文，专门探讨非洲大陆在世纪之交所面临的问题。

（本文的主要数据来自国际政治学会会刊 *Participation*，Vol.21，No.1，原载《山西大学学报》1998年第1期）

论互联网络在中国民主化进程中的作用

民主（Democracy），在古希腊语中是由 demos（人民）和 kratia（统治）两个词合成的。作为一种价值理念，它意味着"主权在民"或"人民的统治"；作为一种制度安排，民主政治的实质在于保证人民大众能够广泛、平等地参与公共事务的决策和管理，执行当家做主的权力。然而，作为迄今为止人类所创立的最为理想的政治形式，民主政治在其实践的过程中，除了会遭遇文化传统、制度结构、经济与教育发展水平等种种障碍之外，还有一个非常重要的问题，就是实际操作技术上的难题，即数量庞大的民众无法对复杂的国家和社会事务直接进行管理。于是，通过选举制度委托民意代表间接行使权力的代议民主（representative democracy），就成为民主政治最为普遍的实现形式。但是，以代议民主代替参与民主（participatory democracy）的缺陷在于，尽管进行了种种制度上的精心设计，以保证代表能够忠实地遵从民意，但在实际运作中，依然存在着委托人与代理人之间的信息不对称问题。即"除了非常小的国家之外，在所有其他国家中，都只有一小部分公民有可能和他们的代表一起讨论问题。通过讨论的方式直接参与政治有着种种限制，我们只需要把参与政治所需的公民和代表们之间的交流数量乘以每次交流所需的平均时间，就可以容易地显示出这种限制。正如这种简单的乘法所揭示的那样，所需的总时间随着公民人数的增长会迅速成为天文数字"[1]。也就是说，即使实施民主政治的其他条件均已具备，而民众的利益诉求和政治表达由于来自技术层面的限制，其在实际运作中依然是一个跛足的巨人。

自20世纪90年代以来，互联网的发明和迅速普及，则在一定程度上弥补了这一不足。尤其是对中国而言，随着改革开放的不断深入，经济持续快速增长，教育水平普遍提高，国际化进程加快，社会结构发生了重大的变化，逐渐多元化的中国社会对以民主的方式分配社会价值的要求空前强烈。民主是社会主义的本质，建设高度的社会主义政治文明，完善社会主义民主政治是我们的政治目标。而互联网络在中国的迅速发展，对于提高中国民众的民主意识，扩大政治参与的渠道，改变传统的政治结构和政治行为，促进中国的民主化进程，提供了有效的技术支持。

一、互联网络在中国的现状及其发展趋势

互联网络自1994年接入中国以来，在十年时间里，得到了飞速的发展。目前中国已初步建成中国科技网（CSTNET）、中国公用计算机互联网（CHINANET）、中国教育和科研计算机网（CERNET）、宽带中国（CHINA169）、中国联通互联网（UNINET）、中国网通公用互联网（CNCNET）、中国国际经济贸易互联网（CIETNET）、中国移动互联网（CMNET）、中国长城网（CGWNET）、中国卫星集团互联网（CSNET）十大主干网络。据中国互联网信息中心发布的第13次《中国互联网发展状况统计报告》，截至2003年12月31日，中国上网计算机已达3089万台，互联网用户人数为7950万人，在CN下注册的域名数达到340040个，WWW站点数595550个，IP地址总数为41456128个，国际出口带宽的总量为27216 M。

根据中国互联网信息中心所发布的第13次《中国互联网发展状况统

---

[1]《布莱克维尔政治学百科全书》，北京：中国政法大学出版社1992年版，第188页。

计报告》提供的数据来看,从1997年10月以来,互联网络在中国的发展情况如下表。

时间	1997.10	1998.7	1999.1	1999.7	2000.1	2000.7	2001.1	2001.7	2002.1	2002.7	2003.1	2003.7	2003.12
上网计算机数(万台)	29.9	54.2	74.7	146	350	650	892	1002	1254	1613	2083	2572	3089
上网用户人数(万人)	62	117.5	210	400	890	1690	2250	2650	3370	4580	5910	6800	7950
CN下注册的域名数	4066	9415	18396	29045	48695	99734	122099	128362	127319	126146	179544	250651	340040
WWW站点数	1500	3700	5300	9906	15153	27289	265405	242739	277100	293213	371600	473900	595550
国际出口带宽数(M)	25.408	84.64	143.25	241	351	1234	2799	3257	7597.5	10576.5	9380	18599	27216

由上表可以看出,在七年多的时间里,上网计算机数增长了103.3倍,网络用户增长了128.2倍,CN下注册的域名数增长了83.6倍,而国际出口带宽则增长了1071.2倍。

据美国尼尔森公司的调查,目前中国的网络用户人数仅次于美国,位居世界第二,而且正在以每月5%—6%的速度增长,预计今后三四年内,中国的网络用户可达到2.57亿人左右。目前中国正在实施"政府上网""企业上网""家庭上网"三大工程,并且已经取得了阶段性的成绩。可以预计,随着中国经济的持续发展,在未来几年内,互联网会以超常的速度在中国普及。

二、互联网对中国民主化进程的影响

互联网的迅速发展对中国民主化进程的影响是广泛而又深刻的,主要表现在三个方面。

（一）扩大了公民的知情权

知情权是民主社会的基石，民众享有了解与自身利益和公共利益有关信息的权利，是实现民主最基本的前提。对一般民众而言，获得信息的主要渠道是媒体，而互联网则在扩大民众的知情权方面具有传统媒体所无法比拟的优势。

首先，信息来源和发布主体的多元使信息内容更加丰富。目前绝大多数发布新闻的网站都属于商业性质，彼此之间是平等竞争的关系。这就决定了互联网在信息来源和发布主体方面的多元，传播的信息更加丰富，为民众提供了更多获知信息的机会。民众不再像以前那样只是被动地面对传统媒体，而是可以自由地选择自己希望了解的信息，并通过对不同来源信息的综合和比较，获得更加全面、真实的信息。

其次，从信息传播的方式来看，与传统媒体相比，互联网具有的优势是：

（1）时间快。在追求点击率带来的商业利益的驱动下，互联网往往能在具有新闻价值的事件发生的第一时间报道，并迅速提供有关这一新闻的背景知识。

（2）范围广。互联网是一种全球性媒体，它突破了报纸的发行范围和广播、电视有限的信号覆盖区。从理论上讲，一条信息只要放在网上，就有可能被全球的网络用户获知。

（3）容量大。作为一种新型传播工具，互联网所能承载的内容大大突破了报纸的版面和广播、电视节目播出时间的限制。

（4）多媒体。互联网可以综合文字、图像、声音等各种传播方式的优点，为受众提供更加方便的接受方式。

（5）全时性。网民可以自由决定上网时间，而不必等待报纸印出或广播、电视固定的播出时间，获知信息更方便。

据最新调查结果显示，在家中上网的用户已占所有中国网络用户的

66.1%，完全自己支付上网费用的超过了70%。这一数字表明，互联网已不再像刚刚进入中国时仅仅是单位办公或科研活动的工具，而正在成为民众日常生活的一项重要内容。在网络用户中，超过90%的人将浏览新闻获取信息作为上网的主要目的。北京社会心理研究所2001年底对北京市民进行调查的结果表明，对问卷中所列当年发生的七件大事，网民比非网民的获知率平均约高20%。而且网络信息的影响并不仅限于网民本身，在这次调查的上网家庭中，有81.6%的家庭表示，家中上网者会向家人讲述网上的信息。

在现代社会中，传播媒介对社会发展以及人们的观念、行为的影响是十分巨大的，以致被称为"第四种权力"，而互联网则以传统媒体无法比拟的优势为中国公民扩大自己的知情权提供了有力的技术支持。

（二）为中国公民参与政治和社会生活提供了一个新的空间

知情权的扩大以及由此引发的民主意识的增强，必然导致公民对政治和社会生活的广泛参与。尽管宪法赋予了公民参与国家政治生活的权利，但这一权利的实施不仅需要相应的制度保障，还需要一定的技术手段的支持。而互联网则以其互动的特点，为公民提供了一个参与的空间，使其不仅有了"知"的权利，而且有了"说"的机会。如人民网（www.peopledaily.com.cn）在每条新闻后均有"网友感言"，此外还在"观点"频道内专设"网友说话""新闻圈点""杂谈随想"三个供网民发表言论的空间。特别是它所主办的"强国论坛"，现有八万注册用户，每日发帖量近一万，在线人数最高达两万。近年来，这一论坛经常性主题排名前四位的是中美关系、台湾问题、民主问题、腐败问题。新浪网（www.sina.com.cn）每一条新闻后都有三个链接——"发表评论""时事论坛""短信推荐"；2001年7月31日披露了广西南丹矿井特大事故的新闻后，半个月内，即有1300多网民发帖。东方网（www.eastday.com）在每条新闻下有"我要发言"，点击后即跳到"热点放谈"，网民可以自由地发言。目前中国各大网站不仅设有针对国内外重大新闻的网民论坛，还开辟了许多专供网民反映与其切身利益相关问题的空间。如北方网（www.enorth.com.cn）设有"百姓之声"。东方网设有"百姓声音"和"东方直通车"两个专栏，前者专供网民投诉，后者则是东方网记者对投诉内容的调查。2001年3月24日，"强国论坛"贴出了署名"城山村人"网民的帖子《铁路，你究竟怎么了？》，反映作者在重庆火车站购票时受到的无理非难，并声称一直要贴到铁道部长看到为止。铁路部门很快进行调查处理，重庆火车站专门派人千里迢迢赴福建向城山村人道歉。深圳邹家健通过"景洲315"网站呼吁维护业主的权益，也引起了社会的关注和支持。近年来，每逢两会期间，许多人大、政协委员通过网络与公众交流，了解、收集民众的建议和意见。关于政府改革、司法公正、中国入世、农民负担、电信重组、股市政策、医疗改革，乃至"独立候选人问题""刘涌涉黑案""宝马车撞人案""孙志刚事件"等涉及公共领域的重大问题，都在网上形成了焦点，动辄即有十几万条帖子发表意见。此外网上难以计数的论坛、自由讨论区、留言板、聊天室、发表评论区、政府的电子信箱等，网民可以自由地进入，如果出于某种顾虑，还可以以匿名或化名的方式，发表评论、交流观点、提出建议、形成共识。

德国社会学家哈贝马斯（Jürgen Habermas）在其《公共领域的结构转型》（*Strukturwandel der Oeffentlichkeit*）一书中指出，民主政治的基本条件之一，就是必须有"公民自由讨论公共事务，参与政治的活动空间"，即"公共领域"（Public Sphere）。[1] 公共领域的主要特点是由尽可能多的人参与，各种观点都能够平等、自由表达的一个空间。它可以"让公开事实接受具有批判意识的公众监督"，因而"具有调节国家和社会的政治功能"。理想的公共领域必须独立于政府和市场之外，有比较完善、客观的信息收集和发放机制，能提供面向大众开放、公众可以自由平等地进行沟通和讨论的空间。但长期以来，由于大众传媒的单向传播、被意见领袖所把持、缺乏互动机制、传播的范围和内容有限等缺陷，公共领域不能够充分发挥

---

[1] 哈贝马斯：《公共领域的结构转型》，曹卫东等译，学林出版社1999年版。

市民社会制衡政府的作用。而互联网所营造的电子空间则公开性高,互动性强,资料丰富,检索方便,不受篇幅、地域、时间的限制,除了上网设备和简单的应用技能之外没有准入限制等特点,达到了理想的公共领域的要求。传统中国一向有着控制社会舆论"防民之口,甚于防川"的政治传统,民众自由表达的渠道极少,而互联网络的迅速发展给民众提供了自由表达和整合大众观点的空间,使话语权由传统媒体向大众回归,从而形成一种强大的舆论压力,推动着中国民主进程的发展。

民主是一种理念,但更重要的是实践。中国公民正是通过对国家政治和社会生活的了解和参与,逐步提高自身的民主意识,从对涉及个人利益的政府决策与管理的关心和参与,扩大到对公共利益和国家事务的关心和参与,进而成为推动中国民主化进程的强大动力。

(三)成为推动政府改革的动力

为进一步适应经济和社会发展的需求,中国政府从1999年开始实施规模庞大的"政府上网工程",到2003年12月,以gov.cn为结尾的注册域名已达11764个,与半年前相比增加2436个,增长率为26.1%,是1997年的36倍。目前从中央到地方各级政府都在朝着建立电子政府的方向努力。如北京市正在建设的首都公共信息平台(CPIP),就包括了以下主要内容:电子政府(E-Government)、电子商务(E-Commerce)、科学教育信息网(Science & Education Information Network)、劳动与社会保障及社区服务信息网(Labor/Social Security & Community Service Information Network)和"赛博"北京(Cyber BJ)。

深圳则计划在五年内建成完善的市、区政府网络,以此增加政府的透明度,强化服务职能,争取达到市民可以通过网络办理40%的与政府有关的事务。

目前中国政府上网的主要内容包括:(1)政府职能上网,就是将政府各部门的职能、职责、组织机构、办事程序、规章制度等在网上发布。(2)信息上网,就是在网上公布政府部门的资料、档案、数据库等。目前有关部门正在拟定《政府信息公开条例》。(3)政务上网,就是在网上公开政府部门的各项活动,把网络作为政务公开的一个渠道。(4)网上办公,就是通过建立文件资料电子化中心,将各种证明和文件电子化,提高办事效率。

与经济体制改革相比,中国的行政体制改革相对滞后,政府在一些方面仍然沿用着计划经济时期的管理体制和模式,机构庞大,运转缓慢,职责不清,有些地区和部门还存在着所谓"门难进,脸难看,事难办"的官僚主义作风,以及"国家权力部门化、部门权力个人化、个人权力商品化"的弊端。公开、透明是公正、公平的前提,而政府上网则在一定程度上将政府置于民众的监督之中,努力朝着科学化、法治化、民主化的方向努力,尽量做到结构合理、职能明确、规则清晰、程序简单,这就可以大大提高政府的透明度,减少暗箱操作,提高行政效率,对于遏制腐败和反对官僚主义,促进中国的民主化进程有着重大的意义。

三、问题与前景

(1) 网络发展的规模小和地域分布不合理的问题

尽管近年来互联网在中国得到了超越常规的发展,但无论在网络规模、传输速度、提供的信息和服务等各个方面,都还远远不能适应经济与社会发展的要求。此外,从地域分布来看,分布极不均衡,主要集中在中心城市和沿海经济发达地区。据CN域名的地域分布统计,华北地区占29.4%,华东地区占29.6%,华南地区占19.4%,东北地区占5.0%,西南地区占4.9%,西北地区占2.7%,仅北京就占24.9%,而青海则仅占0.1%。可见互联网的发展速度与地区经济的发展速度成正比,要填平数字鸿沟 (Digital Divide),让互联网在中国普及尚需假以时日。

(2) 网民在总人口中所占比例很低

由于经济条件的限制,计算机在中国尚未普及,拥有计算机的家庭只占很小的比例。虽然目前网络用户人数已近8000万,但在拥有13亿人口的中国只占到6.2%。除了经济条件外，另一个严重制约互联网在中国普及的因素是教育。中国有8亿多农民，普遍受教育程度很低，1亿多文盲也主要集中在农村的偏远和贫困地区。据中国互联网信息中心最近的调查，在影响中国民众上网的各项因素中，不懂电脑/网络的占37.7%；觉得上网没用/不需要的占14.8%；没有上网设备的占21.3%。国民基础教育薄弱，经济条件落后，成为普及计算机和互联网的一大难题。

（3）来自政府体制、管理模式和公务员素质方面的问题

市场经济的发展，要求政府从传统的管理型模式向服务型模式转换，凡关系到国计民生，尤其是与老百姓切身利益相关的决策，都应该由广大民众特别是利益相关者广泛地讨论和参与，但多年来在计划经济体制下形成的政府管理模式，尚存在着路径依赖（Path Dependence）的问题。政府掌握有80%的社会信息资源、3000多个数据库，但对公众开放的程度还远远不能适应社会的需求。甚至有个别官员，仍然认为自己是人民的主人，而不是"公仆"，乃至把手中的权力作为谋取私利的工具，所以不愿意使权力运作程序公开。此外，目前中国的560万公务员中，大专以下学历的仍占43.3%，所以还有相当一部分政府官员，特别是基层政府官员，文化素质较低，很难在短时期内适应电子政府的要求。

以上种种因素，都会成为中国政府上网工程的阻力，使其进展缓慢，甚至某些地方流于形式，仅仅只是建立一个网页，内容陈旧，功能单一。最新统计资料显示，在中国所有政府网站中，提供的各类服务内容所占的比例是：职能/业务介绍87%，政府公告/法律法规79.2%，政府新闻77.6%，行业/地区信息76%，办事指南67.7%，统计资料咨询21.9%，在线咨询/投诉5.7%，电子政务（如在线批文）0.2%。对网络用户所做的调查显示，没有听说过电子政务的占12.7%，听说过但是不了解的占36.5%，有一点了解的占35.8%，非常了解的占15%。使用过电子政务的占2.0%，且基本上仅限于浏览政务信息。

根据联合国和美国公共行政学会（UN/ASPA）提出的标准，电子政府的发展应该经历从低到高的五个阶段：

(1）形成阶段（Emerging Web Presence）—— 一个国家内仅有数量不多的政府网站，而且这些网站也仅能提供一些静态的信息。

（2）改善阶段（Enhanced Web Presence）——政府网站的数量不断增加，能够提供更多动态的信息。

（3）互动阶段（Interactive Web Presence）——政府网站具有部分互动功能，如表格下载或在线提交申请等。

（4）交易阶段（Transactional Web Presence）——民众可以根据需要方便地登录政府网站办理有关事务，如纳税或交付其他费用。

（5）全面整合阶段（Fully Integrated Web Presence）——把政府所有的在线服务完全整合为一体，用户可以通过"一站式"方法办理所有与政府有关的事务。

据此标准来看，中国的政府上网工程整体上依然处于形成和发展阶段，建立真正意义上的电子政府，实现公共权力运作的公开、透明，尚任重而道远。

此外，理性的网络参与也还需要具有公共精神的理性公民来构建和维系。市场经济唤醒了民众的维权意识和参与意识，但理想的民主政治应该是"公民有秩序地参与国家公共事务管理"，网络民主在发挥公共领域独立评判重要作用的同时，也要防止对某些事件的讨论，由于"民意汹涌"而淹没了理性分析，乃至形成所谓"多数人的暴政"。

尽管互联网在推动中国的民主化进程方面还存在着这样或那样的问题，但其发展前景是很乐观的。

首先，中国经济的持续高涨以及全球信息化浪潮的冲击，特别是中国加入WTO以后所面临的激烈竞争的压力，决定了在未来几年内互联网在中国会以更快的速度普及。

其次，目前中国网民中，18—24岁的占34.1%，25—30岁的占17.2%，31—35岁的占12.1%，36—40岁的占7.6%，41—50岁的占6.4%；高中以上学历的占86.5%；主要分布在党政机关、教育科研、新闻出版、工商企业等领域。从中国网民的年龄、学历和行业分布来看，占有社会资源较多、文化素质较高的中青年构成了中国网民的主体。他们的思想和行为对推动中国的民主化进程有着至关重要的意义。

2001年11月北京社会心理研究所在北京市范围内进行了一次"网络与政治态度"调查（中国民意网，www.minyi.org.cn），对其调查数据进行比较分析，可以看出两个明显特征。

（1）上网者比不上网者对公共权力的满意程度更低。

对"现在人们已充分享有了各种公民权利"问题的回答：

	很同意(%)	较同意(%)	一般(%)	较不同意(%)	很不同意(%)
上网者	4.7	23.3	39.2	24.5	8.3
不上网者	13.4	25.5	42.1	13.4	5.7

对"现在的人民代表能够真正代表老百姓的利益"的回答：

	很同意(%)	较同意(%)	一般(%)	较不同意(%)	很不同意(%)
上网者	6.4	24.9	44.2	17.8	6.7
不上网者	10.9	27.1	45.4	9.4	7.2

对"政府官员都一心一意为老百姓服务"的回答：

	很同意(%)	较同意(%)	一般(%)	较不同意(%)	很不同意(%)
上网者	2.1	7.1	31	32.4	27.4
不上网者	3.5	9.5	36.4	28.1	22.4

（2）上网者比不上网者有着更强的政治参与意识。

对"政治是当官的事，与老百姓无关"的回答：

	很同意(%)	较同意(%)	一般(%)	较不同意(%)	很不同意(%)
上网者	3	10.1	20.8	36	30.1
不上网者	5.6	9.5	24.1	31.6	29.2

对"党和政府能管理好国家,我们不必过多参与"的回答:

	很同意(%)	较同意(%)	一般(%)	较不同意(%)	很不同意(%)
上网者	3.8	12.4	24.9	37.3	21.6
不上网者	7	15.5	25.3	33.2	19

四、结语

社会主义民主是人民当家做主的国家政治制度,是人类历史上迄今为止最高类型的民主。建设高度的社会主义民主是建设社会主义的根本目标和根本任务之一,要实现这一伟大的目标,需要全体人民群众广泛的政治参与。自改革开放以来,中国的民主化进程和政治发展经历了两个不同的时期。改革开放之初推动中国民主政治发展的动力,主要来自于特定时期内民众高昂的政治热情,这种政治参与属于信念性参与。而20世纪90年代以来,经济与社会发展的要求则成为推动中国民主化进程的主要动力。社会利益分化和利益主体的变化,使不同阶层、不同群体的利益诉求和利益表达的愿望日益强烈,分配型参与成为政治参与的主要形式。各种利益主体在博弈的过程中寻求一种动态平衡,从而推动民主政治的发展。虽然这种推动是增量渐进的,但却是持久而有力的。

建设高度的社会主义政治文明,实现社会主义民主政治,是一个庞大的系统工程,涉及政治、经济、社会、文化等各方面的问题。而互联网在中国的飞速发展,则从技术层面为广大民众提供了一个通过了解、参与政治和社会生活,从而实现民主权利的方式。尽管目前它所提供的渠道还很狭窄,空间也极其有限,但却充满了希望和活力,它正在不断地提高中国公民的民主意识,改变着传统中国的思想观念、社会结构和公共权力体系。

(本文原载《晋阳学刊》2004年第2期,写作于2003年,其中关于中国互联网的数据均来自于中国互联网络信息中心于2004年1月15日发布的第13次《中国互联网络发展状况统计报告》，截至2003年12月31日，中国互联网用户人数为7950万人。十多年来，中国互联网发展有了沧海桑田般的变化。据2018年1月31日中国互联网络信息中心发布第41次《中国互联网络发展状况统计报告》，截至2017年12月，中国网民规模达7.72亿，互联网普及率达到55.8%，超过全球平均水平4.1个百分点。）

乡村公共权力体系的改革与完善

中国是一个农业大国，广阔的农村区域、众多的农村人口以及农业在国民经济发展和社会稳定中的基础地位，决定了"三农"问题是事关全局的重大问题。美国政治学家塞缪尔·亨廷顿就指出："农村在现代化国家的政治中，起着举足轻重的作用。"[1]

然而，自改革开放以来，农业薄弱、农村落后、农民贫困，成为中国现代化进程中最大的难题。相差悬殊的收入水平、日益扩大的城乡差别、无形幕墙的户籍制度，使城乡居民的共同利益认同不断弱化，在经济社会事务的发展上越来越难以形成共识，社会发展的合力受到牵制，政治基础的稳固进而受到影响。当前，"三农"问题已经成为中国现代化建设的绊索，严重制约了全面建设小康社会和构建和谐社会的进程。

为了解决这一问题，中国共产党十六届五中全会在深刻认识"三农"问题重要性和紧迫性的基础上，提出了以"生产发展、生活宽裕、乡风文明、村容整洁、管理民主"为主要内容的建设社会主义新农村的重大发展战略。这个宏大的战略发展纲要基本上可以分为三个层次，其中"生产发展"是建设社会主义新农村的前提和基础，"生活宽裕、乡风文明、

---

[1] [美] 塞缪尔·亨廷顿：《变革社会中的政治秩序》，李盛平、杨玉生等译，北京：华夏出版社1988年版，第285页。

村容整洁"是建设社会主义新农村最终要实现的目标,而"管理民主"则是新农村建设必不可少的重要保障。

本文试从促进管理民主的角度,就基层公共权力在新农村建设中的重要地位和作用、目前存在的问题和挑战及其重构和规范问题,进行一些初步的探讨。

一、基层公共权力在新农村建设中的重要地位和作用

(一)公共权力的合法性基础及其应该体现的价值和精神

所谓公共权力(Public Power)是指在公共治理的过程中,由政府和其他各类组织掌握并行使的,用以处理公共事务、维护公共秩序、增进公共利益的权力,它包括政治国家、公民社会和其他参与公共治理的组织与群体的权力。公共权力存在的根本目的是促进和维护公共利益。如果公共权力在行使过程中背离了公共利益,则丧失了其合法性与合理性基础。

公共权力的结构形式千差万别,但不论具体表现形式如何,其终极目标指向都应该始终维护和促进公共利益,遵循和体现下列基本的价值和精神。

1. 维护公民权利。公共权力的行使始终是与公民的权利相关联的。在大多数情况下,公共权力的行使和运用应该维护和保障公民的各项权利。在某些情况下,公共权力的正确行使也可能与某些个人或群体的利益相冲突,但因其促进了整体和全局的利益,从长远来看,这些个人或群体也可能是受益者。公共权力行使中对公民权利的限制必须遵循必要性原则和比例原则。

2. 尊重人性尊严。公共权力是尊重和弘扬人性尊严的权力,其运用和行使要促进公民的发展和进步。公共权力要努力增加社会财富,增进社会福利,彰显每个公民应有的人性尊严。

3. 追求社会正义。追求社会正义是人类几千年的梦想,和谐社会的

重要目标之一就是公平正义。公共权力要实现社会正义应该做到：一是权利正义，即每个人的基本权利都是相同的；二是机会正义，即给予公民平等的机会；三是分配正义，即公共权力在保障每个人合法收入的同时要对公民收入进行再分配，调节贫富差距；四是程序正义，即公共权力的行使要有公平的程序作为保障。

4.强调民主开放。公共利益是在民主开放的过程中实现的，它是各利益群体之间民主协商达成的妥协与共识。因此，公共权力必须体现民主治理的价值，强调过程的公开性，强化决策过程的开放性和决策的民主性，给公民意见表达和利益诉求的机会和平台。

5.超越利益集团。社会中的强势集团以其经济、政治等方面的优势地位，影响、控制着媒体，拥有话语权甚至话语霸权。公共权力运用、公共政策制定要超越这些特殊利益集团在利益表达过程中的不合理诉求，排除其消极影响，维护公共利益。同时，公共权力还要超越部门、地区、公职人员个体的利益，防止权力异化。

6.善待弱势群体。公共权力要关注弱势群体，体现弱势群体优先原则。市场是一个追求经济效率的地方，其竞争是非常残酷的。公共权力要积极扶持和救助那些在市场竞争中失败以及因其他各种原因处于困境中的公民。公共权力不必去刻意剥夺和抑制特殊利益集团，但必须保护弱势群体的利益，必须要扶贫济困。[1]

总之，公共性、开放性、民主性、有效性，是公共权力赖以维系及运作的合法性基础和前提。

（二）基层公共权力在乡村建设中的重要地位

扎实稳步地推进新农村建设，一靠政府统筹，二靠城市反哺，三靠农村的自我发展。外因是条件，内因是根本，外因通过内因起作用。农

---

[1] 张成福：《论公共行政的"公共精神"——兼对主流公共行政理论及其实践的反思》，载《中国行政管理》，1995年第5期。

村自我发展是新农村建设的内生因素，是新农村建设的根本。离开了农村内发，政府统筹将事倍功半，城市反哺也会失去基础。农村内发是一项系统工程，而其关键是改善农村公共权力的结构及其运行。基层公共权力是农村内发的核心力量，决定着农村内发的速度、效益和后劲。

1. 农村基层公共权力是整个国家政治体系的基石。农村基层公共权力是国家治理的基层组织和重要落脚点，其运行有效与否，关系到国家的兴衰和安危。特别是在建设社会主义新农村的今天，农村基层公共权力问题更是一个根本性问题，其地位更为重要。亨廷顿指出："如果农民默认和认同于现存的政治体系，那么它就为政治体系提供了稳定的基石。倘若农民积极地反对政治体系，它就会成为革命的推行者。"[1]因此，农村公共权力作为国家政治体系中面对农民的直接一环，在维护整个国家和社会稳定方面发挥着不可替代的基础性作用。

2. 农村基层公共权力是党和政府联系群众的纽带和桥梁。一方面，党和政府的路线方针政策要转化为广大农民群众的自觉行动，离不开基层公共权力的广泛宣传和动员。另一方面，基层公共权力的特点又决定了它能够有效集中广大农民群众的意见和建议，反映乡村群众的要求和呼声。

3. 农村基层公共权力是农村经济及各项社会事业建设的主要组织者。带领农民实现农村现代化是农村基层公共权力肩负的重要使命。中国农村地域广阔，经济发展水平不一。各地农村基层公共权力只有在充分认识和了解本地区各方面情况的基础上，因地制宜，进行创造性的工作，才能组织和协调好乡村各方面力量，共同努力，从而实现农村经济和教育、文化、卫生等各项社会事业的健康、持续发展。

4. 农村基层公共权力建设是发展民主政治的基础工程。社会主义民主的本质是人民当家做主。在我国，民主权利的实现途径主要有两条：

---

[1]［美］塞缪尔·亨廷顿：《变革社会中的政治秩序》，李盛平、杨玉生等译，北京：华夏出版社1988年版，第286页。

代表制民主和直接民主。发展直接民主是我国民主政治建设的长期目标，因而实行直接民主，意义更为深远。农村基层公共权力实行直接民主，由人民直接选举、监督和罢免，使广大农民在党和政府的领导下，依法自己管理自己的事情，从而提高民主素质，强化法制意识，成为发展民主政治的坚实基础。

5.农村基层公共权力变革是我国政治体制改革的重要组成部分。农村经济体制的深刻变革带来了农村生产经营方式、利益分配关系的改变，这必然要求农村基层公共权力结构和体制进行相应的变革和调整，以适应农村生产力的发展水平。以村民自治为核心的治理制度的实施，使原先的农村公共权力结构发生了根本改变。村级公共权力组织从传统的政权组织转变为群众性自治组织，使农村干部从思想上变为民做主为让民做主，广大农村群众的自主自立意识和干部的服务意识在干部和群众的双向监督、双向管理中得到了恢复和加强。当前，农村经济和政治形势的巨大变化，迫切要求农村基层公共权力对其结构、体制等进行调整、充实和重构，以适应农村经济社会发展和新农村建设的需要。

（三）当前农村基层公共权力应该发挥的具体作用

建设社会主义新农村，基层公共权力有着无可替代的重要地位，起着非常重要的作用，因而也必须体现前述公共权力的价值和精神，维护和促进乡村公共利益。具体而言，当前基层公共权力应该主要发挥如下作用。

1.保证正确的发展方向。遵守宪法法律、贯彻落实党和政府的路线方针政策，是每个公民应尽的职责和义务，也是农村公共权力作为基层组织的经常性工作。基层公共权力要结合农村和农民的实际情况，将法律政策以简洁明了的形式，传达给广大农民群众，教育和引导村民履行法律规定的义务，并使之内化为村民的思想和行动。基层公共权力要通过对群众进行爱国主义、集体主义和民主教育，培养村民作为现代公民应具备的民主正义等基本素质，促进乡风文明建设在农村的大力开展。

2.组织和促进农村经济建设。基层公共权力应该制定并实施乡村经济和社会发展规划,支持和组织乡村群众发展生产,提高乡村居民的生活水平。基层公共权力要维护以家庭承包经营为基础、统分结合的双层经营体制,并在尊重农民意愿的基础上促进多种形式的规模化经营。要尊重集体经济组织依法进行独立活动的自主权,保护集体经济组织和村民、承包经营户、联户等的合法权益。基层公共权力应当组织、支持和促进村民发展各种形式的合作经济,承担生产服务和协调工作,促进农村生产建设和市场经济的发展。

3.保护和分配公共资源。基层公共权力要依照国家法律法规制定土地资源的开发利用规划,建立和完善土地承包、保护、流转等一整套土地管理制度。要加强对非农用地的管理,农户建房用地要尽量利用村内空闲地,并按要求控制面积。在宅基地审批中,要实行公开制度,接受群众监督。对集体所有的山林、果林、水面,应严格管理。要保护草场资源,促进畜牧业发展。基层公共权力要教育引导乡村群众合理利用自然资源,不断提高自然资源的利用率。要通过多种形式的宣传教育活动,增强农民的环保意识,保护和改善生态环境,以维护乡村群众的长远利益,实现农村的可持续发展。

4.提供公共产品和服务。新农村建设中,基层公共权力的主要职责要转到为乡村群众提供公共产品和服务、办理乡村公共事务和公益事业上来。一是兴修水利工程,建设防洪防涝设施,加强农田基本建设。要努力扩大农田灌溉面积,增加高产高效基本农田数量,为农业增产增收奠定基础。二是发展交通、通信事业。抓好交通基础设施建设,修建乡村公路。努力提高电话普及率和电脑入户率,加快农村信息传递速度。三是搞好教育,推广农业科技知识。大力普及九年制义务教育,扫除青壮年文盲,提高农村人口素质。重视农村成人教育,举办农民夜校,紧密结合农村特点和生产实际,组织村民学习先进实用的种植、养殖和农产品加工技术。四是搞好公共卫生事业。建好县防疫站、妇幼站、乡卫生院和村卫生室,防治地方病,提高农村卫生人员素质,积极推进合作医疗制度。五是发展文化事业。要将乡村建设成为一个文化场所，扩大乡村内的公共交往，举办多种文化娱乐活动，丰富农民群众的精神文化生活。六是扶贫帮困，扶残助难。建立和完善农村社会保障制度，办好敬老院、拥军优属等福利事业。要注意当前农村公共产品和服务供给普遍存在的一个问题是一致性，但实际上农民对公共产品和服务的选择是有偏好的。因此，要通过多元主体、多种渠道、多种层次、多种形式给农村社区提供丰富的公共产品和服务，以满足农民群众不同的需求和偏好。

5. 协调和化解各种矛盾和冲突。在当前农村，利益主体多元，利益关系复杂，矛盾冲突很多。邻里之间、村民之间常常会因房屋、财产、土地、山林等方面的利益冲突而发生一些矛盾纠纷。这些冲突大都不是根本利益的对立，而往往是因为某种局部或暂时的利益引发的纠纷。但如不能及时解决，或调解不当，也可能激化矛盾，造成严重后果，甚至引发恶性案件。因此，及时调解和妥善处理这些矛盾纠纷是非常必要的。由于这些矛盾纠纷引起的原因较为复杂，且表现形式多样，因此单靠司法机构很难及时处理，且司法机构对有些特殊的纠纷也难以介入。而农村基层公共权力在乡村中有较高的威信，对本乡村情况和人际关系比较熟悉，对解决村民纠纷也往往有经验、懂方法，所以有条件及时调解和解决纠纷。因此，基层公共权力要积极协调和化解各种矛盾和冲突，促进村民之间、村村之间、民族之间的团结互助，维护乡村和谐。

6. 维护社会治安和稳定。在新农村建设中，维护良好的社会治安对于促进农村社会稳定、保障广大乡村群众安居乐业具有重要作用。然而，在地域辽阔、人口众多的农村社区，单靠公安机关来维持治安是远远不够的。基层公共权力要积极协助公安机关维护当地的社会治安，教育村民自觉维护乡村秩序和公共安全，动员和组织乡村群众做好防灾、防火、防盗等工作，保证村民生命财产安全，维护乡村社会稳定。

二、当前基层公共权力存在的问题和面临的挑战

（一）基层公共权力存在的问题

社会转型时期，我国基层公共权力建设虽然已取得了明显成效，但仍存在着不容忽视的问题。这些问题既有来自体制方面的，也有来自运行机制层面的。对当前基层公共权力在设置、结构、运行中存在的问题，若不认真地进行研究解决，必然会使其背离公共权力的价值取向，影响乡村民主政治建设的巩固和发展，进而影响和阻滞新农村建设的步伐。

1. 乡镇政权自身存在的问题

乡镇政府是我国政府体系中层级最低的一级，与农村社会有着最广泛最直接的联系。但目前乡镇政府无论在结构体系还是在运行机制方面，都存在一些具有普遍性的问题，如与县级政府在事权和财权方面的职责权限划分不够清晰。近些年来，越来越多的县级职能部门在乡镇设立了分支机构。这些机构虽然属于双重管理，但乡镇政权对其人事任免、财政收支、物资支配等均无权干预。乡镇政府名为一级政府，实际上是一个破碎政府，其权力被"七站八所"等县级垂直领导机构分割和肢解，无法统筹安排工作，不能形成有机的统一整体，缺乏应有的权威、效能和社会凝聚力，越来越难以履行一级政权的职能，无法有效地组织和管理乡域内经济、教育、文化等各项事业。此外，农业税取消后，许多乡镇失去了主要的财政来源，虽然通过财政转移支付得到一些补助，但大多数乡镇都承受着程度不同的财政压力，目前全国乡镇负债总额已达两千多亿元。尤其在中西部地区，财政极其困难，乡镇政权治理能力下降，无法为乡村社区提供基本的公共产品和服务。乡村公益事业难以发展，公共设施难以建设，公益活动难以举行。许多乡镇连干部的工资都不能及时发放，基本的办公条件也难以为继。长此下去，乡镇政权的权威、凝聚力势必下降，乡村干部的思想势必涣散，农村内发的速度、质量、效益势必受到影响。

2. 乡、村公共权力间的摩擦和失调

"乡政村治"农村治理体系对于促进农村社会治理的科学化和民主化发挥了积极作用，但在实际运行中也逐渐暴露出了其在治理架构上的缺陷。《村民委员会组织法》中对乡、村两级的权责规定得过于笼统，造成乡、村权责分界不清。乡、村两级出于各自切身利益和目标的考量，对《村民委员会组织法》加以理解（甚至曲解）和运用，从而在公共权力运行中产生了诸多矛盾和摩擦。乡镇政权与村级自治组织之间的关系，是我国农村公共权力结构中的基本关系，因而乡村关系中的矛盾成为乡村民主政治建设的主要制约因素。乡镇公共权力与村庄自治权的来源不同，造成现行治理结构中权责分界不清和公共权力运行中的种种摩擦和失调。

这一方面表现为乡镇领导体制和领导方式上的不适应。尽管法律意义上乡镇政府与村委会是指导、支持和帮助的关系，但因这种界定过于抽象，具体操作时弹性过大，乡镇政府还是习惯于以行政命令的方式领导村委会。乡镇政府的过度干预主要集中在对村委会的人事权、决策权、财政权以及生产经营自主权的非法干预上，体现在村民自治的民主选举、民主决策、民主管理、民主监督等多个环节之中。如一些乡镇总是力图通过种种手段操纵选举，使他们认为"听话的""有能力"的人当选，有时甚至用行政命令撤换村干部。有的乡镇以下达生产任务指标、签订经济发展计划责任书或者通过行政命令的方式，强制村委会和农民生产什么、如何生产以及达到什么样的指标要求，违背了群众意愿，挫伤了农民生产的积极性和主动性，造成干群关系的紧张与对立。

另一方面又表现为村级自治组织行政化的偏向。从制度安排看，村委会是基层群众性自治组织，不是一级行政组织，也不是乡镇政府的派出机构。但在实践中，由于乡镇管理要依托村委会去实施，村委会实际上同时承担了自治和行政双重职能，而且现行制度安排并没有明确区分两者的界限。因此，在实际运作中，村委会的行政职能往往侵蚀了其自身的自治功能。当两种职能发生矛盾时，往往是自治职能让位于行政职能，使村委会附属行政化。其后果既抑制了村自治组织的积极性，又削

弱了乡镇行政的效能。

3. 村党支部与村委会之间关系不协调

尽管村党支部与村委会在国家体系中是农村两个非常重要的基层组织，但是它们的性质、地位和作用有所不同。在党支部和村委会这两种公共权力中，党组织代表着自上而下的政治权威，从而防止村民自治嬗变成游离于国家管理之外的"土围子"治理；而村委会则体现着自下而上的自治权威，依法有效地开展村务管理工作。目前，农村党支部与村委会的关系基本上处于自发状态，而不是自觉状态，还谈不上自觉认知、自觉规范、自觉调适。从现行法律制度安排的大原则来看，"两委"关系是明确的，村党支部处于领导核心地位，村委会在党支部领导下依法组织村民自治。但由于两者职责权限划分不具体、不清晰等诸多原因，在实践中"两委"关系常常出现这样或那样的偏差。

一种情况是村党支部领导地位得到了体现，而村委会代表村民实行自治的功能却没有充分发挥。有的村党支部以《村委会组织法》第三条中"中国共产党在农村的基层组织，按照中国共产党章程进行工作，发挥领导核心作用"为依据，片面强调党的领导，以此来取代村民自治；认为党支部书记天然就是村中的第一把手，就应该决定村里的大小事情。加之党支部坚强有力，由于历史和现实的功绩而威信高，从而取得绝对领导权，大权独揽，事无巨细地包办代替村委会工作。无论是村务决策还是工作执行，都由党支部书记拍板定案，村委会至多只是党支部决策的执行机构，有的村委会甚至形同虚设。

还有一种情况是村委会代表村民实行自治的功能得到了发挥，而党支部的领导地位却未能得以体现。有的村委会片面强调自治，认为村委会是老百姓选出来的，受到大部分村民的支持和拥护，而支部书记不过是少数几个党员选出来的，甚至是乡镇党委任命的。既然搞村民自治，那么就应该是村委会说了算，村里的大小事务都要通过村民自治来加以解决，党支部无权干涉。于是这些村委会在思想和行动上排斥党组织的领导，手握财权，唯我独尊。加之有些村级党支部因为党性观念淡漠、思想观念僵化、党员年龄偏大文化偏低、部分党员干部蜕化而软弱涣散,缺乏凝聚力。从而村委会取得绝对权力,造成以村民自治代替党支部领导,村委会主导村务管理,控制着本村大部分公共权力资源,成为事实上的公共权力中心。村委会主任威信较高,是本村事务的第一负责人。党支部核心作用弱化,甚至无所作为。

除了以上两种情况外,"两委"关系最普遍的表现形式是村党支部书记和村委会主任之间"将相不和",形成"两套马车""两台戏",工作上难以相互配合形成合力,"两委"关系存在严重摩擦。甚至在一些农村党支部与村委会分庭抗礼,村支书和村主任个性都很强,相互对着干,"一人一把号,各吹各的调"。党支部与村委会为了自己的权力而明争,为了自己的利益而暗斗,与公共权力的价值和精神格格不入。在这种公共权力互动下,党支部与村委会两败俱伤,同样"软、懒、散","两委"瘫痪不能发挥作用。目前"两委关系"紧张的村庄为数不少,对于农村党组织的建设和村民自治的发展以及社区稳定,都产生了严重的消极影响。

为了消解"两委"矛盾,有的地方采取了村支部书记、村主任"两职一肩挑"交叉任职的做法。"一身两任"虽可避免"两委"矛盾,在提高行政效率、明确责任主体、减轻农民负担等方面也可起到一定作用,却造成农村核心公共权力集于一身的明显弊端:一是这种模式和相关法律的规定不相符合,容易造成党支部取代村委会,村委会职能虚置的状况;二是"权力导致腐败,绝对权力导致绝对腐败"[1],也容易形成专制,引起群众不满;三是当前农村情况复杂,各种利益势力犬牙交错,随时在侵蚀和影响公共权力;四是村民的民主管理意识不强,监督机制不健全,等等。因此,这一做法存在严重的治理隐患,对此要慎之又慎。

4. 村自治组织内部运转不畅

民主政治是一种公共利益,这种公共利益必须依靠一定的制度保证和广泛参与才能有效实现。《村民委员会组织法》实施以来,广阔农村亿

---

[1] [英]阿克顿:《自由与权力》,侯健、范亚峰译,北京:商务印书馆2001年版,第342页。

万群众的村民自治已取得了巨大成就，同时也存在一些问题，影响了村民自治的民主程度。村民自治内部运转不协调，存在机制和运行上的诸多障碍，从目前情况看，主要表现在以下方面。

一是在广大农村，很多农民仍缺乏民主主体意识和基本的民主观念，把选举看成是走过场、摆样子，对参与选举抱着无所谓的态度。一方面他们认为自己对于选举无足轻重，反正结果不是自己所能影响的，所以就出现了政治冷漠；另一方面许多农民只关心自家的事，这与长期以来小农思想的影响有关；还有就是有些农民由于在以前的政治参与活动中受到了较大的负面影响，身心利益受过伤害，因而对政治活动退避三舍。因此，村委会选举中极易出现人情票等舞弊行为，甚至出现贿选等现象。

二是重大村务决策动议随意性大。根据法律政策规定，村民会议和村民代表会议是村民直接参与本村重大事务民主决策的主要形式，但实际上却没有实质性的决策权力，没有发挥应有的作用。各地通行的做法是由村委会召集村民会议或村民代表会议，但哪些是属于该交付村民参与决策的重大村务，什么时候提交讨论，往往取决于少数人的主观意志。

三是村务决策的民主化、程序化远远不够。议事规则杂乱无章无法贯彻，或者就根本没有成文的议事规则。有些本该由村民会议决定的事务往往由村委会决定，而且村主要干部又在村委会决策中处于主导地位，并不同程度地控制着决策的运作，班子成员难以发表不同意见，最终还是由一把手拍板决定。

四是村务决策的质量难以保证。由于信息不对称和议事程序制度安排不健全不合理，即使召开村民代表会议，往往也是临时将村领导班子形成的决策交村民代表讨论，这实际上把村民代表会议变成了任务布置会。更有甚者，目前不少地方的农村几乎连村民大会也无法召开。

五是作为民主监督的一项重要内容，村务公开中常常出现选择性公开或不如实公开等情况，使村民失去热情，失去了民主参与的积极性。

六是有的村集体经济是个"空壳"，村民们认为参与"民主管理、民主决策、民主监督"不仅不会得到什么实惠，而且还可能要为村里的各种事务掏钱，倒不如不参加专心搞自己的生产为好。只有当村委会的行为侵犯了其切身利益时，村民才会被动地行动起来，否则村民很少愿意参加村民自治的各种活动。

从全国各地普遍反映出来的情况看，村民自治制度在实践中尚不完善，农民群众的权益表达渠道尚不通畅，村中有相当部分决策未能充分反映村民的意愿和利益，实际上并没有完全达到民主选举、民主决策、民主管理和民主监督的目的。

（二）基层公共权力面临的挑战

县乡政权和村"两委"都是在农村社会这一大背景下运行的。当前，这些传统基层公共权力正面临着来自体制外的多方面的挑战。

1.家族势力复兴及其消极影响

基于血缘联系形成的班辈等级长幼支配关系的族权作为古老的权力形式在我国历史上长期存在，中华人民共和国成立后，通过一系列政治运动，国家权力以一种前所未有的方式渗透到农村的各个角落，宗族权威被推翻，宗族活动也一度几乎绝迹。然而改革开放以来，随着政社合一人民公社体制的瓦解，国家对农村的强有力控制开始减弱，家族势力逐渐复兴。家族在生产生活中的合作弥补了单个农户的局限性，其所拥有的亲情优势适应了现阶段农村经济、人文水平和传统习俗，在解决族内纠纷、维护族人正当利益等方面也发挥了一定的积极作用。

然而，不容忽视的是家族势力复兴也引发了一些消极的社会后果。为了狭隘的族内利益而凝聚形成的家族组织和公共权力所要求的民主、平等、正义等精神会在特定场域出现矛盾冲突，这就为行使公共权力的基层组织带来了一些问题。有些地方的家族势力已严重影响到了乡村建设的顺利进行，其消极后果主要表现在以下方面。

（1）影响和干扰农村基层政权建设。在有的农村，大家族试图把持政权，扰乱和控制基层组织。有的家族为了让自己的代言人介入基层政权组织，不惜破坏《选举法》，操纵农村民主选举，甚至公然向上级党组织和政府施加压力。一些宗族意图不能实现，施压不成，甚至会直接干扰选举工作，以致出现以武力破坏选举的现象。有些地方甚至出现了封建宗法组织凌驾于农村基层公共权力之上，族权代替政权的极不正常的现象。

（2）影响和阻碍法律政策的贯彻落实。当宗族利益和公共利益发生冲突时，国家法律政策的执行往往遭到扭曲变形，甚至遭到公然抵制。有的家族修家谱时，公然提出族产传男不传女，否认妇女的合法继承权。在宗族势力起支配作用的乡村，殡葬不是一家一户的私事，而是族内的"公事"，必须遵循传统习俗和宗族势力的要求，既要场面铺张，又要挤占耕地、建坟土葬，破坏了国家移风易俗、厉行节约、改土葬为火葬的政策。有的家族为了本族"人丁兴旺"，竟规定了本族人口发展规划，提出了鼓励保护多生男孩的措施。甚至有的农村宗族组织仗着"家大族大""人多势众"，置国家法律政策于不顾，公然抗拒司法部门的合法行动，甚至有预谋、有组织地围攻执行公务的国家工作人员。

（3）加剧族际矛盾，破坏农村社区的安定和谐。在宗族现象严重的农村社区，宗族间的矛盾是农村民事纠纷和各种暴力事件的一个重要原因。宗族间为了争山林、土地、水源等，经常发生纠纷。宗族间的历史矛盾，容易引发恶性事件，有时也会发生大宗大姓欺负小宗小姓的事件。

（4）宣传封建迷信，破坏农村乡风文明。一些农村宗族势力宣传封建迷信等落后思想，致使农村社区文化娱乐活动倾向低级庸俗，造坟、建祠堂、婚丧嫁娶大操大办已成为许多农村的重大事情，这些直接影响了农村文化事业和乡风文明建设。为了扩大家族影响，许多农村宗族盛行宗族谱牒重修活动。有些宗族做出了收回"祖业"的远景目标，有的已付诸行动，强行收回早已划归不同主体所有的宗产。有的宗族还利用农村文化生活贫乏的机会，组织许多宗族的文娱及庆典活动，其过程中往往充满了浓厚的封建迷信色彩。

一些宗族群体蔑视政策法纪，以人多势众决定胜负曲直，宗法势力经常凌驾于公共规制甚至法律之上，这对于农村社会管理和社会控制是一个严峻的挑战。因此，如何建构国家法律、社会规制和公共道德规范相结合的农村社会控制体系，削弱家族势力在农村社会中的消极影响，是基层公共权力必须认真思考和加以解决的重要问题。

2.宗教势力兴起及其负面影响

改革开放以来，随着我国宗教信仰自由政策的落实，宗教活动得以恢复和开展。近几年来，宗教活动在农村非常活跃，尤其在少数民族地区农村发展迅速。农村宗教的发展有一定的合理性和积极意义，但也产生了诸多负面影响。

（1）片面理解信仰自由，影响乡村和谐安定。近年来，在有的乡村，一些宗教组织以"信仰自由""不得干涉宗教内部事务"为由，偏离农村基层政权的领导，打着宗教旗号从事迷信活动，过度宣扬宗教感情，搞宗教狂热。同时，由于信仰差异、利益关系不均衡等原因，不同宗教之间、同一宗教不同教派之间的矛盾冲突时有发生，影响安定和谐。

（2）滥建庙宇教堂，影响乡风文明建设。在农村社会公益事业严重滞后的背景下，有的村民却热衷于私设、滥设宗教活动集会点，热衷于修庙、塑菩萨，滥建庙宇教堂、露天佛像，且屡禁不止。有些宗教组织留恋甚至企图恢复业已废除的宗教特权，有些宗教人员以各种方式干预乡村教育、文化等事务。各种宗教所共同推崇的唯心主义和有神论，所宣扬的"灵魂不死""因果报应"等成为农民接受现代理念和科技知识的障碍，给培养新型农民、建设文明乡风造成诸多不良影响。

（3）腐蚀党员干部思想，削弱基层公共权力。当前，活跃于教堂和宫庙的神职人员中，有很大一部分人是以前的团干、村干和离退休党政干部，有的甚至是在职的乡镇或村组干部。这些人大多在群众中有一定的威望，在当地有一定的影响。在宗教势力活跃、信教群众多的农村，许多青年（包括一些团员）被宗教组织所吸引、吸收。有的党员党性观念淡化，政治信仰动摇，甚至退党而加入宗教组织，造成了恶劣影响。有的地方，越是贫穷落后的乡村，宗教活动也就越活跃，出现了教徒远远比党员多的情况。如此种种，严重地削弱了农村基层公共权力的作用和影响。

因此，必须规范和引导农村宗教与乡村建设相适应，保证农村宗教健康发展。

3. 富裕户的影响和挑战

随着市场经济的深入发展，市场意识的日益深化，乡村大量涌现的富裕户，成为农民群众心目中新的偶像。特别是在农村集体经济薄弱的村庄，捉襟见肘、入不敷出的村集体经济与那些有门路、有办法发家致富，财富与日俱增的富裕农户形成鲜明对比。两者之间强烈的反差使"依靠党支部，不如依靠个体户"的思想在一些贫困农村风行一时。居住在村内的富裕农户，因财产多，而在村内具有广泛的影响力和号召力。富裕户可能是先富起来的专业户、包工头，也可能是在外参加工作的人员。尽管这些人员并未进入村级干部班子，未在村级正式权力结构中占据一定位置，但仍以他们的影响力与号召力，影响着村内公共事务，影响着村级治理。许多农民群众自发地仿效和追随富裕户，致使一些富裕户对村民的影响和示范作用，几乎可以和村级正式组织相提并论，甚至在某些时候、某些方面超过了村党支部和村委会。

4. 新型社会化服务组织日益扩大的作用和影响

近年来，随着我国农业和农村经济生活的发展，一些村民根据自己的意愿和需要，自愿自发成立了一些带有社会性、公共性、公益性、服务性的组织，并且在乡村治理中发挥着越来越大的影响和作用。有的农村建立了村民理事会，推举农村老党员、老干部、老教师、老退伍军人、老劳模等在村内德高望重的人士担任理事会成员，志愿无偿参与村容整洁的组织实施和公共设施的运营维护管理，取得了非常好的效果。有些农村成立了红白理事会，统一办理全村的婚丧事宜，不仅大大节约了开支，而且改变了农村的陈规陋俗，树立了节俭、科学、文明的新风俗，促进了乡风文明。尤其典型的是山西省永济市蒲州镇农民协会。2001年前后，郑冰等热心人开始尝试通过文体活动、技术培训等将本地农民组织起来。几年来，作为一个自发形成的草根民间组织，蒲州镇农民协会本着"提高农民素质，发展农村经济，建设和谐新乡村"的宗旨，致力于乡村建设和社区服务，帮助农民实现了自我学习、自我教育，在农民自发愿望与基层政权治理之间形成了良性互动，为探索中国乡村建设的出路提供了富有意义的启示。蒲州镇农民协会引起了社会各界的广泛关注，各地不断有人到永济调研和学习经验，寨子村更是被众多考察者称作"希望的田野"，带头人郑冰还获得了由世界妇女高峰基金会颁发的2005年度"农村妇女生活创造奖"。[1] 其他类似的组织还有农产品行业协会、专业合作经济组织、专业技术协会、经纪人协会、赡养协会、妇女禁赌会、养鱼协会等。实践表明，这些不同规模、不同形式、不同特点的组织直接充实了乡村公共事务的组织管理力量，解决了基层公共权力力量不足的问题；畅通了上情下达与下情上传渠道，使决策和管理更加民主、透明，使村民表达意见与诉求更加便捷，调动了村民参与的自觉性和积极性；为村民维护合法权益提供了制度保障，为落实群众监督提供了有效途径，为乡村公共事务和公益事业发展以及公共设施的长效管理提供了力量源泉。与此同时，这些组织在乡村治理中日益扩大的作用，对农村基层公共权力的传统地位也产生了影响。

面对自身存在的问题和各方面的挑战，基层公共权力必须与时俱进，有效应对，协调好各个方面的关系，以适应新的任务和要求。当前，必须转换治理理念，重构基层公共权力体系，迈向和谐共治的乡村治理。

三、走向和谐共治的基层公共权力重构

当前我们进行的社会主义新农村建设与中国其他改革一样，是在政府主导下的改革。我们知道，改革作为利益关系的调整和利益格局的重新构造，必须首先树立一个绝对权威的主体来制定政策，以推动改革的进程。毫无疑问，这个主体只能是政府。且不论在市场发育成熟的私有制国家，由政府所体现的国家干预仍然是全社会经济发展的重要力量。

---

[1] 参阅郭宇宽：《永济市蒲州镇农民协会：让农民组织起来》，载《南风窗》，2005年12月下期。

就中国的情况而言，十一届三中全会以来成就辉煌的改革实践更是雄辩地表明，政府在改革发展中起着决定性的作用。因此，一个理性和审慎的政府是我国社会主义新农村建设在经济全球化和国内经济与社会同时转型的复杂背景下健康发展的重要保证，是决定着新农村建设整个进程的主导与核心力量。新农村建设首先要靠政府统筹，政府的主要责任在于：通过促进城乡协调发展的短期政策调整和长效机制建设，加快现代化生产方式对传统农业生产方式的改造，增强农村和农民发展能力；通过深化户籍制度改革和发育要素市场，不断改善农业、农村和农民发展的宏观政策环境；通过建立农村社会保障制度，提升低收入农民保障水平。

在充分肯定政府在新农村建设中的主导作用的同时，特别要注意摆脱狭隘观念，清醒地认识到不能仅仅依靠政府部门，而必须同时动员社会各方面力量积极参与、共同治理。

自从1989年世界银行首次使用"治理危机"一词以来，"治理"（Governance）这一概念便被广泛应用于政治发展研究之中。十多年来，治理理论逐渐发展为一个内涵丰富、适用广泛的理论，并在许多国家的政治、行政、社会管理改革中得到了广泛运用。研究治理的学者从不同角度出发对治理理论作了诸多阐释，该理论的核心是指为了实现与增进公共利益，众多的行动主体彼此合作，在相互依存的环境中分享公共权力，调和不同的甚至相互冲突的利益，并采取联合行动管理共同事务的持续的过程。

治理理论的基本内容主要有四个方面。一是治理主体的多元化。治理理论强调，治理不单是政府治理，而是国家与社会共同治理，政府并不是国家唯一的公共权力中心。各种机构和组织，不管它是公共部门还是私营部门，只要行使的权力得到公众认可，就可能成为不同领域、不同层面上的权力中心。因此，治理意味着来自政府但又不限于政府的各种机构和行为者。二是公共责任界限的模糊性。治理理论在强调国家与社会合作的过程中，模糊了政府与社会、政府与市场以及公私机构之间的界限和公共责任，不再坚持国家职能的专属性和排他性，政府正在把原先由它独立承担的许多公共责任移交给私营部门和第三部门。三是公共权力间的相互依赖性。治理理论认为，多元化的治理主体之间，存在着广泛的权力依赖关系与合作伙伴关系。尽管政府仍然在发挥着主要作用，但已不再是唯一的独占性的公共权威；在很多公共事务上，政府必须和其他行为主体合作。也就是说，参与公共活动的各个组织，无论其为公营还是私营，都不拥有充足的知识和资源来独自解决一切公共问题。它们必须彼此依赖，进行谈判、交易、协调并共同行动，在实现共同目标的过程中满足各参与主体的利益。四是自主自治的网络体系的建立。治理主体的多元化、多元主体之间的权力依赖与合作伙伴关系，表现在运行机制上，最终必然形成一种自主自治的网络。这一网络是由参与公共事务的各种主体，为了获取他人支持和帮助而放弃自己的部分权利，通过对话以增进理解，树立共同目标并相互信任，建立短期、中期和长期的合作以减少机会主义，相互鼓励并共同承担风险，而最终建立的一种公共事务的管理联合体。这种联合体的特征不再是监督，而是自主合作；不再是集权，而是权力在纵向和横向上的同时分散；不再追求一致性和普遍性，而是追求多元化和多样性基础之上的共同利益。

治理理论强调民主和多元主体，强调政府与公民社会的合作，强调公民自治和非政府的公共权威，反映了全球化时代的民主要求，体现了公共行政发展的方向。将治理理论用于分析我国的公共管理改革也具有重要的价值。

从根本上说，我国农村基层公共权力结构和运转中存在的问题，是农村基层治理体系和方式不适应市场经济发展及乡村民主发展所致。因此，必须彻底转变乡村社会治理理念，对基层公共权力的范围和功能进行调整和划分。当前，农村基层公共权力体系中，除了乡镇政权、村党支部村委会外，还应包括参与农村公共事务、为农民服务的来自不同领域、不同层级的各种正式或非正式机构和组织，如农民协会、行业协会、村民理事会、农技协会、担保协会、调解委员会、婚丧理事会等。以上这些都应成为农村社会的治理主体，共同构成新的基层公共权力体系。

新农村建设要强调多元治理主体，强调政府、企业、社会的互动及责任共负，使各种能为农村公共福祉和公共利益服务的组织都参与到农村公共事务中来，成为乡村治理中的积极力量。具体而言，农村基层公共权力的重构和加强基于这样的理念，即提升乡镇政权、村党组织和村委会的治理能力，同时鼓励为农民服务的各种组织参与治理，构建民主合作型的、和谐共治的乡村治理体系。当前，主要应从以下几个方面入手。

（一）改革乡镇政权体制，全面提升治理能力

在"后税费改革时期"，必须大力推进乡镇政权体制改革，转换其功能和行为方式，提高治理能力，以适应新农村建设的需要和农民群众的要求。

要加强和改善乡镇党委的领导，转变领导方式，增强执政能力。乡镇党委必须贯彻依法治国的基本要求，在宪法和法律规定的范围内活动。应切实加强乡镇人民代表大会的实际地位，明确规定乡镇党委依法行使领导权的方式和程序。乡镇政权要从根本上转变农村社会治理理念，对其权力、功能、作用范围、运行方式等进行重新调整和划分，重建乡镇政权组织体系。这不仅仅是党委政府机构和人员的精简，更重要的是政府功能的重新定位和职能的转变。乡镇政权机构臃肿、财政困难及农民负担过重，在相当程度上是其功能和权力过度扩张的结果。要切实减轻农民负担，首先就要对乡镇政权尤其是政府的功能和权责重新定位，坚决实行"政企分开""政事分开"和"政社分开"，把自己不该管的事交给乡村企业、农村市场、乡村社会组织、中介机构和农民自治组织等。乡镇政权要尊重市场在资源配置中的基础性作用，调动乡村社区各方面的积极性和主动性，增强乡村企业和整个农村社会的活力与效率；要主要运用经济和法律手段管理经济，从过去直接抓生产经营、催种催收，转到落实政策、行政执法、为乡村和农民群众提供公共服务和创造良好

发展环境上来,强化为农业、农村和农民服务的职能。乡镇政权尤其要抓好国家法规、政策和地方信息的上传下达,乡村经济发展和公益事业的组织、指导和帮助,扶贫救灾及突发事件的应急处理,以及对其他部门和组织的工作协助和协调等,从而降低乡镇政权的财政需求并减轻财政压力,制约其权与利的扩张。只有乡镇政权真正转变和精简职能,把不该由自己承担的功能和权责合理转移,实现"减事",才能做到"减人和减支",精干而高效。也只有政权减负,农民才可能减负。解决了乡镇政权职能越位、错位、缺位等问题,乡镇的责任减轻了,而且能把主要精力放在自己应该抓好的事情和工作上,反倒能够更好地履行自身职责,提高自身的治理能力。

通过以上改革,回应农村经济发展、乡村民主进步和农民群众的愿望与要求,建立与之相适应的乡镇政权体制,全面提升治理能力,能从根本上解决乡镇当前面临的财政危机、合法性危机和治理危机,从而使乡镇在新农村建设中发挥不可替代的重要作用。

(二) 协调乡村公共权力,促进良性运行

乡村关系的体制病灶和乡村公共权力之间的摩擦和矛盾,主要表现为乡镇政府与村民委员会之间的关系与矛盾。村委会是基层群众性自治组织,不是乡镇政府的分支机构,不是国家基层政权组织,不是一级政府。乡镇政府对村委会不是领导关系,而是指导关系。乡镇既不能放松对村委会的指导,也不能将其视为自己的下属机构。乡镇的手不能伸得太长,要减少对村民自治的干预。

乡、村之间的联系和关系是十分密切的。村委会只有在上级政权指导和支持下不断加强自身建设,才能顺利地实现村民自治。同时,乡镇政权只有依法积极主动地帮助和指导村委会搞好建设,放手让村委会组织管理属于村民自治范围内的事务,才能顺利完成自身的各项工作。当前要明确乡、村之间的职能任务和范围,理顺乡、村公共权力之间相互支持正常和谐的工作关系,实现乡、村之间的和谐治理。

一方面，乡镇政府应该而且必须对村委会工作给予指导、支持和帮助，但不能衍化为领导关系。指导，就是对村委会如何依法开展自治活动给予引导。指导就是指出、教导，指点、引导，就是不能强迫命令，只能通过培训、宣传、说服、动员等方式引导村委会在法律规定的范围内积极开展自治活动。支持和帮助，就是对村委会依法开展的自治活动给予尊重，对村委会在工作中遇到的各种阻力和困难帮助协调解决，在物质等各方面提供援助等。具体来说，一是指导村民搞好选举换届工作，强化村委会领导班子建设，加强对村干部的培养，帮助村委会加强法制建设；二是指导和支持村委会建立健全村民会议或村民代表会议制度，制定《村民自治章程》和《村规民约》，建立健全村务公开工作，搞好本村的公共事务和公益事业；三是热情帮助村委会解决实际工作中面临的具体困难，协助解决村际纠纷，帮助和指导村委会搞好自然资源开发，搞好农业生产、水利建设、基建管理、林果生产等方面的工作，帮助和指导村委会发展多种形式的合作经济组织，帮助村民开拓市场。对于依法属于村民自治范围内的事项，哪些要办、哪些不办、哪些先办、哪些后办，采用何种形式去办，都应当由村民自己讨论民主决定，乡镇不能强迫也不能包办。乡镇指导村委会工作应主要采取说服教育的方法，当村委会的意见和乡镇政府意见不统一，群众个人意见或局部利益和乡村整体利益发生矛盾时，乡镇政府首先要采用说服教育的方法，向广大村民宣传法律法规、方针政策，通过各种形式的民主谈心会，交心谈心，耐心说服，教育村委会成员和广大村民以大局为重，使村组群众个人利益自觉服从乡村整体利益。

另一方面，村委会应当积极自觉接受乡镇政权的指导，协助乡镇开展工作。乡镇政权是整个国家机器的一部分，也代表着全乡人民的意志、愿望和利益。因此，村级组织有责任和义务协助乡镇政权开展工作。也只有这样，才能更好地实现村民自治。村委会协助乡镇开展工作，是指协助与本村有关的、属于乡镇政权范围内的各项工作。一是充分发挥桥梁和纽带作用。乡镇政权是国家最基层的政权组织，如仅依靠本身有限的工作人员，要把法律政策贯彻到群众中去，面对面地对村民做工作是办不到的。乡镇只有紧紧依靠村级组织，指导他们开展工作，并通过他们与农民群众加强联系，才能克服自身力量不足的困难。二是协助乡镇做好经济、教育、卫生、计划生育、环境与资源保护等工作，使国家的这些行政管理任务能够在每一个村庄得到贯彻落实。三是协助乡镇加强乡风文明建设。村级组织要通过各种形式向广大村民进行爱国主义教育，通过开展健康活泼的文化活动，教育村民遵纪守法，改革陈规陋俗，反对封建迷信，努力树立文明村风。四是协助乡镇办理抚恤金和民兵训练费用的筹集发放，搞好退伍兵的安置，做好核灾、报灾等工作，做好五保户、残疾人的照顾与管理，还要负责本村的人口统计、经济统计，建立和保管本村的档案。五是协助乡镇了解情况，体察民情，把农民群众的意见、建议和要求以及法律、政策的贯彻落实情况，及时真实地反馈给乡镇政权，积极协助他们改进工作，正确决策。

通过明确乡村各自的职能、任务和范围，努力探索建构一种既能解决国家意志在乡村社会有效贯彻、又能实现农村社会力量对国家权力有效制约的民主合作型乡村关系，实现乡村公共权力的良性互动。

（三）理顺村"两委"关系，实现团结共事

农村党支部与村委会的关系主要包括两个方面的内容。一是村党支部领导本村的工作，是《中国共产党党章》《中国共产党农村基层组织工作条例》和《村委会组织法》中对农村党支部核心领导作用的明确规定。因此，"两委"关系首先是村委会应当自觉接受并服从村党支部的领导。二是村委会是群众性自治组织，在整个村民自治组织体系中处于中心地位，是整个村民自治组织体系运作的"中枢神经系统"，具有高度自治性。因此，村党支部应当积极支持村委会依法独立负责地开展工作，支持和保障村民开展自治活动，直接行使民主权利。

但是，在实践中，这两个方面很难有机地结合起来，往往出现这样或那样的问题。对此，理论界认为，导致这种现象的一个根本原因，是现行的法律政策对农村党支部与村委会职责权限的制度安排过于原则、笼统，而不够具体、清晰。于是许多专家学者主张进一步从制度安排上明确划分党支部与村委会的职责权限。

理论界的主流观点是，合理划分农村党支部与村委会的职责权限，关键是把"掌舵人"与"划桨人"分开。如果把农村基层单位——村比作农村发展过程中的一艘乘风破浪的航船的话，那么，农村党支部与村委会的关系就是"掌舵人"与"划桨人"的关系。党支部的使命、目标、行动范围和自主权限概括起来说就是掌舵。掌舵就是抓大事，把握大局，实行政治领导。而村委会的职责、功能和自主权限概括起来就是划桨，划桨就是抓具体，协调和治理村务，实行公开管理。"掌舵"与"划桨"论，属于一种理想设计，在实践中很难付诸实施。个中原因是，在农村事务安排上很难真正区分什么是大事、什么是具体事务，二者的"度"很难把握，很难分得一清二楚。比如农村的土地承包、计划生育、社会治安等，应当是大事，而这些大事又是由一件件具体事务组成的，离开了具体事务，大事就成了"无事"。另外又有一些具体事务，如果处理失当就会成为大事，甚至酿成大祸。由此，"两委"在权力划分方面不能真正实现准确明晰，就会在权力行使方面出现有利的事、风险小的事一哄而上，而真正一些具体的、棘手的事务性工作相互推诿的局面，甚至可能会因为相互争权而引发双方矛盾和冲突。

因此，尽可能合理划分农村党支部与村委会的职责权限是必要的，但是这种划分难以绝对化。村民自治是在党的领导下进行的，而党的领导又是通过村民自治来实现的。村党支部不能以"领导核心"作用来代替村委会，不能用两委会议来代替村民大会；不应该以领导核心的名义对农村的"划桨"职权事必躬亲，把持村中大小事务的决策权。村委会也不应该以自治核心的名义对农村的"掌舵"职权取而代之。从目前农村"两委"关系的成效得失来看，最为重要的问题不是农村党支部与村委会的职能划分与分权，而是怎样建立并实施一种农村公共权力的合法化和规范化的运作机制，以实现村党支部和村委会的和谐共事——村党支部与村委会既分工合作，各自独立开展工作，又在需要配合的事情上相互协作；村委会积极而有成效地开展工作，村党支部则对村委会工作大力支持，并在重大决策上可以有效代表上级党组织对村委会实行领导。

近年来，上级党政部门有意识地安排村党支部和村委会成员交叉任职，这是一种有益的探索和尝试，基本符合农村的现实状况，在很多地方取得了很好的效果。但是要注意，对党支部书记和村委会主任由一人担任的做法要慎之又慎，不宜作为经验推广。

（四）健全村民自治机制，充分发挥民主治理功能

农村基层民主的实现，关键在于探索一套卓有成效的办法，建立起村党组织领导的充满活力的村民自治机制，充分发挥村民民主治理功能，保证村民自治的实际效果，真实、全面地落实村民自治"四个民主"。要对农民进行现代民主政治意识的培养和引导，使他们逐步形成独立的政治人格，具有正确的政治参与和民主自治意识，能够发挥自身的主观能动性以维护和增进自身的利益，充分地参与到农村自治生活中去，表达自身在村务决策过程中的利益诉求。要进一步健全村民自治机制，进一步完善村务公开和民主议事制度，切实维护并实现农民的民主权利，让农民群众真正享有知情权、参与权、管理权和监督权。

要通过民主选举，使农民群众真正选出一个热情拥护和真心信赖的村委会领导班子；对村委会成员的衡量标准应该是思想好、作风正、有文化、有本领，真心实意为群众办事，能够带领群众致富奔小康。健全民主决策机制的关键是要增强村民会议的权威。村民会议是村民决策村中事务的权力机构，是最权威的自治组织形式，村委会只是其执行机构。民主管理是村民自治的关键，是指对村内的社会事务、生产生活、个人行为等的管理，要遵循村民的意见，在管理过程中吸收村民参加，并认真听取村民的不同意见，以共同管理村内事务，维护村内秩序；健全民主管理机制，关键是要根据宪法、法律以及国家的政策，结合本村实际情况，由村民会议制定出上合国法、下合民意，既约束群众又规范干部

的村民自治章程和村规民约，把村民的权利和义务、村级各类组织之间的关系和工作程序，以及生产管理、社会治安、村风民俗、婚姻家庭、计划生育等方面的要求，规定得清清楚楚、明明白白，让村民通过自己制定规章制度，全面参与村务管理，实现村民和村干部自我约束、自我教育、自我管理。实行村务公开、民主理财和民主评议村委会等制度，是民主监督的主要形式，要进一步健全机制，抓好落实；要通过民主监督，使农民真正获得村中大小事务的知情权。"四个民主"不是空洞的口号，而是有其丰富实在的内容，要采取切实有效、容易操作的办法和措施，努力维护农民民主权利。

通过以上措施，健全村民自治机制和农村基层民主建设，使农民充分行使民主权利，实现农村社会治理的和谐与村民自治的良性运转。

（五）鼓励新型社会化服务组织发展，实现乡村社会和谐共治

当前，广大农民群众对应对日趋激烈的市场竞争、对完善农村社会化服务体系、对获得生产生活多方面的服务有着十分迫切的需求。仅仅依靠县乡村正式公共权威的努力，是难以满足这些要求和很快改变目前农村落后面貌的。因此，在新农村建设和乡村治理中，要鼓励和支持为乡村社会提供各种公共产品和服务的带有社会性、公共性、公益性的组织发展。

农民的利益是乡村民主的内在基础和动力。当前，农村的利益关系复杂，农民的需求结构多样，农民的偏好也各不相同。农民个人及家庭利益、村组和各种小团体利益、农村社区的共同利益、跨社区的产业专门利益等构成了农村多元层次的利益结构。要动员多元行动主体，以不同方式从多种渠道、多个层次提供各种公共产品和服务，从而满足农民群众的多种需求和偏好。要在继续增强农村集体经济组织实力和服务功能、发挥国家基层经济技术服务部门作用的同时，大力培育、鼓励、引导和支持农村发展各种社会化服务组织；要大力发展各种类型的农民专业合作组织，为农民提供科技、信息、资金和产品销售等服务；要推动

农产品行业协会发展,引导农业生产者和农产品加工、出口企业加强行业自律,搞好信息服务,维护成员权益;要鼓励发展农村法律、财务等中介组织,为农民发展生产经营和维护合法权益提供有效服务。

乡村民主政治建设的一个基本目标是,不仅要在法律和政策层面上解决国家、集体和农民三者的利益关系,而且要最大限度地把农民组织起来,通过制度化的参与维护农民自身的利益。组织化程度低是整个中国农村发展的瓶颈,从某种意义上说,农民组织化发展有多快,农村经济发展就有多快;农民组织化程度有多高,农村经济发展水平就有多高。基层政权必须积极作为,提供引导和必要的扶持,帮助农民进行自我组织。要激发乡村社会的潜在力量和活力,相信农民群众的创造力,给农民舞台,让农民自己组织起来,自己开动脑筋谋求发展。

农村基层政权必须与时俱进,回应时代发展与广大农民的要求,彻底转变农村社会的治理理念。要采取宽容的态度接纳、协调好这些为乡村社会提供公共产品和服务的各种组织,保护和引导好农民自己管理社区、管理自己、服务自己的积极性和创造性,为其提供发展环境。农村基层政权要树立"不管谁为大家服务都应该被鼓励,一切有利于农村发展和农民幸福的事都应该肯定和支持"的理念,与多种治理主体友好协作,构筑新的民主合作型的乡村公共权力体系,迈向和谐共治的乡村治理。

(原载《新农村》,中央民族大学出版社 2007 年版。部分内容发表于《晋阳学刊》2007 年第 1 期)

推行村民自治必须处理好的一个重要关系

中国是一个农业大国，13亿多的人口中，有约9亿在农村。农业是国民经济的基础，农民是工人阶级最可靠的同盟军。因此，农村问题是关系到我国改革开放和现代化建设全局的重大问题。

在农村基层实行村民自治，是我们党为适应农村经济体制改革而相配套的政治体制改革的一项重要内容，也是发展农村基层社会主义直接民主的重要形式之一。《中共中央关于农业和农村工作若干重大问题的决定》指出："扩大农村基层民主，实行村民自治，是党领导亿万农民建设有中国特色社会主义民主政治的伟大创造。为了更好地调动广大农民的积极性和主动性，促进农村各项改革和建设事业的全面发展，必须进一步扩大基层民主。"

村民自治推行十多年来，已成为9亿农民的民主课堂。民主选举、民主决策、民主管理、民主监督，已基本形成健全的规范程序。广大农民在实践中找到了一条行使宪法所赋予的管理社会事务权力的直接有效的途径。这对于调动广大农民的积极性，促进农村经济发展，保持农村社会稳定，推动社会主义经济和民主政治建设的发展，发挥了重要的作用。

然而村民自治毕竟是一个新生事物，在其迅速发展壮大的过程中，必然会出现一些由于旧有观念的变迁、制度的调整以及工作方法和手段的更新而产生的问题。因此，在推行村民自治的过程中，及时发现问题、解决矛盾、探索经验、改进措施，是推动这一制度健康发展的重要保证。

近读《支部建设》2000年第3期《换届后的村委会要正确处理好六个关系》一文，作者赵清同志根据自己从事基层工作的体会，对村委会需要处理好的几个关系作了论述，有一定的针对性及实践指导意义。但其对第一个关系的论述，即村委会与乡镇党委、政府的关系，却不够准确，甚至与党和国家有关的法律政策不符。鉴于能否正确处理这一关系是实施村民自治的一个关键问题，故撰此文与该文作者赵清同志商榷，以期对这一问题有一个更加全面、准确的认识。

赵清同志认为："村委会要在乡镇党委、政府的领导下开展工作，这一点什么时候也不能变。通过'海选'产生的村委会不能因为是由村民选举产生而不是像过去由乡镇党委、政府任命的干部，就可以不受乡镇党委、政府的领导，不听乡镇党委、政府的指挥，甚至和乡镇党委、政府对着干。"

村民自治是农村居民根据法律自主管理本村事务的基层民主制度，是有中国特色的社会主义民主的一种重要形式。村民委员会的性质是村民自我管理、自我教育、自我服务的基层群众性组织。

而乡镇人民政府的性质是基层国家行政机关，其基本职能，根据宪法第107条规定，包括乡镇在内的地方各级"人民政府执行本级人民代表大会的决议和上级国家行政机关的决定和命令，管理本行政区域内的行政工作"。关于乡镇政府与村民委员会的关系，《中华人民共和国村民委员会组织法》（以下简称《组织法》）第4条明确规定："乡、民族乡、镇的人民政府对村民委员会的工作给予指导、支持和帮助，但不得干预依法属于村民自治范围内的事项。村民委员会协助乡、民族乡、镇的人民政府开展工作。"即两者是国家管理与社会自治的关系，而非行政隶属关系。

因此，乡镇人民政府对村委会的工作是"指导"而非"领导"。关于这一问题，早在1989年颁布的试行法中就有明确规定，六届全国人大常委会委员长彭真同志在制定试行法时就一再强调，村委会不是乡政府的"腿"。

关于乡镇党委及村党支部与村民委员会的关系，《组织法》第3条规定:"中国共产党在农村的基层组织,按照中国共产党章程进行工作,发挥领导核心作用,依照宪法和法律,支持和保障村民开展自治活动,直接行使民主权利。"《中国共产党农村基层组织工作条例》更加明确地规定,乡镇党委"领导乡镇政权机关和群众组织,支持和保证这些机关和组织依照国家法律法规及各自章程充分行使职权"。村党支部"领导和推进村级民主选举、民主决策、民主管理、民主监督,支持和保障村民依法开展自治活动。领导村民委员会、村集体经济组织和共青团、妇代会、民兵等群众组织,支持和保证这些组织依照国家法律法规及各自章程充分行使职权"。因此,乡镇党委和村党支部在推进村民自治的过程中,重在发挥核心领导作用,发挥保障、支持作用。

社会主义国家是劳动人民当家做主的国家,党和政府是广大人民群众意志和利益的代表。在建设社会主义的伟大事业中,中国共产党是核心领导力量,发挥着政治领导、组织领导和思想领导的作用。各级政府受人民委托依法管理政务,履行行政职能。而各类社会自治组织(包括村民委员会)依法管理好自治范围内的事务。三者之间是既密不可分又不容混淆的关系。实施村民自治确实要正确处理村民委员会与乡镇党委和政府的关系,如何处理?党和国家有关的法律政策已经作了明确的规定,只有在理论上深刻领会,才能在实践中准确把握。

村民自治,涉及面广,政策性强,确实要认真处理好扩大民主与加强法制的关系,处理好农民行使民主权利与依法履行应尽义务的关系。《中共中央关于农业和农村工作若干重大问题的决定》指出,"建设有中国特色社会主义新农村,关键在于加强和改善党的领导,充分发挥乡(镇)党委和村党支部的领导核心作用,建设一支高素质的农村基层干部队伍",而"提高政策水平是加强基层干部队伍建设的重要环节,党的政策是党的生命,农村基层干部应该认真学习和全面理解党的政策,执行中不打折扣、不走样"。这才是正确处理村民自治中各种关系的原则问题。

(原载《支部建设》2000年第6期)

试论开放式政府及其治理模式

一、开放式政府的基本特征

"参与式政府"理论,作为全球范围内政府未来治理的模式之一,由美国学者盖伊·彼得斯(Guy Peters)提出。彼得斯对传统治理模式和全球行政改革进程问题进行了多年的研究,由此总结出全球行政改革数十年来可供借鉴的四种政府未来治理模式(其他三种分别为"市场式政府""弹性化政府""解制型政府")。

"参与式政府"主张公众对政府行政行为有更多的参与。原因是"在这样一个时代里,如果没有公众的积极参与,政府很难使其行动合法化"[1]。彼得斯认为,公共利益可以通过鼓励民众(对政策和管理决策)进行最大限度的参与来实现。参与是一种权利。

要使权利有效,公众首先应该了解公共部门。有效的公民权和有效参与的要求之一就是进一步"开放政府"(open government)。进一步开放政府,意味着政府在行政决策、行政程序、行政结果方面更为公开,并主动将其决策动议,乃至决策执行情况、执行结果、决策修订原则等,交与公民社会广泛评议。

---

[1] 盖伊·彼得斯:《政府未来的治理模式》,北京:中国人民大学出版社2001年版,第59页。

对于传统治理模式而言，这是一种革命性的变化，但这一切其实都有坚实的社会基础和条件。许多民主国家的政府部门，都要根据实际情况，定期或者不定期地向民众公布政府的决策动议、决策内容以及需要公众参与修订的法规政策等方面的内容。公民可以通过电视、报纸、互联网了解相关过程，并以可行的方式与政府进行互动和反馈。

发达国家司空见惯的内容——开放式政府的行为——从世界范围行政改革的发展趋势看，应尽早列入发展中国家行政改革的议事日程。这一方面是由于全球化影响的不可抗拒性，另一方面也是本国行政改革目的和要求使然。

中国在经历半个多世纪的机构改革实践之后，伴随着近年来社会经济的持续增长，正在发育成长的公民社会以及WTO规则都对进一步推进行政改革，增加公共行政的透明度，提出了新的要求。政府应考虑从根本上改革不适应社会发展的运行模式，通过开放政府运作内容，推进行政体系的变革速度与质量。

二、理论来源及出发点

彼得斯提出的政府未来的四种治理模式，对全球范围内的行政改革运动极具指导意义。其中所涉及的有关"参与式政府"的论断，在当今国际学界颇具影响的罗伯特·达尔（Robert Alan Dahl）、塞缪尔·亨廷顿、戴维·伊斯顿（David Easton）等人的国家学说中，亦可以找到相同或相近的阐述。

罗伯特·达尔认为："民主是一种政治体系，其中所有成年公民可以广泛分享参与决策的机会。"[1]达尔的理想民主形式包括五方面内容：（1）选举平等；（2）有效的参与；（3）充分的议政；（4）对议事日程的最终控制；（5）民主适用于所有成年人。达尔也许觉得上述五点内容过于理

---

[1] 罗伯特·达尔：《多元主义民主的困惑》，北京：求实出版社1989年版，第26页。

想，在《多元主义民主的困境：自治与控制》一书中，他也指出了现代国家在其民主化道路中所不得不面临的两大障碍：一是"政府不能高度提供参与机会"；二是"普通公民不能对它（政府）有太多的影响"。[1]

亨廷顿的国家学说理论，用相当篇幅阐述了政治的现代化及其所面临的矛盾。在论述政治现代化与政治参与的相关内容中，亨廷顿指出：政治参与和政治现代化之间有着广泛的必然的联系。"政治参与"的扩大是"政治现代化"的三项内容之一。

戴维·伊斯顿以"政治系统"（political system）替代西方文明语境中的"国家"（state）概念，认为该系统具有开放性与反应性。具体而言，政治系统总在不断地与其内部环境和外部环境发生互动——表现为系统的"输入—输出"——通过类似有机体新陈代谢一样的输入和输出功能，体现系统（国家"生生不息、持续不断"）的特性。

政府过程是一个不断流动的过程，需要通过流动的决策和反馈来不断地校正自己。校正是"为了使一个政治系统具有更大的效用"。而政治系统通过这些互动乃至校正，最终要"为一个社会权威地分配价值"[2]。

达尔的民主政治体系理论，亨廷顿的政治现代化理论，伊斯顿的系统分析理论，均涉及民主化建设、政治参与的必要性以及政治现代化过程问题，这也是一个开放的政府及其治理模式的问题。这个问题可以简单表述为：政府部门为了科学决策、提高效率、体现社会公平和增强服务功能，需要进一步走向开放。具体如在时间、形式、内容许可的情况下，相关决策动议应向公众开放，行政程序在不涉及本身特殊性的情况下也应开放，还应开放的是行政动议决策的执行结果。

决策过程形同"模糊赌赛"，置身"赌赛"中的决策者不可能全然了解决策所涉及的风险。根据决策博弈原理，决策者为使风险降低，必须广泛地进行决策反馈与社会反馈，以避免决策失误所带来的风险。

---

[1] 罗伯特·达尔：《现代政治分析》，上海：上海译文出版社1987年版，第12页。
[2] 戴维·伊斯顿：《政治生活的系统分析》，北京：华夏出版社1989年版，第3页。

三、开放的内容分析

在政府运作的程序、内容和结果不公开的情况下，政府的动议与决策不论怎样力求公正合理，都无法满足社会全体成员的不同需求。总括而言，再合理再公正的行政决策，都可能招致部分社会成员的反对和不满，并有可能在事实上损害他们的实际利益。利益受损的成员自然对政府投不信任票，而既得利益者因为对行政运作过程缺乏了解，很有可能会设置较高的利益预期，从而对行政结果难以认同，认为政府同样损害了自己的利益。

开放决策、动议之类政府运作内容，目的在于减少行政失误，使行政决策出台前尽可能广泛地进行社会反馈，客观上为政府的科学决策打下坚实基础。

行政决策开放之后，紧接着是"行政程序"的开放。程序开放涉及社会公平与政府效率问题。公平与效率被认为是一国行政改革成功与否的标尺。以往行政程序不开放的情况下，公众对政府的行政过程一无所知，却不得不接受行政运作的结果——有时是行政失误所带来的不良后果。这不仅与现代民主理念不符，也有悖于公共权力服务大众的宗旨，并且在一定程度上降低政府的合法性。

继行政决策、行政过程之后，行政决策结果的开放涉及公众的知情权问题，也涉及公民社会对政府决策内容落实情况的置评问题。从行政结果看，决策是否虎头蛇尾，是否真正反映公众利益，所得反馈可以为决策者提供相应的借鉴。行政结果的反馈，被认为是有助于政府提高决策水平的一种合理选择。

行政结果的开放，目的在于搜集决策反馈和社会反馈，包括必要的行政思路的校正，为政府行政部门调整决策、重新决策乃至设定必要的补救措施、增设相关的配套方案提供依据。

四、治理模式的创新

世界范围内政府改革的趋势之一是政府的服务化,"政府的主要宗旨和任务都体现为提供服务。这将是一种新的行政哲学,成为人们的共识"[1]。

一个服务型的政府,首先应该是一个开放式的政府。开放式政府有助于政府治理模式的更新以及消除行政神秘化,促进政治民主化建设,不断改进行政技术手段和持续地推进行政改革的发展。

建立开放式政府,就是要消除行政的神秘化现象。理论上,国家的行政管理活动必须民主而公正地实施,政府部门所从事的工作,除了因国家安全和国家利益以及公民隐私需要保密之外,都应当是公众可以知悉的事情。但受传统观念和人为因素影响,行政部门多年来一直处于某种封闭或半封闭状态,应予向公众公开的政府行政运作内容没有法律意义上的明确界定。许多该公开的信息没有公开,该交流的信息没有交流。

开放式政府通过对以往治理模式的更新,力求有效地解决这一问题。具体可以通过不断开放政务信息来消除行政的神秘化。从宪法和法律的角度分析,政府政务活动的公开应该是一般原则,不公开则应是例外。政务公开是政治现代化的一项基本内容,体现当代社会民主、开放和科学决策的特征。一个国家政务公开的程度,常常是其政治现代化的重要标尺。政务信息是全面考察、评价社会情况,从事政治、经济、科技、军事文化等活动所要依赖的信息资源。政府部门为履行职责而产生、获取、利用、传播、保存和处置的政务信息,是一种重要的国家资源,它具有为全社会所共有的公共属性。由于政府的特殊属性,它掌握控制着绝大多数的社会信息,但从目前的情况来看,我国政府信息资源只有20%是公开的。[2]这显然与社会对政府信息的需求大相抵触,也十分不

---

[1] 任晓:《中国行政改革》,杭州:浙江人民出版社1998年版,第56页。
[2] 周健:《政府信息开放立法研究与公民知情权》,载《人民日报》,2003年3月22日。

利于行政改革的进一步发展。

在开放政务信息、消除行政神秘化的前提下,如何有效地提高公民的参政议政素质,是政治民主化进程中亟待解决的一个问题。开放式政府与参与式政府是同一枚硬币的两面,没有政府的开放,公民参与就无从谈起;反之,没有理性有效的公民参与,政府的开放也就失去了意义。公开政府行政环节和开放行政程序以及公开行政结果,同时也带来对参与者能力和素质的客观要求。不解决这一问题,开放的意义便会大打折扣。中华人民共和国成立以来,由于计划经济长期的封闭所致,决策的民主化还处在一个不断探索的过程——或者太过偏激,或者趋于冷漠,原因在于主观意愿和客观现实之间的衔接不是非常理想。开放式治理要求绝大多数参与者尽可能地拥有相应的参与知识和参与素质,并且要求参与者在参与过程中要有理性的言论乃至行动。这首先要求参与者应尽可能多地去了解和掌握涉及公共治理的应然和实然状况,换句话说,充分的知情权是公民充分参政议政的基础。

使公众了解和掌握政府的行政内容,尤其是了解事关自己切身利益的政府行政工作情况,不仅可以使之获得必要的参政议政训练,而且可以使他们通过对一些公共问题的缘起、核心、影响等方面的了解,去理解和支持政府工作,消弭对政府产生的不必要误解乃至抵触情绪。行政神秘化可能造成的一个问题是有损政府信誉,降低政府公信度。因此,公信度较高的政府总是尽力使公众了解并参与到相关行政事务当中,尽管由此可能会导致另一个问题的产生,即过多的社会反馈(过度参与)反而导致行政效率的降低。如同民主并不简单地等同于无论事无巨细都要进行"全民公投"一样,"开放"是相对于"封闭"而言的,封闭本身并不具有贬义,相反它是一种在特定时期内可行的治理方式。无论封闭还是开放,治理需因时、因地、因事制宜,衡量其好坏的标准在于最终能否达成"善治"(Good Governance)。

开放式政府的概念,很容易使人联想起近年来仍属热门话题的"政府上网工程"。电子政务是开放式政府增进开放效果的一种技术手段,它一方面体现为政府行政技术的进步,另一方面则强调了行政为民的思想。与政府部门打交道,以往始终被认为是一件繁难的事情,随着电子政务的兴起,公众的畏难情绪正在不断降解。当然,电子政务目前还存在许多亟待解决的问题,例如网络安全问题、功能问题以及参与者的身份确认与身份识别问题。这其中,电子政务的功能问题是比较关键的问题,某种意义上如同开放的瓶颈。突出的表现是功能单一和形式化,其次是互动反馈的局限性。

  解决上述问题有赖于负有特定义务的行政部门不断增加透明度,充分利用包括互联网和电信技术所能提供的先进的信息管理手段,根据政府部门的不同类别,分别提出并实施相应的信息提供方案,不断改进现阶段的政务信息发布方式。[1]这实际上是一个如何进一步完善行政技术手段的问题。

（原载《山西大学学报》2003年第6期）

---

[1] 孙云川:《政府网上信息资源环境管理研究》,载《图书馆杂志》,1999年第11期。

公共行政与公共管理辨析

公共行政（Public Administration）和公共管理（Public Management）的意义非常接近，人们在使用这两个词时经常不加以区分。比如"公共管理硕士"的英文名称是"Master of Public Administration"。在汉语中，"行政"通常指与政府部门相关的管理活动，即"行政管理"，而"管理"的概念似乎更宽泛一些，社会生活的各个领域都存在着"管理"活动。从学术的角度来看，公共行政和公共管理的概念区分深受西方（特别是美国）公共行政理论变迁的影响。目前，对于公共行政与公共管理的关系，学者们主要有三种不同的观点：第一种观点认为，公共行政等同于公共管理，比如罗森布鲁姆在其《公共行政学》一书中就把公共行政理解为所有公共部门及其管理活动；第二种观点认为，公共管理是公共行政的一个分支，比如奥特、海德等人认为，公共管理是更广泛的公共行政领域的一个主要部分，格雷厄姆和海斯也认为，公共管理是公共行政学中的一个涉及技术和方法的子领域；第三种观点认为，公共管理是不同于公共行政的一种新的研究范式和理论框架。第三种观点目前得到了越来越多学者的认同，该观点认为，公共管理是20世纪70年代兴起的政府改革运动及其理论体系，而公共行政则是在公共管理之前并逐步被公共管理所取代的政府理论和实践模式，它们是两个相互竞争的范式。当我们试图对公共行政和公共管理进行辨析时，我们其实就认为公共行政不同于公共管理,尽管它们之间存在着诸多共同点和密切的联系。

一、什么是公共行政

公共行政源远流长,有了政府,其实就存在了某种形式的行政。但我们现在所说的公共行政是指19世纪中后期文官制度确立之后所形成的具有专业化的公职人员、远离政治领域、追求功绩和效率、非人格化的政府模式。对于"公共行政"的概念,人们给出了各种不同的界定。有学者认为,公共行政是公共权力机构整合社会资源,为满足社会公共需要、实现公共利益、处理公共事务而进行的活动。还有学者把公共行政界定为政府对国家、社会及自身事务所进行的一系列管理活动。比较一致的看法认为,公共行政是指政府行政机关为维护和增进公共利益,采取组织的、命令的或政策的方式,对社会公共事务和自身进行管理的活动。

尽管对"公共行政"的界定有所不同,但人们对公共行政的内涵和基本特征的认识基本一致。公共行政的主体主要是政府行政部门,公共行政的客体是社会公共事务和自身内部事务,公共行政的内容是通过执行政治决策来维护和增进公共利益。公共行政的理论基础主要来源于伍德罗·威尔逊、弗雷德里克·泰勒和马克斯·韦伯的理论以及英国1854年《诺斯科特—屈维廉报告》。其主要特征体现在以下几个方面。(1)行政部门处于政治领导人的正式控制之下。(2)坚持政治与行政二分法,即政治问题和行政问题相分离。公共行政仅仅是执行命令的工具,而政策的制定则属于政治领导人的领域。(3)按照等级制、制度化、专业化和非人格化等官僚制原则建立行政组织。虽然其他组织中也采用这些原则,但它们在行政组织中得到最严格的贯彻。(4)通过官僚制组织提供公共服务。(5)坚持泰勒主义,追求"最佳的工作方式",严格遵守体现"科学管理原则"的工作程序和工作方法。(6)公务员只受公共利益的激励,不得追求组织和个人的私利。(7)具有一支中立的、无个性的、终身任职的、能够为任何政治领导人提供同样服务的职业官僚队伍。(8)公共行政不负责制定政策,而是仅仅执行政治官员作出的决策并无须为结果承担个人责任。

二、什么是公共管理

相对于公共行政,学者们一般都认为公共管理的范围更广。休斯认为,公共行政的焦点在于过程、程序以及顺序性,而公共管理包括的更多。皮瑞和克里莫把公共管理看成是传统公共行政的规范取向以及一般管理的工具取向的结合体。公共管理的内涵极其丰富,因此,准确定义公共管理是困难的。我们可以把公共管理简单地理解为,政府及其他公共机构为了维护、增进和公平地分配公共利益而对各种社会公共事务实施有效管理的活动。

在公共管理模式下,管理的主体是以政府为核心的公共部门,客体是社会公共事务,内容涉及政治、经济、文化、社会生活等多个领域。公共管理的理论基础除了早期公共行政理论之外,更重要的是引入了经济学理论和现代管理方法。这些经济学理论主要有公共选择理论、委托—代理理论和交易成本理论等。公共管理关注结果、注重效率和绩效测量、应用市场机制(竞争、消费者主权和选择)在很大程度上都源于经济学的影响。公共管理所采用的现代管理方法大多来源于私人管理经验,主要包括:摒弃作为组织原则的官僚制,转向更具弹性的管理形式;对结果的关注,重视战略计划和战略管理;在人事管理制度中更多地推行激励与反激励机制;采用正式的绩效评估等。公共管理从公共行政对过程的关注转向对结果的关注,使其具有了以下几个方面的特征:(1)关注结果的实现和管理者的个人责任;(2)试图摆脱官僚制,使组织、人事、任期、条件更具灵活性;(3)明确规定组织和人事目标,并运用绩效指标进行测量;(4)公务员特别是高级公务员更有可能带有政治色彩地致力于政府工作,而不是无党派的或中立的;(5)运用市场途径转变政府职能,把政府服务的购买者与政府服务的提供者分开;(6)通过民营化和市场检验、签订合同等方式减少政府职能等。

三、公共行政与公共管理的区别与联系

作为两种相互竞争的政府范式和理论框架,公共行政和公共管理之间存在着较大的差异,这些差异体现在管理主体、管理过程、管理方式和方法、研究的内容和范围等多个方面。

第一,从管理主体来看,公共行政的主体是政府行政部门和公务员,而公共管理的主体则不仅包括立法、司法、行政等政府部门,而且包括非政府组织。

第二,从管理过程来看,公共行政与官僚机构和官僚联系密切,着眼于高效地执行政治决策,而公共管理则与政策活动紧密联系在一起,致力于政策形成、政策执行和政策评估的全过程。

第三,从管理方法来看,公共行政主要是官僚机构通过组织的、制度的、行政的管理方式采取行动,而公共管理则广泛采用了市场机制与企业的管理方式和方法,如实行"政府业务合同出租""竞争性招标"、鼓励私人投资和经营公共服务行业,并把目标管理、绩效评估、成本核算等引入政府管理领域。

第四,从管理重点来看,公共行政重视内部管理,其处理的事务主要局限于政府机构的事务范围之内,而公共管理更关注外部环境和战略管理,关注公共组织广泛的使命和目标。

第五,从学科框架来看,在研究内容上,公共行政主要研究国家行政系统内部的运行过程及其规律,而公共管理主要研究公共组织如何通过有序的活动去管理公共事务;在研究范围上,公共行政主要研究公共组织自身的建设和政策运行机制,而公共管理主要研究战略管理、非营利组织和私营部门管理经验在公共部门的应用,其研究的视野要比公共行政宽泛得多;在研究基础上,公共行政主要吸收行政学、政治学、管

理学的研究成果，而公共管理把行政学、政治学、经济学、管理学、政策分析、社会学等学科的相关知识和方法融合到政府管理的研究中，特别是更多地采用经济学的途径去分析公共管理问题。

尽管公共管理和公共行政存在着诸多差异，二者之间的联系也非常明显，突出表现在以下几个方面。

首先，公共管理是在批判和反思公共行政范式的基础上发展起来的，是公共行政的继承和发展，二者之间有着延续性和继承关系。公共管理学是以公共行政学为基础，同时又吸收了政策学、经济学、管理学和社会学等其他学科的最新成果发展起来的。

其次，公共管理和公共行政在许多重要的方面存在着一致性，体现在都以政府管理为核心开展研究工作，都把行政部门作为最重要的管理主体，都以社会公共事务为管理客体，都致力于维持、增进和分配社会公共利益，都深受科学管理理论的影响，都注重管理效率的提升等。

再次，公共管理与公共行政最重要的联系在于它们都坚持共同的核心价值——"公共性"。这集中体现在：管理主体即公共部门的"公共性"，管理手段即公权力的"公共性"，价值观即公平、正义的"公共性"，管理目标即公共利益的"公共性"等四个方面。

公共行政模式坚持官僚制和政治——行政二分法带来了组织僵化、文牍主义、反应迟钝、效率低下等弊病，而公共管理引入市场机制和私营部门管理方式也带来了管理失控、服务质量下降、腐败等问题。可以说，公共行政模式和公共管理模式各有优势和不足，其适用的范围和条件也不尽相同，需要在实践中结合具体环境加以综合运用。

（原载《中国国土资源报》2007年10月22日）

关于完善领导干部选拔考核制度的几点探索

21世纪初叶，是中华民族发展的一个重要的战略阶段。面对新的世纪，一方面我们经过了20多年的改革开放，在政治、经济、文化、外交等各个方面，都取得了一系列令世人瞩目的辉煌成绩，综合国力不断增强，国际地位显著提高，为我们把建设有中国特色社会主义的伟大事业继续推向前进，奠定了坚实的基础；另一方面，世界多极化、经济全球化的浪潮汹涌澎湃，科学技术发展日新月异，国际竞争日趋激烈。我们在进一步深化改革扩大开放等方面，还面临着许多错综复杂的新情况和新问题，需要认真地研究和解决。为政之要，首在举人。在新的世纪里，要克服前进道路上的艰难险阻，迎接挑战，抓住机遇，我们必须培养和造就一支高素质的干部队伍，为实现中华民族伟大复兴的战略目标提供坚强的组织保证。

政治路线确定之后，干部就是决定的因素。重视干部队伍建设，是我们党的优良传统。改革开放以来，党和国家根据形势的发展和干部队伍建设的需要，先后颁布了《国家公务员暂行条例》《党政领导干部选拔任用工作暂行条例》《深化干部人事制度改革纲要》《关于党政机关推行竞争上岗的意见》《关于进一步做好公开选拔领导干部工作的通知》《党政领导干部考核工作暂行规定》《关于推行党政领导干部任前公示制度的意见》《党政领导干部任职试用期暂行规定》《党委（党组）讨论决定干部任免事项守则》《中共中央关于实行党和国家机关领导干部交流制度的决定》《关于领导干部报告个人重大事项的规定》《中国共产党党员领导干部廉洁从政若干准则》《关于坚决防止和查处干部选拔任用工作中的不正之风和违纪违法行为的通知》等一系列法规文件，特别是2002年颁布的《党政干部选拔任用工作条例》，共13章74条，是继《国家公务员暂行条例》之后近年来关于我国干部人事制度，尤其是领导干部的选拔任用和监督管理方面最为系统严密的纲领性文件。《党政干部选拔任用工作条例》从明确干部选拔任用工作的指导思想、基本原则和选拔任用条件开始，通过规范民主推荐，考察，酝酿，讨论决定，任职，依法推荐、提名和民主协商，公开选拔和竞争上岗，交流、回避，免职、辞职、降职，纪律和监督等一系列环节，对党政领导干部选拔任用工作作出了全方位的实体性和程序性规定，各章之间相互衔接，形成了干部选拔任用工作的完整体系。该条例的颁布和实施，表明我们党在建立健全选贤任能的科学机制方面迈出了重要的一步，对于推进干部工作的科学化、民主化、制度化，形成朝气蓬勃、奋发有为的领导集体，保证党的基本路线的贯彻执行，保证党的事业的兴旺发达和国家的长治久安，都具有重大的意义。正如胡锦涛同志指出的那样，该条例的颁布与实施，不仅是我国干部人事制度改革的一个重大成果，同时又为进一步深化干部人事制度改革指明了方向。

建立健全科学化、法制化的干部人事制度，是一项庞大的系统工程，需要我们从理论和实践层面积极探索，不断努力。本文试从发扬民主和转变观念两个方面作一些尝试性的探讨。

一、发扬两个民主（党内民主和人民民主），解决好党政领导干部"向党负责和向人民负责的一致性"的问题

民主是社会主义的本质，没有民主就没有社会主义。而中国共产党是中国最广大人民群众根本利益的忠实代表，受人民委托，在社会主

革命和建设事业中居于领导核心地位，党管干部是我国干部制度的一条重要原则。在这一原则的指导下，我们在社会主义革命和建设的不同历史时期，都培养和造就了一支符合时代需求的优秀干部队伍，为实现党在不同历史阶段的奋斗目标，战胜困难，夺取胜利，发挥了重要的作用。但是随着改革开放的不断深入和社会主义市场经济体系的建立与完善，中国社会发生了巨大的变化，传统的干部制度遇到了许多新的问题和挑战。传统选拔干部的模式，一般都是采取自上而下的方式，即由组织部门锁定目标进行考察，然后提交党委常委会议决。这种方法的优点在于，有利于权力的集中，确保政令畅通，便于统一指挥和提高效率，有利于党的路线方针的落实。但封闭式、神秘化、保守性的选拔方式也产生了一些相应的弊端。一是选拔范围狭窄，任何一级组织部门由于时间、精力以及选拔方式的限制，选拔干部的视野都局限在一个比较小的范围之内，甚至是只能在自己极其有限的熟悉和了解的干部中进行选择，很难在大范围内对符合条件的人才进行比较深入全面的考察、了解、比较、鉴别，因而许多优秀人才往往因为这种选拔方式的限制而被埋没。故古人即有"千里马常有，而伯乐不常有"之叹。群众甚至议论说，这种选拔方式是"大官选小官"，"少数人在少数人的圈子里选官"。二是选拔程序缺乏公开透明，在传统体制下，干部的选拔任用工作极其敏感，故其运作程序往往秘而不宣，有的选拔标准和规则也不够科学，缺乏必要的公开透明和监督参与，故领导者的个人好恶和其他一些因素往往会产生重要影响。其后果必然是，由于缺乏必要的公开、参与和监督，往往容易造成选才用人中的失察、失误、失实，有一些单位和个人，不严格按照干部选任的标准和程序，不遵守民主集中制的原则，主观随意决定干部任免，甚至出现了权钱交易、拉帮结伙、营私舞弊、优亲厚友等弊端，也造成了一些干部不能够正确行使人民赋予的权力，真正做到"权为民所用，情为民所系，利为民所谋"，而是只对上负责，不对下负责，热衷于跑官、要官，甚至买官、骗官。虽然这样的干部人数不多，但影响很坏，损害了党的形象，败坏了党的声誉，人民群众对此深恶痛绝。

吏治腐败是最大的腐败，要从根本上杜绝，必须解决干部选拔任用和管理监督中的权力来源问题。早在中华人民共和国成立的前夕，毛泽东在回答黄炎培关于未来的共和国如何解决历代王朝"其兴也勃，其亡也忽"的难题时说，我们已经找到了解决的办法，那就是实行民主。民主集中制是我们党和国家的根本组织制度和领导制度，是马克思主义认识论和群众路线在党和国家政治生活中与组织建设中的运用。胡锦涛同志曾经指出，扩大干部工作中的民主，是干部人事制度改革的基本方向。进一步深化干部制度改革，必须充分发扬党内民主和人民民主，认真研究解决各级领导干部的"向党负责和向人民负责的一致性"的问题。

一方面在坚持党管干部原则的基础上，充分发扬党内民主，严格制度建设，把《党政领导干部选拔任用工作条例》中规定的干部公开选拔、竞争上岗、任前公示、干部考察工作责任制、干部选拔任用工作责任追究制、干部选拔任用工作监督责任制等规定落在实处，对干部的推荐、提名、考察、酝酿、讨论决定、交流回避、辞职降职、纪律监督等各个环节，从程序上作出严密规定，在各个环节和程序中都要尽可能广泛地发扬民主，尤其是在推荐提名、讨论决定等关键环节上，坚持民主集中制的原则，防止长官意志和个人独裁。如重庆市委决定，从2002年6月中旬起，对拟任重庆各区县党政正职领导干部，市委工作机构、市政府办公厅和市政府组成部门正职领导干部人选，实行市委全委投票表决或会议闭会期间征求市委委员的办法。

另一方面，要充分发扬人民民主，真正落实人民群众在干部选拔任用和管理监督方面的知情权、参与权、选择权和监督权，进一步坚持和完善民主评议、民主测评、民主协商、民主推荐等制度，把《党政领导干部选拔任用条例》所确定的"群众公认"原则，落实为具体的可操作化的制度和措施。实践证明，发扬人民民主，坚持群众的广泛参与，是遏制用人腐败，防止干部选拔任用工作中"暗箱操作"的有效途径。近年来各地各部门在干部选拔任用和管理监督的实践中积极探索，创造了许多行之有效的办法，也积累了许多成功的经验。如在全国各地正在普遍推开的公开选拔厅、处、科级领导干部制度，就取得了良好的效果。据统计，仅1995—2001年，全国公开选拔副厅级以上干部一千多名，副处级以上干部一万多名，科级干部数万名。2002年5月，广西壮族自治区将26个厅级职位向社会公布，报名应选者非常踊跃，通过资格审查者就有1986名，充分显示了社会各界对公共权力和职位参与的热情。四川德阳市委、市政府规定，在一个单位党风廉政责任制考核测评中，如果连续两年群众的不满意率超过30%，承担领导责任的干部应引咎辞职。浙江省海盐县沈荡镇推出了"干部工作业绩卡"考核制度，要求每个干部每月将自己所做的工作及下月的工作计划记录在卡上，在全体干部中传阅，把卡上的各项量化指标作为干部年终考核的重要依据。还有的地方利用互联网等现代技术手段征求人民群众对政府工作的意见，如最近北京市政府督查办利用首都之窗网站，让群众对60个政府部门的工作进行测评，短短13天内，就收到86013票。此外，在干部监督管理方面，不仅要强化自上而下的监督体系，更要充分发挥人民群众自下而上的对各级干部的监督作用。从1998年5月中组部建立举报工作机构，设立公开举报电话以来，各省区市及部分市、县党委组织部门也相继设立公开举报电话，重点受理人民群众关于选人用人问题的举报，据不完全统计，截至2000年底，就受理群众举报40200余件。如山西省原长治市委常委、长治县委书记王虎林，在工作变动之前突击提拔调整干部400多人的重大案件，就是根据群众举报而查处的。

除了在现有干部选拔任用的制度框架内充分发挥群众参与的重要作用之外，近年来一些地方在改革的实践中对基层领导干部的直接选举制度作了积极的探索。如深圳在若干乡镇试点的乡镇长直选，已经引起了学术界的关注，并有学者对这一方法作了学理上的分析和总结。最近江苏省淮安市对清河区、淮阴区区长的人选，由一定范围内的干部群众代表差额投票选举产生，其基本程序为：自荐报名，资格审查，干部大会推荐，岗位素质测试，组织考察，常委会票决，竞职演讲和投票选举，全委会票决,任前公示,提交人大选举任命等。与其他地区公开选拔领导干部的程序相比,淮安市的最大特点在于更加扩大了干部选任的参与范围。如参加投票选举的"选民"有:区委、区人大、区政府区政协全体领导成员;区法院、检察院主要负责人;近两年退休的原四套班子领导;区委各部委办、区各委办局主要负责人,区人大、政协各专门委员会主要负责人,区各事业单位主要负责人,区管一级、二级企业主要负责人;区民主党派、工商联主要负责人;区委委员、区委候补委员、区纪委委员;驻区条管单位主要负责人,省、部、市属驻区企事业单位主要负责人;区及区以上党代表(清河区20名,淮阴区30名);区及区以上人大代表(清河区20名,淮阴区30名);区及区以上政协委员(清河区20名,淮阴区30名);市及市以上劳模(不多于10名)。[1]这一举措的基本用意,可以用淮安市委书记丁解民的一句话来诠释,那就是:"用人权,很好,谁都想要,我想把这个权力交给群众。"当然,淮安市的领导干部选拔任用方式依然处于探索阶段,许多相关问题以及一些具体的措施和环节也还需要进一步探讨和完善,而且从选举技术的角度来看,也还存在着人力物力投入成本偏高、时间跨度较长等特点,但其所体现的积极探索扩大民主参与的基本精神是应该被肯定的。市场经济的基本要求是平等、公开、竞争和法制,广大人民群众对公共事务的积极参与,是推动社会主义民主、建设高度的政治文明的基本动力。在中国广大农村,村民自治经过了十多年的发展完善,已进入了比较成熟的阶段,九亿农民在民主实践中已经积累了丰富的选举经验。根据法律规定,我国县、乡(镇)人民代表大会的代表由选民直接选举产生。县、乡辖区相对较小,直接选举易于实施,而且政权机关的决策往往与居民的切身利益有着直接的关联,群众参与选举的热情高涨。以上种种条件都为我们探索乡镇领导,甚至县级领导直选的可能性,奠定了基础。

---

[1]《南方周末》,2003年11月13日。

二、转变两个观念，建立科学完善的领导干部考核标准体系

考核是干部管理的一个重要环节，通过严格的考核制度可以对干部的素质能力和工作表现作出准确评价，为干部奖惩和职务升降提供依据，奖勤罚懒，从而形成调动干部工作热情的有效激励机制。古人已说过："考功以定实德……则抱功修职之吏无蔽伤之忧，比周邪伪之徒不得即工。"[1]在干部考核诸环节中，考核标准对干部的行为起着极为重要的导向作用，因而设置科学合理的考核标准，对深化干部制度改革有着十分重要的意义。

从中华人民共和国成立到改革开放之前，除了在十年动乱期间，突出空头政治，大力批判"白专道路"之外，评价干部基本上是遵循又红又专的原则，即重点考核干部的政治素质和业务能力。十一届三中全会以来，拨乱反正，把党的工作重心转移到经济建设上来，确立了党在社会主义初级阶段的基本路线是以经济建设为中心，其他工作都要服从和服务于这个中心。对干部的考核评价标准也转变为，强调德才兼备，综合考核。1993年颁布的《国家公务员暂行条例》规定，公务员考核的内容是德、能、勤、绩四个方面。德指政治素质，能指业务能力，勤指工作态度，绩指工作实绩，要求以实绩为主，综合考核。1995年，中组部制定下发了《关于加强和完善县（市）党委、政府领导班子实绩考核的通知》，并在全国选择了9个地（市）共140多个县进行试点。1998年中组部颁发的《党政领导干部考核工作暂行规定》，关于领导干部考核的内容有五项：一是政治素质、理论素养和思想水平；二是组织管理能力；三是坚持民主集中制，走群众路线；四是工作实绩；五是廉洁自律。总的原则是强调领导干部考核要以实绩为主，德才兼备。这一系列法规的制定和实施，使干部考核有章可循，走上了制度化的轨道。注重实绩的原则，在防止"假大空"，强调干实事，引导干部脚踏实地认真工作方面

---

[1]《汉书》卷八十五《谷永传》。

发挥了重要的导向作用。

在社会主义初级阶段，经济工作是中心，其他工作都要紧紧围绕这个中心展开，服从服务于迅速发展经济，提高人民群众生活水平，壮大社会主义物质基础，不断增强综合国力这个中心任务。近年来，各级党政部门坚持以经济工作为中心，坚持德才兼备的原则，对干部考核内容进了卓有成效的探索，也取得了许多成功的经验。但也有一些部门和地区，对通过干部考核促进经济发展作了片面的理解，把"以实绩取人""以实绩用人"的原则，狭隘地理解为所谓"实绩"就是经济实绩，而经济实绩就是指招商引资的数目和GDP增长率，于是把经济指标作为主要的甚至是唯一的考核内容就成为干部考核的潜规则。一些地方甚至把经济指标层层分解，落实到人，实施所谓压力传递的做法。如丰县"在考核分值分配上，把经济指标的考核作为重中之重，其中物质文明建设考核占70%，精神文明建设考核占30%"，并"建立了干部月度量化积分考核与下岗制度相结合的新机制，将年度目标逐项分解到月，量化到人，实现压力传递"。[1] 一系列与经济相关的量化指标，与官员的升迁奖惩紧密结合起来。由此导致的后果是，各级官员只重视GDP增长，"一俊遮百丑"，而忽视了政府的其他职能，忽视了社会的协调发展，甚至在干部选拔晋升工作中，违背了党和国家的有关法规条例。例如有的县明文规定："村办好一个固定资产投入400万元以上企业，村主要领导干部可按副乡级待遇；600万元以上的可按正乡级待遇。对个体私营企业规定：投入200万元以上，上缴税金50万元以上的，经考察合格，可进入乡级班子；投入500万元以上，上缴税金100万元以上的，经考察合格，可提拔为副乡级干部。"每年进行考核，"达到标准的就予以重用"。仅1993年就有"7个利税达到100万元以上的工商企业的厂长、经理分别提拔为主管部门副职。1名村主任提拔为副镇长，2名优秀村干部转为国家正式

---

[1]《关于干部制度改革的有益探索》，载《理论前沿》，1998年第24期。

干部，20名集体和私营企业领导人提拔为村主要干部"[1]。此风滋长，对干部工作产生了许多不良影响。一些官员为了升迁奖赏，不顾本地财力物力，不考虑保护环境资源，不考虑持续发展和长远利益，大搞"形象工程""面子工程""政绩工程"，为追求一时的发展速度，违背经济规律，背负巨额债务，盲目上项目、办企业、搞投资，造成大量的低水平重复建设。如河南省灵宝市豫灵镇，提倡"大借债，大开发"，结果欠下一个亿的"政绩债"。卢氏县本是国家级贫困县，却耗巨资大搞夜景工程。[2]还有的地方把招商引资演变为"让利竞争"，拼地价，比税收减免，造成国家资产的大量流失。甚至有个别利欲熏心者不惜弄虚作假，编造数字，形成了"官出数字，数字出官"的丑恶现象。原安徽省副省长王怀忠在担任阜阳市领导期间，依据"政治需要"制定发展规划，将计委提出"九五"计划GDP增长13%，毫无根据地改为22%，并确定了一系列"大"目标，如"构建工业大走廊""营造外贸大都市"，建立"十大农业舰队""五大农业工程"，建造世界上最大的动物园。其耗资3.2亿元建成的"大机场"，2002年旅客吞吐量仅920人次，结果使阜阳到期财政负债达20多亿元，相当于目前财政可支配收入的5倍，至少透支了阜阳未来10年的财力。凭借这一系列"政绩"，王怀忠一路升迁，由地委副书记、书记直至副省长。值得注意的是，近年来，此种现象在全国已并非仅仅是个例，对干部工作影响极坏，教训是十分深刻的。

要从根本上解决此类问题，必须切实转变两个观念，建立科学完善的干部考核指标体系。

第一，要正确理解GDP增长与社会全面协调发展的关系，为建立科学完善的干部考核指标体系确立原则。

GDP是英文Gross Domestic Products的简称，一般译为"国内生产总值"。它代表一国或一个地区所有常住单位在一定时期内生产活动的最终

---

[1] 中共高邑县委：《大胆推进干部制度改革，加快经济发展步伐》，载《探索与求是》，1994年第9期。
[2] 《南方周末》，2003年10月30日。

成果，是国民经济各行业在核算期内增加值的总和，可用其来衡量一个国家或地区的经济表现。改革开放以来，我国的GDP从1978年的3624亿元增加到2002年的102398亿元，按可比价格计算，年均增长9.4%。按2000年价格计算，预计到2020年，我国GDP将超过35万亿元，年均增长7.2%。GDP的迅速增长不仅反映了中国经济建设的巨大成就，同时也见证着一个古老民族的伟大复兴。但GDP毕竟只是衡量社会发展一个方面的标尺，它的增长既不考虑社会成本，如资源耗减、环境污染等问题，也不考虑劳工保护、社会保障等问题，当然更不会考虑社会公平和正义。因此，片面追求GDP增长速度，并将其作为干部政绩考核的主要依据，必然会使社会发展失衡，引发诸多社会问题。令人欣慰的是，最近中央已经提出了统筹城乡发展、统筹区域发展、统筹经济社会发展、统筹人与自然和谐发展、统筹国内发展和对外开放的要求，并提出要坚持以人为本，树立全面、协调、可持续的发展观，促进经济社会和人的全面发展。这不仅为中国未来的发展指明了方向，也为建立科学完善的干部考核指标体系确立了原则。

第二，要准确界定社会主义市场经济条件下的政府职能，为建立科学完善的干部考核指标体系提供科学依据。

尽管社会主义市场经济体系在我国已初步建立，但有一些地区和部门的领导干部，却依然沿用着在计划经济体制下形成的政府职能模式。在计划经济体制下，政府几乎是全部经济活动的规划者和执行人，决定着整个社会生产和再生产的全部过程，直接决定生产什么、生产多少、怎样生产，并直接控制交换过程，负责分配和消费的决策，以指令性计划取代价格机制，由行政分配取代市场选择，各级政府领导人都是该地区经济活动的组织者和实施者。因而，以经济指标来考核干部也就成了顺理成章的事。但市场经济自有其运行的客观规律，要求政府退出生产经营、收入分配和市场交易等微观经济领域，实现政企分开，让企业真正成为自主决策、自主经营、自负盈亏的独立的利益主体和市场主体；要求清晰界定国家与社会、政府与市场之间的关系，从"全能政府"转变为"有限政府",从"监管政府"转变为"服务政府",从"审批政府"转变为"咨询政府",即政府的经济职能主要是创造和维护正常的市场运行和竞争秩序,提供经济发展所必需的基础设施,宏观调控总供给与总需求之间的关系等,而不是直接参与、组织经济生产活动。政府的主要职能在于促进社会的协调发展,实现社会的公平和正义,认真履行其在政治稳定、国家安全、基础教育、公共卫生、环境资源、劳动保护、社会保障、社会救助等方面的职能,由计划经济体制下形成的"生产建设型政府"转变为市场经济体制所要求的"公共服务型政府"。而进一步深化干部制度改革,就必须根据这种转变来设立科学完善的干部考核指标体系。

(原载《湖北民族学院学报》2005年第1期)

报表异化对政府公共性的侵蚀

公共性是政府赖以存在和得以运行的合法性基础，政府的公共性体现在政府的运行过程之中。而政府良好运行的前提，是各类相关信息的真实可信。报表是政府运行的重要工具之一，它的异化则极易导致政府过程偏离公共性的趋向，形成对政府公共性的侵蚀。

一、报表与政府过程

所谓报表，是指政府层级之间、组成部门之间进行沟通联络，协调指挥政务工作的各种以数据资料为主体的文书。报表作为信息的载体，通过文字描述或数字罗列的形式，反映社会现实与问题，提出政府工作的任务和目标，对政府具体工作过程进行安排。因此，报表是政府运行过程必不可少的工具。报表在政府过程中的作用主要表现在以下几个方面。

第一，报表通过对社会现实的描述启动政府过程。政府的所有工作，都是为了解决社会问题，满足社会需求。而报表就是通过对社会信息的搜集、分类、筛选和汇总，使政府了解社会、发现问题，从而启动政府过程。

第二，报表是政府做出公共决策的重要依据。由于报表是经过总结和归纳的关于社会现实和社会问题的描述，因此它是政府形成决策的信息来源。大部分的政府决策，都建立在各种报表所反映的信息的基础之上。

第三，报表是政策执行过程中的重要指针。政府的决策经过正式程序确认，就成为公共政策。政策执行者在执行过程中，也必须以相应的报表为依据，明确方向和任务，确定具体的工作安排，配置必需的资源。

第四，报表是对政府过程进行监督的工具之一。要确保政府过程不违背政府的目标，不背离政府应当具有的公共性特征，整个政府过程都需要纳入监督之中。对政府过程的监督，需要有规范的和事实的依据，规范的依据来自于各种既定的法律法规和组织制度，而现实的依据主要就是各种各样的报表。因此，报表从某种意义上来说，是对政府过程进行监督不可或缺的前提条件。

第五，报表是对政府过程进行总结和评价的重要标准。政府要改进工作、提升能力，就需要不断地对每一项工作过程进行总结和评价，发现过程中存在的问题，总结过程中得出的经验，从而使下一个工作过程更加完善。而总结与评估的一个重要依据，就是报表所反映的内容。

总而言之，政府过程的每一个步骤，报表都参与其中并发挥着非常关键的作用，甚至在某种意义上可以说，现代政府过程其实就是一个组织——人员——报表——资源互相结合、互相作用的过程。然而也正是因为报表对政府过程极端重要，如果报表本身出现了问题，就会对政府过程造成极大的影响，使政府公共性流失。

二、报表的异化

异化一般是指某种事物的发展逐渐背离其性质和目标而走向自己反面的过程。报表的功能是信息沟通，真实、准确是其基本要求。但在现实的行政过程中，报表的虚假现象在有些地区和部门却十分严重。报表的失真使建立在对报表高度依赖的基础之上的政府过程，也由此出现了偏离社会现实、背离公共性本质的倾向，从而使工具异化引致政府过程的异化。报表异化主要表现为：

第一，报表内容的异化。报表异化的最直接的表现，是报表所反映的信息与其所应当反映的客观现实脱节。有一些地区和部门，在制定报表时往往没有进行深入而全面的社会调查，没有对社会现实情况和问题进行分析总结，而是关起门来制作报表，使报表信息与客观事实严重脱节，令报表从根本上失去可信度。各类统计数据包含水分，就是报表与社会现实脱节的最典型例子。其实在政府过程中，报表信息与社会现实脱节的远不只是统计数据。在政府或政府部门对社会问题的总结文件，对各种公共工程的规划安排中，扩大问题以争取更多资金，或者回避问题以减轻自身责任的现象并不少见。这使得许多政府报表都让人无法完全信赖，因此在具体的管理过程中，对下级政府或部门呈上的报表，上级政府往往需要进一步核实，或者直接给报表中呈现的数据打折扣来应对。

第二，报表目的的异化。报表应有的目的，是真实反映社会问题，或者如实传达制表者意图，以确保整个政府过程建立在实事求是的基础之上。但是，在当前不少地方，报表中数据的人为夸大或缩小，却往往是由于谋取地方、部门甚至是个人利益的驱动。由于政府层级众多，部门结构复杂，任何一级政府或任何一个政府部门，都不可能事事亲临现场，只能根据报表来判断社会现实。而任何一项政府过程，又与某个政府、政府部门或个别管理者的利益挂钩。报表传达信息的间接性和政府过程中利益分化的驱动，使得通过虚假报表信息获取自我利益或小团体的利益成为可能。在近年来对部分贫困地区的实地调查中，笔者就曾发现一些扶贫报表中的数据只是争资金、要项目博弈中的筹码，报表中的贫困人数根本没有经过详细的统计，而是根据上级政府下达的指标来定的；向上级政府要钱的报表，对于具体扶贫项目根本没有测算过项目成本，所要钱款数量完全是根据政府定的任务确定的。要钱的目的，并不是真正要投入到扶贫开发之中，而是用来弥补历年的财政亏空或转为他用。

　　第三，报表制定过程的异化。一份科学合理的报表，尤其是直接反映社会现实的报表，其制定过程应当是：广泛的社会调研——→调研数据的整理分析——→数据统合与社会问题的总结——→解决问题的方案。但是异化之后的报表，其制作过程是：个人或团体利益目标的确定——→对实现这些利益需要什么样的报表的判断——→编制数据信息或罗列社会问题——→形成与利益目标一致的报表。

三、报表异化对政府公共性的侵蚀

　　异化的报表在政府过程中大量存在并与其他因素共同作用，导致政府过程也出现了异化。政府过程异化集中表现在政府的公共性受到侵蚀。政府由一个为公共利益而工作的组织，转变为为部门或个人谋求狭隘利益的工具。报表异化对政府公共性的侵蚀，主要体现在这样几个方面。

　　第一，报表异化使政府无法准确了解社会状况与公共需求。异化了的报表导致政府过程与公共利益脱节，以前述的扶贫工作为例，由于基层政府所呈报表不能反映社会现实，高层级的决策部门无法准确把握社会贫困真实状况，在制定扶贫政策时，就难免出现资源分配不均或资源投向不当，导致公共利益受到损失。

　　第二，报表异化扭曲政府目标。由于报表的异化，基于报表信息而开展的政府过程，其目标也就被扭曲了，看似以公共利益为导向的政府过程，其真正的结果却只是给部分个人或团体带来利益，而真正的问题却得不到根本的解决。

　　第三，政府维护和促进公共利益的能力受到削弱。报表异化对政府过程最根本的伤害，是其对政府维护和促进公共利益的能力的削弱。报表异化使得本来就已经非常复杂的政府过程变得更为复杂，政府层级之间、部门之间的交流沟通更加困难，府际关系以及政府与社会关系失去了诚信纽带，这都使得政府要推动以公共利益为导向的工作变得更加困难。而报表异化导致的信息的虚假化和政府目标的扭曲，进一步加重了这些困难，使得那些即使有崇高的社会理想，愿意为公共利益而努力的政府工作人员，要想真正在实际工作中维护、促进公共利益，付出的代价大大超出正常水平。同时，报表异化带来的资源配置的不合理，也使得本来就稀缺的公共资源被浪费，从物质基础上也削弱了政府维护和促进公共利益的能力。

四、报表异化的原因

导致报表异化的原因主要有个人和制度两个方面的因素。

1. 人的因素

导致报表异化的首要原因是部分领导干部公共精神的缺失。报表虽然是对现实情况和社会问题的反映，但它毕竟不是复制和重现，而是经过人主观加工的文书，它能否如实反映社会真实，取决于制作报表的人的主观意图。当前报表的异化，最主要的原因是在政府体系中，部分领导干部的公共精神缺失，他们并不愿意让报表客观反映社会真实状况，而是希望通过虚假的报表信息，利用科层管理制度的漏洞，来谋取个人私利。掺杂水分的国民经济统计报表，背后隐藏的是一些单位和部门领导对政绩、升迁的追求；为了多要扶贫款而夸大贫困问题的报表，其真实的意图却是部分地方政府或政府部门，为了获取更多的财政资源以"改善工作环境"。

其次是部分具体工作人员缺乏恪尽职守、严谨细致的敬业精神。报表异化的另一个重要原因，就是部分具体工作人员工作态度敷衍应付，怕吃苦、嫌麻烦，不愿意深入实际了解真实情况，获取第一手信息资料，而是关在办公室里闭门造车，借用二手资料、陈年数据，甚至根据主观印象随意编造，应付交差。在笔者调查获取的许多报表中，仅用逻辑或数学方法检查即可发现其疏漏和错误，甚至有相当多的报表中竟然出现各项数字累加与总计不符的情况。

2. 制度因素

第一，政府过程内部化。造成报表异化的首要制度原因，就是政府过程内部化现象在某些地方表现得非常严重。政府过程内部化，即政府在推动相关的工作时，很少考虑或者不考虑外部的环境，只依据政府自身的规则或者利益来进行，整个政府过程与社会现实严重脱节。这种政府过程的内部化，使得反映社会现实的报表变得无足轻重，甚至在某种程度上会成为推动政府内部过程的障碍。当前部分地方政府在推动工作时，从决策、执行到监督、评估，都由自己一手完成。目标自己定，标准自己立，过程自己操控，自己评价自己。在此种运行逻辑中，报表就成为论证内部过程合理性的工具，而不是反映现实情况和社会问题的工具，必然导致异化。

第二，社会参与政府过程的制度缺失。政府过程内部化之所以可能，原因在于相关制度的缺失，如社会参与机制不够健全，大众利益诉求的渠道不够通畅等，因而难以影响政府过程，使报表异化。因此，就政府自身而言，各级政府要加快行政改革步伐，切实转变政府职能，规范政府运作程序，加强政务信息公开，提高政府运行透明度，大力发展电子政务，完善各类听证制度。此外，各级政府要进一步强化和完善政党监督机制、人民代表大会监督机制、新闻舆论监督机制、司法监督机制以及信访制度等，确保社会力量参与政府过程，杜绝报表异化及其对政府公共性的侵蚀。

第三，社会监测体系的缺乏。一个运转良好、治理得当的社会，需要有一个覆盖面广、可信度高、运行高效的社会监测体系，时刻跟踪社会变化，搜集社会信息，并及时地将这些信息向政府反馈，以启动或影响政府过程。发达国家都有数量庞大的各种各样的独立研究机构，经常进行主题多样且涉及面大的调研活动，在此基础上形成报告提供给政府主管部门或直接向社会发布，直接进入政府决策中枢或形成舆论压力影响政府过程。中国这样的独立于政府之外的社会问题监测体系尚不发达，社会监测与信息的搜集都高度依赖于政府自身，即使部分地方有存在政府之外的社会监测体系，但或影响力和覆盖面有限，或因得不到政府足够的重视，或受到相关的制度和政策制约，而无法有效发挥作用。独立、诚信的社会监测体系的缺乏，使得全面反映现实情况的报表制作缺少信息来源，信息渠道狭窄、发布主体单一，缺乏信息的竞争、比对、印证机制，这也是报表异化的重要原因。

总之，报表虽然只是政府过程中的一个看似再普通不过的工具，但其异化却足以导致政府公共性的不断削弱，因而我们必须足够地重视，积极寻求解决的办法。

（原载《北京行政学院学报》2007年第5期）

应急预案的蜕变及其原因分析

2003年"非典"的肆虐，催生了中国的应急管理体系。此后，随着各类公共安全事件频发，各级政府也在不断加强应急管理体系建设，国家先后出台了相关的政策法规，从中央到地方建立了应急管理体系，全国各级政府基本上都结合本地区的特点，编制了应急预案。然而，在这一过程中，也有一些地区由于领导或相关部门重视不够、准备工作不充分，以及部分预案拟制人员的责任心不强等因素的影响，在编制应急预案时，未做充分调研，敷衍应付，使应急预案事实上成了"应付预案"，即这些预案根本不是也不能用于应对现实中的突发公共事件，而仅仅是为了应付上级的检查。应急预案作为应对突发公共事件的指导方案，需要高度的科学性和针对性，而当前出现的一些"应付预案"无疑大大背离了这一要求。如果以之去指导突发公共事件的应急管理，必然会带来严重的社会问题。本文结合文献统计和实地调研资料，分析了两种类型的应急预案的特征，以及应急预案向"应付预案"蜕变的原因。

一、应急预案的应有内涵

应急预案是针对各类突发公共危机事件，由政府及相关部门预先制定的应对方案。其目的是保证在危机事件发生之时，各相关部门能够迅速、有效地进行应对和救援，防止事件影响进一步扩大，减少危机带来的损失。因此，一部科学有效的应急预案，需要对所应对的事件有较为准确的描述，对事件发生发展的规律有相对清晰的判断，对事件影响力的扩散轨迹有比较合理的预测，对事件应对所需要的资源、组织形式、具体方法和手段有全面的评估，对各种行动的程序和规则有非常明确的规范。具体来说，一部有效的应急预案，需要具备以下内容。

1. 应急预案所针对的情景

即对应急预案所应对的特定情况的描述或界定，包括对突发事件的定义，对事件的类型与级别的划分及其标准，对应急管理措施涉及的人群和区域的预设，对应急管理启动和终止所依据标准的明确。

2. 应急预案编制的依据和目的

这是关于制定应急管理预案的单位权力来源的阐述，它说明的是该预案依据哪些法律法规制定，制定预案单位的权力性质与范围。

3. 应急管理组织体系

重点在于明确应急管理主体。应急管理所针对的是社会出现的非常规状况，需要采取非常规的措施，因而也就需要有权威主体来具体开展应急管理。应急预案必须明确应急管理的决策者、组织者、执行者、参与者及其各自的权力职责。

4. 应急管理措施

设定突发公共事件的具体应对措施，是应急预案的核心内容，包括对突发公共事件的预测与预警、信息发布、先期处理、应急响应、应急结束、善后处理、调查与评估等。其中应急响应部分，则需要具体规定不同的应急管理主体所需要应对的任务、可以采取的措施、必须提供的资源以及承担的具体责任等。

5. 应急管理的监督与责任

主要针对应急管理主体行为的监督和制约，以确保其依法合理开展应急管理活动。其主要内容是设计一系列的标准，由特定机构对应急管理主体的行为进行评判，并在此基础上对应急管理主体采取奖惩措施。

形式合理只是保证应急预案科学性的一个非关键因素。应急预案应对的是突发且重大的公共事件，其科学性的基石是对现实情况的准确把握，是在实践中形成的经验，是对各种科技、管理手段的合理运用。正是对应急预案科学性的认识和把握不同，导致目前各级政府及其下属部门制定的应急预案出现了明显的差异性。大部分应急预案，都经过了严肃的调查研究和科学的论证，对应急管理主体的权力责任规范合理，对应急管理措施的设计科学有效，应急管理的责任明确，这类应急预案无疑能够有效地应对各类突发公共事件。但也有一部分应急预案，却是另一种情况，其编制出台，完全是个别人闭门造车的结果，对突发公共事件没有任何的调查研究和论证，对各应急管理主体权力责任的规范非常模糊，设计的应急管理措施基本没有什么可操作性，对应急管理过程也没有明确的监督和责任规范。这一类应急预案，纯粹是为了应付上级检查的需要，而非应对突发公共事件，是典型的"应付预案"。

二、应对问题的应急预案及其特点

应急管理所针对的是可能对人民群众生命财产造成损失的突发公共事件，它要求所有的主体都有着高度的责任心和使命感，用科学有效的手段去解决具体的问题。因此，作为应急管理的依据，应急预案必须是能够反映出真实的问题，并且能够指导应急管理主体解决问题的操作方案。这样的应急预案，除了符合上述的形式要件，还必须做到以下几方面。

1. 对突发公共事件有科学的调查和预测

应急预案不是凭空产生的，一部应急预案之所以需要，其前提是它所针对的突发公共事件有发生的可能性。一部应急预案要真正解决突发公共事件所引发的各种问题，首先就必须对这些问题及解决问题的方法有相当程度的了解和把握。如某县《地质灾害防治应急预案》，并没有拘泥于一般的应急预案设计形式，而是依据历史资料和实地调研，先对本县可能发生的地质灾害类型、发生地质灾害可能性较大的区域和时段、重要的地质灾害隐患点进行了预测，这种预测可以帮助设计者更好地设计地质灾害的应对策略。同时，这一预案设计的应对措施中，第一项措施就是对本地地质灾害的调研和数据整理，以提高灾害预警的科学性。这样的设计，无疑使得该预案具备很强的现实性，从而确保其设计的措施也具有很强的针对性。

2. 预案编制的依据、预案的目的、启动条件、适用范围非常明确

应急管理在某种程度上意味着特别的授权和特定权力的非正常行使，因此预案编制的依据需要非常清楚，否则很容易导致应急管理主体越权甚至滥用权力。当前各级政府及其下属部门制定应急预案，往往都会首先明确预案编制的依据。这些依据包括国家的法律法规，上级政府的相关政策和预案等。实际上，在很多应急预案中，对本地情况的描述，也是预案编制的重要依据。应急预案的目的，在各种应急预案里也会清晰简短地进行描述。但不少地方编制的应急预案，往往会在预测相关突发公共事件的发生规律之后，将应急预案编制的依据和目的一同阐述。这种方式也非常科学，毕竟当地的实际情况也是应急预案的重要依据，同时又是应急预案所要针对的对象。

应急预案启动条件和适用范围，是区分应急管理和常规管理的重要标准，这一点在大多数地方的应急预案中，都有详细的规定。条件和范围这两项在大多数时候是一致的，因此国家总体应急预案中也没有将两者区分开来分别规定。多数地方政府及其部门制定的应急预案，也只规定了应急预案的适用范围，而不单独对启动条件进行阐述。但也有些应急预案将两者分开表述，这主要是因为有些突发公共事件在一些地方经常发生，而只有在其危害达到相当严重程度之后政府才启动应急管理，否则都按一般事务来应对。例如，某县《自然灾害救助应急预案》先笼统地规定了适用范围："凡在我县发生的干旱灾害，风、洪水、冰雹、雪、沙尘暴等气象灾害，地震灾害、森林草原火灾和重大生物灾害等自然灾害及其他突发公共事件达到启动条件的，适用于本预案。"而后该县又通

过四项"启动条件"的设计进一步限制了应急预案的适用范围:"一、某一乡镇行政区域内,发生水旱灾害、风、冰雹、雪、沙尘暴等气象灾害,一次灾害过程出现下列情况之一的:因灾死亡5人以上,因灾紧急转移安置群众1000人以上,因灾倒塌房屋500间以上。二、发生5级以上破坏性地震,造成5人以上人员死亡或紧急转移安置群众3000人以上或房屋倒塌和严重损坏1000间以上。三、事故灾难、公共卫生事件、社会安全事件等其他突发公共事件造成大量人员伤亡,需要紧急转移安置或生活救助,视情况启动本预案。四、县委、县政府决定的其他事项。"

3.对各应急管理主体及其权力责任的规定详细而严格

应急管理主体,是具有公共权威的各级党政组织或其他公共部门,但在应急管理的主体中,基于分工的不同,又有更加细致的区分。应急预案需要对此做出明确的规定,使各主体明确自己在应急管理过程中的角色、任务和责任。大多数应急预案在这一方面的规范都非常详细,从而确保突发事件发生后,本来从事着日常事务管理的各类组织,能够迅速转变角色,参与到突发公共事件的应对中去。

一般而言,各地应急预案都会将应急管理的主体分为五大类,分别规定其人员构成、组织结构和权力。(1)领导机构:即应急管理的最高决策主体,其主要任务是对应急管理过程中的各种重大事项做出决定。一般而言,各级政府或其组成部门,都会针对特定事项的应急管理建立一个领导小组,作为应急管理的决策机构。(2)协调组织或办事组织:在应急管理过程中,履行值守职责,汇总信息,综合协调各应急管理主体行动的组织,这类组织一般都是在各种应急管理领导小组下设的办公室。(3)具体工作机构:承担着某方面具体任务,要完成特定事项,开展具体管理工作的组织。这类组织视突发公共事件的类型和影响程度而定,一般来说,由一级政府统一制定的应急预案,具体工作机构往往就是各职能部门;由某一部门制定的应急预案,则一般按照具体承担的事务组建工作机构。(4)参与部门:在由某一部门牵头制定的应急预案中,除了上述三类组织外,往往还会规定"参与部门"。这主要是因为一些突发公共事件虽然主要可以由该部门应对,但其中一些事项需要其他部门配合,因此在该部门组建应急管理组织体系之后,会邀请其他部门的成员参与其中,支持工作。

(5)咨询组织:这一类组织由特定领域的专家学者组成,其主要任务是为应急管理的决策、执行机构提供咨询和帮助,确保应急管理的各项措施科学合理,或者直接指导和参与具体的应急管理过程。

4.应急措施有高度的针对性和科学性

应急预案中,最重要的内容是对应急管理措施的设计。要能够有效应对突发公共事件的应急预案,在措施设计方面需要做到以下几点。

第一,应急管理程序严谨。应急预案中需要设计特别的程序,以指导各相关主体有秩序、有步骤地开展应急活动,避免突发公共事件带来的混乱,确保应急管理过程紧张、有序而且高效。大多数地方制定的应急预案中,都有较为严密的程序规范。例如西藏某县《突发地质灾害应急预案》,专门设计了两套程序以规范应急管理行动。第一套程序是信息报告程序,其中规定了发现地质灾害的临灾受灾单位和个人,应立即向县地质灾害应急指挥部或县人民政府报告。乡镇政府、村委会接到报告的也应立即转报县政府。县政府则在派员赶赴现场调查处理的同时,向上级政府或有关部门报告灾情。第二套程序是灾害处理程序,具体内容包括灾情的先期处置、应急预案的启动、应急管理人员的组织、应急管理成员单位的分工协调、灾情勘察及发展趋势预测、信息的传递与沟通、应急状态的结束、应急管理工作总结等。

第二,各应急主体工作任务分工得当。重大突发公共事件往往需要多个部门,从多个角度去应对,在这种情况下,事先设计好部门、人员分工就非常必要。由掌握某方面资源和技术的组织和人员专门负责相关事务,既能确保事件应对的效果,又能降低应急管理的成本。在当前大多数地方的应急预案中,不同的执行组织分工的规定一般都极为详细,从而使各组织能够在事件发生后迅速投入到属于自己职责范围的工作中去。例如某市《防汛抗旱应急预案》对参与所有成员单位各自职责都一一做了细致的说明,并且这些分工充分考虑到了各单位的专业和资源特点，从而使这些单位即使将主要精力投入到应对突发公共事件，也不会严重制约其日常工作的开展。

第三，应急物资技术保障。物资的调配和技术的应用是否恰当，对于应对各种突发公共事件的成败具有决定性的意义，因此如何确保应急物资的供应和分配，如何合理利用现代科技手段应对突发公共事件，也是各地应急预案中非常重要的内容，大部分地方的应急预案在这方面的规定都非常细致。例如《云南省地震应急反应预案》在规定各参与机构职责的同时，也详细规定了各部门如医疗组、物资供应组、通讯组等需要为应对灾害准备的物资和技术。

第四，应急方法科学得当。对于一些突发公共事件特别是群体性事件，应对方法是否科学得当，具有更为重要的意义。大多数地方的应急预案，都针对本地特殊情况和对应的突发事件类型，设计了许多极富创新意义的应对方法。例如某地《民族宗教突发事件应急预案》针对极具社会敏感性的民族、宗教问题以及当地特殊的社会环境，设计以教育、疏导为主的应对措施，同时针对这类群体性事件发生发展的规律性，预案特别突出强调了分隔人群、控制关键人物、警戒重点场所、打击蓄意煽动的骨干分子、抓捕境外渗入的恐怖分子等措施。

第五，应急管理有合理的追责路径。应急预案要得到有效的执行，还需要有责任评价与追究体系，使承担着应急管理职责的机构和人员不敢玩忽职守。在这方面各地的应急预案中大多设计了相关条文，但相对其他方面的内容而言，力度尚嫌不足。

三、应付上级的应急预案及其特点

笔者在研究中发现，绝大多数的应急预案科学可行，能够用于指导相关的应急管理过程。但是，也有一些地方和部门出台的应急预案，内容设计漏洞百出，应急管理措施不具有可操作性。更有甚者，有一些应急预案甚至根本不是用于应急管理，而是将本单位日常事务列入其中，应付了事。其编制的目的不是为了应对问题，而只是为了应付上级政府和主管部门的检查。这类应急预案的特点主要包括以下几方面。

1. 编制过程脱离现实

如前所述，一部科学有效的应急预案，需要经过广泛的调研和严密的论证。但有一些应急预案，却纯粹是个别工作人员闭门造车的产物，未进行任何调研论证，甚至对预案应对的问题都不甚了解，只是简单地将其他地方的类似预案抄袭了事，或者根据上级的要求杜撰出若干条文应付差事。如笔者在调研中发现某内陆地区的《防空袭应急预案》，从头到尾只有两个未进行过深入调研、缺乏军事知识的工作人员编制，从内容到形式，如对敌情的判断、重点区域防护、人员疏散等，几乎全部抄袭几个沿海省区的相关预案，根本不符合本地区的特点。

2. 主要措施缺乏科学依据

闭门造车编制的应急预案，其设计的应对突发公共事件的措施，许多都不具备实施的条件。如某地《农业突发环境事件应急预案》中，规定了农业技术人员配备、农业环境事件应对的物资储备、农业环境状况检测程序等，但实际上这些方面的人员、物资、技术当地根本不具备，因此预案只是一纸空文而已，根本无法实施。再如某地的《地震灾害应急预案》，其中有通过本地的地震监测仪器监测地壳运行状况的规定，而事实上当地只有屈指可数的几台仪器，其监测范围只局限于市区及周围很小的区域，而本地发生地震灾害较多的几个县乡根本没有安装这种仪器，当地地震局局长都坦承这样的表述其实没有实际意义。

3. 混淆应急管理与一般事务管理

有一些地方将本部门的日常工作也列入应急管理事项，为之制定应急预案，从而使应急预案失去应急管理的特性。如某地应对民族宗教突发事件的应急预案规定，下述事件可以启动预案："1.不同民族成员因经济权益而引发的矛盾和纠纷；2.因出版物、广播影视作品和互联网上出现违反民族政策伤害少数民族感情的内容而引发的矛盾和纠纷；3.由于民族间文化传统、风俗习惯、宗教信仰和心理认同等方面的多样性、差异性而产生的矛盾和纠纷；4.各民族交往及少数民族人口流动过程中发生的摩擦和纠纷；5.一些别有用心的人利用民族感情，挑起不同民族公民之间的纠纷，或煽动、制造的事端；6.民族分裂主义分子、恐怖主义分子打着民族的旗号，进行破坏民族团结和国家统一的行动；7.因其他原因引发的少数民族群众参与的群体性事件。"在这些事项中，除了第5、6两项具有应急管理的特征之外，其他的实际上都是政府相关部门的常规性工作，该应急预案不仅混淆了一般事务管理与应急管理的区别，而且将一些与民族宗教因素毫无关联的社会矛盾列入其中，反而不利于问题的解决。再如某市《传染病防控应急预案》，将传染病知识宣传、公民健康教育等本属卫生行政管理部门日常事务的内容，也列入其中。

4.对应急管理主体没有明确的责任规范

由于有些应急预案编制的目的只是为了应付上级检查，而非真正用于指导应对具体的突发公共事件，因此预案几乎无一例外地对本部门的责任进行了回避，不设责任条款或者对责任条款进行模糊处理。国家总体应急预案明确规定："对迟报、谎报、瞒报和漏报突发公共事件重要情况或者应急管理工作中有其他失职、渎职行为的，依法对有关责任人给予行政处分；构成犯罪的，依法追究刑事责任。"但在有些地方的应急预案中，则看不到这样的条款。例如某市《防汛抗旱应急预案》只是在结尾处简单要求所有参与单位进行工作总结，积累经验，寻找不足，提出改进意见。因此，如果面临突发公共危机，一些部门推诿拖延，至少无法依据应急预案强制其参与应急管理活动，这无疑会使应急管理增加许多不确定性。

四、应急预案蜕变的原因分析

一些应急预案之所以会变成"应付预案"，主要原因有以下几个方面。

1.压力型管理体制

目前我国的行政管理体制依然是自上而下的压力型体制，下级政府及其所属部门的任务安排和绩效考核事实上都取决于上级政府，因此上级政府的任何要求对于下级政府而言，都意味着强大的压力。当前之所以出现不少"应付预案"，正是因为各上级政府都将应急预案的编制，作为考核下级政府的一项重要指标纳入绩效考核体系之中，而相应考核过程又普遍存在着走马观花的形式主义。因而下级政府必然要积极表示高度重视，快速炮制出数量繁多的应急预案应付上级。笔者在调研中发现，有些地方甚至一个街道办事处都出台了十几套应急预案，所应对的突发公共事件大多都超出了其所辖地域和权限。某市国土局除了有地质灾害应急预案外，还有防火、反恐、地震、群体性事件等应急预案。

2. 运动式管理方式

在笔者调研时所接触到的大量应急预案中，有相当一部分出台的时间都在2008年。之所以出现这种现象，很重要的原因就是在这一年里，我国先后发生了南方大范围雨雪冰冻灾害、拉萨"3·14"事件、汶川"5·12"地震等重特大突发公共事件，在全国范围内造成了极大的震撼。这导致各级政府发起一场加强应急管理的运动，要求下级政府和部门在规定时间内迅速制定针对各类突发公共事件的应急预案，并辅之以严厉的考核奖惩手段。由于时间紧、任务重，不少地方政府或其组成部门，只能突击编制本部门的应急预案，必然导致以抄袭拼凑充数，至于其是否切实可行，根本无暇顾及。

3. 形式主义的工作态度

在有些地区和部门，领导的兴奋点在于GDP快速增长和能够短期显现政绩的"面子工程""形象工程"，对应急预案的编制并不重视，临时布置相关机构抽调人员突击"编写"，不少参与编制应急预案的工作人员，缺乏相关专业知识和技能，甚至对应急预案中涉及的基本情况都不甚了解，只能闭门造车，而相关督查审核部门也存在着只重数量不问内容的问题，使得一些应急预案只是形式"看上去很美"。

4. 应急预案编制和管理的规则缺失

目前，各级政府关于应急预案的编制尚无一套行之有效的管理规范，如编制程序的设定、质量标准的要求、审定核查环节、责任追究机制等，这也是导致"应付预案"出现的重要原因。

5.应急预案编制过程中专家参与不足

由于突发公共事件类型复杂，有效应对往往需要特殊的专业知识和技能，因而在国家突发公共事件总体应急预案中，将专家组作为应急管理组织体系的重要组成部分并有专门规定。但不少地方编制应急预案的过程中往往缺少专家的参与，预案的内容没有经过专家论证，制定应急措施也没有突出专家的作用。专家的缺位，是当前许多应急预案出现问题的重要原因。

总之，应急管理事关国家安全和社会稳定，各级政府应该高度重视，采取切实有效措施，提高应急预案的科学性和有效性，使其真正能够应对危机，而不是仅仅用来应付上级，从而确保社会稳定和人民群众的生命财产安全。

（原载《晋阳学刊》2011年第4期）

危机"常态化"下的城市公共管理

今天城市的发展,极大地提升了人类社会的生活质量,城市化也已成为衡量一个国家现代化水平的重要标志。但是,与以往相比,今天的城市规模更大,人口更为密集,在对城市的各种基础设施硬件建设方面要求更高的同时,对城市的软件方面——公共管理也提出了更高的要求,其中尤为重要的是城市公共管理的安全方面。因此,城市在履行经济、社会、政治等多种功能的同时,也面临着更严峻的挑战——城市安全的敌人——公共危机的发生,如何快速、全面、准确地应对各种公共危机,最大限度地减少公共危机的消极影响,则成为我国城市公共管理亟待解决的一个重要问题。

为此,《中国城市经济》记者就城市的公共危机管理专访了中央民族大学管理学院院长李俊清教授。

《中国城市经济》:金融海啸在世界范围的蔓延余波未平,近年来SARS、禽流感、手足口病、甲型H1N1流感等各种公共危机频繁发生,这是否意味着公共危机在全球化背景下有常态化的趋势?

李俊清:交通与信息技术的发展和全球化的日益深入,全球化时代的开放和流通,在极大地促进各国之间的物资、信息和人员的交流,增进彼此间的沟通和理解的同时,也使得任何一个国家或地区的天灾、人祸和技术灾难等不同类别的危机都会迅速波及其他国家。如大家所看到的:一方面,近年来的 SARS、手足口病,特别是甲型 H1N1 流感等各种疾病涉及国家和人口均有增长的趋势,如已发现确诊有甲型 H1N1 流感病例的国家或地区总数及确诊的病例人数远比 SARS 的要多。而大家所熟知的 2008 年由美国开始席卷全球的金融危机给全球造成的经济损失也远远超过了 1997 年的东南亚金融危机,目前它给世界各国造成的失业、经济衰退大家应该有所体会。另一方面,自从 20 世纪中期以来,特别是进入 21 世纪以来,全球的各类危机几乎从未消停过:2001 年美国的"9·11"事件,2003 年由中国开始的 SARS,早已发现而最近几年每个国家都不断出现规模性发病事例的手足口病和禽流感等,2008 年的金融危机以及今天的甲型 H1N1 流感。可以这么说,全球化时代公共危机爆发的频率变快,时间变长,影响加深。从整个人类社会来看,公共危机已经从偶然发生逐步变为一种常态。也就是说,公共危机在全球化背景下有着常态化的趋势。

《中国城市经济》:如果说现在和今后,全球化背景下各种公共危机(经济、社会、政治、卫生等危机)互为因果,相互传染、叠加和扩展,公共危机不再是偶然现象和小概率事件,各国怎样应对危机"常态化"下人类生存与发展这一基本的和共同的问题呢?

李俊清:2009 年 4 月墨西哥境内大规模爆发的甲型 H1N1 流感开始扩散,使原本在 2008 年已受严重创伤的世界经济雪上加霜。如 2009 年 4 月 28 日,全球股市因甲型 H1N1 流感而下跌;纽约和伦敦两地油价双双跌破每桶 50 美元;金价、期货价格也出现大规模下跌等,说明全球化背景下各种公共危机会相互传染、叠加和扩展。这样,人类的生存与发展,将受到更多更大的威胁。要解决这一共同的威胁,我们只能选择"全球治理"(Global Governance)。而所谓"全球治理",指的是通过具有约束力的国际规制解决全球性的冲突、生态、人权、移民、毒品、走私、传染病等问题，以维持正常的国际政治经济秩序。具体来说，公共危机的全球治理有以下几条途径。

第一，寻找利益共同点，实现公共危机的全球治理。公共危机的全球治理的过程和困境就在于利益的权衡和博弈，有效地实现公共危机的全球治理就需要建立在共同利益基础上的各参与主体求同存异、互惠互利，共同分担治理的权利和义务。

第二，建立国际公共危机分级管理机制。公共危机具有突发性、急迫性、高度不确定性、影响的广泛性等基本的特征，但是并非所有的公共危机都需要纳入全球治理的范畴。根据危机危急情形和社会危害程度的不同，我们可以将危机进行分级、分类管理。目前，世界上发达国家都建立有完善的危机管理体系，对不同的危机进行分级、分类管理，如美国采用红、橙、黄、蓝、绿五种颜色由高到低来表示五个不同级别的危机。通过将不同的危机进行分级、分类管理，我们就可以根据危机的具体情况启动国际合作机制，但是目前世界各国的公共危机管理体制都是根据各国自身的情况建立起来的，缺乏统一的国际标准，给公共危机的协同应对带来了一定的困难。这就需要我们建立一套国际性的危机分级、分类管理机制，为公共危机的全球治理提供一个统一的平台。

第三，以联合国为核心，建立公共危机全球治理的合作机制。在当前的各种国际合作机制中，只有联合国和各类国际组织的国际合作是超越于区域个体国家利益之上的合作方式，如世界银行的宗旨是"通过促进生产事业的投资，开发成员国的生产资源"，世界卫生组织的宗旨是"使全世界人民获得最高水平的健康"，联合国的宗旨为"促进世界和平"，这些宗旨都是为了谋取全球、全人类的共同福利。因此，公共危机的全球治理也应在联合国的框架下进行。以联合国为核心，各主权国家通过签订议定书或国际合作协议，明确公共危机合作治理的时机、方式、程度、权利、义务以及风险与利益分担机制，并通过建立联合国协调小组来协调工作的有效开展。

同时，还要建立和完善国际性的危机预警、通报和信息发布制度，联合国协调小组在对各国的预警信息进行综合、整理的基础上根据危机分级规定及时地向全球发布预警和援助信息，从而保证公共危机能在爆发初期就得到有效的遏制。

最后，特别需要强调的是，在全球协作应对公共危机的努力中，发达国家和有关国际机构需要对发展中国家给予必要的帮助，这是全球协作应对公共危机特别是如传染病之类的技术性灾难的题中应有之义。

《中国城市经济》：我国的基本国情和我国城市化的进程决定了中国城市公共危机常态化管理的复杂性和艰巨性，特别是 SARS 和汶川地震考验了也提高了我国政府应对公共危机的潜伏、爆发、控制、化解、修复等全过程中的城市危机管理能力与机制。

但在危机"常态化"的约束条件下，城市政府如何准备、动员和调配资源；如何缓解危机常态化对正常经济社会运行的冲击；如何在危机常态过程中回应民众愿望、满足社会需求；如何在危机常态中维持生产生活、恢复管理秩序、重建服务体系；如何在危机常态中保持经济平稳较快发展？

李俊清：面对我国目前特殊的国情，要解决你上面所提到城市管理方面的这些问题，只有建立有效的公共危机管理机制。公共危机管理是指对公共危机的潜伏、爆发、控制、化解、修复、常态化等全过程中的政府应对机制。具体来说，包括以下内容。

第一，公共危机管理组织体系。为进一步加强公共危机管理组织体系的建设，各城市应成立公共危机的管理领导机构和办事机构，并设立防灾减灾综合协调机构，或者成立安全生产应急救援指挥机构。如上海市是以公安部门为主的城市应急管理机构，而成都、南宁等其他城市在危机应急时主管机构也都有相对明确的分工。总的来说，我国城市公共危机管理组织领导体系已基本健全，工作机制也基本完善，为城市公共危机的防范应对工作顺利开展提供了坚实的组织保障。

第二，公共危机的准备。一是公共危机应急预案的制定。政府各部门根据可能发生的公共危机制定详细的专项应急预案和明确各部门的职责，制定更具操作性的预案实施办法和应急工作规程。到今天，我国已有97.9%的城市均制定了公共危机应对总体预案。二是加强公共危机的应急队伍的建设。应急管理专家队伍建设不断加强，国务院应急办成立了应急管理专家组，卫生部成立了公共卫生事件专家咨询委员会，北京、上海等地相继成立了有关专家咨询机构。三是公共危机物资储备体系。在应对公共危机时资源是必不可少的，没有应急所必需的资源支持，任何有效的应急体制都将成为无源之水，因此各个城市必须建立物资储备仓库。到今天我国部分城市如北京、广州等已建立了地方救灾物资储备仓库，也已初步形成公共危机物资储备体系；此外，还通过与生产厂家签订公共危机物资紧急购销协议、建立公共危机物资生产厂家名录等方式，进一步完善公共危机应急物资保障机制。当然，解决公共危机应急时所需的物质资源问题，除了政府承担主体责任，扩大财政在公共事务方面的投入外，还应建立社会动员机制，扩大社会保险的覆盖面。总体来说，只有进一步加强公共危机的应急预案、人员、资金、物资等准备工作，才能顺利开展防范处置公共危机的工作。

第三，公共危机的应急。这是指危机发生后各级政府、行政职能部门与危机专责机构，对危机的紧急应对。一是预案激活。预案激活是指公共危机的应对方案随危机的发生而实时激活，它包括公共危机应急处理指挥部的迅速成立和及时运作。它还包括危机预案中所预定的各种应急措施和紧急处理手段的实时激活。在政府宣布和确定危机发生之后，危机发生区域即危机预案的所涉区域进入危机预案的执行期。在危机期间，如单位和个人必须无条件服从指挥部的统一领导，任何个人和组织不得以未接到"通知""文件"为借口，延误预案的激活。如四川确诊我国内地首例甲型H1N1流感后，成都市立即启动《甲型H1N1流感诊疗方案（2009年试行版第一版）》，采取对患者专门治疗、搜寻同机人员进行隔离等紧急应对。二是灾害信息的发布。按照及时准确、公开透明的原则，各城市政府认真做好公共危机的应急管理信息发布工作，采取授权发布、发布新闻稿、组织记者采访、举办新闻发布会等多种方式，及时向公众发布公共危机的发生发展情况、应对处置工作进展和防灾避险知识等相关信息，保障公众知情权和监督权。三是各城市及时得力的应急处置。事件发生地区主要负责同志迅速赶赴现场，组织指挥应急处置工作。如山西、安徽、湖南等地在发生禽流感疫情后，各级政府迅速派出防疫队伍，紧急调拨消毒防疫物资，果断采取扑杀免疫和封锁隔离措施，成功防止了疫情的蔓延扩散，从而减少了因疫情扩散带来的经济方面的损失。

第四，公共危机的善后处理。恢复是指在公共危机得到有效控制之后，政府为了恢复正常的城市功能和市民生活所进行的各种善后工作。主要措施有：启动恢复计划，提供危机后的救济援助，重建被毁设施，尽快恢复正常的社会生产秩序，进行危机和管理评估等善后工作。工作重点主要有：一是加快基础设施的重建恢复进度。如2008年汶川地震后，灾区及时组织力量，全力抢修交通、水利、电力和通信等基础设施。二是积极做好善后赔付补偿工作。公共危机发生地区要高度重视事故善后处置工作，制定完善相关政策措施，及时安排发放补偿资金。三是各城市政府应考虑出台一些经济方面的措施，进行各种形式的资助，如给当地中小企业提供过渡性贷款等，或者是减税，还有通过减免其部分费用等来降低各行业的经营成本。

（原载《中国城市经济》2009年第8期）

关于建立和完善"大环境保护管理体制"的若干思考

中国在最近30年中始终保持着高于9%的年平均经济增长率，在国际金融危机的洗礼中，经济增长依然保持了较快势头。GDP、对外贸易总额及其顺差和空前庞大的外汇储备日益彰显着我国的经济实力和大国地位，社会保障、公共卫生、基础教育等各项改善民生的社会事业也发展迅速。但与此同时，环境恶化趋势日渐严重，恶性环境事件不断出现。目前约有3亿多人在饮用受到污染的水，超过2.7亿的城市居民生活在空气质量不达标的环境中，加之沙漠化扩张、沙尘暴肆虐……众多事实表明我国的生态环境已经进入了污染事故高发期。各种环境问题的出现，不仅制约着经济持续发展，也威胁到了人类自身的生存。中国的环境问题也备受全世界的关注和热议，甚至所谓"中国环境威胁论"也开始显露苗头。

环境问题的解决，有赖于一个良好的管理体制。1988年国家环保局正式成为国务院的一个直属机构；1998年国家环保总局升为正部级；2008年国家环保局升格为环境保护部，成为国务院组成部门：改革促使环境保护机构在我国行政体制中的权威和职能不断提升和强化。然而，我国环境问题日益复杂、综合，涉及面扩大，地方机构设置上有着天然的缺陷，职能划分模糊，环境行政执行中阻力重重，管理主体和管理手段的多元格局尚未形成，以致目前的整个环境保护管理体制还滞后于现实需求。

当前中国的环境问题，越来越多地与社会生产生活密切相连。废气排放、工业污染、重大环境事故不断侵蚀公众健康，工业发展、能源开发、生活垃圾、环境综合治理等问题牵涉的部门、行业、领域都达到了前所未有的范围和程度。因此，环境保护需要建立一种"大环境管理"体制。所谓"大环境管理"，是指以战略的眼光和全局的高度对环境及其相关问题有全面的理解和把握，整合环境立法、政策制定、涉及环保的审批、环境执法、信息监测发布以及生态保护等多项职能，形成一个职能综合、执法有力、协调配合的全方位、全过程、网络化管理体制。

目前我国国家层面的机构改革代表着国家治理环境问题的决心，也体现着"大环境管理"的基本趋势。而地方政府环境保护机构的改革则步伐缓慢。不少地方省级环保局并未进入省政府组成部门，大多只是其直属机构，环保部门参与省政府重大决策的力度不足，进行经济决策时，缺少环保部门的介入；市、县级环保部门的地位尴尬，行政执法面临着各种掣肘，与国土资源、水利、农业、建设、发改等多个资源管理部门和经济部门之间存在一定程度的交叉重叠。这种局面，直接影响了环境行政的执行力和各项政策落实程度，使提高环保部门在地方政府部门中的地位迫在眉睫。当前，恰逢大部制改革在地方各级政府层面深入进行，密集调整各级政府组成部门和下属机构，这给了环境保护一个很好的契机。这个过程中，政府积极整合与环境保护职能相近、业务范围趋同的事项，使管理职能相对集中，最大限度地避免职能交叉、政出多门，进一步强化"环保部门统一监督管理"和"大环境管理"体制。这种调整绝不是部门的合并与减少，也不是地方部门与中央政府部门的简单对接，而是理顺职权关系、提高效能，最大限度地保证环境保护行政主管机构的权威、严肃、公正、透明。

环境保护是一项长期且细致的工作，环境部门在行政、执法当中，需要建立一种多部门联动和协调的机制，各司其职、畅通信息、相互配合、协调行动。在职能转变和改革过程中，环境行政执法的有效进行，有赖于各相关部门的配合。要树立环境保护的至高地位,建立一套类似应急管理体系的反应机制,将分散于其他各个部门的信息有效共享,消除环保部门与其他部门之间存在着的目标不一致现象,以"大环境观"统领各项环境保护工作,建立部际协调机制。跨部门协调机制的机构形式可以是非常设的各级环境保护委员会,以整合、协调和发挥现有的地方环境管理机构的职能和作用,搞好环境污染防治工作。

环境问题的解决,有赖于多元治理主体的参与。长期的路径依赖,导致了政府在我国环境保护问题上许多时候都处于"单打独斗"的孤立地位,社会组织和个体参与面不广、参与程度不深、参与渠道不宽、参与力量分散等问题,制约着民间力量的效用,以致形成环保理应由政府独家负责等观念,社会环保意识淡化。其实,有效的社会治理应该而且必须由多元主体参与,政府、私人部门和社会力量共同努力,才能达到"善治"状态。在环保体制中,我们也要看到这个关乎千秋万代的事业,需要全社会的共同关注。许多社会组织和个人,已经做出了不凡的贡献。截至2008年10月,全国共有由政府发起成立的环保民间组织1309家,学校环保社团1382家,草根环保民间组织508家,国际环保组织驻中国机构90家,港澳台地区的环保民间组织约250家。近几年来,随着环保民间组织的壮大和发展,环保民间组织在影响政府环境政策、监督政府更好地履行环保职责、从事环境宣传教育、推动公众参与等方面都起到了积极的作用,成为政府环境保护工作的有力助手。据调查,58.6%的环保民间组织都参与了节能减排工作,不少组织自发监督企业履行社会责任。廖晓义、李冰冰、吕植、马军、唐臣、田桂荣、奚志农、杨欣等众多中华环保人物,将一己之力贡献于国家环保事业。但是,这些力量在对环境治理和环境保护的参与中,往往由于受到获取信息渠道、参与途径以及自身地位等方面的限制而难以更有效地发挥作用。为此,有必要制定鼓励建立和发展民间环保团体与非政府组织的政策,加强对社会环境组织的政策支持力度,为其发展营造良好的社会环境。

高效的环境管理,有赖于法律、政策、经济和必要的行政措施等多重工具的综合利用。近些年来,《中华人民共和国清洁生产促进法》《中华人民共和国放射性污染防治法》和《中华人民共和国循环经济促进法》等一系列法律法规的出台,为我国环境治理提供了良好的法律依据。加快现有法律的实施,促进环境立法更加细化,应对日益多样化的环境问题,是宏观环境管理的必由之路。政策方面,更多地体现在产业规划和引导上。国家发改委早在2005年,已经公布一些规定和指导目录,将小规模的炼铁高炉和火电发电机组等资源能耗高、环境污染严重的项目列入淘汰类行业,对这些行业按政策实施禁止投资、存量限期淘汰、责令停产或关闭。工信部也多次公布淘汰企业的名单,关停环境污染问题严重的小水泥企业已进入政策执行的关键阶段。2010年5月31日《深圳市节能与新能源汽车示范推广实施方案》正式实施,未来深圳市还将颁布新能源汽车补贴细则,对深圳个人、社会团体和企业购买新能源汽车,将在国家补贴基础上再加2万元(最高合计达8万元)。这些国家政策和地方规定在促进环境保护,发展循环经济、低碳经济方面作用重大。在行政措施上,自2007年以来,"区域限批"正成为环境部门的"尚方宝剑",对违规高耗能高污染企业或者项目有了切实有效的约束力。

要从更深层次上解决环境问题,还有赖于消除地方政府和各级领导干部的环保抵触,增加环保动力。当前,GDP增长仍然是地方政府政绩考核的主要内容,以经济发展规模和经济增长速度作为衡量标准,没有包含所消耗的环境成本。不少地方政府及其职能部门不惜以牺牲环境为代价来发展经济,以招商引资、大建工厂作为其主要工作内容,甚至有"宁可呛死也不能饿死""没有黑色GDP,哪来绿色GDP"等错误的发展理念。在面临发展与环保的困境时,环保的动力在博弈中弱化,甚至出现环保抵触。地方官员的考核,也存在着类似的问题,由于追求"政绩"的冲动,一些部门领导不会因为环保而牺牲自身的发展。由此,环保事业在与地方利益、部门利益、政绩考核等多重力量的博弈中日显孱弱。可喜的是,国务院已经批转了《"十一五"主要污染物总量减排考核办法》,将减排不达标与政绩挂钩,对地方各级政府和领导干部形成了有力的激励和约束。国家在推动环境治理的进程中,要更多地将环境指标加入政绩考核体系,促进作为主导的政府具有较强的环保动力。发展是时代的主旋律,"金山银山"与"绿水青山"同步才是我们所需要的发展。

(原载《中国环境管理》2010年第2期)

后　记

对"他者"的识别与区分，是人类选择互动方式、建构秩序的前提，但区分的标准和条件则因时因地而千差万别。首先，人是大自然的产物，在瑞典生物学家林奈（Carl von Linne）的分类体系中，人属于动物界、脊索动物门、哺乳纲、灵长目、人科、人属、人种，即相对于自然界其他物种而言，作为生命形态之一的人类具有高度的同质性。然而，在社会领域，人类自身不同群体的分类与归属则要复杂得多。据《圣经》记载，在诺亚洪水消退后的洪荒时代，劫后余生的人们都操着同样的语言，由于能够广泛交流，所以形成了共识，开始修建一座通往天堂的高塔。但这一壮举却冒犯了上帝，上帝认为人类因同心协力而形成的巨大力量挑战了他的神圣权威，于是一夜之间变乱了的语言，使人类因彼此无法交流而疏离隔绝，相互之间冲突不断。其实语言只是群体区分的维度之一，"人的本质是一切社会关系的总和"，地域分布、宗教信仰、经济地位、政治态度、文化习俗、历史记忆等，多向度的聚合与分化，使人类社会的群体类型空前复杂起来。

"民族"是人类最为普遍的社会与政治现象之一，生活在这个世界上的每个人几乎都自在或自觉地归属于某个民族。然而，究竟何谓"民族"？它是"上帝所安排的相互分离的自然实体"，还是人为建构的"想象的共同体"？国家与民族是什么关系？是民族建立了国家，还是国家建构了民族？如此等等，始终都是争执不休的问题。

　　一般而言，民之分"族"，首先应该是文化的差异。但这种情感和心理层面的归属与认同一旦被利益裹挟且与政治关连，民族就会成为一种"主义"。哲人爱因斯坦曾经说过，"民族主义乃一种儿童病，它是人类的麻疹"，尽管幼稚甚至褊狭，但却往往与民粹主义交织鼓荡，蔓延迅速并拥有巨大的魔力。纵观历史，民族和宗教情绪始终都是进行政治与社会动员最廉价、最有效的工具，曾经"促成了战争与革命，导致新国家的诞生、帝国的解体以及边界的重新划定"。特别是"冷战"结束以后，意识形态禁锢的铁幕开启，曾被一度压抑而蛰伏的民族主义迅速复活，并在世界各地引发了剧烈的动荡，庞大的苏维埃联盟因政治纽带断裂而一夜之间沿着族群边界分崩离析、卢旺达胡图族对图西族的血腥屠杀、库尔德人寻求建国、苏格兰要求"脱英"、加泰罗尼亚争取独立……从发展中国家到发达国家，今日世界之热点，几乎都是民族间冲突引发的问题。

　　当今世界上林林总总有3000多个民族，交错分布在不到200个国家和地区，"没有一条国家分界线是与民族的自然分界线，即语言的分界线相吻合的"。因此，如何调适国内不同文化群体—族群之间的关系，是大多数国家都必须面对的普遍性问题。

　　传统中国区分"他者"以礼仪，而不以种族。"普天之下莫非王土，率土之滨莫非王臣"，虽然"五方之民皆有其性"，但在融溶汇聚博采众长的主流文化引领下，促进各族群的交流融合，在大多数时候都是历代王朝所秉持的宗旨。近代以来，置身于威斯特伐利亚体系下民族国家（Nation-State）林立的世界格局中，国人对如何整合"民族"与"国家"的关系不断探索。既有从"驱除鞑虏"到"五族共和"政治纲领的变化，也有关于"中华民族是一个"的激烈争议，由"天下秩序"向"民族国家"的转换，经历了理论抵牾和现实冲突的曲折蜕变。

　　今日中国经过识别并由中央政府确认的民族有56个，55个少数民族人口约1.14亿。民族区域自治制度被设定为国家的基本政治制度之一，155个民族自治地方占到了国土面积的64%。少数民族的政治地位、经济利益、文化传统都受到了法律保护并有了长足的发展。改革开放 40 年来，市场经济的驱动、城镇化的拓展、交通与信息技术的进步，打破了传统族群—区域之间地理空间的阻隔和制度羁绊，使不同文化背景群体的交流聚合成为常态，实现了各民族的"共同团结奋斗"和"共同繁荣发展"。但目前我们依然面临着如何准确阐释政治民族与文化族群之间的关系，以及铸牢中华民族共同体意识；如何尽快改变民族地区经济社会发展相对滞后和基本公共服务薄弱的状况；如何加快民族地区城镇化进程，推动各民族交流交往交融，并妥善处理涉及民族因素的矛盾纠纷；如何有效打击民族分裂、宗教极端、暴力恐怖活动，维护社会稳定与国家安全等问题。

民族问题研究是一个复杂的多学科综合性领域，促进民族地区发展与稳定、构建和谐民族关系，属于国家治理的应有之义。但遗憾的是，长期以来公共管理学界对这一领域关注甚少，因而面对近年来日益增多的现实问题，无论理论建构还是实践探索，回应力均显不足。笔者早年从事中国政治行政史教学与研究，有《现代文官制度在中国的创构》《政治与行政史论集》诸书行世。后机缘巧合进入民族院校工作，开始关注民族地区公共治理，先后撰写和主编了《中国民族自治地方公共管理导论》《自治区政府管理》《重构与超越——民族地区公共管理现状调查与分析》《变革与繁荣——民族地区公共管理的问题与挑战》《中国少数民族地区社会组织研究》等学术著作，主持翻译了"国外多民族治理与公共政策译丛"（《分离、同化或融合：少数民族政策比较》《亚太地区的政府政策和民族关系》《自治与民族：多民族国家竞争性诉求的协调》《族裔特性、社会流动与公共政策：美英比较》）等，试图从公共管理学科角度探讨中国的民族问题。

本书收录了笔者近年来发表的部分论文，大致分为民族与国家，民族地区行政管理与行政改革，民族地区经济社会发展中的政府职能，民族地区社会组织与社会治理，城市民族工作，边疆民族地区公共治理，西藏、新疆的发展与稳定，政治学与公共管理其他问题研究八个部分。

然而，民族问题的内涵及其关联因素非常复杂，国内与国际、历史与现实、政治与经济、文化与心理等，诸多要素缠绕交织。故虽浸淫其中胼手胝足，但囿于个人学养与能力，常有孤舟泳海、弱羽凭天之叹。上述文章都是近年来不断探索留下的足迹，敝帚自珍，集结成册，期冀能为拓展公共管理研究领域，尝试回应这一日渐凸显的重大问题略尽绵薄之力。

李俊清